기독교문서선교회 (Christian Literature Center: 약칭 CLC)는 1941년 영국 콜체스터에서 켄 아담스에 의해 시작되었으며 국제 본부는 미국 필라델피아에 있습니다.
국제 CLC는 59개 나라에서 180개의 본부를 두고, 약 650여 명의 선교사들이 이동 도서차량 40대를 이용하여 문서 보급에 힘쓰고 있으며 이메일 주문을 통해 130여 국으로 책을 공급하고 있습니다. 한국 CLC는 청교도적 복음주의 신학과 신앙 서적을 출판하는 문서선교기관으로서, 한 영혼이라도 구원되길 소망하면서 주님이 오시는 그날까지 최선을 다할 것입니다.

산상수훈 강해
- 하늘에 계신 아버지의 온전함에 이르는 길 -

하늘에 계신 너희 아버지의 온전하심과 같이
너희도 온전하라

마태복음 5:48

An Exposition of the Sermon on the Mount
Written by Kim Young Min
All rights reserved.
Korean Edition Copyright ⓒ 2023 by Christian Literature Center, Seoul, Korea.

산상수훈 강해

2023년 9월 25일 초판 발행

지 은 이 | 김영민

편　　집 | 임동혁
디 자 인 | 이승희
펴 낸 곳 | (사)기독교문서선교회
등　　록 | 제16-25호(1980. 1. 18.)
주　　소 | 서울특별시 동대문구 천호대로71길 39
전　　화 | 02-586-8761~3(본사) 031-942-8761(영업부)
팩　　스 | 02-523-0131(본사) 031-942-8763(영업부)
이 메 일 | clckor@gmail.com
홈페이지 | www.clcbook.com
송금계좌 | 기업은행 073-000308-04-020 (사)기독교문서선교회
일련번호 | 2023-88

ISBN 978-89-341-2603-4 (93230)

이 책의 출판권은 (사)기독교문서선교회가 소유합니다.
신저작권법에 의하여 한국 내에서 보호를 받는 저작물이므로 무단 전재와 무단 복제를 금합니다.

하늘에 계신 아버지의 온전함에 이르는 길

산상수훈 강해

김영민 지음

CLC

목차

저자 서문		6
제 1 장	산상수훈, 천국의 대헌장	9
제 2 장	심령이 가난한 자의 복	19
제 3 장	애통하는 자의 복	29
제 4 장	온유한 자의 복	40
제 5 장	의에 주리고 목마른 자의 복	51
제 6 장	긍휼히 여기는 자의 복	61
제 7 장	마음이 청결한 자의 복	71
제 8 장	화평하게 하는 자의 복	82
제 9 장	의를 위하여 박해 받는 자의 복	93
제10장	세상의 소금	103
제11장	세상의 빛	114
제12장	그리스도와 율법	124
제13장	그리스도인과 율법	136
제14장	참된 의(義)의 삶	147
제15장	살인하지 말라	158
제16장	간음하지 말라	169
제17장	결혼과 이혼	181
제18장	맹세하지 말라	192
제19장	악한 자를 대적하지 말라(I)	203
제20장	악한 자를 대적하지 말라(II)	213
제21장	너희 원수를 사랑하라	223
제22장	참된 신앙생활	234
제23장	참된 구제	246
제24장	참된 기도(I)	258
제25장	참된 기도(II)	269
제26장	주님이 가르쳐주신 기도	279

제27장	하늘에 계신 우리 아버지여	290
제28장	이름이 거룩히 여김을 받으시오며	300
제29장	나라가 임하시오며(I)	311
제30장	나라가 임하시오며(II)	323
제31장	뜻이 이루어지이다	332
제32장	일용할 양식을 주시옵고	343
제33장	우리 죄를 사하여 주시옵고	354
제34장	시험에 들게 하지 마시옵고	364
제35장	나라와 권세와 영광이 아버지께 있사옵나이다	375
제36장	참된 금식	386
제37장	보물을 하늘에 쌓아두라	397
제38장	하나님과 재물	409
제39장	염려하지 말라	422
제40장	삶의 우선순위	435
제41장	비판하지 말라(I)	445
제42장	비판하지 말라(II)	456
제43장	비판하지 말라(III)	466
제44장	구하라, 찾으라, 두드리라	477
제45장	황금률	488
제46장	좁은 문, 좁은 길(I)	499
제47장	좁은 문, 좁은 길(II)	513
제48장	거짓 선지자들을 삼가라(I)	525
제49장	거짓 선지자들을 삼가라(II)	538
제50장	거짓된 신앙고백	550
제51장	두 종류의 기초	561
제52장	그의 가르치심에 놀라니	574

저자 서문

설교자로 부름을 받은 후부터 산상수훈을 설교하고 싶은 간절한 마음이 있었습니다. 그것은 '산상수훈'은 주님께서 가르치신 말씀 가운데서 가장 중요하고 핵심적인 말씀이기 때문이었습니다. 그렇지만 산상수훈을 설교하기가 정말 쉽지 않았습니다. 특별히 다음과 같은 두 가지 이유 때문이었습니다.

첫째, 주님께서 친히 가르쳐주신 참으로 중요한 말씀인 '산상수훈'을 원래 주님께서 말씀하신 의도와 의중 그대로 내가 '올바르게 이해하고 올바르게 전할 수 있을까?' 하는 염려 때문이었습니다.

둘째, 산상수훈은 설교자인 나 자신도 실천하는 것이 너무 힘들고 부담스러운 데 말씀을 듣는 '성도들은 얼마나 부담스럽고 힘들까?' 하는 염려 때문이었습니다.

그러다가 용기를 내어 매주일, 산상수훈을 강해하게 되었습니다. 그것은 나 자신의 영혼을 위해서였고, 또 주님께서 말씀하신 '내가 너희에게 분부한 모든 것을 가르쳐 지키게 하라'(마 28:20)는 명령에 순종하는 것이 설교자의 가장 중요한 책무라고 생각했기 때문이었습니다.

매주일 산상수훈을 설교하기 위하여 준비할 때마다 가장 초점을 둔 것은 주님께서 산상수훈을 통해서 오늘 우리에게 말씀하기를 원하는 그 의도와 의중이었습니다.

그래서 성령님을 철저히 의뢰하면서 오랜 시간 깊이 연구하고 묵상하고 씨름하며 철저히 준비한 후에 설교했지만, 매주일 많이 부담스러웠습니다. 그렇지만 때로는 괴롭고 고통을 느끼면서, 또 때로는 감격과 희열을 느끼면서 산상수훈을 준비하고 설교할 수 있었습니다.

주님께서는 산상수훈을 하나님 나라의 관점에서 선포하셨습니다. 산상수훈을 통하여 왕이신 하나님의 통치를 받는 하나님 나라의 백성들이 이 세상에서 어떤 인격과 성품을 소유해야 하고, 어떤 삶을 살아야 할 것인가를 명쾌하게 말씀하셨습니다.

그리고 그 최종 목표가 무엇인지도 분명히 말씀하셨습니다. 그것은 산상수훈의 가장 핵심적인 구절(요절)인 "하늘에 계신 너희 아버지의 온전하심과 같이 너희도 온전하라"(마 5:48)입니다. 하나님을 왕으로 모시고 사는 그 나라의 백성인 우리는 반드시 이 말씀을 최종 목표로 삼고 날마다 성령의 도우심을 의지하면서 계속 전진해 나가야 합니다.

본서를 읽는 독자들이 이런 자신의 정체성을 분명히 확립하고, 그 나라의 백성답게 사는 데 있어서 미력한 도움이라도 되었으면 좋겠습니다.

본서는 앞서 산상수훈을 설교하신 분들의 통찰력과 해석과 도움을 많이 받았습니다. 특히 로이드 존스 목사님(Martyn Lloyd-Jones, 1899-1981)의 『산상 설교집』(Studies in the Sermon on the Mount)에서 큰 도움을 받았고, 통찰력도 많이 얻었습니다. '산상수훈'을 설교했던 설교자들 가운데 대부분이 로이드 존스 목사님의 『산상 설교집』의 도움을 많이 받은 것을 볼 수 있었습니다.

그 외에도 아더 핑크 목사님(Arthur W. Pink, 1886-1952)의 『산상수훈 강해』(An Exposition of the Sermon on the Mount), 제임스 보이스 목사님(James M. Boice, 1938-2000)의 『산상수훈 강해』(The Sermon on the Mount), 존 스토트 목사님(John R. W. Stott, 1921-2011)의 『존 스토트의 산상수훈』(The Sermon on the Mount with John Stott), 그리고 신약 신학자 카슨 교수(D. A. Carson, 1946-)의 『산상 설교』(The Sermon on the Mount)에서도 도움을 많이 받았습니다.

그 외에도 국내, 외의 여러 학자와 설교자, 그리고 주석들로부터도 다양한 통찰력을 얻었고, 여러 가지 도움을 받았습니다. 특히 주기도문은 김세윤 박사의 『주기도문 강해』가 많은 도움이 되었습니다.

그렇지만 가장 도움을 주신 분은 말씀의 저자이신 '성령님'이었습니다. 성령님의 조명하심과 도우심이 없었다면, 산상수훈 설교의 준비와 실제 설교는 불가능했을 것입니다. 본문을 붙들고 씨름할 때마다 성령님께서는 주님의 의도와 의중을 깨닫게 해 주셨고, 그 말씀의 의미를 알게 해 주셨습니다. 그리고 매주일 강단에서 선포할 때마다 성령님께서는 함께 하시면서 도우셨습니다.

　본서가 나오기까지 30년을 길벗교회에서 목회하는 동안, 늘 몸과 마음과 기도와 섬김으로 동역해 주시는 당회원들과 모든 성도님, 그리고 교역자들에게 진심으로 감사를 드립니다. 또한, 연약한 저의 곁에서 늘 안타까운 마음으로 염려하고 기도하며 필요한 조언과 격려와 도움을 아끼지 않는 사랑하는 아내에게도 진심으로 고마운 마음을 전합니다.

　이 강해집이 하나님 나라와 그분의 영광을 위해서 오병이어(五餠二漁)처럼 쓰이기를 간절히 원합니다.

　선하시고 신실하신 하나님께 모든 영광을 올려 드립니다. 할렐루야!

제1장

산상수훈, 천국의 대헌장

[마 5:1-2] 예수께서 무리를 보시고 산에 올라가 앉으시니 제자들이 나아온지라 입을 열어 가르쳐 이르시되

마태복음 5-7장에 기록된 산상수훈(山上垂訓)은 주님께서 '축복의 산'에서 친히 가르친 말씀으로 '산상설교'라고도 한다. '산상수훈'은 주님께서 가르치신 말씀 가운데서 가장 중요하고 핵심적인 말씀이기에 '천국의 대헌장'(Magna Carta), '만왕의 왕의 대선언'(Manifesto, 매니페스토), '신구약 전 메시지의 요약'이라고 불린다.

이렇게 중요한 '산상수훈'이기에 우리는 산상수훈을 원래 주님께서 말씀하신 의중과 의도대로 올바르게 이해하는 것이 중요하다. 그러기 위해서는 먼저 다루어야 할 중요한 요점이 있다.

1. 주님께서 산상수훈을 선포하신 대상이 누군가 하는 것이다

산상수훈이 시작되기 직전인 마태복음 4장의 마지막 부분은 이렇게 기록되어 있다.

[마 4:23-25] 예수께서 온 갈릴리에 두루 다니사 그들의 회당에서 가르치시며 천국 복음을 전파하시며 백성 중의 모든 병과 모든 약한 것을 고치시니 **그의 소문이 온 수리아에 퍼진지라** 사람들이 모든 앓는 자 곧 각종 병에 걸려서 고통당하는 자, 귀신 들린 자, 간질하는 자, 중풍병자들을 데려오니 그들을 고치시더라 **갈릴리와 데가볼**

리와 예루살렘과 유대와 요단 강 건너편에서 수많은 무리가 따르니라

그리고 곧이어서 산상수훈이 시작된다.

> [마 5:1-2] 예수께서 **무리를** 보시고 산에 올라가 앉으시니 **제자들이 나아온지라** 입을 열어 가르쳐 이르시되

따라서 산상수훈에 나오는 '무리'는 예수님의 소문을 듣고 따르던 '수많은 무리'임을 알 수 있다. 주님께서는 그 무리를 보시고 산에 올라가 앉으셨고 제자들이 나아왔다. 주님께서는 입을 여시고 산상수훈을 가르치기 시작하셨다. 여기서 '제자들'은 열두 제자를 비롯한 예수님을 믿고 그분의 가르침을 받기 위해 열심히 따랐던 '넓은 의미의 제자들'을 가리킨다.

본문과 병행 구절인 누가복음 6:17에서는 산상설교를 들은 청중들을 가리켜서 '그 제자의 많은 무리'라고 표현하고 있다. 그리고 '제자'에 해당하는 '마데테스'가 '배우는 자'란 문자적인 의미를 지니기에 '넓은 의미의 제자들'로 볼 수 있다. 열두 제자 외에도 이런 '넓은 의미의 제자들'이 많이 있었다. 칠십 인의 제자들, 엠마오로 가던 두 제자, 막달라 마리아를 비롯한 여인들이 다 '넓은 의미의 제자들'이었다.

예수님의 공생애 전체 사역의 주제는 하나님 나라, 즉 천국이었다. 주님께서는 하나님 나라를 전파하심으로 공생애 사역을 시작하셨다.

> [마 4:17] 이 때부터 예수께서 비로소 전파하여 이르시되 회개하라 **천국이 가까이 왔느니라** 하시더라

주님께서 온 갈릴리에 두루 다니시면서 전파하신 말씀도 하나님 나라의 복음이었다.

> [마 4:23] 예수께서 온 갈릴리에 두루 다니사 그들의 회당에서 가르치시며 **천국 복음을 전파하시며** 백성 중의 모든 병과 모든 약한 것을 고치시니

이렇게 주님께서는 천국 복음을 전파하셨을 뿐 아니라 귀신을 쫓아내고 병을 고치심으로 당신을 통하여 하나님 나라가 이미 왔음을 선포하셨다.

[마 12:28] 그러나 내가 하나님의 성령을 힘입어 귀신을 쫓아내는 것이면 하나님의 나라가 이미 너희에게 임하였느니라

마태복음 13장에 나오는 비유도 온통 하나님 나라에 관한 것이었고, 승천하시기 전 40일 동안 세상에 계실 때도 말씀하신 주제가 하나님 나라였다.

[행 1:3] 그가 고난 받으신 후에 또한 그들에게 확실한 많은 증거로 친히 살아 계심을 나타내사 사십 일 동안 그들에게 보이시며 하나님 나라의 일을 말씀하시니라

주님의 일생의 주제가 하나님 나라였기에 '산상수훈'의 대주제 역시 천국, 하나님 나라인 것이 너무나 당연하다. 산상수훈의 서두에 나오는 팔복의 첫 번째 축복 선언과 마지막 축복 선언 역시 하나님 나라, 천국에 관한 것이다.

[마 5:3] 심령이 가난한 자는 복이 있나니 **천국이 그들의 것임이요**

[마 5:10] 의를 위하여 박해를 받은 자는 복이 있나니 **천국이 그들의 것임이라**

주님께서는 하나님 나라의 관점에서 산상수훈을 설교하셨다. 주님께서는 산상수훈을 통하여 왕이신 하나님의 통치를 받는 하나님 나라의 백성들이 이 세상에서 어떤 인격과 성품을 소유해야 하고, 또 어떤 삶을 살아야 하는지를 분명히 말씀하신다.

하나님 나라 백성들은 주님의 인격과 성품과 삶을 본받아 이 땅에서 그분을 닮아가는 삶을 산다. 3세기 교부 오리겐은 '주님의 팔복 선언은 자기 인격에 대한 계시'라고 했다. 이처럼 주님께서는 자신의 인격과 삶을 통해 하나님 나라의 백성들에게 모본을 보여주셨다.

우리는 산상수훈을 통해 왕이신 하나님께서 하나님 나라의 백성인 우리에게 무엇을 바라시며 어떤 수준의 삶을 살기를 원하시는가를 잘 알 수 있다. 이렇게 산상수훈은 죄인인 인간이 하나님 나라의 백성이 되기 위해서 지켜야 할 계명이 아니다. 하나님의 은혜로 구원받은 하나님 나라의 백성이 주님을 닮아 이 세상에서 어떤 인격과 성품을 소유해야 하고 어떤 삶을 살아야 할 것인가를 명쾌하게 보여주는 원전(原典. original text)이라고 할 수 있다.

산상수훈을 듣고 자신의 삶 속에서 실제로 적용해야 할 대상은 구원받은 하나님 나라의 백성이다. 회개와 믿음으로 구원의 좁은 문으로 들어가 구원의 좁은 길을 걷고 있는 하늘의 순례자이다. 그런데 주님으로부터 산상수훈을 들은 청중들은 그들만이 아니었다. 아직 하나님 나라의 백성이 아닌, 구원받지 못한 수많은 무리도 제자들과 함께 산상수훈을 들었다.

[마 5:1-3] 예수께서 **무리를 보시고** 산에 올라가 앉으시니 **제자들이 나아온지라** 입을 열어 가르쳐 이르시되 심령이 가난한 자는 복이 있나니 천국이 그들의 것임이요

산상수훈의 내용은 오직 하나님의 은혜로 구원받아 주님을 믿고 따르기로 작정한 하나님 나라의 백성들만이 받을 수 있고 이해할 수 있고 따를 수 있다. 그렇지만 구원받지 못한 수많은 무리도 반드시 산상수훈의 말씀을 들어야 한다. 왜냐하면, 그들 가운데는 앞으로 예수 믿고 구원받아 하나님 나라의 백성이 될 사람들이 있기 때문이다.

그들이 산상수훈의 말씀을 듣고 심령이 가난해져서 회개하고 예수 그리스도를 구주와 주님으로 믿고 영접한다면 그들 역시 천국을 소유한 하나님 나라의 백성이 될 수 있다. 성경은 참된 믿음은 오직 주님의 말씀을 듣는 데서부터 생긴다고 명확하게 말씀한다(롬 10:17).

본문을 피상적으로만 보면 주님께서는 제자들에게만 산상수훈을 가르치신 것처럼 보이기에 그렇게 주장하는 성경학자들과 설교자들이 있다. 그런데 그렇지 않다. 주님께서는 그들뿐만 아니라 그곳까지 따라온 무리에게 산상수훈을 가르치셨다. 우리는 그 확실한 증거를 마태복음 7장의 산상수훈 마지막 구절에서 발견할 수 있다.

[마 7:28-29] 예수께서 이 말씀을 (산상수훈을) 마치시매 **무리들이 그의 가르치심에 놀라니** 이는 그 가르치시는 것이 권위 있는 자와 같고 그들의 서기관들과 같지 아니함일러라

주님께서 산상수훈을 무리들에게도 가르치셨다는 또 하나의 증거가 있다.

[마 5:1-2] 예수께서 무리를 보시고 산에 올라가 앉으시니 제자들이 나아온지라 입을 열어 (그들에게) 가르쳐 이르시되

여기서 '산'으로 번역된 '오로스'는 높지 않은 산이나 언덕(hill)을 가리킨다. 성경이 묘사하고 있는 정황적인 증거를 보더라도 당시 산상수훈이 선포되던 장소는 많은 사람이 모일 수 있는 넓고 평평한 지역임을 알 수 있다. 이곳은 갈릴리 바다로부터 북서쪽으로 8km 정도 떨어진 구릉으로 널따란 평지가 있어 수천 명이 족히 앉아 말씀을 들을 수 있는 지형적 특성을 지니고 있다.

그 언덕의 정상에서 말을 하면 구릉 아래의 널따란 평지에 있는 수천 명이 다 들을 수 있다고 한다. 오늘날 이곳에는 산상수훈의 서두에 나오는 팔복을 상징하는 팔복교회가 세워져 있다.

오늘날도 산상수훈을 듣고 삶 속에서 실제로 적용하고 실천할 수 있는 사람은 오직 거듭난 하나님 나라 백성이다. 그렇지만 거듭나지 못한 사람들도 들어야 한다. 그래야 그들도 성령께서 역사하시면 거듭날 수 있고, 회개와 믿음으로 하나님 나라의 백성이 될 수 있기 때문이다.

2. 산상수훈이 실제로 우리 삶 속에서 실천 가능한 계명인가 하는 것이다

산상수훈을 피상적으로 대하면 산상수훈의 내용이 '은혜의 복음'보다 '율법의 행위'와 더 관련된 것처럼 느껴진다. 더군다나 그 기준이 너무나 높기

에 우리는 무거운 죄책감에 사로잡혀 절망적인 한숨을 내쉴 수밖에 없다. 산상수훈 앞에서 자신의 구원을 자신 있게 말할 수 있는 사람은 아무도 없다. 특히 천국과 지옥과 관련된 주님의 말씀을 우리가 정면으로 직면할 때 절망의 수렁에 깊이 빠져들어 갈 수밖에 없다.

[마 7:21] 나더러 주여 주여 하는 자마다 다 천국에 들어갈 것이 아니요 다만 하늘에 계신 내 아버지의 뜻대로 행하는 자라야 들어가리라

산상수훈은 우리 인간을 향한 하나님의 기준을 밝히 보여준다. 그것은 우리가 온전한 사람을 이루어 하나님의 아들 예수 그리스도의 장성한 분량이 충만한데 이르기까지 자라는 것이다(엡 4:13). 산상수훈은 하나님의 심판과 상급의 기준이다. 산상수훈에서 주님께서 밝히 말씀하시는 하나님의 기준은 마태복음 5:48의 말씀이다.

[마 5:48] 그러므로 하늘에 계신 너희 아버지의 온전하심과 같이 너희도 온전하라

하나님께서는 마지막 심판 날 이 기준을 따라 거듭나지 못한 모든 자를 심판하여 지옥으로 보내실 것이다. 그리고 거듭난 모든 자는 이 기준을 따라 합당하게 상급의 유무와 상급의 정도를 결정하실 것이다. 그러기에 산상수훈은 거듭난 자나 거듭나지 못한 자나 상관없이 모든 인간에게 강력하게 선포되어야 한다.

죄인인 모든 인간은 하나님의 심판 아래에서 산다. 인간은 산상수훈 앞에서 자신의 구원을 위해서 아무것도 할 수 없는 완전히 무력한 죄인임을 인정할 수밖에 없다. 주님께서는 산상수훈에서 미워하고 분노하는 것 자체가 살인이요(5:21-26), 음욕 자체가 간음이며(5:27-28), 악한 자를 선대하며 원수를 사랑하라고 명령하신다(5:38-41).

게다가 "하늘에 계신 하나님처럼 너희도 온전하라"(5:48)고 명령하시니 그 누가 감히 하나님의 기준인 산상수훈 앞에 설 수 있겠는가?

그 결과 우리는 절망적인 탄식을 내뱉으면서 우리 앞에 지옥문이 기다리고 있다는 사실 앞에서 두려워하며 벌벌 떨게 될 것이다.

이렇게 산상수훈에서 주님께서 요구하시는 기준과 목표는 우리가 도저히 도달할 수 없는 수준이다. 우리는 산상수훈 앞에서 이런 깊은 의문과 회의에 빠질 수밖에 없다.

> 누가 과연 천국에 들어갈 수 있는가?

산상수훈만큼 인간의 죄인 됨과 철저한 무능함과 처절한 절망감을 적나라하게 노출해 보여주고 각인시켜주는 것은 아무것도 없다(참조. 롬 3:10, 12, 23).

3. 산상수훈에는 몇 가지 중요한 기능이 있다

1) 산상수훈은 인간의 죄인 됨과 무능함을 철저히 자각하게 만든다

산상수훈은 '은혜의 복음'보다 '율법의 행위'와 더 관련된 것처럼 느껴지지만, 실제로는 그렇지 않다. 물론 산상수훈에는 은혜의 복음의 내용이 직접적이고 구체적으로 나타나 있지는 않다. 그렇지만 앞으로 나타날 복음의 사건과 메시지를 예시해주고 있고 그 길로 우리를 인도해 간다. 우리가 산상수훈을 정면으로 직면하면 누구도 '다 더러운 누더기 옷'(사 64:6)과 같은 자신의 의로움을 결코 붙잡을 수 없다.

하나님의 기준과 요구 앞에 자신이 완전히 벌거벗은 부끄러운 죄인임과 절대적인 무능함을 깊이 자각하기에 철저한 절망 속에서 그분 앞에 무릎을 꿇고 엎드리게 된다. 이런 절대적인 무능함과 철저한 절망은 오히려 구원의 희망의 새 출발이 된다. 그래서 산상수훈에는 예수 그리스도의 복음의 핵심이 내포되어 있고, 복음의 진수가 농축되어 있다.

죄인인 인간은 산상수훈을 통해 하나님의 순결하심과 거룩하심과 그분의 고귀한 뜻을 알게 된다. 그리고 그에 비례하여 거기에 도저히 도달할 수 없는 자신의 타락과 부패와 죄악 된 인간성과 그 정체를 깨닫게 된다. 그래서 깊이 회개하면서 하나님께 부르짖어 애타게 자비를 탄원할 수밖에 없게 된다.

산상수훈에 나타난 하나님의 기준과 요구 앞에 끝까지 굳게 붙잡고 살았던 자신의 마지막 한 오라기의 의로움마저 다 산산이 깨어지고 완전히 부서지고 만다. 우리가 가슴을 치면서 할 수 있는 것은 오직 한 가지밖에 없다.

[행 2:37] 형제들아 **우리가 어찌할꼬**

[눅 18:13] 하나님이여 불쌍히 여기소서 **나는 죄인이로소이다**

이 기가 막힐 절망의 웅덩이와 수렁(시 40:2)에서 끌어올릴 수 있는 유일한 것은 오직 하나님의 자비와 긍휼밖에 없다.

산상수훈은 강력한 복음의 메시지를 내포하고 있다. 하나님의 은혜는 산상수훈으로 인하여 완전히 깨어지고 부서지고 파헤쳐진 죄인의 마음 깊은 곳을 뒤흔들어 놓는다. 죄인이 은혜의 하나님을 인격적으로 만나게 하고, 그 하나님의 은혜와 사랑을 깊이 경험하게 하며, 오직 십자가만을 바라보게 한다. 그래서 우리의 유일한 의로움과 구원이 되시는 십자가에 달리신 예수 그리스도만을 전적으로 의뢰하게 한다(고전 1:30).

우리는 산상수훈을 통해서 거룩하신 하나님을 정확하게 알게 되고 죄인인 나 자신을 정확하게 알게 된다. "나 같은 죄인 살리신 주 은혜가 얼마나 놀라운 것인지"를 깊이 깨닫고 살게 된다. 그리하여 산상수훈을 대할 때마다 두려워하고 절망하던 모습이 변하여 이제는 하나님의 은혜에 대한 감사와 감격과 찬송의 삶을 살게 된다.

이렇게 산상수훈의 중요한 기능 가운데 하나는 우리의 죄인 됨과 무능함을 철저히 자각하게 함으로써 율법의 주요한 기능인 몽학 선생(**蒙學 先生**), 초등교사의 역할처럼(갈 4:24) 우리를 하나님의 은혜와 그리스도께로 인도하는 역할을 한다.

2) 하나님 나라의 백성들이 이 세상에서 살아야 할 삶의 기준과 목표와 원리를 제시해 준다

거듭나지 않은 죄인들은 절대로 산상수훈을 삶 속에서 실천할 수 없지만, 거듭나서 왕이신 하나님의 통치를 받는 하나님의 백성들은 삶 속에서 주님을 닮아가며 산상수훈을 실천하며 살 수 있다. 단기간 내에 그런 삶이 가능하거나 산상수훈의 내용을 완벽하게 다 실천할 수는 없지만, 일생의 과정을 통해 주님을 닮아가는 거룩한 성화의 삶을 살아갈 때 산상수훈의 기준과 목표와 삶의 원리에 점점 더 근접해 가는 삶을 살 수 있다. 우리 안에 주님께서 사시기 때문이다(갈 2:20).

또한, 하나님께서 당신의 기쁘신 뜻을 위하여 우리에게 선한 소원을 주시고 우리 안에서 행하시기 때문이다(빌 2:13; 1:6). 그리고 우리 안에 계신 성령님께서 우리를 모든 진리 가운데로 인도하시고(요 16:13), 우리가 성령을 따라 행할 때 육체의 욕심을 이루지 않고 성령의 열매를 풍성히 맺도록 역사하시기 때문이다(갈 5:16, 22-23).

우리는 순례자의 길을 걸으면서 산상수훈의 가르침을 따라 살 수 있다. 시간이 걸리고, 때로는 넘어지거나 비틀거릴 것이며, 곁길로 빠질 때도 있을 것이다. 그렇지만 우리는 주님을 닮아가는 거룩한 성화의 과정을 통해 결국 산상수훈의 교훈을 삶 속에서 실천하는 행복한 삶을 살게 될 것이다.

주님께서는 산상수훈에서 "너희 원수를 사랑하며 너희를 박해하는 자를 위하여 기도하라"(마 5:44)고 말씀하셨다. 이 말씀은 인간적으로는 불가능하지만, 기독교 2천 년 역사 동안 수많은 성도가 이 말씀을 실천하며 살았다. 오늘날에도 자기 삶 속에서 이렇게 산상수훈을 실천하면서 사는 그리스도인들이 세계 여러 곳에 참으로 많이 있다.

자신의 사랑하는 배우자나 부모나 자녀들의 온몸을 난자하고 처참하게 살육한 대적자들을 그리스도의 사랑으로 용서하는 사람들, 부활절 예배를 드리는 예배당을 급습하여 자살폭탄테러로 수십 명의 성도를 무참하게 살육한 원수들을 용서한 이집트 콥틱교회의 지도자들과 성도들, 예배당을 급습하여 예배드리는 성도들을 총으로 무자비하게 난사하여 죽인 원수를 용서한 미국의 그리스도인들, 지금도 이렇게 산상수훈의 가르침을 삶 속에서 실천하는 성도들을 통해 세상은 큰 도전과 충격과 감동을 받고 있다.

그런데 오늘 우리는 어떤가?
교회와 그리스도인들이 세상 사람들로부터 집중적으로 욕을 먹고 있고 혐오의 대상이 되고 있다. 이런 암울한 현실 속에서 산상수훈을 삶 속에서 실천해 나가는 것은 너무나 중요하다.
오늘부터 매주일 산상설교를 들을 때마다 산상수훈의 가르침이 실제 우리 삶 속에서 적용될 수 있도록 산상설교를 통하여 우리에게 말씀하시는 주님의 음성에 귀를 기울이라. 그리고 들은 말씀을 성령의 도우심을 힘입고 삶 속에서 구체적으로 하나씩 실천해 나가라.

제2장

심령이 가난한 자의 복

[마 5:3] 심령이 가난한 자는 복이 있나니 천국이 그들의 것임이요

인간은 누구나 이 땅에서 행복한 삶을 살기를 간절히 원한다. 인간의 이런 간절한 소원은 하나님의 간절한 소원이기도 하다. 인간이 이 땅에서 행복하게 사는 것이 하나님의 원래 의도였고 계획이었기 때문이다. 하나님은 인간을 창조하시자마자 즉시 복을 주셨다(창 1:27-28). 주님께서도 '천국의 대헌장'인 '산상수훈'을 시작하시면서 제일 먼저 참된 행복인 팔복(八福)을 말씀하신다.

팔복에 '복이 있나니'라는 말이 무려 9번이나 나온다. 헬라어 원문 성경에는 '복이 있나니'가 각각의 축복의 선언 제일 첫 부분에 위치하고 있고, 감탄사로 되어 있다.

> [마 5:3] 복이 있도다!('마카리오이') 심령이 가난한 자들이여, 왜냐하면('호티') 천국이 그들의 것이기 때문이다

여기서 '복'('마카리오스')이라는 단어는 '행복'이라는 의미이다. 주님께서 말씀하시는 행복은 인간의 행복이 아니라 주님의 행복이다. 땅에 속한 행복이 아니라 오직 주님께서만 주실 수 있는 하늘에 속한 신령한 행복이다. 이 세상 것으로는 결코 맛볼 수 없고 오직 천국에서만 맛볼 수 있는 인간의 상상을 뛰어넘는 최고 상태의 지고(至高)의 행복을 가리킨다.

이런 하나님의 의도와 주님의 간절한 소원에도 불구하고 오늘 우리의 현실은 어떤가?

거듭난 하나님의 백성임에도 불구하고 "나는 지금 행복한 삶을 살고 있다!"라고 말할 수 있는 사람이 많지 않다. 그것은 우리가 외적인 조건과 상황과 환경에서 행복을 찾으려고 하기 때문이다. 주님께서는 참된 행복은 외적인 조건과 상황과 환경에 달린 것이 아니라고 말씀하신다.

우리가 행복한 삶을 살기 위해서는 반드시 주님께서 제시하는 삶의 원리와 방식을 알고 거기에 맞춰 살아야 한다. 주님께서 제시하시는 삶의 원리와 방식은 우리가 생각하는 것과는 전혀 다르기에 우리는 그것을 받아들일 수 없고 이해할 수 없고 따를 수 없다. 따라서 우리가 행복한 삶을 살기 위해서는 반드시 성령의 조명하심과 도우심이 필요하다. 팔복 설교를 들을 때 반드시 성령의 조명하심과 도우심을 사모하면서 들으시기를 바란다.

주님께서 말씀하시는 참된 행복의 첫걸음은 바로 '심령의 가난함'이다. 심령의 가난함이 없이는 결단코 팔복의 길로 들어설 수 없고 행복한 삶을 살 수 없다. 팔복의 다른 모든 축복을 우리 자신의 것으로 삼을 수 없다. 이 복은 뒤따라오는 다른 모든 팔복의 열쇠가 된다. 주님께서 팔복을 말씀하실 때 뚜렷한 순서를 따라 말씀하셨다. 심령의 가난함이 팔복의 제일 처음에 와야 할 이유가 있다. 심령이 가난하지 않고는 우리가 결코 천국 시민이 될 수 없기 때문이다. 심령의 가난함은 천국 시민의 기본 특징이기에 이것 없이는 참된 복을 소유할 수 없고 행복한 삶을 살 수 없다. 우리가 천국을 소유하고 누리는 것은 바로 심령의 가난함으로부터 시작된다. 모든 복의 기초와 행복한 삶의 첫걸음은 바로 심령이 가난한 데서부터 시작된다.

그렇다면 심령이 가난하다는 것은 무엇을 의미하는가?

1. 심령의 가난함은 단순히 물질의 가난함을 가리키지 않는다

물질적으로 가난한 사람이 부유한 사람보다 심령이 더 가난해질 가능성이 훨씬 더 농후하다. 주님께서는 누가복음 6:20에서 이렇게 말씀하신다.

> [눅 6:20] 예수께서 눈을 들어 제자들을 보시고 이르시되 **너희 가난한 자는 복이 있나니 하나님의 나라가 너희 것임이요**

여기서 가난한 자는 일차적으로는 심령이 가난한 자가 아니라 물질적으로 가난한 자를 가리킨다. 그 내용이 산상수훈의 말씀과 아주 유사한 야고보서에서도 같은 말씀을 한다.

> [약 2:5] 내 사랑하는 형제들아 들을지어다 하나님이 세상에서 가난한 자를 택하사 믿음에 부요하게 하시고 또 자기를 사랑하는 자들에게 약속하신 나라를(천국을) 상속으로 받게 하지 아니하셨느냐

반대로 부자는 심령이 가난해지기가 쉽지 않다. 주님께서는 부자가 천국에 들어가는 것이 불가능하다고까지 말씀하신다.

> [마 19:23-24] 예수께서 제자들에게 이르시되 내가 진실로 너희에게 이르노니 부자는 천국에 들어가기가 어려우니라 다시 너희에게 말하노니 낙타가 바늘귀로 들어가는 것이 부자가 하나님의 나라에 들어가는 것보다 쉬우니라

물질적으로 부유한 사람보다 가난한 사람이 심령의 가난함을 소유하기가 훨씬 더 쉽지만, 단순히 물질적으로 가난한 사람이 심령이 가난한 사람이라고는 결코 말할 수 없다. 아무리 물질적으로 가난하더라도 물질에 집착하는 탐욕을 가진 사람은 심령이 가난한 사람이 아니다. 가진 자에 대한 적개심과 원한과 원망하는 마음을 가지고 있는 사람도 심령이 가난한 사람이 아니다. 가난 때문에 비교의식과 열등의식과 비관에 사로잡혀 있는 사람도 심령이 가난한 사람이 아니다.

마태복음의 '산상설교'와 병행 구절이고, '평지설교'라고 불리는 누가복음 6:20에서 주님께서 말씀하신 "너희 가난한 자는 복이 있나니 하나님의 나라가 너희 것임이요"라는 말씀은 단순히 물질적으로 가난한 사람을 가리키는 것이 아니다. 그 사람은 물질적으로 가난하기에 심령의 가난함을 소유한 사람이다. 또 심령의 가난함을 소유했기에 자원해서 물질을 나누어 줌으로 자신은 가난해지고 다른 사람들을 부요케 하는 사람이다. 그리고 물질로부터 진정으로 자유해진 사람이고, 가난한 자와 자신을 일치시킴으로 가난해진 사람이다.

우리가 주님의 이 명령에 잘 순종하지 못하는 이유가 두 가지가 있다. 우리의 믿음이 작기 때문이고, 또 이런 주님의 부담스러운 말씀을 대할 때 우리가 정면으로 직면하여 진지하게 생각하고 고민하며 씨름하지 않기 때문이다. 이런 말씀을 그냥 흘려보낸다.

쉐인 클레어본(Shane Clairborne, 1975-)은 『믿음은 행동이 증명한다』(*The Irresistible Revolution,* 아바서원, 2013)에서 대학 시절 여름방학 3개월 동안 인도 캘커타의 마더 테레사를 방문하여 봉사했던 이야기를 한다.

거기서 그는 독일의 부유한 사업가였던 앤디를 만났다. 앤디는 어느 날 복음서의 말씀을 무심코 읽고 나서 "모든 게 혼란스러워졌다"고 고백했다. "너희 소유를 팔아 가난한 사람들을 구제하라"(눅 12:33)는 예수님의 명령을 읽은 후에 깊이 생각하면서 고민하고 씨름한 후에 실제로 그렇게 했다.

앤디는 모든 소유를 다 팔아 인도의 캘커타로 이주해온 뒤 10년 동안 가난한 사람 중에서도 가장 가난한 사람들과 살고 있었다. 그는 조만간 고향을 방문하여 노년을 맞은 모친을 잠깐 만난 후, 다시 인도로 돌아와 새 가족이 된 죽어가는 사람들과 여생을 함께할 것이라고 말했다.

본문에서 주님께서 말씀하시는 '심령의 가난함'을 『옥스퍼드 원어성경대전』은 이렇게 설명한다. "심령의 가난은 내면적 가난이란 의미와 더불어 물질적 가난도 포함하는 것으로 보아야 한다." 즉, 심령의 가난함은 중요도나 우선순위에 있어서는 내면의 가난함이 우선이지만 거기서 멈추지 않는다는 것이다.

그것은 물질적 가난함으로까지 나아간다. 이 설명은 앗시시의 성 프란시스의 고백 의미를 잘 이해할 수 있도록 한다. 그는 "하나님께로 나아가는 길은 가난이다. 나는 가난을 사랑하여 가난과 결혼했고, 가난이 내 아내다"라고 했다. 그가 말한 '가난'은 심령의 가난함에서부터 나오는 물질의 가난함을 가리킨다.

2. 심령의 가난함은 인위적인 겸손이나 자기 비하를 가리키지 않는다

"나는 부족해요. 저는 못 해요." 뒷걸음치며 꽁무니 빼며 숨는 것이 '심령의 가난함'이 아니다.

3. 주님께서 말씀하시는 '심령의 가난함'은 무엇을 가리키는가?

헬라어로 '가난과 궁핍'을 뜻하는 단어가 두 가지가 있다. 하나는 '페네스'이고, 다른 하나는 '프토코스'이다. '페네스'는 하루 벌어 하루 먹고 사는 일용노동자들처럼 여분의 것이라고는 아무것도 없는 사람들을 가리킨다. 반면에 '프토코스'는 그것보다 훨씬 정도가 심한 사람들이다.

자신의 힘으로는 절대로 의식주를 해결할 수 없기에 다른 사람을 의지할 수밖에 없는 절대 극빈자를 가리킨다. 성경은 의지할 사람이나 재산이 전혀 없었던 거지 나사로(눅 16:20-21)와 마지막 남은 생활비 전부인 두 렙돈을 바쳤기에 완전히 빈털터리가 된 과부(막 12:42-43)를 나타낼 때 '프토코스'라는 단어를 사용했다.

여기서 '심령이 가난한 자'에서 사용된 단어는 '프토코스'였다. '심령이 가난한 자'는 절대적으로 빈곤한 심령을 소유한 자를 가리킨다. 즉, 하나님 앞에서 자신이 아무런 소망이 없는 죄인임을 깊이 인식하고 자신의 무능함과 무가치함을 깊이 자각하는 사람이다. 그는 하나님만을 전적으로 의지한다. 하나님의 은혜만을 꼭 붙잡는다. 전심으로 하나님을 갈망한다. 이처럼 심령의 가난함은 자신에 대한 철저한 자각과 완전한 절망으로부터 시작된다.

비록 자신에게 의로움과 선한 행위가 있다고 할지라도 결코 그것을 의지하지 않는다. 왜냐하면, 거룩하신 하나님께서 보실 때 그 모든 것은 다 더러운 누더기에 불과하다는 사실을 잘 알기 때문이다(사 64:6). 그는 하나님의 자비와 긍휼만을 전적으로 의지하고, 오직 주님의 십자가만을 바라본다. 누가복음 18장에 나오는 세리처럼 감히 하늘을 쳐다보지도 못하고 가슴을 치면서 탄식한다(18:13).

칼빈은 "오직 피골이 상접(相接)하여 하나님의 자비를 의지하는 자만이 심령이 가난한 자"라고 했다. 심령이 가난한 사람은 하나님의 은혜가 없이는 구원도 없고 성화도 없고 승리도 없고 복된 삶도 없음을 깊이 깨닫는다.

그래서 목마른 사슴이 시냇물을 사모하듯이 하나님의 은혜를 간절히 사모한다(시 42:1). 파수꾼이 아침을 기다리는 것보다 더 간절한 마음으로 하나님을 기다린다(시 130:6). 주님 없이는 살 수 없음을 잘 알기에 주님을 얻고 그 안에서 발견되려고 세상의 모든 귀한 것들을 배설물처럼 여긴다(빌 3:8-9). 밭에 감추인 천국의 보화를 사기 위해 자기의 귀한 소유를 기꺼이 다 판다(마 13:44).

이런 모습이 심령이 가난한 사람들의 특징적인 모습이다.

4. 우리는 어떻게 심령이 가난한 자가 될 수 있는가?

1) 거룩하신 하나님을 바라보고 자신을 보아야 한다

심령이 가난한 자가 되기 위해서는 다른 사람들을 바라보고 자신을 보아서는 안 된다. 다른 사람과 비교해서 자신을 보아서는 안 된다. 완전히 거룩하신 하나님을 바라보고 우리 자신을 보아야 한다.

성경에 나오는 심령이 가난한 자들은 모두 거룩하신 하나님을 바라보고 자신을 보았던 자들이었다. 이사야 선지자는 성전에 들어가서 거룩하신 하나님을 보았다. 그 순간 자신이 영적으로 얼마나 가난한 자인가를 깊이 깨달으면서 울부짖는다.

> [사 6:5] … 화로다 나여 망하게 되었도다 나는 입술이 부정한 사람이요 나는 입술이 부정한 백성 중에 거주하면서 만군의 여호와이신 왕을 뵈었음이로다 …

시몬 베드로는 주님의 말씀에 순종하여 그물을 깊은 데로 던져 그물이 찢어질 정도로 많은 고기를 잡게 되었다.

그 순간 그는 주님 앞에 엎드려 탄식한다.

[눅 5:8] 주여, 나를 떠나소서. 나는 죄인이로소이다

거룩하신 하나님을 계속 바라보고 자신을 계속 보는 사람은 가난한 심령을 지속적으로 간직하게 된다. 깨어지고 상한 마음을 가지고 주님의 십자가와 그분의 의로우심을 계속해서 의지하게 된다.

2) 끊임없이 자기를 부인해야 한다

'심령이 가난한 자'는 절대적으로 빈곤한 심령을 소유한 '영적 파산자, 절대 극빈자'이다. 심령의 가난함은 자신의 죄악 됨과 무능함과 무가치함을 깊이 자각하고 자신에 대해 철저히 절망하는 것으로부터 시작된다. 심령의 가난함은 자기를 부인하는 것과 밀접하게 연관되어 있다. 그러므로 자기를 부인하지 않는 사람은 결단코 심령이 가난한 자가 될 수 없다. 자기가 부인되지 않으면 하나님을 의지하기보다 자기를 더 의지하게 된다.

하나님의 은혜를 붙잡기보다 자기 행위와 의로움과 열심과 노력을 더 붙잡게 된다. 하나님의 말씀보다 인간적인 사고방식과 경험과 주관을 더 신뢰하게 된다.

그 결과 심령이 가난한 자가 될 수 없다. 주님께서는 당신을 따르기를 원하는 모든 사람에게 제일 먼저 요구하신 것이 바로 자기를 부인하는 것이었다.

[눅 9:23] … 아무든지 나를 따라오려거든 자기를 부인하고 날마다 제 십자가를 지고 나를 따를 것이니라

자기를 부인하는 것은 결코 쉬운 일이 아니다. 우리의 가장 큰 대적이 바로 우리 자신이기 때문이다. 우리를 옴짝달싹 못하게 붙잡고 있는 것은 타락하고 부패한 우리 자아이기 때문이다. 칼빈은 말한다.

우리의 가장 큰 대적은 세상도 아니고, 마귀도 아니다. 우리가 싸워야 할 가장 큰 대적은 바로 우리 자신이다.

칼빈은 『기독교 강요』에서 '그리스도인의 삶의 핵심은 자기를 부인하는 것'이라고 강조한다. 자기 부인이 너무나 중요하지만 교만하고 타락한 인간은 본성적으로 자기를 부인할 수 없고 가난한 심령을 가질 수 없다. 죄인인 인간은 선이나 의를 조금이라도 행하면 그것을 붙잡고 드러내고 싶어 하기 때문이다. 자기를 부인하고 가난한 심령을 가지고 사는 것은 오직 하나님의 은혜로만 가능하다. 복음의 놀라운 역사와 성령의 능력으로만 가능하다.

심령의 가난함을 가지고 살 수 있는 사람은 하나님의 은혜가 없이는 결코 살 수 없는 존재인 것을 철저히 깨닫고 오직 하나님의 은혜만을 굳게 붙잡고 사는 사람이다. 그러나 이렇게 하는 것이 쉽지 않기에 하나님은 종종 '고통'이라는 방법을 사용하신다. 고통은 우리가 자신을 철저히 부인하게 하고 자아를 철저히 깨뜨리게 만들어서 우리 심령을 가난한 심령으로 만든다.

우리는 고통을 당할 때 이 땅에서 지옥을 조금 맛보게 된다. 우리가 당하는 고통은 지옥의 흙탕물이 튀겨진 것이다. 우리가 이 땅에서 편안한 삶만을 산다면, 우리가 영원한 존재라는 사실을 쉽게 잊게 된다.

그러나 지옥의 흙탕물로 인해 그렇게 되지 않는다. 지옥의 흙탕물은 우리가 가야 할 천국과 우리가 피해야 할 지옥을 날마다 집요하게 상기시켜 준다. 우리는 고통을 통해서 내가 원래 가야 할 지옥이 어떤 곳인지를 알게 된다. 그곳으로부터 우리가 구원받은 것이 얼마나 놀라운 은혜인지를 더 깊이 깨닫게 된다.

그리고 앞으로 우리가 갈 영원한 천국이 얼마나 귀하고 영광스러운 곳인가도 더 깊이 알게 된다. 이 땅에서 우리가 지옥의 작은 부분을 맛봄을 통해 천국은 더욱 귀한 천국이 된다. 우리의 상처 자국, 고뇌, 거절당하고 고통당했던 모든 것은 주님께서 우리를 위해 친히 겪으신 고통이 어떤 것인가를 조금이나마 맛보게 하시려고 주님께서 주신 '변장 된 선물'이다. 고통 속에서 지옥의 맛을 보는 것은 단순히 '지옥의 맛'을 보는 것이 아니라, 역설적으로 '천국의 맛'을 미리 맛보는 것이다.

고통은 우리가 하나님 만날 준비를 철저히 하도록 만든다. 그리고 고통을 통해 주님께 대한 우리의 사랑을 증명할 수 있게 만든다.

우리가 이 땅에서 주님을 위해 아무런 고통도 겪지 않고 상처 자국도 없이 살았다면, 천국에서 주님을 만날 때 그분께 대한 우리의 사랑을 무엇으로 증명할 수 있겠는가?

고통을 통해서 우리는 영원히 존귀한 것들을 우리 대신 고통을 당하신 주님과 함께 영원히 공유하게 될 것이다. 우리는 이 땅에서 겪은 고통 때문에 천국에서 더 아름답고 귀한 기쁨을 누리게 될 것이다.

특별히 고통을 통해서 얻을 수 있는 유익 가운데 가장 귀한 것은 우리가 흠 없고 티 없는 주님의 거룩한 형상으로 계속 만들어지며 주님을 더욱 닮게 된다는 것이다. 고통은 우리를 거룩하게 만들어서 하늘나라의 영원한 영광의 중한 것을 얻게 한다.

> [고후 4:17] 우리가 잠시 받는 환난의 경(輕)한 것이 지극히 크고 영원한 영광의 중(重)한 것을 우리에게 이루게 함이니

우리는 고통을 당하기 전까지는 이 사실을 알지 못하고 믿지 못한다. 고통을 겪을 때 처음에는 우리의 마음이 메마르고 곤고하고 깨어지고 망가지는 경우들이 많이 있다. 원망과 불평과 미움 속에서 고집을 부리고 불평을 터뜨리고 분노하고 소리소리 지른다. 은혜가 풍성하신 하나님께서는 우리를 그런 상태로 내버려두지 않으시고 더욱 은혜를 베푸신다.

우리는 하나님의 은혜로 인해 고통의 과정을 겪으면서 거룩하시고 선하시고 신실하신 하나님을 알게 되고, 우리 자신의 악함과 교만함과 강퍅 함과 무지함을 보게 된다. 죄를 깊이 회개하게 되고, 완고하고 교만했던 자아가 철저히 깨어지고 부서지며, 믿음이 연단되고 성품이 변화된다. 그런 과정을 통해 고통이 우리가 주님의 형상을 닮는 데 있어서 꼭 필요한 '변장된 하나님의 축복'임을 알게 된다. 결국, 우리는 고통을 허락해 주신 하나님께 진정으로 감사하게 된다.

가난한 심령을 가질 때 비로소 천국을 소유하여 내 안에 천국이 임하는 것을 경험하게 된다.

> [마 5:3] 심령이 가난한 자는 복이 있나니 **천국이 그들의 것임이요**

여기서 주님께서 강조하시는 것은 '그들의 것'이라는 단어이다. 천국은 오직 심령이 가난한 자들만의 것이다. 천국은 오직 거룩하신 하나님을 바라보고 자기를 보는 심령이 가난한 사람만이 소유할 수 있다. 자기를 끊임없이 부인하는 심령이 가난한 사람만이 이 땅에서부터 천국을 경험하며 살 수 있다. 그리고 자기 삶 속에서 왕이신 하나님의 다스리심을 실제로 체험할 수 있다. 오직 심령이 가난한 자에게만 천국이 선물로 주어진다. 오직 그들만이 천국 시민의 특권을 이 땅에서부터 풍성히 누릴 수 있다.

사랑하는 성도 여러분!
주님의 행복을 소유하고 진정으로 행복한 삶을 살기를 원하는가?
왕이신 하나님의 다스림을 받으면서 천국을 소유하고 풍성하게 누리며 살기를 소원하는가?
땅의 것을 구하지 말고 가난한 심령으로 위의 것을 구하라. 세상의 어떤 것도 의지하지 말고 오직 하나님만을 전적으로 의지하라. 여러분의 행위와 의로움을 붙잡지 말고 오직 하나님의 은혜만을 꼭 붙잡아라. 세상의 헛된 것들을 갈망하지 말고 하나님을 전심으로 갈망하라. 그때 하나님께서는 당신의 행복으로 가득 채워주실 것이다.
그래서 비록 몸은 이 땅에 거해도 심령은 하늘나라를 풍성하게 경험하게 될 것이다. 여러분은 심령이 가난한 자로 이 세상과 오는 세상에서 영원히 복되고 행복한 삶을 살게 될 것이다.

제3장

애통하는 자의 복

[마 5:4] 애통하는 자는 복이 있나니 그들이 위로를 받을 것임이요

주님께서는 우리가 이 땅에서 참된 행복을 누리며 살기를 간절히 원하시기에 하나님 나라 백성의 삶의 목표요 기준인 산상수훈을 시작하시면서 팔복을 통해 삶의 원리와 방식을 제시하신다. 주님께서는 "심령이 가난한 자들은 복이 있다"고 말씀하신 후 이어서 "애통하는 자는 복이 있다"고 말씀하신다.

우리 생각으로는 애통은 저주이지 결코 축복이 될 수 없다. 우리는 할 수만 있으면 슬픔과 고통은 잊으려 하고 기쁨 가운데 살려고 한다. 그러나 주님께서는 애통하는 사람만이 하늘의 위로를 받으며, 우는 자만이 참된 기쁨을 얻는다고 말씀하신다.

[마 5:4] **복이 있도다!**('마카리오이') 애통하는 자들이여, **왜냐하면**('호티') 그들이 위로를 받을 것이기 때문이다

[눅 6:21하] … 지금 우는 자는 복이 있나니 너희가 웃을 것임이요

주님께서 말씀하시는 애통은 우리가 생각하는 애통과 다르다. 우리는 물질이나 건강이나 인간관계의 어려움을 당할 때 슬퍼한다. 절박한 문제가 해결되지 않거나 간절한 소원이 이루어지지 않을 때 애통한다.

그러나 주님께서 말씀하시는 애통은 '영적인 애통'이다. 팔복의 첫 번째 복인 '심령의 가난함'이 철저히 영적인 것처럼 '애통'도 철저히 영적인 것이다.

그렇다면 주님께서 복이 있다고 말씀하시는 애통하는 자들은 어떤 사람들인가?

1. 자신의 죄악 때문에 애통하는 사람이다

'애통하다'('펜데오', mourn)라는 단어는 '극도로 슬퍼하다'는 뜻이다. 성경에는 눈물이나 슬픔을 표현하는 용어가 9가지 정도가 있는데, '펜데오'라는 용어는 강도나 농도에 있어서 최상급의 표현이다.

이 단어는 사랑하는 부모나 자녀, 혹은 배우자가 죽어서 격한 슬픔에 사로잡혀 가슴을 치며 통곡할 때 사용되었다. 히브리어 구약성경을 헬라어로 번역한 칠십 인역 성경을 보면 요셉이 짐승에 찢겨 죽었다는 소식을 전해 들은 아버지 야곱의 애통을 표현할 때 이 단어를 사용한다.

> [창 37:34-35] (야곱이) 자기 옷을 찢고 굵은 베로 허리를 묶고 오래도록 그의 아들을 위하여 애통하니('펜데오') 그의 모든 자녀가 위로하되 그가 그 위로를 받지 아니하여 …

'심령이 가난한 자'에게는 이렇게 가슴 깊은 곳에서부터 터져 나오는 심령의 애통함과 영혼의 거룩한 탄식이 있다. 심령이 가난한 것과 애통하는 것은 아주 밀접하게 연관되어 있다. 진정한 애통은 심령의 가난함에서부터 필연적으로 나온다. '심령이 가난한 자'는 늘 거룩하신 하나님을 바라보고 자신을 보는 사람이기에 자기 행위와 공로로는 결코 하나님 앞에 설 수 없다는 사실을 잘 안다.

자신의 모든 것을 가지고는 결코 하나님을 기쁘시게 할 수 없다는 사실을 깊이 깨닫는다. 하나님 앞에서 자신의 무능함과 무가치함을 철저히 자각하고 자신에 대해 처절하게 절망한다. 그래서 하나님 앞에 마음을 찢으면서 애통하지 않을 수 없다. 가슴을 치면서 극도로 슬퍼하지 않을 수 없다.

이처럼 거룩하신 하나님을 바라보고 자신을 보는 사람은 애통할 수밖에 없다. 마음 중심에서부터 자신을 찢고 자아를 깨뜨리는 완전히 깨어진 상한 마음을 가질 수밖에 없다.

하나님께서는 죄악을 결코 용납지 아니하시는 완전히 거룩하신 분이시다. 회개하지 않는 죄인들을 무섭게 심판하시는 절대 공의로우시고 엄위(嚴威)하신 분이시다.

> [딤전 6:15-16] … 하나님은 복되시고 유일하신 주권자이시며 만왕(萬王)의 왕이시며 만주(萬主)의 주시요 오직 그에게만 죽지 아니함이 있고 **가까이 가지 못할 빛에 거하시고 어떤 사람도 보지 못하였고 또 볼 수 없는** 이시니 그에게 존귀와 영원한 권능을 돌릴지어다 아멘

우리가 이렇게 절대 거룩하시고 의로우신 하나님 앞에 서는 순간, 우리의 모든 죄악과 허물은 하나도 숨김없이 그대로 다 드러난다. 완전히 벌거벗은 모습 그대로 서게 된다. 그 순간 우리는 우리의 더럽고 추악한 죄와 그 죄의 값인 하나님의 무서운 진노와 심판에 직면하기에 몸부림치면서 애통하며 울부짖을 수밖에 없다.

그때 우리는 단순히 죄를 깨달아 잘못을 인정하고 죄를 고백하는 정도로 끝날 수 없다. 나 자신이 정말 하나님이 미워하시는 추악한 죄를 범했고, 그리하여 하나님의 무서운 저주와 심판을 받을 수밖에 없다는 사실에 전율하여 몸부림치면서 애통하며 통회한다. 가슴을 치면서 상한 심령으로 마음을 찢고, 상하고 통회하는 마음으로 하나님께 돌이킨다.

하나님을 경외하는 성도들의 삶에는 예외 없이 하나님 앞에서 자신의 죄악 된 모습을 보고 통회자복하는 처절한 애통의 시간이 있었다. 자신의 거짓됨과 추악함, 그리고 그로 인한 비참함과 깊은 절망으로 인하여 견딜 수가 없어서 가슴을 치며 깊이 슬퍼했던 시간이 있었다. 바울은 거룩하신 하나님 앞에서 자신의 거짓됨과 죄악 됨과 비참함을 보자마자 소리치며 애통했다.

> [롬 7:18, 24] 내가 원하는 바 선은 행하지 아니하고 도리어 원하지 아니하는 바 악을 행하는도다 … 오호라 나는 곤고한 사람이로다 이 사망의 몸에서 누가 나를 건져내랴

이런 사람이 참으로 복이 있는 애통하는 사람이다. 그는 하나님 앞에서 자신의 거짓됨과 죄악 됨, 비참함을 바라보면서 애통하기에 오직 하나님의 자비하심과 긍휼하심만을 의지한다. 오직 그리스도의 십자가만을 굳게 붙잡는다. 주님의 도우심을 간절히 바라고 사모한다. 그의 삶은 거룩하시고 순결하신 주님을 닮아가면서 더욱 거룩해지고 순결해지고 성숙해진다. 우리가 죽는 순간까지 끊임없이 추구해야 할 것은 바로 거룩함이다.

하나님과 독생자 예수 그리스도는 거룩하신 분이시기 때문이다. 하나님께서는 당신의 자녀들이 당신을 닮아 거룩해지기를 간절히 원하시기 때문이다.

> [벧전 1:15-16] 오직 너희를 부르신 거룩한 이처럼 너희도 모든 행실에 거룩한 자가 되라 기록되었으되 내가 거룩하니 너희도 거룩할지어다 하셨느니라

스위스에서 시작된 '라브리 운동'의 창시자였던 프란시스 쉐퍼 박사는 생애 말년에 암에 걸려 혹독하게 싸웠다. 그러면서도 그는 자신의 조국인 미국에 건너가 대학 캠퍼스를 다니면서 피를 토하며 젊은이들에게 메시지를 전했다.

> 사랑하는 여러분!
> 행복을 삶의 목표로 갖지 마십시오. 그것은 불신자도 구할 수 있는 것입니다. 예수 믿지 않는 사람도 행복을 삶의 목표로 갖습니다. 그것은 그리스도인이 구할 바가 못 됩니다.
> 거룩을 삶의 목표로 삼고 구하십시오. 미국 그리스도인들의 문제는 행복은 구하지만, 거룩은 구하지 않는다는 것입니다.

그리스도인의 삶의 목표와 최고 가치는 바로 거룩함(holiness)이다. 우리가 거룩을 우리 삶의 목표와 최고 가치로 삼고 살아가면 필연적으로 참된 행복이 우리 뒤를 따라오게 되어 있다. 행복은 우리 삶의 목표가 아니라 거룩함을 목표로 삼고 살아갈 때 자연스럽게 맺혀지는 열매이다. 우리가 거룩함을 따를 때 하나님의 임재를 경험하게 되고, 하나님께서 주시는

참된 행복을 마음껏 누리며 살 수 있다.

[히 12:14중] … **거룩함을 따르라 이것이 없이는 아무도 주를 보지 못하리라**

우리가 일생을 통해서 지속해서 추구하며 성취해야 할 것은 바로 하나님을 닮아 거룩해지는 것이다. 이것은 우리가 거룩하신 하나님을 바라보고 자신을 보면서 하나님을 두려워하는, 애통하는 마음으로부터 시작된다.

[고후 7:1] 그런즉, 사랑하는 자들아 이 약속을 가진 우리는 **하나님을 두려워하는 가운데서 거룩함을 온전히 이루어** 육과 영의 온갖 더러운 것에서 자신을 깨끗하게 하자

우리가 자신의 더럽고 추악한 모습을 더욱 깊이, 더욱 민감하게 느낄 때 애통함으로 거룩함을 더욱 사모하고 갈망하게 된다. 그때 우리는 죄를 죽이고 정욕과 탐심을 십자가에 못 박으면서(갈 5:24) 하나님을 닮아가는 거룩한 삶으로 나아가게 된다.

2. 다른 사람들의 죄악 때문에 애통하는 사람이다

하나님을 경외하는 성도들은 자신의 죄악뿐만 아니라 자녀들과 가족과 친구, 그리고 회심하지 못한 형식적인 신자, 이웃, 민족의 죄와 허물을 바라보면서 슬퍼하고 애통한다. 어거스틴이 오랜 시간 동안 허랑방탕한 삶을 살고 있을 때, 어머니 모니카는 그 아들의 죄악 때문에 주님 앞에 애통하며 통곡하며 눈물로 기도했다.

결국, 어거스틴은 주님 앞에 돌아올 수 있었고, 기독교 역사에 가장 빛나는 발자취를 남길 수 있었다. 성 어거스틴은 자신의 『참회록』에서 고백한다.

우리 어머니가 저를 위하여 기도할 때 하나님의 귀는 우리 어머니의 심령의 부르짖음을 듣고 계셨습니다.
우리 어머니가 못난 아들인 나를 위하여 기도할 때 어머니의 두 뺨에서 흘러내린 눈물이 땅을 흠뻑 적셨습니다.
나를 위하여 날마다 애통하며 기도하신 어머니의 간절한 기도야말로 나를 구원한 가장 중요한 핵심 요소였습니다.

하나님을 경외하는 성도들은 다 이런 삶을 살았다. '눈물의 선지자' 예레미야는 자기 민족의 죄악과 그 죄의 결과로 인한 비참함과 패망을 보고 통곡하며 애통했다.

[렘 9:1] 어찌하면 내 머리는 물이 되고 내 눈은 눈물 근원이 될꼬 죽임을 당한 딸 내 백성을 위하여 주야로 울리로다

[애 2:11] 내 눈이 눈물에 상하며 내 창자가 끊어지며 내 간이 땅에 쏟아졌으니 이는 딸 내 백성이 패망하여 어린 자녀와 젖 먹는 아이들이 성읍 길거리에 기절함이로다

에스겔 9장에는 유다 백성이 우상숭배로 인하여 멸망 당하는 장면이 기록되어 있다. 하나님께서는 우상숭배 하는 악한 백성들을 심판하시기 전에 심판하는 천사에게 명령하신다.

[겔 9:4] … 너는 예루살렘 성읍 중에 순행(巡行)하여 그 가운데 행하는 모든 가증한 일로 말미암아 탄식하며 우는 자의 이마에 표를 그리라

이렇게 하나님께서는 자기 민족의 가증한 우상숭배의 죄악 때문에 애통하며 탄식하며 우는 자들을 불쌍히 여기셔서 그들을 하나님의 무서운 심판에서 벗어나도록 해주셨다.
하나님을 경외하는 성도들은 다른 사람들의 가증한 죄악을 보고 탄식하며 애통하며 울었다. 시편 119:136에서 시편 기자는 고백한다.

[시 119:136] 그들이 주의 법을 지키지 아니하므로 내 눈물이 시냇물 같이 흐르나이다

바울 사도도 같은 고백을 한다.

[빌 3:18] 내가 여러 번 너희에게 말하였거니와 이제도 눈물을 흘리며 말하노니 여러 사람들이 그리스도의 십자가의 원수로 행하느니라

그들이 이렇게 애통하며 눈물을 흘리는 이유는 죄인들을 향한 하나님의 안타까운 심정과 애통하는 마음을 알았기 때문이다. 주님의 아픈 마음을 가슴에 가득 품었기 때문이다.

[겔 18:23; 33:11] 주 여호와의 말씀이니라 나의 삶을 두고 맹세하노니 나는 악인이 죽는 것을 기뻐하지 아니하고 악인이 그의 길에서 돌이켜 떠나 사는 것을 기뻐하노라 이스라엘 족속아 돌이키고 돌이키라 너희 악한 길에서 떠나라 어찌 죽고자 하느냐 하셨다 하라

주님께서는 이 세상에 계실 때 이스라엘 백성들의 죄악과 그로 인한 무서운 심판과 멸망을 바라보시면서 탄식하고 애통하며 대성통곡(大聲痛哭)하셨다.

[눅 19:41-44] 가까이 오사 성을 보시고 우시며 이르시되 너도 오늘 평화에 관한 일을 알았더라면 좋을 뻔하였거니와 지금 네 눈에 숨겨졌도다 날이 이를지라 네 원수들이 토둔을 쌓고 너를 둘러 사면으로 가두고 또 너와 및 그 가운데 있는 네 자식들을 땅에 메어치며 돌 하나도 돌 위에 남기지 아니하리니 이는 네가 보살핌 받는 날을 알지 못함을 인함이니라

여기서 '우시며'('클라이오')라는 단어는 '애곡(哀哭)하다, 통곡하다'라는 뜻이 있다. 이 단어는 감정을 삭이면서 소리 죽여 눈물을 흘리는 것을 가리키지 않고 자신의 슬픈 감정을 밖으로 표출시키는 격렬한 비통함을 가리킨

다. 갑자기 울음을 터트리며 소리 내어 통곡하는 격렬한 행동을 표현하는 단어이다. 예루살렘의 멸망을 애통해하셨던 주님께서는 많은 사람이 모여 있음을 아랑곳하지 않으시고 가슴이 터질 것 같은 격렬한 괴로움을 영혼의 부르짖는 통곡으로 표현하셨다.

　인간의 죄악과 그로 인한 무서운 심판과 멸망을 바라보시면서 아파하고 애통하셨던 주님이기에 우리의 모든 죄를 짊어지시고 십자가에 달려 우리 대신 심판을 당하셨다. 십자가는 우리 죄와 그로 인한 형벌과 심판에 대한 주님의 애통하시는 마음이 완전히 드러나고 성취된 사건이다. 애통하는 마음은 우리 주님의 마음이다.

　우리는 십자가를 통해서 우리 죄와 그로 인한 우리의 비참함을 바라보시면서 애통하시는 주님의 마음을 알게 된다. 주님의 찢어진 가슴과 아파하시는 심장을 가슴 깊이 느끼게 된다. 그래서 우리는 죄 가운데 빠져 멸망에 직면해 있는 배우자, 자녀들, 가족들을 위해 모니카처럼 탄식하고 애통하며 간구하게 된다. 교회는 다니지만 거듭나지 못한 상태에서 형식적인 신앙생활을 하는 교우들을 바라보면서 슬퍼하고 탄식하며 기도하게 된다.

　소금의 짠맛을 잃고 세상 사람들에게 짓밟히고 있는 교회들의 비참한 모습을 보면서 애통하며 통곡하게 된다. 그리고 평등법, 가족정책 기본법, 낙태죄 전면 폐지 등의 악법 통과를 눈앞에 두고 있는 이 나라를 바라보면서 통곡하며 부르짖게 된다.

　우리나라가 이렇게 공개적으로 하나님을 대적하는 길로 나아갈 때 그 결국이 어떻게 되겠는가?

　하나님의 준엄한 심판이 눈앞에 다가와 있는데 우리가 어떻게 탄식하며 애통하며 기도하지 않을 수 있겠는가?

3. 잃어버린 영혼들의 비참한 모습 때문에 애통하는 사람이다

　다른 사람들의 죄악과 허물을 보면서 슬퍼하고 애통하며 우는 사람은 잃어버린 영혼들을 향한 주님의 마음을 가슴에 품고 때를 얻든지 못 얻든지 부지런히 복음을 전하게 된다(딤후 4:2).

주님께서는 이 땅에 계실 때 목자 없는 양과 같이 고생하며 유리하는 영혼들을 바라보시면서 심히 안타까워하시고 마음 아파하셨다(마 9:36). 죄와 사망과 마귀의 종이 되어 아무런 소망 없이 고통당하는 영혼들을 바라보시면서 창자가 끊어질 것 같은 아픔을 느끼셨다.

이것이 잃어버린 영혼들에 대한 주님의 애통해 하시는 마음이다. 십자가는 이런 잃어버린 영혼들의 비참한 모습을 바라보며 애통하시는 주님의 마음이 온전히 드러난 사건이다.

이 주님의 가슴 아픈 마음을 아는 사람은 주님처럼 잃어버린 영혼들의 비참한 모습을 바라보며 눈물을 흘리며 애통한다. 이 세상에서 주님을 가장 기쁘시게 하는 가장 고귀한 일은 주님의 애통한 마음을 품고 잃어버린 영혼들을 위해 눈물을 흘리며 그들을 참된 목자이신 주님의 품으로 인도하는 일이다.

4. 모욕당하고 더럽혀진 하나님의 거룩하신 이름 때문에 애통하는 사람이다

하나님께서 가장 소중하게 여기시면서 아끼시는 것이 있다. 그것은 바로 하나님의 거룩한 이름이다. 하나님께서 이스라엘 백성들을 애굽에서 구원해 내신 이유도, 광야 40년 동안 끊임없이 반역하는 그들임에도 버리지 않으시고 가나안 땅으로 인도하신 이유도, 우상숭배와 악한 죄악으로 멸망하여 포로로 끌려간 그들임에도 다시 고국으로 돌아오게 하신 이유도 바로 하나님의 거룩한 이름을 지극히 아끼셨기 때문이다(겔 20:9, 22; 36:20-23).

이렇게 하나님께서는 당신의 거룩하신 이름을 너무나 소중하게 여기시면서 아끼시는데 오늘 이 땅의 교회와 하나님 백성들의 모습은 어떠한가? 구약의 이스라엘 백성들의 모습과 로마서 2장에서 책망받았던 유대인들의 모습과 똑같은 모습이 아닌가?

[롬 2:24] 기록된 바와 같이 하나님의 이름이 너희 때문에 이방인 중에서 모독을 받는도다

우리는 먹든지 마시든지 무엇을 하든지 다 하나님의 영광을 위하여 해야 할 자들이다(고전 10:31). 우리의 착한 행실로 인하여 불신자들이 하늘에 계신 우리 아버지께 영광을 돌리도록 해야 할 자들이다(마 5:16). 그런데 현실은 우리 때문에 하나님의 거룩한 이름이 모독받고 하나님의 영광이 더럽혀지고 있다.

그러니 우리가 얼마나 슬퍼하고 탄식하며 애통하며 통곡해야 하는가?

그런데도 우리는 아무 문제 없다는 듯이 무덤덤한 모습으로 신앙생활하고 있다. 지금은 노래 부를 때가 아니다. 기뻐할 때가 아니다. 지금은 슬퍼하며 애통하며 울어야 할 때이다. 로이드 존스 목사님은 『부흥』(Revival)이란 책에서 말한다.

> 지금은 노래 부르기를 좋아하는 세대입니다.
> 그러나 지금은 노래할 때가 아니라 참된 부흥을 위해서 애통하며 기도해야 할 때입니다.
> 그렇게 기도하면 언젠가 반드시 노래하지 않을 수 없을 때가 옵니다.

이렇게 자신의 죄악과 다른 사람들의 죄악, 잃어버린 영혼들, 그리고 하나님의 거룩한 이름 때문에 애통하는 사람들에게 하나님께서는 놀라운 복을 허락하신다.

[마 5:4] 애통하는 자는 복이 있나니 **그들이 위로를 받을 것임이요**

여기서 '위로'라는 단어 '파라클레오'는 '누구누구 곁으로'라는 뜻의 '파라'라는 단어와 '부르다'라는 뜻의 '칼레오'라는 단어가 합쳐져서 만들어진 합성어이다. '곁에 부름을 받아 계신다'는 뜻으로 '보혜사'와 같은 단어이다.

참된 위로자이신 보혜사 성령님께서는 애통하는 자들에게 가까이 다가오셔서 풍성한 사랑과 한없는 은혜를 베푸신다. 그들의 모든 죄를 값없이 용서해 주시고 상처를 치유해 주시며 위로해 주신다. 구원의 기쁨과 즐거움을 다시 회복시켜 주신다(시 51:12).

[시 34:18] 여호와는 마음이 상한 자를 가까이 하시고 충심(忠心)으로 통회(痛悔)하는 자를 구원하시는도다

어느 청교도는 이런 고백을 했다.

살아있는 신앙인에게는 눈물샘이 마르지 않는다.

하나님께서는 애통하는 자들을 가까이하셔서 그들의 눈에서 눈물을 씻어주신다. 그들의 상처에 기름을 부으셔서 상하고 아픈 마음을 깨끗이 치유해 주신다. 참된 위로와 기쁨을 허락해 주신다. 그리고 하늘의 영원한 기쁨과 영광으로 인도해 주신다.

[계 7:17] 이는 보좌 가운데에 계신 어린 양이 그들의 목자가 되사 생명수 샘으로 인도하시고 하나님께서 그들의 눈에서 모든 눈물을 씻어 주실 것임이라

사랑하는 성도 여러분!
하나님 앞에서 여러분의 죄악과 다른 사람들의 죄악과 잃어버린 영혼들의 비참한 모습 때문에, 무엇보다 우리 때문에 모욕당하고 더럽혀진 하나님의 거룩하신 이름 때문에 애통하는가?
그렇다면 참된 위로와 복된 소망과 장차 올 영원한 영광이 우리를 기다리고 있다. 우리는 애통함을 통해서 자신이 온전히 깨어지고, 우리를 새롭게 만드시는 하나님의 손길을 깊이 체험하게 된다. 우리 안에 그리스도께서 충만히 임하시는 것을 경험하게 된다. 우리는 더 이상 내가 사는 것이 아니라 오직 내 안에 그리스도께서 사시는 생생한 역사를 체험하며 살게 된다(갈 2:20).
우리는 주님께서 주시는 참된 행복을 마음껏 누리면서 복되게 살게 된다.

제4장

온유한 자의 복

> [마 5:5] 온유한 자는 복이 있나니 그들이 땅을 기업으로 받을 것임이요

요즘 3기 신도시 예정 지역인 광명, 시흥 지역에서 LH(한국토지주택공사) 직원들의 땅 투기 의혹으로 인해 나라가 시끄럽다. 이렇게 세상에서 땅을 차지하는 사람들 대부분은 힘이 있고 처세술이 능하며 머리 회전이 빠른 사람들이다.

그런데 주님께서는 우리의 현실과 상식과 경험과는 전혀 다른 말씀을 하신다.

> [마 5:5] 복이 있도다!('마카리오이') 온유한 자들이여, 왜냐하면('호티') 그들이 땅을 기업으로 받을 것이기 때문이다

원래 '온유'('프라우스')라는 단어는 짐승을 길들일 때 사용되던 단어였다. 날뛰는 야생마를 붙잡아 철저히 훈련하여 더 이상 사람들에게 위협을 주지 않는 온순한 말로 잘 길들어졌을 때 '프라우스'라는 단어를 사용한다. 따라서, '온유'란 힘이 잘 조절되고 통제됨으로 인해 인격 속에 나타나는 특성을 가리킨다.

강해 설교가 데니스 레인 목사님은 '온유'를 가리켜서 '거인의 손안에 있는 갓난아이'라고 표현했다. 온유한 자는 힘이 없어서 온유한 것이 아니다. 힘이 너무 세고 강하기에 그 힘을 잘 조절하고 통제하지 않으면 큰일 나니까 온유한 것이다. 그러기에 진정으로 강한 사람만이 온유할 수 있다.

[잠 16:32] 노하기를 더디하는 자는 용사보다 낫고 자기의 마음을 다스리는 자는 성을 빼앗는 자보다 나으니라

온유한 사람은 유약한 사람이 아니다. 성격이 소심하여 남에게 싫은 말을 못하는 사람도 아니다. 좋은 게 좋다는 식으로 적당히 타협하는 사람도 아니다. 또 천성적으로 온순한 사람도 아니다. 온유한 사람은 힘이 있지만, 함부로 사용하지 않는다. 신중히 생각하면서 자신의 감정과 말과 행동을 절제하며 사용한다. 따라서 온유는 철저한 '자기 절제'의 훈련을 통해서만 가능하다.

성경은 모세를 가리켜서 이 세상에서 가장 온유한 사람이라고 말씀한다.

[민 12:3] 이 사람 모세는 **온유함이 지면의 모든 사람보다 더하더라**

모세는 결코 유약한 사람이 아니다. 천성적으로 부드럽고 느긋하고 온순한 사람이 아니다.

모세가 얼마나 강한 사람인가?

얼마나 성격이 급하고 불같은 사람인가?

그는 애굽 사람이 자기 동족을 때리는 것을 보고 참지 못하여 애굽 사람을 쳐서 죽일 정도로 성격이 급하고 강하고 불같은 사람이었다. 이런 모세가 미디안 광야로 도망가서 40년 동안 비천한 목동 생활을 하며 철저히 훈련받는다. 그 후 애굽에서 나온 이스라엘 백성들을 40년 동안 인도하면서 그들의 끊임없는 원망과 불평 속에서 단련을 받고 부대끼면서 철저한 훈련을 받는다.

이렇게 80년 동안의 혹독한 단련과 훈련을 받은 결과 모세의 성품은 온유한 모습으로 변화될 수 있었다. 급하고 강하고 불같은 성품에서 양같이 온유한 성품으로 변화되어 이 세상에서 가장 온유한 사람이 될 수 있었다.

이처럼 주님께서 말씀하시는 '온유'는 예수 믿고 거듭난 후 주님을 마음에 모시고 사는 성도들이 일평생 신앙생활 하면서 변화시켜가는 '후천적 성품'을 가리킨다. 온유는 성령께서 우리를 다스리고 통제하실 때 우리 인격과 삶 속에서 자연스럽게 맺혀지는 주님의 성품을 닮은 열매이다.

[갈 5:22-23] 오직 **성령의 열매는** 사랑과 희락과 화평과 오래 참음과 자비와 양선과 충성과 **온유와** 절제니 이같은 것을 금지할 법이 없느니라

[마 11:29] 나는 **마음이 온유하고** 겸손하니 나의 멍에를 메고 내게 배우라 그리하면 너희 마음이 쉼을 얻으리니

1. 온유는 특별히 우리의 몇 가지 관계와 관련되어 나타난다

1) 하나님과의 관계이다

하나님과의 관계에 있어서 온유하다는 것은 하나님과 그분의 섭리(攝理)에 대해 올바른 자세와 태도를 가진다는 것을 의미한다. 개혁신학자 루이스 벌콥(L. Berkhof, 1873-1957)은 하나님의 섭리를 이렇게 설명한다.

> 섭리(攝理, Providence)란, 하나님께서 모든 피조물을 보존하시며, 세계에서 일어나는 모든 일 안에 행동하시며, 만물을 그 정해진 목적으로 인도하시는 하나님의 사역(事役)이다.

온유한 사람은 하나님의 섭리를 이해할 수 없고 받아들일 수 없을 때도 하나님의 선하심을 전적으로 신뢰하고 그분의 신실하신 약속들을 소망한다. 그래서 하나님께 따지거나 원망하거나 불편한 마음을 갖지 않는다.

그는 "하나님의 노염은 잠깐이요 그의 은총은 평생인 것"을 기억한다. "저녁에는 울음이 깃들일지라도 아침에는 기쁨이 올 것"을 신뢰하며 소망한다(시 30:5). 그는 하나님은 당신의 선하신 섭리를 따라 모든 것을 합력하여 선을 이루신다는 사실을 굳게 믿고 어려움을 이겨나간다(롬 8:28).

욥이 하나님의 섭리에 대해 그런 자세와 태도로 반응했다. 욥은 하루아침에 그 많던 재산을 다 잃었다. 사고로 인해 10남매나 되는 자녀들을 한순간에 잃었다. 그리고 자신은 심한 피부병으로 인해 기와 조각으로 온몸을 피가 터지도록 긁어야만 했다. 이런 극한적인 상황에서도 욥은 하나님의

섭리에 대해 올바른 자세와 태도로 반응했다.

> [욥 1:20-22] 욥이 일어나 겉옷을 찢고 머리털을 밀고 **땅에 엎드려 예배하며** 이르되 내가 모태에서 알몸으로 나왔사온즉, 또한 알몸이 그리로 돌아가올지라 주신 **이도 여호와시요 거두신 이도 여호와시오니** 여호와의 이름이 찬송을 받으실지니이다 하고 이 모든 일에 욥이 범죄하지 아니하고 하나님을 향하여 원망하지 아니하니라

2) 자신과의 관계이다

자신과의 관계에 있어서 온유하다는 것은 우리 자신에 대해 올바른 자세와 태도를 가진다는 것을 의미한다. 우리가 자신에 대해 온유한 사람이 되기 위해서는 먼저 가난한 심령과 애통하는 마음을 반드시 가져야만 한다. 팔복의 순서를 보면 온유한 자는 심령이 가난한 자와 애통하는 자 다음에 나온다. 그것은 우리가 심령의 가난함과 애통함을 가지지 않고는 결코 온유할 수 없기 때문이다.

심령이 가난한 사람은 거룩하신 하나님을 바라보고 자신을 보는 사람이기에 자신에 대해 올바른 견해와 자세를 갖게 된다. 그리하여 자신에 대해 민감하지 않다. 자기를 자랑스럽게 여기지 않고 자기를 자랑하지 않는다. 자기를 주장하거나 자기 권리를 주장하지 않는다. 자기 지위나 특권을 요구하지 않는다. 자기 유익을 추구하거나 자기를 변호하거나 방어하지 않는다. 또 대적하는 자들을 향해 대항하거나 자기 연민에 빠지지도 않는다.

아브라함이 그렇게 올바른 자세와 태도로 반응했다. 아브라함은 가나안 땅에 들어온 후 조카 롯과 땅을 나눌 때 롯에게 먼저 선택권을 준다. 그러자 롯은 자신을 아들처럼 돌봐주면서 은혜를 베풀었던 삼촌 아브라함에게 양보하는 시늉조차 하지 않고 좋은 땅을 선택한다. 그때 아브라함은 서운해하거나 속상해하지 않았다. 한 마디의 불평과 불만도 없었다. 롯의 선택을 존중해주고 그 땅을 양보한다. 이런 모습이 우리 자신과의 관계에 있어서 온유한 모습이다.

3) 다른 사람들과의 관계이다

　다른 사람들과의 관계에 있어서 온유하다는 것은 우리가 다른 사람들에 대해 올바른 자세와 태도를 보인다는 것을 의미한다. 다른 사람들을 어떻게 대하는가를 보면 온유한 사람인가, 그렇지 않은 사람인가를 판단할 수 있다. 특별히 우리를 비난하고 대적하고 모함하는 사람들을 대할 때 우리 마음가짐과 태도를 보면 온유한 사람인지, 아닌지를 금방 판단할 수 있다.
　모세는 십보라가 죽은 후 구스 여인, 즉 흑인인 에티오피아 여인과 재혼했다. 그러자 누이인 미리암과 형 아론이 모세를 비방했고, 심지어 하나님을 대리하는 모세의 지도자 권위까지 대적했다. 그렇지만 모세는 대항하지 않았고, 자기 입장과 처지를 변명하거나 변호하지도 않았다. 묵묵히 하나님만 바라보면서 하나님 앞에 무릎을 꿇었다. 그때 하나님께서는 친히 모세를 변호해 주셨고, 모세를 대적하는 미리암을 나병으로 치심으로 모세가 옳다는 것을 인정해 주셨다.

2. 우리가 온유한 자가 되기 위해서는 구체적으로 어떻게 해야 하는가?

1) 늘 하나님 앞에서 자신을 살피는 겸손함이 있어야 한다

　온유한 자가 되기 위해서는 반드시 '심령의 가난함'과 '애통함'을 먼저 소유해야 한다. 심령이 가난한 사람은 늘 거룩하신 하나님 앞에서 자신을 보기에 자신의 죄악 된 모습과 허물 된 모습을 보면서 애통해한다. 이런 겸손한 사람은 자신을 공격하는 사람들과 대항하거나 그들 앞에서 자신을 방어하거나 변호하지 않는다.
　미국의 유명한 복음 전도자였던 D. L. 무디가 어느 도시에서 대규모의 전도 집회를 열게 되었다. 신문 기자들이 인터뷰를 요청했는데 너무 바빠서 응할 수가 없었다. 그 이튿날 신문 기사마다 큰 기사로 '교만한 전도자 무디'라는 비판적인 기사가 실렸다. 참모들이 펄쩍 뛰면서 분노했지만 무디는 태연했다.

"선생님, 화가 나지 않으세요?
교만한 사람이라고 이렇게 대문짝만하게 비판했는데 …"
그러자 무디가 대답한다.

> 몰라서 그래. 저 사람들이 진짜 나를 알면 그렇게 안 써. 나는 그보다도 훨씬 더 교만한 인간인걸.

이처럼 겸손과 한 쌍을 이루는 것이 온유이다. 겸손이 앞으로 나아가면 반드시 뒤따라오는 것이 바로 온유이다. 따라서 오직 거룩하신 하나님 앞에서 자신의 참된 모습을 살필 줄 아는 겸손한 사람만이 온유할 수 있다.

> [마 11:29] 나는 마음이 온유하고 겸손하니 …

> [엡 4:2] (너희가) 모든 겸손과 온유로 하고 …

2) 하나님의 주권과 섭리를 신뢰하고 온전히 순복해야 한다

온유는 우리 자신이나 다른 사람들과의 관계에서 나타나야 하지만 훨씬 더 중요한 것은 하나님과의 관계 속에서 나타나야 한다. 본문의 말씀은 주님께서 시편 37:11을 인용한 말씀이다. 이 말씀이 기록된 시편 37편 전반부에서 계속 강조되는 말씀이 있다. "악을 행하는 자들 때문에 불평하지 말고 분노하지 말라"는 것이다. "오직 여호와를 의뢰하고 선을 행하면서 잠잠히 참고 기다리라"는 것이다. 그리고 이어서 이 말씀이 나온다.

> [시 37:11] 그러나 온유한 자들은 땅을 차지하며 풍성한 화평으로 즐거워하리로다

시편 37편을 기록한 다윗은 대적들로 인해 말할 수 없는 고통을 당하고 있었다. 그는 불평하며 분노할 수밖에 없었다. 그렇지만 다윗은 이렇게 단호하게 결단한다.

> [시 37:1-8] 악을 행하는 자들 때문에 불평하지 말며 … 여호와를 의뢰하고 선을 행하라 … 여호와 앞에 잠잠하고 참고 기다리라 … 분을 그치고 노를 버리며 불평하지 말라 …

다윗이 이렇게 할 수 있었던 것은 하나님의 주권과 섭리를 신뢰하고 온전히 순복했기 때문이다. 청교도의 황태자로 불리는 존 오웬은 말한다.

> 온유한 인격은 오직 하나님의 주권에 대한 정당한 반응으로만 만들어질 수 있는 인격이다.

우리에게 일어나는 모든 일은 주권자이신 하나님의 허락하에 일어났고, 또 하나님이 섭리하시기에 하나님께 다 맡기고 잠잠히 참고 기다리면 하나님이 합력하여 선을 이루실 것이라는 믿음을 가진 사람만이 온유한 인격을 소유할 수 있다는 것이다.

요셉이 그러했다. 요셉은 형들 때문에 오랫동안 극심한 고통을 당했다. 요셉은 배다른 형들의 미움을 받아 애굽에 노예로 팔렸다. 요셉은 보디발의 집에서 노예로 말할 수 없는 고생을 했다. 그 후 요셉은 그 집의 총무가 되었지만 보디발의 아내의 유혹을 거절하다가 모함받아 무기수로 감옥에 갇혀 억울하게 많은 고생을 했다. 그 후 요셉은 애굽의 총리가 되어 이제까지 자신을 그토록 고통스럽게 만들었던 형들과 보디발의 아내를 얼마든지 복수할 수 있었다.

그러나 요셉은 오히려 그들을 용서하는 온유한 삶을 살았다. 그것은 요셉이 하나님의 주권과 섭리를 신뢰하고 온전히 순복했기 때문이다. 아버지 야곱이 죽은 후 복수할까 봐 두려워 벌벌 떠는 형들에게 요셉은 말한다.

> [창 50:19-21] … 두려워하지 마소서 내가 하나님을 대신하리이까 당신들은 나를 해하려 하였으나 하나님은 그것을 선으로 바꾸사 오늘과 같이 많은 백성의 생명을 구원하게 하시려 하셨나니 당신들은 두려워하지 마소서 내가 당신들과 당신들의 자녀를 기르리이다 하고 그들을 간곡한 말로 위로하였더라

3) 주님의 온유하신 성품을 평생토록 배워야 한다

죽는 순간까지 우리가 닮아야 할 주님의 성품은 겸손과 온유이다. 주님께서 우리에게 그렇게 하라고 직접 말씀하셨기 때문이다.

> [마 11:29-30] 나는 마음이 온유하고 겸손하니 나의 멍에를 메고 내게 배우라 …

우리는 온유하지 못하고 겸손하지 못하기에 많이 힘들어한다.
우리가 얼마나 자주 화를 내고, 얼마나 교만한가?
그런 우리를 향해 주님께서는 온유와 겸손을 '내게 배우라'고 말씀하신다. 우리는 죽는 순간까지 성령의 도우심을 구하면서 온유하신 주님을 닮기 위해 계속 주님께 배워야 한다. 성령의 열매 중 하나가 온유이기에(갈 5:23) 우리가 성령의 도우심을 구하면서 그분께 순종하면 성령께서는 우리 삶 속에 주님을 닮은 온유의 열매를 풍성히 맺도록 하실 것이다(갈 5:16-18).

3. 온유한 자에게 주시는 하나님의 놀라운 축복은 무엇인가?

그것은 땅을 기업으로 받는 것이다.

> [마 5:5] 온유한 자는 복이 있나니 그들이 땅을 기업으로 받을 것임이요

주님께서 인용하신 시편 37:11의 온유한 자가 얻는 땅은 하나님께서 구약의 당신의 백성인 이스라엘 자손에게 기업으로 주신 '가나안 땅'을 가리킨다. 그러므로 이 땅은 단순히 땅을 가리키는 것이 아니라 하나님께서 당신의 백성들에게 주시는 '기업'을 가리킨다.
세상 사람들은 아무리 땅을 많이 소유해도 이 땅을 가질 수 없고, 이 기업을 소유할 수 없다. 오직 예수 믿고 하나님의 백성이 된 우리에게 기업으로 주시는 땅이다. 온유한 자가 '기업'으로 받는 '땅'은 현재적 의미와 미래적 의미의 두 가지로 생각할 수 있다.

1) 이 땅에서 현세 천국을 소유하고 누리는 것이다

땅은 인간이 살아가는 데 있어서 삶의 토대와 터전이 된다. 인간은 땅을 떠나서는 결코 살 수 없다. 하나님께서는 인간을 창조하신 후 땅을 그들의 삶의 터전으로 주셨다. 하나님께서는 구약의 이스라엘 백성들에게 '가나안 땅'을 삶의 터전으로 주셨다. 그런데 이 땅을 소유하고 누릴 수 있는 사람은 오직 온유한 사람이다.

하나님께서 우리에게 기업으로 주시는 현세 천국을 소유하고 진정한 만족과 기쁨을 누릴 수 있는 사람들은 온유한 사람들이다. 전쟁에 나가서 승리하여 얻는 최고의 전리품은 바로 땅을 정복하는 것이다. 그러기에 온유한 자가 땅을 얻는다는 것은 단순히 눈에 보이는 외적인 땅을 얻는다는 의미가 아니다. 온유한 자만이 진정한 승리자로서 현세 천국을 소유하고 진정한 만족과 기쁨을 누릴 수 있다는 것이다. 이것이 바로 온유한 자에게 주시는 하나님의 약속이요, 하나님의 축복이다.

2) 완성된 천국인 새 하늘과 새 땅을 영원한 기업으로 얻는 것이다

주님께서 재림하심으로 완성될 영원한 천국은 새 하늘과 새 땅에서 이루어지게 된다. 우리는 부활한 신령한 몸으로, 부활하신 그리스도와 함께, 새롭게 갱신된 새 땅에서, 부활의 생명으로 영원히 살게 될 것이다. 미국 칼빈신학교의 교수였던 개혁신학자 안토니 후크마(Anthony A. Hoekema 1913-1988)는 『개혁주의 종말론』(The Bible and the Future)에서 이처럼 말한다.

> '새 예루살렘'은 공간 멀리 '하늘'에 있지 않고 새롭게 된 땅으로 내려온다. 그곳에서 구속(救贖)받은 자들은 부활한 몸으로 영생한다.
> 그러므로 지금 분리된 하늘과 땅은 그때 하나가 되며 하나님은 자기 백성들과 함께 그곳에 함께 거하실 것이기에 새 땅은 또한 하늘이 될 것이다.
> 다른 말로 영화롭게 된 신자들은 (완성된) 천국에 계속해서 있지만, 그들은 새 땅에서 산다.

하나님께서는 우주 만물을 창조하신 후 인간에게 하나님을 대신한 '대리통치권'을 주시고 우주 만물을 다스리게 하셨다. 인간의 범죄는 인간뿐만 아니라 인간이 대리 통치했던 지구의 전 영역과 우주적인 전 영역-산과 강, 식물과 동물, 별들과 성운(星雲), 은하계-에까지 타락의 영향을 전방위적으로 미쳤다(별들의 추락, 충돌, 폭발, 은하계의 격렬한 충돌 등).

그리스도의 십자가와 부활의 능력은 타락한 우리를 재창조하실 뿐만 아니라 타락한 우주의 모든 영역을 재창조하실 정도로 충분하다. 모든 피조물은 그리스도의 십자가와 부활의 능력이 온전히 이루어져서 자신들의 재창조가 완성되는 그리스도의 재림을 지금 간절히 고대하고 있다(롬 8:19-22).

주님께서 재림하셔서 새 하늘과 새 땅에서 천국이 완성되면 피조물도 인간 타락의 결과로 인한 모든 저주로부터 해방되어 하나님의 자녀들의 영광의 자유에 이르게 된다. 새 땅의 모습을 이사야 11장에서는 이렇게 설명한다. 그때 이리가 어린 양과 함께 살며, 표범이 어린 염소와 함께 누우며, 송아지와 어린 사자와 살진 짐승이 함께 있을 것이다. 암소와 곰이 함께 먹으며, 그것들의 새끼가 함께 엎드리며, 사자가 소처럼 풀을 먹을 것이다(사 11:6-7).

완성된 천국인 새 땅이 위치하는 곳은 우리가 사는 이 지구상이다. 이 사실을 안토니 후크마는 이렇게 설명한다.

> 하나님께서는 그분의 구속(救贖) 활동에서 자기의 손으로 지은 것들을 파괴하지 않으시고 그것들에 죄를 제거하시고 온전하게 하신다. 이는 이렇게 함으로써 그것들을 창조하신 목적을 마침내 이루시기 위함이다.
> 그러므로 우리가 바라보는 새 땅은 현재의 땅과 완전히 다른 것이 아니라 우리가 지금 사는 땅이 갱신되어 영화롭게 된 것일 것이다.

성경의 처음 두 장인 창세기 1장과 2장이 하늘과 땅의 창조로 시작되고, 마지막 두 장인 요한계시록 21장과 22장이 하늘과 땅의 재창조로 되어 있는 것은 결코 우연의 일치가 아니다.

인간의 범죄로 처음에 잃어버린 모든 것이 마지막에 영화로운 모습으로 회복될 것이다. 새 땅에는 이 땅에 있는 모든 선하고 거룩하고 아름답고 좋은 것들-자연, 문화, 예술, 건축, 스포츠, 오락, 취미 등-이 새롭게 갱신되어 영화롭게 존재하게 될 것이다.

그리고 그 외에도 훨씬 더 많은 것이 추가될 것이다. 우리는 그 모든 것을 마음껏 누리면서 더할 수 없는 지고(至高)의 행복한 삶을 영원토록 누리며 살게 될 것이다. 이렇게 복되고 영광스러운 새 땅을 하나님께서 그들의 기업으로 예비해 놓으신 사람들이 있다. 바로 온유한 자들이다.

[마 5:5] 온유한 자는 복이 있나니 **그들이 땅을 기업으로 받을 것임이요**

사랑하는 성도 여러분!
우리가 주님을 닮아 온유한 자가 되는 것은 얼마나 중요하며 축복된 일인가?

온유한 자는 자신을 잘 다스리기에 인격을 얻고 자기 자신을 얻는다. 다른 사람들이 진정으로 그를 존경하고 따르기에 사람들을 얻고 사람들의 마음을 정복한다. 무엇보다 영원한 천국인 새 땅을 자신의 영원한 기업으로 얻게 된다.

우리는 이 땅을 떠날 때까지 반드시 온유한 자로 계속 변화되어 가야 한다. 그러므로 성령의 도우심을 구하고 늘 하나님 앞에서 자신을 살피는 겸손함을 가지라. 하나님의 주권과 섭리를 신뢰하면서 온전히 순복하라. 주님의 온유하신 성품을 평생토록 배우라. 그때 성령께서는 우리를 온유한 자로 변화시키시고 삶 속에 주님을 닮은 온유의 열매를 풍성히 맺으실 것이다.

제5장

의에 주리고 목마른 자의 복

[마 5:6] 의에 주리고 목마른 자는 복이 있나니 그들이 배부를 것임이요

인간이 가진 욕구 중에서 가장 기본적인 욕구는 '생존에 대한 욕구'이다. 이 생존에 대한 욕구가 채워지기 위해서는 반드시 먹을 양식과 마실 물이 필요하다. 그러나 어느 시대를 막론하고 먹을 양식과 마실 물은 넉넉하지 못했다. 과학이 발달하고 산업이 발전한 오늘날에도 세계 인구의 3분의 1은 굶주린 채로 잠자리에 들어간다.

이천 년 전, 로마의 압제 아래 있던 유대인들은 훨씬 더 굶주림 속에서 고통당하고 있었다. 그들은 열심히 일해도 허기진 배를 채울 수 없었고 많은 사람이 기아에 허덕였다. 더구나 태양이 내리쬐고 더운 모래바람이 수시로 불어오는 팔레스타인 땅이었기에 사람들은 항상 심한 갈증을 느끼면서 살았다.

이런 그들을 향해 주님께서는 말씀하신다.

[마 5:6] **복이 있도다!** ('마카리오이') 의에 주리고 목마른 자들이여, **왜냐하면** ('호티') 그들이 배부를 것이기 때문이다

여기서 '주리고 목마르다'는 단어는 매우 강한 의미를 지니고 있다. '주리다'('페이논테스')는 몇 끼를 굶어서 배고픈 정도의 상태가 아니라 오랫동안 극심한 굶주림으로 인해 죽게 된 사람이 음식을 간절히 구하는 절박한 굶주림이다.

그리고 '목르다'('딥손테스')도 격렬한 운동이나 강도 높은 노동으로 인해 심한 갈증을 느끼는 정도의 상태가 아니라 오랫동안 물을 마시지 못하여 죽어가는 사람의 절박한 목마름이다. 주님께서는 이런 절박함과 간절함으로 의에 주리고 목마른 자는 복이 있다고 말씀하신다.

그렇다면 주님께서 말씀하시는 '의에 주리고 목마른 자들'은 구체적으로 어떤 사람인가?

1. 하나님을 간절히 사모하며 갈망하는 사람이다

'의(義)'는 하나님의 속성이며 하나님의 본질이다. 하나님은 의로우실 뿐만 아니라 의의 근원이시며 의로움 그 자체이시다.

> [렘 23:6하(한글개역)] … 그 이름은 여호와 우리의 의라 일컬음을 받으리라

> [시 11:7] 여호와는 의로우사 의로운 일을 좋아하시나니 정직한 자는 그의 얼굴을 뵈오리로다

그러므로 의에 주리고 목마른 것은 '의' 그 자체이신 하나님을 절박하게 주려 하고 목말라 하는 것이다. 주님께서는 팔복의 마지막 복을 말씀하시면서 이 사실을 분명히 지적하셨다.

> [마 5:10-12] 의를 위하여 박해를 받은 자는 복이 있나니 천국이 그들의 것임이라 **나로 말미암아 너희를 욕하고 박해하고 거짓으로 너희를 거슬러 모든 악한 말을 할 때에는 너희에게 복이 있나니 기뻐하고 즐거워하라 하늘에서 너희의 상이 큼이라** …

여기서 주님께서는 '의를 위하여 박해 받는 것'과 '나로 말미암아 박해를 받는 것'을 같은 것으로 말씀하신다. 이렇게 주님께서는 '의'와 '자신'을 동일시하셨다. 따라서 우리가 의에 주리고 목마른 것은 바로 '의'의 근원이시고 본질이시며, '의' 그 자체이신 주님을 갈망하는 것이다.

인간이 가진 근원적(근본적)인 배고픔과 갈증은 이 세상의 어떤 것으로도 채울 수 없다. 오직 주님만이 채우실 수 있다.

왜 돈을 벌어도 공허하고, 좋은 아파트를 사도 공허한가?

왜 사람들은 물질의 풍요함과 세상의 안락함에도 여전히 갈증과 허무함과 외로움 속에서 괴로워하고 있는가?

인간의 마음 깊은 곳에 있는 가장 근원적인 욕구가 채워지지 않았기 때문이다. 우리는 주님과 친밀한 관계를 맺으면서 살도록 지음을 받은 존재들이다. 우리가 주님과의 친밀한 관계없이 산다면 세상의 모든 것을 다 소유하고 살아도 공허할 수밖에 없다. 이 세상의 그 어떤 것으로도 우리의 근원적인 욕구를 채울 수 없기 때문이다.

오직 하나님만이 주실 수 있는 그분과의 친밀한 관계 이외에 우리의 '근원적인 욕구'를 채울 수 있는 것은 이 세상에 아무것도 없다. 그래서 세상의 부귀영화(富貴榮華)와 즐거움과 쾌락을 다 누렸던 솔로몬 왕이었지만 인생 말년에 "모든 것이 헛되다"고 탄식할 수밖에 없었다.

[전 1:2] 헛되고 헛되며 헛되고 헛되니 모든 것이 헛되도다.

이렇게 모든 것이 다 헛되다고 고백하는 솔로몬이 전도서를 마감하면서 강조하는 말이 무엇인가?

[전 12:8, 13] 전도자가 이르되 **헛되고 헛되도다 모든 것이 헛되도다** … 일의 결국을 다 들었으니 **하나님을 경외하고 그의 명령들을 지킬지어다 이것이 모든 사람의 본분(本分)**이니라

프랑스의 유명한 철학자 파스칼은 『팡세』에서 이런 고백을 했다.

우리 안에는 어떤 것으로도 채울 수 없는 하나님 형상의 빈 공간이 있다.

우리의 공허감은 하나님의 형상대로 창조된 우리가 삶에서 하나님이 계시지 않는 것을 느끼기 때문에 생기는 감정이다. 인간은 하나님께서 창조

하실 때 그 코에 불어 넣으신 생기(창 2:7)로 인해 영적인 존재가 되었다.

인간은 처음 지음을 받을 때부터 하나님을 사모하며 영원을 사모하도록 창조된 영적 존재이다(전 3:11). 따라서 우리 영혼의 가장 깊은 근원적(근본적)인 욕구는 오직 하나님만이 채워주실 수 있다. 이 근원적인 욕구가 채워지지 않을 때 우리에게는 견딜 수 없는 고통이 따른다. 어떤 사람들은 이것을 부인하기도 하고, 다른 대용품으로 도피하기도 한다.

그러나 그렇게 도피하면 할수록, 다른 대용품을 마시면 마실수록 마치 바닷물을 마시는 것처럼 더 견딜 수 없는 갈증을 느끼게 된다. 기독교 상담가인 래리 크렙은 이런 인간의 근원적(근본적)인 욕구가 채워지지 못한 삶의 결과를 '지옥의 시작'이라고 말한다.

요한복음 4장에 나오는 사마리아 수가성의 여인이 바로 그러했다. 사마리아 여인은 참된 만족을 얻기 위해 다섯 번이나 남편을 바꾸었다. 그러나 그럴수록 그녀의 마음은 견딜 수 없는 갈증을 더 깊이 느꼈다. 주님께서는 지옥과 같은 삶을 살고 있던 그녀를 찾아오셔서 말씀하신다.

[요 4:13-14] … 이 물을 마시는 자마다 다시 목마르려니와 내가 주는 물을 마시는 자는 영원히 목마르지 아니하리니 내가 주는 물은 그 속에서 영생하도록 솟아나는 샘물이 되리라

사마리아 여인은 주님이 주시는 참된 생수로 말미암아 지옥과 같은 삶에서 해방되어 참된 만족을 누리게 되었다. 오늘 우리의 비극 역시 사마리아 여인처럼 우리의 근원적인 갈증을 채우기 위하여 하나님을 갈망하지 않고 대신 다른 곳에서 만족을 찾고자 한다는 것이다. 그러나 주님께서는 말씀하신다.

[요 4:13] 이 물을 마시는 자마다 다시 목마르려니와

이런 안타까운 모습은 불신자들만의 모습이 아니다. 오늘 그리스도인들 가운데도 비일비재하다.

[렘 2:13] 내 백성이 두 가지 악을 행하였나니 곧 그들이 생수의 근원되는 나를 버린 것과 스스로 웅덩이를 판 것인데 그것은 그 물을 가두지 못할 터진 웅덩이들이니라

하나님의 백성임에도 불구하고 생수의 근원 되신 하나님을 버렸다.
무슨 말인가?
자신의 갈망을 진정으로 채우실 수 있는 하나님과 올바른 관계를 맺지 못했다는 말이다. 그리고 자기 스스로 물을 저장하지도 못할 터진 웅덩이들을(돈, 자녀, 건강, 명예, 학식, 권력 등) 파고 있는 것이 오늘 수많은 하나님의 백성들의 비극적인 모습이다.
그러나 시편 기자는 그렇게 하지 않고, 절박한 심정으로 하나님을 간절히 사모하며 갈망한다.

[시 42:1-2] 하나님이여 사슴이 시냇물을 찾기에 갈급함 같이 내 영혼이 주를 찾기에 갈급하니이다 내 영혼이 하나님 곧 살아 계시는 하나님을 갈망하나니 …

이렇게 우리가 의에 주리고 목말라 한다. 하나님을 간절히 사모하며 갈망한다. 그때 주님께서는 우리에게 생명의 떡과 영생의 생수를 주신다. 그래서 영원히 배고프지 않고 영원히 목마르지 않는 참된 만족을 마음껏 누리는 삶을 살게 하신다.

[요 6:35] 예수께서 이르시되 나는 생명의 떡이니 내게 오는 자는 결코 주리지 아니할 터이요 나를 믿는 자는 영원히 목마르지 아니하리라

2. 하나님과 올바른 관계 속에 있기를 늘 사모하며 갈망하는 사람이다

성경이 말씀하시는 '의(義)'는 관계적이기에 '의인'은 하나님과 올바른 관계 속에 있는 사람이다. 그래서 무고히 고난을 겪는 것과 같은 특별한 경우를 제외하고는 의인은 다른 사람들과의 관계도 올바르고 자신과의 관계도 올바르다.

반면에 '악인'과 '불의한 자'는 하나님과 올바른 관계 속에 있지 못한 사람이다.

마태복음 6:33에 나오는 '하나님의 의를 구하라'는 말씀은 하나님과 올바른 관계를 맺고, 그 관계 속에 계속 있기를 구하라는 의미이다.

'의에 주리고 목마른 자'는 하나님과 올바른 관계 속에 있기를 늘 사모하며 갈망하는 사람이다. 그는 성령의 도우심을 힘입고 하나님의 말씀대로 살기를 힘쓴다. 생각과 말과 행동에서 죄를 철저히 버리기 위해 요셉처럼 늘 하나님의 눈을 의식하며 산다.

[창 39:9] 내가 어찌 이 큰 악을 행하여 하나님께 죄를 지으리이까

3. 하나님의 뜻을 이루기를 간절히 사모하며 갈망하는 사람이다

의에 주리고 목마른 분을 든다면 예수님을 들 수 있다. 예수님은 이 땅에서 사실 때 언제나 하나님을 갈망했고 간절히 사모했다. 주님께서는 아무리 바쁘고 분주하고 피곤하셨을 때도 늘 시간을 내어 기도하셨고 하나님과 친밀히 교제하셨다. 예수님의 생애를 한마디로 말한다면, '하나님의 의를 이루기 위한 생애'였다.

주님께서 세례받기 위해 세례 요한을 찾아갔을 때 그는 주님을 말리면서 거절했다(마 3:14). 그때 주님께서는 세례 요한에게 "이제 허락하라 우리가 이와같이 하여 모든 의(義)를 이루는 것이 합당하니라"라고 하셨다(마 3:15). 여기서 모든 '의'를 이룬다는 것은 바로 하나님의 뜻을 이룬다는 말씀이다.

그러므로 우리가 의에 주리고 목말라 한다는 것은 하나님의 뜻을 이루기를 간절히 사모하며 갈망하는 것을 가리킨다. 우리가 일생을 살면서 정말 간절히 사모하고 갈망하면서 이루어야 할 가장 중요한 하나님의 뜻이 두 가지가 있다.

1) 거룩하신 하나님을 본받아 거룩한 삶을 사는 것이다

[벧전 1:15-16] 오직 너희를 부르신 거룩한 이처럼 너희도 모든 행실에 거룩한 자가 되라 기록되었으되 내가 거룩하니 너희도 거룩할지어다 하셨느니라

거룩하신 하나님께서 우리를 당신의 자녀로 부르신 것은 아버지 하나님을 본받아 거룩하고 의로운 삶을 살도록 하기 위해서이다. 우리는 거룩하고 의로운 삶을 갈망해야 한다. 우리의 최고의 갈망은 예수 그리스도를 닮는 것이 되어야 한다. 내 인격과 성품과 삶이 죽는 날까지 계속해서 주님의 인격과 성품과 삶을 닮아가야 한다.

지금 우리는 우리나라와 한국교회를 바라보면서 시꺼멓게 덮여있는 무서운 어두움을 본다. 그 어두움은 영적, 도덕적 깊은 타락이다. 오늘날 사람들의 생각은 물질 중심, 쾌락 중심으로 급속히 바뀌어 가고 있다. 신자들 가운데도 많은 사람이 살아 계신 하나님을 사랑하고 신뢰하며, 예수 그리스도의 십자가를 의지하기보다 돈을 더 사랑하고 신뢰하고 의지한다. 이것이 우리의 안타까운 현실이다. 교회가 그러니 사회는 말할 것도 없다. 완전히 돈이 중심이고, 돈으로 살 수 있는 쾌락이 중심이 되는 사회로 급속히 전락해 가고 있다.

이런 암담하고 안타까운 현실 속에서 거룩하시고 의로우신 하나님을 아버지로 모시고 사는 자녀 된 우리는 이 세상의 잘못된 풍조와 사조를 과감하게 거스르고 하나님 아버지께서 기뻐하시는 거룩한 삶으로 이웃과 사회에 거룩한 영향력을 미쳐야 한다.

우리가 이 땅에서의 삶을 마치고 주님 앞에 서게 되면 주님께서는 제일 먼저 우리에게 물으실 질문이 있다.

너는 일생을 살면서 얼마나 내 모습을 본받으며 살았느냐?
너는 내 인격과 성품과 삶의 모습을 본받기 위해서 얼마나 힘쓰며 살았느냐?

그러기에 우리가 일생을 살면서 정말 간절히 사모하고 갈망하면서 이루어야 할 가장 중요한 하나님의 뜻은 거룩하신 하나님을 본받고, 우리 주님의 인격과 성품과 삶의 모습을 닮아 거룩한 삶을 사는 것이다.

2) 잃어버린 영혼들을 구원하여 하나님 나라를 확장하는 것이다

사마리아 여인을 구원하신 주님께서는 제자들이 동네에서 먹을 것을 가지고 와서 잡수시기를 권했을 때 자신의 참된 양식이 무엇인가를 이렇게 말씀하셨다.

> [요 4:32, 34] 내게는 너희가 알지 못하는 먹을 양식이 있느니라 … 나의 양식은 나를 보내신 이의 뜻을 행하며 그의 일을 온전히 이루는 이것이니라

주님께서 주리고 목말라 하셨던 것은 바로 인간을 구원하고자 하시는 하나님의 뜻을 이루어 이 땅에 하나님 나라를 확장하는 것이었다. 사마리아 여인과 같이 생수의 근원이신 하나님을 떠나 고통당하는 사람들을 구원하는 것이 바로 주님의 참된 양식이었다. 이것이 바로 인간의 가장 기본적인 욕구인 식욕마저도 소멸시키는 주님의 가장 강렬한 욕망이었다. 주님께서는 요한복음 6장에서도 같은 말씀을 하신다.

> [요 6:38, 40] 내가 하늘에서 내려온 것은 내 뜻을 행하려 함이 아니요 나를 보내신 이의 뜻을 행하려 함이니라 … 내 아버지의 뜻은 아들을 보고 믿는 자마다 영생을 얻는 이것이니 마지막 날에 내가 이를 다시 살리리라

우리가 일생을 살면서 이루어야 할 가장 중요한 하나님의 뜻은 주님처럼 잃어버린 영혼들을 구원하여 이 땅에 하나님 나라를 확장하는 것이다. 이것이 바로 우리의 참된 양식이 되어야 하고 참된 음료가 되어야 한다. 우리의 최고의 꿈이 되어야 하고, 최고의 목표가 되어야 하며, 최고의 관심사가 되어야 한다.

마지막 날 주님께서 우리를 심판하실 때 그 기준은 어떤 성취나 성공이 아니다. 하나님께서 가장 기뻐하시는 하나님 나라 확장의 원대한 꿈을 가지고 그 꿈의 실현을 위해 노력하고 분투하며 살았는가 하는 것이다.

서구교회의 초청을 받아 여러 교회를 다니면서 설교하는 중국의 어느 신실한 형제가 자신의 고통스러운 마음을 고백했다. 서구의 수두룩한 교회들이 영적으로 잠들어 있고, 많은 집회가 썰렁하며, 중국에서 경험하는 하나님의 임재하심과 불길이 매우 미약하다는 것이다. 그런데 서구교회가 다 잠들어 있는 것은 아니라고 했다.

그동안 그가 방문한 모든 건강한 교회들의 공통점 한 가지를 발견했다고 한다. 그것은 미전도 종족 선교를 향한 열정과 희생적인 헌신이었다. 세상에서 가장 복음의 기근이 심하고 영적으로 어두운 지역들, 아무도 예수님의 이름을 들어 본 적이 없는 곳에 하나님 나라를 심으려는 마음을 가지고 시간과 기도와 재정을 쏟는 교회들은 다 건강한 교회였다는 것이다.

이런 교회와 그리스도인의 모습이 주님께서 복이 있다고 말씀하신 의에 주리고 목마른 자들이다. 우리가 이렇게 의에 주리고 목마른 자가 될 때 받는 놀라운 축복이 있다. 우리가 배부르게 되는 것이다.

[마 5:6] 의에 주리고 목마른 자는 복이 있나니 **그들이 배부를 것임이요**

여기서 '배부르게 된다'('코르타조')는 단어는 '가득 차서 넘칠 만큼 풍성한 음식을 마음껏 먹는 것'을 가리킨다. 그러므로 '배부르게 된다는 것'은 우리의 근원적인 영적 욕구를 완전히 해소시키고 영적 만족을 주신다는 것이다.

굶주려 있던 사람이 풍성한 음식을 마음껏 먹고 배부르게 되었다. 타는 듯한 목마름 가운데 있던 사람이 시원한 생수를 마음껏 마셨다. 그때 그 마음이 얼마나 만족스럽고 기쁘겠는가! 마찬가지로 의에 주리고 목마른 자는 이 땅에서부터 진정한 만족과 기쁨의 삶을 살 수 있다. 만복의 근원이신 하나님께서 그와 함께하시면서 삶을 책임져 주시기에 어떤 형편 속에서도 진정으로 만족하며 기뻐할 수 있다.

그뿐 아니다. 내세에 하늘나라의 영광스러운 상급과 면류관이 그를 위해 예비되어 있다. 그는 완성된 천국인 새 하늘과 새 땅에서 하늘의 별과 같이 영원토록 비취는 진정으로 보배롭고 존귀하고 영광스러운 사람이 될 것이다.

사랑하는 성도 여러분!
의에 주리고 목마른 자는 참으로 복된 자이다. 그는 이 세상에서부터 진정으로 배부르게 될 것이다. 그리고 영원한 천국인 새 하늘과 새 땅에서 영원토록 배부르게 될 것이다.
그러므로 온 마음을 다하여 하나님을 갈망하라. 하나님과 올바른 관계 속에 있기를 간절히 사모하라. 거룩하신 하나님 아버지를 닮는 것을 생의 최고의 목표로 삼으라. 잃어버린 영혼들을 구원하여 하나님 나라를 확장하는 것을 최고의 꿈으로 삼으라.
이것이 우리가 이 땅에서부터 영원토록 참된 만족과 기쁨을 누릴 수 있는 비결이다. 한 길 가는 순례자로 끝까지 올곧게 걸어가는 순례자의 진정한 모습이다.

긍휼히 여기는 자의 복

[마 5:7] 긍휼히 여기는 자는 복이 있나니 그들이 긍휼히 여김을 받을 것임이요

오늘 우리 시대는 과학의 발달과 기술의 발전으로 이전의 어느 시대보다 살기 좋아졌고 편해졌다. 반면에 사회는 더 살벌해지고 생존 경쟁은 더 치열해졌다. 이렇게 치열한 경쟁 속에서 살아남고 성공하기 위해서는 반드시 힘이 있어야 하기에 현대 사회는 힘과 권력이 우상이 되고 말았다.

예수님 당시에도 그러했다. 당시 팔레스타인을 지배하고 있던 로마는 힘과 권력을 숭배하는 나라였다. 로마인들은 성공하기 위해 무력과 용기를 숭상했고 긍휼이나 자비는 경멸했다. 그들은 특히 긍휼을 혐오하고 수치스럽게 여기면서 가장 멸시했다.

로마의 철학자들은 "긍휼은 영혼의 질병이며, 나약함의 최고 표지(標識)다"라고 했다. 이런 사회 풍조 속에서 약자는 사람들로부터 긍휼히 여김을 받지 못하고 무참히 짓밟혔다. 또 자기에게 악을 행하고 해를 끼치는 자는 명예를 짓밟고 도전하는 자로 간주해서 반드시 대항하고 보복하는 것이 명예로운 일로 여겨졌다. 이런 풍조로 물든 사회에서 '긍휼'은 사람들이 살아남고 성공하기 위해서 반드시 멸시해야 할 '영혼의 끔찍한 질병'이었다.

이런 시대적 배경 속에서 예수님은 과히 혁명과도 같은 말씀을 선포하신다.

[마 5:7] **복이 있도다!** ('마카리오이') 긍휼히 여기는 자들이여, **왜냐하면** ('호티') 그들이 긍휼히 여김을 받을 것이기 때문이다

원래 '긍휼'('엘레오스')이라는 단어는 "당연한 결과로 비참한 상태에 빠진 사람을 오히려 불쌍히 여겨 그 불행을 제거하기 위해 구체적으로 도와주는 행위"를 가리킨다.

이렇게 긍휼의 핵심에는 두 가지 요소가 있다. 그것은 '불쌍히 여기는 마음'과 '불행을 제거하려고 구체적으로 도와주는 행위'이다.

누가복음 10장에 나오는 '선한 사마리아인의 비유'는 우리에게 긍휼의 실례를 잘 보여준다. 어떤 사람이 예루살렘에서 여리고로 내려가다가 강도를 만나, 거의 죽게 되었다. 이 사람을 보면서 제사장도 그냥 지나갔고 레위인도 그냥 지나갔다. 그러나 선한 사마리아인은 불쌍히 여기면서 가까이 다가갔다. 그를 치료해 준 후에 자기 짐승에 태우고 주막으로 데리고 가서 잘 돌보아주었다. 그리고 앞으로 소요될 비용까지 다 책임져 주었다.

'선한 사마리아인의 비유'가 분명히 보여주듯이 긍휼은 대상을 가리지 않는다. 선한 사마리아인은 긍휼을 베풀 때 강도 만난 사람이 누군가를 따지지 않았다. 단지 그가 죽게 된 형편과 절대 도움이 필요한 그의 모습을 보면서 긍휼을 베풀었다.

또 긍휼은 자기 자신을 생각하지 않는다. 선한 사마리아인이 자신이나 자기 유익을 생각했다면 결코 강도 만난 사람을 도와주지 않았을 것이다. 그는 자신의 생명과 안전과 시간과 물질과 에너지를 기꺼이 희생하며 돌봐주었다.

또한, 긍휼은 상대방의 불행한 처지를 보면서 동정하고 불쌍히 여기는 마음만이 아니라 구체적으로 도움을 베푸는 행동이다. 이것이 주님께서 말씀하시는 진정한 긍휼의 모습이다. 선한 사마리아인이 강도 만난 사람에게 베푼 긍휼의 원형은 바로 예수 그리스도의 긍휼이다.

긍휼의 가장 완벽한 실례를 우리는 하나님께서 범죄한 인간의 비참한 상태를 보시고 구원하시기 위해 독생자 예수 그리스도를 이 땅에 보내셔서 십자가에서 죽게 하신 데서 분명히 볼 수 있다. 하나님께서는 죄로 인해 고통과 절망과 죽음에 매여 종노릇 하는 인간의 비참한 모습을 보시면서 참으로 마음 아파하셨다.

그래서 가장 귀한 독생자 예수 그리스도를 이 땅에 보내셨고, 마지막에는 그 아들이 우리의 모든 죄와, 그 죄의 결과인 저주와 형벌을 다 짊어지시고 우리 대신 십자가에 달려 죽임당하게 하셨다. 이렇게 십자가는 우리를 향한 하나님의 긍휼하심이 얼마나 놀랍고 풍성한가를 분명히 보여주는 '긍휼의 센터'이다.

> [엡 2:4-5] 긍휼이 풍성하신 하나님이 우리를 사랑하신 그 큰 사랑을 인하여 허물로 죽은 우리를 그리스도와 함께 살리셨고 (너희는 은혜로 구원을 받은 것이라)

하나님은 의로우신 분인 동시에 긍휼히 풍성하신 분이시다. '의'가 하나님의 속성과 본질이듯이 '긍휼' 또한 하나님의 속성과 본질이다. 긍휼이 풍성하신 하나님께서는 예수 그리스도의 십자가를 통해서 우리에게 풍성한 긍휼을 베풀어주셨다. 그래서 우리는 구원을 얻었다. 하나님의 풍성한 긍휼을 입은 우리는 반드시 다른 사람들에게 긍휼을 베풀어야 한다.

1. 우리가 긍휼을 베풀어야 하는 대상은 누구인가?

주님께서는 긍휼을 베풀어야 할 대상이 누구인지를 구체적으로 언급하지 않으셨다. 우리는 모든 대상에게 어떠한 상황에서도 긍휼을 베풀어야 한다. 그중에서도 세 종류의 사람들에게 먼저 긍휼을 베풀어야 한다.

1) 우리에게 불의와 악을 행하는 사람들이다

긍휼을 베풀어야 할 우선적인 대상은 우리에게 악을 행하고 해롭게 하는 사람들이다. 우리를 모함하고 괴롭히고 핍박하며 우리 마음속에 깊은 상처와 아픔과 고통을 주는 사람들이다. 우리는 이런 사람들에게 복수하거나 보복하는 자가 되어서는 안 된다. 하나님께서는 하나님과 원수 되었던 우리를 불쌍히 여기셔서 긍휼을 베풀어주셨기에 우리도 그런 자들을 불쌍히 여기면서 긍휼을 베풀어야 한다. 죄와 마귀에게 미혹 당하여 악을 행하면서도 그것을 악으로 알지 못하는 영혼들을 불쌍히 여기면서 용서해야 한다.

주님께서 바로 그렇게 하셨다. 주님께서는 이 세상에 오셔서 결코 죄를 짓지 않으셨고, 누구에게도 해를 끼치지 않으셨다. 오직 진리만을 가르치셨고, 사람들에게 사랑과 섬김과 봉사를 몸소 실천하셨다. 그러나 악한 자들은 주님께 계속 불의를 자행했고, 결국 주님을 십자가에 못 박았다.

그러나 주님께서는 자기를 십자가에 못 박는 자들에게 긍휼을 베푸시면서 저들을 사하여 달라고 하나님께 기도하셨다(눅 23:34). 주님의 모습을 본받았던 스데반 역시 돌에 맞아 죽어가면서 자기를 향해 돌로 치는 자들에게 긍휼을 베풀면서 "주여 이 죄를 그들에게 돌리지 마옵소서"라고 기도했다(행 7:60).

요셉은 대표적인 '긍휼의 사람'이었다. 요셉은 자기에게 불의와 악을 행하여 말할 수 없는 상처와 고통을 주었던 형들에게 큰 긍휼을 베풀었다. 요셉의 형들은 요셉을 시기하여 죽이려고 하다가 애굽에 노예로 팔아버렸다. 요셉은 형들로부터 엄청난 상처를 받았고, 오랜 기간 말할 수 없는 고통과 괴로움을 당했다.

나중에 요셉은 애굽의 총리가 되어 복수할 수 있는 절호의 기회를 얻게 되었다. 형들은 아버지 야곱이 죽은 후 요셉이 자기들이 범한 모든 악을 그대로 다 갚을까 봐 두려워하며 떨었다. 그러나 요셉은 형들을 처벌하거나 해하지 않고, 오히려 형들의 처지를 불쌍히 여기고 그들의 잘못을 진심으로 용서하며 위로한다. 그리고 형들과 조카들에게 필요한 도움을 실제로 베푼다(창 50:21). 이것이 불의와 악을 행하는 자들에게 긍휼을 베푸는 모습이다.

2) 불행한 처지에 있는 사람들이다

하나님께서 가장 관심을 가지고 사랑하시는 대상이 바로 고아와 과부와 나그네와 가난한 자들이다(신 10:18; 시 68:5; 잠 19:17). 하나님께서는 가난하고 불행한 처지에 있는 사람들을 사랑하시고 불쌍히 여기시기에 우리도 그들에게 긍휼을 베풀기를 간절히 원하신다. 주님께서도 이 땅에 계실 때 병들고 가난하고 소외되어 고통당하던 자들에게 깊은 관심을 기울이면서 긍휼을 베푸셨다.

병든 자들, 장애인들, 귀신 들린 자들, 세상에서 버림받고 천대받던 죄인들을 주님께서 얼마나 불쌍히 여기셨는가?

주님께서 '오병이어'(五餠二漁)의 기적과 '칠병이어'(七餠二漁)의 기적을 베푸신 주요한 이유도 굶주린 자들을 불쌍히 여기셨기 때문이다(막 8:2-3). 또 주님께서는 사람들의 멸시 천대를 받던 세리와 죄인들을 가까이하시면서 그들의 친구가 되어주셨다. 그래서 주님의 별명이 '세리와 죄인의 친구'였다.

이렇게 불행한 처지에 있는 사람들을 불쌍히 여기시면서 긍휼을 베푸시는 주님이시기에 당신의 긍휼을 입어 구원받은 우리도 '긍휼의 빚'을 진 자로서 동일하게 불행한 처지에 있는 사람들을 불쌍히 여기면서 긍휼을 베풀기를 간절히 원하신다.

또한, 그것을 기준으로 하여 우리가 주님의 긍휼을 체험한 참된 믿음을 가진 구원받은 자인가를 판단하신다. 마태복음 25장에 나오는 '양과 염소의 비유'가 바로 이 진리를 분명히 보여준다. 주님께서는 최후 심판 날 우리가 영생에 들어가거나 영원한 형벌에 들어가는 기준을 "내 형제 중에 지극히 작은 자 하나에게 한 것 혹은 하지 않은 것"이라고 분명히 말씀하신다(마 25:34-36, 40, 41-43, 45).

주님의 긍휼을 체험한 초대교회 성도들은 주님의 이 말씀에 순종하여 불행한 처지에 있는 성도들과 이웃들을 최선을 다하여 돌보았다. 초대교회에서 사용한 문서인 2세기 초에 기록된 『디다케』(The Didache)에서는 그리스도인들에게 이렇게 권고하고 있다.

> 궁핍한 자를 그냥 돌려보내지 말고, 그 형제와 모든 것을 나누시오. 그리고 그것이 그대 자신의 것이라고 말하지 마시오.

주후 125년경에 아리스티데스(Aristides, B.C. 520-B.C. 468)는 그리스도인들의 아름다운 모습을 이렇게 감동적인 말로 요약했다.

> 그리스도인들은 모든 자비와 긍휼과 친절로 행한다.

그들 가운데서 거짓이란 찾아볼 수 없다. 그들은 서로 사랑한다. 그들은 과부를 멸시하지 않고, 고아를 슬프게 하지 않는다. 가진 자는 가지지 못한 자에게 아낌없이 나눠준다. 나그네를 보면 자기 집으로 데려가 마치 친형제인 양 그와 함께 즐겁게 지낸다.

그들은 혈육이 아닌 하나님의 영(靈)을 따라 서로를 형제라고 부른다. 형제 중에 가난한 자 하나가 세상을 뜨게 되면 힘닿는 대로 장례를 치러준다. 형제 중 누군가가 그리스도의 이름 때문에 감옥에 갇히거나 박해 받으면 그들 모두가 그의 필요를 채워주며, 석방이 가능하다면 그를 구해내는 일에 힘을 다한다.

그리고 만일 그들 중에 가난하고 궁핍한 자가 있는데도 불구하고 그들에게 줄 생필품이 부족하면 그들은 이틀이나 사흘을 금식하면서 자기들이 먹어야 할 음식을 가지고 그 궁핍한 자를 도와준다.

그리스도인들이 주님의 말씀에 순종하여 긍휼의 삶을 살았기에 심지어 4세기에 그리스도인들을 대적하던 쥴리안 황제(Julian the Apostate, 331-363)조차 이렇게 시인할 수밖에 없었다.

저 불경(不敬)한 갈릴리 도당(徒黨)들은 자기들의 가난한 자들뿐만 아니라 우리의 가난한 자들까지 먹여 살리고 있다.

이런 초대교회 성도들의 긍휼의 삶은 불신 세계에서는 그런 사려 깊은 관심과 긍휼과 사랑을 전혀 볼 수 없었기에 불신자들에게 큰 감명을 주었다. 이렇게 초대교회 성도들은 주님의 말씀을 따라 불행한 처지에 있는 사람들을 불쌍히 여기면서 긍휼을 베풀었다.

우리도 불행한 처지에 있는 사람들을 바라볼 때 이런 긍휼의 마음을 가져야 한다. 무심코 그냥 지나치지 말고, 마음의 부담을 느끼고, 안타까움을 느끼고, 불쌍히 여기면서 긍휼을 베풀어야 한다.

3) 믿지 않는 불신자들이다

이 세상에서 가장 불행하고 비참한 사람이 누군가?

늙고 가난하고 병들어서 가족들과 사회로부터 버림받은 사람들인가?

물론 그들도 불행하고 비참한 사람들이지만 이 세상에서 가장 불행하고 비참한 사람들은 바로 예수 믿지 않는 불신자들이다. 그들이 마지막으로 가야 할 곳은 영원한 저주와 형벌이 기다리고 있는 끔찍한 지옥이기 때문이다. 이것보다 더 큰 불행과 비참함은 없다.

하나님께서 우리에게 베푸신 가장 크신 긍휼은 우리를 구원하셔서 하나님의 백성 삼으심으로 지옥 가지 않고 천국 가게 하신 것이다.

> [벧전 2:10] 너희가 전에는 백성이 아니더니 **이제는 하나님의 백성이요** 전에는 긍휼을 얻지 못하였더니 **이제는 긍휼을 얻은 자니라**

우리가 사람들에게 베풀어야 할 최고의, 최대의 긍휼은 복음을 전하여 그들이 구원을 얻도록 하는 것이다. 불쌍한 영혼들이 지옥에 갈 것을 생각하고 너무 마음이 아파서 통곡하며 간절히 기도하는 긍휼의 마음이다.

주님께서 바로 그런 삶을 사셨다. 주님께서는 영원한 목자이신 하나님의 품을 떠나 멸망의 길로 가고 있는 비참한 영혼들을 바라보시면서 창자가 끊어질 듯한 아픔을 느끼셨다(마 9:36). 그래서 주님께서는 그들을 구원하기 위하여 십자가에 달려 가장 귀한 생명을 내어주시면서 크신 긍휼을 베풀어 주셨다.

이 주님의 긍휼을 입어 하나님의 자녀가 되었다면 우리도 주님 없이 지옥을 향해서 달려가고 있는 불쌍한 영혼들을 바라보면서 주님처럼 창자가 끊어질 것 같은 아픔을 느끼면서 복음을 증거해야 한다. 그리스도인의 긍휼은 반드시 복음을 전하는 전도와 선교로 나타나야 한다. 복음을 전하는 전도와 선교 없는 긍휼은 인간적인 값싼 동정이나 자선에 불과하다. 그런 긍휼은 주님이 말씀하시는 참된 긍휼이 아니다.

2. 긍휼히 여기는 삶을 살 때 하나님이 베풀어 주시는 축복은 무엇인가?

그것은 긍휼히 여김을 받는다는 것이다.

[마 5:7] 긍휼히 여기는 자는 복이 있나니 **그들이 긍휼히 여김을 받을 것임이요**

긍휼히 여기는 자는 다른 사람들로부터 긍휼히 여김을 받는다. 그리고 궁극적으로는 하나님으로부터 긍휼히 여김을 받는다. 이 말씀은 우리가 다른 사람에게 긍휼을 베풀었기 때문에 우리의 그 행위와 공로로써 하나님으로부터 긍휼을 입을 수 있다는 말이 결코 아니다. 우리가 하나님으로부터 먼저 긍휼을 입었기에 다른 사람들에게 당연히, 자연스럽게 긍휼을 베풀게 된다는 뜻이다.

하나님의 긍휼하심을 맛보지 못한 사람은 결코 다른 사람들에게 참된 긍휼을 베풀 수 없다. 참된 긍휼을 베풀 수 있는 사람은 오직 십자가를 통하여 먼저 하나님의 긍휼을 맛보아 안 사람이다. 다른 사람에게 긍휼을 베풀지 못하는 사람은 자신이 하나님으로부터 긍휼함을 받지 못한 자인 것을 스스로 입증하고 있다.

그것은 우리가 기꺼이 다른 사람들에게 긍휼을 베풀려고 하는 것보다 우리가 하나님으로부터 긍휼을 입었다는 것을 더욱 분명하게 입증해주는 것은 없기 때문이다. 이 땅에서 긍휼을 베풀지 않는 자들은 마지막 심판 날, 하나님의 긍휼 없는 심판을 받게 된다. 그 결과 그들은 지옥에서 영원토록 고통과 형벌을 당하게 된다.

[약 2:13] 긍휼을 행하지 아니하는 자에게는 긍휼 없는 심판이 있으리라 긍휼은 심판을 이기고 자랑하느니라

아무리 추운 겨울이라도 따뜻한 햇볕이 잘 들어오는 방안에는 모든 얼어붙은 것들이 녹고 움츠린 것들이 펴지게 된다. 그러나 햇볕이 들지 않는 방에는 얼어붙은 것들이 녹지 않고 움츠려 있는 것들은 더욱 움츠리게 된다.

마찬가지로 하나님의 따뜻한 긍휼을 경험한 사람은 자연스럽게 다른 사람들에게 긍휼을 베풀게 된다.

그리고 하나님의 긍휼을 깊이 경험할수록 그만큼 더 다른 사람들에게 긍휼을 베푸는 자가 될 수 있다. 이처럼 하나님으로부터 긍휼을 경험한 것만큼 우리는 다른 사람들에게 긍휼을 베풀 수 있는 것이다.

3. 긍휼의 삶을 매일 지속하며 살기 위해서는 어떻게 해야 하는가?

1) 하나님께서 내게 베푸신 긍휼을 늘 깊이 생각하라

우리가 다른 사람들에게 긍휼을 베푸는 삶을 살기 위해서는 하나님께서 어떻게 내게 긍휼을 베푸셨고, 지금도 어떻게 긍휼을 베푸시는가를 깊이 생각해야 한다. 자신이 교만한 자인 것을 알지 못하는 사람은 다른 모든 교만한 자들을 미워한다는 말이 있다. 마찬가지로 자신의 죄를 보지 못하는 사람은 다른 죄인들을 모두 미워한다. 자신이 하나님으로부터 크신 긍휼을 입은 사실을 생각하지 않는 사람은 다른 사람들에게 긍휼을 베풀 수 없다.

그러나 자신의 허물과 죄악을 깨닫고 자신의 비참함과 무능함을 깨달은 사람은, 그래서 하나님께서 베푸신 긍휼을 깊이 생각하는 사람은 다른 사람들에게 반드시 긍휼을 베풀게 된다. 그러므로 여러분이 긍휼의 삶을 살기 위해서 하나님이 베푸신 긍휼을 늘 깊이 생각하며 살라.

2) 긍휼을 베풀면서 살기로 결단하고 실천해 나가라

우리가 긍휼의 삶을 살기 위해서는 반드시 다른 사람들에게 긍휼을 베풀기로 결단해야 한다.

나는 이제부터 주님의 말씀에 순종하여 늘 긍휼을 실천하며 살 것이다!

이런 단호한 결단이 긍휼을 실천하는 데 있어서 참으로 중요하다. 이렇게 결단한 후 실천할 수 있는 작은 것부터 하나씩 실천해 나가라.

먼저 기도로써 시작하라. 우리가 기도할 때 하나님께서 은혜 베푸시기에 긍휼의 마음이 생기게 된다. 특별히 용서할 수 없고 사랑할 수 없는 사람일수록 더욱 간절히 기도해야 한다.

특별히 그 사람을 축복하면서 기도하라. 하나님께서 그 사람을 불쌍히 여겨주시도록, 은혜를 베풀어주시도록, 축복해 주시도록 기도하라. 그러면 그에 대한 미운 마음이 사라지고 불쌍히 여기는 마음이 생겨날 것이다. 그리하여 결국 그 사람에게 긍휼을 베풀게 될 것이다.

사랑하는 성도 여러분!

주님께서는 죄인인 나를 긍휼히 여기셨고, 지금도 끊임없이 긍휼히 여기신다.

그렇다면 나도 마땅히 긍휼을 베푸는 자가 되어야 하지 않겠는가?

긍휼은 신앙생활의 핵심적인 요소이고, 삶 속에서 실천해야 할 중요한 덕목이다.

누가 하나님을 아는 자인가?

하나님의 긍휼을 체험했고, 또 계속해서 체험하는 자이다.

누가 하나님을 믿는 자인가?

삶 속에서 긍휼을 실천하는 자이다.

행복한 인생을 사는 사람이 누구인가?

하나님의 긍휼을 날마다 경험하고, 그래서 날마다 긍휼을 베풀며 사는 사람이다. 그는 이 땅에서 참된 행복을 누리게 되고, 나아가 내세에서 영원토록 참된 행복을 누리게 될 것이다.

제7장

마음이 청결한 자의 복

[마 5:8] 마음이 청결한 자는 복이 있나니 그들이 하나님을 볼 것임이요

전도하다 보면 하나님을 보여주면 믿겠다고 말하는 사람들이 있다. 그런데 주님께서는 팔복에서 하나님을 볼 수 있는 놀라운 방법을 말씀하신다.

[마 5:8] 복이 있도다!('마카리오이') 마음이 청결한 자들이여, 왜냐하면('호티') 그들이 하나님을 볼 것이기 때문이다

마음이 청결한 자들만이 하나님을 볼 수 있다. 복의 중심은 마음에 있다. 우리의 행위가 물론 깨끗해야 하겠지만 행위의 근본이 되는 마음이 깨끗하지 못하다면 다 헛된 것에 불과하다. 이것이 주님께 신랄한 책망을 들었던 바리새인들의 문제였다. 그들은 겉과 외형에만 관심을 가졌고 속과 마음은 무시했다.

바리새인들은 외형적인 종교적인 의식을 지키는 데는 철저했다. 그들은 안식일을 철저히 지켰고, 구제와 금식과 기도에 힘썼으며, 십일조 생활도 철저히 했지만, 율법의 가장 중요한 정신은 무시했다. 주님께서는 외식하는 자들이라고 그들을 준엄하게 책망하셨다.

[마 23:23] 화 있을진저 외식하는 서기관들과 바리새인들이여 너희가 박하와 회향과 근채의 십일조는 드리되 율법의 더 중한 바 정의와 긍휼과 믿음은 버렸도다

또 바리새인들은 겉과 외형의 청결에만 관심을 가졌고, 속과 마음의 청결은 무시했다. 그들은 종교 의식적 정결과 외적 청결을 집요하게 추구했지만, 마음은 교만과 탐욕과 악독으로 가득 차 있었다. 주님께서는 그런 위선적이고 외식적인 모습을 준엄하게 책망하시면서 내적 청결을 강조하셨다.

> [마 23:25-26] 화 있을진저 **외식하는** 서기관들과 바리새인들이여 잔과 대접의 겉은 깨끗이 하되 그 안에는 탐욕과 방탕으로 가득하게 하는도다 눈 먼 바리새인이여 너는 먼저 안을 깨끗이 하라 그리하면 겉도 깨끗하리라

정말 중요한 것은 우리 마음이다. 마음은 우리의 존재와 인격의 중심이기에 우리의 됨됨이와 인격과 행위는 바로 마음에서 결정이 된다. 마음은 우리 인생의 핵심이요 근원이요 바탕이다. 우리가 마음에 무엇을 생각하고 계획하느냐에 따라 우리의 됨됨이가 결정되고 영원한 운명이 결정된다.

> [잠 23:7] 대저 그 마음의 생각이 어떠하면 그 위인도 그러한즉, …

> [잠 4:23] 모든 지킬 만한 것 중에 더욱 네 마음을 지키라 생명의 근원이 이에서 남이니라

하나님께서도 우리를 보실 때 핵심적으로 보시는 부분이 바로 마음이다.

> [삼상 16:7] … 내가 보는 것은 사람과 같지 아니하니 **사람은 외모를 보거니와 나 여호와는 중심**('레브': 마음, heart)**을 보느니라**

우리가 참으로 복이 있는 자가 되기 위해서는 반드시 마음이 청결해야 한다.

1. '청결한 마음'은 구체적으로 어떤 마음인가?

1) 깨끗해진 마음이다

원래 '청결'('카다로스')이란 단어는 때가 묻은 더러운 옷을 깨끗하게 빨아 정결해졌을 때 사용되던 말이었다. 그러므로 '청결한 마음'이란 세상의 각종 죄악과 욕심으로 인해 더럽혀지고 불결해진 마음이 깨끗이 씻겨져서 정결하게 된 마음을 가리킨다. '청결'이라고 번역된 헬라어 '카다로스'의 의미를 잘 이해하기 위해서는 구약 히브리어 성경을 헬라어로 번역한 칠십 인역(LXX)에서 이 단어가 어떻게 사용되었는가를 보는 것이 필요하다.

헬라어 '카다로스'는 히브리어 '타오르'를 번역한 것으로 구약성경에서 주로 제의적(祭儀的)이며 의식적(儀式的)인 측면과 관련되어 자주 사용되었다. '타오르'는 정결한 제물(창 7:20), 정결한 장소(레 4:12), 정결한 사람(레 13:13; 신 12:15)에 사용되었다. 따라서 주님께서 말씀하신 '마음이 청결한 자'는 일차적으로는 마음에 더러운 것이 없는 깨끗하고 정결한 자를 가리킨다.

제물이 정결해야 하나님께 바칠 수 있고, 부정함이 없는 정결한 자만이 하나님께 나아갈 수 있다. 마찬가지로 우리도 그 마음이 더러운 것에서부터 벗어나 깨끗하고 정결해야만 하나님께 나아가 하나님을 볼 수 있다.

성경은 만물 중에서 가장 더러운 것이 바로 인간의 마음이라고 말씀한다.

> [렘 17:9] 만물보다 거짓되고 심히 부패한 것은 마음이라 누가 능히 이를 알리요마는

마태복음 15장에서도 주님께서는 같은 말씀을 하셨다.

> [마 15:18-20] 입에서 나오는 것들은 마음에서 나오나니 이것이야말로 사람을 더럽게 하느니라 마음에서 나오는 것은 악한 생각과 살인과 간음과 음란과 도둑질과 거짓 증언과 비방이니 이런 것들이 사람을 더럽게 하는 것이요

'님의 침묵'이란 시로 유명한 만해 한용운 스님이 어느 날 조계종 종단의 초청으로 스님들이 모인 자리에서 강론을 하게 되었다. 그는 큰 지팡이를 들고 강단에 섰다. 많은 사람이 존경하는 그분에게서 무슨 이야기가 나올까 하는 순간에 그는 입을 열고 이렇게 말했다.

"이 세상에서 더러운 것 중의 더러운 것은 사람의 몸에서 나오는 배설물이다."

그리고는 한참 있다가 말했다.

"그보다 더 더러운 것은 사람의 몸이 썩는 시체의 냄새다."

또 조금 있다가 한마디 더 했다.

"그보다 더 더러운 것은 '나무아미타불 관세음보살'하면서도 부정한 것을 탐하는 중놈의 마음이다"라고 말하고는 그 자리를 떠났다.

이런 모습은 불교계만의 모습이 아니다. 우리 기독교계도 다를 바가 없고, 우리 자신도 예외가 아니다. 우리가 변화된 삶을 살기 위해서는 먼저 우리의 마음이 새롭게 변화되어 깨끗해져야 한다.

마음이 근본적으로 변화되지 않고는 아무리 신앙생활을 열심히 해도 그것은 알맹이 없는 껍데기에 불과하고 빈 깡통이 울리는 소리처럼 공허한 메아리에 불과하다.

성경은 로마서 12:2에서 이렇게 권면한다.

> [로마서 12:2] 너희는 이 세대를 본받지 말고 **오직 마음을 새롭게 함으로 변화를 받아** 하나님의 선하시고 기뻐하시고 온전하신 뜻이 무엇인지 분별하도록 하라

이렇게 세상의 온갖 죄악과 욕심으로 인해 더러워진 우리의 마음이 새롭게 변화되어 깨끗해질 때만이 우리는 하나님을 볼 수 있다. 하나님의 뜻을 분명히 분별할 수 있고, 그 뜻을 온전히 행할 수 있다.

2) 나누어짐이 없는 진실한 마음이다

'청결'('카다로스')이란 단어는 순금과 같이 이물질이나 불순물이 섞이지 않는 순수한 것을 뜻할 때도 사용되었다.

따라서 청결한 마음은 불순물이 섞이지 않은 진실한 마음, 정직한 마음이다. 청결한 사람은 마음의 동기가 순수하고 진실하기에 외식과 위선과 속임수와 거짓을 매우 싫어한다. 그에게는 교활함과 음흉함과 약삭빠름이 없다.

그는 사람들을 의식하기 전에 먼저 마음 중심과 동기를 살피시는 하나님을 의식한다. 사람의 칭찬과 인정을 구하기보다 하나님의 칭찬과 인정을 구한다. 하나님께서 원하시는 사람은 이렇게 중심에 진실한 마음을 가진 청결한 사람이다.

> [시 51:6] 보소서 주께서는 중심('투하': 마음속 깊은 곳)이 진실함('에메트': 거짓됨이 없는 내적 순결성)을 원하시오니 …

하나님께서는 이런 진실한 마음을 가진 청결한 사람을 하나님의 임재와 영광 속으로 불러 주신다.

> [시 24:3-5] 여호와의 산에 오를 자가 누구며 그의 거룩한 곳에 설 자가 누구인가 곧 손이 깨끗하며 **마음이 청결하며** 뜻을 허탄한 데에 두지 아니하며 거짓 맹세하지 아니하는 자로다 그는 여호와께 복을 받고 구원의 하나님께 의를 얻으리니

마음이 청결한 사람은 정직하고 진실하고 순결한 사람이기에 여호와의 산에 오를 수 있다. 그 거룩한 곳에 설 수 있다. 하나님의 임재와 영광을 맛볼 수 있다. 하나님께 복을 받고 의를 얻을 수 있다.

또 청결한 마음을 가진 사람은 두 마음을 품지 않고 일편단심(一片丹心) 하나님만을 사랑하고 섬기는 사람이다.

구약의 규례에 따르면 혼합된 것은 무조건 부정한 것으로 간주 되었다. 따라서 구약의 하나님의 백성은 가축을 다른 종류와 교미시켜서는 안 된다. 밭에 두 종자를 섞어서 뿌리지 말아야 한다. 그리고 두 재료로 직조된 옷을 입어서도 안 된다(레 19:19).

이런 점에서 볼 때 청결한 마음은 이중적인 마음을 품지 않고 오로지 하나님만을 향하는 일편단심의 마음을 가리킨다.

유명한 기독교 철학자 키에르케고르는 청결한 마음을 이렇게 정의했다.

이것은 우리의 의지가 한 대상(하나님)을 향해서 온전히 드려진 마음이다.

하나님께서는 우리가 이렇게 청결한 마음을 품고 살기를 간절히 원하신다.

[약 4:8] 하나님을 가까이하라 그리하면 너희를 가까이하시리라 죄인들아 손을 깨끗이 하라 **두 마음을 품은 자들아 마음을 성결하게 하라**

두 마음을 품는 것은 외식하는 가증한 모습이다(마 15:8). 하나님께서는 나누어지지 않은 우리 마음 전체를 원하신다.
따라서 하나님께서 가장 기뻐하시는 사람은 전심으로 하나님을 구하고 마음을 다하여 하나님을 사랑하고 섬기는 사람이다. 하나님께서는 그들을 놀랍도록 축복하신다.

[신 6:5] 너는 **마음을 다하고** 뜻을 다하고 힘을 다하여 네 하나님 여호와를 사랑하라

[시 119:2] 여호와의 증거를 지키고 **전심(全心)으로**(NIV: with all their heart) 여호와를 구하는 자는 복이 있도다

반면에 하나님께서 가장 싫어하시는 사람은 두 마음을 품은 사람이며 두 주인을 섬기는 사람이다. 마음 한편은 하나님께 두고 또 다른 한편은 세상에 두면서 하나님도 섬기고 세상도 섬기는 자이다. 하나님께서는 외식하는 그들의 가증한 모습을 반드시 심판하신다.

[호 10:2] 그들이 두 마음을 품었으니 이제 벌을 받을 것이라 하나님이 그 제단을 쳐서 깨뜨리시며 그 주상(柱像)을 허시리라

2. 우리가 청결한 마음을 가지고 살 때 하나님께서 베풀어 주시는 놀라운 축복은 무엇인가?

그것은 하나님을 보는 것이다.

> [마 5:8] 마음이 청결한 자는 복이 있나니 그들이 하나님을 볼 것임이요

여기서 '본다'('옵손타이')는 동사의 시제가 '미래 시제'이다. 마음이 청결한 자는 마지막 날 완전히 거룩하시고 영광스러우신 하나님을 얼굴과 얼굴을 맞대고 볼 것이다. 이것은 마음이 청결한 자가 종말에 얻게 되는 최고의 축복이요 최대의 영광이다.

또한, 마음이 청결한 자는 이 땅에서도 부분적이지만 믿음의 눈으로 하나님을 보면서 산다. 그는 하나님께서 가까이 계심을 느끼고 그분의 임재를 누리며 그분의 영광을 맛본다. 하나님의 음성을 듣고 그분과 친밀히 교제하며 동행하게 된다. 이것이 마음이 청결한 자가 종말의 때와 이 땅에서 누리는 놀라운 축복이다.

3. 우리는 어떻게 청결한 마음을 가질 수 있는가?

1) 우리 마음을 늘 예수 그리스도의 보혈로 씻어야 한다

청결한 마음은 오직 예수 그리스도의 피로써 정결하게 된 마음이다. 하나님의 아들 예수의 피가 우리를 모든 죄에서 깨끗하게 하시며 우리의 더러운 마음을 청결하게 하신다(요일 1:7).

거짓과 위선과 불의와 죄악으로 가득한 우리의 더러운 마음을 깨끗하게 하는 유일한 길은 오직 예수 그리스도의 십자가 보혈밖에 없다. 우리의 모든 죄와 더러움과 부정한 모든 것을 깨끗이 씻기 위하여 하나님께서 마련해 주신 샘물이 바로 예수 그리스도 보혈의 샘물이다.

[슥 13:1] 그 날에 **죄와 더러움을 씻는 샘이** 다윗의 족속과 예루살렘 주민을 위하여 열리리라

여기서 '그날'은 무죄(無罪)하신 예수 그리스도께서 죄인들을 대신하여 대속(代贖)의 죽음을 당하신 날이다. '다윗의 족속과 예루살렘 주민'은 하나님의 백성들 전체를 가리킨다. 그리고 '열리리라'('니페타흐)는 "계속적으로 또한 영원토록 열려진 상태에 있을 것이다"라는 뜻이다.

예수 그리스도께서 죄인들을 위해 죽으신 바로 그날, 죄와 더러움을 씻는 샘이 하나님의 백성들을 위하여 활짝 열렸다. 그리고 그 샘은 계속적으로, 영원토록 열려진 상태에 있을 것이다. 예수 그리스도의 보혈 샘물이야말로 값없이 우리의 영혼과 마음을 깨끗이 씻을 수 있는 유일한 샘물이다. 더러운 영혼들이 죄를 씻고 날마다 그들의 옷을 빨면서 새롭게 되는 곳이다. 그곳은 언제나 열려 있다.

누구든지 자신의 마음이 청결하지 못한 것을 애통하며 진정으로 회개하는 자는 이 보혈의 샘에서 깨끗함을 받을 수 있다. 우리가 애송하는 찬송가 258장《샘물과 같은 보혈은》은 바로 이 사실을 분명히 증거하고 있다.

> 샘물과 같은 보혈은 주님의 피로다.
> 보혈에 죄를 씻으면 정하게 되겠네.
> 정하게 되겠네. 정하게 되겠네.
> 보혈에 죄를 씻으면 정하게 되겠네.

이렇게 우리가 예수 그리스도의 보혈의 샘물로 씻을 때 청결한 마음을 가질 수 있다.

2) 우리가 친밀히 교제하는 대상이 참 중요하다

[잠 13:20] 지혜로운 자와 동행하면 지혜를 얻고 미련한 자와 사귀면 해를 받느니라

이 말씀과 유사한 서양 격언이 있다.

> 당신의 친구를 내게 보여주십시오. 그러면 나는 당신이 어떤 사람인가를 말해 드릴 수 있습니다.

이처럼 우리가 어떤 사람을 친구로 사귀며 교제하는가에 따라 우리의 됨됨이가 결정된다. 우리가 믿음과 인격이 성숙하고 긍정적인 사람을 친구로 사귀면 우리 역시 믿음과 인격이 성숙하게 되고 긍정적인 사람으로 변화된다. 반면에 늘 부정적이고 남의 흉이나 살피고 다니면서 비판하는 사람과 사귀면 우리 역시 그런 사람이 되고 만다.

그러므로 우리가 청결한 마음을 갖기 위해서는 마음이 청결한 사람을 사귀어야 한다. 주님을 참으로 사랑하는 사람, 주님과 교제하며 성령님과 동행하는 사람들과 친밀히 교제해야 한다.

그러나 그보다 훨씬 더 중요한 것은 우리가 순결하신 주님을 늘 가까이 하면서 그분과 친밀히 교제하기를 힘쓰는 것이다. 우리가 말씀과 기도를 통해 늘 주님과 교제하며 성령님과 동행하는 삶을 살 때 순결하신 주님을 닮아 청결한 마음을 소유할 수 있다.

> [요 15:3] 너희는 내가 일러준 말로 이미 깨끗하여졌으니

> [딤전 4:5] 하나님의 말씀과 기도로 거룩하여짐이라

> [갈 5:16] 너희는 **성령을 따라 행하라** 그리하면 **육체의 욕심을 이루지 아니하리라**

우리는 하루를 시작할 때마다 성경을 펼치고 주님의 말씀을 깊이 묵상해야 한다. 성령께서 내 마음을 변화시켜 주시고 늘 청결한 마음을 주시도록, 내가 성령을 따라 행할 수 있도록 간절히 기도해야 한다.

그때 하나님의 말씀이, 성령의 능력과 도우심이 우리의 마음을 청결하게 만들어 주실 것이다.

3) 고난을 당할 때 경건하게 믿음으로 반응해야 한다

마음의 청결은 평안하고 안정된 상황에서는 잘 이루어지지 않는다. 대부분 시련의 골짜기와 고난의 풀무 불 속에서 이루어진다.

순금이 어떻게 만들어지는가?

원래 광산에서 채굴한 금광석은 대부분 돌투성이고, 금은 소량에 불과하다. 돌투성이인 금광석을 뜨거운 풀무 불 속에 집어넣고 계속해서 연단 하는 과정을 통해 모든 불순물이 제거되고 그 후에 순수한 금이 된다.

마찬가지로 우리 인간의 마음은 거짓되고 부패하고 더러운 불순물이 많이 섞여 있기에 고난의 풀무 불 속에서 계속 연단을 받아 불순물이 철저히 제거될 때 청결한 마음으로 변화될 수 있다.

[잠 17:3] 도가니는 은을, 풀무는 금을 연단하거니와 **여호와는 마음을 연단하시느니라**

하나님께서는 우상숭배와 음행과 탐욕과 교만의 온갖 불순물로 가득한 이스라엘 백성들을 하나님의 순결한 백성으로 만드시기 위해 고난의 풀무 불에서 혹독하게 연단 하셨다.

[사 48:10] 보라 내가 너를 연단하였으나 은처럼 하지 아니하고 너를 고난의 풀무 불에서 택하였노라(난외 주: 고난의 풀무 불로 시련하였노라)

하나님께서는 우리의 마음을 청결하게 하시고, 우리를 순결하게 만드시기 위해 때때로 고난의 풀무 불 속에서 우리를 연단하신다. 그때 우리는 경건하지 못한 불신앙의 모습으로 반응해서는 안 된다. 경건하게 믿음으로 반응해야 한다. 그때 우리는 청결한 마음을 소유하고 순결한 모습으로 변화될 수 있다.

4) 신랑 되신 주님의 재림을 간절히 사모하며 살아야 한다

성경은 예수 그리스도를 우리의 영원한 신랑으로, 우리를 그분의 영원한 신부로 묘사하고 있다. 주님과 우리는 약혼식을 올려놓고 이제 결혼 날짜만 기다리고 있다.

> [계 19:7-9] 우리가 즐거워하고 크게 기뻐하며 그에게 영광을 돌리세 어린 양의 혼인 기약이 이르렀고 그의 아내가 자신을 준비하였으므로 그에게 빛나고 깨끗한 세마포 옷을 입도록 허락하셨으니 이 세마포 옷은 성도들의 옳은 행실이로다 하더라 천사가 내게 말하기를 기록하라 어린 양의 혼인 잔치에 청함을 받은 자들은 복이 있도다

약혼식을 올린 신부가 결혼식을 기다리면서 신랑을 위해 몸과 마음을 깨끗하고 순결하게 보존하는 것처럼 우리도 영원한 신랑이신 주님과 결혼하는 결혼식이 이루어질 재림의 날을 간절히 기다리며 살 때 불결하고 추한 마음을 버리고 청결한 마음과 그 마음에서부터 나오는 옳은 행실을 가질 수 있다.

사랑하는 성도 여러분!
여러분은 마지막 날 거룩하시고 영광스러우신 하나님과 얼굴과 얼굴을 마주 대하면서 보기를 원하는가?
이 땅에서 살 때 믿음의 눈으로 하나님을 보고, 가까이 계심을 느끼고, 그분의 임재를 누리며 살기를 원하는가?
하나님의 음성을 듣고 친밀히 그분과 교제하며 동행하기를 원하는가?
이제 신랑되신 주님의 재림이 가깝다. 어린 양의 혼인 잔치가 준비되어 있다. 그 잔치 참여를 위해 준비할 시간이 많지 않다.
그분을 부끄러움 없이 영광중에 뵙기를 원하는가?
그렇다면 주님의 음성에 귀를 기울이고 순종하라.

마음이 청결한 자는 복이 있나니 그들이 하나님을 볼 것임이요

제8장

화평하게 하는 자의 복

> [마 5:9] 화평하게 하는 자는 복이 있나니 그들이 하나님의 아들이라 일컬음을 받을 것임이요

오늘날 현대인들은 주변에서 일어나는 여러 가지 사고와 범죄로 인하여 불안과 두려움 속에서 고통당하며 살고 있다. 주님께서는 이렇게 고통당하는 인간을 위해 '평화의 왕'으로 이 땅에 오셨다(눅 2:14; 요 14:27). 그 무엇보다 주님께서는 십자가를 통해서 하나님과 원수 되었던 인간을 화해시키셨고, 결코 하나될 수 없었던 유대인과 이방인들을 하나로 만들어 화해시키셨다(엡 2:14-16). 또 부활하신 주님께서는 제자들에게 나타나셔서 제일 먼저 평안을 비셨다(요 20:19, 21).

이렇게 '평화의 왕'이신 주님께서는 우리에게 참된 평안을 주시기 위해 이 땅에 오셨고, 십자가에 달려 죽으셨으며, 사흘 만에 부활하셨다. 그리고 예수 그리스도를 믿고 영접하는 자들에게 마음 깊은 곳에서부터 솟아 나오는 참된 평안을 주신다. 또 그 평안을 체험한 사람들이 다른 사람들을 평안케 할 때 참으로 복이 있는 자들이 되게 하신다.

> [마 5:9] 복이 있도다!('마카리오이') 화평하게 하는 자들이여, 왜냐하면('호티') 그들이 하나님의 아들이라 일컬음을 받을 것이기 때문이다

여기서 '화평'('에이레네')이라는 단어는 '평강, 평안, 평화'(peace)로 번역되는데, 히브리어로는 '샬롬'(shalom)이다.

이것은 단순히 싸움이나 갈등, 불화가 없는 상태가 아니라, 삶의 모든 영역에서 건강함과 온전함이 있는 상태를 의미한다.

즉, 한쪽으로 기울어지거나 치우친 것이 아닌 '균형 잡힌 상태'를 말한다. '화평하게 하는 자들'('에이레노포이오이')이라는 단어는 '평화, 평안'이라는 뜻의 '에리에네'와 '만들다, 행하다'의 뜻의 '포이에오'의 합성어이다.

따라서 '화평하게 하는 자들'은 '평화를 만들기 위하여 적극적으로 노력하는 사람들, 화평을 적극적으로 조성하는 자들'이란 매우 적극적인 의미가 있다. 그래서 영어 성경은 '화평하게 하는 자들'을 'peacemakers'('평화를 만드는 자들')로 번역하고 있다.

1. 우리는 어떻게 이런 복된 '샬롬의 사람'이 될 수 있는가?

1) 하나님 중심의 삶을 살아야 한다

'샬롬', '화평'은 모든 것이 있어야 할 자리에 바르게 자리 잡고서 균형을 이룬 상태이다. 그런데 균형을 잡으려면 중심축이 있어야 한다. 배가 파선되지 않고 항해를 잘하려면 배의 중심축이 똑바로 세워져 있어야 한다. 중심축을 중심으로 해서 배가 균형을 유지해 나가는 것이다. 항해를 하다가 배가 파도를 만나면 옆으로 기울어지고 쏠리는 때도 있지만 중심축이 있으므로 배는 곧 본래의 상태로 되돌아오게 된다.

우리 인생의 중심축은 하나님이시다. 우리 삶의 모든 영역에 있어서의 중심축도 하나님이시다. 우리가 하나님을 중심축으로 삼고 살면 우리 삶은 균형을 이루게 되고, 그 결과 자연스럽게 평안의 삶을 살게 된다.

범선이 한창 대서양과 태평양을 누비던 시대에 처음 선원이 된 젊은이들은 특이한 방식으로 훈련받았다고 한다. 그들이 맨 먼저 받는 훈련은 배의 꼭대기로 올라가는 것이다. 십 미터나 이십 미터나 되는 돛대 위로 올라가서 돛을 감든지 망을 보는 것이다. 그 높은 곳에 올라갔기에 배가 흔들리면 현기증이 나서 떨어질 것만 같기에 배를 처음 탄 선원들은 비명을 지르면서 야단법석을 떤다.

그럴 때마다 경험이 많은 선배 선원이 위를 향해서 이렇게 외친다. "야, 밑을 보지 마. 바다를 보지 마. 물을 보지 마. 위를 봐. 하늘을 봐." 위를 보고 하늘을 보면 아무리 배가 요동쳐도 어지럽지 않다. 두렵지 않다. 자꾸 밑에 있는 물을 보고 배를 보기 때문에 어지럽고 두렵고 정신이 없는 것이다.

왜 우리가 평안의 삶을 살지 못하고 의심과 두려움과 염려 속에서 사는가?

애를 쓰면서 여러 가지 노력을 기울이지만 왜 배우자나 부모나 자녀와의 관계에서 긴장과 갈등과 불화와 다툼이 끊이지 않는가?

우리가 문제의 본질과 핵심을 다루지 않고 문제의 표면만을 다루었기 때문이다. 문제의 본질과 핵심은 문제 자체나 그 원인이나 해결 방안이 아니다. 인생의 푯대이신 주님을 바라보는 것이다. 인생의 중심축이신 하나님을 통해서 우리 삶의 모든 영역에 균형을 이루는 것이다.

어느 목사님이 한 유명 인사 부부와 결혼 생활의 문제에 대해 상담할 기회가 있었다. 이 부부는 이혼까지 생각할 만큼 심각한 갈등을 겪고 있었다. 목사님이 그들에게 말한다.

> 선생님과 사모님이 현재 직면하고 있는 이 문제를 어떻게 해결할 수 있느냐는 면에 집중하는 한, 이 문제는 해결되지 않을 것입니다. 두 분이 우리 삶의 근원이요 문제의 해답이신 하나님을 참으로 바라볼 수 있는가가 문제 해결의 출발점입니다.
>
> 다시 말씀드려서, 하나님을 바라볼 때만 두 분의 문제는 해결될 수 있습니다.

우리가 하나님을 인생의 푯대와 인생의 중심축으로 삼고 산다는 말은 하나님을 내 인생의 주인으로 모시고 그분을 전적으로 의뢰하고 산다는 의미다.

우리가 하나님을 내 인생의 주인으로 모시고 살면 주인 되신 하나님께서 내 삶의 모든 영역을 다스리시기에 우리 삶이 균형과 화평을 이루게 된다.

그래서 가정·직장·교회·사회 등 삶의 전 영역에서 평화를 만들어가는 (peacemaker) '샬롬의 사람'이 된다.

화평은 우리 인간의 노력으로 만들어지거나 이루어질 수 있는 것이 결코 아니다. 인생의 중심축이신 평강의 하나님께서 주인이 되셔서 다스리실 때 우리의 삶 속에 이루어지는 '하나님의 선물'이다. 우리는 평강의 하나님을 인생의 푯대와 중심축으로, 삶의 주인으로 모시고 그분을 의뢰함을 통해서 참된 평강을 선물로 받는다.

[살후 3:16] **평강의 주께서 친히 때마다 일마다 너희에게 평강을 주시고** …

[롬 15:33] **평강의 하나님께서** 너희 모든 사람과 함께 계실지어다 아멘

우리가 평강의 하나님을 인생의 중심축과 주인으로 모시고 살기 위해서는 끊임없이 자신을 부인하며 살아야 한다. 우리 삶 속에서 하나님이 우리 인생의 중심축과 주인 되심을 집요하게 방해하는 것이 있다. 바로 우리 자신이고 부패한 우리 자아이다. 타락한 인간은 예외 없이 만사를 자기중심적인 관점에서 본다.

이것이 내게 공평한가?

나는 정당한 내 권리와 몫을 받고 있는가?

이것이 모든 갈등과 긴장과 다툼과 불화의 단초가 된다.

우리는 내가 섬겨야 할 하나님과 가족들과 영혼들보다, 또 가정·목장·교회 공동체를 하나 되게 만들고 유익 되게 만드는 큰일에 관심을 기울이기보다 이런 것에 더 관심을 기울이는 모습을 보게 된다.

이것이 내게 어떤 영향을 미칠까?

내게 어떤 결과를 가져올까?

어째서 내게 이렇게 하는 건가?

이렇게 자기를 부인하지 않고, 자아를 깨뜨리지 않으며, 자기 이익을 포기하지 않는 모습이 우리를 오해와 갈등과 싸움과 분쟁으로 이끄는 가장 중요한 요인이다.

우리가 '샬롬의 사람'이 되지 못하게 하는 가장 중요한 원인이다. 아브라함은 조카 롯과의 관계에 있어서 자기를 부인하면서 많은 것을 양보하고 포기했기에 갈등과 분쟁을 해결하고 화목할 수 있었다.

어느 분은 이런 얘기를 했다.

> 우리가 종의 자리에 설 때만 비로소 하나님께서는 주인의 자리에 서실 수 있다.

그런데 우리가 하나님을 주인의 자리에 모시고 종의 자리에 서기 위해서는 필수적인 요소가 있다. 그것은 자기를 비우고 자기를 부인하며 자아를 깨뜨리는 것이다.

종이 자기를 부인하지 않는데, 종노릇을 할 수 있는가?

종이 주인의 명령에 아랑곳하지 않고 자기를 부인하지 않고 자기 생각과 뜻대로 한다면 어떻게 되겠는가?

죽도록 매질을 당하거나 팔려 가게 될 것이다. 우리 주님께서 종이 될 수 있었던 것도 자기를 비우시고 부인하셨기 때문이다.

[빌 2:7] 오히려 **자기를 비어 종의 형체를 가지사** 사람들과 같이 되셨고

신앙생활에 있어서 자기 부인만큼 중요한 것은 없다. 자기 부인은 주님의 모습을 닮는 것이기 때문이다. 그리고 주님께서 자기를 따르는 모든 사람에게 가장 우선적으로 요구하시는 것이기 때문이다.

[눅 9:23] 또 무리에게 이르시되 **아무든지 나를 따라오려거든 자기를 부인하고 날마다 제 십자가를 지고 나를 따를 것이니라**

이렇게 인생의 중심축 되시고 주인 되신 주님을 따르는 첫 발자국이 바로 자기 부인이다. 그래서 종교개혁자 칼빈은 『기독교 강요』에서 "그리스도인의 생활의 핵심은 자기 부인"이라고 강조한다. 월트 첸트리(Walter J. Chantry)도 같은 얘기를 했다.

> 자기 부인은 참된 신앙의 중심부에 가장 가까이 놓여있는 실천 사항이다. 이것을 실천하지 않고는 우리는 그리스도에게로 돌아설 수가 없다.
> 거룩하신 주님을 섬기는 섬김의 문턱에 자기 부인은 서 있다.
> 자기를 부인하는 것이야말로 수많은 실제적인 문제들을 해결하는 열쇠이다.

2) 절제하는 언어생활이 필수적이다

우리 삶 속에 화평이 깨어지고 긴장과 갈등이 생기며 불화와 다툼이 일어나는 주요한 원인은 우리가 말에 절제하지 못하고 언어에 조심하지 않기 때문이다. 우리가 말에 조심한다면 우리 삶 속에는 갈등과 불화와 다툼이 훨씬 적어질 것이다.

'샬롬의 사람'은 혀와 입술을 억제하는 사람이다. 말하고 싶은 충동을 느끼지만, 화평을 위해서 그 충동을 억제하는 사람이다.

'화평의 사람'이 되기 원하는 사람은 반드시 말을 절제하고 혀를 제어하는 것을 배워야 한다.

> [약 1:19] 내 사랑하는 형제들아 너희가 알지니 사람마다 듣기는 속히 하고 말하기는 더디 하며 성내기도 더디 하라

'말하기를 더디하라'는 말씀은 '조급하게 말하거나 쓸데없이 말을 많이 하지 말라'는 뜻이다. 우리가 말에 실수하여 화평을 깨뜨리는 이유는 깊이 생각하지 않고 조급하게 함부로 말하거나 쓸데없이 말을 많이 하기 때문이다.

그러므로 우리는 나의 조급하고 쓸데없는 말 한마디가 다른 사람의 마음에 깊은 상처를 줄 수 있고, 내가 속한 가정·목장·교회 공동체의 화평을 깨뜨릴 수도 있다는 사실을 생각하면서 말에 조심해야 한다.

[잠 10:19] 말이 많으면 허물을 면하기 어려우나 **그 입술을 제어하는 자는 지혜가 있느니라**

[시 141:3(다윗)] 여호와여 **내 입에 파수꾼을 세우시고 내 입술의 문을 지키소서**

유대인의 지혜서인 탈무드는 하나님을 경외하는 샬롬의 사람에 대해 이렇게 설명한다.

여호와를 경외하기를 원하는 사람들은 두 가지 황금 문을 반드시 통과해야 한다.
첫 번째 황금문은 '내가 지금 꼭 이 말을 해야 할까?', 두 번째 황금문은 '내가 지금 말하고자 하는 이 말에 대해 주님께서는 어떻게 생각하실까?', '이 말을 하면 듣는 사람이나 다른 사람들에게 유익할까?'이다.

[마 12:36-37] 내가 너희에게 이르노니 **사람이 무슨 무익한 말을 하든지 심판 날에 이에 대하여 심문을 받으리니 네 말로 의롭다 함을 받고 네 말로 정죄함을 받으리라**

우리가 '샬롬의 사람'이 되기 위해서는 고의로는 말할 것도 없고 무심코라도 다른 사람들을 비방하거나 판단하지 않도록 조심해야 한다.
그러기 위해서 다른 사람에 대해 험담하지 않을뿐더러 듣지도 않게 해야 한다. 미국 새들백 교회 릭 워렌 목사님은 말한다.

험담을 퍼뜨리는 것이 잘못인 것처럼 험담에 귀를 기울이는 것도 똑같이 죄를 짓는 것이다 … 우리에게 험담을 늘어놓는 사람은 우리에 대해서도 험담을 하기에 그들을 믿어서는 안 된다.

만일 우리가 다른 사람에 대한 험담에 귀를 기울인다면 하나님은 우리를 악을 행하는 자라고 부르실 것이다.
교회 내의 갈등을 가장 빨리 해결하는 방법은 험담을 퍼뜨리는 이들과 사랑의 모습으로 대면하여 그만하도록 요구하는 것이다.

리처드 포스터(Richard J. Foster)는 『영적 훈련과 성장』(Celebration of Discipline)에서 '섬김의 훈련'을 설명하는 중에 우리의 중요하고 가치 있는 섬김으로 다른 사람들의 명성을 보호해 주는 섬김에 대해 말한다.

우리가 험담과 뒷공론에서 구출 받으려면 다른 사람들의 명성을 보호해 주는 섬김이 꼭 필요하다.
또한 우리는 다른 사람을 중상하는 말에 가담해서도 안 된다. 다른 사람의 명성을 보호해 주는 일은 영구적인 가치가 있는 귀한 섬김이다.

그런데 우리는 얼마나 자주 대화 속에서 다른 사람들을 험담하는가?
일반적으로 남을 향해서 험담을 늘어놓은 사람일수록 그 자신에게 더 많은 허물이 있는 것을 보게 된다. 그런데도 그 사람은 그 사실을 알지 못하고 남을 향해서 험담을 늘어놓는 것이다.

3) 하나님의 평강을 전하는 '샬롬의 삶'을 살아야 한다

그리스도인은 하나님의 평강을 사랑하고 경험할 뿐만 아니라 그 평강을 전파하는 '샬롬의 사신들'이다. 십자가의 은혜로 구원받아 하나님의 자녀가 된 우리에게 주어진 가장 중요한 사명은 바로 이 '샬롬의 사신'이다.
주님의 최대 사명이 하나님과 원수 되었던 인간을 십자가를 통하여 하나로 만들어 화해시켜 주신 것처럼 그리스도인들의 가장 중요한 사명 역시 그러하다.
하나님을 배반하고 떠나 살기에 하나님과 원수가 된 세상 사람들에게 화평의 복음을 전하여 하나님과 화목하도록 하는 것이 우리의 최대 사명이다. 우리는 최선을 다하여 하나님과 화평을 누리지 못하고 원수 된 상태로 사는 사람들에게 샬롬의 사신으로서 화평의 복음을 증거해야 한다.

하나님의 평강을 잃어버리고 어두움 속에서 고통당하고 있는 자들을 찾아가 말씀으로 권면하고 위로하고 경계해야 한다(살전 2:11). 오직 하나님 안에서만 참된 평강이 있음을 알게 하여 하나님과 바른 관계를 갖도록 도와주어야 한다.

우리는 삶의 전 영역에서 평화를 만들고 화평을 이루는 '샬롬의 사람'이 되어야 할 막중한 책임과 사명이 있다. 그러나 우리가 '샬롬의 사람'이 되어야 한다는 것이 적당히 사람들의 의견을 절충하고 타협시켜서 무조건 화평을 이루어야 한다는 것을 의미하지 않는다.

주님께서는 결코 불의 위에 세워진 화평을 원하지 않으셨다. 주님께서는 바리새인들과 타협하지 않으셨다. 우리도 진리와 양심과 거룩함을 희생하면서까지 화평을 구해서는 안 된다.

> [히 12:14] 모든 사람과 더불어 **화평함과 거룩함을 따르라** …

청교도 설교자였던 토마슨 왓슨은 이렇게 설명한다.

> 우리는 진리의 보석을 뽑아버린 화평의 황금 면류관을 좋아해서는 안 된다. 진리를 보내야 할 바에는 차라리 화평을 떠나보내는 것이 낫다.

우리는 진리와 양심과 거룩함을 희생하지 않는 한도에서 최선을 다해 모든 사람과 더불어 화평을 이루는 '샬롬의 사람'이 되어야 한다.

2. 우리가 화평을 이루는 '샬롬의 사람'이 될 때 누리는 축복은 무엇인가?

우리가 '하나님의 아들'이라 일컬음을 받는 축복을 누리게 된다.

[마 5:9] 화평하게 하는 자는 복이 있나니 **그들이 하나님의 아들이라 일컬음을 받을 것임이요**

여기서 '일컬음을 받을 것임이요'의 시제가 '미래 수동태'로 되어 있다. 화평의 사람은 지금 현재도 물론 하나님께 속한 하나님의 아들이지만 궁극적으로는 장차 하나님 나라에서 실질적으로 진정한 하나님의 아들로서의 모든 지위와 상태와 영광과 성품을 소유하고 누리게 된다는 것이다.

여기서 '하나님의 아들'은 두 가지 의미로 생각할 수 있다.

1) 그들의 지위와 신분이다

화평의 사람들은 '하나님의 아들'이란 지위와 신분을 소유하고 있다. 그들은 '하나님의 아들'로서 하늘나라의 존귀와 영광과 위엄을 약속받은 존재들이다. 왕의 아들인 왕자들이 왕이 누리는 존귀와 영광과 위엄에 참여하는 것처럼 '화평의 사람'은 하나님의 아들로서 그분이 누리시는 존귀와 영광과 위엄에 함께 참여하게 된다.

그들은 장차 하나님 나라에서 얼굴과 얼굴을 마주 대하면서 하나님을 친히 뵈옵고 교제하며 하나님 나라의 기업을 온전히 상속받아 하나님과 함께 지극한 존귀와 영광과 위엄을 누리게 될 것이다.

2) 그들의 성품이다

유대적 사고방식에서 아들은 '성품의 소유자'를 의미한다. 하나님께서는 이스라엘을 가리켜 '하나님의 아들들'('베네')이라고 부른다(신 14:1; 호 1:10). 이스라엘은 하나님의 성품을 반영해 주는 하나님의 아들들이라는 것이다. 이 사실을 신약 신학자 D. A. 카슨(D. A. Carson)은 이렇게 설명한다.

> 화평하게 하는 자들은 복이 있는데, 그들은 '하나님의 자녀들'이 아니라 '하나님의 아들들'이 될 것이기 때문이다.

이 둘의 차이는 미미하지만, 그 의미하는 바는 대단히 중요하다. 유대적 사고방식에서 '아들'은 '성품의 공유자' 등의 의미가 있는 경우가 자주 있다. 만약 어떤 사람이 여러분을 보고 '개자식'이라고 한다면, 이것은 여러분의 아버지에 대한 모독이 아니라 여러분에 대한 모독이다.

즉, 여러분에게 개의 성질이 있다는 것이다. 따라서 '하나님의 아들'은 '하나님의 자녀'와 다른 의미가 있다고 볼 수 있다.

이 둘은 모두 일종의 혈연관계를 나타낼 수 있으나 전자(前者)는 그 지위보다 성품을 강조한다.

그러므로 화평하게 하는 자가 받을 보상은 그가 하늘 아버지의 놀라운, 화평하게 하는 성품을 드러낸다는 것이다.

이렇게 '하나님의 아들'은 그들의 지위와 신분을 가리키는 의미와 그들의 성품을 가리키는 두 가지 의미가 있다. 그런데 '하나님의 아들'이라는 호칭은 지위와 신분보다는 성품에 강조점이 있다.

사랑하는 성도 여러분!

예수 믿고 구원받은 우리 안에는 평강의 주님이 계신다. 그러기에 어떤 형편 속에서도 평강을 누리며 살자. 또 다른 사람들에게 평강을 전파하는 '샬롬의 사람'이 되자.

그러기 위해서 자기를 부인하고 하나님 중심의 삶을 살자. 날마다 하나님 안에 거하고 그분께 순종하는 삶으로 나아가자.

그리하면 평강의 주께서 우리 생각과 입술과 삶을 온전히 다스리셔서 일마다 때마다 평강을 주실 것이다.

그리고 우리를 평화의 사신으로 사용하셔서 '화평하게 하는 샬롬의 사람'이 되게 하실 것이다. 그때 우리는 왕이신 하나님의 존귀한 왕자가 되고, 또 그분의 성품을 닮은 아들이 될 것이다.

제9장

의를 위하여 박해 받는 자의 복

[마 5:10-12] 의를 위하여 박해를 받은 자는 복이 있나니 천국이 그들의 것임이라 나로 말미암아 너희를 욕하고 박해하고 거짓으로 너희를 거슬러 모든 악한 말을 할 때에는 너희에게 복이 있나니 기뻐하고 즐거워하라 하늘에서 너희의 상이 큼이라 너희 전에 있던 선지자들도 이같이 박해하였느니라

오늘 우리 시대는 세상 종말과 주님의 재림이 임박해 가면서 주님께서 종말의 분명한 징조 가운데 하나로 예언하신 기독교인들에 대한 박해가 전 세계적으로 만연해 가고 있다. 국제 기독 선교단체인 '오픈도어선교회'(Open Doors)는 올 초에 <2021년 기독교 박해국가 순위(World Watch List)>를 발표했다.

박해가 가장 심한 국가 1위는 지난 2002년 처음 조사 때부터 변함없이 19년째 북한이 차지했고, 기독교인을 대상으로 한 폭력이 가장 심한 국가 1위에는 파키스탄이 이름을 올렸다. 순위에 든 50개국이 극도로 심한 수준의 박해를 가하고 있는데, 그 국가들의 기독교 총인구는 3억 9백만 명이다. 이것은 지난해 발표된 <2020 기독교 박해가 가장 심한 50개국>의 기독교 인구 2억 6천만 명보다 4천 9백만 명이 증가한 수치다. 박해가 극심한 상위 50개국에 속하지는 않았으나 쿠바, 스리랑카, 아랍에미리트 등 24개국에서도 기독교인이 박해 받고 있다. 이 24개국의 기독교인 3,100만 명까지 합산할 경우 전 세계 기독교인 8명 중 1명이 박해를 받는 것으로 분석된다.

심지어 민주주의 선진국으로 불리는 유럽과 미국, 캐나다 등의 그리스도인들도 동성애와 차별금지법 등으로 인해 직장에서 쫓겨나고 거액의 벌금

을 물며 감옥에 투옥되는 등의 핍박을 당하고 있다. 앞으로 우리나라도 차별금지법, 평등법, 가족정책 기본법 등이 통과되면 그들과 유사한 핍박을 당하게 될 것이다.

주님의 재림이 더욱 가까울수록 기독교인들에 대한 핍박과 박해는 더 많아질 것이고 더 강력해질 것이다. 그런데 주님께서는 팔복의 마지막 복을 말씀하시면서 그렇게 의를 위하여 박해 받는 자들이 진정으로 복이 있다고 말씀하신다.

> [마 5:10] 복이 있도다!('마카리오이') 의를 위하여 박해를 받은 자들이여, 왜냐하면 ('호티') 천국이 그들의 것이기 때문이다

여기서 '의'(義)는 '사회 정의'나 '대의명분'을 가리키지 않는다. 종교적이며 정치적인 '신념'을 가리키지도 않는다. 일반적인 개념의 '의로움'을 가리키는 것도 아니다. '의'는 하나님의 속성이며 본질이다. 하나님은 의로우실 뿐만 아니라 의의 근원이시며 의로움 그 자체이시다.

> [시 11:7] 여호와는 의로우사 의로운 일을 좋아하시나니 정직한 자는 그의 얼굴을 뵈오리로다

의의 본질이시며 근원이신 주님께서는 예수 믿는 우리의 의로움이 되어 주셨다.

> [고전 1:30] … 예수는 하나님으로부터 나와서 **우리에게** 지혜와 **의로움과** 거룩함과 구원함이 **되셨으니**

'의'는 하나님을 가리키고 예수 그리스도를 가리킨다. 주님께서는 팔복의 마지막 복을 말씀하시면서 이 사실을 분명히 지적하셨다.

> [마 5:10-12] 의를 위하여 박해를 받은 자는 복이 있나니 천국이 그들의 것임이라 **나로 말미암아** 너희를 욕하고 박해하고 거짓으로 너희를 거슬러 모든 악한 말을 할

때에는 너희에게 복이 있나니 기뻐하고 즐거워하라 하늘에서 너희의 상이 큼이라 …

여기서 주님께서는 '의'와 '자신'을 동일시하신다. 주님께서는 '의를 위하여' 박해를 받은 자와 '나로 말미암아' 박해를 받은 자를 동일한 것으로 말씀하신다. "의를 위하여 박해 받는 것"은 바로 "주님을 위하여 박해 받는 것"이다.

1. 우리가 주님을 위하여 박해 받는다는 것은 구체적으로 무엇을 의미하는가?

1) 주님을 닮기 때문에 박해를 받는 것이다

우리가 주님을 본받아 '성경적 가치관'을 가지고 거룩하고 의롭고 경건한 삶을 살려고 하면 박해를 피할 수 없다. 타락하고 부패한 인간이 가지고 있는 가치관은 육신의 욕심을 따른 '세속적 가치관'이기 때문이다. 그 결과 성경적 가치관과 필연적으로 충돌을 일으킬 수밖에 없다.

그래서 세상은 주님을 핍박했고, 결국에는 주님을 십자가에 못 박아 죽였다. 우리도 주님을 닮아 성경적 가치관을 따라 살면 필연적으로 세상 사람들이나 교회 안의 세속적인 그리스도인들로부터 박해를 당할 수밖에 없다. 주님께서는 이 사실을 분명히 말씀하셨다.

> [요 15:18-20] 세상이 너희를 미워하면 너희보다 먼저 나를 미워한 줄을 알라 너희가 세상에 속하였으면 세상이 자기의 것을 사랑할 것이나 **너희는 세상에 속한 자가 아니요 도리어 내가 너희를 세상에서 택하였기 때문에 세상이 너희를 미워하느니라** 내가 너희에게 종이 주인보다 더 크지 못하다 한 말을 기억하라 **사람들이 나를 박해하였은즉, 너희도 박해할 것이요** …

청교도 설교자 토마스 왓슨은 말한다.

> 천국으로 가는 길은 가시와 피의 길을 통과해야만 한다 … 핍박은 그리스도께서 그의 백성들에게 물려주신 유산이다. 그리스도의 신부는 가시밭 가운데의 백합화이다.

바울 사도 역시 같은 고백을 한다.

> [딤후 3:12] 무릇 그리스도 예수 안에서 경건하게 살고자 하는 자는 박해를 받으리라

왜 진실한 신자들이 세상 사람들이나 교회 안의 세속적인 신자들로부터 박해를 받는가?

그들과 다르기 때문이다. 진실한 신자들의 세계관과 인생관과 가치관이 그들과 완전히 다르기 때문이다. 이것이 성경의 일관된 가르침이다. 아벨이 형 가인으로부터 박해당했고, 모세가 극심한 박해를 받았고, 다윗이 사울 왕에게 말할 수 없는 핍박을 당했던 이유도 모두 여기에 있었다.

엘리야, 이사야, 예레미야, 다니엘, 그리고 사도들이 핍박당했던 이유도 다 같았다. 바리새인들이 주님을 미워하며 박해했던 이유도 주님의 삶이 그들과 달랐기 때문이다. 주님의 모습 속에는 그들의 삶을 정죄하고 고발하는 무언가가 있었다. 주님께서는 참된 빛이시다. 빛은 항상 어두움을 드러내기에 어두움은 항상 빛을 미워한다. 그래서 그들도 주님을 미워했다.

주님께서는 그리스도인들을 가리켜서 '세상의 빛'이라고 말씀하셨다(마 5:14). 우리의 삶이 세상 사람들이나 세속적인 그리스도인들의 삶과 다를 때 우리의 빛 된 삶은 자연스럽게 그들의 어두움을 드러내고 그들의 삶을 정죄하고 고발하게 된다. 그래서 그들은 우리를 미워하고 우리에게서 결점을 찾아내려고 애쓰며 박해하는 것이다.

다니엘을 사자 굴에 던졌던 원수들도 바로 그러했다. 이렇게 빛 되신 예수 그리스도를 닮아 빛 된 삶을 살고 거룩하고 경건하고 의로운 삶을 살기 때문에 박해를 받는 것이 의를 위하여 박해 받는 것이고 주님을 위하여 박

해 받는 것이다. 주님께서는 그런 사람을 복이 있는 자라고 말씀하신다.

2) 주님과 그분의 복음을 위하여 살기 때문에 박해를 받는 것이다

하나님의 크신 사랑과 그리스도의 십자가의 은혜로 구원받은 모든 진실한 신자는 더 이상 자신을 위하여 살지 않는다. 그의 인생의 목적은 자기를 위해서 사는 것이 아니라 그리스도를 위해서 사는 것이다.

그는 주님께서 당신의 생명을 값으로 치르고 사신 주님의 것이다. 하나님의 사랑에 빚진 자이고 십자가의 은혜에 빚진 자이다.

> [롬 14:7-9] 우리 중에 누구든지 자기를 위하여 사는 자가 없고 자기를 위하여 죽는 자도 없도다 우리가 살아도 주를 위하여 살고 죽어도 주를 위하여 죽나니 그러므로 사나 죽으나 우리가 주의 것이로다 이를 위하여 그리스도께서 죽었다가 다시 살아나셨으니 곧 죽은 자와 산 자의 주가 되려 하심이라

> [고전 6:19하-20] … 너희는 너희 자신의 것이 아니라 값으로 산 것이 되었으니 그런즉, 너희 몸으로 하나님께 영광을 돌리라

거듭난 참된 신자는 자신을 위해 죽으셨고, 값으로 사셨고, 다시 사신 그분의 영광을 위해 남은 생애를 살고 싶은 마음이 간절하다. 자신의 온몸과 혼과 영, 자신의 모든 것을 주님께 바치기를 간절히 소원한다.

비록 믿음이 연약하여 마음의 소원대로 실천하지 못할 때가 많지만 우리의 간절한 소원도 주님을 위하여 살고 그분의 이름을 찬양하며 그분께 영광 돌리는 삶이어야 한다. 그때 비록 실패했을 때에라도 베드로처럼 돌이킬 수 있다. 성령의 도우심을 간절히 사모하며 살기에 오순절 이후의 베드로처럼 우리 마음의 간절한 소원을 따라 실제로 그렇게 살 수 있다.

우리가 주님과 그분의 복음을 위해서 살고자 할 때 우리를 좋아하고 칭찬하며 적극적으로 우리와 협력하는 사람들이 있다. 반면에 우리를 시기하여 싫어하고 미워하고 욕하고 악한 말을 하고 대적하는 자들도 있다.

[눅 6:26] 모든 사람이 너희를 칭찬하면 화가 있도다 그들의 조상들이 거짓 선지자들에게 이와 같이 하였느니라

진짜 신자는 모든 사람에 칭찬받는 사람이 아니다. 엘리야, 이사야, 예레미야, 에스겔, 다니엘 등의 모든 참된 선지자들을 보라. 베드로, 사도들, 바울을 보라. 무엇보다 주님을 보라. 사람들은 그들을 욕하고 박해하고 거짓말하고 모든 악한 말로 대적했다.

그러나 거짓 선지자들은 모든 사람으로부터 칭찬을 받았다. 우리가 주님과 그분의 복음을 위해서 살려고 하면 필연적으로 박해를 받을 수밖에 없다.

[마 5:11-12] 나로 말미암아 너희를 욕하고 박해하고 거짓으로 너희를 거슬러 모든 악한 말을 할 때에는 너희에게 복이 있나니 기뻐하고 즐거워하라 하늘에서 너희의 상이 큼이라 너희 전에 있던 선지자들도 이같이 박해하였느니라

우리는 북한에 억류된 여섯 명의 선교사님들을 위해서 간절히 기도하고 있다. 김정욱, 김국기, 최춘길 선교사님은 북중 접경 지역인 중국 단둥(丹東)에서 북한 주민들에게 생필품을 나눠주며 복음을 전하다가 납치되었다. 세 분 모두 국가전복음모죄와 간첩죄로 '무기노동교화형'을 선고받고 구금되어 있다.

그리고 고현철, 김원호, 함진우 선교사님도 납치되어 북한에 억류되어 있다. 오늘 우리는 이런 박해를 당하지는 않는다. 그러나 우리도 주님과 복음을 위해서 당하는 많은 어려움과 고통과 고민이 있다. 우리를 이해하지 못하는 가족들이나 주위 사람들, 그리고 세속적인 신자들로 인해 여러 가지 어려움을 당한다. 오해도 받고, 욕을 먹기도 하고, 악한 거짓말로 괴롭힘을 당하기도 하고, 노골적이거나 혹은 은밀하게 방해와 적대를 당하기도 한다.

이렇게 주님과 그분의 복음을 위해 박해를 받는 것이 의를 위해 박해를 받는 것이고, 그리스도를 위해 박해를 받는 것이다. 주님께서는 그런 사람들을 복이 있는 자들이라고 말씀하신다.

주님께서는 의를 위하여 박해 받은 자들에게 놀라운 축복을 약속하신다. 그 축복이 참으로 놀라운 축복이기에 주님께서는 두 번이나 거듭하여 '기뻐하고 즐거워하라'고 명령하신다.

> [마 5:11-12] 나로 말미암아 너희를 욕하고 박해하고 거짓으로 너희를 거슬러 모든 악한 말을 할 때에는 너희에게 복이 있나니 기뻐하고 즐거워하라 …

여기서 '기뻐하라'('카이로')라는 단어는 '기뻐하다'는 뜻 외에 '안녕(安寧)하다'는 의미도 있다. 이 말은 마음에 기쁨이 넘쳐나며 행복에 겨운 상태를 표현하는 단어이다. 그리고 '즐거워하라'('아갈리아오')라는 단어는 '높이다'('아갈로')와 '뛰다'('할로마이')의 합성어로서 '밖으로 넘쳐나오는 기쁨을 주체하지 못할 정도로 희열(喜悅)을 느껴서 기뻐 뛰는 최상의 기쁨'을 의미한다. 누가복음 6장에서는 '기뻐 뛰라'고 표현하고 있다.

> [눅 6:22-23] 인자로 말미암아 사람들이 너희를 미워하며 멀리하고 욕하고 너희 이름을 악하다 하여 버릴 때에는 너희에게 복이 있도다 그 날에 기뻐하고 뛰놀라 …

2. 의를 위하여 박해를 받는 자들에게 약속된 축복은 무엇인가?

'의를 위하여 박해 받는 자들'에게 약속된 축복이 구체적으로 무엇이기에 주님께서는 우리에게 최상의 기쁨으로 기뻐 뛰라고 말씀하시는가?

1) 참된 신앙인인 것이 명백하게 증명된다

> [마 5:11-12] 나로 말미암아 너희를 욕하고 박해하고 거짓으로 너희를 거슬러 모든 악한 말을 할 때에는 너희에게 복이 있나니 기뻐하고 즐거워하라 … 너희 전에 있던 선지자들도 이같이 박해하였느니라

청교도 설교자 토마스 왓슨은 말한다.

> 가짜 성도들은 예수님을 따라 감람산까지는 갈 수가 있다. 그러나 갈보리까지는 갈 수가 없다.

우리가 주님을 따라 골고다까지 가면서 주님을 위해 박해당하고 욕을 당한다면 우리는 선지자들과 같은 자들이 된다. 우리는 하나님의 선택받은 종들이요, 지금 하나님과 함께 있으면서 영광중에 기뻐하는 선지자들과 동류(同類)가 된다.

우리는 참된 신앙을 가진 하나님의 존귀한 자녀들이요, 영광스러운 상속자들인 것이 명백하게 증명된다. 무엇보다 우리가 주님을 위하여 박해당할 때는 의를 위하여 박해당하신 주님이 받은 대우를 받는 것이 된다.

이것은 우리가 분명히 주님 편이고, 우리의 신분이 그분의 신부이며, 하나님의 자녀인 확실한 최종적인 증거가 된다.

2) 천국을 확실하게 소유하게 된다

> [마 5:10] 의를 위하여 박해를 받은 자는 복이 있나니 **천국이 그들의 것임이라**

우리가 의를 위하여, 그리스도를 위하여 욕을 듣고 박해 받고 거짓말과 모든 악한 말을 듣게 되면 이것은 우리에게 천국행 꼬리표가 붙은 것을 증명한다. 우리가 천국으로 가게 되어 있다는 명확한 증거이다. 주님께서는 마가복음 10장에서 이 사실을 명확하게 지적하셨다.

> [막 10:29] 예수께서 이르시되 내가 진실로 너희에게 이르노니 나와 복음을 위하여 집이나 형제나 자매나 어머니나 아버지나 자식이나 전토를 버린 자는 현세에 있어 집과 형제와 자매와 어머니와 자식과 전토를 백 배나 받되 **박해를 겸하여 받고 내세**(來世)**에 영생을 받지 못할 자가 없느니라**

우리가 영생을 얻은 가장 확실한 증명서는 의를 위하여, 주님을 위하여 박해 받는 것이다. 천국은 의를 위하여 박해 받는 자의 것이다. 그리스도를 위하여 욕을 먹고 박해당하고 거짓말과 모든 악한 말을 듣는 자의 것이다. 그리스도를 위하여 박해 받는 것보다 더 확실하고 명백히 천국을 소유한 증거는 없다.

3) 천국에서 큰 상을 받게 된다

> [마 5:11-12] 나로 말미암아 너희를 욕하고 박해하고 거짓으로 너희를 거슬러 모든 악한 말을 할 때에는 너희에게 복이 있나니 기뻐하고 즐거워하라 **하늘에서 너희의 상(賞)이 큼이라 너희 전에 있던 선지자들도 이같이 박해하였느니라**

여기서 '상'('미스도스')이란 단어는 '보상'(reward)을 의미한다. '큰'이라는 단어('폴리스')는 크기가 '크다'(large)는 의미보다는 '양이 심히 많은 것'(much, great)을 의미한다. 이것은 이 세상의 그 어떠한 보상과도 비교할 수 없는 갖가지 큰 영광의 보상이 우리에게 주어진다는 의미이다.

천국에서 큰 자가 누구인가?

천국의 가장 영광스러운 스타가 누구인가?

선지자들과 사도들처럼 그리스도를 위하여 박해당하여 상처와 고통의 흔적을 지닌 사람들이다. 그 상처와 고통의 흔적이 심판 주이신 주님 앞에 섰을 때 그들의 명예롭고 영광스러운 훈장이 될 것이다.

어느 청교도는 "진리를 따라 일생을 산 사람들의 얼굴에는 악마의 손톱자국으로 가득하다"고 했다.

> [롬 8:17-18] … **우리가 그와 함께 영광을 받기 위하여 고난도 함께 받아야 할 것이니라** 생각하건대 **현재의 고난은 장차 우리에게 나타날 영광과 비교할 수 없도다**

주님께서는 그들에게 '생명의 면류관'을 약속하셨다(계 2:10).

요한계시록 20장에는 천국의 영광스러운 장면이 기록되어 있다.

그런데 보좌에 앉아 그리스도와 더불어 왕 노릇하는 사람들은 이 땅에서 예수 그리스도를 증거하다가 박해당하고 하나님의 말씀을 지키려다가 박해를 당한 사람들이다.

[계 20:4] 또 내가 보좌들을 보니 거기에 앉은 자들이 있어 심판하는 권세를 받았더라 또 내가 보니 **예수를 증언함과 하나님의 말씀 때문에 목 베임을 당한 자들의 영혼**들과 또 짐승과 그의 우상에게 경배하지 아니하고 그들의 이마와 손에 그의 표를 받지 아니한 자들이 살아서 **그리스도와 더불어 천 년 동안 왕 노릇 하니**

사랑하는 성도 여러분!
이 땅에서의 우리의 모든 삶이 끝나고 심판 주이신 주님 앞에 서는 그날, 천국의 스타는 주님을 닮기 때문에, 주님과 그분의 복음을 위해서 살았기 때문에 이 땅에서 박해 받았던 사람들이다. 그들이 바로 천국의 스타들이며 주인공들이다. 사도 베드로는 주님으로부터 박해에 대한 이 팔복의 교훈을 직접 들었다.

그리고 이 주님의 교훈을 따라 일생을 주님과 복음을 위하여 박해당했다. 그리하여 그는 지금 주님과 함께 천국의 영원한 영광을 누리고 있다. 그 베드로가 우리에게 권면한다.

[벧전 4:13] 오히려 너희가 **그리스도의 고난에 참여하는 것으로 즐거워하라** 이는 그의 영광을 나타내실 때에 너희로 즐거워하고 기뻐하게 하려 함이라

제10장

세상의 소금

> [마 5:13] 너희는 세상의 소금이니 소금이 만일 그 맛을 잃으면 무엇으로 짜게 하리요 후에는 아무 쓸 데 없어 다만 밖에 버려져 사람에게 밟힐 뿐이니라

우리 시대는 세상 종말의 시대이기에 온갖 죄악으로 가득하다. 성경은 세상 종말의 때가 도래하면 사람들이 심히 타락하고 부패할 것을 예언하고 있다(딤후 3:1-4). 이렇게 세상이 총체적인 부패와 타락 속에 있지만, 아직도 세상의 마지막 종말이 임하지 않은 것은 세상의 부패를 방지하고 세상의 어둠을 밝히는 교회와 그리스도인들이 있기 때문이다.

오늘 우리 시대는 급속한 교회의 세속화로 인해 그리스도인들 가운데도 부패하고 타락한 사람들이 많지만, 여전히 진실한 그리스도인들이 그루터기처럼 '남은 자'(the remnant)로서 세상 요소요소에서 소금과 빛의 역할을 감당하고 있다.

만일 이 땅에서 이런 진실한 교회와 그리스도인들이 다 사라져 버린다면 이 세상은 어떻게 되겠는가?

팔복은 왕이신 하나님의 통치를 받는 하나님 나라의 백성이 어떤 사람인가, 그들은 어떤 인격과 성품을 소유하고 있으며 또 소유해야 하는가, 그들의 됨됨이에 대해 묘사한다. 이어서 13절 이하의 본문에서는 하나님 나라의 백성인 그리스도인들이 이 세상 속에서 어떻게 살아야 하는가, 그들의 사명과 역할에 대해서 말씀하신다.

그들은 세상의 소금이며 세상의 빛이다. 세상과의 관계에서 우리가 범하는 오류 가운데는 두 가지 모습이 있다. 그것은 '세속주의'와 '은둔주의'이다. 우리는 이 세상에 속한 사람들이 아니라 하나님과 그분의 나라에 속한

사람들이기에 결코 세속화되어서는 안 된다. 물고기가 짠 바닷물 속에 살지만, 절대 짜지 않은 것처럼 그리스도인은 세상이라는 바다에 살지만, 세상의 악한 영향을 받아서는 안 된다.

이렇게 세속주의가 잘못된 것처럼 은둔주의도 잘못된 것이다. 그리스도인의 삶의 자리는 이 세상이다. 우리는 죽을 때까지 죄 많은 이 세상 속에서 하나님 나라의 백성으로서의 사명과 역할을 감당하며 살아야 한다. 그래서 주님께서 말씀하신다.

[마 5:13] 너희는 세상의 소금이니

[마 5:14] 너희는 세상의 빛이라

주님께서는 특별히 강조적 의미인 '너희는'('휘메이스')이라는 단어를 문장 서두에 두고 강조하신다. 주님께서는 "너희들만이 이 세상의 소금이며 너희들만이 이 세상의 빛"이라고 강조하시는 것이다. 그리스도인들은 이 세상과는 본질적으로 다르며, 또 반드시 달라야 한다. 소금이 부패와 변질과 완전히 다르고 빛과 어두움이 완전히 다른 것처럼, 그리스도인들은 이 세상에 살지만, 이 세상 사람들과 분명히 구별된 사람들이다.

참 빛이신 그리스도께서 어두운 이 세상과 본질적으로 다르셨던 것처럼 그리스도인들도 이 세상 사람들과는 본질적으로 다른 사람들이다.

그렇다면 그리스도인들이 세상의 소금이며, 세상의 빛이라는 말씀은 구체적으로 어떤 뜻인가?

그리스도인들이 소금과 같은 역할과 빛과 같은 역할을 하는 존재라는 뜻이다. 우리는 소금과 빛의 용도와 역할을 통하여 '세상의 소금'과 '세상의 빛'이라는 말씀의 의미를 분명히 깨달을 수 있다.

1. 소금은 음식물을 썩지 않도록 하는 방부제의 역할을 한다

　소금이 담당하는 중요한 기능 가운데 하나는 부패를 방지하는 기능이다. 고대 세계에 있어서 소금은 주로 방부제로 사용되었다. 주님께서 이 땅에 사셨던 시대와 그 이전이나 그 이후의 모든 시대를 통하여 소금은 음식물을 썩지 않도록 보존해 주는 가장 대표적인 방부제의 역할을 했다. 요즘처럼 냉장고나 냉동 시설이 없었던 옛날에는 소금의 역할이 엄청나게 중요했다.
　특별히 주님께서 사시던 유대 땅은 무더운 곳이었다.
　이런 곳에서 고기나 생선을 먹고 싶을 때 소금이 얼마나 필요했겠는가?
　기후는 무덥고 얼릴 수 있는 기구는 없는 상황에서 소금은 특별히 고기나 생선을 부패하지 않게 하는 데 있어서 절대적으로 필요했다. 소금이 있어야만 고기나 생선이 부패되고 손상되는 것을 막을 수가 있었다. 이전의 우리나라의 내륙지방도 그러했다. 싱싱한 생선은 먹을 수 없었고 오직 고등어자반이나 굴비 등 소금에 절인 생선만 먹을 수 있었다.
　주님 당시 소금의 역할 중에서 가장 중요한 역할은 음식물을 썩지 않도록 하는 방부제의 역할이었다. 이런 배경하에서 주님께서는 그리스도인들을 향하여 "너희는 세상의 소금이라"고 말씀하신다. '세상의 소금'인 그리스도인들은 죄악으로 인해 심하게 썩어가고 있는 이 세상을 더 이상 썩지 않도록 방지해 주는 방부제의 역할을 해야 한다.
　그리스도인들은 부패한 이 사회 속에 분명한 영향력을 끼쳐야 한다. 소금이 그 효능을 발휘하기 위하여 고기와 생선 속으로 침투해 들어가는 것처럼 우리도 하나님의 말씀과 그리스도의 사랑을 가지고 세상으로 들어가야 한다.
　비록 이 세상이 갈수록 더욱 악해지고 부패해지고 있지만, 우리는 이 세상으로부터 도피해서는 안 된다. 세상과 관계를 끊고 살아서는 결코 안 된다. 우리는 하나님께서 우리를 보내시는 곳이 어디든지 그곳에서 이 세상이 부패하지 않도록 보존하는 방부제의 역할을 해야 한다.
　그러기 위해서는 우리 자신이 주님으로부터 세상으로 보냄을 받은 선교사라는 투철한 소명 의식을 가져야 한다.

[요 20:21] … 아버지께서 나를 보내신 것 같이 **나도 너희를 보내노라**

구원받은 그리스도인들은 한 사람도 예외 없이 다 넓은 의미에 있어서 선교사들이다. '선교사'란 말은 '보냄을 받은 자'라는 뜻이다. 모든 그리스도인은 말과 선한 행실을 통하여 복음을 증거하도록 주님으로부터 이 세상으로 보냄을 받았다. 구원받은 모든 사람은 다 넓은 의미에 있어서 선교사들이다.

제자훈련으로 유명한 고 옥한흠 목사님의 '교회론'의 중요한 토대가 되었던 한스 큉(Hans Küng, 1928-2021)이라는 신학자는 이렇게 말했다.

> 사역자들, 사제들, 목사들과 같은 사람들이 교회를 향해서 파송된 성직자라면, 평신도들은 세상을 향해서 파송된 성직자이다.

목회자들이 부르심을 받아 교회에 파송되어 하나님의 백성들을 섬기는 것처럼 평신도들은 그리스도의 복음과 사랑으로 세상을 섬기기 위해서 부르심을 받아 세상으로 파송 받은 성직자들이다.

따라서 모든 그리스도인이 자신이 있는 삶의 자리에서 성직자와 선교사로서의 투철한 소명 의식을 가지고 모든 일을 감당한다면 세상의 소금으로서 방부제의 역할을 잘 감당하게 될 것이다. 우리는 소명 의식을 가지고 세상에서 말과 선한 행실을 통하여 복음을 증거하고 그리스도의 사랑으로 섬기는 삶을 살아야 한다.

[엡 2:10] 우리는 그가 만드신 바라 **그리스도 예수 안에서 선한 일을 위하여 지으심을 받은 자**니 이 일은 하나님이 전에 예비하사 **우리로 그 가운데서 행하게 하려 하심이니라**

장로교가 처음 시작된 영국 스코틀랜드의 격언 가운데 이런 격언이 있다.

> (우리는) 섬기기 위해서 구원받았다(Saved to serve).

우리가 구원받은 것은 하나님과 이웃을 섬기기 위해서이다. 교회가 세상에 존재하는 목적도 하나님을 섬기고, 또 그리스도의 복음과 하나님의 사랑으로 세상을 섬기기 위한 것이다. 교회는 세상을 섬길 때 비로소 세상의 소금과 빛의 역할을 다하는 교회가 된다.

그러므로 사회로부터 외면당하는 교회는 교회의 역할을 제대로 감당하는 교회가 아니다. 그리고 세상 사람으로부터 외면당하는 그리스도인은 그리스도인의 역할을 제대로 감당하는 사람이 아니다.

그런데 참으로 안타깝게도 오늘 우리의 현실은 그렇지 못하다. 오늘날과 같은 시대일수록 우리는 교회 안에만 머물러 있고 교회 안에서의 봉사만 해서는 안 된다. 그리스도의 복음과 하나님의 사랑을 가지고 세상으로 나가 세상 사람들을 섬기며 봉사해야 한다. 우리는 영적인 힘과 에너지를 교회 안에서만 사용하고 교회 안의 일에만 쏟아서는 안 된다. 그러면 자꾸 문제가 생긴다. 하나님이 우리에게 주신 영적인 힘과 에너지를 교회 바깥에도 사용하고 세상에도 쏟아야 한다.

이 세상에는 약하고 소외된 자들이 참 많이 있다. 그들 가운데는 선천적 혹은 후천적으로 여러 가지 장애를 가지고 있기에 정상인과 같이 자유로운 경쟁을 할 수가 없는 사람들이 있다. 보육원 등 보호시설에서 지내다가 만 18세가 되어 퇴소하여 사회에 적응하지 못하는 청년들, 가난하여 정상적인 교육을 받지 못한 사람들, 부모의 잘못으로 교육의 기회를 얻지 못한 사람들, 가정의 파괴와 사회적 재난을 당하여 경쟁력을 상실한 사람들이 많이 있다.

그들은 오늘날과 같이 경쟁이 치열하고 오직 강한 자만이 살아남는 약육강식과 적자생존의 원리가 지배하는 이 세상 속에서 살아가기가 너무나 힘들고 어렵다. 우리는 그들을 그리스도의 사랑으로 섬기고 봉사해야 한다.

그렇지 않고 세상의 소금인 그리스도인들이 아무런 소명 의식도 없이 믿지 않는 세상 사람들과 똑같이 자신의 유익만을 위해서 산다면, 다른 사람들의 어려움에는 관심도 없고 상황을 따라 적당하게 세상과 타협하며 산다면 결과가 어떻게 되겠는가?

그리스도인들이 방부제의 역할은커녕 자신의 순결함조차 잃게 된다. 세상과 함께 썩어가고 부패해져 가면서 세속화의 급류에 휩쓸려서 자신의 정체성까지 상실하게 된다. 그 결과 이 세상은 더욱 썩어가고 부패해질 것이고 그리스도인들은 세상과 함께 타락하여 불행한 종말을 맞게 될 것이다.

그런데 오늘날 그리스도인의 모습은 어떠한가?

자신이 세상의 소금이며, 주님께서 세상에 보내신 선교사라는 확고한 소명 의식이 없다. 그래서 상황과 형편에 따라 적당하게 타협하면서 세상에서는 세상의 방법대로 살고, 교회에 와서는 신앙의 방법대로 살고 있다.

이런 모습이 코로나 팬데믹을 계기로 분출되어 오늘날 교회가 세상 사람들의 지탄을 당하고 있는 것이 아닌가?

이런 우리의 모습은 한국교회 초기 성도들의 모습과는 너무나 다르다. 우리가 그들에 관한 기록을 읽게 되면 한편으로는 가슴 뭉클한 감동을 받으면서도, 또 다른 한편으로는 심히 부끄러움을 느끼게 된다.

『한국 교회사』에 나오는 기록이다. 1901년 당시 한국 인구는 남·북한을 다 합쳐서 1,200만 명이었다. 그 가운데 기독교인은 만 명도 채 되지 않았다. 즉, 1,200명에 한 명이 기독교인이었다. 그런데 세력 있는 관리들에게까지 예수 믿는 "야소교인(耶蘇敎人)은 자기 자신도 부정 불의한 일을 행하지 않을 뿐만 아니라 생사여탈권(生死與奪權)을 가진 고을 수령에게까지 부정을 저지르지 못하도록 하는 자들이다"라는 소문이 나 있었다고 한다.

1901년에 전국적으로 흉년이 들어 나라에서 세금 감면 조치를 시행했는데 윤덕영이라는 황해 감사가 5,000만 냥을 더 거두고, 곡식도 5만 곡이나 지나치게 거둔 것을 교회가 고발하여 결국 파면된 사실이 있었다.

이렇게 여러 곳에서 기독교인들이 정직하고 깨끗하게 살기를 원해서 부정과 부패에 항거하고 고발하자, 기독교인들이 있는 고을에는 수령으로 부임하기를 꺼리는 관리까지 생겨났다고 한다.

한국교회 초기 성도들은 비록 전체 인구 1,200만 명 중에서 만 명도 채 되지 않았지만, 세상의 소금으로 살았기에 삼천리 방방곡곡을 그들의 착한 행실을 통해 강력한 영향을 끼쳤다.

그런데 오늘날 이 땅에는 수많은 기독교인이 있지만, 한국교회 초기 성도들, 만 명보다 힘과 영향력을 발휘하지 못하고 있다. 세상의 소금인 우리는 자신의 정체성을 분명히 확인하고 맛을 잃은 소금이 아니라 짠맛을 지닌 방부제의 역할을 잘 감당하도록 성령의 도우심을 구하면서 힘써야 한다.

2. 소금은 맛을 내는 역할을 한다

소금이 담당하는 또 하나의 중요한 역할은 맛을 내는 것이다. 아무리 좋은 재료를 많이 사용하고 온갖 양념을 다 첨가했다고 해도 소금을 넣지 않은 음식은 결코 맛이 나지 않는다. 소금으로 간을 하지 않고 맛있는 음식을 만든다는 것은 생각조차 할 수 없다. 그리스도인들은 자기 안에 계신 예수 그리스도의 생명과 진리와 사랑을 통해서 맛을 잃어버린 이 세상 사람들에게 참된 맛을 제공해야 한다.

세상 사람들은 돈과 명예와 권력과 쾌락을 통해 참된 만족을 얻으려고 한다. 그래서 끊임없이 세상 것을 추구하고 거기에 몰입해서 산다. 그들이 그렇게 할수록 영혼은 더 공허해지고 결국 황폐해지고 만다. 이 세상 것으로는 결코 인간에게 참된 만족과 기쁨을 줄 수 없다. 인간의 참된 만족과 기쁨은 오직 예수 그리스도 안에서만 가능하다.

인생의 수많은 시간을 참된 만족과 기쁨과 안식을 찾기 위해 마니교 이단에 빠지기도 하고 정욕에 깊이 빠지기도 하면서 인생을 허비하며 보냈던 성 어거스틴은 주님을 만난 후에 이 진리를 깊이 깨닫게 되었다. 그래서 그는 『참회록』 첫 장에서 이렇게 고백하고 있다.

> 주님께서는 주님 자신을 위해서 저희를 지으셨기에 저희 심령은 주님 안에서 쉼을 누릴 때까지 안식이 없습니다.

그렇다면 오늘 우리는 어떤가?
주변에 있는 믿지 않는 사람들에게 어떤 맛을 내고 있는가?
우리 안에 계신 주님과 그분의 생명으로 말미암아 참된 생명의 맛을 주고 있는가?

이것이 세상의 소금인 그리스도인들의 정상적인 모습이다.
그런데 우리가 그렇지 못하다면 그 이유가 무엇인가?
세상의 소금인 우리가 녹지 않기 때문이다.

소금이 제맛을 내기 위해서는 음식속으로 들어가서 형체도 없이 완전히 녹아 없어져야 한다. 그리스도인들이 주님과 그분의 생명의 맛을 내기 위해서는 반드시 먼저 자신이 완전히 녹아야 한다.

세상의 소금인 우리가 이 세상에 아무런 영향력을 끼치지 못하는 가장 중요한 이유가 무엇인가?

희생을 치르려고 하지 않는 우리의 이기심 때문이다.

소금이 녹지 않고 그냥 그대로 있으면 절대로 짠맛을 낼 수 없다. 그런데 세상의 소금인 그리스도인들이 자신을 녹이지 않고 자기를 부인하지 않는다.

자기 사랑, 자기 영광, 자기 기쁨, 자기 유익, 자기 생각, 자기 견해, 자기 주장, 자기 감정에 꽁꽁 묶여 있다. 그래서 세상의 소금의 역할을 제대로 감당하지 못하고 있다. 우리가 주님께 순종하여 주님처럼 자신을 완전히 녹이며 희생할 때 세상의 소금으로서 짠맛을 듬뿍 낼 수 있다.

3. 소금은 사람들에게 갈증을 일으킨다

소금이 많이 들어있는 짠 음식을 먹으면 갈증이 생겨서 물을 많이 마시게 된다. 소금은 먹을수록 더욱 갈증을 일으킨다. 세상의 소금인 그리스도인의 삶이 바로 그러하다. 그리스도인들에게는 주인 되신 예수 그리스도께서 자기 안에 사시기 때문이다.

> [갈 2:20] 내가 그리스도와 함께 십자가에 못 박혔나니 그런즉, 이제는 내가 사는 것이 아니요 오직 내 안에 그리스도께서 사시는 것이라 …

주님을 만난 사람마다 영혼의 깊은 갈증을 느꼈다. 니고데모가 주님을 만나자 거듭남에 대한 깊은 갈증이 생겨났다.

사마리아 수가성 여인이 주님을 만나자 영생하도록 솟아나는 샘물을 마시고자 하는 깊은 갈증이 생겨났다. 세리장 삭개오가 주님을 만나자 자기 삶이 새롭게 변화되고 싶은 깊은 갈증이 그 속에서 생겨났다.

주님께서는 자신을 만나는 사람들에게 깊은 갈증을 불러일으켰다. 우리가 이 세상의 소금이라면, 우리 속에 생수의 근원이신 예수 그리스도께서 거하신다면 우리를 만나는 사람들도 영혼의 깊은 갈증을 느껴야 한다. 예수 그리스도를 알고 싶어 하고 믿고 싶어 하는 목마른 갈증이 그들의 마음속에서부터 일어나야 한다. 사람들이 이런 갈증을 느끼기 위해서는 우리의 모습이 그들과 다른 소금의 짠맛을 지니고 있어야 한다.

예수라는 말만 들어도 질색하면서 예수 믿기를 거부했던 사람이 있었다. 그런데 결국 이 사람이 어느 날 자신이 그토록 혐오해 왔던 그리스도인이 되고 말았다. 그는 자신이 그리스도인이 된 후에 이런 고백을 했다.

> 사실 저는 교회와는 너무나 거리가 먼 사람이었습니다. 그런데 저희 옆에 사는 어떤 예수 믿는 분이 저희를 이웃으로 너무나 친절하게 잘 대해 주셨습니다.
> 그러면서 제게 '예수' 이야기는 안 꺼내시는 겁니다. 원래가 저희 같은 사람은 누가 대놓고 '예수 믿으라'고 떠드는 것은 질색하는 사람들이기에 예수 믿으라고 말하면 말할수록 예수 믿는 것이 더 싫어지는 것입니다.
> 그런데 그분은 달랐지요. 정말 저희를 잘 대해 주셨답니다. 결국 그분의 사시는 모습을 보고 감동하여 저희도 교회를 나가게 되었고 예수님을 믿게 되었지요.

4. 소금은 흔한 것이지만 결코 없어서는 안 되는 필수품이다

소금은 우리의 생활 속에서 가장 흔한 것 중의 하나이다. 우리는 어디서든 소금을 쉽게 구할 수 있다. 그러나 평범하고 흔한 것이 소금이지만 없어서는 안 되는 꼭 필요한 물품이다. 소금이 없이는 우리는 결코 살 수 없다. 우리 몸속에 소금이 없다면 우리는 생명을 유지할 수 없다.

그러기에 정말 소금은 생명과도 같은 것이다. 세상의 소금인 그리스도인들도 역시 그러하다. 그리스도인들도 소금같이 지극히 평범하지만 없어서는 안 되는 지극히 귀한 것이다.

이 세상의 소금인 그리스도인들이 없는 세상을 한 번 생각해 보라. 진실한 그리스도인들이 한 사람도 남김없이 다 사라져 버린 세상은 완전히 썩어 문드러진 세상이요 완전한 어두움일 것이다. 그런 사회는 바로 지옥 그 자체일 것이다. 그러기에 세상의 소금인 우리는 세상에 대한 우리의 책임과 역할이 막중하다는 것을 늘 자각하면서 살아야 한다.

주님께서는 본문에서 "너희는 세상의 소금이 되라"고 말씀하지 않으셨다. "너희는 세상의 소금이라"고 말씀하신다. 구원받아 예수 그리스도께서 우리 안에 계신다면 우리는 이 세상의 소금이다. 이 세상의 부패를 방지하고 참된 맛을 내고 갈증을 불러일으키는 소금이다. 문제는 우리가 참된 소금의 짠맛을 간직하고 있는가, 아니면 짠맛을 잃어버렸는가 하는 것이다.

소금이 만일 짠맛을 잃어버린다면 어떻게 되는가?

> [마 5:13] 너희는 세상의 소금이니 소금이 만일 그 맛을 잃으면 무엇으로 짜게 하리요 후에는 아무 쓸 데 없어 다만 밖에 버려져 사람에게 밟힐 뿐이니라

> [눅 14:34-35] 소금이 좋은 것이나 소금도 만일 그 맛을 잃으면 무엇으로 짜게 하리요 땅에도, 거름에도 쓸 데 없어 내버리느니라

고대 팔레스타인에서는 오늘날과 달리 정제된 순도가 높은 소금이 아니라 주로 사해 유역의 늪지대에서 채취하거나 땅에서 채취한 불순물이 많이 섞인 암염(巖鹽)을 사용했다. 이것을 잘못 보관하면 염분은 빠져나가 버리고 찌꺼기만 남아 짠맛을 전혀 낼 수 없게 된다. 짠맛을 잃은 이런 찌꺼기 소금은 토양을 망치는 성분을 가지고 있기에 거름으로도 사용할 수 없다.

그래서 길거리에 버려져서 행인들의 발에 밟히게 된다. 주님께서는 그 사실을 예로 들고 계신 것이다.

사랑하는 성도 여러분!

구원받은 모든 그리스도인은 이 세상의 소금이다. 그러므로 세상의 부패함을 막고 이 세상에 참된 맛을 내며 사람들로부터 갈증을 불러일으키는 소금의 짠맛을 반드시 지니고 있어야 한다.

주님께서 원하시는 세상의 소금의 역할을 잘 감당하기를 진정으로 원하는가?

주님께서 우리의 삶을 온전히 주장하시고 다스리시도록 주님을 전적으로 의뢰하고 그분의 말씀에 온전히 순종하자.

그때 우리 안에 살아 계시는 주님께서 우리를 온전히 다스리시기에 우리는 이 세상의 소금으로 살게 될 것이다. 우리가 성령 충만하여 하나님의 말씀을 따라 살게 되기에 소금의 짠맛을 듬뿍 지니고 살게 될 것이다.

제11장

세상의 빛

> [마 5:14-16] 너희는 세상의 빛이라 산 위에 있는 동네가 숨겨지지 못할 것이요 사람이 등불을 켜서 말 아래에 두지 아니하고 등경 위에 두나니 이러므로 집 안 모든 사람에게 비치느니라 이같이 너희 빛이 사람 앞에 비치게 하여 그들로 너희 착한 행실을 보고 하늘에 계신 너희 아버지께 영광을 돌리게 하라

오늘 우리 시대는 세상 종말의 시대이기에 어둠과 죄악이 온 세상에 가득하다. 요즘 빈번하게 일어나는 아동학대나 아동살해 사건이 이 사실을 잘 말해준다. 또 이전에는 생각지도 못했던 범죄가 연이어 일어나고 있다. 지난주에는 인천에서 초등학교 4학년생이 컴퓨터 게임을 한다고 엄마가 그만하라고 꾸짖자 흉기로 엄마를 찔러서 인근 병원으로 옮겨진 사건이 일어났다. 이런 암울한 현실 속에서 주님께서는 그리스도인들을 향해서 너희는 세상의 소금이며 빛이라고 말씀하신다(마 5:13, 14).

주님께서는 그리스도인들에게 "너희는 세상의 빛이라"고 말씀하시기 전에 먼저 "너희는 세상의 소금이라"고 말씀하셨다. 이것은 세상에서의 그리스도인들의 역할과 사명을 분명히 보여주시기 위해서이다. 소금이 하는 역할은 소극적이다. 소금의 기능 가운데서 가장 중요한 기능은 음식물의 부패를 방지하는 방부제로서 기능이다.

그리스도인들의 일차적인 역할과 사명은 죄악으로 말미암아 갈수록 썩어가고 부패해 가는 세상을 썩지 않도록 방지해 주는 방부제의 역할을 하는 것이다. 그런 다음에야 우리는 빛의 역할과 사명을 감당할 수 있다.

반면에 빛이 하는 역할은 적극적이다. 빛의 가장 중요한 기능은 어둠을 밝히는 것이다. 우리는 죄악과 무지의 어둠으로 칠흑같이 캄캄해진 이

세상에서 진리의 빛을 밝히는 적극적인 역할을 감당해야 한다. 어둠으로 가득한 이 세상은 밝은 빛을 요구한다. 주님께서는 그리스도인들을 세상의 빛으로 불러 주셨다. 따라서 우리는 어둠으로 가득한 세상을 주님의 밝은 빛으로 환히 비춰야 한다. 그래서 세상 사람들이 어둠에서 벗어나 참된 빛이신 주님 앞으로 나아오도록 해야 한다.

우리는 세상의 소금과 빛이기에 세상에서 이중적인 역할과 사명을 감당해야 한다. 이 두 가지 중에서 어느 한쪽을 희생시키거나 경시해서는 안 된다.

세상은 이 두 가지 모두를 필요로 한다. '소금과 빛'은 세상에서 그리스도인의 핵심적인 역할과 사명이다. 지난주 소금의 용도와 역할을 통해 "너희는 세상의 소금이라"는 의미를 살펴보았다. 오늘은 빛의 용도와 역할을 통해 "너희는 세상의 빛이라"는 말씀의 의미를 살펴보겠다.

1. 빛은 어두움을 드러내는 역할을 한다

빛이 비치면 모든 것이 밝히 드러난다. 캄캄한 방에 들어가면 아무것도 눈에 보이지 않는다. 그러나 스위치를 올리면 등이 켜지면서 방안 구석구석에 있는 모든 것이 환히 드러나 보이게 된다. 또 차를 타고 어두운 시골길을 달릴 때 헤드라이트를 끈 상태에서는 아무것도 보이지 않지만, 헤드라이트를 켜면 길이 밝히 보이기에 어려움 없이, 운전을 할 수 있다.

이렇게 빛은 어둠을 드러내고 어둠 속에 숨어 있는 것들을 노출하는 역할을 한다. 세상의 빛인 그리스도인들이 바로 이런 역할을 한다. 우리가 빛이라면 이 일을 결코 피할 수 없다. 빛이 아무리 어둠을 드러내지 않으려고 해도 그것은 불가능하다. 세상의 빛인 우리 역시 어둠을 드러내고 폭로하지 않을 수 없다. 만약 우리가 어둠을 드러내지 않는다면 우리는 빛이 아니다.

> [마 5:14-15] 너희는 세상의 빛이라 산 위에 있는 동네가 숨겨지지 못할 것이요 사람이 등불을 켜서 말 아래에 두지 아니하고 **등경(燈檠)** 위에 두나니 이러므로 집안 모든 사람에게 비추느니라

주님 당시 팔레스타인의 도시나 마을은 대부분 산 위나 산비탈에 자리 잡고 있었다. 성지순례를 하다 보면 이 사실을 깨닫게 된다. 주님의 고향이었던 나사렛에 가보면 산 위 높은 곳에 마을이 자리 잡고 있음을 볼 수 있다. 그러기에 빛이 비칠 때 도시와 마을은 쉽게 드러났고 노출되었다.

또 당시 사람들은 등잔에다 불을 켜서 길쭉하고 키가 큰 등 받침대인 등경(燈檠) 위에 두었다. 그렇게 등불을 높은 곳에 올려둠으로써 집안 전체에 빛이 환히 비치도록 했다. 그들 가운데 아무도 등불을 켜서 '말' 아래 두지 아니했다. 여기서 '말'은 9리터 정도의 곡식의 양을 측량할 수 있는 큰 용기인데, '됫박'보다는 10배나 큰 측량 도구였다. 그 당시 밝은 대낮에 등불을 켜지 않을 때는 등잔을 말로 덮어두었다. 그래서 등잔을 말 아래 두었다.

그러나 밤에 등불을 켜서 말 아래 두는 사람은 아무도 없었다. 그리스도인들은 세상의 빛으로서 가는 곳마다 빛을 비추기에 자연스럽게 어둠이 드러나고 어둠의 일들이 노출된다.

성경은 에베소서 5:8 이하에서도 같은 말씀을 한다.

> [엡 5:8, 12-13] 너희가 전에는 어둠이더니 **이제는 주 안에서 빛이라** 빛의 자녀들처럼 행하라 … 너희는 열매 없는 **어둠의 일에 참여하지 말고 도리어 책망하라** … 그러나 **책망을 받는 모든 것은 빛으로 말미암아 드러나나니** 드러나는 것마다 빛이니라

우리는 주안에서 빛이기에 어둠의 일에 참여하지 않는 것은 물론이고 어둠의 일을 책망해야 한다. 여기서 '책망하라'('엘랭케테')는 단어는 '폭로하라, 꾸짖으라, 유죄를 선고하라' 등의 강한 뜻을 지닌 단어이다.

세상의 빛인 우리가 빛의 역할과 사명을 제대로 감당하면 주위에 있는 어둠의 사람들의 모습이 환하게 드러나게 된다. 그래서 즉시 자기들의 죄악과 부끄러운 모습을 보게 되고, 그때 우리는 세상의 빛으로서 어둠의 일을 폭로하고 책망하게 되는 것이다.

예를 들면 직장 생활할 때 우리가 있는 자리가 돈이 많이 생기는 자리라고 하자. 그런데 우리가 이런 좋은 자리에 있으면서도 '나는 여기서 어떤 어려움과 핍박을 당해도 결코 뇌물을 받거나 상납하지 않겠다'라고 굳게 결심하고 정직하게 일한다면 우리는 거기서 빛으로 사는 것이다. 그리고

이런 우리의 빛 된 모습 때문에 어둠의 일에 참여하는 사람들을 책망하게 되고 그들의 죄악 된 모습을 드러내고 폭로하게 된다.

우리가 이렇게 사는 것은 결코 쉬운 일이 아니다. 동료들이나 상사들로부터 미움을 받고 따돌림을 당할 수 있다. 승진에도 불리할 수 있고, 심지어 어떤 경우에는 억울하게 모함받아 신상에도 좋지 않고 신변에도 위험할 수 있다. 그러나 그렇다고 해서 우리는 빛의 역할을 포기해서는 안 된다. 왜냐하면, 빛의 역할을 포기하면 아무 쓸데가 없어서 주님으로부터 버림을 당하기 때문이다.

전등이 고장이 나서 빛을 내지 못하면 내다 버리게 된다. 손전등이 고장이 나서 빛을 비추지 못하면 쓰레기통에 버리게 된다. 우리가 빛의 역할을 감당하는 것이 절대 쉽지 않지만 인내하며 감당해 나가면 결국은 어둠이 빛 앞에 굴복하게 된다. 빛이 비치면 어둠은 물러갈 수밖에 없다. 세상 사람들은 빛 앞에서 부끄러운 자기 모습을 발견하고 부끄러워하면서 결국 참된 빛이신 주님 앞에 항복할 수밖에 없다.

어느 그리스도인 간호사의 이야기다. 이 간호사가 어느 병원에서 근무하다가 사정에 의해 병원을 그만두었다. 병원을 그만두고 2개월이 지난 후 그 병원에서 근무하는 다른 간호사와 식사하게 되었다. 그 간호사는 예수 믿지 않는 간호사다. 그런데 그 간호사가 말하기를 이분이 병원을 그만두고 난 후부터 간호사실의 분위기가 너무 달라졌다는 것이다.

이분이 근무할 때는 간호사실에서 근무하는 간호사들이 조심하면서 남을 흉보고 험담하고 비난하는 일이 없었고 불평불만을 터뜨리지 못했다고 한다. 그런데 이분이 그만두고 난 후부터는 너무 쉽게 다른 사람들을 흉보고 험담하고 비난하는 일이 잦아졌고 쉽게 불평불만을 터뜨린다고 한다. 그러면서 이분에게 "선생님이 그만두시고 나니까 선생님의 존재감을 더 느끼게 됩니다"라고 고백했다고 한다. 세상의 빛인 우리가 빛 된 삶을 살면 어둠은 노출되어 물러가게 되고 빛 앞에 굴복하게 된다.

2. 빛은 사람들을 어둠에서 벗어나게 하는 역할을 한다

　빛은 어둠을 드러내고 노출하는 역할뿐 아니라 어둠 속에 있는 사람들을 어둠에서 벗어나게 하는 역할을 한다. 우리가 전등빛은 커녕 달빛 하나 없는 캄캄한 시골길을 걸어가야만 할 때 우리에게 스마트폰이나 손전등이 없다면 어떻게 그 길을 제대로 걸어갈 수 있겠는가?
　길을 벗어나서 넘어지게 되고 길에 움푹 파여 있는 구덩이에 빠지거나 장애물에 부딪혀 다치기도 해서 목적지까지 제대로 갈 수가 없을 것이다. 그러나 아무리 칠흑같이 어두운 밤길이라고 할지라도 스마트폰이나 조그마한 손전등 하나만 있다면 우리는 어려움 없이 목적지까지 잘 갈 수 있다.
　세상 사람들은 죄악과 무지의 깊은 어둠에 빠져 갈 길을 모르고 방황하고 있다. 만약 그들에게 참된 진리와 생명의 빛이신 예수 그리스도의 참 빛이 비취지 않는다면 그들은 이 세상에서 방황하다가 결국 영원한 어둠의 세계인 지옥으로 떨어질 수밖에 없다. 그들을 이 어둠에서 벗어나도록 하기 위해서는 오직 세상의 참된 빛이시고 생명의 빛이신 예수 그리스도의 밝은 빛이 비취어져야 한다. 그래서 그들이 참 빛이신 예수 그리스도를 믿고 영접해야 한다.

　　　[요 1:9-12] 참 빛 곧 세상에 와서 각 사람에게 비추는 빛이 있었나니 그가 세상에 계셨으며 세상은 그로 말미암아 지은 바 되었으되 세상이 그를 알지 못하였고 자기 땅에 오매 자기 백성이 영접하지 아니하였으나 **영접하는 자 곧 그 이름을 믿는 자들에게는 하나님의 자녀가 되는 권세를 주셨으니**

　우리도 이전에 주님의 참 빛이 비치기 전까지는 세상 사람들과 똑같이 어둠이었다. 죄악의 어둠 속에 깊이 빠져 갈 바를 알지 못하고 살았다.
　그런데 하나님의 은혜로 예수 그리스도께서 참 빛이신 것을 알게 되었고, 참 빛이신 그분을 믿게 되었다. 그리하여 이제는 참 빛이신 그리스도께서 우리 안에 계시기에 세상의 빛이 된 것이다.

[요 8:12] 예수께서 또 말씀하여 이르시되 **나는 세상의 빛이니 나를 따르는 자는 어둠에 다니지 아니하고 생명의 빛을 얻으리라**

[요 9:5] 내가 세상에 있는 동안에는 **세상의 빛이로라**

이렇게 그리스도의 생명의 참된 빛이 우리에게 비춰어졌고 그분을 믿음으로 우리가 주님 안에서 빛의 자녀가 되었다. 이제 우리는 빛의 자녀들처럼 행하면서 빛의 열매를 맺어야 한다.

빛의 열매가 무엇인가?

모든 착함과 의로움과 진실한 삶이다.

[엡 5:8-9] 너희가 **전에는 어둠이더니 이제는 주 안에서 빛이라 빛의 자녀들처럼 행하라 빛의 열매는 모든 착함과 의로움과 진실함에 있느니라**

이렇게 그리스도인들이 세상의 빛이 될 수 있는 것은 세상의 참 빛이신 그리스도 안에 거하기 때문이다. 우리 안에 계신 그리스도께서 우리에게 생명의 빛을 비춰주시기 때문이다. 우리 스스로의 힘으로는 결코 세상의 빛이 될 수 없고 빛을 비출 수 없다. 오직 참된 빛인 그리스도로부터 빛을 받을 때만 우리는 빛을 발할 수 있고 다른 사람들에게 비춰줄 수 있다.

주님께서 태양 빛이라면 우리는 주님으로부터 빛을 받아 반사하는 달빛과 같다. 달은 스스로의 힘으로는 결코 빛을 발할 수 없고 비출 수 없다. 오직 태양으로부터 빛을 받을 때만 빛을 비출 수 있다. 미국의 복음주의자 도날드 그레이 반하우스 박사는 말한다.

그리스도께서 세상에 계셨을 때 그분은 낮이면 떠올랐다가 밤이면 지는 태양과 같았다. 그러나 태양이 지고 나면 달이 떠오른다. 이 달은 그리스도인들의 모습이다. 달은 빛난다. 그러나 그 빛은 그 자체에서 나오는 빛이 아니다. 그 빛은 오직 태양 광선을 받아 반사할 때만 빛나는 빛이다.

참 빛이신 주님으로부터 우리가 빛을 받아 반사하면서 빛의 자녀들처럼 행할 때 주님의 참된 빛은 우리를 통해 어둠 가운데 있는 세상 사람들에게 환히 비추어질 수 있다. 그때 어둠 속에 있는 세상 사람들은 하나님 아버지께 영광을 돌리면서 참 빛이신 주님 앞으로 돌아오게 될 것이다. 왜냐하면, 세상 사람들은 우리의 빛이 단순히 우리의 빛이 아니라 그리스도의 빛인 것을 알게 되기 때문이다.

우리의 착한 행실이 우리 안에 계신 그리스도께서 우리 안에서, 우리를 통해서 행하시는 선행임을 알게 되기 때문이다. 그 결과 세상 사람들은 하나님께 영광을 돌리게 될 것이다.

[마 5:16] 이같이 너희 빛이 사람 앞에 비치게 하여 그들로 너희 착한 행실을 보고 하늘에 계신 너희 아버지께 영광을 돌리게 하라

우리가 이런 빛 된 삶을 살기 위해서는 반드시 필요한 모습이 있다. 그것은 우리 자신을 철저히 부인하고 우리의 자기중심성과 이기심을 철저히 내려놓는 것이다. 그래서 기꺼이 우리가 손해를 보고 희생을 치르는 것이다. 등불이 밝은 빛을 환하게 비추기 위해서는 반드시 자기를 태워야 한다.

등불이 자기를 태우는 것은 얼마나 고통스러운 일인가?

우리 역시 세상의 빛으로서 주님의 밝은 빛을 비추기 위해서는 자기를 부인하면서 기꺼이 손해를 보고 희생을 치러야 한다. 이런 빛 된 삶이 가능하기 위해서는 우리가 어떠한 상황 속에서도 하나님을 경외하기를 간절히 소원해야 한다. 하나님의 명령 앞에 온전히 순종하고자 하는 강렬한 마음이 우리에게 있어야 한다.

도매상을 경영하는 어느 집사님이 있었다. 그분은 가게를 하면서 한 가지 철칙을 세워 두고 있었다. 그것은 자기 집에서 물건을 사 갔다가 별로 만족스럽지 못해서 다시 가져오는 사람이 있으면 몇 달 전에 사 간 것이라도 두말하지 않고 100퍼센트로 다 받아 주자는 것이었다.

그가 그렇게 철칙을 정한 이유가 있다. 자신이 손해를 보더라도 예수 믿는 사람은 정말 다르다는 것을 보여주어서 하나님께 영광을 돌리며 복음을 전하기 위해서였다. 그 가게는 예수 믿는 사람이 경영하는 가게이기에 손

해를 보더라도 반품하면 받아 주는 좋은 가게로 소문이 나게 되었다. 그 가게를 드나드는 손님들이 그 집사님의 착한 행실을 통해 하나님께 영광을 돌리게 되었다.

결국, 그들 가운데 많은 사람이 그 집사님의 빛 된 모습을 통해서 참된 빛이신 주님을 알게 되고 그리하여 주님을 믿게 되었다.

우리가 하나님께 영광 돌리는 빛 된 삶을 살기 위해서는 하나님을 경외하고 그분의 말씀을 온전히 순종하고자 하는 강한 소원을 가져야 한다. 그 때 우리는 쉽지 않지만, 자신을 죽이고 부인하면서 기꺼이 희생을 치르게 된다.

> 내가 죽는 만큼 내 안에 계신 주님께서는 사신다. 그래서 나를 통해 당신의 뜻을 이루신다.

그런데 이런 빛 된 삶을 살기 위해서는 무엇보다 참된 빛이신 주님과의 관계가 너무나 중요하다. 등잔이 불을 환히 밝히기 위해서는 반드시 두 가지가 있어야 한다. 그것은 바로 기름과 심지이다. 아무리 성능이 좋은 등잔이라도 기름 없이는 빛을 비출 수 없다.

기름은 등잔에 있어서 절대적으로 중요하다. 우리가 세상의 빛인 이유는 우리 안에 신령한 기름인 주님의 생명이 있기 때문이다. 우리의 빛은 주님의 생명으로부터 나오는 것이다.

> [요 1:4] 그 안에(예수 그리스도 안에) 생명이 있었으니 이 생명은 사람들의 빛이라

우리가 '세상의 빛'이 될 수 있는 이유는 우리의 참된 빛과 생명이 되시는 예수 그리스도께서 우리 안에서, 우리를 통해서 일하시기 때문이다. 그러므로 우리가 세상의 빛으로서 역할과 사명을 온전히 감당하기 위해서는 주님으로부터 신령한 기름과 참된 생명을 계속해서 끊임없이 공급받아야 한다. 우리는 주 안에서만 빛일 수 있기 때문이다.

> [엡 5:8] 너희가 전에는 어둠이더니 이제는 **주 안에서 빛이라** …

우리는 주 안에서 빛이기에 주님과의 관계가 얼마나 중요한지 모른다. 주님과 인격적인 친밀한 관계를 맺고 그분과 끊임없이 영적으로 교제하는 삶을 사는 것은 바로 우리의 생명이고 모든 것이다. 그러므로 우리가 날마다 말씀을 가까이하면서 그 말씀을 깊이 묵상하고, 그 말씀을 붙잡고 집중적으로 기도하며 늘 주님과 교제하고 사귀는 것은 너무나 중요한 일이다.

그것이 참 포도나무이신 주님 안에서 거하는 삶이다. 주님 안에 거하면서 끊임없이 주님으로부터 신령한 기름과 생명을 공급받는 삶이다. 그때 우리는 세상의 빛으로서 주님의 복음과 생명의 참된 빛을 환히 비출 수 있다.

등잔이 불을 환히 밝히기 위한 또 하나의 필수 요소는 심지이다. 등불을 환히 밝히기 위해서는 기름만으로는 부족하다. 심지가 있어야 하고, 그 심지가 늘 깨끗해야 한다. 등잔은 심지에 불을 붙여야 빛을 낸다. 또 심지가 깨끗하지 못하면 등잔은 밝은 빛을 내지 못하고 꺼져가면서 연기를 내고 매캐한 냄새를 풍기게 된다. 그러기에 등잔이 밝은 빛을 내기 위해서는 반드시 심지를 자주 손질해서 그을음과 불순물을 제거하고 깨끗이 해야 한다.

세상의 빛인 우리가 주님의 밝은 빛을 비추기 위해서는 늘 우리 자신을 살피면서 교만과 탐심과 이기심과 정욕과 죄악의 그을음과 불순물을 그리스도의 보혈로 깨끗이 씻고 제거해야 한다. 그리고 정결한 마음과 깨끗한 입술과 거룩한 삶으로 우리 자신을 날마다 주님 앞에 산 제물로 드려야 한다.

[시 19:14] 나의 반석이시요 나의 구속자이신 여호와여 내 입의 말과 마음의 묵상이 주님 앞에 열납되기를 원하나이다

매일 우리의 등잔의 심지를 깨끗하게 손질하자. 하루를 시작하면서 우리의 심지를 주님의 보혈로 깨끗하게 하자. 그리고 하루를 마무리 지으면서 우리의 심지를 다시 주님의 보혈로 깨끗하게 하자. 그때 우리의 등잔에서 비치는 등불은 세상을 환히 비추고 밝히는 세상의 빛이 될 것이다.

사랑하는 성도 여러분!

여러분은 지금 세상의 빛으로 살고 있는가?
여러분의 빛 된 행실을 통해서 주님께서 여러분을 두신 자리인 가정, 직장과 일터, 교회, 사회에서 어둠을 드러내고 있는가?
참된 빛이신 예수 그리스도의 빛을 비추어 어둠과 죄악 가운데 있는 주위 사람들을 주님께로 이끌고 있는가?

지금 여러분과 주님과의 관계는 어떠한가?
주님과 인격적인 친밀한 관계를 맺고 그분과 끊임없이 영적으로 교제하는 삶을 사는가?
그래서 하나님을 사랑하고 그분을 경외하기에 하나님의 말씀에 온전히 순종하고자 하는 거룩한 열망이 있는가?
여러분은 말씀과 기도를 통해서 끊임없이 주님과 교제함으로 주님으로부터 신령한 기름과 생명을 공급받고 있는가?
여러분의 마음의 심지를 날마다 주님의 보혈로 깨끗하게 하고 정결하게 하고 있는가?

이렇게 할 때 우리는 어두운 죄악 세상을 주님의 밝은 빛으로 환히 비추는 빛의 사자들이 될 것이다.
그리하여 우리의 영광을 드러내는 것이 아니라 세상 사람들이 하나님께 영광을 돌리는 참으로 복되고 감격스러운 장면을 목도하게 될 것이다.

제12장

그리스도와 율법

> [마 5:17-18] 내가 율법이나 선지자를 폐하러 온 줄로 생각하지 말라 폐하러 온 것이 아니요 완전하게 하려 함이라 진실로 너희에게 이르노니 천지가 없어지기 전에는 율법의 일점 일획도 결코 없어지지 아니하고 다 이루리라

우리가 세상의 소금과 빛의 역할과 사명을 잘 감당하기 위해서는 반드시 '의로운 삶'을 살아야 한다. 그리스도인의 삶의 본질이 '의로움'이기 때문이다. 우리의 생각과 말과 행동과 삶은 반드시 그 기초와 토대를 '의(義)'에 두어야 한다.

> [마 5:20] 내가 너희에게 이르노니 **너희 의(義)가 서기관과 바리새인보다 더 낫지 못하면 결코 천국에 들어가지 못하리라**

주님께서는 천국에 들어가고 못 들어가는 것의 기준을 '의(義)'에 두고 있기에 '의(義)'는 너무나 중요하다. 주님께서는 그리스도인들이 행해야 할 '의'에 대해 두 가지 면으로 설명하신다.

첫째, 그리스도와 율법은 어떤 관계에 있는가를 설명하신다.
주님께서는 자신의 가르침이 구약성경의 모든 말씀과 절대적으로 완전하게 일치한다고 말씀하신다.

> [마 5:17-18] 내가 율법이나 선지자를 폐하러 온 줄로 생각하지 말라 폐하러 온 것이 아니요 완전하게 하려 함이라 진실로 너희에게 이르노니 천지가 없어지기 전에는

> 율법의 일점(一點) 일획(一劃)도 결코 없어지지 아니하고 다 이루리라

둘째, 그리스도인과 율법은 어떤 관계에 있는가를 설명하신다.

주님께서는 그리스인의 삶이란 율법의 요구를 만족시키는 참된 '의의 삶'이라고 말씀하신다.

> [마 5:19-20] 그러므로 누구든지 이 계명 중의 지극히 작은 것 하나라도 버리고 또 그같이 사람을 가르치는 자는 천국에서 지극히 작다 일컬음을 받을 것이요 누구든지 이를 행하며 가르치는 자는 천국에서 크다 일컬음을 받으리라 내가 너희에게 이르노니 너희 의(義)가 서기관과 바리새인보다 더 낫지 못하면 결코 천국에 들어가지 못하리라

이어서 주님께서는 21절부터 7장 마지막 절까지 의(義)에 대한 실례를 드시면서 그리스도인의 참된 '의의 삶'에 대해 구체적으로 적용하신다.

오늘은 '그리스도와 율법과의 관계'를 살펴보고, 다음 시간에는 '그리스도인과 율법과의 관계'를 살펴보겠다.

1. 그리스도와 율법은 어떤 관계에 있는가?

> [마 5:17] 내가 율법이나 선지자를 폐하러 온 줄로 생각하지 말라 폐하러 온 것이 아니요 완전하게 하려 함이라

여기서 '율법과 선지자'는 구약성경 전체의 가르침을 의미한다. 또 '폐하다'('카탈뤼오')라는 단어는 '해체하다, 파괴하다, 무효화하다'는 뜻으로 해체하여 완전히 없애버리는 것을 의미한다.

그 당시 율법의 선생이요 해석자로 자처했던 서기관들과 바리새인들은 주님의 가르침과 행동을 오해하여 구약을 무시하고 율법을 폐지하는 자라고 비난했다.

특히, 안식일 준수와 관련하여 그들은 주님과 극렬한 논쟁을 벌였고 심한 갈등이 있었다. 유대 종교 지도자들이 주님을 십자가에 처형했던 근본 이유도 율법의 파괴자, 신성 모독자로 보았기 때문이다.

그러나 주님께서는 율법과 선지자를 폐지하러 오신 분이 결코 아니다. 그것은 주님께서는 율법을 제정하신 '제정자(制定者)'시고, 율법을 주신 '수여자(受與者)'시며, 또한 율법을 성취하신 '완성자'시고, 그리고 율법으로 죄인을 심판하시는 율법의 '심판자'이시기 때문이다.

> [마 5:17] 내가 율법이나 선지자를 폐하러 온 줄로 생각하지 말라 폐하러 온 것이 아니요 완전하게 하려 함이라

여기서 '완전하게 하다'('플레로오')라는 단어는 '가득 채우다, 완성하다'는 뜻이다. 주님께서는 '율법과 선지자', 즉 구약을 성취하시고 완성하기 위해서 오셨다.

1) 주님께서는 구약(율법)을 어떻게 성취하시고 완성하셨는가?

(1) 주님께서는 구약(율법)을 올바르게 가르침으로 구약을 완성하셨다

주님의 가르침은 모세의 율법을 비롯한 구약의 가르침과 결단코 모순되지 않는다. 그런데 당시 율법 교사요, 해석자였던 서기관과 바리새인들은 영적 맹인이었기에 '구전(口傳) 율법'인 '미쉬나'를 바탕으로 해서 만들어진 조상들과 장로들의 전통으로 구약(율법)을 잘못 해석하여 백성들을 멸망의 구덩이로 인도하고 있었다(마 15:14; 23:13, 15).

그러므로 당시 백성들이 서기관과 바리새인들로부터 배운 율법은 실제로는 구약, 모세 율법이 아니었다. 서기관과 바리새인들의 잘못된 가르침으로 심히 왜곡되고 더럽게 오염된 사이비 율법, 가짜 율법이었다.

서기관들과 바리새인들이 구약(율법)을 잘못 해석하고 있었기에 주님께서는 6가지의 구체적인 실례를 들면서 그들의 잘못된 가르침을 지적하고, 구약(율법)을 올바르게 해석하여 가르치시는 것이다. 6가지의 구체적인 실

례는 21절부터 5장 마지막 절까지 기록되어 있다. 그것은 살인(21-26절), 간음(27-30절), 이혼(31-32절), 헛맹세(33-37절), 복수(38-42절), 원수 사랑(43-48절)이다.

> [마 5:21-22] 옛 사람에게 말한 바 살인하지 말라 누구든지 살인하면 심판을 받게 되리라 하였다는 것을 너희가 들었으나 나는 너희에게 이르노니 …

여기서 '옛사람에게 말한 바 … 너희가 들었으나'에 대해 두 가지 해석이 있다.

첫째, 우리 한글 성경이나 영어 NIV 성경 등의 번역(NIV: You have heard that it was said to the people long ago.)과 같은 해석이다. 이럴 경우, 이 구절은 모세가 옛사람(조상들)에게 말한 것, 즉 모세 율법인 '토라'를 가리키게 된다.

둘째, 영어 성경 가운데서 가장 권위 있는 성경인 KJV의 번역처럼 '옛사람에 의하여 말한 바 … 너희가 들었으나'로 해석하는 것이다(KJV: Ye have heard that it was said by them of old time.) 이럴 경우, 이 구절은 구전(口傳) 율법을 근거로 하여 만들어진 너희 조상들과 장로들의 전통을 가리킨다.

그런데 전자보다는 후자로 해석하는 것이 합당한 것 같다. 그것은 문맥을 보거나 또 다른 중요한 몇 가지 이유 때문이다.

성경 해석에 있어서 가장 기본적이고 중요한 원리는 문맥 속에서 해석하는 것이다. 이단들의 심각한 문제는 바로 문맥과 상관없이 주로 그 구절만 가지고 해석한다는 것이다. 이 구절도 마찬가지이다. 주님께서는 20절에서 서기관과 바리새인들의 의와 그리스도인들의 의를 대조하셨다.

> [마 5:20] 내가 너희에게 이르노니 너희 의가 서기관과 바리새인보다 더 낫지 못하면 결코 천국에 들어가지 못하리라

제12장 그리스도와 율법

곧이어서 즉시 6가지 실례가 나온다. 따라서 문맥상 주님께서 율법에 대한 자신의 올바른 해석과 서기관과 바리새인들의 그릇된 율법 해석을 대조하시는 것이 확실하다. 주님께서 말씀하신 '옛사람에게 말한 바 … 너희가 들었으나'는 모세 율법(토라)를 가리키는 것이 아니다. '구전(口傳) 율법'을 근거로 한, 조상들과 장로들의 전통을 따라 가르친 서기관과 바리새인들의 잘못된 율법 해석을 가리킨다.

그 당시 서기관과 바리새인들은 조상들과 장로들의 전통의 근거였던 '구전(口傳) 율법'을 '성문(成文) 율법'인 모세오경(토라)과 동등하게 하나님 말씀으로서의 권위를 인정했다. 그 결과 그들은 율법을 해석할 때 그 기준을 하나님의 기준이 아니라 인간의 기준으로 끌어내렸다.

'구전 율법'을 근거로 하여 만들어진 조상들과 장로들의 전통은 '성문 율법'인 모세 율법을 보완하고 보충한 것이다. 예를 들면 안식일 규정을 보면 율법에는 "안식일을 거룩하게 지키고 아무 일도 하지 말라"고 되어 있기에 '구전 율법'에 근거한 조상들과 장로들의 전통은 이런 안식일에 대한 규례를 더 세밀하게 보충하고 보완하여 세밀한 규정을 만들었다.

그래서 조상들과 장로들의 전통에 따르면 안식일에 생명의 위협이 있는 경우를 제외하고는 병자를 고쳐서는 안 된다. 안식일에 추수와 타작을 해서도 안 된다. 그런데 주님께서는 안식일에 병자들을 고치셨고, 제자들은 시장하여 안식일에 밀이삭을 잘라 비벼서 먹었다. 이렇게 하는 것은 모세 율법에 따르면 안식일을 범하는 것이 아니지만 조상들과 장로들의 전통에 의하면 안식일을 범하는 것이 된다.

그리하여 조상들과 장로들의 전통이 하나님의 말씀인 성문 율법 위에 위치하게 되어 조상들과 장로들의 전통 때문에 성문 율법을 버리게 되고 폐하게 되는 끔찍한 결과를 초래하게 된다. 주님께서는 그런 사실을 지적하시면서 서기관과 바리새인들을 책망하셨다.

[막 7:3] **바리새인들과 모든 유대인들은 장로들의 전통을 지키어 손을 잘 씻지 않고서는 음식을 먹지 아니하며**

[막 7:8, 9, 13] 너희가 하나님의 계명은 버리고 사람의 전통을 지키느니라 또 이르시되 너희가 너희 전통을 지키려고 하나님의 계명을 잘 저버리는도다 … 너희가 전한 전통으로 하나님의 말씀을 폐하며 또 이같은 일을 많이 행하느니라

서기관과 바리새인들은 잘못된 율법 해석으로 인해 모세 율법을 사이비 율법, 가짜 율법으로 만들었다. 그리하여 수많은 사람을 지옥 자식으로 만들고 있었다. 이런 상황 속에서 주님께서는 율법을 올바르게 해석함으로 구약 율법을 완성하셨다. 이것을 우리는 몇 가지로 설명할 수 있다.

① 주님께서는 구약(율법)의 기준이 하나님의 기준이며, 그 목표가 하나님을 닮는 것임을 밝히셨다

주님께서는 구약(율법)을 해석하실 때 율법의 기준과 궁극적인 목표가 '하나님을 닮아 온전해지는 것'이라고 분명히 밝히셨다.

[마 5:48] 그러므로 하늘에 계신 너희 아버지의 온전하심과 같이 너희도 온전하라

이 구절은 산상수훈에서 가장 중요한 요절(要節)이다. 주님께서는 구약 율법을 해석하실 때 "하늘에 계신 너희 아버지의 온전하심과 같이 너희도 온전하라"고 하시면서 구약 율법의 기준이 하나님을 닮아 온전해지는 것임을 밝히신다.

그리고 우리가 율법대로 사는 것은 바로 하나님을 닮는 것임이라고 말씀하시면서 율법의 기준을 우리가 실천해야 할 완벽한 하나님의 기준으로 제시하신다.

② 주님께서는 율법의 자리가 외면(外面)이 아니라 내면(內面)인 것을 말씀하셨다

주님께서는 구약(율법)의 기준이 하나님의 기준이며, 그 목표가 하나님을 닮는 것임을 밝히실 뿐만 아니라 율법의 자리가 외면(겉)이 아니라 내면(속)인 것도 말씀하셨다.

즉, 율법을 지키는 것은 말과 행동으로만 지키는 것이 아니라 마음에서부터 지키는 것이라고 말씀하신다. 율법을 지킨다는 것은 외적으로만 지키는 것이 아니라 올바른 마음의 동기와 자세로부터 시작하여 올바른 말과 행동으로 지키는 것이다.

주님께서 말씀하시는 율법에 대한 순종은 마음에서 시작하여 말과 행동까지 포괄하는 전인격적인 순종이다. 하나님의 기준이 바로 마음 중심으로부터 시작되기 때문이다(삼상 16:7). 서기관과 바리새인들은 율법의 자리를 하나님의 기준인 마음이 아니라 행동으로 변질시켰다. 그들은 사람을 실제로 죽이는 것을 살인이라고 가르쳤다. 그러나 주님께서는 마음에 분노를 품고 '바보'라고 욕하는 것도 결국 살인이라고 해석하셨다.

주님의 해석은 원래 하나님께서 모세 율법을 주시면서 살인하지 말라고 하셨을 때 이런 의미로 주셨다는 것을 보여준다. 그렇지만 '계시의 점진성'에 따라 율법의 완전한 해석자인 주님께서 오셔서 이 사실을 올바로 가르쳐 주시기까지는 모세를 비롯한 사람들은 이 사실을 몰랐다. 외적으로 살인하지 않으면 이 율법을, 이 계명을 지키는 것으로 알고 있었다.

그러나 하나님께서 십계명과 율법을 주실 때는 원래의 의도가 주님께서 율법을 해석하신 것과 같은 의미였다. 그래서 실제로 사람을 죽이는 것만을 살인이라고 하신 것이 아니라 주님의 올바른 해석처럼 마음에 미움과 분노를 품고 '바보'라고 욕하는 것까지 포함했다. 십계명과 율법을 하나님으로부터 직접 받은 모세도 그 사실을 몰랐고 조상들도 다 몰랐다.

오직 율법의 완벽한 해석자이신 주님께서 올바르게 가르쳐 주셨을 때야 비로소 사람들이 알게 되었다. 구약(율법)은 주님께서 명백히 밝히셨던 것처럼 천지가 없어지기 전에는 일점(一點) 일획(一劃)도 결코 없어지지 아니하고 반드시 다 이루어지게 된다. 그것은 율법의 제정자요 수여자요 완성자요 심판자이신 하나님과 예수 그리스도는 어제나 오늘이나 영원토록 동일하신 영원불변하신 분이시기 때문이다.

따라서 영원불변하신 하나님과 그리스도께서 제정하시고 수여하신 율법도 천지가 없어지기 전까지는 시대와 환경과 사람과 관계없이 변치 않고 동일하다.

③ 주님께서는 율법의 근본정신이 '정의와 긍휼과 믿음'임을 밝히셨다

서기관과 바리새인들은 율법을 지키는 것을 단지 외적으로 종교의식(儀式)을 행하고 규례(規例)를 지키는 것으로 변질시켰다. 그러나 주님께서는 율법의 근본정신이 '정의와 긍휼과 믿음'임을 밝히시면서 그 근본 정신에 입각하여 종교의식을 행하고 규례를 지켜야 한다고 가르치셨다.

> [마 23:23-24] 화 있을진저 외식하는 서기관들과 바리새인들이여 **너희가** 박하와 회향과 근채의 **십일조는 드리되 율법의 더 중한 바 정의와 긍휼과 믿음은 버렸도다** 그러나 이것도(후자) 행하고 저것도(전자) 버리지 말아야 할지니라 맹인 된 인도자여 하루살이는(전자) 걸러 내고 낙타는(후자) 삼키는도다

주님께서 구약의 율법을 성취하시고 완성하셨다는 것은 이렇게 율법을 바르게 해석하시고 가르치셨다는 것이다.

(2) 주님께서는 구약(율법)을 완벽하게 지키심으로 구약을 완성하셨다

아담의 후손인 모든 인간은 율법의 파괴자이며 범법자(犯法者)이다. 인간 가운데 율법을 완벽하게 지킨 사람은 아무도 없지만, 완전한 인간이신 주님께서는 완벽하게 율법을 준수하셨다. 주님께서는 율법이 요구하는 '모든 의'를 다 이루셨다. 하나님의 기준인 율법으로 볼 때 주님은 전혀 죄가 없으셨다. 주님은 요단강에서 세례를 받으실 때 만류하던 세례 요한에게 말씀하신다.

> [마 3:15] … 이제 허락하라 우리가 이와 같이 하여 **모든 의(義)**(율법의 의)**를 이루는 것이 합당하니라**

죄인인 인간은 허물과 죄악과 연약함으로 인해 '율법의 의'를 결단코 이룰 수 없다. 그러나 주님께서는 율법을 완벽하게 지키심으로 율법이 요구하는 '모든 의'를 다 이루셨다.

그리고 예수 믿는 우리에게 참된 의(義)인 '하나님의 의'를 선물로 주셨다. 주님께서는 그렇게 하심으로 율법을 성취하시고 완성하셨다.

(3) 주님께서는 당신의 인격과 생애를 통하여 구약을 완성하셨다

주님께서는 메시아에 대한 구약의 모든 예표와 모형과 예언을 다 성취하심으로 구약을 완성하셨다. 주님의 동정녀 탄생, 탄생 장소인 유다 베들레헴, 이집트 피신, 고난과 죽으심, 죽으심의 양태, 부활 등의 모든 것이 주님의 생애를 통해 정확하게 성취되었다.

마태복음에는 주님의 생애와 관련하여 "이루려 함이니라"라는 표현이 반복해서 9번이나 나온다(마 1:22; 2:15, 23; 4:14; 8:7; 12:21; 13:35; 21:4; 26:56).

요한복음에서는 "(구약) 성경을, 말씀을 응하게 하려 함이니라"가 반복해서 8번이나 나온다(요 13:18; 15:25; 17:12; 18:19, 32; 19:24, 28, 36). 이것은 구약의 메시아에 관한 모든 예표와 모형과 예언이 실제로 그리스도를 통해서 성취된 것을 확증해 준다.

특히, 주님께서는 십자가의 죽음을 통하여 율법을 완성하셨다. 십자가는 율법의 관점에서만 가장 확실하게 이해될 수 있고, 또 최종적으로 이해될 수 있다. 하나님의 독생자 그리스도께서 십자가에서 형벌을 받으신 것은 죄인인 인간의 죄를 대신하여 하나님의 거룩한 율법이 정한 형벌을 당신의 거룩한 몸으로 직접 받으신 것이다. 율법은 죄를 혹독하게 정죄하고, 죄인을 준엄하게 심판한다.

율법이 선언하는 '정죄'와 심판은 바로 사망, 죽음이다(롬 6:23). 율법은 거룩한 하나님의 법을 깨뜨리고 죄를 범한 모든 죄인에게 하나님의 법정에서 사망이라는 판결을 선고한다. 그런데 이 율법을 성취하고 완성하는 방법의 하나가 죄의 형벌인 죽음을 선고받고 사형을 당하는 것이다. 주님께서 십자가에서 사형당하신 것도 바로 이 율법이 실행되었고 성취되었기 때문이다.

예수 믿는 우리가 용서받을 수 있었던 것도 바로 거룩한 율법을 깨뜨린 결과로 임한 이 죽음의 형벌을 그리스도께서 당신의 죽음으로 직접 다 처리해주셨기 때문이다.

그리하여 죄를 정죄하고 죄인을 심판하는 거룩한 율법은 그리스도 안에서, 그분의 죽으심으로 완전무결하게 성취되었다. 주님께서는 십자가에서 율법과 율법의 요구를 온전히 성취하셨다.

(4) 주님께서는 성령으로 우리 속에서, 우리를 통하여 구약을 성취하신다

주님께서는 십자가에 달려 우리 대신 율법의 정죄와 저주를 당하심으로 율법의 모든 의와 요구를 다 성취하셨다. 그리고 이제는 예수 믿는 우리에게 성령을 주심을 통해 우리 속에서, 또 우리를 통해서 율법의 의와 요구를 성취하신다(롬 8:2-4).

성령께서는 우리에게 하나님의 거룩한 법인 율법을 사랑할 마음을 주시고, 또 사랑으로 율법을 실천할 수 있는 능력을 주신다. 거듭나지 않은 자연인은 하나님의 법을 미워하고 그 법에 굴복하지 않는다. 반면에 성령을 받은 거듭난 그리스도인은 하나님을 사랑하며 기쁨으로 율법에 굴복한다.

그것은 자기 안에 거하시는 성령께서 이렇게 되길 원하는 간절한 소원을 주시고, 또 이렇게 할 수 있는 능력을 주시기 때문이다. 성령으로 인하여 우리의 마음 판에는, 우리의 마음과 생각에는 율법이 깊이 새겨져 있다. 우리는 기쁨으로 하나님을 사랑하고 기쁨으로 하나님의 법인 율법에 순종한다.

주님께서는 구약(율법)을 완성하셨기에 완벽하고 확실한 전무후무한 우리의 구원자이시다. 또한, 모든 하나님의 법인 신구약 성경 전체는 절대적으로 완전무결하며 영원하다.

> [마 5:17-18] 내가 율법이나 선지자를 폐하러 온 줄로 생각하지 말라 **폐하러 온 것이 아니요 완전하게 하려 함이라** ('가르': 왜냐하면) 진실로 너희에게 이르노니 **천지가 없어지기 전에는 율법의 일점(一點) 일획(一劃)도 결코 없어지지 아니하고 다 이루리라**

주님께서는 구약성경을 폐지하러 오신 것이 아니라 완전하게 하려 오셨다고 말씀하신 후 곧, 이어서 그 이유를 설명하신다.

왜냐하면('가르') 천지가 없어지기 전에는 율법의 일점일획이라도 결코 없어지지 않고 다 이루어지기 때문이다.

여기서 '천지가 없어지는 때'는 주님께서 재림하시는 '세상의 끝날, 역사의 끝날'이다. 주님의 재림이 이루어지는 세상 끝날에는 "하늘이 큰 소리로 떠나가고 체질이 뜨거운 불에 풀어지게" 될 것이다(벧후 3:10), "처음 하늘과 처음 땅이 없어지며 바다도 다시 있지 않게" 될 것이다(계 21:1). 그렇지만 세상 끝날이 이르기까지 율법은 결코 없어지지 않는다.

주님께서는 이 말씀을 '진실로 너희에게 이르노니'라고 선언하신 후 말씀하심으로써 이 말씀에 대한 절대적인 권위를 부여하신다. 이것은 주님께서 율법의 제정자요 수여자요 완성자요 심판자로서 성부 하나님과 동등한, 절대적이고 최고의 권위를 가지고 너희에게 말한다고 인(印)을 치시는 것이다. 여기서 '일점(一點) 일획(一劃)'에서 '점(點)'은 히브리어 글자에서 가장 작은 문자인 '요드(י)'를 가리킨다.

'획(一劃)'은 원래 '작은 돌출부'라는 뜻으로 히브리어 문자의 뜻을 더 분명하게 하려고 함께 기록하는 작은 선을 가리킨다. 예를 들면 '와우(ו)'와 같은 문자이다. 따라서 "율법의 '일점(一點) 일획(一劃)'이라도 절대로 없어지지 않고 다 이루리라"는 말씀은 "율법과 선지자가(구약성경이) 말한 모든 것이 지극히 작은 항목까지 다 성취되어야 하며, 이러한 완전무결한 성취가 완전히 실현되기까지 율법은 지속되며 효력을 발휘할 것이다"라는 의미이다.

사랑하는 성도 여러분!
주님께서는 율법과 선지자의 사소한 항목까지 폐하지 않으시고 성취하시고 완성하기 위해 이 땅에 성육신하셨다. 율법과 선지자, 즉 신구약 성경은 영원하신 하나님의 영원한 말씀으로 절대적으로 신실하고 확실하게 반드시 성취되기에 우리의 절대 신뢰와 절대 순종의 대상이다.
우리의 구원은 확실한 구원자이신 예수 그리스도와 그분의 확실한 말씀에 근거해야 한다.

우리의 모든 삶과 인생과 사역 역시 예수 그리스도와 그분의 확실한 말씀에 근거해야 한다. 또한, 우리는 날마다 우리 안에 계신 성령의 인도하심에 순종하면서 삶 속에서 구체적으로 성령을 따라 행해야 한다.

그때 천지가 요동치고 천지가 없어지는 극한적인 상황 속에서도 우리는 영원한 반석이신 주님과 그분의 말씀 위에 견고하게 버티고 서 있게 된다.

그 결과 우리의 믿음과 구원과 인생은 결코 무너지거나 요동치지 않을 것이다. 우리는 '의(義)의 삶'을 살면서 세상의 소금과 빛의 사명을 충성스럽게 감당하여 하나님께 영광 돌리는 삶을 살게 될 것이다.

그리하여 마지막 날, 무한한 감사와 벅찬 감격 속에서 주님의 심판대 앞에 영원한 승리자로 서게 될 것이다.

제13장

그리스도인과 율법

> [마 5:19-20] 그러므로 누구든지 이 계명 중의 지극히 작은 것 하나라도 버리고 또 그같이 사람을 가르치는 자는 천국에서 지극히 작다 일컬음을 받을 것이요 누구든지 이를 행하며 가르치는 자는 천국에서 크다 일컬음을 받으리라 내가 너희에게 이르노니 너희 의가 서기관과 바리새인보다 더 낫지 못하면 결코 천국에 들어가지 못하리라

세상의 소금과 빛인 우리의 역할과 사명은 우리가 '의의 삶'을 살 때 가능하다. 주님께서는 우리가 행해야 할 '의'에 대해 두 가지 면에서 설명하신다.

1. 그리스도와 율법은 어떤 관계에 있는가?

이 점에 대해 우리는 지난 시간에 자세히 살펴보았다.

2. 그리스도인과 율법은 어떤 관계에 있는가?

이 점에 대해 주님께서는 두 가지를 말씀하신다. 하나는 큰 계명과 작은 계명에 대한 것이고, 또 하나는 그리스도인에게 요구되는 '의의 기준'에 대한 것이다. 이 두 가지는 서로 연결되어 있다. 주님께서는 먼저 큰 계명과 작은 계명에 대해 말씀하셨다.

당시 율법의 선생이요 해석자인 서기관과 바리새인들은 율법을 두 종류로 구분하여 가르쳤다. 율법에는 반드시 지켜야 하는 크고 중요한 율법과 그렇지 않은 작고 중요하지 않은 율법이 있다고 구분한 것이다.

> [마 5:19] 그러므로 **누구든지 이 계명 중의 지극히 작은 것 하나라도** 버리고 또 그같이 **사람을 가르치는 자는 천국에서 지극히 작다 일컬음을 받을 것이요 누구든지 이를 행하며 가르치는 자는 천국에서 크다 일컬음을 받으리라**

여기서 '지극히 작은 것'('엘라키스톤')은 최상급의 표현으로 '가장 작은 것들 중의 하나'(NIV: one of the least of these commandments)를 가리킨다. 그리고 '버리다'('뤼세')는 '전체가 아니라 어떤 개체나 부분을 부정(否定)하여 취하지 않는 것'을 의미한다. 본문에서는 중요하다고 생각되는 큰 율법은 취하고, 중요하지 않다고 생각되는 작은 율법은 버리며 지키지 않는 차별적인 태도를 가리킨다.

이렇게 서기관과 바리새인들은 율법에 대해 그릇된 태도를 보이고 작은 율법이라고 생각되는 것은 소홀히 여기고 관심을 두지 않았다. 또 그렇게 가르침으로 인해 율법에 대한 하나님의 뜻을 거역하도록 백성들을 미혹시켰다.

물론 주님께서도 율법을 큰 계명과 작은 계명으로 구분하셨다. 한 율법사가 "율법 중에서 어느 계명이 크니이까"라고 물었을 때 주님께서는 "율법의 가장 큰 계명이 하나님 사랑이고, 둘째로 큰 계명이 이웃 사랑"임을 밝히셨다(마 22:37-39). 또 주님께서는 십일조를 철저히 드리는 것보다 율법의 근본정신인 '정의와 긍휼과 믿음'이 훨씬 더 중요하다고 말씀하셨다.

> [마 23:23-24] 화 있을진저 외식하는 서기관들과 바리새인들이여 **너희가 박하와 회향과 근채의 십일조는 드리되 율법의 더 중한 바 정의와 긍휼과 믿음은 버렸도다** 그러나 이것도 행하고 저것도 버리지 말아야 할지니라 **맹인 된 인도자여 하루살이는 걸러 내고 낙타는 삼키는도다**

이렇게 율법의 제정자요 수여자요 완성자요 심판자이신 주님께서는 율법을 큰 계명과 작은 계명으로 구분하셨지만, 작은 계명이라고 무시하는 서기관과 바리새인들의 태도를 결코 용납하지 않으셨다. 모든 율법은 일점일획이라도 예외 없이 다 하나님으로부터 온 것임을 분명히 밝히셨다.

그리고 모든 율법은 동일하게 중요하기에 단 하나라도 결코 소홀히 여겨서는 안 되고 반드시 지켜야 한다고 강조하셨다.

> [마 5:19] 그러므로 누구든지 이 계명 중의 지극히 작은 것('엘라키스톤', the least) 하나라도 버리고 또 그같이 사람을 가르치는 자는 천국에서 지극히 작다('엘라키스토스', the least) 일컬음을 받을 것이요 누구든지 이를 행하며 가르치는 자는 천국에서 크다('메가스', great) 일컬음을 받으리라

여기서 '지극히 작다'('엘라키스토스')는 것은 최상급의 표현으로 계명을 차별적으로 선택하여 지킨 자의 결국이 더할 나위 없이 초라할 것을 분명히 보여준다. 구원받은 그리스도인들의 천국에서의 영원한 운명과 상급의 유무와 그 정도는 율법, 계명의 준행 여부임을 주님께서는 분명히 밝히신다. 설교의 왕자로 불렸던 스펄전 목사님은 말한다.

> 그리스도 왕국의 귀족 작위는 순종에 따라 부여된다.

주님께서는 그리스도인과 율법과의 관계를 설명하시면서 큰 계명과 작은 계명에 대해 말씀하신 후 이어서 그리스도인에게 요구되는 '의의 기준'에 대하여 말씀하신다.

> [마 5:20] 내가 너희에게 이르노니 너희 의(義)가 서기관과 바리새인보다 더 낫지 못하면 결코 천국에 들어가지 못하리라

이 말씀을 듣던 제자들을 비롯한 모든 사람은 큰 충격을 받았을 것이다. 당시 유대인들은 서기관과 바리새인들을 가장 거룩한 자들로 인정하며 지극히 존경했기 때문이다. 서기관과 바리새인들은 매우 엄격하게 율법을 지

켰다. 그들은 구전(口傳) 율법을 바탕으로 해서 만들어 놓은 조상들과 장로들의 전통인 6,000여 개에 달하는 규례 중에서 중요한 것 613개를 뽑아서 가르쳤다.

그중에는 '하라'는 긍정적인 명령이 248개, '하지 말라'는 부정적인 명령이 365개였다. 서기관과 바리새인들은 613개 그 모든 계명을 철저히 지키기를 열망하면서 힘써 순종했다. 이런 모습을 보면서 백성들은 자신들은 도저히 그런 높은 영성에 도달할 수 없다고 생각하면서 서기관과 바리새인들을 최고의 경건한 신앙인으로 존경했다.

그래서 당시 유대 사회에 이런 속담이 광범위하게 퍼져 있을 정도였다.

> 단지 두 사람만이 천국에 들어가게 된다면 한 사람은 서기관이고, 또 한 사람은 바리새인일 것이다.

서기관들은 자신들의 전체 삶을 율법 연구와 해석과 가르침에 바쳤다. 그들은 구약 율법의 권위자들로서 율법에 정통했고, 또 율법을 백성들에게 가르치며 해석하는 일을 했기에 '율법사'('노미코스', expert in law), 즉 '율법에 박식한 권위자와 전문가'로 불렸다(마 22:34-35). 서기관들은 주로 바리새인들로 이루어졌고, 또 백성들과 가까웠기에 유대 사회에 큰 영향을 미치는 집단이었다. 이렇게 서기관들의 삶은 율법과 함께 사는 삶이었고 율법의 최고 권위자와 전문가였기에 백성들은 그들을 우러러보았다.

바리새인들은 '거룩함' 때문에 눈에 확 뜨이는 사람들이었다. '바리새'라는 말은 히브리어의 '파라쉬'에서 유래된 단어로 '분리된 자'란 뜻이다. 그들은 자신들과 다른 사람들을 철저히 분리시켰다. 그렇게 한 이유는 모세 율법보다 더 엄격한 법을 만들고, 또 그와 관련된 의식법을 만들었기 때문이다. 그들은 구약 율법이 요구하는 것 이상으로 더 엄격한 삶과 행동의 규칙과 규례를 만들었다.

예를 들면 구약 율법은 일 년에 하루, '대속죄일'에만 금식할 것을 명령했지만 바리새인들은 일주일에 이틀, 월요일과 목요일에 금식했다. 이렇게 서기관과 바리새인들은 유대 사회에서 자타가 공인하는 가장 경건하고 뛰어난 신앙인들이었다. 그런데 주님께서는 그런 상식과는 전혀 다른 너무나 충격적인 말씀을 하셨다.

> [마 5:20] 내가 너희에게 이르노니 **너희 의(義)가 서기관과 바리새인보다 더 낫지 못하면 결코 천국에 들어가지 못하리라**

여기서 '결코 … 못하리라'에 해당하는 단어 '우 메'는 부정(否定)을 나타내는 '우'와 '메'가 나란히 나온 것으로서 절대부정을 나타내는 강조 용법이다. 주님께서는 우리의 의가 서기관과 바리새인의 의보다 더 낫지 못하다면 우리는 천국에서 지극히 작은 자가 되는 것은 그만두고 절대로 천국에 들어갈 수 없다고 경고하시는 것이다.

주님께서 이렇게 말씀하시는 이유가 있다. 서기관과 바리새인들의 의가 잘못되었음을 지적하시고, 참된 의가 무엇인가를 가르쳐주시면서 우리에게 요구되는 '의의 기준'을 분명히 밝히기 위해서였다.

그렇다면 서기관과 바리새인의 의는 어떤 것인가?

또 우리가 가져야 할 의는 어떤 것인가?

이것을 알기 위해서는 서기관과 바리새인들이 추구했던 의가 무엇인가를 먼저 알아야 한다.

1) 내면적 의가 아니라 외면적, 형식적 의였다

어느 날 주님께서 '불의한 청지기의 비유'를 말씀하셨을 때 바리새인들은 비웃었다. 그러자 주님께서는 그들을 이렇게 책망하신다.

> [눅 16:15] … 너희는 사람 앞에서 스스로 옳다 하는 자들이나 **너희 마음을 하나님께서 아시나니 사람 중에 높임을 받는 그것은 하나님 앞에 미움을 받는 것이니라**

바리새인들은 마음을 아시는 하나님께서 원하시는 내면적 의가 아니라 외면적, 형식적 의를 추구했기에 주님께서는 그들의 외식을 책망하셨다.

또 주님께서는 마태복음 23:25 이하에서 서기관과 바리새인들이 내면적인 의는 무시하고 외적, 형식적인 의만 추구하는 것을 이렇게 책망하셨다.

[마 23:25, 27, 28] 화 있을진저 외식하는 서기관들과 바리새인들이여 잔과 대접의 겉은 깨끗이 하되 그 안에는 탐욕과 방탕으로 가득하게 하는도다 … 화 있을진저 외식하는 서기관들과 바리새인들이여 회칠한 무덤 같으니 겉으로는 아름답게 보이나 그 안에는 죽은 사람의 뼈와 모든 더러운 것이 가득하도다 이와 같이 너희도 겉으로는 사람에게 옳게 보이되 안으로는 외식과 불법이 가득하도다

서기관과 바리새인들은 겉으로는 경건하고 거룩한 사람처럼 보였다. 그렇지만 속에는 온갖 탐욕과 방탕과 불법으로 가득했다. 주님께서는 그들이 결코 천국에 들어갈 수 없고, 천국에 들어갈 소망이 전혀 없는 자들이라고 책망하셨다.

우리 역시 그러하다. 우리의 의가 서기관과 바리새인들의 외적, 형식적 의를 능가하지 못한다면 절대로 천국에 들어갈 수 없다. 중심을 보시는 하나님께서 인정하시는 참된 의는 우리의 마음과 관련되어 있다. 참으로 중요한 것은 외적, 형식적 의가 아니다. 우리 마음에 있고 그 마음으로부터 나오는 진정한 의, 내면적 의이다.

이 사실을 미국 시카고에 있는 무디교회를 담임했던 어윈 루처(Erwin W. Lutzer) 목사님은 이렇게 지적한다.

> 우리에게 가장 중요한 곳은 아무도 보지 못하는 곳입니다.

그런데 서기관과 바리새인들은 이렇게 중요한 내면의 의를 추구하지 않았다. 겉으로 보여지는 외적, 형식적 의를 추구하면서 가짜 의의 가면을 쓰고 살았기에 주님으로부터 '지옥 자식들'이라는 준엄한 책망을 들었다.

2) 도덕적 의가 아니라 의식(儀式)적 의였다

서기관과 바리새인은 구전 율법에 기초한 장로들의 전통을 철저히 지키기 위해 손을 씻지 않고는 음식을 먹지 않았다. 시장에서 돌아와서도 물을 뿌리지 않고서는 먹지 않았다. 그 외에도 잔과 주발과 놋그릇을 깨끗이 씻었다(막 7:3-4). 안식일을 철저히 지킨다는 구실로 안식일에 병자들을 고치

시는 주님을 비난했고, 배가 고파 밀 이삭을 따먹는 제자들도 비난했다.

또 그들은 채소의 십일조까지 철저히 바치면서 율법의 의식적 의를 철저히 추구했다. 그러나 그런 의식적 의보다 훨씬 더 중요한 율법의 생명이었던 도덕적 의는 무시했다.

율법의 생명인 도덕적 의가 무엇인가?

주님께서 말씀하신 구약(율법)의 가장 크고 첫째 되는 계명인 "우리 마음과 목숨과 힘과 뜻을 다하여 하나님을 사랑하는 것"과 둘째 되는 계명인 "이웃을 우리 자신처럼 사랑하는 것"이다(마 22:37-40). 율법의 근본정신인 '정의와 긍휼과 믿음'이며, 이웃을 긍휼히 여기면서 자비를 베푸는 것이다(마 23:23).

그런데 서기관과 바리새인들은 율법의 생명인 도덕적 의는 무시하고 의식적 의만 추구하며 살았다. 이것은 율법의 껍데기만 붙들고 율법의 알맹이는 버린 것이다. 그 결과 서기관과 바리새인들은 주님의 준엄한 책망을 들을 수밖에 없었다.

오늘 우리 역시 그러하다. 서기관과 바리새인들처럼 우리도 주일을 철저히 지키고 온전한 십일조를 바치며 기도와 금식에 힘쓰는 등의 의식적 의를 철저히 추구한다고 할지라도 훨씬 더 중요한 도덕적 의를 경시한다면, 그래서 원수를 미워하고 용서하지 않고, 병들고 소외되고 굶주린 자들에게 긍휼과 자비를 베풀지 않는다면 우리의 의는 서기관과 바리새인들의 의를 결코 능가할 수 없다. 그리고 그 결과는 비극적일 수밖에 없다.

3) 하나님 중심적 의가 아니라 자기중심적 의였다

서기관과 바리새인들은 하나님 앞에서 의를 추구하는 삶이 아니라, 사람 앞에서 의를 추구하는 삶을 살았다. 그들은 하나님을 의식하지 않고 늘 사람을 의식하며 살았다.

> [눅 16:15] … 너희는 **사람** 앞에서 **스스로** 옳다 하는 자들이나 너희 마음을 하나님께서 아시나니 사람 중에 높임을 받는 그것은 하나님 앞에 미움을 받는 것이니라

서기관과 바리새인들이 이렇게 한 이유는 철저한 이기심 때문이었다. 그들은 '하나님의 의'에 기초한 삶이 아니라 철저히 '이기적인 의'에 기초한 삶을 살았다. 이것이 서기관과 바리새인들의 '의의 본질'이었다.

그들의 의가 철저히 자기중심적인 의였기에 그들은 늘 외식하면서 사람 앞에서 의를 행했던 것이다. 주님께서는 이 사실을 거듭 지적하시면서 그들의 위선을 책망하셨다.

> [마 6:1, 2, 5, 16] 사람에게 보이려고 그들 앞에서 너희 의를 행하지 않도록 주의하라 … 구제할 때에 **외식하는** 자가 **사람에게서 영광을 받으려고** 회당과 거리에서 하는 것 같이 너희 앞에 나팔을 불지 말라 … 너희는 기도할 때에 **외식하는** 자와 같이 하지 말라 그들은 **사람에게 보이려고** 회당과 큰 거리 어귀에 서서 기도하기를 좋아하느니라 … 금식할 때에 너희는 **외식하는** 자들과 같이 슬픈 기색을 보이지 말라 그들은 금식하는 것을 **사람에게 보이려고** 얼굴을 흉하게 하느니라 …

서기관과 바리새인들은 자기중심적인 의를 추구했던 외식하는 자들이었고, 자신들의 위선을 의식하지 못한 '무의식적 위선자들'이었기에 전혀 소망이 없었다. 주님께서 거듭 그들의 위선을 책망하셨지만, 그들은 전혀 깨닫지 못했고 결국 지옥 멸망으로 떨어졌다.

심지어 서기관과 바리새인들이 추구했던 자기중심적인 의는 하나님의 말씀인 모세 율법까지 폐하는 악을 자행했고, 그 악을 정당화하기까지 했다.

그 대표적인 실례가 '고르반 제도'였다. '고르반'은 '하나님께 드린다'는 말인데, 서기관들과 바리새인들은 부모를 돕고 봉양하지 않는 이유로서 고르반 제도를 악용했다. 고르반 제도만이 아니라 장로들의 전통으로 율법을 대적하는 일이 비일비재했다.

> [막 7:10-13] 모세는 네 부모를 공경하라 하고 또 아버지나 어머니를 모욕하는 자는 죽임을 당하리라 하였거늘 너희는 이르되 사람이 아버지에게나 어머니에게나 말하기를 내가 드려 유익하게 할 것이 고르반 곧 하나님께 드림이 되었다고 하기만 하면 그만이라 하고 자기 아버지나 어머니에게 다시 아무 것도 하여 드리기를 허락하

제13장 그리스도인과 율법

지 아니하여 너희가 전한 전통으로 하나님의 말씀을 폐하며 또 이같은 일을 많이 행하느니라

우리가 서기관과 바리새인들처럼 하나님 중심적인 '참된 의'가 아니라 자기중심적인 '가짜 의'를 추구할 때 필연적으로 나타나는 모습이 있다. 그것은 우리의 의가 하나님께 영광 돌리는 '순결한 의'가 아니라 자기 영광을 위한 '타락한 의'로 전락하고 만다는 것이다.

서기관과 바리새인들이 그렇게 열심히 의를 행한 목적과 동기가 무엇인가?
왜 그들은 그렇게 구제할 때마다 회당과 거리에서 나팔을 불었는가?
왜 그들은 기도할 때마다 회당과 큰 거리 어귀에 서기를 좋아했는가?
왜 그들은 금식할 때마다 슬픈 기색을 보이고 얼굴을 흉하게 했는가?
하나님께 영광 돌리기 위해서였는가, 아니면 자기 영광을 위해서였는가?

주님께서는 그들의 목적과 동기가 자기 영광을 추구하는 '타락한 의'임을 분명히 지적하셨다.

[마 6:2] 그러므로 구제할 때에 **외식하는** 자가 사람에게서 영광을 받으려고 회당과 거리에서 하는 것 같이 너희 앞에 나팔을 불지 말라 …

누가복음 18장에 나오는 성전에 기도하러 올라갔던 바리새인의 기도를 기억하는가?
그의 기도가 하나님의 영광을 위한 기도인가, 아니면 자기 영광을 위한 기도인가?

[눅 18:11-12] 바리새인은 서서 따로 **기도하여 이르되 하나님이여 나는** 다른 사람들 곧 토색, 불의, 간음을 하는 자들과 같지 아니하고 이 세리와도 같지 아니함을 감사하나이다 나는 이레에 두 번씩 금식하고 또 소득의 십일조를 드리나이다

서기관과 바리새인들의 의는 하나님 중심적인 참된 의가 아니라 자기중심적인 가짜 의였기에 그들이 의를 추구하면 추구할수록 오히려 역설적으로 하나님께 더 많은 죄를 범하게 되고, 하나님 앞에 죄를 더욱 높이 쌓게 되는 참으로 불행한 결과를 초래했다.

서기관과 바리새인들의 의는 '참된 의'인 내면적 의, 도덕적 의, 하나님 중심적 의가 아니었다. '가짜 의'인 외면적 의, 형식적 의, 의식(儀式)적 의, 자기중심적 의였다. 그래서 주님께서는 분명히 말씀하시는 것이다.

[마 5:20] 내가 너희에게 이르노니 너희 의(義)가 서기관과 바리새인보다 더 낫지 못하면 결코 천국에 들어가지 못하리라

우리가 오직 '참된 의'를 소유해야만 천국에 들어갈 수 있다.
우리는 어떻게 참된 의를 소유할 수 있는가?
우리가 죄를 회개하고 예수 그리스도를 구주와 주님으로 믿고 영접했을 때 우리는 풍성하신 은혜의 하나님으로부터 값없이 참된 의를 선물로 받았다. 그 의를 가리켜서 신학적 용어로 '전가(轉嫁)된 의'(Imputed Righteousness)라고 부른다.

원래는 '하나님의 의'였고, '예수 그리스도의 의'였는데, 그 의가 우리에게 전가된 것이다. 믿음으로 구원받은 우리는 이 '전가된 의'를 근거로 하여 하나님의 법정에서 "너는 그리스도 안에서 완전히 의롭다. 너는 신분상 완전한 의인이다"라는 하나님의 최종 판결을 받았다. 신학적인 용어로 '칭의'(稱義, Justification)라고 부른다.

이렇게 예수 그리스도를 믿음으로 말미암아 구원을 얻어 신분상으로 의롭게 된 사람은 그때부터 자기 안에 계신 성령으로 말미암아, 그 성령을 따라 행함으로 말미암아 의로운 삶을 추구하면서 율법을 이루는 삶을 살게 된다.

사랑하는 성도 여러분!
우리의 현세와 내세의 영원한 운명이 달린 너무나 중요한 질문 앞에서 우리는 늘 자신을 깊이 살펴보면서 분명한 대답을 할 수 있어야 한다.

나는 하나님을 아는가?
나는 하나님을 사랑하는가?
나의 삶에서 가장 크고 첫째가는 일이 하나님을 영화롭게 하는 것인가?
이것이 가장 중요하기에 나는 어떤 희생이라도 기꺼이 치를 준비가 되어 있는가?

이런 간절한 소원을 가지고 우리가 성령을 의뢰하면서 힘쓰지 않는다면 주님께서는 이렇게 경고하실 것이다.

너희 의가 서기관과 바리새인보다 더 낫지 못하면 결코 천국에 들어가지 못하리라!

제14장

참된 의(義)의 삶

[마 5:21-26] 옛 사람에게 말한 바 살인하지 말라 누구든지 살인하면 심판을 받게 되리라 하였다는 것을 너희가 들었으나 나는 너희에게 이르노니 형제에게 노하는 자마다 심판을 받게 되고 형제를 대하여 라가라 하는 자는 공회에 잡혀가게 되고 미련한 놈이라 하는 자는 지옥 불에 들어가게 되리라 그러므로 예물을 제단에 드리려다가 거기서 네 형제에게 원망들을 만한 일이 있는 것이 생각나거든 예물을 제단 앞에 두고 먼저 가서 형제와 화목하고 그 후에 와서 예물을 드리라 너를 고발하는 자와 함께 길에 있을 때에 급히 사화하라 그 고발하는 자가 너를 재판관에게 내어 주고 재판관이 옥리에게 내어 주어 옥에 가둘까 염려하라 진실로 네게 이르노니 네가 한 푼이라도 남김이 없이 다 갚기 전에는 결코 거기서 나오지 못하리라

왕이신 하나님의 통치를 받는 하나님 나라의 백성들은 이 세상에서 소금과 빛의 역할과 사명을 감당하기 위해서 반드시 하나님의 법을 지키는 참된 '의의 삶'을 살아야 한다. 주님께서는 이런 참된 '의의 삶'이 무엇인가를 명확히 가르쳐주시기 위해 구체적인 실례를 들어 설명하신다.

특히, 주님께서는 마태복음 5장의 나머지 부분에서 6가지의 구체적인 실례(살인, 간음, 이혼, 헛맹세, 복수, 원수 사랑)를 드시면서 서기관과 바리새인들의 잘못된 율법 해석과 자신의 참된 율법 해석을 대조하면서 '참된 의의 삶'이 무엇인가를 명확하게 제시하신다.

주님께서 예로 드신 6가지 구체적인 실례에는 공통된 원칙들이 있는데, 이 공통 원칙을 아는 것은 참으로 중요하다.

우리가 이 공통 원칙을 알 때 6가지 실례뿐만 아니라 우리의 모든 삶에 이 원칙을 적용할 수 있고, 그 결과 서기관과 바리새인들의 의를 훨씬 능가하는 '참된 의의 삶'을 살 수 있기 때문이다.

6가지 구체적인 실례를 들어서 '참된 의'를 설명하실 때 주님께서는 공통된 형식을 사용하셨다. 그 형식은 조금 차이가 있지만 '옛사람에게 말한 바 … 너희가 들었으나 나는 너희에게 이르노니…'이다. 여기서 '옛사람에게 말한 바 … 너희가 들었으나'에 대해 두 가지 해석이 있다고 말씀드렸다.

첫째, 모세가 옛사람들(조상들)에게 말한 것, 즉 모세 율법(토라)을 가리킨다.

둘째, 구전(口傳) 율법을 근거로 하여 만들어진 조상들과 장로들의 전통을 가리킨다.

이 두 해석 중에서 어떤 해석을 취하는가는 구약(율법)을 해석하는 데 있어서 아주 중요하다. 그것은 첫 번째 해석은 그 구절이 모세 율법, 즉 하나님의 말씀이기에 폐지할 수 없지만, 두 번째 해석은 조상들과 장로들의 전통이기에 폐지할 수 있기 때문이다.

두 번째 해석이 올바른 해석으로 볼 수 있는 합당한 이유가 있다.

① 본문과 문맥을 따른 해석이기 때문이다

> [마 5:21-22] 옛 사람에게 말한 바 살인하지 말라 누구든지 살인하면 심판을 받게 되리라 하였다는 것을 너희가 들었으나 ('데', 그러나) 나는 너희에게 이르노니 …

헬라어 원문은 이 구절을 "너희가 들었다. 옛사람들에 의하여 말해진('에르레데', 수동형) 살인하지 말라 … 그러나('데') 나는 너희에게 말한다 …"라고 말한다.

이렇게 본문 자체가 '옛사람들에 의하여'(by them of old time) 말해져서 지금까지 전해 내려온 조상들과 장로들의 전통을 가리키는 것으로 표현되어 있기에 두 번째 해석이 타당하다.

또 문맥을 볼 때도 후자로 해석하는 것이 합당하다. 이 구절도 그러하다. 주님께서는 20절에서 서기관과 바리새인들의 '가짜 의'와 그리스도인들의 '참된 의'를 대조하셨다. 그리고 즉시 6가지 실례가 나오기에 문맥상 주님께서 율법에 대한 자신의 올바른 해석과 서기관과 바리새인들의 그릇된 율법 해석을 대조하시는 것이 확실하다.

> [마 5:20-21] 내가 너희에게 이르노니 너희 의가 서기관과 바리새인보다 더 낫지 못하면 결코 천국에 들어가지 못하리라 옛 사람에게 말한 바 살인하지 말라 …

② 주님께서는 구약(율법)을 폐지하기 위해서가 아니라 완성하시기 위해서 오셨기 때문이다

> [마 5:17-18] 내가 율법이나 선지자를 폐하러 온 줄로 생각하지 말라 폐하러 온 것이 아니요 완전하게 하려 함이라 진실로 너희에게 이르노니 천지가 없어지기 전에는 율법의 일점 일획도 결코 없어지지 아니하고 다 이루리라

주님께서 오셔서 구약(율법)을 폐지하신 것이 아니라면 6가지 실례에 해당되는 구약(율법)도 폐지하신 것이 아니다. 따라서 주님께서 실례로 드신 6가지는 구약(모세 율법)을 가리키는 것이 아니라 서기관과 바리새인들이 가르쳤던 조상들과 장로들의 전통을 가리킨다.

③ 주님께서 사용하신 표현 공식 때문이다

주님께서 산상수훈이 기록된 마태복음에서 구약(율법)을 인용하실 때 사용하신 공식이 있다. 그것은 '… 기록되었으되'(마 4:4, 7, 10)라는 공식이다. 그런데 여기서는 그 공식을 사용하지 않으셨다. '옛사람에게 말한 바 … 너희가 들었으나'라는 공식을 사용하셨다.

따라서 주님께서 실례로 드신 6가지는 모세 율법을 가리키는 것이 아니라 서기관과 바리새인들이 가르쳤던 조상들과 장로들의 전통을 가리킨다.

④ 주님께서 마지막 실례로 드신 구절 때문이다

[마 5:43] 또 네 이웃을 사랑하고 네 원수를 미워하라 하였다는 것을 너희가 들었으나

구약(율법) 전체를 샅샅이 살펴보아도 "네 원수를 미워하라"는 말씀을 발견할 수 없다. 오히려 구약(율법)은 "원수를 미워하라"가 아니라 "원수를 갚지 말라"고 명령하신다.

[레 19:18] 원수를 갚지 말며 동포를 원망하지 말며 네 이웃 사랑하기를 네 자신과 같이 사랑하라 나는 여호와이니라

주님께서 말씀하신 '옛사람에게 말한바 … 너희가 들었으나'는 모세 율법(토라)를 가리키는 것이 아니다. '구전(口傳) 율법'을 근거로 한 조상들과 장로들의 전통을 해석한 서기관과 바리새인들의 잘못된 율법 해석을 가리킨다. 서기관과 바리새인들의 잘못된 가르침의 결과로 구약(율법)은 하나님이 주신 원래의 율법이 아니라 심히 왜곡되고 변개(變改)된 '엉터리 율법'으로 전락하고 말았다.

그 당시 백성들이 서기관과 바리새인들에게서 배운 율법은 구약(율법), 모세 율법이 아니라 서기관과 바리새인들의 잘못된 가르침으로 인해 심히 왜곡되고 더럽혀진 가짜 율법이었다.

이런 안타까운 현실이었기에 그 당시 가장 중요한 급선무는 사람들이 원래 하나님께서 구약(율법)을 주시면서 말씀하신 율법의 참된 의미를 알고, 올바르게 해석하며, 올바르게 실천하는 것이었다.

그래서 주님께서는 6가지 구체적인 실례를 들어 서기관과 바리새인들의 율법 해석이 잘못되었음을 지적하시고, 올바른 율법 해석을 가르쳐 주시는 것이다. 주님께서는 구약(율법)을 부인하시거나 반대하신 것이 결코 아니다. 당시 서기관과 바리새인들의 잘못된 율법 해석을 거부하시면서 바른 해석을 제시하시는 것이다.

주님께서는 6가지 구체적인 실례를 들면서 말씀하실 때마다 자신의 권위가 신적 권위임을 거듭해서 강조하신다.

[마 5:22, 28, 32, 34, 39, 44] 나는('에고') 너희에게 이르노니 …

여기서 '나는'이라는 1인칭 단수 대명사 '에고'가 없어도 뜻을 전달하는 데는 아무런 지장이 없다. 그럼에도 주님께서는 말씀하시는 '주체'를 강조하기 위하여 문장 첫머리에 '에고'라는 1인칭 대명사를 의도적으로 사용하신다. 주님께서는 이 말씀을 계시하시는 주체가 당신 '자신'이심을 뚜렷이 밝히신다.

그러면서 직접 자신의 권위로 계시를 주시는 성부 하나님과 당신 자신을 대비시키면서 자신이 성부 하나님과 동등한 권위를 가지고 계신 성자 하나님이심을 명확히 밝히시는 것이다.

하나님의 권위를 가지신 주님께서는 6가지 구체적인 실례를 통하여 공통 원칙을 제시하신다. 이 원칙은 주님께서 구체적인 실례를 드신 6가지의 공통 원칙일 뿐 아니라 모든 구약(율법)이 제시하는 공통 원칙이다. 그뿐만 아니라 산상수훈을 포함한 모든 신약 성경의 공통 원칙이며, 신구약 성경 전체의 공통 원칙이기도 하다. 로이드 존스 목사님은 이 공통 원칙을 다섯 가지로 설명한다.

1. 율법의 조문(條文, letter)이 중요하지만, 우선적인 것은 율법의 정신(spirit)이다

우리는 언제나 양극단을 피해야 한다. 타락하여 무지해진 인간은 항상 치우치는 경향이 있다. 율법 조문과 율법 정신 역시 그러하다. 율법의 정신은 무시하고 율법의 조문만 중시하는 사람들이 있다.

반면에 율법의 정신만 중요하게 생각하고 율법의 조문을 무시하는 사람들도 있다. 둘 다 잘못된 것이다.

율법 조문 없는 율법 정신은 존재할 수 없고, 또 율법 정신이 없는 율법 조문은 아무짝에도 쓸모가 없다. 율법의 조문과 정신 둘 다 중요하다. 율법은 기계적인 것이 아니라 생명을 주는 것이기에 무엇보다 율법 정신이 중요하다. 율법의 정신은 하나님을 사랑하고 이웃을 사랑하는 것이다. 정의를 행하고 긍휼을 베풀며 믿음으로 사는 것이다.

서기관과 바리새인들은 이렇게 중요한 율법의 정신은 무시하고 율법의 조문만 중시했다. 율법의 조문과 정신은 의식(儀式)과 본질의 관계 혹은 형식과 내용의 관계에 있다. 율법의 정신은 율법의 의식(儀式)과 형식에서 반드시 나타나야 하고 구체적으로 실현되어야 한다.

타락한 인간은 본질과 내용보다는 의식과 형식에 집중하고, 율법의 정신보다는 조문에 집중하는 경향이 강하다. 그렇게 하는 것이 훨씬 더 쉽기 때문이다. 원수를 사랑하는 것보다는 열심히 종교의식(儀式)을 행하고 율법의 조문을 지키는 것이 더 쉽다.

이렇게 본질과 내용보다는 의식과 형식에 집중하고, 율법의 정신보다는 조문에 집중한다면 실제로 우상을 만들어 섬기진 않지만, 실제로는 우상숭배와 다를 바가 없다.

우리가 마음을 다하여 하나님을 사랑하지 않고, 두 마음을 품고 산다. 주일을 성수하고 십일조를 철저히 바치고 기도에 힘쓰지만, 하나님을 경외하지 않는다. 그때 주일성수와 십일조와 기도는 전혀 하나님과 상관없는 죽은 종교의식으로 전락하고 만다. 사람을 실제로 죽이거나 간음하지는 않지만, 이웃을 사랑하고 순결한 마음으로 살진 않는다.

그때 율법 조문은 우리를 죽이고 지옥에 보내는 끔찍한 심판의 도구가 되고 만다.

[고후 3:6] 그가(하나님이) 또한 우리를 새 언약의 일꾼 되기에 만족하게 하셨으니 **율법 조문**(the letter)으로 하지 아니하고 오직 영으로(the Spirit, 성령으로) 함이니 율법 조문은 죽이는 것이요 영은(성령은) 살리는 것이니라

2. 율법에 대한 행동의 순종도 중요하지만, 내적 상태와 동기는 더욱 중요하다

율법을 순종할 때 반드시 행동으로 순종해야 하지만 거기서 그쳐서는 안 된다. 행동도 중요하지만, 행동 자체보다 더욱 중요한 것은 우리의 마음이다. 우리 행동의 근거가 되는 우리의 내적 상태와 동기와 태도가 정말 중요하다. 그러나 서기관과 바리새인들은 외적 행동에만 관심을 기울였다.

그들은 살인 '행위', 간음 '행위'에만 관심을 가지고 지키려고 했다. 누가복음 18장에 나오는 성전에 기도하러 올라갔던 바리새인 역시 그러했다. 토색하지 않고 불의를 행하지 않고 간음을 하지 않는 외적 행동에만 초점을 맞추고 살았다.

> [눅 18:11] … 하나님이여 나는 다른 사람들 곧 토색(討索), 불의, 간음을 하는 자들과 같지 아니하고 이 세리와도 같지 아니함을 감사하나이다

그러나 하나님께서 항상 보시는 것은 행동만이 아니라 그 행동의 근거가 되는 우리의 내적 상태와 동기와 태도이다.

> [눅 16:15] … 너희는 사람 앞에서 스스로 옳다 하는 자들이나 너희 마음을 하나님께서 아시나니 사람 중에 높임을 받는 그것은 하나님 앞에 미움을 받는 것이니라

3. 율법에 대한 부정적인 순종뿐만 아니라 긍정적인 순종도 중요하다

율법의 궁극적인 목적은 옳지 않은 것들을 행하지 않는 것만이 아니다. 율법의 진짜 목적은 옳은 것을 사랑하여 적극적으로 행하는 것이다. 그러나 서기관과 바리새인들의 율법 관은 부정적인 것이었다.

"살인해서는 안 된다. 간음해서는 안 된다. 이혼해서는 안 된다. 맹세해서는 안 된다."

그러나 주님께서는 우리가 하나님을 사랑하고 이웃을 사랑하며 의를 사랑하는 자들이 되어야 한다고 강조하신다. 정의를 행하고 긍휼을 베풀며 믿음의 삶을 사는 것이 율법의 정신이며 핵심이라고 강조하신다.

그래서 살인하지 않을 뿐 아니라 이웃을 사랑하고 심지어 원수까지 사랑하라고 명령하시는 것이다. 간음하지 않을 뿐 아니라 몸과 마음의 순결함과 정결함을 가지라고 명령하시는 것이다. 이혼하지 않을 뿐 아니라 서로 사랑하고 순종하는 부부가 되라고 명령하시는 것이다.

그런데도 서기관과 바리새인들은 이와는 정반대로 구약(율법)을 순전히 부정적 방법으로 지키는 것만 강조했고, 정말 순종해야 할 긍정적인 방법으로 지키는 것은 무시했다.

그 결과 구약(율법)을 왜곡하고 변개(變改)하여 '가짜 율법'으로 전락시키고 말았다. 그리고 그 가짜 율법으로 백성들을 가르쳤기에 자신은 물론이고 그들도 파멸과 멸망의 구덩이에 빠뜨렸다.

4. 율법의 목적은 규칙에 얽매여 복종적 상태에 있게 하는 것이 아니라 성화(聖化)를 촉진하여 우리를 성숙시킨다

율법의 이 목적은 우리의 생사가 달린 너무나 중요한 점이다. 오늘날 예수 믿는 사람들 가운데 많은 사람이 주님을 닮아 거룩해지는 성화의 삶을 부담스럽게 여긴다. 그러나 성화의 삶은 무거운 짐이 아니라 놀라운 축복이며 우리의 특권인 것을 기억해야 한다.

우리가 거룩하시고 순결하신 주님을 닮아가면서 주님처럼 거룩해지고 순결해지고 성결한 자로 변화된다는 것이 얼마나 놀라운 축복인가?

우리가 성화의 축복을 알고 우리 안에 거하시는 성령을 따라 행할 때 우리는 억지로가 아니라 기쁨으로 율법에 순종하는 삶을 살게 된다. 그때 우리는 주님을 닮아 성숙해 가면서 그리스도의 장성한 분량이 충만한 데까지 이르게 된다. 우리가 하나님을 사랑하면서 성화의 삶을 살 때 하나님의 계명인 율법을 지키는 것은 결코 무거운 짐이 되지 않는다.

[요일 5:3] 하나님을 사랑하는 것은 이것이니 우리가 그의 계명들을 지키는 것이라 그의 계명들은 무거운 것이 아니로다

구약(율법)과 복음의 전체 목적은 하나님의 자녀들의 영광스러운 자유에 이르게 하는 데 있다. 구약(율법) 역시 우리를 억압하고 힘들게 만드는 무거운 짐이 아니라 우리의 영혼을 자유롭게 하고, 우리를 성숙한 신앙 인격을 가진 자로 변화시켜가는 하나님의 놀라운 은혜의 도구가 된다.

그리고 주님께서 제시하신 6가지 실례는 우리가 어떻게 그 목적에 도달하여 그것을 누릴 수 있는가를 구체적으로 설명해 주는 본보기가 된다.

5. 율법은 그 자체에 목적이 있지 않고 우리를 궁극적인 목적으로 이끌어 간다

서기관과 바리새인들은 구약(율법) 그 자체에 목적을 두었다.

> 나는 살인하지 않았다. 나는 간음하지 않았다. 나는 도둑질하지 않았다. 나는 불의를 행하지 않았다. 나는 십일조를 한 푼도 떼먹지 않고 철저히 바쳤다. 나는 안식일을 철저히 지켰다. 나는 시간마다 회당 예배에 참석해서 하나님께 예배드렸다. 나는 일주일에 이틀을 금식했다. 나는 열심히 구제했다.
> 이제는 됐다. 나는 이런 여러 가지 일에 대해 죄책감이 없다.
> 그러므로 나는 모두 옳다. 의롭다.
> 나와 하나님 사이에는 문제가 없고 다 잘되어 간다.

이렇게 그들은 율법을 율법 자체로만 보았다. 그들은 율법을 이런 식으로 조문화시켰고, 이 조문들을 지키는 한 만사는 다 잘 되어 간다고 생각했다.

그러나 주님께서는 이런 그들의 율법에 대한 거짓된 관점을 엄히 책망하셨다. 주님께서 제시하신 구약(율법)의 궁극적인 목적은 우리가 율법을 통

하여 하나님을 알게 되어야 한다는 것이다.
따라서 우리가 항상 적용해야 할 중요한 시금석이 있다.

> 하나님에 대한 나의 관계는 어떠한가?
> 나는 하나님을 아는가?
> 나는 하나님을 사랑하는가?
> 나는 하나님을 경외하는가?
> 나는 하나님을 기쁘시게 하고 있는가?

우리는 서기관과 바리새인들처럼 율법을 율법 그 자체가 목적인 것처럼 생각해서는 안 된다. 산상수훈도 그 자체를 목적으로 생각해서는 안 된다. 이것들은 우리를 하나님과 살아 있고 참되고 생명 있는 관계로 이끌어주기 위한 매개체에 지나지 않는다.

그러므로 우리는 구약(율법)이나 산상수훈을 서기관과 바리새인들이 옛적 도덕법을 다루는 식으로 취급하지 않도록 항상 조심해야 한다. 중요한 것은 율법 자체나 조문 그 자체가 아니다. 율법의 궁극적인 목적인 하나님과의 직접적이고 살아 있는 인격적인 생명의 관계가 중요하다.

말씀 생활, 기도와 금식 생활, 예배 생활 등의 경건 생활은 우리 신앙에 있어서 참으로 유익하고 본질적으로 중요하다. 그렇지만 우리의 모든 경건 생활이 전체 목적인 우리를 하나님과의 인격적인 생명의 관계로 이끌어주지 않는다면 그 모든 경건 생활은 아무런 의미가 없다. 말씀 생활, 기도와 금식 생활, 예배 생활이 하나님과 살아 있는 인격적인 깊은 생명의 관계를 맺어주는 것이 아니라면 그 모든 것은 단 하나도 의미가 없고 다 헛되고 헛된 것들이다.

단지 우리에게 헛된 만족감과 헛된 자부심을 가져다주어서 우리를 타락한 신앙생활로 이끌어 가는 것 외에는 아무런 의미도, 아무런 유익도 없다.

사랑하는 성도 여러분!
주님께서 하나님의 신적 권위를 가지고 강조하신 5가지 공통 원칙을 늘 기억하면서 신앙생활을 하자.

율법의 조문이 중요하지만, 우선적인 것은 율법의 정신이다. 율법에 대한 행동의 순종도 중요하지만 순종하는 내적 상태와 동기는 더욱 중요하다. 율법에 대한 부정적인 순종뿐만 아니라 긍정적인 순종도 중요하다. 율법의 목적은 성화(聖化)를 촉진하여 우리를 성숙시킨다. 율법은 그 자체에 목적이 있지 않고 궁극적인 목적으로 이끌어 간다.

이 공통 원칙들을 기억하고 날마다 성령을 따라 행한다면 우리는 하나님과 살아 있는 인격적인 생명의 관계로 더 깊이 들어가게 될 것이다. 그리하여 서기관과 바리새인들의 의보다 월등한 '참된 의'를 행하며 하나님 나라의 백성으로서 세상의 소금과 빛의 사명을 아름답게 감당하게 될 것이다. 그리고 내세의 영원한 천국에서 큰 자가 되어 영원토록 복되게 살게 될 것이다.

제15장

살인하지 말라

> [마 5:21-26] 옛사람에게 말한바 살인하지 말라 누구든지 살인하면 심판을 받게 되리라 하였다는 것을 너희가 들었으나 나는 너희에게 이르노니 형제에게 노하는 자마다 심판을 받게 되고 형제를 대하여 라가라 하는 자는 공회에 잡혀가게 되고 미련한 놈이라 하는 자는 지옥 불에 들어가게 되리라 그러므로 예물을 제단에 드리려다가 거기서 네 형제에게 원망들을 만한 일이 있는 것이 생각나거든 예물을 제단 앞에 두고 먼저 가서 형제와 화목하고 그 후에 와서 예물을 드리라 너를 고발하는 자와 함께 길에 있을 때에 급히 사화하라 그 고발하는 자가 너를 재판관에게 내어 주고 재판관이 옥리에게 내어 주어 옥에 가둘까 염려하라 진실로 네게 이르노니 네가 한 푼이라도 남김이 없이 다 갚기 전에는 결코 거기서 나오지 못하리라

주님께서는 우리의 의가 서기관과 바리새인의 의를 능가하지 않으면 결단코 천국에 들어갈 수 없다고 말씀하셨다. 이어서 6가지 구체적인 실례를 통하여 우리가 소유해야 할 '참된 의'가 무엇인지를 명확하게 설명하신다. 그 6가지 구체적인 실례에는 공통된 원칙들이 있는데, 지난주 그 원칙들에 대해 살펴보았다.

오늘은 6가지 구체적인 실례 중에서 먼저 첫 번째 실례를 살펴보겠다.

> [마 5:21] 옛 사람에게 말한 바 살인하지 말라 누구든지 살인하면 심판을 받게 되리라 하였다는 것을 너희가 들었으나

이 구절은 서기관과 바리새인들의 잘못된 율법 해석과 가르침을 가리킨다.

> [마 5:21] 살인하지 말라 누구든지 살인하면 심판을 받게 되리라

이 말씀은 분명히 구약(율법)에 있는 말씀이다. 십계명 제6계명에서 "살인하지 말라"고 명령하신다(출 20:13; 신 5:17). 그리고 민수기 35장에서는 "살인한 자는 반드시 죽이라"고 명령하신다.

> [민 35:30-31] 사람을 죽인 모든 자 곧 살인한 자는 증인들의 말을 따라서 죽일 것이나 한 증인의 증거만 따라서 죽이지 말 것이요 **고의로 살인죄를 범한 살인자는 생명의 속전을 받지 말고 반드시 죽일 것이며**

그런데 문제가 있다. 서기관과 바리새인들은 "살인하지 말라"는 명령과 "살인한 자는 반드시 죽이라"는 두 계명을 합쳤고, 그래서 원래 하나님께서 의도하셨던 '살인하지 말라'는 계명의 의미를 왜곡하고 축소했다는 점이다. 그들은 '살인하지 말라'는 하나님의 계명을 원래 의도와는 달리 살인을 범하는 행동 자체의 문제로 국한했다. 서기관과 바리새인들은 실제로 살인의 행동을 하지 않으면 모세 율법을 잘 지키는 것으로 생각했다.

그러나 원래 하나님의 진짜 의중은 실제로 사람을 죽이는 것만을 살인으로 보시는 것이 아니다. 주님의 올바른 해석처럼 마음에 미움과 분노를 품고 '바보'라고 욕하는 것까지 포함했다. 그런데 서기관과 바리새인들은 하나님께서 처음 율법을 주셨을 때 의중에 두신 진짜 명령을 가르치지 않았다.

하나님의 율법을 변질시키고 왜곡시키고 축소해서 가르쳤다. 또 서기관과 바리새인들이 "살인하지 말라"는 원래 하나님의 계명에 다른 말을 덧붙임으로 원래의 계명을 변질시키고 축소했다.

> [마 5:21 옛사람에게 말한바 **살인하지 말라 누구든지 살인하면 심판받게 되리라** 하였다는 것을 너희가 들었으나

여기서 서기관과 바리새인들이 말하는 '심판'은 '하나님의 심판'이 아니라 '세상 법정에서의 심판'을 가리킨다.

이렇게 서기관과 바리새인들의 살인에 대한 해석은 하나님께서 원래 의도하신 계명을 심각하게 변질시키고 왜곡시킨 엉터리 해석이었다. 주님께서는 이런 그들의 잘못된 가르침을 지적하시면서 율법의 정확한 원래 의미를 올바르게 가르쳐주신다.

그렇다면 살인에 대한 계명을 주신 하나님의 진짜 의중과 의도는 무엇인가?

살인에 대한 주님의 참된 해석은 무엇인가?

1. 율법의 정신을 진심으로 따르고자 하는 동기에서 이 계명을 순종해야 한다

서기관과 바리새인들의 근본적인 문제는 율법의 조문을 철저히 지키는 데만 온 마음과 정성과 힘을 기울였다는 것이다. 그 결과 그들은 자신들은 당연히 살인하지 않았고, 이 계명을 철저히 지키고 있다고 생각했다. 그들은 이 계명을 주신 하나님의 의중과 의도에는 전혀 관심이 없었고, 이 계명 속에 깃든 율법의 정신도 무시했다.

하나님께서 원래 "살인하지 말라"는 계명을 주신 진짜 의중과 의도가 있다.

> [레 19:18] 원수를 갚지 말며 동포를 원망하지 말며 네 이웃 사랑하기를 네 자신과 같이 사랑하라 나는 여호와이니라

"살인하지 말라"는 율법 조문에 깃든 율법의 정신은 단순히 살인행위를 하지 않는 것이 아니라 이웃을 자기 자신과 같이 사랑하는 것이다.

서기관과 바리새인들은 이런 율법의 정신을 무시하고 살면서도 율법의 조문을 철저히 잘 지키는 것으로 하나님의 계명에 온전히 순종하고 있다고 착각했다. 그들은 주님께서 살인이라고 지적하신, 마음에 미움을 품고 분

노하고 욕을 하면서 정신적인 살인을 저지르고 있으면서도 나는 "살인하지 말라"는 계명을 잘 지키고 있다는 헛된 만족감과 자부심을 품고 '자기의'(義)에 사로잡혀 살았다.

이런 그들을 바라보시면서 주님께서는 "살인하지 말라"는 계명의 원래의 정확한 뜻을 올바르게 해석해주셨다. 주님께서는 살인을 세 가지 단계로 설명하셨다.

> [마 5:22] 나는 너희에게 이르노니 **형제에게 노하는 자마다** 심판을 받게 되고 **형제를 대하여 라가라 하는 자**는 공회에 잡히게 되고 **미련한 놈이라 하는 자**는 지옥 불에 들어가게 되리라

1) 형제를 향하여 분노하는 것이다

주님께서 "살인하지 말라"는 십계명 제6계명을 해석하시면서 제일 먼저 언급한 것이 분노였다. 서기관과 바리새인들은 실제 사람을 죽이는 살인 행위만을 살인이라고 해석했지만, 주님께서는 실제 살인 행위뿐만 아니라 형제에 대하여 마음속에 분노를 품는 것까지 살인이라고 하셨다.

주님께서 "형제에게 노하는 자마다 심판을 받게 된다"고 말씀하실 때 그 형제는 일차적으로 동료 유대인들, 오늘날로 말하면 믿는 성도들을 가리킨다. 그러나 넓은 의미로는 불신자까지 포함한다. '선한 사마리아인의 비유'는 이 사실을 잘 보여준다(눅 10:29-37).

주님께서는 "네 이웃을 네 자신과 같이 사랑하라"고 하셨을 때 그 이웃은 당시 유대인들이 생각하는 동족 유대인뿐만 아니라 그들이 이웃이 아니라고 생각했던 사마리아인과 이방인들까지 다 포함하여 말씀하셨다.

그러므로 주님께서 말씀하신 형제도 넓은 범위의 형제인 것을 알 수 있다. 이 세상의 법으로는 마음의 분노가 전혀 살인죄가 되지 않지만, 하나님 나라의 법에 의하면 마음의 살인, 정신적인 살인도 실제 살인과 질적으로 동일한 살인이다.

주님께서는 "너희는 서기관과 바리새인들이 말하는 실제로 살인할 때 심판을 받게 되리라는 말을 듣지 말라. 나는 너희에게 이르노니 너희가 마음

속에 성을 내면 너희는 이 율법이 요구하는 것과 똑같은 형벌인 하나님의 심판을 받게 될 것이다"라고 하신다.

돌아가신 우리 교회 어느 남자 집사님은 효자셨고 주위 사람들이 다 인정하는 착한 분이셨다. 그분은 신앙생활 하면서 자신이 죄인이라는 사실이 이해되지 않아서 많이 힘들어하셨다.

내가 무슨 죄인인가?
나는 평생 착하게 살아왔고 양심껏 살려고 노력해왔는데 내가 무슨 죄인인가?

이분이 돌아가시기 전에 심히 병약한 상태에 계셨기에 소리 지르는 것이 불가능하셨다.
그런데도 잠자던 가족들이 깜짝 놀라 옆방에서 뛰어나올 정도로 온 집안이 떠나가도록 큰 소리로 회개하셨다.

하나님, 제가 사람을 많이 죽였습니다.
하나님!
용서해주옵소서.

이렇게 세 번이나 큰소리로 회개하신 후에 돌아가셨다. 이처럼 마음의 분노는 살인의 뿌리이며, 초기 단계의 살인이다.

주님께서 '살인'이라고 말씀하시는 분노는 물론 정의롭지 못한 불의하고 부당한 분노를 가리킨다. 주님께서도 이 땅에 계실 때 분노하셨다. 성전을 청결케 하시면서 분노하셨고(마 21장), 서기관과 바리새인들을 향하여 '화 있을진저'라고 하시면서(마 23장) 분노하셨다.

그러나 주님의 분노는 항상 의로운 분노였고, 거룩한 분노였으며, 하나님의 진노를 표현한 정의로운 분노였다. 우리의 분노가 정의로운 분노인가, 불의한 분노인가를 분별하는 기준은 의롭고 거룩한 분노는 사람에게 분노하는 것이 아니라, 그가 행하는 죄에 대하여 분노하는 것이다.

2) 형제를 대하여 '라가'라고 욕을 하는 것이다

[마 5:22중] … 형제를 대하여 라가라 하는 자는 공회에 잡혀가게 되고 …

분노가 밖으로 표현될 때 욕설로 나타난다. 여기서 '라가'는 남을 경멸하고 멸시하는 히브리인들의 욕설이다. 아람어 '레카'에서 유래한 말로서 '머리가 텅 빈 놈, 돌대가리, 쓸모없는 놈, 무가치한 놈'이라는 뜻이다.

이런 욕설들은 우리 마음속에 있는 다른 사람들에 대한 멸시의 태도를 드러내는 말이다. 그런데 이런 욕설들은 하나님께서 보시기에 살인죄와 같은 무서운 죄가 된다.

주님께서는 죄의 목록을 진술하시면서 말씀하셨다.

[막 7:21-23] 속에서 곧 **사람의 마음에서 나오는 것은 악한 생각** 곧 음란과 도둑질과 **살인과** 간음과 탐욕과 악독과 속임과 음탕과 질투와 비방과 교만과 우매함이니 이 모든 악한 것이 다 속에서 나와서 사람을 더럽게 하느니라

주님께서는 악한 생각을 항상 살인과 함께 포함시키셨다. 그리고 다툼과 원한과 속임과 질투와 비방 등 우리가 무섭고 더러운 죄로 여기지 않는 많은 것까지 포함시켰다. 그것은 멸시, 경멸, 조롱 등은 궁극적으로 우리를 살인으로 이끄는 영이며 정신이기 때문이다. 우리가 이런 죄악 된 영과 정신을 잘 다루지 못하고 거기에 묶여서 통제당하게 되면 실제로 살인을 범하는 행위까지 나아가게 된다.

우리가 실제로 살인하지는 않지만, 우리 마음과 생각에서 살인죄를 범할 때가 허다하다. 우리는 다른 사람들에 대해 실제 살인과 같은 악하고 무섭고 더러운 생각들을 자주 품는다. 주님께서는 그런 악하고 무섭고 더러운 생각들이 바로 살인이라고 말씀하시는 것이다.

우리의 영과 정신의 영역에 이런 악한 생각들이 영향을 미치기에 우리는 다른 사람들에게 '라가(골 빈 놈, 바보, 아무짝에도 쓸모없는 놈)'이라는 욕설을 내뱉게 되는 것이다.

그래서 실제로 살인까지는 안 가지만 다른 사람들의 인격을 파괴하면서 그들을 파멸로 끌고 간다. 그렇게 하면서 우리는 다른 사람들의 명예를 파괴한다.

다른 사람들을 비판하는 말을 하거나 그들의 허물을 찾아내어 말함으로써 그들을 아는 사람이 부정적이고 비판적인 생각을 하게 만든다. 주님께서 여기서 말씀하시는 것이 바로 이런 것들이다. 주님께서는 "살인하지 말라"는 계명 속에 깃들어 있는 것이 무엇인가를 분명히 보여주신다.

그것은 육체적인 생명을 파괴하는 것만이 아니다. 그 이상으로 사람의 영과 마음과 정신을 파괴하며 어떤 모양과 어떤 형태로든 그 사람을 파괴하는 모든 것이 살인이라고 말씀하시는 것이다.

3) 형제를 대하여 '미련한 놈'이라고 저주하는 것이다

> [마 5:22하] … 형제를 대하여 … 미련한 놈이라 하는 자는 지옥 불에 들어가게 되리라

여기서 '미련한 놈'('모레')이라는 단어는 '우매한 자, 하나님을 부정하는 자, 하나님을 반역하는 자'라는 뜻이다. 유대 사회에 있어서 '미련한 놈'('모레')은 도덕적인 정죄를 넘어선 종교적인 정죄이며, '멸망 받은 자'라는 의미이기에 '라가'보다 더 심한 욕설이다.

이런 욕설은 하나님의 고유한 영역인 심판권을 남용하고 영혼의 살인 행위를 범한 것이다. 주님께서는 분노하거나 '라가'라고 욕을 하거나 '미련한 놈, 모레'라고 저주하는 것, 이 모든 것이 바로 살인이라고 엄히 경고하신다. 그들은 심판받게 되고, 공회에 잡혀가게 되고, 지옥 불에 들어가게 된다.

여기서 '심판'은 재판이고, '공회'는 재판 장소이며, '지옥 불'은 형벌이다. 마음의 분노나 말의 욕설이나 저주는 하나님 나라 법정에서 재판받고 형벌을 받아야만 할 끔찍하고 무서운 죄악이다.

2. 이 계명을 지키고자 하는 우리의 동기가 적극적이어야 한다

주님께서는 "살인하지 말라"는 계명을 먼저 부정적으로 표현하신 후 이 계명을 적극적으로 표현하신다.

> [마 5:23-24] 그러므로 예물을 제단에 드리려다가 거기서 네 형제에게 원망들을 만한 일이 있는 것이 생각나거든 예물을 제단 앞에 두고 먼저 가서 형제와 화목하고 그 후에 와서 예물을 드리라

주님께서는 우리가 다른 사람들에 대해 살인과 악한 생각을 품고 분노하고 욕설과 저주를 해서는 안 될 뿐 아니라 형제와 바른 관계를 갖기 위해서 적극적으로 조처하라고 명령하신다. 문제의 원인을 근본적으로 제거하기 위해서는 반드시 적극적인 목표에 초점을 두고 실제적으로 조처해야 하기 때문이다.

그런데 서기관과 바리새인들은 종교적인 의식으로 자신들의 도덕적인 잘못과 죄악에 대해 속죄하고 보상하려고 애를 썼다. 그들은 율법의 조문과 종교의식(儀式)을 지키는 데는 얼마나 철저했는지 모른다. 그러나 이웃을 사랑하고 용서하고 격려하고 위로하는 일은 무시했다.

자기 마음속에 해결되지 못한 죄나 상처나 열등의식 등의 문제가 많은 사람일수록 더욱 종교적인 의식(儀式)이나 외면적인 열심을 내는 경우가 많이 있다. 서기관과 바리새인들이 바로 그러했다.

그러면서 그들은 영적인 우월의식과 자부심으로 가득 차서 자기들보다 못하다고 생각하는 자들을 멸시하고 판단하고 정죄하고 있었다. 성전에 기도하러 올라갔던 바리새인이 바로 그런 좋은 예다.

> [눅 18:11] 바리새인은 서서 따로 기도하여 이르되 하나님이여 나는 다른 사람들 곧 토색, 불의, 간음을 하는 자들과 같지 아니하고 이 세리와도 같지 아니함을 감사하나이다

주님께서는 이런 서기관과 바리새인들을 샘플로 드시면서 말씀하시는 것이다.

> [마 5:23-24] 그러므로 예물을 제단에 드리려다가 거기서 네 형제에게 원망들을 만한 일이 있는 것이 생각나거든 예물을 제단 앞에 두고 먼저 가서 형제와 화목하고 그 후에 와서 예물을 드리라

예배 그 자체는 귀하고 소중한 것이다. 헌금과 헌신과 봉사 그 자체도 귀하고 소중한 것이다. 기도하고 금식하고 성경공부 하는 것, 전도하고 선교하고 구제하는 것 다 귀하고 소중한 것들이다. 그러나 하나님과의 관계가 바르지 못하고, 사람들과의 관계가 바르지 못하다면 그 모든 것은 의미가 없다.

왜냐하면, 율법의 정신과 핵심이 되는 가장 큰 두 계명이 하나님 사랑과 이웃 사랑이기 때문이다. 그래서 주님께서는 예물을 제단에 드리기 전에 먼저 가서 형제와 화목하고 그 후에 와서 예물을 드리라고 말씀하시는 것이다.

3. 이 계명을 미루지 말고 즉각적으로 지켜야 한다

주님께서는 "살인하지 말라"는 계명이 긴급하고 절박한 문제이기에 한 순간도 지체하지 말고 즉시 행하라고 명령하신다.

> [마 5:25] 너를 고발하는 자와 함께 길에 있을 때에 급히 사화(私和)하라 그 고발하는 자가 너를 재판관에게 내어 주고 재판관이 옥리(獄吏)에게 내어 주어 옥(獄)에 가둘까 염려하라

'사화(私和)하다'('유노에오')라는 단어는 '좋은 생각을 가지다, 우호적인 생각을 가지다'는 뜻이다. 이 단어는 '좋은 관계를 회복하라'는 적극적인 의미를 지니고 있다. '함께 길에 있을 때'는 '법정으로 가는 길에 있을 때'

까지란 의미이다. 이 표현은 그 사람에게 있어서 화해할 수 있는 마지막 기회이기에 급박한 위기감을 가지라는 뜻이다.

따라서 그 사람은 더 이상 지체하지 않으면서 이 마지막 기회를 놓치지 말고 급히 화해해야만 한다. 이 말씀은 고대 세계의 법적 관행을 가지고 비유로 하시는 말씀이다. 그 당시 어떤 사람이 소송에 걸리면 그는 법정에 도착하기 전에 반드시 그 문제를 해결해야만 했다. 법정에서는 더 이상 해결할 기회가 주어지지 않기 때문이다. 주님께서는 이런 과정을 염두에 두시고 지옥의 심판을 설명하신다.

"너희가 죽어서 하나님의 심판대 앞에 서기 전에 기회가 주어졌을 때 속히 사람들 간의 미움과 불화를 해결하라."

여기서 '재판관'은 하나님을 상징하고, '옥리'(獄吏)는 하나님의 심판을 수종들며 형벌을 집행하는 천사들을 상징하고, '옥'(獄)은 지옥을 상징한다.

하나님의 심판이 있기 전, 아직 살아 있을 동안에 반드시 우리의 죄악과 잘못을 돌이키고 미움과 불화를 해결하자. 하나님의 심판대 앞에 서고 나서야 비로소 우리의 잘못을 변명하려고 하지 말자. 지금이 급히 사화해야 할 바로 그 시각이다.

만약 우리가 서로 간의 미움과 불화를 해결하지 못하면 결국 어떻게 되는가?

> [마 5:26] **진실로 네게 이르노니** 네가 한 푼이라도 남김이 없이 다 갚기 전에는 **결코 거기서 나오지 못하리라**

주님께서는 문장 서두에서 '진실로 네게 이르노니'라고 말씀하시면서 이 말씀의 진실성과 중요성을 강조하신다. 또 '결코 … 못하리라'고 하시면서 이중 부정사 '우 메'를 사용하신다. 여기서 '한 푼'('코드란테스')이라는 단어는 당시 로마 화폐 중에서 가장 가치가 작은 동전으로, 그 가치는 '두 렙돈' 정도였다.

주님께서는 작은 동전 한 닢까지도 모두 지급하지 않으면 절대로 감옥에서 풀려날 수 없다고 이중으로 강조하시면서 경고하신다. 주님께서는 이 세상에서 형제를 사랑하지 못하고 미워하고 불화하다가 끝내 하나님의 심판대에까지 이른 자는 영원히 멸망 받을 수밖에 없다고 단호하게 선언하신다. 요한일서에서도 동일한 말씀을 하신다.

[요일 3:10] 이러므로 하나님의 자녀들과 마귀의 자녀들이 드러나나니 무릇 의를 행하지 아니하는 자나 또는 그 형제를 사랑하지 아니하는 자는 하나님께 속하지 아니하니라

[요일 3:15] 그 형제를 미워하는 자마다 살인하는 자니 살인하는 자마다 영생이 그 속에 거하지 아니하는 것을 너희가 아는 바라

사랑하는 성도 여러분!

우리는 이 주님의 말씀 앞에서 셀 수 없는 무수한 살인을 저지른 것을 고백하지 않을 수 없다. 그리고 그 결과는 지옥 불에 던져져서 영원토록 형벌과 고통을 당하는 것이다.

그러기에 우리는 "하나님, 제가 사람을 많이 죽였습니다. 하나님, 용서해 주옵소서"라고 회개할 수밖에 없다. 이렇게 진실하게 회개할 때 긍휼이 풍성하신 하나님, 은혜와 자비가 무한하신 하나님께서는 당신의 독생자 예수 그리스도의 보혈로 아무런 자격이 없는 우리를 아무 대가 없이 용서해 주신다. 그리고 용서받은 우리에게 말씀하신다.

[참조. 엡 4:31-32] 이제부터는 내 아들의 공로를 힘입고, 나의 성령을 따라 행함으로 서로 불쌍히 여기고 서로 용서하며 화해하라.

제16장

간음하지 말라

[마 5:27-30] 또 간음하지 말라 하였다는 것을 너희가 들었으나 나는 너희에게 이르노니 음욕을 품고 여자를 보는 자마다 마음에 이미 간음하였느니라 만일 네 오른 눈이 너로 실족하게 하거든 빼어 내버리라 네 백체 중 하나가 없어지고 온 몸이 지옥에 던져지지 않는 것이 유익하며 또한 만일 네 오른손이 너로 실족하게 하거든 찍어 내버리라 네 백체 중 하나가 없어지고 온 몸이 지옥에 던져지지 않는 것이 유익하니라

주님께서는 서기관과 바리새인의 의를 능가하는 우리가 소유해야 할 '참된 의'가 무엇인지를 6가지 구체적인 실례를 통하여 설명하신다.

오늘은 두 번째 실례인 간음에 대한 말씀을 살펴보겠다.

[마 5:27] 또 간음하지 말라 하였다는 것을 너희가 들었으나

"간음하지 말라"는 말씀은 십계명 중의 제7계명이다(출 20:14; 신 5:18). 그런데 서기관과 바리새인들은 이 계명을 단순히 육체적인 간음행위의 차원으로 격하시켰다. 그들은 육체적인 간음행위를 하지 않는다면 이 계명을 지켰고 의롭다고 생각했다.

이처럼 그들은 이 계명을 왜곡하여 해석함으로 율법을 파괴했다. 그들은 율법의 조문에 집착하여 율법의 가장 중요한 핵심인 하나님의 의중과 그 정신을 파괴했다.

죄는 행위에만 있는 것이 아니다. 행위 이전에 그 뿌리가 되는 숨겨져 있는 우리 마음의 동기와 원인이 더 무서운 죄의 근원이다. 그래서 율법은 항

상 마음의 중요성을 강조한다. "간음하지 말라"는 제7계명 역시 "탐내지 말라"는 제10계명과 연결되어 있다.

> [출 20:17] 네 이웃의 집을 탐내지 말라 네 이웃의 아내나 그의 남종이나 그의 여종이나 그의 소나 그의 나귀나 **무릇 네 이웃의 소유를 탐내지 말라**

외면적인 행동의 간음은 내면적인 마음의 간음인 탐욕(심)과 직결되어 있다. 서기관과 바리새인들이 "간음하지 말라"는 계명을 외면적인 간음행위로 국한한 것은 그 뿌리가 되는 "탐내지 말라"는 제10계명을 무시하여 왜곡시킨 잘못된 해석이다.

바울 사도는 이 점을 잘 지적하고 있다. 그는 "탐내지 말라"는 제10계명을 깨달으면서 '탐심의 죄'가 모든 죄의 뿌리임을 알게 되었다.

> [롬 7:7, 9, 11] … 율법이 죄냐 그럴 수 없느니라 **율법으로 말미암지 않고는 내가 죄를 알지 못하였으니 곧 율법이 탐내지 말라 하지 아니하였더라면 내가 탐심을 알지 못하였으리라** … 전에 율법을 깨닫지 못했을 때에는 내가 살았더니 **계명이 이르매 죄는 살아나고 나는 죽었도다**

이렇게 외면적인 행동인 육체의 간음은 이성(異性)을 향한 마음의 탐욕에 그 뿌리가 있다.

여기서 죄가 무엇인지, 죄의 본질이 무엇인지를 잘 알 수 있다.

① 죄는 우리 마음속의 문제이다
죄는 단순히 행동과 행위의 문제가 아니다. 행동으로 이끄는 마음속의 문제이다. 죄는 우리 마음속 깊이 자리 잡고 있다.

② 죄는 아주 교묘하고 교활한 존재이다
죄는 우리가 그 죄를 행동으로 범하지 않는 한 '나는 괜찮아'라고 만족감을 느끼게 할 정도로 우리를 교묘하게 속이는 무서운 실재이다.

③ 죄는 왜곡시키는 본질이 있다

죄는 하나님께서 우리의 유익을 위해 주신 도구를 우리의 원수로 타락시키고 왜곡시키는 본질이 있다(예. 성욕).

④ 죄는 파괴적인 실재이다

죄의 삯은 사망이다. 죄는 사람과 공동체를 파괴한다. 죄는 사람 속에 죽음을, 세상에 죽음을 가져왔다. 죄는 항상 우리를 사망으로 인도하며 궁극적으로는 지옥의 저주와 형벌로 인도한다.

주님께서는 죄가 단순히 행동의 문제가 아니라 행동으로 이끄는 우리 마음속의 근본적인 문제인 것을 너무나 잘 아셨다.

> [마 5:27-28] 또 간음하지 말라 하였다는 것을 (간음하지 말라는 서기관과 바리새인들의 해석을) 너희가 들었으나 나는 너희에게 이르노니 음욕을 품고 여자를 보는 자마다 마음에 이미 간음하였느니라

하나님께서 "살인하지 말라", "간음하지 말라"와 같은 율법을 우리 인간에게 주신 본질적인 이유가 무엇인가?

그것을 알기 위해서는 하나님께서 주신 율법의 역할과 기능이 무엇인지 알아야 한다.

1. 율법에는 본질적인 역할과 기능이 있다

1) 율법은 하나님과 그분의 절대적인 도덕 표준을 계시한다

우리는 하나님이 어떤 분이시며, 그분의 성품이 무엇인지를 하나님께서 계시하신 율법을 통해 알 수 있다. 성경은 율법을 거룩하고 의롭고 선한 것이라고 말씀한다(롬 7:12). 우리는 거룩하고 의롭고 선한 율법을 보면서 거룩하시고 의로우시고 선하신 하나님과 그분의 성품을 알게 된다.

왜냐하면, 하나님은 거룩하고 의롭고 선한 율법을 만드신 '입법자'시고 그 율법을 주신 '수여자'시며 그 율법으로 인간을 심판하실 '심판 주'이시기 때문이다.

또 하나님께서는 율법을 통해서 우리가 지켜야 할 절대적인 도덕 표준을 계시하신다. 우리는 율법을 통해서 거룩이 무엇인지, 의가 무엇인지, 선이 무엇인지 구체적으로 알게 된다. 율법은 거룩과 의와 선에 대한 하나님의 절대적인 도덕 표준을 알려주기에 만약 율법이 없다면 인간은 자기 소견에 옳은 대로 행하며 살 수밖에 없다.

그 결과 인간은 불행하고 파괴적이며 멸망으로 떨어질 수밖에 없다.

2) 율법은 죄를 깨닫게 해서 우리를 그리스도께로 인도하는 역할을 한다

율법은 우리가 죄인임을 깨달아 그리스도를 믿도록 하는 너무나 중요한 역할을 한다. 범죄하여 타락한 모든 인간이 다 죄 아래 있고, 다 하나님의 무서운 심판 아래 있는 것을 깨닫게 하는 것은 바로 율법이다.

의인은 없나니 하나도 없으며 깨닫는 자도 없고 하나님을 찾는 자도 없고 다 치우쳐 함께 무익하게 되고 선을 행하는 자는 없나니 하나도 없는 것을(롬 3:10-12) 깨닫게 하는 것은 바로 율법이다(롬 3:20).

율법을 통해서 자신이 하나님 앞에 전혀 소망 없는 죄인임을 깨닫게 된 사람들은 죄로부터 자신을 구원해 주실 구원자 그리스도를 간절히 찾게 된다. 그리고 자신의 죄를 위해 십자가에 달려 대신 죄값을 치르신 그리스도께 나아가 그분을 구주와 주님으로 믿고 영접한다. 그때 그의 모든 죄는 용서받게 되고 그는 구원을 얻어 하나님의 자녀가 된다.

이렇게 우리의 죄를 깨닫게 해서 우리를 그리스도에게로 인도하는 율법의 역할을 가리켜서 몽학선생(蒙學先生, guardian)의 역할, 초등교사의 역할이라고 부른다.

> [갈 3:24] 이같이 **율법이 우리를 그리스도께로 인도하는 초등교사가 되어 우리로 하여금 믿음으로 말미암아 의롭다 함을 얻게 하려 함이라**

3) 율법은 구원받은 성도들의 삶의 지표(指標)와 표준 역할을 한다

하나님의 자녀들을 향한 하나님의 명백한 뜻은 아버지 하나님의 성품을 소유하여 거룩하고 의롭고 선한 삶을 사는 것이다(벧전 1:15-16; 마 5:48).

우리가 하나님 아버지를 닮아 거룩하게 살도록 우리 삶의 지표와 표준 역할을 하는 것이 바로 율법이다. 율법은 하나님의 성품과 하나님의 절대적인 도덕적 표준을 우리에게 계시하기 때문이다. 구원받은 우리는 우리 안에 거하시는 성령께 순종함으로 우리 삶의 지표와 표준인 율법을 지킬 수 있다. 율법은 구원받은 우리의 삶의 지표와 표준으로 하나님이 기뻐하시는 삶이 어떤 삶인지를 분명히 보여준다.

우리는 날마다 성령을 따라 행함으로 율법에 순종하는 삶을 살게 된다. 칼빈은 『기독교 강요』(*Institutio Christianae Religionis*)에서 구원받은 성도들의 삶의 지표와 표준인 율법의 역할을 아주 강조했다.

> 율법의 이 역할은 가장 중요한 것이며, 이 역할은 성령께서 이미 그 영혼 속에 사시며 주관하시는 신자들 사이에서 발견된다.
>
> 신자들도 율법이 필요하다. 율법은 주로 신자들을 훈계해서 선행을 촉구한다.

우리가 "살인하지 말라", "간음하지 말라"는 등의 율법의 각 조문을 상고할 때마다 하나님께서 율법을 주신 본질적인 이유를 토대로 하여 상고해야 한다. "간음하지 말라"는 말씀도 하나님의 성품과 그분의 절대적인 도덕 표준을 근거로 하여 상고해야 한다.

만약 우리가 거듭난 사람이 아니라면 "간음하지 말라"는 말씀을 통해서 우리의 죄를 깨닫고 구원자이신 그리스도에게로 가서 그분을 믿고 구원받아야 한다. 또 우리가 구원받은 사람이라면 "간음하지 말라"는 말씀을 우리의 실제적인 삶의 지표(指標)와 표준으로 삼고 순종하며 살아야 한다.

주님께서는 "간음하지 말라"는 계명을 외면적인 행동뿐만 아니라 그 뿌리가 되는 죄악 된 마음속의 탐욕을 지적하셨다. 주님께서는 눈으로 하는 간음과 마음으로 하는 간음도 간음이라고 말씀하신다. 직접 육체적인 간음행위를 하지 않아도 생각과 상상 속에서 하는 간음도 이미 간음한 것이라고 말씀하신다.

주님께서는 간음을 음욕, 즉 마음의 탐심과 연결하여 해석하셨다.

> [마 5:27-28] 또 간음하지 말라 하였다는 것을 너희가 들었으나 **나는 너희에게 이르노니 음욕을 품고 여자를 보는 자마다 마음에 이미 간음하였느니라**

여기서 '음욕을 품다'('에피뒤메오')라는 단어는 '어떤 특정 대상에 대하여 격렬한 충동을 느끼다'라는 의미이다. '여자를 보고'에서 '보고'('블레포')는 '주의를 기울여 관찰하다'는 매우 적극적인 의미를 가지고 있다.

'여자를 보고 음욕을 품는다'는 것은 단순히 본능적으로 일어나는 성적인 감정을 갖는 것을 의미하는 것이 아니라 성욕의 대상으로 삼고자 하는 적극적인 의도를 가지고 여자를 면밀하게 관찰하는 행동을 가리킨다.

또 '마음에 이미 간음하였느니라'를 직역하면 '이미 그의 마음 안에서 그 여자를 간음하였다'이다. 주님께서는 우리의 행동은 물론이고 심지어 우리 마음속의 생각과 상상까지도 분명한 범죄로 규정하시면서 엄격히 금지하신 것이다.

2. 우리가 "간음하지 말라"는 이 주님의 계명을 지키기 위해서 어떻게 해야 하는가?

1) 이 죄가 얼마나 무섭고 심각한 죄인가를 분명히 인식해야 한다

간음의 죄가 얼마나 무섭고 심각한 죄인지 주님께서는 이렇게 경고하신다.

> [마 5:29-30] 만일 네 오른 눈이 너로 실족하게 하거든 빼어 내버리라 네 백체(百體) 중 하나가 없어지고 온 몸이 지옥에 던져지지 않는 것이 유익하며 또한 만일 네 오른손이 너로 실족하게 하거든 찍어 내버리라 네 백체(百體) 중 하나가 없어지고 온

몸이 지옥에 던져지지 않는 것이 유익하니라

여기서 '실족하게 하다'('스칸달리조')라는 단어는 '걸림돌이 되다, 범죄하게 하다'는 뜻으로, 이 단어에서 짐승을 포획하여 죽게 만드는 '덫'을 의미하는 '스칸달론'이란 단어가 유래되었다. '실족하게 한다'는 것은 바로 죄의 덫에 걸려 영혼이 파멸과 멸망에 빠지는 것을 의미한다. 그리고 '지옥에 던져진다'는 것은 '자신의 의지와는 상관없이 반드시 지옥에 던져진다'는 의미이다.

간음을 비롯한 성적인 범죄는 우리를 꼼짝달싹 못하게 강제적으로 끌고 가서 지옥에 던져버리는 정말 무섭고 끔찍한 죄악이다(고전 6:9-10; 계 21:8).

2) 우리 영혼과 그 운명이 얼마나 중요한지를 분명히 인식해야 한다

주님께서는 우리 영혼과 그 운명의 중요성을 특별히 강조하기 위해 "네 백체 중 하나가 없어지고 온몸이 지옥에 던져지지 않는 것이 유익하니라"를 두 번씩이나 반복해서 말씀하신다.

> [마 5:29-30] 만일 네 오른 눈이 너로 실족하게 하거든 빼어 내버리라 네 백체(百體) 중 하나가 없어지고 온 몸이 지옥에 던져지지 않는 것이 유익하며 또한 만일 네 오른손이 너로 실족하게 하거든 찍어 내버리라 네 백체(百體) 중 하나가 없어지고 온 몸이 지옥에 던져지지 않는 것이 유익하니라

주님께서는 우리 영혼과 그 운명이 너무나 중요하기에 우리 눈과 손이 죄의 유혹에 빠지는 원인이 된다면 그것을 뽑아내고 찍어내어 제거해야 한다고 말씀하신다.

이것은 문자 그대로 우리 눈을 뽑아내고 우리 손을 찍어내라는 의미가 아니다. 여기서 '오른눈'과 '오른손'의 '오른'('덱시오스')이라는 단어는 물론 '왼쪽'과 대조되는 의미를 지니고 있지만, 성경에서 이 용어는 '신뢰'(갈 2:9)와 '권능'(행 2:33; 5:31)을 상징하기도 한다.

본문에서도 단순히 '오른눈'과 '오른손' 자체를 가리키는 것이 아니라 우리 몸의 여러 지체 가운데서 가장 유용하고 가치 있는 것을 나타내기 위해 '덱시오스'라는 단어가 사용되었다. 주님께서는 그것 자체로서는 매우 좋고 옳고 유익한 것이지만 우리를 유혹에 빠뜨리고 함정에 빠뜨리는 것이라면, 기꺼이 버리고 포기하라고 명령하신다.

심지어 그것이 부모와 처자식과 혈육이라고 할지라도 주님께서는 그렇게 하라고 말씀하신다.

[마 10:37] 아버지나 어머니를 나보다 더 사랑하는 자는 내게 합당하지 아니하고 아들이나 딸을 나보다 더 사랑하는 자도 내게 합당하지 아니하며

[눅 14:26] 무릇 내게 오는 자가 자기 부모와 처자와 형제와 자매와 더욱이 자기 목숨까지 미워하지 아니하면 능히 내 제자가 되지 못하고

이 말씀은 우리와 주님 사이에 끼어들어서 우리가 주님을 사랑하고 그분의 뒤를 따라가는 데 방해가 되어 우리 영혼에 해로운 것이라면 아무리 소중한 사람이나 소중한 것이라 할지라도, 심지어 우리 목숨이라 할지라도 그것을 미워하고 포기해야 한다는 뜻이다.

우리가 이 세상을 살면서 해야 할 가장 중요한 것은 영원한 운명을 위한 준비이다. 이 세상에서의 삶도 물론 중요하지만 우리는 가장 중요한 영원한 세계를 위하여 철저히 준비하며 살아야 한다. 오늘날 그리스도인들 가운데는 영원한 운명에 관해서는 무관심하고, 이 세상에서의 삶에 대해서만 관심을 기울이고 사는 사람들이 참으로 많이 있다.

그러나 주님께서는 우리가 영원한 운명에 대해서는 그토록 무관심하고, 잠시 있다가 사라지는 이 세상과 세상 것에 대해서만 그토록 관심을 기울이고 사는 것은 엄청난 비극이라고 탄식하신다. 내세에서 모든 것을 잃는 것보다 차라리 현세에서 불구가 되는 것이 더 낫다고 말씀하신다. 그러므로 여러분의 영혼과 그 영원한 운명을 다른 모든 것에 앞서 놓아라.

그것은 여러분이 직장에서 승진하지 못하는 것을 의미할 수도 있다. 다른 사람처럼 잘 되지 못하는 것을 의미할 수도 있다. 이 세상에서 고생하며

사는 것을 의미할 수도 있다. 그러나 주님께서는 여러분을 향해 거듭 말씀하신다.

> [마 5:30] … 네 백체 중 하나가 없어지고 온 몸이 지옥에 던져지지 않는 것이 유익하니라

> [마 16:26] 사람이 만일 온 천하를 얻고도 제 목숨을 잃으면 무엇이 유익하리요 **사람이 무엇을 주고 제 목숨과 바꾸겠느냐**

> [마 10:28] 몸은 죽여도 영혼은 능히 죽이지 못하는 자들을 두려워하지 말고 **오직 몸과 영혼을 능히 지옥에 멸하실 수 있는 이를 두려워하라**

3) 어떤 희생과 대가를 치르고서라도 이 죄를 피해야 한다

> [마 5:29-30] 만일 네 오른 눈이 너로 실족하게 하거든 빼어 내버리라 네 백체(百體) 중 하나가 없어지고 온 몸이 지옥에 던져지지 않는 것이 유익하며 또한 만일 네 **오른손이 너로 실족하게 하거든 찍어 내버리라** 네 백체(百體) 중 하나가 없어지고 온 몸이 지옥에 던져지지 않는 것이 유익하니라

교회사를 보면 이 말씀을 문자 그대로 실천한 사람들이 있었다. 초대교회의 유명한 교부였던 알렉산드리아의 오리겐은 음욕을 품지 않기 위해 실제로 거세(去勢)하여 고자(鼓子)가 되었다.

그러나 이 말씀은 그런 의미가 아니다. 눈을 빼버리듯이, 손을 잘라 버리듯이 어떤 희생과 대가를 지급하고서라도 반드시 이 죄를 피하겠다고 단호하게 결단하는 것을 의미한다.

유대인들에게는 이런 유명한 격언이 있다.

> 간음죄는 두 시녀를 거느리고 있다.
> 하나는 눈이고, 또 하나는 손이다.

우리가 죄를 범하지 않기 위하여 눈과 손은 정말 중요하다. 특히 우리가 무엇을 보는가는 너무나 중요하다. 이것은 우리가 거룩한 삶을 사는 데도 핵심이다.

무엇보다 보는 것을 조심하라. 거룩하고 순결하고 은혜롭고 감동적인 것을 보도록 하라. 폭력적이고 추악하고 음란한 책, 영화, 드라마, TV프로, 게임, 유튜브를 보지 않도록 하라. 인터넷에 접속할 때 포르노와 같은 음란물을 보지 않도록 늘 눈을 조심하고 손을 조심하라.

우리가 눈과 손을 조심하지 않으면 우리 안에 있는 '타락한 정욕의 불'에 기름을 붓는 격이 되기에 결코 성적인 죄를 피할 수가 없다. 성경이 성적인 죄를 다룰 때마다 반드시 가져야 할 태도로서 강조하는 것은 '피하라'는 것이다.

[고전 6:18; 7:2] 음행을 피하라

[딤후 2:22] 너는 청년의 정욕을 피하라

성적인 죄에서 승리할 수 있는 비결은 맞서서 싸우지 않고 피하는 것이다. 다윗은 목욕하는 밧새바의 나신(裸身)을 피하지 않았기에 이 죄에 빠졌다. 반면에 요셉은 자기 옷을 버리고 보디발의 아내를 피했기에 이 죄에서 승리했다.

성적인 유혹과 함정에 빠지지 않고 승리하기 위해서 반드시 피해야 할 것이 무엇인가를 자세히 살펴보고 단호하게 피하라.

인터넷인가?
TV인가?
영화인가?
게임인가?
드라마인가?
잘못된 장소인가?
여러분의 친구나 가까이하는 어떤 사람인가?

4) 성령을 따라 행하는 삶을 살아야 한다

이 죄에서 승리하기 위해서는 우리의 굳은 결심과 단호한 결단이 반드시 필요하다. 그러나 그것만으로는 부족하다. 오직 성령을 따라 행함으로 성령의 도우심과 능력으로 승리할 수 있다.

> [갈 5:16-17] 너희는 성령을 따라 행하라 그리하면 육체의 욕심을 이루지 아니하리라 육체의 소욕은 성령을 거스르고 **성령은 육체를 거스르나니** 이 둘이 서로 대적함으로 너희가 원하는 것을 하지 못하게 하려 함이니라

> [롬 8:13] 너희가 육신대로 살면 반드시 죽을 것이로되 **영으로써**(성령으로써) **몸의 행실을 죽이면 살리니**

우리가 성령을 따라 행하면서 몸의 행실을 죽이고 육체의 욕심을 이루지 않기 위해서는 반드시 두 가지가 필요하다. 우리가 성령의 인도하심에 민감해야 하고, 그리고 성령의 인도하심에 반드시 순종해야 한다. 이것을 위해서는 반드시 하나님과의 인격적인 친밀한 사랑의 관계와 교제가 필수적이다.

그래서 말씀 생활과 기도 생활이 참으로 중요한 것이다. 우리는 말씀과 기도를 통해 늘 하나님과 친밀히 교제하는 삶을 살아야 한다. 그때 우리는 성령을 따라 행하는 삶을 살 수 있고, 그 결과 성령의 도우심과 능력으로 몸의 행실을 죽이고 육체의 욕심을 이루지 않게 된다.

사랑하는 성도 여러분!

"간음하지 말라"는 주님의 말씀은 외면적인 행동이 아니라 불꽃 같은 눈으로 우리를 살피시는 하나님 앞에서의 우리 마음의 순결함, 동기의 순전함, 우리 사고와 생각의 깨끗함을 강조하신다.

그러므로 우리는 감히 하나님 앞에 '나는 간음하지 않았습니다'라고 말할 수 없다. 우리는 성전에 기도하러 올라갔던 세리처럼 감히 눈을 들어 하늘을 쳐다보지 못하고 다만 가슴을 치면서 부르짖을 수밖에 없다.

[눅 18:13] 하나님이여, 불쌍히 여기소서. 나는 죄인이로소이다

그때 하나님께서는 말씀하신다.

[요일 1:7] 내 아들 예수의 피가 너를 모든 죄에서 깨끗하게 할 것이다

그런 후에 하나님께서는 용서받은 우리에게 말씀하신다.

이제부터 너는 나의 성령을 따라 행하라.
그리하면 육체의 욕심을 이루지 않을 것이다.

제17장

결혼과 이혼

> [마 5:31-32] 또 일렀으되 누구든지 아내를 버리려거든 이혼 증서를 줄 것이라 하였으나 나는 너희에게 이르노니 누구든지 음행한 이유 없이 아내를 버리면 이는 그로 간음하게 함이요 또 누구든지 버림받은 여자에게 장가드는 자도 간음함이니라

경제협력개발기구(OECD, Organization for Economic Cooperation and Development)가 발표한 '한눈에 보는 사회 2019'에 따르면 경제협력개발기구(OECD) 회원국 중 우리나라 이혼율은 9위이며, 아시아에서는 1위이다. 특히 인구를 고려했을 때 우리나라 이혼율은 심각한 상황이다. 이런 이혼율 증가 추세는 전 세계적인 현상이다.

그런데 이천 년 전, 예수님 당시에도 이혼율은 낮지 않았다. 남자들이 아내가 마음에 들지 않으면 너무나 쉽게 버렸기 때문이다.

그렇게 된 주된 요인은 서기관과 바리새인들의 거짓된 율법 해석 때문이었다. 서기관과 바리새인들은 잘못된 가르침으로 백성들을 인도함으로 그들을 파멸에 빠뜨리고 있었다. 이런 모습을 보시면서 주님께서는 그들의 잘못된 점을 지적하신 후 결혼과 이혼에 대한 올바른 가르침을 주신다.

> [마 5:31] 또 일렀으되 누구든지 아내를 버리려거든 이혼 증서를 줄 것이라 하였으나

이 말씀은 모세 율법인 신명기 24:1-4에 나오는 말씀이다.

> [신 24:1-4] 사람이 아내를 맞이하여 데려온 후에 그에게 수치되는 일이 있음을 발견하고 그를 기뻐하지 아니하면 이혼 증서를 써서 그의 손에 주고 그를 자기 집에서 내보낼 것이요

하나님께서 율법을 통하여 이혼을 허락하신 중요한 목적과 이유는 사소한 이유를 들어 함부로 아내를 버리지 못하도록 하기 위해서였다. 그 당시 여자들의 인권은 전혀 보장받지 못했다. 여자들은 사람 취급을 받지 못했다. 그들의 존재 이유는 단지 남자의 정욕을 채우고 아이를 낳아 자손을 계승하는 것이 전부인 경우가 허다했다.

그러므로 하나님께서 율법을 통하여 이혼을 허락하신 목적은 아주 분명하다. 남자가 너무나 쉽게 여자를 버리는 타락한 풍조를 바로잡고 심히 부당하고 힘든 상황에 처해 있는 여인들과 아이들의 고통과 괴로움을 덜어주기 위해서였다. 당시의 타락한 풍조로 인해 여인들과 아이들은 말할 수 없는 고통과 끝없는 괴로움을 당하고 있었다.

고대 근동은 가부장적 사회로 여자가 직업을 가지기가 거의 불가능한 시대였다. 여자가 생존할 수 있는 주된 방편은 결혼이었다. 그래서 여자가 버림을 당하면 자신은 물론이고 아이들까지 말할 수 없는 고통을 당하게 된다. 그 당시 여자가 남편에게 버림을 당하면 선택할 수 있는 것은 세 가지 밖에 없었다.

첫째, 인심 좋은 친척 집에 얹혀살면서 평생 그 집의 식모나 하녀 노릇을 하는 것이다.

둘째, 다른 남자를 만나서 재혼하는 것이다. 그런데 그 경우에도 첫 남편에게 버림당한 여자라는 수치스러운 멍에를 평생 지고 살아야만 했다.

셋째, 몸을 파는 여자로 전락하고 마는 것이다.

하나님께서는 이렇게 남편에게 버림당한 여자의 처지가 얼마나 비참하고 고통스러운지를 너무나 잘 아셨다. 그래서 율법을 통하여 엄격하게 이혼을 통제하려고 하신 것이다.

하나님께서는 남자들이 함부로 여자를 버릴 수 없게 하려고 극히 제한된 경우에만 이혼을 허용하셨다. 이것이 바로 하나님께서 이혼에 대한 모세 율법을 허용하신 목적과 이유이다. 모세 율법인 신명기 24:1-4에는 하나님께서 허용하신 이혼에 대한 중요한 원칙과 조건이 나온다.

1. 모세 율법에서 하나님이 허용하신 이혼에 대한 원칙과 조건은 무엇인가?

1) 특별한 경우에만 이혼을 허용하셨다

> [신 24:1] 사람이 아내를 맞이하여 데려온 후에 그에게 수치되는 일이 있음을 발견하고 그를 기뻐하지 아니하면 이혼 증서를 써서 그의 손에 주고 그를 자기 집에서 내보낼 것이요

구약 시대에는 간음이 이혼 문제와 관련되어 있지 않았다. 구약 율법에 따르면 간음에 대한 처벌은 사형이었고(레 20:10), 돌로 쳐서 죽였기 때문이다(신 22:22-24).

따라서 여기서 '수치 되는 일'은 '간음'을 가리키지 않고, 이스라엘 사회에서 부끄럽게 여기는 일, 또는 남편이 불명예스럽게 여길만한 구체적이고 객관적인 생리적 결함이나 도덕적 결함, 혹은 육체적 결함을 가리킨다.

남편이 이혼하기 위해서는 어떤 특별한 이유, 즉 수치 되는 일에 대한 구체적이고 객관적인 사유가 있음을 두 증인이 보는 앞에서 남편이 증명하고 확증해야만 했다. 이렇게 율법은 이혼을 크게 제한하여 아주 특별한 문제에만 국한 시켰다.

2) 이혼을 할 때는 반드시 아내에게 이혼 증서를 주어야 했다

모세 율법이 있기 전에는 남편이 마음대로 아내를 버렸기에 그 여인은 부정한 여자로 버림을 당했다는 오해를 많이 받았다. 그래서 간음죄로 고

소를 당하고 돌에 맞아 죽게 될 위험이 컸다. 율법은 여인을 보호하기 위해서 반드시 이혼 증서를 주어야 한다고 규정했다. 그리고 그 증서에는 그녀가 부정해서가 아니라 어떤 특별한 이유 때문이라고 진술되어 있었다.

이혼을 위해서는 공증 서류와 같은 특별한 형식을 갖춘 이혼 증서를 주어야 했기에 남편이 아내를 함부로 버릴 수가 없었다. 이렇게 율법은 이혼은 가볍게 처리해서는 결코 안 되는 엄숙한 법적 절차임을 백성들에게 명심시켜서 결혼의 신성함을 강조했던 것이다.

그리고 이혼 증서를 주는 또 다른 이유는 다른 남자와 재혼할 기회를 공식적으로 주기 위해서였다.

[신 24:2] 그 여자는 그의 집에서 나가서 **다른 사람의 아내가 되려니와**

이혼당한 여자가 최소한의 생활 보장이 되도록 다시 결혼할 수 있는 길을 열어 주기 위하여 이혼 증서를 소유하게 한 것이다. 여자가 이혼 증서를 가지고 있으면 남편 없는 여자라는 객관적인 증거가 된다.

그래서 재혼할 수 있는 것이다. 이렇게 이혼 증서를 주는 것은 결혼의 신성함을 강조하고, 또 여성의 인권을 최소한으로나마 보호하기 위해서였다.

3) 이혼 증서를 써준 경우에는 다시 그 여자와 결혼할 수 없었다

[신 24:3-4] 그의 둘째 남편도 그를 미워하여 이혼 증서를 써서 그의 손에 주고 그를 자기 집에서 내보냈거나 또는 **그를 아내로 맞이한 둘째 남편이 죽었다** 하자 그 여자는 이미 몸을 더럽혔은즉, 그를 내보낸 전남편이 그를 다시 아내로 맞이하지 말지니 이 일은 여호와 앞에 가증한 것이라 …

남편이 이혼 증서를 써준 여인은 다른 남자와 결혼할 권리가 있기에 재혼을 할 수 있다. 재혼한 후 둘째 남편도 이혼 증서를 써주거나, 혹은 둘째 남편이 죽어서 사별하게 되면 다시 한 번 결혼할 자유가 있다. 그렇다고 해도 첫 번째 남편과는 결혼하는 것이 불가능했다. 그것은 결혼은 절대로 쉽게 처리할 수 있는 것이 아니라는 사실을 강조하기 위해서였다.

또 이혼은 일단 결정을 내리면 철회될 수 없기에 절대로 성급한 결정을 내려서는 안 된다는 사실을 강조하기 위해서였다. 이혼에 대한 율법의 규정은 이렇게 엄격히 제한되어 있었다. 그리고 꼭 이혼해야 한다면 극히 제한된 조건과 절차에 의해서만 특별한 예외로 허용되고 있었다.

그런데 서기관과 바리새인들은 이런 율법의 규정을 거짓되게 해석하고 가르침으로 인하여 이혼을 조장하고 있었다. 그 결과 백성들을 파멸의 길로 인도하고 있었다. 그래서 주님께서는 이혼에 대한 그들의 잘못된 해석을 지적하시면서 참된 가르침을 주시는 것이다.

[마 5:31-32상] 또 일렀으되 **누구든지 아내를 버리려거든 이혼 증서를 줄 것이라** (고 서기관과 바리새인들이 해석) 하였으나 나는 너희에게 이르노니 …

율법은 이혼하라고 명령하거나 권면하는 것이 전혀 없다. 원래는 이혼해서는 안 됨에도 불구하고 타락한 인간의 완악한 마음 때문에 사악한 범죄를 예방하기 위해 어쩔 수 없이 마지못해 허락하는 뜻이 내포되어 있고, 임시적으로 묵인하면서 허용하고 있다. 그런데도 서기관과 바리새인들은 모세 율법에다 자신들의 거짓된 해석을 덧붙여서 율법의 의미를 완전히 왜곡시켰다.

그들은 율법이 어떤 조건 아래에서는 아내를 버리라고 명령하며, 이혼을 강요한다고 잘못 해석했다. 그 결과 남자가 아내에게 이혼 증서를 주기만 하면 얼마든지 할 수 있는 명령으로 변질시켰다. 그로 인해 백성들이 죄악과 탐욕과 정욕에 빠지도록 조장했다. 이것은 심히 악한 모습이다.

당시 서기관과 바리새인들 가운데는 두 학파가 있었다. 비교적 보수적인 성향을 보였던 샴마이(Shammai) 학파는 매우 엄격한 태도를 보였다. 그들은 신명기 24:1을 근거로 이혼의 유일한 이유는 중대한 결혼 상의 범죄, 즉 간음과 같은 명백하게 드러난 수치 이외에는 이혼할 수 없다고 가르쳤다. 반면에 자유로운 성향을 보였던 힐렐(Hillel) 학파는 신명기 24:1의 말씀을 왜곡하여 '아내에게 수치 되는 일'을 가장 넓은 의미로 해석했다.

그래서 아내의 매우 사소한 허물까지 이혼 사유에 포함하여 남편이 마음만 먹으면, 이혼이 가능하도록 자유롭게 허락했다. 그들이 '아내에게 수치

되는 일'로 인정한 것은 아내가 음식을 잘하지 못하거나 음식을 태우는 경우, 다른 사람 앞에서 남편에 대해 좋지 못한 이야기를 하는 경우, 아내가 예쁘지 않으면 등이다. 심지어 랍비 아키바는 아내보다 더 마음에 드는 아름다운 여자가 생기면 아내와 이혼하라고까지 가르쳤다.

어떤 학파가 백성들에게 더 인기가 있었겠는가?

당연히 힐렐 학파이다. 힐렐 학파의 가르침은 이혼에 대한 백성들의 생각에 크나큰 영향을 미쳤다. 그 당시 별 이유도 없이 남자들이 아내를 버리는 일이 만연해 있었고, 이혼에 대해 잘못된 풍조가 이스라엘 사회 전체에 팽배해 있었다. 이렇게 된 데는 서기관과 바리새인들이 악한 영향을 크게 미쳤기 때문이다.

그들은 하나님께서 율법을 통해 이혼을 허용하신 목적과 이유를 몰랐고 관심도 없었으며 전혀 중요하지 않았다. 그들에게 있어서 가장 중요한 것은 이혼 증서였기에 하나님께서 의도하시는 결혼의 참된 의미를 도저히 알 수가 없었다.

그들은 이혼 증서만 써주면 이혼에 대한 구약 율법을 순종하는 것으로 생각했고, 그렇게 하는 것을 크게 자랑했다. 탈무드의 기록을 보면 이혼 증서는 반드시 열두 줄로만 기록해야 한다고 강조하면서 이혼 증서의 형식을 엄격히 제한하고 있다. 이런 모습은 주님께서 엄하게 책망하셨던 하루살이는 걸러내고 낙타는 삼키는 것과 같은 심히 어리석고 모순된 일이었다.

서기관과 바리새인들은 이혼에 대한 구약 율법을 왜곡했고, 그 율법에다 교묘한 해석을 덧붙여서 이혼에 대한 전통으로 삼았기에 결과적으로 율법의 궁극적 목표는 취소되고 무효화 되고 말았다. 이런 서기관과 바리새인들의 이혼에 대해 잘못된 해석과 가르침에 대해 주님께서는 말씀하신다.

> [마 5:32] 나는 너희에게 이르노니 **누구든지 음행한 연고 없이 아내를 버리면 이는 저로 간음하게 함이요 또 누구든지 버린 여자에게 장가드는 자도 간음함이니라**

이 구절은 주님께서 이혼에 대해 간결하게 요약한 말씀이다. 이 말씀을 잘 이해하기 위해서는 이혼에 대해 주님께서 더 자세하게 말씀하신 마태복음 19:3-9을 살펴보아야 한다.

어느 날 바리새인들이 주님께 나아와 이혼문제를 가지고 주님을 시험했다.

> [마 19:3] 바리새인들이 예수께 나아와 그를 시험하여 이르되 사람이 어떤 이유가 있으면 그 아내를 내어버리는 것이 옳으니이까

바리새인들이 이혼의 합당한 이유를 주님께 물었을 때 주님께서는 그 질문에 대답하지 않으셨다. 그 대신에 이혼에 대한 그들의 성경 해석이 잘못된 것임을 깨닫게 하려고 창조 시에 하나님께서 제정하신 결혼제도에 대해 말씀하셨다.

> [마 19:4-6] 예수께서 대답하여 이르시되 사람을 지으신 이가 본래 그들을 남자와 여자로 지으시고 말씀하시기를 그러므로 사람이 그 부모를 떠나서 아내에게 합하여 그 둘이 한 몸이 될지니라 하신 것을 읽지 못하였느냐 그런즉, 이제 둘이 아니요 한 몸이니 그러므로 하나님이 짝지어 주신 것을 사람이 나누지 못할지니라 하시니

2. 주님의 말씀에 나오는 결혼과 이혼에 관한 중요한 원칙은 무엇인가?

1) 결혼의 신성함과 독점성과 영속성과 나누어질 수 없는 성질이다

주님께서는 인간의 마음의 완악함으로 인해 임시로 허용해주신 모세 율법을 초월하여 하나님께서 창조 시에 주신 하나님의 영구한 법으로 돌아가서 설명하셨다. 주님께서는 창세기를 언급하시면서 하나님께서 인간을 남자와 여자로 창조하신 것(창 1장)과 사람이 그 부모를 떠나 그의 아내와 합하여 그 둘이 한 몸이 되는 결혼제도(창 2장)를 말씀하셨다.

결혼은 사람이 아니라 하나님이 만드신 신성한 제도이다.

> [마 19:6] 하나님이 짝지어 주신 것을 사람이 나누지 못할지니라.

결혼은 하나의 민법상의 계약이나 하나의 성례가 아니다. 결혼은 하나님이 제정하신 신성한 것으로 두 사람을 한 육체가 되게 하는 독점성과 영속성과 나눌 수 없는 성질이 있다.

[마 19:5] 사람이 그 부모를 떠나서 아내에게 합하여 그 둘이 한 몸이 될지니라

주님께서는 결혼의 기원에 대해 말씀하시면서 결혼은 하나님께서 만드신 신적인 제도인 것을 강조하신다. 그리고 하나님께서는 결혼을 통해 가정을 만드시기 위해 부모를 떠나 두 사람을 영속적으로 하나로 만드시고 한 몸 되게 하신다고 설명하신다.
이것이 창조 시에 결혼 제도를 제정하신 하나님께서 가지고 계셨던 의중과 의도였다. 그런데 바리새인들이 주님께 반문한다.

[마 19:7] 그러하면 어찌하여 모세는 이혼 증서를 주어서 버리라 명하였나이까

그때 주님께서는 대답하신다.

[마 19:8] 모세가 너희 마음의 완악함 때문에 아내 버림을 허락하였거니와 본래는 그렇지 아니하니라

주님께서는 모세 율법이 극히 제한된 조건과 절차에 의해서만 이혼을 허용한 것은 인간 마음의 완악함 때문에 하나님께서 양보하신 것이라고 말씀하신다.
하나님께서는 결혼에 관한 창조 시의 영구한 법을 결코 폐하지 않으셨다. 하나님께서는 모세 율법을 주실 당시에 이혼이 만연해 있던 당시의 형편 때문에 임시법을 도입하여 엄격히 제한된 이혼만을 허용하신 것이다. 그런 임시법을 주실 때도 하나님의 원래의 의중과 율법의 원래 정신은 변함이 없었다. 그 임시법 배후에도 여전히 하나님의 의중과 율법의 정신이 짙게 배여 있었다.

또한, 하나님께서는 이스라엘 백성들을 창조할 때의 영구한 법으로 인도하고 계셨다. 하나님께서는 결코 이혼을 옹호하시거나 그 누구에게도 아내를 버리라고 명령하지 않으셨다. 인간의 마음의 완악함으로 만연해 있었던 이혼으로 인한 혼란을 바로 잡기 위해서, 또 철저히 불법적이고 변칙적인 이혼을 질서 있게 바로잡기 위해서 하나님께서는 임시로 양보하신 것이다.

우리는 결혼과 관련하여 하나님의 애초의 의중과 의도와 목적을 반드시 마음 중심에 새기고 살아야 한다.

2) 하나님께서는 어느 곳에서도 이혼을 옹호하거나 명령하신 일이 없다

서기관과 바리새인들은 모세 율법이 이혼을 명령하고 있다고 주장한다.

> [마 19:7] 여짜오되 그러하면 어찌하여 모세는 이혼 증서를 주어서 버리라 명하였나이까

> [마 5:31] 또 일렀으되 누구든지 아내를 버리려거든 이혼 증서를 줄 것이라 하였으나

서기관과 바리새인들의 가르침은 모세 율법의 규정을 멋대로 뜯어고친 것이다. 모세 율법을 주신 하나님의 의중과 목적을 무시하는 것이다. 그들은 마치 이혼 증서를 주는 것이 이혼에 대한 모세 율법의 가장 중요한 부분인 것처럼 그것을 강조했다.

또 이혼과 이혼 증서를 모세의 명령으로 언급했다. 그러나 하나님께서는 결혼의 신성함과 독점성과 영속성과 나눠질 수 없는 제도로 제정하셨기에 이혼은 원래 하나님의 뜻이 결코 아니다.

하나님께서는 "나는 이혼하는 것을 미워한다"고 분명히 말씀하신다(말 2:6). 로이드 존스 목사님은 이렇게 권면한다.

> 하나님의 말씀은 결혼이 나눠질 수 없는 성질뿐 아니라 사랑과 용서의 법을 가르쳤습니다. 우리는 '그 사람은 내 삶을 망쳐놨다.

그러므로 나는 그 사람과 이혼해야 하겠다'라고 말하게 만드는 이 법적 접근법을 제거해야 합니다. 우리가 무가치하고 하찮은 죄인들이지만 하나님의 은혜로 용서받았으므로 우리는 다른 사람들과의 관계에서 우리에게 발생하는 모든 일에 이런 견해를 견지해야 합니다. 곧 하나님의 은혜로 우리가 값없이 용서받았다는 것입니다.

특히 결혼 관계에서 우리는 이런 견해의 통제를 받아야 합니다.

3) 이혼에는 오직 한 가지 합법적인 원인과 이유가 있다

서기관과 바리새인들은 이혼을 가볍게 생각했지만, 주님께서는 매우 중대하게 생각하셨기에 한 가지 경우를 제외한 모든 재혼을 간음이라고 하셨다. 이것이 바리새인들과의 논쟁의 결론이었다.

> [마 19:9] 내가 너희에게 말하노니 누구든지 음행한 이유 외에 아내를 버리고 다른 데 장가 드는 자는 간음함이니라

> [마 5:32] 나는 너희에게 이르노니 누구든지 음행한 연고 없이 아내를 버리면 이는 저로 간음하게 함이요 또 누구든지 버린 여자에게 장가드는 자도 간음함이니라

하나님께서는 창조 시에 결혼 제도를 친히 만드셨고 사람이 결코 깨뜨려서는 안 되는 신성하고 독점적이고 영속적이며 나눠질 수 없는 결합으로 제정하셨다. 그 사실을 주님께서도 아셨기에 이혼하고 다른 사람과 결혼하거나 혹은 이혼한 사람과 결혼하는 것은 금지된 불순한 관계에 들어가는 것이라고 말씀하셨던 것이다.

그런데 이 원칙에 단 한 가지 예외가 주어졌다. 그것은 '음행한 연고 없이'(마 5:32), '음행한 이유 외에'(마 19:9)이다.

여기서 '음행'('포르네이아')이라는 단어는 '성적으로 부도덕한 모든 행위'를 가리킨다.

주님께서는 배우자 일방의 '음행'은 이혼의 합법적인 이유가 되고, 상대 배우자는 자유인으로서 합법적으로 재혼할 권리가 있다고 말씀하신다. 하

지만 이 경우에도 이혼하는 것은 명령이 아니다. 반드시 이혼해야 한다는 규정도 아니다. 다만 양보의 형태로 허용되었을 뿐이다. 주님께서는 음행 외에는 다른 어떤 이유도 합법적인 이혼 사유로 허락하지 않으신다.

사랑하는 여러분!

결혼은 하나님께서 창조 시에 만드신 제도로 신성함과 독점성과 영속성과 나눠질 수 없는 성질을 가지고 있음을 마음 깊이 새기라. 그리고 건강한 부부 관계, 행복한 부부 생활을 할 수 있도록 항상 성령을 의뢰하며 힘쓰라. 타락한 우리 마음이 얼마나 완악한지를 깨닫고 늘 자신을 죽이며 살도록 성령의 도우심을 구하고 성령을 따라 행하라.

무엇보다 사탄이 틈을 타지 못하도록 정신을 차리고 근신하여 깨어 있으라. 혹시 배우자 일방의 음행으로 인해 부부 관계에 문제가 생겼다면 가해 배우자는 철저히 회개하고 하나님과 상대 배우자에게 용서를 구하라.

그리고 피해 배우자는 그리스도의 사랑으로 용서하라. 혹시 이전에 예수 믿기 전에 이혼했거나, 또 주님의 말씀을 잘 몰라서 이혼했거나 피치 못하게 이혼했다면 자신의 죄를 철저히 회개하고 주님께 용서를 구하라.

그때 사랑과 자비와 긍휼이 풍성하신 주님께서는 죄를 다 용서해주시면서 이렇게 말씀하실 것이다.

> [참조. 요 8:11] 나도 너를 정죄하지 아니하노니 가서 다시는 죄를 범하지 말라. 이제부터는 나의 정결한 신부로서 순결하고 깨끗하게 살아라

그리고 이혼한 부부 쌍방이 둘 다 재혼하지 않고 혼자 살고 있다면 다시 합치도록 하라. 무엇보다 우리가 결혼했거나 독신으로 있거나 상관없이 영원한 신랑이신 예수 그리스도의 영원한 신부인 것을 늘 기억하며 살자.

그래서 신랑이 되신 그분을 뵐 때까지, 어린 양의 혼인 잔치가 열릴 때까지 순결한 주님의 신부로서 부끄럼 없이 살아가자.

제18장

맹세하지 말라

> [마 5:33-37] 또 옛사람에게 말한 바 헛 맹세를 하지 말고 네 맹세한 것을 주께 지키라 하였다는 것을 너희가 들었으나 나는 너희에게 이르노니 도무지 맹세하지 말지니 하늘로도 하지 말라 이는 하나님의 보좌임이요 땅으로도 하지 말라 이는 하나님의 발등상임이요 예루살렘으로도 하지 말라 이는 큰 임금의 성임이요 네 머리로도 하지 말라 이는 네가 한 터럭도 희고 검게 할 수 없음이라 오직 너희 말은 옳다 옳다, 아니라 아니라 하라 이에서 지나는 것은 악으로부터 나느니라

매주일 산상수훈을 들을 때마다 늘 기억하면서 두려워해야 할 것이 있다. 그것은 "너희 의가 서기관과 바리새인보다 더 낫지 못하면 결코 천국에 들어가지 못하리라"(마 5:20)는 주님의 경고 말씀이다.

그렇다면 우리가 천국에 들어가기 위해서 반드시 소유해야 하는 서기관과 바리새인의 의를 능가하는 '참된 의'가 무엇인가?

주님께서는 6가지 구체적인 실례를 들어 설명하시는데, 주님께서 사용하시는 공통된 형식이 있다. 먼저 서기관과 바리새인의 잘못된 율법 해석을 지적하신다. 그것을 주님께서는 "(옛사람에게 말한바) … 하였다는 것을 너희가 들었으나"라고 표현하신다.

이어서 주님께서는 율법의 참된 의미를 가르쳐주신다.

> [마 5:33-37] 또 **옛 사람에게 말한 바** 헛 맹세를 하지 말고 네 맹세한 것을 주께 지키라 **하였다는 것을 너희가 들었으나** ('데', 그러나) **나는 너희에게 이르노니** 도무지 맹세하지 말지니 하늘로도 하지 말라 이는 하나님의 보좌임이요 …

이처럼 서기관과 바리새인들은 맹세에 대한 모세 율법을 잘못 해석하고 가르쳤다.

> [마 5:33] 또 옛 사람에게 말한 바 헛 맹세를 하지 말고 네 맹세한 것을 주께 지키라 하였다는 것을 너희가 들었으나

이 구절은 서기관과 바리새인들이 구약 성경을 직접 인용한 것이 아니다. 그들이 맹세와 관련된 모세 율법의 여러 구절을 가지고 자기들 나름대로 해석한 잘못된 해석이다.

모세 율법에는 십계명 제3계명을 비롯하여 맹세와 관련된 구절이 여러 곳에 있다.

> [출 20:7] 너는 네 하나님 여호와의 이름을 망령되게 부르지 말라 …

> [레 19:12] 너희는 내 이름으로 거짓 맹세함으로 네 하나님의 이름을 욕되게 하지 말라 나는 여호와이니라

> [민 30:2] 사람이 여호와께 서원하였거나 결심하고 서약하였으면 깨뜨리지 말고 그가 입으로 말한 대로 다 이행할 것이니라

> [신 23:21] 네 하나님 여호와께 서원하거든 갚기를 더디하지 말라 네 하나님 여호와께서 반드시 그것을 네게 요구하시리니 더디면 그것이 네게 죄가 될 것이라

서기관과 바리새인들은 이런 모세 율법을 잘 알고 있음에도 불구하고 율법을 왜곡하여 잘못 해석하여 가르쳤다. 그래서 주님께서는 맹세에 대한 그들의 거짓된 해석을 지적하시면서 참된 가르침을 주시는 것이다.

하나님께서 맹세와 관련된 모세 율법을 주신 의중과 목적이 있다. 주된 목적은 죄로 인해 타락한 인간이 너무나 쉽게 거짓에 빠져서 거짓말을 하기에 그것을 저지하고 통제하기 위해서였다. 타락한 인간은 본성적으로 거짓말을 하는 경향이 있고, 사실이 아닌 것을 고의로 말하는 경향이 있다.

모세 당시에도 그러했기에 사람들은 다른 사람들의 말과 진술을 믿을 수가 없었다. 그래서 그들의 삶은 혼란에 빠졌다. 하나님께서는 이것을 제어하고 통제함으로써 혼란을 방지하고 안정된 삶이 가능하도록 맹세와 관련된 모세 율법을 주신 것이다.

맹세에 관한 모셉 율법의 또 다른 목적이 있다. 그것은 맹세를 허락하되 심각하고 중요한 문제들에만 맹세를 제한하는 역할이다. 모세 당시의 백성들은 아주 사소한 문제를 가지고 경솔하고 불필요하게 맹세하는 경향이 강했다. 따라서 율법의 목적은 이렇게 무분별하게 남발되는 맹세를 금지하고 맹세를 엄격하게 제한하도록 하기 위한 것이다.

맹세에 관한 율법은 백성들의 삶의 심각성을 상기시켜서 그들이 하나님의 거룩한 백성임을 인식시키고, 그래서 그들의 말과 대화에서, 특히 맹세에 있어서 하나님께서 다 들으신다는 사실을 알고 엄숙하게 행해야 할 것임을 상기시켰다.

서기관과 바리새인들은 하나님께서 맹세에 관한 율법을 주신 이런 목적과 이유를 몰랐고 관심도 없었다. 그들에게 있어서 그것은 전혀 중요하지 않았다. 그들에게 있어서 가장 중요한 것은 헛된 맹세를 하지 않는 것이었다. 그래서 하나님께서 의도하시는 맹세의 참된 의미를 도저히 알 수가 없었다. 그들은 헛된 맹세만 하지 않으면 모세 율법을 순종하는 것으로 생각했다. 이것이 맹세에 대한 그들의 거짓된 해석의 중요한 특징이었다. 그들은 헛된 맹세를 하지 않는 한, 언제든지 맹세할 수 있었고, 또 무엇으로도 맹세할 수 있었다.

즉, 맹세의 대상으로 하늘과 땅과 예루살렘과 심지어 자기 머리로 가능했고 무엇이든지 가능했다. 이렇게 그들은 헛된 맹세가 아니라면 어느 때나 맹세가 가능하고 어떤 문제나 가능하다고 가르치면서 맹세의 문을 활짝 열어놓았던 것이다. 이런 맹세에 관한 서기관과 바리새인들의 거짓된 가르침으로 인해 유대 사회에는 잘못된 맹세가 난무하게 되었다. 그리고 사람들의 삶은 큰 혼란에 빠지고 말았다. 이런 사실을 너무나 잘 아시는 주님께서는 그들의 거짓된 해석을 지적하시면서 참된 가르침을 주시는 것이다.

하나님께서 모세 율법을 통하여 거짓 맹세하지 말라고 명령하신 것은 단순히 거짓 맹세하지 말라는 의미가 아니다. 근본적인 의미는 말을 할 때 언제나 정직하고 참되고 진실한 말을 하라는 것이다. 모세 율법의 모든 부정적이고 소극적 규정이 다 그러했다. "살인하지 말라"는 말씀은 단순히 살인하지 않고 분노하지 않고 욕하지 않고 미워하지 않는 것만이 아니다. 근본적인 의미는 이웃을 적극적으로 사랑하고, 심지어 원수까지 적극적으로 사랑하라는 것이다.

"간음하지 말라"는 말씀도 그러하다. 단순히 간음하지 않고 마음에 음욕을 품지 않는 것만이 아니다. 하나님의 거룩한 백성답게 거룩하고 정결한 삶을 적극적으로 살라는 것이다.

"이혼하지 말라"는 말씀도 단순히 이혼하지 않는 것만이 아니다. 하나님께서 처음 결혼제도를 제정하신 목적과 정신과 의미를 알고 건강한 부부 관계, 행복한 부부 생활을 적극적으로 하라는 것이다.

맹세 역시 그러하다. 그런데 서기관과 바리새인들은 이런 하나님의 의중과 율법의 정신은 외면하고 오직 헛된 맹세를 하지 않는 것에만 집중했다. 그리하여 그들의 가르침을 받는 백성들은 온갖 종류의 맹세를 다 할 수 있게 되었다.

심지어 일상적인 말과 대화에서도 자신들의 체면이나 사소한 이익을 위해서라면 거리끼지 않고 맹세를 남발하게 되었다. 그러면서도 자신들은 맹세에 관한 율법을 범하지 않고 잘 지키고 있다고 착각하고 있었다.

맹세에 관한 서기관과 바리새인들의 거짓된 해석의 또 다른 특징이 있다. 그것은 맹세를 둘로 나누어서 구분하는 것이다. 즉, 맹세에는 반드시 지켜야 할 맹세가 있고, 또 지키지 않아도 되는 맹세가 있다고 그들은 구분했다.

유대인들은 율법을 두 가지로 구분했다. 성문(成文) 율법(모세 율법, 토라)과 구전(口傳) 율법이다. 그들은 이 두 가지 모두를 하나님의 말씀으로서의 권위를 인정했다.

그런데 구전 율법의 기본이 되는 것이 '미쉬나'인데, '미쉬나'에는 맹세 문제만 다루는 부분이 있다. 거기에는 맹세가 어떤 경우에 구속력을 가지고, 어떤 경우에는 구속력을 갖지 않는지 자세하게 기록되어 있다.

거기에 보면 율법 교사인 어느 랍비는 심지어 이렇게 말하기도 했다.

너희가 예루살렘으로(by) 맹세하면 그 맹세를 지킬 필요가 없지만, 예루살렘을 향해서(toward) 맹세하면 반드시 지켜야 한다.

이런 그들을 향하여 주님께서는 진노하시면서 엄중하게 경고하신다.

[마 23:16-19] 화 있을진저 눈 먼 인도자여 너희가 말하되 **누구든지 성전으로 맹세하면 아무 일 없거니와 성전의 금으로 맹세하면 지킬지라** 하는도다 어리석은 맹인들이여 어느 것이 크냐 그 금이냐 그 금을 거룩하게 하는 성전이냐 너희가 또 이르되 **누구든지 제단으로 맹세하면 아무 일 없거니와 그 위에 있는 예물로 맹세하면 지킬지라** 하는도다 맹인들이여 어느 것이 크냐 그 예물이냐 그 예물을 거룩하게 하는 제단이냐

이렇게 서기관과 바리새인들은 반드시 지켜야 할 맹세와 그렇지 않아도 되는 맹세로 구분하면서 모세 율법을 왜곡하고 있었다. 이런 그들의 잘못된 해석과 가르침은 백성들의 삶에 심각한 해악을 끼쳤다. 모세 율법에 따라 철저하게 제한된 엄숙한 맹세가 일상의 대화는 물론이고 백성들의 모든 삶에서 너무나 가볍고 경솔하게 행해졌다.

그리고 맹세한 후에 그것을 지키는 것에도 너무나 무시되었다. 그래서 주님께서는 맹세에 관한 올바른 가르침을 주시는 것이다. 맹세에 관한 주님의 가르침은 율법을 만드시고 인간에게 율법을 주신 주님께서 하나님의 절대 권위로 말씀하시는 것이기에 절대적으로 옳은 말씀이다.

[마 5:34-37] (그러나) (모세 율법을 준) 나는 너희에게 이르노니 도무지 맹세하지 말지니 하늘로도 하지 말라 이는 하나님의 보좌임이요 **땅으로도 하지 말라** 이는 하나님의 발등상임이요 **예루살렘으로도 하지 말라** 이는 큰 임금의 성임이요 **네 머리로도 하지 말라** 이는 네가 한 터럭도 희고 검게 할 수 없음이라 **오직 너희 말은 옳다 옳다, 아니라 아니라 하라** 이에서 지나는 것은 악으로부터 나느니라

주님의 이 말씀을 통해 우리는 맹세에 대한 올바른 진리가 무엇인지를 잘 알 수 있다.

1. 맹세 자체가 잘못된 것이 아니라, 맹세를 오용(誤用)하고 악용(惡用)하는 것이 잘못된 것이다

> [마 5:34] (그러나) 나는 너희에게 이르노니 **도무지 맹세하지 말지니** …

주님께서는 "도무지 맹세하지 말라"고 말씀하신다. 교회사를 보면 주님의 이 말씀을 문자 그대로 받아들여서 어떤 맹세나 서약도 하지 않는 그룹들이 생겨났다. 초대교회 당시 유대교의 신앙공동체 분파인 '쿰란 공동체'가 속했던 에세네파, 종교개혁 시대의 재세례파, 그리고 현대의 퀘이커 교도들과 여호와 증인들이다.

그들은 도무지 맹세하지 말라는 말씀을 주님의 절대적인 금지 명령으로 받아들였다. 그래서 수사기관에서 한 진술서에 거짓이 없음을 서약하는 것, 법정에서 선서하며 증거 사실을 진술하는 것, 결혼 서약 등을 거부했다.

그러나 주님께서 "도무지 맹세하지 말라"고 말씀하신 것은 맹세를 절대적으로 금지하시는 말씀이 아니다. 하나님께서 맹세에 관한 율법을 주신 의중과 정신을 무시하고 서기관과 바리새인들의 거짓된 가르침으로 인하여 유대인들이 맹세를 오용하고 악용하고 남용하고 있었기에 그런 맹세를 금지하신 것이다.

올바른 맹세의 경우에 그 맹세를 지킨다면 맹세할 수 있다. 주님께서 맹세를 금지하신 것은 하나님께서 맹세를 허락하신 근본 의도와 율법 정신을 주목하도록 하기 위해서이다. 맹세는 약속을 엄숙하고 신중하게 확인하는 것이다. 맹세의 이런 의도와 정신을 무시하고 경솔하고 무의미하게 함부로 맹세하지 말라는 것이다.

주님 당시에는 무분별하고 불성실하고 타락한 맹세가 너무나 많았다. 사람들이 함부로 맹세했고, 또 맹세한 것을 함부로 어기는 심히 혼란한 상황이었다. 주님께서는 그런 잘못된 맹세를 금지하신 것이다.

성경은 맹세 자체를 절대적으로 금지하지 않는다. 신구약 성경에 나오는 하나님의 사람들은 실제 맹세를 했다. 아브라함이 이삭을 위해 며느리를 찾으러 종을 보냈을 때 아브라함은 그 종에게 맹세하게 했다(창 24:3). 야곱도 아들 요셉에게 맹세하게 했고(창 47:31), 요셉도 형제들에게 맹세하게 했다(창 50:25). 여호수아도 맹세했고(수 9:15), 다윗도 맹세했으며(삼상 20:3), 요나단도 맹세했다(삼상 20:17).

구약 전체가 언약구조 위에 세워져 있는데, 언약은 피로 맺어진 맹세이다. 주님께서도 맹세를 완전히 합법적인 것으로 인정하셨다. 주님께서는 체포당하신 후 대제사장의 심문을 받을 때 맹세를 잘못된 것으로 정죄하지 않으시고 인정하여 대답하셨다.

[마 26:63-64] 예수께서 침묵하시거늘 대제사장이 이르되 내가 너로 살아 계신 하나님께 맹세하게 하노니 네가 하나님의 아들 그리스도인지 우리에게 말하라 예수께서 이르시되 네가 말하였느니라 …

사도들도 자주 맹세를 했는데, 대표적인 사람이 바울이다. 특히 바울은 자주 하나님을 자신의 증인으로 세우고 맹세한다(롬 9:1; 고후 1:23; 살전 2:5, 10; 빌 1:8).

[고후 1:23] 내가 내 목숨을 걸고 **하나님을 불러 증언하시게 하노니** …

[살전 2:5] 너희도 알거니와 우리가 아무 때에도 아첨하는 말이나 탐심의 탈을 쓰지 아니한 것을 **하나님이 증언하시느니라**

[빌 1:8] 내가 예수 그리스도의 심장으로 너희 무리를 얼마나 사모하는지 **하나님이 내 증인이시니라**

심지어 하나님께서도 맹세하셨다. 하나님께서는 아브라함이 모리아 산에서 독자 이삭을 번제로 바쳤을 때 그에게 맹세하셨다(참조. 히 6:17).

[창 22:16] 여호와께서 이르시기를 내가 나를 가리켜 **맹세하노니** 네가 이같이 행하여 네 아들 네 독자도 아끼지 아니하였은즉, 내가 네게 큰 복을 주고 …

이렇게 성경은 맹세를 정당하고 관습적이며 하나님께서 가르치신 것이라고 말씀한다.

2. 만물이 하나님께 속해 있기에 아무 피조물로도 맹세해서는 안 된다

서기관과 바리새인들은 모세 율법에 따라 하나님의 이름으로 서원하거나 맹세하는 것은 반드시 지켜야 함을 알았다. 모세 율법에 따르면 만약 하나님의 이름으로 서원하거나 맹세한 후에 그 서원과 맹세를 지키지 않으면 하나님의 이름을 망령되게 부르며, 하나님의 이름을 욕되게 만드는 심각한 죄를 범하게 된다.

그래서 서기관과 바리새인들은 그런 위험을 피하기 위해서 하나님의 이름으로 맹세하지 않고, 피조물인 하늘과 땅과 예루살렘과 자기 머리로 맹세했다.

또 그렇게 백성들을 가르쳤다. 그들은 그렇게 함으로써 맹세에 대한 자신의 책임을 면하면서 다른 사람들에게는 자신의 맹세가 얼마나 중요한가를 제시할 수 있었다. 이것은 그들이 얼마나 맹세를 교묘하게 남발했는지를 잘 보여준다. 주님께서는 그런 그들의 악한 행위를 책망하셨다.

> [마 5:34-36] 나는 너희에게 이르노니 **도무지 맹세하지 말지니 하늘로도 하지 말라** 이는 하나님의 보좌임이요 **땅으로도 하지 말라** 이는 하나님의 발등상임이요 **예루살렘으로도 하지 말라** 이는 큰 임금의 성임이요 **네 머리로도 하지 말라** 이는 네가 한 터럭도 희고 검게 할 수 없음이라

우리가 서원하고 맹세할 때 하늘이나 땅이나 예루살렘이나 우리 머리로 서원하거나 맹세해서는 안 된다. 하늘은 하나님의 보좌이고, 땅은 하나님의 발판이며, 예루살렘은 하나님의 성이고, 우리 머리는 하나님의 창조물이기 때문이다. 인간은 자기 머리털 한 터럭도 희게 하거나 검게 할 능력이 없다.

머리털 하나라도 다 하나님의 통제 아래 있다. 따라서 하나님이 만물의 창조자이시기 때문에 우리가 어떤 피조물로 서원하고 맹세해도 그것은 바로 하나님께 한 것이다. 이렇게 모든 맹세는 하나님 앞에서 진실을 말해야 하는 엄숙한 서약이다.

그러므로 서원하고 맹세할 수 있는 경우는 반드시 한계와 제한이 있어야 한다. 이렇게 맹세는 제한되어 있고, 또 우리가 서원하고 맹세할 때는 반드시 하나님의 존전에서 경외심을 가지고 그분의 이름으로 신중하고 사려 깊고 엄숙하게 해야 한다.

그리고 하나님의 이름으로 서원하고 맹세한 것은 반드시 지켜야 한다. 우리는 하나님의 이름으로서가 아니면 그 무엇으로도 서원하거나 맹세하면 안 된다.

3. 평상시의 말이나 일상적인 대화에서는 모든 맹세를 해서는 안 된다

맹세는 심각하고 중요한 문제들에 있어서만 제한적으로 해야 하고 신중하고 엄숙하게 해야 한다.

따라서 평상시의 말이나 일상적인 대화, 혹은 토론할 때는 맹세할 필요가 없고 맹세해서도 안 된다. 주님께서는 그 경우에 맹세나 과장하는 말이나 호언장담(豪言壯談)이나 아첨하는 것이 불필요하다고 말씀하신다. 단순히 그냥 "네, 네, 아니요, 아니요" 하라고 말씀하신다.

이렇게 주님께서는 단순한 진실을 요구하시며, 일상의 대화나 연설과 의사소통에서 항상 진실을 말할 것을 요구하신다.

> [마 5:37] 오직 너희 말은 옳다 옳다, 아니라 아니라 하라 이에서 지나는 것은 악으로부터 나느니라

여기서 '이에서 지나는 것'은 문자적으로 '이것보다 지나치거나 과분한 것'이라는 말이다.

그리고 '악'으로 번역된 단어 '포네로스'는 '윤리적으로 비열하다'는 의미도 있고, '악한 자'라는 의미도 있다. 문맥상으로 볼 때는 거짓의 아비인 '악한 자 마귀'(요 8:44)로 보는 것이 적합하다. 우리가 '옳다, 아니다'라고 분명하게 진실을 말하지 않는 것은 거짓의 아비인 마귀에게 미혹되어 그렇게 하는 것이다.

그리고 그 결과는 불행하게도 정죄를 받는 것이다(참조. 계 21:8, 27; 22:15).

[마 12:36-37] 내가 너희에게 이르노니 사람이 무슨 무익한 말을 하든지 심판 날에 이에 대하여 심문을 받으리니 네 말로 의롭다 함을 받고 네 말로 정죄함을 받으리라

거짓말의 결과가 끔찍한 정죄와 심판인 것을 잘 알았기에 야고보 역시 동일하게 경고한다(약 5:12). 맹세에 관한 참된 가르침을 주신 주님의 지대한 관심은 진실성, 변함없는 절대적인 진실에 있다. 우리는 진리 그 자체이신 주님(요 14:6)을 믿고 그분이 주신 진리를 가지고 그분을 따르는 자들이다.

그러기에 우리의 모든 말과 대화에서 진실이 우리의 슬로건이 되어야 한다. 선의의 거짓말, 하얀 거짓말, 가벼운 거짓말, 과장된 말, 축소하는 말, 그리고 아첨하는 말도 다 거짓말임을 인식하고 삼가 조심하자. 우리는 하나님의 거룩한 백성으로서 하나님 존전에 있음을 인식하고 그분 앞에서 말하듯 진실하게 말하자.

'옳다', '아니다'는 말에 그 이상의 어떤 말을 추가하여 우리 말이 진실하다는 것을 입증할 필요가 없다. 이 말 외에 어떤 말을 더 추가하려는 것은 우리 말에 진실성이 빠져 있음을 입증하는 것뿐이다.

사랑하는 성도 여러분!

이혼이 인간 마음의 완악함 때문에 하나님께서 양보하고 허락해 주신 것이라면 맹세는 인간의 거짓된 마음 때문에 하나님께서 양보하고 허락해 주신 것이다. 이 두 가지는 모두 모세 율법에 따라 허락되었지만, 어느 것도 명령 되지 않았고(신 23:22), 어느 것도 필요하지 않다.

그러므로 단순히 잘못된 맹세를 하지 않고 올바른 맹세를 하는 것으로 그치지 말라. 여러분의 모든 언어생활이, 여러분의 모든 말과 대화가 참되고 선하고 진실하고 정직하도록 하라.

그때 여러분은 진정으로 하나님을 경외하는 자로서 하나님을 기쁘시게 하고 현세와 내세에서 진정으로 복된 자로 살게 될 것이다(잠 12:22; 말 3:16).

제19장

악한 자를 대적하지 말라(Ⅰ)

[마 5:38-42] 또 눈은 눈으로, 이는 이로 갚으라 하였다는 것을 너희가 들었으나 나는 너희에게 이르노니 악한 자를 대적하지 말라 누구든지 네 오른편 뺨을 치거든 왼편도 돌려대며 또 너를 고발하여 속옷을 가지고자 하는 자에게 겉옷까지도 가지게 하며 또 누구든지 너로 억지로 오 리를 가게 하거든 그 사람과 십 리를 동행하고 네게 구하는 자에게 주며 네게 꾸고자 하는 자에게 거절하지 말라

예수님 당시 유대 백성들은 하나님을 믿고 그분이 주신 모세 율법을 믿는다고 말했지만 실제로는 믿지 않았다. 그래서 영생을 얻지 못하고 멸망과 파멸의 길로 가고 있었다.

주님께서는 그들을 바라보시면서 이렇게 책망하셨다.

[요 5:38, 46-47] 그 말씀이 너희 속에 거하지 아니하니 이는 **그가 보내신 이를 믿지 아니함이라** … 모세를 믿었더라면 또 나를 믿었으리니 이는 그가 내게 대하여 기록하였음이라 그러나 **그의 글도 믿지 아니하거든 어찌 내 말을 믿겠느냐** 하시니라

유대 백성들이 이렇게 된 가장 중요한 이유는 그들에게 구약 율법을 가르쳤던 서기관과 바리새인들의 거짓된 해석과 가르침 때문이었다. 주님께서는 서기관과 바리새인들을 준엄하게 책망하셨다.

[마 15:14] … 그들은 맹인이 되어 맹인을 인도하는 자로다 만일 맹인이 맹인을 인도하면 둘이 다 구덩이에 빠지리라

> [마 23:13] 화 있을진저 외식하는 서기관들과 바리새인들이여 너희는 천국 문을 사람들 앞에서 닫고 너희도 들어가지 않고 들어가려 하는 자도 들어가지 못하게 하는도다

구약 율법 해석에 대한 서기관과 바리새인들의 치명적인 잘못이 있었다. 그것은 율법을 주신 하나님의 의중과 율법의 정신은 무시하고 율법의 문자에만 집착한 점이다.

예를 들면 이런 경우와 같다. 자식이 속을 너무 많이 썩여서 부모가 참다못하여 소리를 질렀다.

야, 제발 정신 좀 차려. 언제까지 그렇게 살 거니?
그렇게 살 바에야 나가!

이렇게 말하는 부모의 의중이 무엇인가?
집을 나가라는 말인가?
전혀 아니다. 제발 정신 차리고 살라는 말이다.
그런데 문자 그대로 자식이 '아, 우리 부모가 집을 나가라고 그러네. 그래, 부모님 말씀에 순종하여 집을 나가자.' 이렇게 한다면 그 자식은 부모의 말에 순종하는 것이 아니라 완전히 불순종하는 것이다.

서기관과 바리새인들이 바로 그러했다.

그 결과 그들은 율법을 거짓되게 해석하고 가르치고 실천함으로 율법을 주신 하나님께 완전히 불순종했다. 서기관과 바리새인들은 자신들의 탐욕을 채우기 위해서 얼마나 하나님의 말씀을 왜곡하면서 교묘하게 악용하고 남용했는지 모른다.

주님께서는 이런 사실을 잘 아셨기에 서기관과 바리새인들의 거짓된 율법 해석을 지적하시면서 참된 가르침을 주셨다. 주님께서는 참된 가르침을 주실 때 6가지 구체적인 실례를 들어서 설명하셨다.

지난 주일까지 4가지 구체적인 실례인 살인, 간음, 이혼, 맹세에 대해 살펴보았다. 오늘은 다섯 번째 실례를 살펴보겠다.

[마 5:38] 또 **눈은 눈으로, 이는 이로 갚으라** 하였다는 것을 너희가 들었으나

이 구절은 서기관과 바리새인들이 모세 율법을 직접 인용한 것이지만 그 율법을 거짓되게 해석했다. 모세 율법에는 "눈은 눈으로, 이는 이로 갚으라"는 말씀이 세 번 언급되어 있다.

[출 21:22-25] 사람이 서로 싸우다가 임신한 여인을 쳐서 낙태하게 하였으나 다른 해가 없으면 그 남편의 청구대로 반드시 벌금을 내되 **재판장의 판결을 따라** 낼 것이니라 그러나 다른 해가 있으면 갚되 생명은 생명으로, **눈은 눈으로, 이는 이로,** 손은 손으로, 발은 발로, 덴 것은 덴 것으로, 상하게 한 것은 상함으로, 때린 것은 때림으로 **갚을지니라**

[레 24:19-20] 사람이 만일 그의 이웃에게 상해를 입혔으면 그가 행한 대로 그에게 행할 것이니 상처에는 상처로, **눈에는 눈으로, 이에는 이로 갚을지라** 남에게 상해를 입힌 그대로 그에게 그렇게 할 것이며

[신 19:18-21] **재판장은 자세히 조사하여** 그 증인이 거짓 증거하여 그 형제를 거짓으로 모함한 것이 판명되면 그가 그의 형제에게 행하려고 꾀한 그대로 그에게 행하여 너희 중에서 악을 제하라 … 네 눈이 긍휼히 여기지 말라 생명에는 생명으로, **눈에는 눈으로, 이에는 이로,** 손에는 손으로, 발에는 발로이니라

이 율법을 주신 하나님의 의중과 의도가 있다. 그것은 정의와 공정을 지키면서 자비를 베푸시기 위해서였다. 타락한 인간은 해를 입고 피해를 당하면 즉,각으로 반격하려고 하는 죄악 된 본성이 있다.
그런 죄악 된 본성을 따라 행하도록 내버려 두면 어떻게 되는가?
자신이 입은 해보다 그 이상으로 과도하게 보복하게 되고 심하게 복수하게 된다.

되로 받고 말로 주는 것이다.

게다가 많은 경우에 개인의 문제가 가족이나 씨족이나 부족 등의 집단의 문제로 번지게 된다. 그래서 가해자에게만 보복하는 것이 아니라 그의 가족이나 씨족, 심지어 부족에게까지 보복하는 끔찍한 일들이 발생하게 된다. 만약 그렇게 된다면 사회 공동체는 보복과 복수로 가득하여 완전한 혼란 상태에 빠지게 될 것이다.

이런 사실을 잘 아시는 하나님께서는 모세 율법을 통해 정의와 공평의 원칙을 적용하여 자기가 해를 입은 만큼만 가해자에게 해를 주도록 제한하신 것이다. 그리하여 사회 공동체 안에 정의와 공의의 기초를 세우고 피해자에 대한 보상을 정확하고 동등하게 한정시키려고 했다.

결국 이 율법에 따라 사회의 무질서와 혼란 상태는 방지되었고 질서가 유지되었다. "눈은 눈으로, 이는 이로 갚으라"는 율법을 통해 사회 공동체 안에는 정의와 공의의 기초가 세워지게 된다. 이 율법 때문에 공동체 구성원들의 범죄가 억제된다. 피해자의 과도한 복수를 방지하게 된다.

그리고 가해자도 자신이 해를 끼친 것만큼 되받게 되기에 과도한 처벌을 받지 않게 된다. 이렇게 "눈은 눈으로, 이는 이로 갚으라"는 율법은 실제로 '보복과 복수의 법'이 아니라 '정의와 자비의 법'인 것이다.

"눈은 눈으로, 이는 이로 갚으라"는 율법의 핵심은 바로 '재판장의 판결을 따라', '재판장은 자세히 조사하여'라는 구절에 담겨 있다.

> [출 21:22-25] 사람이 서로 싸우다가 임신한 여인을 쳐서 낙태하게 하였으나 다른 해가 없으면 그 남편의 청구대로 반드시 벌금을 내되 **재판장의 판결을 따라** 낼 것이니라 … 눈은 눈으로, 이는 이로 … 갚을지니라

> [신 19:18-21] **재판장은 자세히 조사하여** … 눈에는 눈으로, 이에는 이로, 손에는 손으로 …

하나님께서 주신 "눈에는 눈으로, 이에는 이로"라는 이 율법은 개개인에게 주신 것이 아니다.

만약 개인이 이 율법을 실제로 적용하고 시행한다면 얼마나 많은 문제가 생기고, 사회가 혼란스럽겠는가?

그래서 하나님께서는 공적으로 재판할 때 이 율법을 기준과 법전으로 사용하도록 사회 공동체의 법과 질서에 책임을 지고 있는 재판장들에게 주신 것이다.

이렇게 하신 주된 목적은 개개인이 율법을 자기 임의대로 적용하지 못하도록 하고, 오직 공적인 권한이 있는 재판장들이 율법을 적용하고 집행해서 누구도 억울하지 않도록 하기 위해서였다.

그 결과 사회 공동체 안에 정의와 공의의 기초가 세워져서 무질서와 혼란 상태를 종식하게 된다. 이 율법은 잔인하고 야만적인 보복과 복수를 제한하는 법이었다. 오히려 공정하고 자비로운 법으로서 '악'을 제거하고 선을 행하도록 의도된 유익한 하나님의 법이었다.

그런데 서기관과 바리새인들은 이런 하나님의 의중과 율법의 정신을 전적으로 무시했다. 그뿐만 아니라 이 율법과 관련된 상위에 있는 가장 중요한 율법도 고의로 범하면서 대적했다. 구약성경의 핵심, 특히 율법의 핵심으로 모든 율법 중에서 두 번째로 가장 큰 계명인 '이웃 사랑의 계명'(마 22:36-40)은 개인적인 복수를 명백하게 금지하고 있다.

> [레 19:18] 원수를 갚지 말며 동포를 원망하지 말며 네 이웃 사랑하기를 네 자신과 같이 사랑하라 나는 여호와이니라

서기관과 바리새인들은 "눈에는 눈으로, 이에는 이로"라는 이 율법을 왜곡하여 재판장이 아니라 개개인이 적용하고 시행할 수 있다고 해석했다. 그들은 다른 율법들도 변질시킨 것처럼 자신들의 타락한 습관을 따라 이 율법도 보복할 권리를 주고 의무를 부과하는 율법으로 변질시켰다.

원래 하나님께서 이 율법을 주신 의도와 율법의 정신은 할 수 있는 대로 보복하는 것을 최대한 억제하는 것이었다.

특히 사사로이는 절대로 보복하지 않는 것이었다. 하나님께서 "보복하지 말라. 복수하지 말라"고 하는 것과 같은 부정적이고 소극적인 율법을 주실 때 원래 가지고 계셨던 하나님의 궁극적인 의중과 율법의 정신은 단순히 그것을 하지 않는 것만이 아니다.

즉, 단순히 보복하지 않고 복수하지 않는 것이 아니라, 적극적으로 이웃을 사랑하고 원수를 용서하고 사랑하는 것이다. 그래서 하나님께서는 율법의 가장 큰 두 번째 계명에서 말씀하신다.

[레 19:18] 원수를 갚지 말며 동포를 원망하지 말며 네 이웃 사랑하기를 네 자신과 같이 사랑하라 나는 여호와이니라

그런데도 서기관과 바리새인들은 오히려 보복을 장려하고 복수를 권장했다. 원래 이 율법은 부정적이고 소극적인 명령이었다. 그래서 할 수 있는 대로 보복하지 말아야 하고, 만약 보복하려고 하면 최대한 억제해야 하며, 또 절대로 사사로이는 보복하지 말아야 한다.

그런데 오히려 그들은 이 율법을 긍정적이고 적극적인 명령으로 변질시켰다. 그래서 "눈에는 눈으로 보복하라. 이에는 이로 보복하라. 그리고 사사로이 보복해도 좋다"라고 거짓되게 해석하면서 자신들이 그렇게 행하고 있었고, 또 백성들에게도 그렇게 가르쳤다.

주님께서는 이런 서기관과 바리새인들의 거짓된 율법 해석과 가르침을 지적하신 후 하나님의 의중과 율법의 정신에 맞는 참된 가르침을 주신다.

[마 5:39] ('데': 그러나) 나는 너희에게 이르노니 악한 자를 대적하지 말라 누구든지 네 오른편 뺨을 치거든 왼편도 돌려 대며

주님께서는 보복하고 싶은 마음과 자기 권리를 주장하고 싶은 마음을 내려놓고 악한 자를 대적하지 말라고 말씀한다. 여기서 '악한 자'는 우리에게 해를 끼친 악한 개인을 의미한다. 이어서 주님께서는 그런 악한 자의 예로 우리 오른편 뺨을 친 사람을 들고 있다.

[마 5:39] 악한 자를 대적하지 말라 누구든지 네 오른편 뺨을 치거든 왼편도 돌려 대며

여기서 '대적하다'('안티스테미')라는 단어는 '강경하게 저항하다, 대항하여 일어서다, 복수하다'라는 의미를 가지고 있다. 그러기에 '악한 자를 대적하지 말라'는 것은 악과 그 악을 행하도록 역사하는 사탄은 강력하게 저항하고 대항해야 하지만 악을 행하는 사람들에게는 복수하지 말라는 뜻이다.

이 주님의 말씀은 악한 자를 피하거나 악과 싸우지 말라는 의미가 아니다. 악을 모른 체하거나 악한 행동을 묵인하라는 의미도 결코 아니다. 주님께서도 악을 행하는 원수들까지 불쌍히 여기시면서 용서하셨지만, 악과 불의는 결코 용납하지 않으셨다. 주님께서는 성전에서 장사하는 자들을 향해 채찍을 드셨고 그들을 쫓아내셨다. 또 주님께서는 마 18장에서 이렇게 말씀하신다.

> [마 18:15-17] 네 형제가 죄를 범하거든 가서 너와 그 사람과만 **상대하여 권고하라** 만일 들으면 네가 네 형제를 얻은 것이요 만일 듣지 않거든 한두 사람을 데리고 가서 두세 증인의 입으로 **말마다 확증하게 하라** 만일 그들의 말도 듣지 않거든 **교회에 말**하고 교회의 말도 듣지 않거든 이방인과 세리와 같이 여기라

바울 사도는 '악한 자를 대적하지 말라'고 하신 주님의 말씀을 근거로 이렇게 권면한다.

> [롬 12:17-21] 아무에게도 악으로 악을 갚지 말고 모든 사람 앞에서 선한 일을 도모하라 … 내 사랑하는 자들아 너희가 친히 원수를 갚지 말고 진노하심에 맡기라 기록되었으되 원수 갚는 것이 내게 있으니 내가 갚으리라고 주께서 말씀하시니라 네 원수가 주리거든 먹이고 목마르거든 마시우라 그리함으로 네가 숯불을 그 머리에 쌓아 놓으리라 악에게 지지 말고 선으로 악을 이기라

왜 우리가 악한 자를 대적하지 말아야 하는가?
왜 악을 악으로 갚지 말아야 하는가?
그것은 내게 해를 입힌 사람에게 보복하는 그 자체가 나쁘기 때문이 아니다. 그 이유는 악한 자들을 보복하고 복수하고 심판하는 것은 우리 인간의 권한에 속한 것이 아니기 때문이다. 오직 인간에 대한 유일한 심판권을

가지신 하나님의 권한이기 때문이다. 하나님께서는 분명히 말씀하신다.
"원수 갚는 것이 내게 있으니 내가 갚으리라."

원수를 갚는 권한을 가지신 하나님께서는 악을 행하는 자들을 두 가지로 심판하신다.

1. 악한 자들이 이 세상을 살 때 세상 법이나 하나님의 진노로 심판하신다

2. 마지막 심판의 날에 악한 자들에게 영원한 진노와 지옥의 심판으로 심판하신다

이렇게 하나님께서 친히 원수 갚음을 나타내시고 심판하시기에 우리 자신이 악을 행한 자들을 보복하는 것은 하나님의 심판 권한을 침범하는 무서운 죄가 된다. 그래서 우리는 악을 악으로 이기려고 하지 않고, 악한 자들의 심판권을 하나님께 맡기면서 선으로 악을 이기려고 하는 것이다.

우리가 악을 악으로 갚지 않고 선으로 악을 이기려고 할 때 가장 큰 걸림돌이 있다. 바로 우리 자신과 우리의 타락한 자아이다. 우리가 악을 악으로 갚으면서 복수하지 않고 선으로 악을 이기기 위해서는 반드시 자신을 철저히 부인해야 한다. 우리의 타락한 자아를 철저히 죽여야 한다.

한국교회 초창기의 유명한 부흥사였던 김익두 목사님은 원래 평양에서 제일가는 깡패였다. 기골이 장대하고 힘이 센데다가 성격마저 포학해서 아무도 그를 상대할 수 없었다. 사람들은 멀리서 그를 보기만 해도 무서워서 피했다고 한다.

그는 어느 날 선교사를 돌로 쳤고, 그 선교사는 넘어져서 큰 어려움을 당했다. 그런데도 그 선교사가 보복하지 않고 자기를 용서해 주는 것을 보고 마음에 크게 감동되어 예수를 믿게 되었다. 그는 철저히 회개하고 난 후에 "나의 옛사람은 예수님과 함께 십자가에 못 박혀 죽었다"고 고백했다.

그리고는 그 사실을 사람들에게 널리 알리기 위해서 "김익두는 죽었다"라는 부고장을 돌렸다. 악질 깡패 김익두가 죽었다는 소식을 들은 사람들은 뛸 듯이 기뻐했다.

얼마나 나쁜 짓을 많이 저질렀으면 그의 부고장을 받은 사람들이 그렇게 좋아했겠는가?

그런데 어느 추운 겨울날 죽었다는 김익두가 시장에 나타났다. 시꺼먼 책 하나를 들고 나타난 것이다. 어떤 사람이 김익두를 시험해 보려고 다가가서 물통에 가득 담겨 있는 물을 그에게 들어부었다. 그런데 갑자기 물에 빠진 생쥐 꼴이 된 김익두 목사님은 그를 바라보면서 이렇게 말했다. "자네 말이야, 내가 예수 믿고 옛사람이 죽은 것을 참으로 기쁘하게. 내가 죽지 않고 여전히 살았다면 오늘 자네는 요절이 났을걸세."

이 말을 듣자 물을 뒤집어씌운 사람이 크게 감동하여 예수를 믿었다고 한다.

믿음의 사람들이 자신을 철저히 부인하고, 자신의 타락한 자아를 철저히 죽일 수 있는 이유가 무엇인가?

그것은 자기 안에 그리스도께서 살아 계시기 때문이다. 그가 살아 계신 예수 그리스도를 주인으로 모시고 성령을 따라 행함으로 자기는 죽고 그리스도께서 자기 안에 사시기 때문이다.

[갈 2:20] 내가 그리스도와 함께 십자가에 못 박혔나니 그런즉, 이제는 내가 사는 것이 아니요 오직 내 안에 그리스도께서 사시는 것이라 …

우리 안에 사시는 그리스도는 근본 하나님의 본체이시고, 하나님과 동등하신 분이시다. 그 주님께서 이 세상에 오신 것은 자신을 철저히 비우시고 죽이심을 통해 궁극적으로 우리를 타락한 자아로부터 구원하시기 위해서였다. 자신을 철저히 부인하고 자아를 철지히 죽이는 삶을 우리는 주님의 삶에서 완전히 본다. 주님께서는 가장 높은 하늘의 영광 보좌에서 가장 낮은 구유로 오셨다.

그리고 이 땅에서 줄곧 그런 인생을 사셨다. 이런 주님의 삶의 극치가 바로 십자가에서 죽으신 것이다(빌 2:8). 주님께서는 결코 죄를 범하지 않으셨고, 그 누구에게도 해를 끼친 일이 없으셨다. 오히려 많은 욕을 받으셨고 끔찍한 고난을 겪으셨다. 그런데도 주님께서는 악을 악으로 갚지 않으셨다. 전혀 보복하지 않으셨다. 선으로 악을 이기셨다(벧전 2:23).

    우리가 믿음으로 내 안에 그리스도를 주인으로 모시고 성령을 따라 행하며 살 때 나는 죽고 내 안에 그리스도께서 사시기에 역시 주님과 같은 삶을 살게 된다. 주님처럼 악을 악으로 갚지 않는다. 선으로 악을 이기는 것이다.

    사랑하는 성도 여러분!
    여러분은 진정으로 그리스도를 믿는가?
    그렇다면 살아 계신 그리스도께서 주인으로 여러분 안에 좌정하고 계실 것이다. 그리고 여러분은 주인 되신 그리스도께 온전히 순종하는 삶을 열망하며 살게 될 것이다.

    그 결과 여러분 안에 타락한 자아는 죽고 주인 되신 그리스도께서 사시기에 여러분은 결코 악을 악으로 갚지 않을 것이다. 여러분에게 악을 행하는 자들을 향하여 보복하지 않을 것이다. 선으로 악을 이기게 될 것이다.

제20장

악한 자를 대적하지 말라(II)

[마 5:38-42] 또 눈은 눈으로, 이는 이로 갚으라 하였다는 것을 너희가 들었으나 나는 너희에게 이르노니 악한 자를 대적하지 말라 누구든지 네 오른편 뺨을 치거든 왼편도 돌려 대며 또 너를 고발하여 속옷을 가지고자 하는 자에게 겉옷까지도 가지게 하며 또 누구든지 너로 억지로 오 리를 가게 하거든 그 사람과 십 리를 동행하고 네게 구하는 자에게 주며 네게 꾸고자 하는 자에게 거절하지 말라

인간은 누구나 이 땅에서 행복하고 복된 삶을 살기를 원한다. 인간을 창조하신 하나님께서는 성경을 통하여 그 길을 분명히 보여주셨다. 그렇지만 예수를 믿으면서도 그 길을 알지 못하고 불행한 삶을 사는 사람들이 참 많이 있다.

특히, 서기관과 바리새인들과 같은 사람은 스스로는 하나님을 잘 믿고 섬기고 있다고 생각하는데, 실상은 그렇지 않으니 얼마나 불행한 삶을 살고 있는 것인가?

주님께서 가장 진노하시면서 엄하게 책망하셨던 자들이 바로 그들이었다. 주님께서는 마태복음 23:13-36에서 서기관들과 바리새인들을 향해 '7가지 화(禍)'를 선언하셨다.

[마 23:13, 15, 23, 25, 27, 29] 화(禍) 있을진저 외식하는 서기관들과 바리새인들이여 …

[마 23:16] 화 있을진저 눈 먼 인도자여 …

여기서 '화 있을진저'('우아이')는 슬픔, 또는 분노와 절망을 나타내는 의성적(擬聲的) 감탄사이다. 주님께서는 서기관과 바리새인들을 향하여 고통스러운 분노를 깊이 느끼셨기에 '우아이'라는 감탄사로 저주의 말씀을 시작하신다. 주님께서는 그들을 7번이나 저주하셨는데, 그때마다 '화 있을진저'('우아이')라는 감탄사로 시작하셨다.

주님께서는 서기관들과 바리새인들에게 극렬히 분노하셨고 혹독한 심판과 저주를 선언하셨다. 그것은 그들이 하나님의 말씀을 거짓되게 해석하고 가르쳤기 때문이다. 그리하여 자신은 물론 그들의 가르침을 받는 백성들까지 구원받지 못하도록 만들었다. 서기관과 바리새인들이 이런 엄청난 잘못과 오류를 범했던 이유는 율법을 주신 하나님의 의중을 무시하고 율법의 문자에만 집착했기 때문이다.

서기관과 바리새인들은 "눈에는 눈으로, 이에는 이로"라는 율법도 거짓되게 해석하고 가르쳤다. 원래 하나님께서 주신 이 율법의 정신은 보복하는 것을 최대한 억제하는 것이었다. 그런데 서기관과 바리새인들은 오히려 보복을 장려하고 복수를 권장했다.

주님께서는 이런 그들의 거짓된 율법 해석과 가르침을 지적하신 후 참된 가르침을 주신다. 주님께서는 "눈은 눈으로, 이는 이로" 갚으면서 보복하고 싶은 마음과 자기 권리를 주장하고 싶은 마음을 내려놓으라고 말씀하신다. 악한 자를 대적하지 말라고 말씀한다.

이런 삶은 오직 자신을 부인하고, 타락한 자아를 죽여야만 가능하다. 우리가 구원받은 하나님의 자녀라면 자기를 부인할 수 있고, 타락한 자아를 죽일 수 있다. 그것은 우리 안에 그리스도께서 살아 계시기 때문이다.

우리 안에 거하시는 그리스도를 주인으로 모시고 날마다 성령을 따라 행할 때 우리는 죽고 우리 안에 그리스도께서 실제로 살아서 역사하신다. 그때 우리 삶 속에 반드시 나타나는 특징이 있다. 그것은 우리가 마땅히 소유하고 누리고 주장할 수 있는 권리를 기꺼이 포기하는 것이다.

주님께서는 본문에서 그 권리를 4가지 구체적인 실례를 통해서 설명한다. 그 4가지 실례는 우리의 모든 권리를 다 포함하고 있지는 않다. 주님께서는 우리의 모든 권리 가운데서 대표적인 몇 가지 권리를 선택하셨다.

그리고 그것을 통해서 "주님께서 우리 안에 실제로 살아계시는가?

그래서 실제로 우리가 자기를 부인하고 자아에 대하여 죽고 있는가?"
이를 테스트하도록 하신다.

그렇다면 주님께서 실례로 드신 4가지 권리는 구체적으로 어떤 권리인가?

1. 보복할 권리이다

> [마 5:39] (그러나) 나는 너희에게 이르노니 악한 자를 대적하지 말라 **누구든지 네 오른편 뺨을 치거든 왼편도 돌려 대며**

주님께서는 우리에게 해를 끼친 악한 자를 대적하지 말라고 말씀하신다. 그리고는 악한 자의 실례로서 우리 오른편 뺨을 친 사람을 든다. "네 오른 뺨을 치거든 왼편도 돌려 대라"는 말씀은 "너희가 보복하고자 하는 마음을 제거해야 한다. 너희에게 가해지는 가해나 악에 대하여 복수하려는 욕망을 제거해야 한다"라는 의미이다.

이것을 주님께서는 신체적인 차원에서부터 시작하신다. 어떤 사람이 다가와서 느닷없이 우리 오른편 뺨을 친다. 그때 우리 본능은 즉,각적으로 되받아쳐서 그 사람을 보복하려고 한다. 얻어맞는 순간 우리는 즉시 보복하려고 하는 것이다. 그러나 주님께서는 그렇게 해서는 안 된다고 하신다.

> [마 5:39하] … 누구든지 네 오른편 뺨을 치거든 왼편도 돌려 대며

여기서 '치다'('라피조')라는 단어는 '(막대기로) 때리다'라는 의미도 있다. 따라서 '네 오른편 뺨을 쳤다'는 것은 비록 손으로 때리지만 큰 고통을 줄 만큼 매우 세게 쳤다는 의미이다.

고대 근동에서 손으로 뺨을 때리는 것은 매우 모욕적인 일이었다. 그런데 오른손으로 치면 왼편 뺨이 맞게 되기에 오른편 뺨을 맞았다는 것은 오른편 손등으로 친 경우이다. 유대 풍습으로 손등으로 때리는 것은 손바닥으로 때리는 것보다 두 배나 모욕을 주는 것이다. 유대 랍비들의 전통에 의

하면 손등으로 빰을 치는 행위는 최고의 인격 모독을 주는 수치스러운 일이기에 두 배의 벌을 주도록 규정했다. 손등으로 칠 때의 벌금형은 보통 사람의 일 년 동안의 수입을 초과했다.

주님께서는 오른편 빰을 맞는 것 같은 최고의 인격 모독을 당할 때도 보복하거나 복수하지 말라고 말씀하신다. 이것은 신체적인 모독뿐만 아니라, 말과 표정으로 하는 모독도 포함된다.

주님께서는 오른편 빰을 맞는 것과 같은 인격 모독당했을 때도 보복하지 말고 왼편 빰까지 돌려대라고 말씀하신다. 이것은 문자 그대로 왼편 빰까지 돌려대라는 의미가 아니다. 주님께서는 악을 악으로 갚아서는 안 되고 손해를 견디고, 보복하려고 하기보다 되풀이되는 손해를 감수해야 한다는 것을 가장 강한 어조로 표현하시는 것이다.

"오른편 빰을 치거든 왼편도 돌려대라"는 말씀이 법과 질서를 유지하는 일에 무관심하고, 약자나 돌보는 이 없는 사람들을 보호하는 일에 무관심하라는 뜻은 결코 아니다. 우리가 자신에 대하여, 내 개인적인 명예나 유익에 관하여 관심을 두지 말라는 의미이다. 우리는 다른 사람이 내게 가하는 개인적인 모욕이나 경멸은 참아야 하고 용서해야 한다.

그러나 공의와 의와 진리는 관심을 가져야 하고 법과 질서는 지켜야 한다. 주님께서도 그렇게 하셨다. 주님께서 체포당하신 후 대제사장의 집으로 끌려가 심문당하실 때 대제사장의 아랫사람 하나가 손으로 쳤을 때 주님께서는 그를 질책하셨다.

> [요 18:22-23] (예수께서) 이 말씀을 하시매 곁에 섰던 **아랫사람 하나가 손으로 예수를 쳐** 이르되 네가 대제사장에게 이같이 대답하느냐 하니 **예수께서 대답하시되 내가 말을 잘못하였으면 그 잘못한 것을 증언하라 바른 말을 하였으면 네가 어찌하여 나를 치느냐**

주님께서 자신을 치는 자를 질책하신 것은 보복의 정신으로 하신 것이 아니라, 율법을 깨뜨리는 자들을 책망하시고 율법의 존엄성과 중요성을 일깨워주시기 위해서였다. 주님께서는 자신의 성품처럼 공의의 정신에 따라 죄를 범한 자와 그 회중에게 죄를 깨닫게 하려고 질책하셨다.

바울 사도 역시 그러했다. 바울과 실라는 빌립보에서 복음을 전하다가 붙잡혀서 심한 매를 맞은 후 투옥당했다. 하나님의 초자연적인 역사로 지진이 일어났고 그들의 무고함을 알게 되었던 감옥의 상관들이 사람을 보내어 풀어주려고 했다. 그때 바울은 상관들에게 사과를 강력하게 요구했다.

> [행 16:37] 바울이 이르되 로마 사람인 우리를 죄도 정하지 아니하고 공중 앞에서 때리고 옥에 가두었다가 이제는 가만히 내보내고자 하느냐 아니라 그들이 친히 와서 우리를 데리고 나가야 하리라

이 말을 전해 들은 상관들은 두려워하여 감옥으로 찾아오게 되었다. 그들은 바울과 실라를 진정시킨 후에야 비로소 석방할 수 있었다. 바울이 사과를 요구한 것은 자신의 개인적인 권리를 주장하기 위해서가 아니었다. 법을 공정하게 집행하도록 공적으로 임명받은 자들이 불법을 자행하고 있었기에 공의와 정의를 세우기 위해서였다.

"오른편 뺨을 치거든 왼편도 돌려대라"는 주님의 말씀은 우리의 강한 자아를 깨뜨리고 우리 자신에 대한 지대한 관심을 버리도록 하기 위해서였다.

다른 사람이 우리를 때리면 보통 우리는 어떻게 반응하는가?

'내가 한 대 얻어맞았어. 내가 모욕당했어. 그대로 가만히 있어서는 안 돼. 내가 내 명예를 지켜야 해. 나도 그놈의 오른편 뺨을 칠 거야. 아니, 두 배로 갚아줄 거야.'

주님께서는 이런 마음과 정신을 쫓아내려고 하시는 것이다.

그래서 우리도 주님처럼 보복할 권리를 포기하고 손해를 견디며 선으로 악을 이기도록 하시는 것이다.

2. 소유물에 대한 권리이다

[마 5:40] 또 너를 고발하여 속옷을 가지고자 하는 자에게 겉옷까지도 가지게 하며

여기서 '고발하다'('크리노')라는 단어는 '법정에 고소하다, 재판하다'는 의미가 있다. 주님께서는 사람들이 소송을 걸어서 우리의 속옷을 빼앗으려고 할 때 우리가 법적으로는 주지 않아도 되는 겉옷까지 주라고 하신다. '속옷'은 '겉옷'보다 가격도 싸고 보잘것없는 가치를 지닌 것이다.

반면에 '겉옷'은 가격도 비싸고 일교차가 큰 팔레스타인에서 밤에 덮고 자야 하는 필수품이었다.

유대 문화권에서는 '겉옷'이란 단순한 의복이 아니라 한밤중에 몸을 따뜻하게 보호하는 담요나 이불 역할을 했다. 특별히 가난한 사람들에게는 겉옷이 유일한 이불이었기에 겉옷이 없다는 것은 몸을 따뜻하게 보호하는 이불이 없다는 것을 의미했다. 그래서 모세 율법은 가난한 자의 겉옷을 저당 잡았을 때는 반드시 해가 지기 전에 돌려주도록 규정해 놓았다.

[출 22:26-27] 네가 만일 **이웃의 옷(겉옷)**을 전당 잡거든 해가 지기 전에 그에게 돌려보내라 그것이 유일한 옷이라 그것이 그의 알몸을 가릴 옷인즉, **그가 무엇을 입고 자겠느냐** 그가 내게 부르짖으면 내가 들으리니 나는 자비로운 자임이니라

'겉옷'은 외투에 해당하는 두터운 옷이면서 동시에 밤에 담요와 이불 역할을 했기에 유대인들은 속옷 때문에 고소당할 수는 있어도 겉옷 때문에 고소당하는 일은 없었다. 그런데도 주님께서는 사람들이 소송을 걸어 우리의 속옷을 빼앗으려고 할 때 법적으로 주지 않아도 전혀 문제가 없는 겉옷마저 주라고 하신다.

이것을 문자 그대로 해석해서는 안 된다. 주님께서 이 말씀을 하신 의도를 알아야 한다. 주님께서는 그리스도인들은 자기가 소유하고 누릴 수 있는 권리가 있다고 할지라도 그 권리에 집착해서는 안 된다는 것이다. 그 권리를 기꺼이 포기할 수 있어야 한다는 것이다. 세상은 자기 권리를 절대로 포기해서는 안 된다고 말한다. 세속정신은 "나에게는 그것들을 가질 정당

한 권리가 있기에 반드시 가져야 해"라고 끈질기게 주장한다.

그러나 주님께서는 참된 기독교의 정신은 자기 권리를 주장하는 것이 아니라 주님처럼 기꺼이 권리를 포기하는 것이라고 말씀한다. 그리스도인들은 자신의 당연한 법적인 권리를 주장하면서 자기 이익과 욕망을 채우는 사람들이 아니다. 오히려 손해를 보고, 불의를 당하더라도 하나님의 영광과 다른 사람들의 유익을 추구하는 사람들이다.

3. 자유를 누릴 권리이다

> [마 5:41] 또 누구든지 너로 억지로 오 리를 가게 하거든 그 사람과 십 리를 동행하고

여기서 '억지로 가게 하다'('앙가류오')는 페르시아어에서 유래한 단어로 '강제로 징발하다, 강제로 봉사하게 하다'는 의미가 있다. 이 단어는 페르시아 국왕이 조서를 전달할 때 사람들을 징발하여 짐을 지게 만들거나 문서를 전달하게 한 것을 가리킬 때 사용되었다. 로마에서도 민간인들에게 부역시키는 징발 규례가 적용되었고, 로마의 식민지하에 있었던 유대에서도 시행되었다. 이때 규정된 거리가 바로 '5리'(약 1.5km)였다.

당시 로마 군인들은 자신들의 길 안내나 군수물자 운반에 필요한 사람들을 자주 강제로 징발했다. 이 법이 구레네 사람 시몬에게 적용되었다. 십자가를 지신 주님께서 골고다를 향해 올라가시다가 계속 쓰러지셨다. 그러자 로마 군인들은 구레네 시몬을 강제로 차출하여 억지로 십자가를 지게 했다(막 15:21).

사람들은 이런 일들을 아주 싫어하고 불쾌감과 혐오감을 느끼기에 이런 명령을 받게 되면 억울해하면서 아주 재수 없다고 생각한다. 그래서 마지 못해서 불평하면서 억지로 하게 된다. 자유가 박탈당하고 자신이 억압받고 있다고 생각하기 때문이다. 그러나 주님께서는 그렇게 사리에 어긋난 경우에도 강요 때문에 억지로 하지 말고 자발적으로 5리를 더 가라고 말씀하신다. 베드로도 같은 권면을 한다.

[벧전 2:18-19] 사환들아 범사에 두려워함으로 주인들에게 순종하되 선하고 관용하는 자들에게만 아니라 **또한 까다로운 자들에게도** 그리하라 부당하게 고난을 받아도 하나님을 생각함으로 슬픔을 참으면 이는 아름다우나

우리가 자유를 누릴 권리를 기꺼이 포기하고 5리를 가자고 할 때 기쁘게 갈 뿐만 아니라 자발적으로 10리도 간다. 직장에서 까다로운 상사들이 부당하게 우리를 대우해도 하나님을 생각함으로 고난을 참고 순종한다. 그때 그들은 이렇게 생각하게 될 것이다.

이 사람은 도대체 어떤 사람인가?
그가 이렇게 행하도록 하는 것은 무엇일까?
그는 이 일을 기쁘게 할 뿐만 아니라 그 이상도 자발적으로 했단 말이야.
그러면서 그들은 이런 결론을 내리게 될 것이다.
이 사람은 정말 다르구나.
그는 자기 이해관계나 권리에 관심이 없는 것 같아.
왜 그럴까?
아, 이 사람이 예수를 믿는 사람이기 때문에 그렇구나!
예수 믿는 사람은 정말 다르구나!

주님께서는 5리와 10리에 대한 말씀을 통해 우리의 마음과 영적 상태가 바로 이러해야 한다고 말씀하시는 것이다.

4. 돈의 사용에 대한 권리이다

[마 5:42] 네게 구하는 자에게 주며 네게 꾸고자 하는 자에게 거절하지 말라

여기서 '네게 구하는 자'는 가난한 사람들, 억눌린 사람들, 힘없고 병든 사람들로 자기의 힘으로는 살아갈 수 없고 누군가의 도움이 반드시 필요한 사람이다. 주님께서는 그들이 요청할 때 '주라'고 명령하신다.

또 '네게 꾸고자 하는 자'는 단순히 가난하므로 꾸고자 하는 사람이 아니라 어떤 급한 문제로 인해 돈이 필요해서 적극적으로 돈을 꾸고자 하는 사람이다. 주님께서는 그들에게 거절하지 말고 꾸어주라고 명령하신다. 이 말씀을 문자적으로 해석해서는 안 된다.

우리 주위에는 돈을 구하거나 꾸고자 하는 사람이 너무나 많이 있다. 따라서 이 말씀을 문자 그대로 실천한다면 우리 수중에 남아 있을 돈과 재산은 아무것도 없을 것이다. 또 우리가 이 말씀을 문자 그대로 실천한다면 오히려 사람들의 악한 행위를 조장하게 될 경우도 있다. 그래서 그들이 더욱 악을 행하도록 만드는 죄를 우리 자신이 저지를 수 있다. 예를 들면 사기꾼에게 돈을 꿔 주거나, 직업적인 거지나 술주정뱅이, 마약 중독자에게 돈을 주는 경우 등이다.

주님의 이 말씀은 우리의 타락한 자아로부터 나오는 죄악 된 본성인 소유욕을 포기하고 하나님의 청지기로서 돈을 잘 관리하고 하나님의 뜻을 따라 선하게 사용하라는 의미이다. 그러기 위해서는 반드시 돈의 소유와 사용에 대한 우리의 권리를 포기해야 한다. 이렇게 하는 데 있어서 가장 큰 걸림돌은 우리의 타락한 자아와 그 자아로부터 나오는 죄악 된 본성인 소유욕이다.

믿음의 형제가 궁핍하고, 내가 돈을 가지고 있어서 그를 도울 상황에 있다면 그를 불쌍히 여기면서 기꺼이 도와야 한다. 만약 그렇게 하지 않는다면 그 이유는 단 한 가지뿐이다. 하나님의 사랑이 내 속에 거하지 않기 때문이다. 왜냐하면, 하나님의 사랑은 궁핍한 자들을 도와 주고 힘을 주기 위해 기꺼이 자신을 주는 사랑이기 때문이다.

[요일 3:17-18] 누가 이 세상의 재물을 가지고 형제의 궁핍함을 보고도 도와 줄 마음을 닫으면 하나님의 사랑이 어찌 그 속에 거하겠느냐 자녀들아 우리가 말과 혀로만 사랑하지 말고 행함과 진실함으로 하자

사랑하는 성도 여러분!
하늘의 가장 높은 보좌에 계셨던 주님께서 가장 낮은 자리인 십자가에서 죽으신 것은 우리가 자아에 대해 죽도록 하기 위해서였다. 우리가 내 안에

살아 계신 주님을 모시고 산다면 주님처럼 우리도 자신을 부인할 수 있고, 우리 자아를 죽일 수 있다.

그때 우리는 우리가 마땅히 소유하고 누리고 주장할 수 있는 권리를 기꺼이 포기하게 된다.

악한 자를 대적하지 않고 선으로 악을 이기는 삶을 살게 된다. 모욕당하더라도 보복하지 않는다. 오른편 뺨을 맞는다면 왼편 뺨도 돌려댈 준비가 되어 있다. 어떤 사람이 법정에서 우리를 소송하고 속옷을 벗겨간다면 우리는 겉옷까지 기꺼이 내어 줄 준비도 되어 있다. 우리가 5리를 동행하도록 강요당한다면 자원해서 10리를 간다.

어떤 사람이 와서 내게 무언가를 구하고, 꾸기를 원한다면 "이것은 내 것이요"라고 말하지 않고, 오히려 "이 사람이 궁핍하고 내가 그를 도울 수 있다면 돕겠다"라고 말한다.

우리가 이렇게 할 수 있는 이유는 자신을 부인하고 자아를 죽였기 때문이다. 나의 모든 관심사가 오직 하나님의 영광과 그분의 뜻을 온전히 이루는 것이고 그분의 명령에 온전히 순종하는 것이기 때문이다.

우리의 출발점은 윤리적인 옳고 그름의 문제가 아니다. 그 행위가 정당하냐, 부당하냐가 아니다. 그런 출발점은 이방인과 세리들의 원리이다. 하나님의 은혜로 구원받은 우리의 출발점은 바로 그리스도와 그분의 십자가이다. 우리는 십자가로부터 시작해야 한다. 그것이 주님께서 몸소 실천하시고 가르쳐주신 하나님의 원리이다.

우리가 십자가의 진리를 성령의 조명하심으로 깨닫고 동의하고 전적으로 신뢰할 때 날마다 하나님의 원리를 따라 행하게 될 것이다. 그 원리는 바로 자기를 부인하고 날마다 자기 십자가를 지는 삶이다(눅 9:23).

이렇게 십자가를 지는 삶을 살 때 주님처럼 우리도 하나님의 영광과 그분의 거룩한 뜻을 이루기 위해 우리의 모든 권리를 기꺼이 포기하는 복된 삶을 살게 될 것이다.

제21장

너희 원수를 사랑하라

[마 5:43-48] 또 네 이웃을 사랑하고 네 원수를 미워하라 하였다는 것을 너희가 들었으나 나는 너희에게 이르노니 너희 원수를 사랑하며 너희를 박해하는 자를 위하여 기도하라 이같이 한즉, 하늘에 계신 너희 아버지의 아들이 되리니 이는 하나님이 그 해를 악인과 선인에게 비추시며 비를 의로운 자와 불의한 자에게 내려주심이라 너희가 너희를 사랑하는 자를 사랑하면 무슨 상이 있으리요 세리도 이같이 아니하느냐 또 너희가 너희 형제에게만 문안하면 남보다 더 하는 것이 무엇이냐 이방인들도 이같이 아니하느냐 그러므로 하늘에 계신 너희 아버지의 온전하심과 같이 너희도 온전하라

오늘날 예수 믿는 사람 가운데 많은 사람이 구원을 단순히 예수 믿고 천국 가는 것으로 생각한다. 그 결과 우리에게 구원을 주시는 하나님의 의중과 목적과 계획을 무시하게 된다. 하나님께서는 인간을 창조하실 때 하나님의 형상을 따라 창조하셨다(창 1:26-27).

인간은 하나님과 친밀히 교제하면서 마음을 다하여 하나님을 사랑하고 이웃을 자신처럼 사랑할 수 있었다. 하나님을 전적으로 의뢰하며 하나님의 말씀과 뜻에 온전히 순종할 수 있었다.

그런데 인간이 타락했을 때 하나님의 형상은 크게 깨어졌고 치명적인 손상을 입었다. 그 결과 하나님의 법인 율법을 사랑하는 마음이 증오하는 마음으로 변질하였다. 율법을 순종하는 마음이 미워하고 반항하는 마음으로 변했다.

하나님께서 우리를 구원하실 때 가지고 계신 의중과 목적과 계획은 인간의 타락으로 인해 크게 깨어지고 치명적인 손상을 입은 하나님의 형상을

회복하는 것이다. 예수 믿고 구원받은 우리는 이 땅에서부터 하나님을 닮아가고 예수 그리스도를 닮아가는 것을 우리 신앙생활과 인생의 궁극적인 목표로 삼아야 한다.

주님께서는 자녀인 우리를 향한 하나님 아버지의 의중과 목적과 계획을 48절에서 이렇게 명확하게 말씀하신다.

[마 5:48] 그러므로 하늘에 계신 너희 아버지의 온전하심과 같이 너희도 온전하라

주님께서 이렇게 명확하게 말씀하신 이유가 있다. 그것은 서기관과 바리새인들의 거짓된 율법 해석과 가르침 때문이었다. 하나님께서 주신 율법은 우리를 향한 하나님의 의중을 분명히 보여준다.

우리는 율법을 통해서 우리를 향한 하나님의 의중과 뜻이 무엇인지를 분명히 알 수 있다. 그러기에 율법을 해석하고 가르칠 때 원래 하나님께서 율법을 주신 의중과 율법의 정신이 무엇인지를 아는 것은 너무나 중요하다.

그런데 서기관과 바리새인들은 그렇지 못했다. 그들은 율법을 주신 하나님의 의중과 율법의 정신을 알지 못했기에 거짓되게 율법을 해석하고 가르쳤다.

그래서 주님께서는 6가지 구체적인 실례를 통해서 서기관과 바리새인들의 거짓된 율법 해석과 가르침을 지적하신 후 참된 가르침을 주셨다.

오늘은 마지막 여섯 번째 구체적인 실례인 원수 사랑에 대한 말씀을 살펴보겠다. 주님께서는 5가지 구체적인 실례를 말씀하실 때와 같이 먼저 서기관과 바리새인들의 거짓된 율법 해석과 가르침을 지적하신다.

[마 5:43] 또 네 이웃을 사랑하고 네 원수를 미워하라 하였다는 것을 너희가 들었으나

서기관과 바리새인들은 "네 이웃을 사랑하고 네 원수를 미워하라"고 가르쳤다. 그런데 이 가르침은 모세 율법을 비롯한 구약 성경 어디에서도 찾아볼 수 없다. 또 그들이 말하는 이웃은 동족인 유대인들만을 의미했고 이방인들은 이웃에서 제외했다.

서기관과 바리새인들은 '이웃을 네 자신과 같이 사랑하라'는 모세 율법을 해석하면서 "이웃은 누구인가?

바로 우리 동족인 유대인들이다.

이방인은 누구인가?

그들은 바로 우리의 적이다.

따라서 동족인 이웃은 사랑해야 하지만 이방인인 원수는 미워해야 한다"고 거짓되게 해석하면서 율법을 심히 왜곡하고 날조했다.

원래 하나님께서 주신 모세 율법에는 이방인들도 이웃에 포함되어 있었다.

[레 19:33-34] 거류민이 너희의 땅에 거류하여 함께 있거든 너희는 그를 학대하지 말고 너희와 함께 있는 거류민을 너희 중에서 낳은 자 같이 여기며 자기 같이 사랑하라 너희도 애굽 땅에서 거류민이 되었었느니라 나는 너희의 하나님 여호와이니라

또 서기관과 바리새인들은 원수에 관한 율법의 계명도 무시했다. 율법은 원수를 미워하여 보복하지 말라고 명령한다.

[레 19:18] **원수를 갚지 말며** 동포를 원망하지 말며 네 이웃 사랑하기를 네 자신과 같이 사랑하라 나는 여호와이니라

그리고 원수가 어려움 당하는 것을 보면 형제에게 하는 것처럼 반드시 도와주라고 명령한다.

[출 23:4-5] 네가 만일 네 원수의 길 잃은 소나 나귀를 보거든 반드시 그 사람에게로 돌릴지며 네가 만일 너를 미워하는 자의 나귀가 짐을 싣고 엎드러짐을 보거든 그것을 버려두지 말고 그것을 도와 그 짐을 부릴지니라

원수에 대한 이 율법의 계명은 형제에 대한 율법의 계명과 동일하다.

[신 22:1-4] 네 형제의 소나 양이 길 잃은 것을 보거든 못 본 체하지 말고 너는 반드시 그것들을 끌어다가 네 형제에게 돌릴 것이요 … 네 형제의 나귀나 소가 길에 넘어진 것을 보거든 못 본 체하지 말고 너는 반드시 형제를 도와 그것들을 일으킬지니라

잠언에서도 동일한 말씀을 하신다.

[잠 25:21] 네 원수가 배고파하거든 음식을 먹이고 목말라하거든 물을 마시게 하라

그런데 서기관과 바리새인들은 '이웃'의 개념에서 원수를 제외함으로 이웃 사랑의 대상을 축소했고, '원수를 미워하라'는 계명을 덧붙였다.
또 그들은 구약 성경의 핵심, 특히 율법의 핵심으로 모든 율법 중에서 두 번째로 가장 큰 계명인 '이웃 사랑의 계명' 중에서 '네 자신과 같이'라는 '사랑의 최고 표준'까지 생략하고 말았다.

[레 19:18] 원수를 갚지 말며 동포를 원망하지 말며 네 **이웃 사랑하기를 네 자신과 같이 사랑하라** 나는 여호와이니라

그 당시 서기관과 바리새인들은 백성들에게 어떻게 가르치고 있는가?

[마 5:43] 또 네 **이웃을 사랑하고** 네 원수를 미워하라 하였다는 것을 너희가 **들었으나**

서기관과 바리새인들은 하나님의 법의 대원칙인 사랑의 원칙을 고의로 깨뜨렸다. 율법의 가장 큰 계명 중의 하나인 이웃 사랑의 계명을 무너뜨렸다. 그 결과 그들 자신이 멸망의 길로 갔고, 그들의 가르침을 받는 백성들을 멸망의 길로 이끌었다.
주님께서는 서기관과 바리새인들의 거짓된 율법 해석과 가르침을 지적하신 후 하나님의 의중과 율법의 정신에 맞는 참된 가르침을 주신다.

[마 5:44] ('데': 그러나) 나는 너희에게 이르노니 너희 원수를 사랑하며 너희를 박해하는 자를 위하여 기도하라

서기관과 바리새인들은 원수를 미워하라고 가르쳤지만, 주님께서는 원수를 사랑하라고 말씀하신다. '원수를 사랑하라'는 주님의 말씀은 산상수훈의 핵심으로 기독교 윤리의 극치, 기독교의 대표적 교훈, 그리스도인 생활의 클라이맥스(절정)로 불리는 너무나 유명한 말씀이다.

주님께서는 '이웃'을 동족인 유대인으로만 한정시킨 서기관과 바리새인들의 거짓된 가르침을 반박하시면서 이웃에는 우리의 원수까지 포함된 것으로 가르치신다. 누가복음 10장의 '선한 사마리아인의 비유'에서 주님께서는 우리의 이웃이 누구인가를 분명히 말씀하신다. 우리의 이웃은 우리의 도움이 필요한 곤경에 처해 있는 모든 사람이다.

주님께서는 우리의 이웃에 원수까지 포함하고, 우리를 미워하고 우리에게 큰 고통과 손해와 상처를 입힌 원수까지도 사랑하라고 가르치신다. 그리고 그 사랑이 어떤 사랑인지도 명확히 밝히신다. '원수를 사랑하라'는 말씀에서 '사랑하라'는 단어('아가파오')는 하나님의 무조건적 자기희생적 사랑을 나타낼 때 사용된 단어였다(롬 8:37; 9:13; 살후 2:16; 히 12:6).

아가페 사랑은 사랑할 조건이 아무것도 없는 사람, 사랑할 수 없는 충분한 이유가 있는 사람, 도저히 사랑할 수 없는 사람, 심지어 우리가 사랑해야 할 대상이 우리의 미움과 증오를 일으킬 때도 사랑하는 무조건적 자기희생적 사랑이다.

[마 5:44] 나는 너희에게 이르노니 너희 원수를 사랑하며 너희를 박해하는 자를 위하여 기도하라

이 말씀을 헬라어 사본 표준 원문(Text Receptus)과 그것에 기초하여 번역한 영어 성경 중에서 가장 권위 있는 '킹제임스 성경'(KJV)은 다음과 같이 번역했다.

그러나 나는 너희에게 말한다. 너희 원수를 사랑하라. **너희를 저주하는 자들을 축복하라. 너희를 미워하는 자들에게 선을 행하라, 그리고 너희를 모욕하고 너희를 박해하는 자들을 위하여 기도하라.**
(But I say unto you, Love your enemies, bless them that curse you, do good to them that hate you, and pray for them which despitefully use you, and persecute you.)

이것은 병행 구절인 누가복음 6:27-28과 조화를 이루기 때문에 그대로 받아들여도 전혀 무리가 없다.

[눅 6:27-28] 그러나 너희 듣는 자에게 내가 이르노니 너희 원수를 사랑하며 **너희를 미워하는 자를 선대하며 너희를 저주하는 자를 위하여 축복하며 너희를 모욕하는 자를 위하여 기도하라**

우리가 원수를 사랑한다는 것은 말과 행동과 기도로 원수를 사랑하는 것이다. 먼저 우리는 말로 원수를 사랑해야 한다.

너희를 저주하는 자를 위하여 축복하라.

이 말씀을 우리가 일상적인 삶 속에서 실천한다면 사람들이 불친절하고 거칠고 신랄한 말을 할 때도 우리가 친절한 말로 응답하는 것이다. 또 우리는 행동으로 원수를 사랑해야 한다.

너희를 미워하는 자들을 선대하고 그들에게 선을 행하라.

이것은 사람들이 우리에게 악을 행하고 가혹하게 행동할 때도 호의로 행동하는 것이다. 이렇게 우리는 말과 행동으로 원수를 사랑할 뿐만 아니라 무엇보다 기도로 원수를 사랑해야 한다.

너희를 모욕하고 너희를 박해하는 자들을 위하여 기도하라.

우리가 우리를 모욕하고 박해하는 원수를 사랑하기 위해서 가장 중요한 것은 그를 위해서 기도하는 것이다. 스펄전 목사님은 "기도는 자비의 선발대이다"라고 했다. 우리가 기도하기 시작하면 불쌍한 마음이 들고 자비를 베풀게 된다. 그래서 용서할 뿐만 아니라 사랑하게 된다. 이렇게 원수를 위한 기도는 원수에 대한 축복과 선대의 비결이다. 즉, 말로 원수를 사랑하는 것과 행동으로 원수를 사랑하는 비결이다. 원수가 우리에게 재앙이 임하기를 기도한다면 우리는 그들에게 하늘의 축복이 임하기를 기도해야 한다.

우리는 기도의 매개체를 통하여 우리의 원수에게로 가서, 그의 편에 서서 그를 위하여 하나님께 간청한다. 원수를 위한 중보기도는 우리의 사랑의 표현일 뿐 아니라 우리의 사랑을 자라게 하는 수단이다. 원수를 위해 기도하면 할수록 사랑이 성장하기에 우리는 원수를 불쌍히 여기면서 더 사랑할 수 있다.

우리는 원수에 대한 사랑이 조금이라도 느껴질 때까지 그를 위해서 기도하는 것을 기다려서는 안 된다. 원수를 위해 기도하기 시작하면 그에 대한 사랑의 싹이 트고 꽃이 피는 것을 보게 될 것이다. 원수를 사랑하는 데 있어서 기도가 중요하기에 주님께서는 원수를 사랑하라고 말씀하시면서 원수를 위해 기도하라고 명령하신 것이다.

이렇게 원수 사랑에 있어서 기도가 중요하기에 초대교회 교부였던 크리소스톰은 원수를 위한 기도를 자기 절제의 가장 높은 봉우리로 간주했다. 히틀러에게 사형을 당한 독일의 신학자 본회퍼도 원수를 위한 기도가 예수 그리스도의 최고 명령이라고 했다.

여기서 유의할 점이 있다. 주님께서는 '너희 원수를 사랑하라'고 하셨지 '너희 원수를 좋아하라'고 하지는 않으셨다는 것이다. 사랑하는 것과 좋아하는 것은 다르다. '좋아한다'(like)는 것은 감정의 문제로 감정적인 느낌으로 좋아하는 것이다. 반면에 사랑(love)은 의지의 문제로 감정이 움직이지 않아도 의지적인 결단으로 사랑하는 것이다.

주님께서 너희 원수를 사랑하라고 말씀하신 이유가 무엇인가?

왜 우리는 우리를 저주하는 자들을 축복하고, 우리를 미워하는 자들에게 선을 행하며, 우리를 모욕하고 박해하는 자들을 위하여 기도해야 하는가?

주님께서는 그 이유를 이렇게 설명하신다.

[마 5:45] **이같이 한즉**,(너희가 원수를 사랑하며 박해하는 자를 위해 기도한즉,) **하늘에 계신 너희 아버지의 아들이 되리니 이는 하나님이 그 해를 악인과 선인(善人)에게 비추시며 비를 의로운 자와 불의한 자에게 내려주심이라**

하나님께서는 악인과 선인에게 차별 없이 햇빛을 비춰주신다. 의로운 자와 불의한 자에게 차별 없이 비를 내려주신다. 그것은 하나님은 사랑(요일 4:16)이시기 때문이다. 하나님은 모든 사람을 사랑하기 때문이다. 이것은 죄인들이 회개하고 예수를 믿고 구원받는 '구원 은총'이 아니다. 회개하는 자들과 회개하지 않는 자들, 믿는 자들과 믿지 않는 자들, 구원받은 자들과 구원받지 못한 자들 모두에게 일반적인 은혜로 주시는 '일반 은총'이다.

이러한 '일반 은총'은 '구원의 은사'가 아니라 '창조의 은사'로 나타난다. 일반 은총으로 주시는 하나님의 사랑은 이 세상이 존속하는 동안에는 모든 사람에게 차별 없이 동일한 은총으로 계속된다. 이런 차별 없는 하나님의 사랑이 바로 그리스도인들의 사랑의 표준이다.

주님께서는 우리가 하나님의 아들이라면 이 사랑의 표준을 따라 원수를 사랑하며 박해하는 자를 위해 기도해야 한다고 말씀하신다.

[마 5:45] 이같이 한즉, 하늘에 계신 너희 아버지의 아들이 되리니 이는 하나님이 그 해를 악인과 선인(善人)에게 비추시며 비를 의로운 자와 불의한 자에게 내려주심이라

여기서 '아버지의 아들'('휘오이 투 파트로스')에서 '투 파트로스'는 '아버지의'(of Father)란 뜻을 지닌 소유격이다. 헬라어에서 소유격은 그 속성을 나타내는 경우가 있다. 따라서 '아버지의 아들'이라는 표현은 '아버지의 속성을 가진 아들, 아버지를 닮은 아들'이라는 의미로 이해할 수 있다.

주님께서는 하나님의 속성 가운데 가장 중요한 사랑의 속성을 가진 그리스도인을 가리켜서 '아버지의 아들'('휘오이 투 파트로스')로 표현하신다. 그리고 '아들이 되리니'에서 '된다'('기노마이')는 단어는 '되다'는 의미보다는 '입증되다'는 의미이다.

그러므로 '하나님의 아들이 된다'는 것은 우리가 원수를 사랑하고 박해하는 자를 위해 기도할 때 비로소 하나님의 아들이 된다는 것을 의미하지 않는다. 우리 스스로가 하나님 사랑의 속성을 가진 하나님을 닮은 하나님의 아들임을 결정적으로 입증하게 되고, 그러한 사실을 명백하게 나타내게 된다는 뜻이다.

주님께서는 두 가지 예를 드신다. 그것은 세리의 사랑과 이방인들의 문안 인사이다.

[마 5:46-47] 너희가 너희를 사랑하는 자를 사랑하면 무슨 상이 있으리요 **세리도 이같이 아니하느냐** 또 너희가 너희 형제에게만 문안하면 남보다 더하는 것이 무엇이냐 **이방인들도 이같이 아니하느냐**

당시 팔레스타인을 다스렸던 로마 제국은 세금 청부 제도를 사용하여 세금을 징수했다. 로마 정부가 어떤 지역에서 얼마만큼의 세금을 거두기로 정하면 한 사람을 지정해서 그 금액을 징수하게 한다. 그러면 그 사람은 다시 자기 밑의 사람을 지정하고, 그 사람도 또 자기 밑의 사람을 지정한다. 그리고 각각의 청부업자들은 자신의 할당량을 채운 후에는 나머지 수입이 다 자기 것이었다.

이런 세금 청부 제도하에서는 뇌물과 부정이 엄청났다. 세금 청부업자인 세리들은 돈을 긁어내기 위해 온갖 방법을 다 짜냈다. 그러기에 세리들은 유대인들로부터 지독한 미움을 받았다. 유대인들은 세리들을 매국노이자 강도이며 하나님께 대한 반역자로 여기면서 혐오했고 멸시했다. 그러나 이런 세리들도 자기를 사랑하는 사람들은 끔찍이 사랑했다.

주님께서는 우리가 하나님의 자녀라고 하면서 우리를 사랑하는 자만을 사랑한다면 이런 세리와 다를 바가 없다고 말씀하신다. 또 우리가 믿음의 형제에게만 문안한다면 하나님을 모르는 이방인과 전혀 다를 바가 없다고 말씀하신다. 이방인들도 자기와 가까운 사람들에게 형통과 건강을 빌면서 서로 문안하고 인사하기 때문이다.

그리스도인은 이 악한 세상에서 구원받은 자이다(갈 1:4). 땅에 속한 자가 아니라 하늘에 속한 자로 하늘나라의 시민권을 가진 자이다(빌 3:20). 세상 사람들보다 훨씬 높은 수준에서 사는 사람이다. 그리스도 안에서 새 사람, 새 피조물, 새 창조물이 되었기 때문이다. 따라서 모든 것을 다르게 보고 다르게 반응하고 행동한다. 남보다 더하는 삶을 산다.

> [마 5:46-47] 너희가 너희를 사랑하는 자를 사랑하면 무슨 상이 있으리요 세리도 이같이 아니하느냐 또 너희가 너희 형제에게만 문안하면 **남보다 더하는 것이 무엇이냐** 이방인들도 이같이 아니하느냐

여기서 (남보다) '더'라는 말이 주님께서 말씀하시는 내용의 핵심이다. 그리스도인은 불신자와 똑같은 것으로는 충분하지 않다. 반드시 그들을 능가해야 한다. 우리의 의는 서기관과 바리새인들의 의를 능가해야 한다(5:20). 우리의 사랑은 세리나 이방인들의 사랑보다 더 나아야 한다(5:47). 우리는 다른 사람들보다 더하는 사람일 뿐 아니라 다른 사람이 할 수 없는 것을 하는 사람이다.

주님께서는 그리스도인을 남보다 더하는 사람이라고 말씀하신 후, 마지막 결론을 내리신다. 이 결론은 산상수훈의 요절이며, 산상수훈 전체에서 가장 중요한 구절이다.

> [마 5:48] 그러므로 **하늘에 계신 너희 아버지의 온전하심과 같이 너희도 온전하라**

여기서 '온전하다'('텔레이오스')라는 단어는 '목표, 목적, 끝'을 가리키는 '텔레스'에서 온 말이다. 이것을 형용사형으로 바꾸면 '목적에 일치하는, 목표에 도달하는'이라는 뜻이 된다. 그러므로 주님께서 하나님처럼 온전하라고 하신 말씀은 하나님께서 처음 인간을 창조하셨을 때 가지고 계셨던 의중과 목적에 일치하는(도달하는) 사람이 되라는 의미이다. 인간의 타락으로 인해 깨어지고 크게 손상된 하나님의 형상을 회복하라는 말씀이다.

그리하여 하나님과 친밀히 교제하면서 마음을 다하여 하나님을 사랑하고 이웃을 자신처럼 사랑하는 삶을 살라는 것이다. 하나님을 전적으로 의뢰하고 하나님의 말씀과 뜻에 온전히 순종하는 삶을 살라는 것이다.

이렇게 살 때 우리는 하나님을 닮은 그분의 아들임을 입증하고 나타내면서 복되게 살게 될 것이다.

사랑하는 성도 여러분!

우리가 그리스도 안에 거하면서 성령을 따라 행하며 살 때 우리 안에 거하시는 살아 계신 그리스도로 말미암아 우리는 온전하신 하나님 아버지를 닮아 온전함을 이루어갈 수 있다. 그래서 우리 원수를 사랑한다. 우리를 저주하는 자들을 축복한다. 우리를 미워하는 자들에게 선을 행한다. 우리를 모욕하고 박해하는 자들을 위하여 기도한다.

물론 우리는 때때로 실패하고 앞으로도 실패할 때가 있을 것이다. 그때마다 주님의 십자가 앞으로 나아가라. 하나님 은혜의 보좌 앞으로 담대히 나아가라. 여러분의 죄를 회개하고 용서함을 받으라. 일곱 번 넘어져도 오뚜기처럼 다시 일어나라(잠 24:16). 그리고 다시 새롭게 시작하라. 그때 우리의 영적인 발에 힘이 생기고 영적인 근육이 강해지게 될 것이다.

시간이 갈수록 온전하신 하나님 아버지를 더욱 닮게 될 것이다. 주님처럼 우리도 원수를 사랑하고 우리를 저주하는 자들을 축복하고 우리를 미워하는 자들에게 선을 행하며 우리를 모욕하고 박해하는 자들을 위해 기도하게 될 것이다.

제22장

참된 신앙생활

[마 6:1] 사람에게 보이려고 그들 앞에서 너희 의를 행하지 않도록 주의하라 그리하지 아니하면 하늘에 계신 너희 아버지께 상을 받지 못하느니라

산상수훈의 첫 부분에 나오는 팔복(八福)은 왕이신 하나님의 통치를 받는 하나님 나라의 백성이 어떤 사람인가, 그들은 어떤 인격과 성품을 소유하고 있는가에 대해 묘사하고 있다. 이어서 그들이 이 세상에서 어떻게 살아야 하는가, 이 세상에서의 그들의 역할과 사명인 소금과 빛의 역할을 살펴보았다.

우리가 세상의 소금과 빛의 역할과 사명을 감당하기 위해서는 반드시 서기관과 바리새인들의 의를 능가하는(5:20) 율법의 요구를 만족시키는 참된 '의의 삶'을 살아야 한다. 주님께서는 이런 참된 '의의 삶'이 무엇인가를 구체적인 실례를 들어 설명하셨다. 주님께서 구체적인 실례를 들어 참된 '의의 삶'을 설명하실 때 먼저 '도덕적 의(義)'에 대해서 말씀하셨다. 그것은 우리가 지난주일까지 살펴보았던 6가지 구체적인 실례인 살인, 간음, 이혼, 맹세, 복수, 원수 사랑에 대한 말씀이었다.

이어서 주님께서는 6장에서 '신앙적 의(義)'에 대해 말씀하시면서 참된 '의의 삶'을 설명하신다. 이렇게 주님께서는 참된 '의의 삶'을 두 가지 차원인 도덕적 차원과 신앙적 차원에서 말씀하신다. 즉, '도덕적 의(義)'와 '신앙적 의(義)'에 대해서 말씀하시는 것이다.

성경이 '의롭다, 의인이다'라고 말씀하실 때 '의(義)'의 근본적인 의미는 관계적인 의미이다.

어떤 사람이 죄인이며 악인인가?

하나님과 잘못된 관계 속에 있는 사람이다.

어떤 사람이 의인인가?

하나님과 올바른 관계 속에 있는 사람이다.

그리고 하나님과 올바른 관계 속에 있는 사람은 반드시 일상생활 속에서 실제로 의를 행하게 되고 의로운 삶을 살게 된다. 하나님은 완전히 의로우신 분이시기에 그분과 올바른 관계 속에 있는 사람은 당연히 삶 속에서 의로운 삶을 살게 된다.

이렇게 성경이 말씀하시는 '의(義)'는 하나님과 올바른 관계에 있는 것과 또 그 관계로부터 자연스럽게 흘러나오는 의로운 행위라고 표현할 수 있다. 그런데 의로운 행위는 두 가지 차원으로 나타난다. 즉, 도덕적 '의(義)'와 신앙적 '의(義)'로 나타나는 것이다.

이제부터 참된 '의의 삶' 중에서 신앙적 의에 대해 살펴보겠다. 주님께서는 마태복음 6장에서 신앙적 의를 설명하시면서 마태복음 5장에서 도덕적 의를 설명하실 때와 같이 먼저 서기관과 바리새인들의 거짓된 신앙적 의를 지적하신다.

그리고 이어서 참된 신앙적 의를 가르쳐 주신다. 거짓된 신앙적 의는 거짓된 신앙생활이라고 할 수 있고, 참된 신앙적 의는 참된 신앙생활이라고 할 수 있다.

> [마 6:1] 사람에게 보이려고 그들 앞에서 너희 의(義)를 행하지 않도록 주의하라 그리하지 아니하면 하늘에 계신 너희 아버지께 상을 받지 못하느니라

이 구절은 신앙적 의, 즉 기독교인의 참된 신앙생활을 지배하는 일반 원칙이 무엇인가를 가르쳐준다. 이어서 주님께서는 이 일반 원칙에 대한 대표적인 실례로 구제, 기도, 금식 세 가지를 들면서 이 일반 원칙을 설명하신다.

주님께서는 2절부터 4절에서 '나와 이웃'과의 관계 속에서 있어야 할 참된 신앙생활의 일반 원칙을 '구제'라는 구체적인 실례를 통하여 설명하신다. 그것은 구제는 이웃을 향하여 창을 여는 것이기 때문이다.

또 주님께서는 5절부터 15절에서 '나와 하나님'과의 관계 속에서 있어야 할 참된 신앙생활의 일반 원칙을 '기도'라는 구체적인 실례를 통하여 설명하신다. 기도는 하나님을 향하여 창을 여는 것이기 때문이다.

그리고 주님께서는 16절부터 18절에서 '나와 나 자신'과의 관계 속에서 있어야 할 참된 신앙생활의 일반 원칙을 '금식'이라는 구체적인 실례를 통하여 설명하신다. 금식은 나 자신을 향하여 창을 여는 것이기 때문이다.

왜 기도가 하나님을 향하여 창을 여는 것인가?

어떤 관계든지 관계에는 반드시 대화와 교제가 필요하다. 우리는 기도를 통하여 하늘에 계신 하나님 아버지와 대화하며 교제할 수 있다. 그러므로 기도는 우리 신앙에 있어서 가장 기본적이고 중요한 요소이다. 우리 신앙의 핵심에 기도가 있고, 우리 삶의 중심에 기도가 놓여 있다.

왜 구제가 이웃을 향하여 창을 여는 것인가?

이웃 사랑을 가장 분명하게 보여주는 것이 바로 구제이기 때문이다. 주님께서는 "네 보물이 있는 그곳에는 네 마음도 있다"(마 6:21)고 하시고, "궁핍한 형제를 볼 때 말과 혀로만 사랑하지 말고 행함과 진실함으로 하라"(요일 3:17-18)고 하신다. 구제는 이웃을 향하여 창을 여는 것이다.

왜 금식이 나 자신을 향하여 창을 여는 것인가?

우리 신앙에 있어서 참으로 중요한 것은 자기를 부인하는 것이기 때문이다. 종교개혁자 칼빈이 말한 것처럼 '우리의 가장 큰 대적은 우리 안에 있고', 그리스도인의 생활의 핵심은 '자기 부인'이다. 우리가 주님을 따르기 위해서 가장 먼저 해야 할 일은 반드시 우리 자신을 부인하는 것이다.

'자기 부인'은 주님을 따르기 위한 '첫 발걸음'이다(마 16:24). 우리가 금식하는 가장 중요한 목적은 우리 자신을 철저히 부인하기 위해서이다. 인간에게 있어서 가장 참기 어려운 고통이 굶주림의 고통이다. 강렬한 식욕을 억제하고 절제하는 것은 우리 자신을 철저히 부인하고 죽일 때 가능하다.

참된 금식은 철저히 자신을 죽이고 부인하도록 만드는 효과적인 영적 훈련이다. 그러기에 금식은 나 자신을 향하여 창을 여는 것이다.

이렇게 기도와 구제와 금식은 가장 대표적인 '신앙적 의'이다. 그래서 주님께서는 기도와 구제와 금식을 구체적인 예로 들면서 나와 하나님과의 관계, 나와 이웃과의 관계, 나와 나 자신과의 관계를 설명하시는 것이다.

따라서 우리가 하나님과의 관계와 이웃과의 관계와 나 자신과의 관계가 올바른 상태에 있는가를 점검하기 위해서는 먼저 우리의 기도와 구제와 금식을 살펴보아야 한다. 왜냐하면, 하나님을 경외하는 사람은 반드시 기도와 구제와 금식으로 '신앙적 의'를 행하기 때문이다.

이처럼 주님께서 참된 신앙생활의 실례로 드신 구제, 기도, 금식, 이 세 가지는 참된 신앙생활의 일반 원칙을 설명하기 위한 대표적인 실례이다. 우리 신앙생활은 구제, 기도, 금식 이외에도 많은 것을 포함하고 있기 때문이다. 즉, 예배, 헌금, 헌신, 봉사, 전도, 선교 등 이 모든 것도 포함하기 때문이다.

마치 주님께서 5장에서 율법을 주신 하나님의 의중과 율법의 정신을 설명하시기 위해 살인, 간음, 이혼, 맹세, 복수, 원수 사랑을 구체적인 실례로 든 것과 동일하다.

그렇다면 참된 신앙생활을 지배하는 일반 원칙은 무엇인가?

1. 인생의 최고 목적을 하나님을 기쁘시게 하는 삶으로 정하고 항상 선택하며 사는 삶이다

> [마 6:1] 사람에게 보이려고 그들 앞에서 너희 의(義)를 행하지 않도록 주의하라 …

왜 우리가 사람에게 보이려고 그들 앞에서 의를 행하는가?

우리를 기쁘게 하기 위해서이다. 우리는 사람에게 보이려고 그들 앞에서 의를 행한다. 그러면 그들은 우리를 칭찬하고 높이고 흠모하고 존경한다. 그때 우리 마음은 흐뭇하고 기쁘다. 이처럼 타락한 우리 인간의 본질적인 욕망은 다른 사람들을 기쁘게 하려는 데 있지 않다. 우리가 사람들을 기쁘게 하는 유일한 이유는 우리 자신을 기쁘게 하기 위한 것이다.

우리가 의를 행하면서 사람들을 기쁘게 하고 싶은 것은, 그렇게 할 때 사람들은 우리를 훌륭한 사람으로 생각하면서 칭찬하고 존경하기 때문이다.

결국, 우리는 우리 자신을 기쁘게 하고 있으며 자기만족에 관심이 있는 것이다. 이렇게 타락한 인간은 본성적으로 자신을 기쁘게 하는 것을 자기 인생의 최고 목적으로 삼고 있다.

15세기 종교개혁의 여명을 열었던 지롤라모 사보나롤라(Girolamo Savonarola, 1452-1498)라는 유명한 설교가요 종교개혁자가 있었다. 로마 가톨릭이 지배하던 당시, 어느 날 아침에 그가 성당에 나와서 산책하다가 성당 뜰 안에 있던 마리아상 앞에서 어떤 부인이 참배하고 기도하는 모습을 보았다. 다음 날도 같은 시간에 산책하러 나갔더니 그 부인이 또 그 마리아상 앞에서 기도하고 있었다. 눈이 오나 비가 오나 바람이 부나 폭풍우가 몰아치나 그 부인은 매일 아침 그 시간이면 기도하러 왔다.

봄이 가고 여름이 가고 또 가을이 오고 겨울이 와도 부인은 변함없이 그 자리를 꿋꿋이 지켰다. 사보나롤라는 그 모습에 깊은 감동을 받았다. 그러던 어느 날 동료 사제와 함께 성당 뜰을 산책하고 있는데 마침 그 부인이 기도하는 모습이 보였다. 사보나롤라는 동료 사제에게 조용히 말했다.

"여보게, 내가 저 부인을 관찰해보니까 눈이 오나 비가 오나 바람이 부나, 봄 여름 가을 겨울 일년 내내 끊임없이 저 자리에서 기도하더군. 세상에 저런 사람이 어디 있어. 참 신앙심이 깊은 여인이야."

그러자 그 말을 듣던 동료 사제가 껄껄껄 웃으며 말했다.

"자네, 그 스토리를 모르나?

옛날에 저 마리아상을 조각할 때 어떤 예술가에게 의뢰했는데, 그 예술가가 마리아상의 모델을 찾다가 당시 처녀이던 바로 저 여인을 찾았다네. 자신을 모델로 한 저 마리아상이 만들어진 후, 여인은 매일 저 상 앞으로 출근하기 시작해서 지금까지 한 번도 결석한 일이 없다는 거야."

그 부인의 인생 최고 목적은 바로 자기 자신을 기쁘게 하는 것이었다. 그 부인은 자기를 기쁘게 하려고 신앙의 이름으로 자기 자신을 숭배(ego worship)하고 있었다. 기도의 이름으로 자기를 기쁘게 하고자 했다.

아마도 그 여인 자신은 모르고 있었겠지만 죄는 얼마나 음흉하고 교활한가?

이렇게 전혀 이기적으로 보이지 않는 깊은 신앙의 모습이 실제로는 자기 기쁨과 자기만족을 인생의 최고 목적으로 삼는, 매우 교활한 형태의 이기주의의 모습으로 전락하여 인간의 삶 속에 얼마나 많이, 또 깊이 숨어 있는지 모른다. 그래서 주님께서는 경고하시는 것이다.

타락한 인간의 인생 최고 목적은 자기 자신을 기쁘게 하는 것이다. 그래서 인간은 본성적으로 하나님의 인정과 칭찬보다는 사람들의 인정과 칭찬을 더 원하고 더 구한다.

이처럼 다른 사람들의 칭찬을 바라고 원하는 데 있어서 우리가 진짜로 관심을 가지는 것은 다른 사람들의 좋은 평가인 것이다. 그때 우리는 거짓된 만족과 기쁨을 누릴 수 있기 때문이다.

그러나 하나님께서 우리에게 진정으로 원하시는 것은 그것이 아니다. 하나님께서 우리를 구원하신 목적이 바로 그 사실을 분명히 보여준다. 하나님께서 우리를 구원하신 목적은 인간의 타락으로 인하여 깨어진 하나님의 형상을 회복하기 위해서였다. 그래서 우리도 주님처럼 하나님과 인격적인 친밀한 교제를 나누면서 우리의 기쁨이 아니라 하나님의 기쁨을 위해 살도록 하기 위해서였다. 주님의 생애를 보면 주님의 인생 최고의 목적이 바로 하나님을 기쁘시게 하는 것임을 분명히 볼 수 있다.

주님께서는 전적으로 하나님과 그분의 기쁨을 위해 사셨다. 주님께서 하신 모든 말씀은 스스로 하신 말씀이 아니라 하나님께서 주님 안에 계셔서 하신 말씀이었다(요 14:10). 주님께서는 아버지께서 하시는 일을 보지 않고는 아무것도 스스로 할 수 없었다(요 5:19, 30). 주님께서 하늘에서 내려오신 것은 주님의 뜻을 행하려 함이 아니라 주님을 이 땅에 보내신 하나님의 뜻을 행하기 위해서였다(요 6:38).

주님의 양식은 주님을 이 땅에 보내신 하나님의 뜻을 행하며 하나님의 일을 온전히 이루는 것이었다(요 4:34). 그리고 주님이 행하신 모든 일은 아버지 하나님께서 주님께 하라고 주신 일이었다(요 17:4). 이렇게 주님의 생애 전체는 하나님의 기쁨과 그분을 영화롭게 하는 일에 바쳐졌다. 주님께서는 결코 자신을 생각하지 않으셨다.

주님께서는 자신을 위해서는 아무것도 하지 않으셨다. 주님께서는 자기를 나타내지 않으시고 언제나 자신을 숨기고 감추려고 애쓰셨다. 주님에게는 자신을 과시하고 높이려고 하시는 일이 전혀 없으셨다. 주님께서는 항상 오로지 하나님의 영광과 기쁨만을 위해서 사셨다. "나는 내 영광을 구하지 아니하고 나를 보내신 이의 영광을 구한다"고 말씀하셨다.

그런데 주님 당시 서기관과 바리새인들을 포함한 백성들의 삶은 어떠했는가?

오늘날 영적 지도자들과 기독교인들의 삶은 어떠한가?

주님께서는 이렇게 책망하신다.

> [요 5:44] 너희가 서로 영광을 취하고 유일하신 하나님께로부터 오는 영광은 구하지 아니하니 어찌 나를 믿을 수 있느냐

> [요 12:43] 그들은 사람의 영광을 하나님의 영광보다 더 사랑하였더라

결국, 우리의 근본적인 문제는 바로 이것이다.

우리 인생의 최고 목적이 무엇인가?

우리가 우리 자신을 기쁘게 하고 있는가, 아니면 하나님을 기쁘시게 하고 있는가?

이 둘 중의 하나이다. 우리가 참된 신앙을 가진 자라면 인생의 최고 목적을 하나님을 기쁘시게 하는 삶으로 정한다. 그리고 하나님을 기쁘시게 하는 삶이 무엇인가를 항상 시험하면서 그 삶을 기꺼이 선택하며 산다. 성경은 이렇게 우리에게 권면하신다.

> [엡 5:10] 주를 기쁘시게 할 것이 무엇인가 **시험하여 보라**

2. 사람 앞에서가 아니라 하나님 앞에서 사는 삶이다

> [마 6:1] 사람에게 보이려고 그들 앞에서 너희 의(義)를 행하지 않도록 주의하라 그리하지 아니하면 하늘에 계신 너희 아버지께 상을 받지 못하느니라

왜 우리는 사람에게 보이려고 그들 앞에서 의를 행하지 않도록 주의해야 하는가?

그렇게 하지 않으면 하늘에 계신 우리 아버지께 상을 받지 못하기 때문이다. 하나님께서 이 모든 것을 하나도 남김없이 다 보시기 때문이다. 하나님께서는 무소부재(無所不在)하신 분이다. 온 우주에 편재(遍在)하신 분이시다. 하나님의 눈은 온 땅을 두루 감찰하시면서 우리의 모든 생각과 행동을 하나도 남김없이 다 보시고, 우리의 모든 말을 다 들으신다. 그리고 선악 간에 반드시 심판하신다(대하 16:9; 잠 15:3; 전 12:14; 마 12:36).

우리는 늘 기억해야 한다.

> 내가 항상 하나님 앞에 있다. 하나님의 존전(尊前)에 있다. 항상 하나님께서 보시는 곳에 있다. 하나님께서는 내 마음의 모든 생각과 나의 모든 행동을 샅샅이 다 보신다. 내 모든 말을 다 들으신다.

로이드 존스 목사님은 우리가 책상 위나 벽에 성구를 걸어 놓고 싶다면 이보다 더 좋은 구절이 없을 것이라고 권면한다.

> 주님께서 항상 나를 감찰하시나이다.

우리는 꿈에서라도 이 사실을 늘 기억하고 살아야 한다. 다른 사람들은 전혀 몰라도 하나님께서는 우리 마음을 다 아신다. 우리 생각을 다 아신다. 우리가 사람들을 속일 수 있어도 절대로 하나님은 속일 수 없다. 내가 이기적인 마음이 없이 순수하게 의를 행한다고 다른 사람들에게 보일 수 있고, 또 설득할 수는 있다.

그러나 하나님께는 완벽히 불가능하다. 이 사실을 주님께서는 바리새인들에게 분명히 말씀하셨다.

> [눅 16:15] 예수께서 이르시되 **너희는 사람 앞에서 스스로 옳다 하는 자들이나 너희 마음을 하나님께서 아시나니** 사람 중에 높임을 받는 그것은 하나님 앞에 미움을 받는 것이니라

우리가 참된 신앙생활을 하고 참된 의(義)를 행하며 주님 닮기 위해서는 주님께서 나를 감찰하신다는 사실을 상기하는 것보다 더 좋은 방법은 없다. 내가 지금 하나님의 존전에 있다는 사실을 늘 인식하고 사는 것은 우리가 성화의 삶을 사는 데 있어서 가장 기본이고 가장 중요한 일이다.

요셉이 성결한 삶을 살 수 있었던 비결도 바로 여기에 있었다.

> [창 39:9] … 그런즉, 내가 어찌 이 큰 악을 행하여 하나님께 죄를 지으리이까

종교개혁자 칼빈의 일생의 모토(motto)와 삶의 지침도 바로 이것이었다.

> 코람데오(Coram Deo)!
> 하나님 앞에서, 하나님의 존전(尊前)에서!

이렇게 믿음의 사람들은 자신의 모든 생각과 말과 행동이 하나님의 불꽃 같은 눈앞에서 결코 피할 수 없다는 것을 항상 생각하고 인식하며 살았다. 그것이 그들의 경건한 신앙과 삶의 비결이었다.

시편 139편에서 믿음의 사람 다윗은 이렇게 고백한다.

> [시 139:2-10] 주께서 내가 앉고 일어섬을 아시고 멀리서도 나의 생각을 밝히 아시오며 나의 모든 길과 내가 눕는 것을 살펴 보셨으므로 나의 모든 행위를 익히 아시오니 여호와여 내 혀의 말을 알지 못하시는 것이 하나도 없으시니이다 … 내가 주의 영을 떠나 어디로 가며 주의 앞에서 어디로 피하리이까 내가 하늘에 올라갈지라도 거기 계시며 스올에 내 자리를 펼지라도 거기 계시니이다 내가 새벽 날개를 치며 바다 끝에 가서 거주할지라도 거기서도 (계시나이다) …

히브리서 기자도 같은 고백을 한다.

> [히 4:13] … 우리의 결산을 받으실 이의 눈 앞에 만물이 벌거벗은 것 같이 드러나느니라

아침에 잠에서 깨어날 때마다 여러분이 하나님의 존전에 있음을 즉시 상기하라. 하루를 살아가면서 순간순간 다음과 같은 사실을 기억하라.

> 하나님은 모든 것을 보시고 다 아신다. 내가 생각하고 말하고 행동하는 것 중에서 하나님께서 보시지 않는 것은 하나도 없다.

그리고 소리를 내어 말하거나 마음속으로 이렇게 크게 외치라.

> 주께서 항상 나를 감찰하시나이다!

날마다 이렇게 실천하고 산다면 우리의 삶에는 일대 변혁과 대혁명이 일어나게 될 것이다. 우리의 죄악 된 생각은 떠오르자마자 즉시 사라지게 될 것이다. 우리 입술은 깨끗하고 정결하게 될 것이다. 우리의 모든 위선과 자기만족과 교만은 즉,각적으로 사라지게 될 것이다.

하나님의 불꽃 같은 눈앞에서 우리는 결코 피할 수 없다는 것을 인식하고 사는 것은 신앙생활에 있어서 너무너무 중요한 원칙이다. 이 원칙을 실제로 적용하고 실천하지 않는다면 우리는 결단코 참된 신앙생활을 할 수 없다.

3. 사람의 보상이 아니라 하나님의 보상과 상급을 기대하는 삶이다

> [마 6:1] 사람에게 보이려고 그들 앞에서 너희 의(義)를 행하지 않도록 주의하라 그리하지 아니하면 하늘에 계신 너희 아버지께 상을 받지 못하느니라

여기서 '보이려고'('데아오마이')라는 단어는 극장 용어로 배우들이 연기할 때 사용되는 용어이다. 이 단어는 배우들이 속은 그렇지 않으면서 밖으로 연기하는 것처럼 '의'를 행하는 우리의 동기와 목적이 잘못되었다는 것이다.

즉, 하나님의 기쁨과 영광, 그리고 다른 사람들의 진정한 유익을 위한 것이 아니라 자기만족과 기쁨과 자기 영광을 위한 것이라는 것이다.

그때 우리는 아무리 놀라운 의를 많이 행한다 할지라도, 하나님 아버지로부터 결단코 상을 받을 수 없다.

그래서 주님께서는 우리가 사람 앞에서 의를 행하지 않도록 삼가 조심하라고 강조하시면서 경고하신다. 헬라어 원문에서는 '주의하라'('프로세케테')가 문장의 제일 처음에 나온다.

[마 6:1 (헬라어 원문성경)] **주의하라! 너희 의를 사람 앞에서 행하지 않도록…**

여기서 '주의하라'는 단어('프로세케테')는 '조심하다, 삼가다, 경계하다'의 뜻을 가지고 있는 '프로세코'의 현재 명령형이다. '계속 주의하고 조심하고 경계하라'는 뜻이다. 이 단어는 어머니가 걸음걸이가 서툴러서 자주 넘어지는 어린아이의 뒤를 따라가면서 세심한 주의를 기울일 때 사용되는 표현이다.

이렇게 주님께서는 우리가 사람에게 보이려고 하는 외식적인 모습으로 의를 행하지 않도록 세심한 주의를 기울이면서 삼가 조심하라고 경고하신다. 왜냐하면, 조심하고 주의하지 않을 때 우리는 은밀한 중에 보시고 갚으시는 하나님으로부터 보상과 상급을 받을 수 없기 때문이다.

[마 6:1] 사람에게 보이려고 그들 앞에서 너희 의(義)를 행하지 않도록 주의하라 그리하지 아니하면 하늘에 계신 너희 아버지께 상을 받지 못하느니라

[마 6:4] … 은밀한 중에 보시는 너의 아버지께서 갚으시리라

왜 우리는 은밀한 중에 보시는 하나님으로부터 상급을 받지 못하는가? 그것은 이미 우리가 보상을 다 받았기 때문이다.

[마 6:2하] 진실로 너희에게 이르노니 **그들은 자기 상을 이미 받았느니라**

여기서 '그들은 … 이미 받았느니라'에 해당하는 단어 '아페코'는 '일정 금액을 다 받고 영수증을 주다'라는 의미이다. 따라서 이제는 더 이상 줄 금액이 없다는 뜻이다. 거짓된 의(義)에도 보상이 있다. 거짓된 신앙생활에도 자기 상이 있다. 그것은 사람들의 인정과 칭찬과 존경을 받는 것이다.

그러므로 우리가 사람들의 인정과 칭찬과 존경을 받기 위해 의를 행한다면 이미 다 받았기에 더 이상 받을 것이 없다. 하나님의 상과 보상이 전혀 없는 것이다. 하나님께서는 사람들 앞에서 자기 기쁨과 자기만족을 위해서 의를 행하며 신앙생활을 하는 자들을 전혀 보상하지 않으신다.

그러나 하나님께서는 사람 앞에서가 아니라 하나님 앞에서 의를 행하며 참된 신앙생활을 하는 사람에게 반드시 놀라운 상급과 보상으로 갚아주신다. 현세에서도 갚아주시지만, 장차 내세에서 완전하게 갚아주신다.

사랑하는 성도 여러분!
우리가 행하는 의가, 우리의 신앙생활이 하나님께서 인정하시면서 갚아주시는 참된 의, 참된 신앙생활인가?
아니면 사람들로부터 인정받고 보상받는 거짓된 의, 거짓된 신앙생활인가?

그것을 분명히 볼 수 있는 명확한 주님의 기준이 있다.

> 여러분의 인생 최고 목적은 여러분 자신을 기쁘게 하는 것인가, 하나님을 기쁘시게 하는 것인가?
> 여러분은 사람 앞에서 사는가, 하나님 앞에서 사는가?
> 여러분은 사람의 보상을 기대하는가, 하나님의 보상과 상급을 기대하는가?

이 주님의 명확한 기준 앞에서 우리 자신의 실제 모습을 보자. 그래서 우리의 신앙생활이 참된 의를 행하는 참된 신앙생활이 되자.

그때 우리는 현세는 물론이고 내세에서 영원한 상급과 보상으로 갚아주시는 하나님의 은혜와 축복을 경험하게 될 것이다.

제23장

참된 구제

> [마 6:1-4] 사람에게 보이려고 그들 앞에서 너희 의를 행하지 않도록 주의하라 그리하지 아니하면 하늘에 계신 너희 아버지께 상을 받지 못하느니라 그러므로 구제할 때에 외식하는 자가 사람에게서 영광을 받으려고 회당과 거리에서 하는 것 같이 너희 앞에 나팔을 불지 말라 진실로 너희에게 이르노니 그들은 자기 상을 이미 받았느니라 너는 구제할 때에 오른손이 하는 것을 왼손이 모르게 하여 네 구제함을 은밀하게 하라 은밀한 중에 보시는 너의 아버지께서 갚으시리라

우리는 신앙생활 하면서 서기관과 바리새인들의 '의(義)'를 능가하는 '참된 의(義)'의 삶을 살아야 한다. 우리의 의가 서기관과 바리새인들의 의를 능가하지 못하면 결코 천국에 들어갈 수 없다고 심판 주이신 주님께서 엄중하게 경고하셨기 때문이다(5:20). 주님께서는 마태복음 6장에서 서기관과 바리새인들의 거짓된 신앙적 의(義), 거짓된 신앙생활을 지적하신 후 참된 신앙적 의(義), 참된 신앙생활을 말씀하신다.

지난주 우리는 참된 신앙생활을 지배하는 세 가지 일반 원칙을 살펴보았다.

① 인생의 최고 목적을 하나님을 기쁘시게 하는 삶으로 정하고 항상 선택하며 사는 삶이다.
② 사람 앞에서가 아니라 하나님 앞에서 사는 삶이다.
③ 사람의 보상이 아니라 하나님의 보상과 상급을 기대하는 삶이다.

주님께서는 이 일반 원칙을 잘 이해하도록 구제와 기도와 금식, 3가지 대표적인 실례를 들어 설명하신다. 이 세 가지는 유대교 경건 생활의 3대 덕목(德目)으로, 서기관과 바리새인들의 철저함은 타의 추종을 불허했다.

유대인들이 중요하게 생각하는 구약 외경(外經) 토빗(Tobit)에서는 구제와 기도와 금식이 하나님의 백성이 추구해야 하는 '3대 경건'이라고 밝히고 있다. 성경의 영향을 받은 이슬람교의 경전인 코란에도 구제와 기도와 금식의 중요성이 강조되고 있다.

코란은 다음과 같이 가르친다.

> 기도는 사람을 낙원의 중간 지점에까지 데려가고, 금식은 그 문 앞까지 이르게 하며, 구제는 거기에 들어가게 하는 것이다.

이렇게 구제와 기도와 금식은 무슬림의 중요한 종교적인 의무이기도 하다.

왜 유대교나 심지어 성경의 영향을 받은 이슬람의 경전인 코란까지 구제와 기도와 금식을 강조하는가?

하나님의 말씀인 성경이 구제와 기도와 금식을 강조하기 때문이다. 주님께서도 그리스도인의 경건 생활을 대표하는 모습으로 구제와 기도와 금식을 구체적인 실례로 드시면서 참된 의, 참된 신앙생활을 설명하신다.

구제는 '나와 이웃'과의 관계를, 기도는 '나와 하나님'과의 관계를, 금식은 '나와 나 자신'과의 관계를 가장 잘 보여주는 경건의 행위이기에 주님께서도 구제와 기도와 금식의 실례를 통하여 참된 신앙생활을 총괄적으로 보여주신다. 즉, 참된 구제 생활, 기도 생활, 금식 생활을 하는 사람은 참된 신앙생활을 하고 있다고 말씀하시는 것이다.

구제는 가장 큰 계명인 이웃 사랑을 구체적으로 실천하는 참으로 중요한 계명이다. 하나님께서는 당신의 백성들에게 구제를 명령하셨고 우리가 구제할 때 기뻐하신다(신 15:10, 11; 잠 19:17; 시 41:1; 잠 28:27). 우리 주님 역시 이웃에 대한 구제를 아주 강조하셨고, 또 신약 성경도 구제를 강조한다(눅 12:33; 6:38; 약 2:27).

그리스도인들에게 있어서 구제는 선택사항이 아니라 할 필수사항이다. 그래서 주님께서는 참된 의를 실행하는 데 있어서 구제가 필수적인 요소라고 말씀하시는 것이다. 아더 핑크는 경고한다.

> 가난한 사람들에게 베풀지 않는 사람들은 큰 불의의 죄를 범하는 것이다. 그들은 자신들이 소유한 재산을 관리하는 청지기일 뿐인데 궁핍한 사람들에게 돌아가야 할 당연한 몫을 빼앗았기 때문이다.

이렇게 구제가 너무나 중요하기에 유대교에서도 구제를 아주 강조했다. 그리고 서기관과 바리새인들 역시 구제를 강조하여 적극적으로 실천하며 가르쳤다. 그런데 구제에 관한 그들의 치명적인 잘못이 있었다.

1. 구제를 자신의 공로로 삼는 것이다

유대인들이 중요한 진리로 생각하고, 또 천주교가 제2 경전으로 여기면서 성경으로 인정하는 구약 외경(外經) 7권 중에는 토빗(Tobit)과 집회서(Sirach)가 있다. 이 토빗과 집회서에는 구제를 인간의 죄를 속하고 구원을 얻게 하는 고귀한 공로로 말하고 있다.

> [토빗 4:10, 11] 자선은 자선을 베푸는 사람을 죽음에서 건져 내고 암흑에 빠지지 않게 해주는 것이다. 누구든지 자선을 베풀면 그 자선은 지극히 높으신 하나님께 바치는 좋은 예물이 된다.

> [토빗 12:9] 자선은 사람을 죽음에서 건져 내고 모든 죄를 깨끗이 없애 버린다. 자선을 행하는 사람은 장수하게 될 것이다.

> [집회서 3:30] 물은 뜨거운 불을 끄고 자선은 죄를 없앤다.

구제는 우리가 반드시 실천해야 할 참으로 중요한 하나님의 명령이고 지극히 선한 행위이다. 토빗이나 집회서 같은 외경이 그 사실을 인식하고 구제를 강조하는 것 자체는 잘못된 것이 아니지만, 구제를 자신의 공로로 삼는 것은 치명적인 잘못이다. 왜냐하면, 인간의 그 어떤 선한 행위도 하나님 앞에서 자신의 공로가 될 수 없기 때문이다.

우리는 구제나 선행의 공로로 결코 우리 죄를 속하거나 구원을 받을 수 없다. 그런데 당시 서기관과 바리새인들을 비롯한 유대인들의 심각한 문제는 구제를 자신들의 공로로 삼은 것이다.

2. 자신의 구제를 사람들 앞에서 과시하는 것이다

서기관과 바리새인들처럼 구제를 자신의 공로로 삼는 사람들은 필연적으로 자신의 구제를 사람들 앞에 과시하게 된다. 구제하면서 사람들 앞에서 나팔을 부는 것이다. 주님께서는 그런 거짓된 구제를 책망하신다.

> [마 6:2] 그러므로 구제할 때에 외식하는 자가 사람에게서 영광을 받으려고 회당과 거리에서 하는 것 같이 너희 앞에 나팔을 불지 말라 진실로 너희에게 이르노니 그들은 자기 상을 이미 받았느니라

여기서 '구제할 때 나팔을 분다'는 말씀에 대해서 두 가지 해석이 있다.

1) 문자적으로 해석하는 것이다

그 당시 구제할 때에 실제로 나팔을 불었다는 견해이다(Calvin, Bengel). 5세기 알렉산드리아의 감독이었던 시릴(Cyril)은 "가난한 사람들을 나팔로 불러내서 구제를 받게 한 것이 유대인의 관습이었다"라고 진술했다. 칼빈도 이 구절을 이렇게 주석했다.

사람이 자주 모이는 네거리와 넓은 광장에서 사람들은 가난한 자들에게 조그만 (구제의) 바구니를 건네주곤 했다.

이것이 곧 많은 사람이 모이는 곳을 찾아서 사람을 자기의 증인으로 삼으려는 전시 효과이다.

그러나 그들은 여기에 만족하지 않고 나팔을 불어대기까지 하는 것이다. 그들은 그것이 가난한 자들을 불러 모으기 위한 수단이라고 핑계 대지만, 속셈은 박수갈채와 인기를 노리는 데 있다는 것은 뻔한 노릇이다.

2) 상징적으로 해석하는 것이다

구제할 때 실제로 나팔을 분 것은 아니지만 자신이 구제하는 것을 사람들에게 의도적으로 나타나게 했다는 견해이다(F. F. Bruce, Hendriksen, Plummer). 우리가 어떤 해석을 취하든지 "구제할 때 나팔을 불었다"는 것은 외식적인 의도로 구제하는 것을 가리킨다.

구제는 우리의 돈은 물론이고 우리 시간, 몸, 기타 사람들에게 도움이 되는 모든 것으로 필요한 사람을 도와주는 것이다. 이런 구제는 하나님이 기뻐하시는 귀한 선행이다. 구제에 있어서 정말 중요한 것은 구제하는 동기다. 구제를 포함하여 모든 선행과 경건 생활에서의 생명은 그것을 행하는 동기이다. 우리가 무엇을 하느냐 하는 것도 중요하지만 더욱 중요한 것은 왜 그것을 하느냐, 그것을 하는 동기가 무엇이냐 하는 것이다.

서기관과 바리새인들의 근본적인 문제는 열심히 구제하는 동기가 잘못되었기 때문이다. 그들은 구제할 때 사람들의 인정과 칭찬과 영광을 얻기 위해 회당과 거리에서 나팔을 불면서 사람들에게 자신들의 구제를 알렸다. 주님께서는 그런 구제를 가리켜서 외식이라고 책망하셨다.

[마 6:2] 그러므로 구제할 때에 외식하는 자가 사람에게서 영광을 받으려고 회당과 거리에서 하는 것 같이 너희 앞에 나팔을 불지 말라 …

'회당과 거리'는 사람들이 많이 모이는 곳이기에 많은 사람이 목격할 수 있다. 회당과 거리에서 공개적으로 구제하면 당연히 많은 사람에게 알려지게 된다. 그런 거짓된 구제를 가리켜서 스펄전 목사님은 "한 손에 한 푼을 들고, 다른 손에 나팔을 들고 서는 것은 외식하는 자세"라고 했다.

주님께서는 사람들에게 알려지도록 구제하는 자를 가리켜서 '외식하는 자'라고 책망하셨다. '외식하는 자'라고 번역된 단어 '휘포크리테스'는 '꾸미다, 가장(假裝)하다'라는 뜻이 있는 단어 '휘포크리노마이'에서 유래된 것으로 원래는 '가면을 쓰고 연극하는 배우'를 의미했다. 서기관과 바리새인들은 구제를 열심히 행했지만 많은 사람이 목격할 수 있는 회당과 거리에서 공개적으로 구제했다.

또 자신들의 선행을 많은 사람이 알도록 나팔을 불듯이 자랑까지 했다. 그들의 선행은 하나님의 영광과 기쁨, 그리고 가난한 사람들을 돕는 데 목적이 있지 않았다. 자기를 과시하고 자기 영광과 기쁨을 구하는 데 목적이 있었다.

이렇게 거짓된 구제는 열심히 구제하지만 실제로는 궁핍한 사람들을 돕는 것이 아니다. 가난한 사람들을 이용하여 자기를 돕는 것이다. 궁핍한 사람들의 필요를 채워주는 것보다 자신의 영광과 명예에 관심이 있는 것이다.

이런 구제는 하나님과 가난한 사람들을 섬기는 참된 구제가 아니라 자기 자신을 섬기는 거짓된 구제이다. 이런 거짓된 구제를 가리켜서 성 어거스틴은 말한다.

> 명예를 사랑하는 것은 참된 경건의 치명적인 독소이다. 다른 악덕(惡德)은 악한 행위를 유발하지만, 명예심은 선행을 악한 방식으로 한다.

하나님의 명령에 순종하여 열심히 구제할 때 늘 면밀하게 살펴보아야 할 것은 우리의 동기와 목적이다.

> 나는 선을 행할 때 하나님께 영광과 기쁨을 돌리기 위한 것인가, 나의 영광과 기쁨을 위한 것인가?
> 나는 궁핍한 사람들의 필요를 채워주는 데 초점을 두고 있는가, 나의 유익에 초점을 두고 있는가?
> 나는 하나님을 의식하는가, 사람들을 의식하는가?

왜 우리가 구제할 때 늘 이런 질문을 자신에게 해야 하는가?

죄로 인해 타락하고 부패해진 우리의 본성에는 거짓되고 교활한 욕망이 깊이 터를 잡고 있기 때문이다. 나팔을 불고 싶어 안달하는 나팔수가 우리 마음에 깊이 자리 잡고서 기회만 잡으면 교묘하게 나팔을 불어대기 때문이다. 우리가 구제할 때마다 우리 마음을 진실하게 검사해 본다면 이런 일들이 아주 교활하게 행해지고 있음을 발견하게 될 것이다.

우리가 이렇게 구제한다면 어떤 결과가 나타나는가?

[마 6:2] 그러므로 구제할 때에 외식하는 자가 사람에게서 영광을 받으려고 회당과 거리에서 하는 것 같이 너희 앞에 나팔을 불지 말라 **진실로 너희에게 이르노니 그들은 자기 상을 이미 받았느니라**

여기서 '그들은 … 이미 받았느니라'에 해당하는 단어 '아페코'는 '일정 금액을 다 받고 영수증을 주다'라는 의미이다. 이제는 더 이상 줄 금액이 없다는 뜻이다. 그들은 나팔을 불고 구제하여 사람들의 인정과 칭찬을 받았다. 사람들로부터 많은 박수를 받으면서 존경과 영광을 얻었다. 자기 상과 보상을 이미 다 받았기에 이제 아무것도 받을 것이 없다. 그들은 더 이상 하나님의 상과 보상을 받을 수 없다.

그렇다면 우리는 구제할 때 어떻게 구제해야 하는가?

[마 6:3-4] 너는 구제할 때에 오른손이 하는 것을 왼손이 모르게 하여 네 구제함을 **은밀하게 하라** 은밀한 중에 보시는 너의 아버지께서 갚으시리라

우리 오른손이 하는 것을 어떻게 우리 왼손이 모르겠는가?

그 의미는 최대한 비밀로 하라는 것이다. 오른손은 대개 일상적인 일을 하는 활동적인 손이다. 우리는 구제를 그리스도인의 일상적인 활동으로 하되 왼손조차 모르도록 최대한 은밀히 하라는 것이다.

구제나 선행을 비롯한 경건 생활의 '은밀함'을 생각할 때, 세 가지 가능성을 생각해야 한다.

(1) 사람들의 인정과 칭찬을 구하는 것이다

(2) 다른 사람들에게 우리의 구제와 선행을 드러내지는 않지만, 우리 마음 속으로 대견해 하면서 기뻐하는 것이다

(3) 오직 하늘에 계신 하나님의 기쁨과 그분의 인정과 칭찬만을 바라는 것이다

그러기에 "오른손이 하는 것을 왼손이 모르게 하여 네 구제함을 은밀하게 하라"는 말씀도 세 가지 의미에서 생각해야 한다.

(1) 구제할 때 어떤 형태, 어떤 형식으로든 다른 사람들에게 알리지 말아야 한다

(2) 자신도 알지 못하도록 해야 한다

"오른손이 하는 것을 왼손이 모르도록 하라"는 말씀은 우리 자신도 몰라야 한다는 뜻이다. 구제하는 자기 모습을 보면서 우리가 대견해하면서 기뻐해서는 안 된다는 뜻이다. 이 모든 것을 잊어버리라는 의미이다.
이 사실을 존 스토트 목사님은 이렇게 설명한다.

> 우리가 줄 때 자기를 의식하는 것이 강해서는 안 된다. 우리의 자기의식은 독선으로 타락하기 쉽기 때문이다. 마음의 사악함은 너무 교활해서 우리가 주는 것을 사람들이 모르게 하려는 의도적인 조치를 취할 수 있는 동시에 마음속으로 기뻐하며 그것을 곰곰이 생각한다.
> 그러므로 우리의 악한 허영을 억제하거나 죽이기 위해 주님께서는 우리가 주는 것을 다른 사람들은 물론이고 우리 자신이 모르게 하라고 권하신다 …
> 우리의 주는 것은 스스로 기뻐하는 것이 아니라 자기희생과 자기를 잊는 것이 특징이 되어야만 한다.

여기서 주의할 점이 있다. 구제를 비롯한 모든 선행에 관한 주님의 말씀이 반드시 은밀하게 이루어져야 한다는 의미는 아니라는 것이다.

우리는 주님의 이 명령을 문자 그대로 정확하게 따를 수는 없다. 자신의 선한 행위가 어쩔 수 없이 드러나는 경우도 있고, 본을 보이거나 밝혀서 감사해야 하는 경우도 있을 수 있다. 구제에 있어서 은밀함도 그 자체로서는 무슨 가치가 있는 것이 결코 아니다.

(3) 오직 하나님 앞에서 그분의 기쁨과 인정과 칭찬만을 바라며 해야 한다

은밀한 구제가 오히려 우리의 타락한 욕망을 충족시키기 위한 가면일 수도 있다. 그러기에 정말 중요한 것은 은밀함 그 자체에 있는 것이 아니라, 우리가 구제와 선행을 어떤 동기와 목적으로 행하는가 하는 것이다.

오직 하나님의 영광과 기쁨, 그리고 다른 사람들의 진정한 유익을 위해서 행하는가, 나 자신의 영광과 기쁨과 유익을 위해서 행하는가 하는 것이다.

참된 구제와 선행의 동기가 무엇인가?

우리에게 베푸신 하나님의 사랑과 은혜가 너무나 감사하기 때문이다.

하나님의 사랑과 은혜에 대한 자연스러운 응답이 바로 구제와 선행의 진정한 동기이다.

하나님께서 얼마나 우리를 사랑하셨고 지금도 사랑하시는가?

우리에게 베푸셨고 지금도 베푸시는 하나님의 은혜는 얼마나 놀라운가?

그러기에 우리도 하나님의 사랑과 은혜에 자연스럽게 응답하게 된다. 그래서 하나님을 사랑하게 되고, 구제를 비롯한 하나님의 말씀에 순종하는 삶을 살고자 열망하게 된다. 주님께서 사랑하시는 영혼들을 나도 사랑하게 되고, 주님께 받은 사랑과 은혜를 나도 이웃들에게 자연스럽게 흘려보내게 된다.

그래서 이웃을 구제하게 되고, 또 당연히 은밀함 가운데서 구제하게 된다. 그리고 우리가 행한 모든 구제를 자연스럽게 잊어버리게 된다.

이렇게 우리가 사람들의 칭찬이나 자기 칭찬이 아니라 오직 하나님의 인정과 칭찬을 구하면서 구제하는 것이 바로 "오른손이 하는 것을 왼손이 모르도록" 하는 것이다. 이 구절을 칼빈은 이렇게 주석한다.

> 이 말은 우리가 하나님만을 우리의 유일한 증인으로 삼는 것으로 만족하고 어떠한 허영도 우리의 마음을 흩으러 놓지 못할 정도로 하나님께 순종하는 마음에 불타 있어야 한다는 뜻이다.
> 우리는 제물을 바칠 때 하나님에게 바치는 것이 아니라 우리 자신에게 바치는 경우가 허다하다.

우리가 올바른 동기로 구제할 때 임하는 하나님의 놀라운 은혜가 있다. 주는 사람을 겸손하게 하고 받는 사람을 비굴하게 하지 않는다. 받는 사람의 자존심에 손상을 주지 않고 주고받는 사람 상호 간에 신뢰 관계를 형성한다. 선행을 격려하면서 다른 사람들이나 공동체에 거룩한 영향력을 끼치게 된다.

무엇보다 하나님께 영광과 기쁨을 돌리게 된다. 그리고 우리 자신에게도 놀라운 축복이 된다. 그것은 하나님께서 우리의 구제를 반드시 기억하시면서 갚아주시기 때문이다.

> [마 6:4] 네 구제함을 은밀하게 하라 은밀한 중에 보시는 너의 아버지께서 갚으시리라

우리가 구제할 때 우리의 도움을 받은 사람들이 우리의 구제를 잊어버릴 수 있다. 심지어 나 자신까지도 잊어버릴 수 있다. 그러나 하나님께서는 우리가 행한 것 하나도 잊지 않으신다. 우리의 사소한 구제까지 절대로 잊지 않으시고 반드시 기억하신다. 놀라운 상급과 보상으로 갚아주신다.

현세에서도 갚아주시고 무엇보다 내세에서 완전한 보상과 상급으로 반드시 갚아주신다(히 6:10; 고전 4:5). 이 사실을 주님께서는 마태복음 25장의 '양과 염소의 비유'를 통해서 분명히 말씀하셨다. 심판 주이신 주님께서는 재림하셔서 온 인류를 양과 염소로 구분하신 후 최후 심판을 하신다. 오른쪽에는 양, 즉 참된 신앙생활을 했던 의인들을, 왼쪽에는 염소, 즉 주님을 믿지 않는 불신자들과 거짓된 신앙생활을 했던 악인들을 세우신다.

그때 주님께서는 의인들을 향하여 말한다.

[마 25:35-36] 내가 주릴 때에 너희가 먹을 것을 주었다. 목마를 때에 마시게 하였다. 나그네 되었을 때에 영접하였다. 헐벗었을 때에 옷을 입혔다. 병들었을 때에 돌보았다. 옥에 갇혔을 때에 와서 보았다

그러나 의인들은 그 모든 구제와 선행을 전혀 기억하지 못하고 있었다(마 25:37-39). 그러자 주님께서는 말씀하신다.

[마 25:37-39] 너희가 여기 내 형제 중에 지극히 작은 자 하나에게 한 것이 곧 내게 한 것이니라

의인들은 자신들이 행한 구제와 모든 선한 행위를 다 잊고 있었다. 그러나 주님께서는 하나도 잊지 않고 다 기억하고 계셨다. 그리고 천국의 영원한 보상과 상급으로 갚아 주신다.

[고후 9:9] 기록된 바 그가 흩어 가난한 자들에게 주었으니 그의 의가 영원토록 있느니라 함과 같으니라

사랑하는 성도 여러분!
우리가 참된 신앙생활을 하고 있다면 반드시 '참된 의'를 행하는 삶을 살고 있을 것이다. '참된 의' 중에서 중요한 대표적인 의는 바로 궁핍한 이웃들을 구제하는 일이다.

그렇다면 여러분은 하나님의 명령에 순종하여 열심히 구제하며 살고 있는가?
구제할 때 나팔을 불지 않고 오른손이 하는 것을 왼손이 모르도록 은밀하게 하는가?
다른 사람들은 물론이고 여러분 자신도 그 구제를 기억하지 않고 다 잊고 있는가?

올바른 동기로 오직 하나님의 영광과 기쁨을 위해서, 궁핍한 사람들의 진정한 유익을 위해서 구제하는가?

우리가 이렇게 참된 구제를 실천한다면 하나님께서는 우리의 신앙생활을 참된 신앙생활이라고 인정하시고 우리의 모든 구제를 하나도 잊지 않으시고 반드시 기억하실 것이다. 그리고 현세와 내세에서 놀라운 보상과 상급으로 다 갚아주실 것이다.

제24장

참된 기도(I)

> [마 6:5-8] 또 너희는 기도할 때에 외식하는 자와 같이 하지 말라 그들은 사람에게 보이려고 회당과 큰 거리 어귀에 서서 기도하기를 좋아하느니라 내가 진실로 너희에게 이르노니 그들은 자기 상을 이미 받았느니라 너는 기도할 때에 네 골방에 들어가 문을 닫고 은밀한 중에 계신 네 아버지께 기도하라 은밀한 중에 보시는 네 아버지께서 갚으시리라 또 기도할 때에 이방인과 같이 중언부언하지 말라 그들은 말을 많이 하여야 들으실 줄 생각하느니라 그러므로 그들을 본받지 말라 구하기 전에 너희에게 있어야 할 것을 하나님 너희 아버지께서 아시느니라

신앙생활 하면서 항상 조심하면서 살펴보아야 할 것은 혹시 내가 자기기만에 빠져 있지는 않는가 하는 점이다. 주님께서 '자기기만'에 빠져 있는 사람들이 너무 많다고 거듭 엄중하게 경고하시기 때문이다(7:21, 22-23; 22:14; 25:11, 12; 눅 18:8).

우리가 주님께서 원하시는 참된 신앙생활을 하고 있는가를 점검할 방법이 있다. 그것은 우리가 서기관과 바리새인들의 '의(義)'를 능가하는 '참된 의(義)'의 삶을 살고 있는지다.

'참된 의의 삶'은 마태복음 5장 후반부에서 살펴본 '도덕적 의'와 마태복음 6장에서 살펴보고 있는 '신앙적 의'를 가리킨다. 주님께서는 마태복음 6장에서 서기관과 바리새인들의 거짓된 신앙적 의(義), 거짓된 신앙생활을 먼저 지적하신다.

그리고 이어서 참된 신앙적 의(義), 참된 신앙생활을 말씀하신다. 참된 신앙생활에 대한 3가지 구체적인 실례인 구제와 기도와 금식은 우리 신앙생

활의 모습, 즉 나와 이웃, 나와 하나님, 그리고 나와 나 자신과의 관계를 가장 잘 보여주는 참으로 중요한 경건의 행위이다.

그런데 이렇게 중요하고 귀한 경건의 행위인 구제와 기도와 금식에도 죄의 무서운 영향력과 사탄의 강력한 유혹이 은밀하고 교활하게 침투하여 끔찍한 결과를 가져온다.

노벨 문학상을 받았던 영국의 시인이며 극작가였던 T. S. 엘리엇(T. S. Eliot, 1888-1965)은 이런 말을 남겼다.

> 인간을 향한 사탄의 마지막 유혹은 올바른 목적을 잘못된 동기로 수행하게 하는 것이다.

우리 인간의 가장 고상한 모습이 어떤 모습인가?

무릎을 꿇고 하나님을 섬기는 모습이다. 이것은 인생 최고의 업적이며 인간의 가장 고상한 활동이다. 인간이 하나님과 만나 그분과 교제할 때보다 더 위대한 때는 없다.

그런데 그럴 때조차도 죄는 우리와 함께 있으면서 우리를 미혹하고 있다. 죄는 경건한 성자가 하나님 존전(尊前)에 무릎을 꿇고 있을 때도 거기에 들어올 수 있다. 죄의 오염과 사탄의 더러운 손자국은 거룩하신 하나님과 교제하는 그의 기도에도 은밀하게 묻어 있을 수 있다.

이런 사실을 주님께서는 기도의 구체적인 실례를 통해서 분명히 말씀하신다. 주님께서는 먼저 서기관과 바리새인들의 기도와 이방인들의 기도로 대표되는 거짓된 기도에 대하여 말씀하신다.

그리고 이어서 참된 기도가 어떤 것인가를 가르쳐주신다. 그렇다면 주님께서 말씀하시는 거짓된 기도는 구체적으로 어떤 기도인가?

1. 사람에게 보이려고 하는 외식적인 기도이다

> [마 6:5] 또 너희는 기도할 때에 외식하는 자와 같이 하지 말라 그들은 사람에게 보이려고 회당과 큰 거리 어귀에 서서 기도하기를 좋아하느니라 내가 진실로 너희에게

이르노니 그들은 자기 상을 이미 받았느니라

여기서 '기도하다'('프로슈코마이')라는 단어는 '… 을 향하여'라는 방향을 나타내는 단어 '프로스'와 '원하다, 고대하다'라는 뜻의 단어 '유코마이'의 합성어이다. 그런데 '프로스'는 단 하나의 방향만을 나타내는 단어이기에 헬라어 원어로 볼 때 기도는 오직 하나님만을 향해야 한다. 우리의 기도는 하나님만을 구하고 그분에게만 우리의 마음을 온전히 쏟는, 단 하나의 목적만을 가져야 한다.

우리의 기도의 방향이 하나님 외에 여러 방향을 향해서는 결코 안 된다. 다른 사람들에게 과시하거나 다른 사람들의 인정과 칭찬을 받으려고 하거나 심지어 기도하는 우리 자신에 대해 대견해하고 뿌듯하게 생각하는 등의 다른 목적이 포함되어서는 결코 안 된다. 그런 기도는 하나님과 전혀 상관없는 거짓된 기도이다. D. L. 무디와 동역했던 R. A. 토레이(R. A. Torrey, 1856-1928)는 말한다.

> 우리가 하나님의 존전(尊前)으로 나아가고 있으며 하나님께 기도하고 있다는 것을 명백하게 인식하기 전에는 우리는 공적으로든 사적으로든 단 한 마디의 기도도 하지 못하고 있는 셈이다.

주님께서는 그렇게 거짓되게 기도하는 자를 '외식하는 자'라고 책망하신다. '외식하는 자'('휘포크리테스')라고 번역된 단어는 '꾸미다, 가장(假裝)하다'('휘포크리노마이')에서 유래된 단어이다. 원래는 '가면을 쓰고 연극하는 배우'를 의미했다. 우리의 기도가 외식적인 기도인가 아닌가를 결정하는 요소는 기도 시간이나 장소나 자세나 고정된 기도의 내용이 아니다.

초대교회 성도들은 성전이나 회당과 같은 일정한 장소와 일정한 시간을 지켜 기도했다. 그들은 유대인들의 정해진 기도 시간인 오전 9시, 정오 12시, 오후 3시나 아침, 정오, 저녁에 기도했다. 그리고 기도의 내용이 주기도문처럼 정해져 있다고 할지라도 그 기도문에 마음을 싣고 진실하게 하나님께 기도한다면 문제가 없다.

또 기도할 때 기도 자세 자체도 문제가 아니다. 성경을 보면 무릎을 꿇고 기도하고(왕상 8:54; 눅 22:41), 엎드려 기도하고(마 26:39), 손을 들고 기도했다(시 28:2). 눈을 들어 하늘을 우러러보며 기도하고(요 17:1), 앉아서 기도했다(삼하 7:18). 특히 신약시대에는 서서 기도하는 것이 가장 흔한 기도의 자세였다(마 6:5; 눅 18:11, 13; 막 11:25).

기도에 있어서 진정한 문제는 기도의 장소, 시간, 자세, 고정된 기도의 내용 등과 같은 기도의 외적 형식이 아니다. 우리 기도의 중심이 되는 기도의 동기와 목적에 문제가 있는 외식이 진정한 문제이다. 주님께서는 외식으로 기도하는 위선자들의 기도를 경고하신다.

> [마 6:5] 또 너희는 기도할 때에 **외식하는 자와 같이 하지 말라 그들은 사람에게 보이려고 회당과 큰 거리 어귀에 서서 기도하기를 좋아하느니라** 내가 진실로 너희에게 이르노니 그들은 자기 상을 이미 받았느니라

서기관과 바리새인들을 비롯한 유대인들이 회당과 큰 거리 어귀에서 서서 기도하기를 좋아한 이유가 어디에 있는가?

'회당과 큰 거리 어귀'는 사람들이 많이 모이는 곳이기에 많은 사람이 목격할 수 있는 장소이다. 회당과 큰 거리 어귀에 서서 기도하면 당연히 많은 사람에게 알려지게 되기에 사람들에게 자신의 경건한 모습을 과시할 수 있고 다른 사람들의 인정과 칭찬을 받을 수 있다.

회당과 큰 거리 어귀에서 기도하는 것이 문제가 아니라 회당과 큰 거리 어귀에 서서 기도하기를 좋아한다는 것이 문제이다. '사람에게 보이려고' 기도하는 것이 본질적인 문제이다.

외식으로 기도하는 사람들의 마음 중심에는 자기 사랑과 자기 영광의 타락한 욕망이 깊이 자리 잡고 있다. 그들은 하나님을 사랑하기보다 자신을 더 사랑한다. 하나님의 영광보다 자신의 영광을 더 추구한다. 그들의 마음 중심에는 '타락한 자아'라는 우상이 견고하게 터를 잡고 있다. 그 우상이 그들의 행동과 삶을 지배하고 다스린다. 심지어 기도 생활까지 지배함으로써 경건 생활의 핵심인 기도까지 타락시키고 심히 오염시킨다.

그래서 우리 기도를 받으시는 유일한 대상인 하나님을 구역질 나게 만들고 진노케 만든다. 기도는 하나님과 교제하며 그분을 영화롭게 하는 거룩하고 경건한 수단이기에 그것을 자기를 영화롭게 하는 수단으로 사용할 때 그런 타락한 행위의 악하고 파괴적인 영향력은 다른 어떤 죄나 악과도 비교할 수 없는 무섭고 끔찍한 결과를 가져온다.

누가복음 18장에 기록된 성전에 기도하러 올라갔던 바리새인의 기도가 바로 그러했다. 그는 성전에 기도하러 올라갔지만 거짓되게 기도했기에 아무런 유익을 얻지 못하고 오히려 죄만 더해서 내려왔다. 바리새인은 성전에서 기도할 때 할 수 있는 한, 사람들의 눈에 제일 잘 띄는 곳으로 나와 따로 섰다.

그리고 사람들이 들으라는 듯이 이렇게 기도했다.

> [눅 18:11-12] 하나님이여, 나는 다른 사람들 곧 토색, 불의, 간음하는 자들과 같지 아니하고 이 세리와도 같지 아니함을 감사하나이다. 나는 이레에 두 번씩 금식하고 또 소득의 십일조를 드리나이다.

서기관과 바리새인들, 그리고 그들의 가르침을 받았던 유대인들은 하나님을 향해 기도하기보다 자신의 기도를 지켜보는 사람들을 향하여 기도했다. 기도를 받으시는 하나님께 주의를 집중하기보다 기도하는 자신에게 주의를 집중했다. 주님께서는 그런 외식적인 기도의 모습을 바라보시면서 책망하셨다.

"내가 진실로 너희에게 이르노니 그들은 자기 상을 이미 받았느니라."

우리의 기도는 본질상 하나님께 초점을 두어야 한다. 자신이나 사람들에게 초점을 두는 기도는 항상 외식이다. 자아에 초점을 두는 기도는 연극배우가 기도의 연기를 하는 것과 다를 바가 없다. 서기관과 바리새인들처럼 외식하는 기도의 예를 들면 사람들에게 들으라는 듯이 큰 소리로 기도하는 태도, 기도를 통해 자신의 경건함을 보이려는 태도, 그리고 다른 사람들에게 기도 많이 하는 영적인 사람으로 보이려는 태도 등이다.

이렇게 외식하는 기도는 각양각색의 방법으로 나타날 수 있다. 외식하는 기도의 가장 중요하고 근본적인 문제는 그렇게 기도하는 사람은 다른 사람들에게 자신이 기도하는 사람으로 알려지고 싶어 한다는 것이다. 이것이 바로 외식하는 기도의 시작이다.

외식적인 기도는 여기서 끝나지 않고 외식이 발전하게 된다. 다른 사람들에게 알려지고 싶은 마음이 적극적이고 실제적인 욕망이 되어 이제 다른 사람들에게 보여지기를 바라게 된다. 그래서 다른 사람들이 기도하는 것을 볼 수 있도록 실제로 그렇게 기도하게 되는 것이다.

서기관과 바리새인들이 바로 그러했다. 그들이 기도하기를 좋아했던 장소는 많은 사람이 모여서 주목할 수 있는 회당과 큰 거리 어귀였다. 그들은 많은 사람이 보는 그곳에 서서 자주 기도했다.

외식적인 기도는 또한 아주 교활하고 교묘한 형태로 나타나기도 한다. 다음과 같이 말하는 사람이 있을 수 있다.

> 나는 사람들이 볼 수 있도록 성전이나 회당이나 길모퉁이에서 기도하지 않을 것입니다.
> 주님께서 분명히 말씀하셨습니다. '너는 골방에 들어가 문을 닫고 은밀하게 기도하라.'
> 저도 주님의 말씀에 순종하여 항상 은밀한 중에 기도하겠습니다. 저의 기도는 항상 은밀한 기도가 되게 할 것입니다.

이렇게 사람들에게 말한 후 그는 자신의 고백처럼 은밀하게 기도한다. 그렇지만 사람들은 그가 은밀하게 기도하는 것을 알게 된다. 왜냐하면, 그는 자신이 은밀하게 기도하는 것을 사람들이 알 수 있도록 은밀하게 기도하기 때문이다. 외식적인 기도의 가장 교활하고 교묘한 형태가 있다. 그것은 비록 다른 사람들이 모르도록 은밀하게 기도하지만, 하나님이 보실 때는 전혀 은밀하게 기도하는 것이 아닌 기도이다.

자신이 은밀하게 기도하는 것을 스스로 대견해하고 만족해하면서 즐기는 것이다.

> 나는 주님의 말씀에 순종하여 아무도 모르게 은밀하게 기도해. 나는 주님의 말씀에 철저히 순종하고 있어.

그러므로 하나님께서 내 은밀한 기도를 기뻐하시면서 놀라운 보상과 상급으로 갚아주실 거야!

구제, 기도, 금식과 같은 경건 행위에 있어서 은밀함 그 자체가 목적이거나 무슨 가치가 있는 것이 결코 아니다. 은밀함이 오히려 우리의 타락한 욕망을 충족시키기 위한 가면일 수 있다. 따라서 정말 중요한 것은 은밀함 그 자체에 있는 것이 아니라, 우리가 구제와 기도와 금식과 같은 경건 행위를 어떤 동기와 목적으로 행하는가 하는 것이다.

오직 하나님의 영광과 기쁨과 유익을 위해서 행하는가, 아니면 나 자신의 영광과 기쁨과 유익을 위해서 행하는가 하는 것이 기도를 비롯한 모든 경건 행위의 생명이다.

특히 성도들 앞에서 공중 기도나 대표 기도를 하는 사람들은 외식적인 기도를 정말 조심해야 한다. 그때 외식으로 기도하기가 너무나 쉽기 때문이다. 참된 기도는 그것이 회중 앞에서 하는 공중 기도일 경우에도 기도자는 하나님을 의식하고 하나님께 집중하면서 존경과 경외심으로 하나님께 기도해야 한다. 그런데 회중들을 의식하면서 그들에게 은혜를 끼치고 감명을 주려는 마음으로 기도하는 것은 틀림없는 외식적인 기도이다.

아더 핑크는 이렇게 경고한다.

> 공중 기도를 인도하는 자들은 자기의 마음을 부지런히 성찰하고 자신들의 교만함을 꺾어주시도록 하나님께 진실하게 기도해야 할 필요가 있다.
> 만일 우리가 주님으로부터 '잘했다'는 칭찬을 듣지 못한다면 사람들이 나에게 좋은 평판을 해주는 것이 무슨 소용이 있겠는가?
> 사람들을 매혹할 좋은 말로 기도를 표현하려고 애쓰지 말고 마음가짐을 참되게 하여 기도하도록 힘써야 한다. 마음으로 참되고 성실한 것이 좋은 언어를 선택하는 것이나 올바른 기도의 자세를 취하는 것보다 훨씬 더 중요하다.

이런 외식적인 공중 기도를 가리켜서 로이드 존스 목사님은 '아름다운 기도'라고 표현한다. '아름다운 기도'는 하나님께 기도할 때 말씨와 용어의 선택과 배열, 그리고 억양에 세심하게 주의하면서 하는 기도를 가리킨다. 로이드 존스 목사님은 아름다운 기도를 이렇게 비판한다.

> 이것은 기도는 궁극적으로 내 아버지와의 이야기요, 대화요, 교제라는 관념을 전적으로 부정하고 무효화시킵니다. 사람은 자기가 사랑하는 사람에게는 말씨와 어휘 등에 주의를 기울이는 등 완벽하고 세련된 태도로 말하지 않는 법입니다.
> 참된 교제와 사귐에는 본질상 자연스러운 것이 있기 마련입니다.

로이드 존스 목사님은 강단에서 공중 기도나 대표 기도를 할 때 미리 기도문을 작성해서 그것을 가지고 기도하는 것을 반대한다. 저는 로이드 존스 목사님의 의견에 동의하지는 않지만, 그분이 말씀하시는 공중 기도문의 위험성과 그것을 반대하는 그분의 관점과 의도는 옳다고 생각한다.

우리는 그 점에 있어서 참으로 조심해야 한다. 공중 기도는 큰 소리로 대표 기도하는 사람과 잠잠히 그와 함께 기도하는 사람들이 서로를 의식하지 못하는 상태로 함께 기도의 날개를 타고 하나님의 존전(尊前)으로 올라가야 한다.

우리는 개인 기도이든지 공중 기도이든지 사람에게 보이려고 하는 외식적인 기도를 경계하면서 정말 조심해야 한다. 그렇지 않을 때 우리의 '신앙적인 의'는 결코 서기관과 바리새인들의 '신앙적인 의'를 능가할 수 없기에 천국에 결코 들어갈 수 없다고 주님께서 경고하시기 때문이다(5:20).

2. 중언부언(重言復言)하는 기도이다

> [마 6:7] 또 기도할 때에 이방인과 같이 중언부언(重言復言)하지 말라 그들은 말을 많이 하여야 들으실 줄 생각하느니라

여기서 '중언부언(重言復言)하다'('밧탈로게오')라는 단어는 '말을 많이 하다. 생각 없이 말하다. 쓸데없이 말하다'라는 뜻이다. 그리고 '말을 많이 하

다'('폴뤼로기아')라는 단어는 '쓸데없이 말을 많이 늘어놓는 것'을 가리킨다. 중언부언하는 기도, 말을 많이 하는 기도는 이교도들이 주문을 외우듯이 하는 기도나 천주교에서 염주를 세면서 하는 기도에서 볼 수 있다.

갈멜산에서 바알 선지자들은 아침부터 저녁까지 바알의 이름을 부르면서 "바알이여, 우리에게 응답하소서!"

이를 반복하며 기도했다(왕상 18:26, 29). 에베소의 은장색 데메드리오의 선동을 받은 에베소 사람들은 무려 2시간 동안이나 "크다, 에베소 사람의 아데미여!"라고 반복하며 기도했다(행 19:24-34). 이렇게 그들은 반복된 말로 기도함으로써 그들의 신을 설득하고 감동시켜서 응답을 받아내려고 했다.

유대인들도 반복된 말로써 길게 기도함으로 하나님의 환심을 사려고 했다. 그들은 기도할 때 하나님의 이름 앞에 온갖 좋은 형용사를 다 갖다 붙였다.

> 거룩하시고 진실하시고 의로우시고 자비로우시고 인자하시고 은혜로우시고 긍휼이 풍성하시고 높으시고 선하시고 신실하시고 …

등을 갖다 붙이면서 응답을 받아내려고 했다. 오늘날 성도들 가운데도 이렇게 자신의 욕망을 채우기 위해 기도하는 사람들이 많이 있다. 그들은 눈물로 애원하는 자세를 취하거나 하나님을 설득하는 자세로 미사여구(美辭麗句)를 늘어놓으면서 기도한다. 그러나 하나님께서 보실 때 그들의 기도는 마음을 싣지 않고 생각 없이 아무 의미 없는 말들을 많이 쏟아놓는 것에 불과하다. 그래서 그들의 기도는 결코 하나님 앞에 상달되지 못한다.

문제는 동일한 기도를 반복하는 것 자체가 아니다. 기도에 마음이 실려 있지 않고 의미 없이 생각 없이 기계적으로 반복하는 것이 문제이다. 길게 기도하는 것이 문제가 아니라 마음이 담기지 않는 기도를 길게 하는 것이 문제이다. 외식적인 기도는 하나님이 아니라 사람들이 듣도록 하는 기도이다. 그리고 중언부언하는 기도는 하나님께 아뢰는 기도가 아니라 하나님을 조종하려고 하는 기도이다.

이런 중언부언의 기도는 아주 교묘한 방법으로 우리를 미혹시키기도 한다. 우리가 기도할 때 기도 시간과 장소를 정해놓고 규칙적으로 기도하는 것은 필요하고 유익하다. 그렇지만 우리의 초점이 기도하는 것보다 정해진 장소에서 정해진 시간에 기도하는 것에 초점을 맞추고 있다면 그것은 이방인들의 중언부언하는 기도와 다를 바가 없는 거짓된 기도이다.

중언부언 기도의 또 다른 교묘한 방법은 우리가 하나님 존전에서 많은 시간을 보내면서 기도하면 거룩하고 경건한 믿음의 사람이 될 수 있다는 착각이다. 우리가 그렇게 한다고 할지라도 그 자체가 우리를 거룩하고 경건한 믿음의 사람으로 만드는 것은 결코 아니다.

중요한 것은 우리가 하나님 존전에서 많은 시간을 보내면서 기도할 때 우리의 관심과 초점이 어디에 있느냐 하는 것이다.

> 하나님인가, 나 자신인가?
> 하나님을 바라보고 있는가, 사람들을 바라보고 세상을 바라보고 있는가?
> 기도 자체가 우리의 생활이며 기도 없이는 우리가 살 수가 없는가, 아니면 기도하는 시간의 길이를 생각하는가?

이런 질문에 대해 우리가 올바른 대답을 할 수 없다면 우리의 기도는 이방인들의 중언부언하는 기도처럼 아무 의미 없는 기계적인 기도가 되어 결국 우리 신앙의 모든 것을 파멸시키게 된다.

그러나 우리 기도가 비록 내용이 간결하고 단순해도 그 기도에 우리 마음을 실어서 진실하고 간절하게 기도할 때 하나님께서는 우리 기도를 들으시고 놀랍도록 축복해주신다. 실제로 성경에서 하나님께 응답받은 기도들은 간결하면서도 진실한 기도였다(출 32:31, 32; 왕상 3:6-9; 18:36, 37).

주기도가 얼마나 간결하고 단순한가?

간결하고 단순한 주기도 속에 우리가 기도해야 할 모든 내용이 다 들어있다. 비록 우리의 기도가 청산유수같이 능숙하고 잘하는 기도가 아니라 단순하고 간결한 기도라 할지라도 은밀한 가운데서 우리의 마음을 다 쏟아서 진실하고 간절하게 기도할 때 하나님께서는 우리의 기도를 기뻐하시면서 반드시 들으시고 응답하신다.

사랑하는 성도 여러분!

신앙생활 하면서 수많은 기도를 하고 있지만, 주님께서 인정하시고 칭찬하시는 참된 기도는 얼마나 되겠는가?

혹시 개인 기도나 특히 공중 기도가 사람에게 보이려고 하는 외식적인 기도는 아닌가?
하나님께만 방향을 향하기보다 방향이 많이 흐트러져 있지 않은가?
우리의 기도가 하나님의 놀라운 응답을 받았던 기도의 사람들의 기도나 주님께서 가르쳐주신 기도와는 달리 중언부언하는 기도는 아닌가?

우리의 기도가 은밀한 중에 보시는 하나님께서 다 갚으시는 참된 기도가 되도록 하자. 그리고 우리의 신앙생활은 서기관과 바리새인의 의를 능가하는 참된 신앙생활이 되도록 하자.
그때 은밀한 중에 보시는 하나님께서 다 갚아주실 것이다.

제25장

참된 기도(II)

[마 6:5-8] 또 너희는 기도할 때 외식하는 자와 같이하지 말라 그들은 사람에게 보이려고 회당과 큰 거리 어귀에 서서 기도하기를 좋아하느니라 내가 진실로 너희에게 이르노니 그들은 자기 상을 이미 받았느니라 너는 기도할 때에 네 골방에 들어가 문을 닫고 은밀한 중에 계신 네 아버지께 기도하라 은밀한 중에 보시는 네 아버지께서 갚으시리라 또 기도할 때에 이방인과 같이 중언부언하지 말라 그들은 말을 많이 하여야 들으실 줄 생각하느니라 그러므로 그들을 본받지 말라 구하기 전에 너희에게 있어야 할 것을 하나님 너희 아버지께서 아시느니라

말세를 사는 우리에게 있어서 가장 긴급하고 중요한 일은 매일의 삶 속에서 시간을 따로 떼어놓고 우리 자신의 신앙생활과 삶을 진지하게 돌아보고 성찰하는 일이다. 우리 삶이 무력한 이유는 우리가 성경을 대하고 기도하지만 거룩하신 하나님 앞에서 자신을 깊이 살피는 시간을 갖지 않기 때문이다. 분주하게 주님을 위해 일하지만, 말씀의 거울 앞에서 자신을 진지하게 성찰하지 않기 때문이다.

아무리 바쁘고 분주해도 하나님 앞에서 끊임없이 자신을 살피고, 날마다 진지하게 자신의 신앙생활의 모습을 깊이 성찰하며 살아야 한다. 그때 서기관과 바리새인들처럼 자기기만에 빠져 거짓된 신앙생활을 하지 않고 주님께서 원하시는 참된 신앙생활을 할 수 있다.

그리하여 우리의 의는 서기관과 바리새인들의 의를 능가하게 되고, 그래서 반드시 천국에 들어가게 될 것이다.

지난주부터 우리는 참된 신앙생활의 두 번째 실례인 기도에 대해 살펴보고 있다. 주님께서는 먼저 두 가지 거짓된 기도에 대해 말씀하신다. 그것은 사람에게 보이려고 하는 외식적인 기도와 의미 없이 반복하는 중언부언(重言復言)의 기도이다. 이어서 주님께서는 참된 기도에 대해서 말씀하신다.

그렇다면 어떤 기도가 참된 기도인가?

참된 기도를 하기 위해서는 어떻게 해야 하는가?

1. 골방에서 은밀히 기도해야 한다

> [마 6:6] 너는 기도할 때에 네 골방에 들어가 문을 닫고 은밀한 중에 계신 네 아버지께 기도하라 은밀한 중에 보시는 네 아버지께서 갚으시리라

하나님께서 갚아주시는 참된 기도는 자신의 골방에 들어가 문을 닫고 은밀하게 기도하는 기도이다. 여기서 '골방'('타메이온')이라고 번역된 단어는 '창고, 내실(內室), 침실' 등의 의미를 가지고 있다. 가장 일차적인 뜻은 식료품이나 귀한 물품을 보관하는 창고를 의미한다. '타메이온'을 '내실', '침실', '골방'으로 번역하더라도 기도의 장소가 다른 사람들의 눈에 잘 띄지 않는 자신만의 공간이란 점이 잘 드러난다.

그러나 '창고'라고 번역하면 의미가 더욱 분명히 드러난다. 당시 로마의 지배를 받으며 궁핍에 시달리던 유대인들은 가족들을 위해 아무도 모르는 창고에 양식을 은밀히 숨겨 두었다. 그리고 양식을 가지러 창고로 들어갈 때는 아무도 눈치채지 못하도록 극도로 조심했다. 당시 유대인들에게 있어서 식량 창고는 생명과도 같은 가장 중요한 보물 창고였고 비밀 장소였다.

『틴데일신약주석-마태복음』(Tyndale new testament commentaries- Matthew)을 주석한 테스커(R. V. G. Tasker, 1895-1976)는 '타메이온'은 '보물을 보관하는 창고'로 사용된 단어라고 지적했다. 이런 의미의 '타메이온'이라는 단어를 사용하여 주님께서는 은밀한 기도를 매우 강조하신다. 또 이렇게 은밀하게 참된 기도를 드릴 때 하늘나라의 보물이 우리를 기다리고 있고 기도의 상급이 너무 많아 셀 수 없을 정도라고 매우 강조하신다.

그렇다면 "기도할 때 네 골방에 들어가 문을 닫고 은밀히 기도하라"는 말씀은 구체적으로 어떤 의미인가?

이 말씀은 공중 기도나 기도 모임을 금지하는 말씀이 아니다. 성경은 성도들이 함께 모여 기도하는 것을 강조하고 있다. 주님께서도 합심 기도를 강조하셨고, 초대교회 성도들도 자주 함께 모여서 합심해서 기도했다 (행 1:14; 2:42; 6:4; 12:5; 16:13).

> [마 18:19-20] 너희 중의 두 사람이 땅에서 합심하여 무엇이든지 구하면 하늘에 계신 내 아버지께서 그들을 위하여 이루게 하시리라 **두세 사람이 내 이름으로 모인 곳에는 나도 그들 중에 있느니라**

종교개혁자 칼빈은 '우리가 골방에 들어가서 기도하는 것'을 이렇게 주석했다.

> 우리가 기도할 때 혼자 있거나 여럿이 있거나, 취할 태도는 마치 골방에서처럼 하나님만을 우리의 증인으로 생각하는 것이어야 한다.

'골방'('타메이온')의 중요한 특징은 '아무도 모르고 눈치채지 못하는 은밀한 장소'이다. 주님께서는 외식하는 자들이 기도하기를 좋아하던 장소인 '회당과 큰 거리 어귀'와 대조되는 장소로 '골방'을 말씀하고 있다. 참된 기도는 오직 하나님의 얼굴을 찾으면서 하나님께만 향하여 나아가는 기도이다. 기도의 본질이 하나님을 찾는 것이기 때문이다.

참된 기도는 그 누구나 그 무엇에게도 방해받지 않고 오직 하나님만 의식하고 그분께만 집중하여 은밀하게 그 하나님과 대화를 나누며 교제하는 기도이다. 다윗은 참된 기도에 대해 이렇게 고백한다.

> [시 27:8] 너희는 내 얼굴을 찾으라 하실 때에 내가 마음으로 주께 말하되 **여호와여 내가 주의 얼굴을 찾으리이다** 하였나이다

'골방 기도'의 핵심은 우리가 아무도 눈치채지 못하는 은밀한 장소에서 기도하는 그 자체에 초점이 있는 것이 아니라 기도하는 우리의 마음과 동기가 핵심이다. 주님께서 은밀한 기도를 강조하시는 목적은 기도하는 우리의 동기를 정결케 하기 위해서이다. 구제할 때 사람들에 대한 참된 사랑으로 주는 것처럼, 기도할 때도 하나님에 대한 참된 사랑으로 기도해야만 한다.

비록 우리가 아무도 모르는 은밀한 장소에서 기도한다고 해도 그 기도가 '골방 기도'가 아닐 수 있다. 반면에 우리가 공중 기도를 하고, 기도 모임에서 기도할 때 그 기도가 '골방 기도'가 될 수 있다. 우리가 골방에서 기도하는 이유는 오직 하나님께 초점을 맞추고 그분께 온전히 집중하여 기도하기 위해서이다.

우리는 주변 환경의 영향을 많이 받기에 기도할 때도 쉽게 마음이 흐트러지고 생각이 자주 분산된다. 주님께서는 우리 마음과 생각을 어지럽히고 분산시키는 모든 것으로부터 피하여 하나님과의 교제를 방해하는 것이 없는 곳으로 가서 기도하라고 권면하시는 것이다. 주님께서도 자주 그렇게 기도하셨다. 주님께서는 군중들과 번잡한 곳을 떠나서 조용하고 한적한 산이나 들판에 가셔서 자주 기도하셨다.

골방 기도를 말씀하실 때 주님께서는 2인칭 단수 대명사인 '너'('수', you)라는 단어를 반복해서 사용하신다. 우리 한글 성경에는 '너'('수')라는 단어가 4번 나오지만, 헬라어 원문 성경에는 무려 6번이나 나온다.

> [마 6:6] **너는** 기도할 때에 네 **골방에** 들어가 (너의) **문을 닫고** 은밀한 중에 계신 네 **아버지께 기도하라 은밀한 중에 보시는 네 아버지께서** (네게) **갚으시리라**

주님께서는 우리가 기도할 때 오직 하나님과만 같이 있어야 할 것을 거듭 강조하신다. 우리는 기도할 때 눈에 보이는 존재가 아니라 눈에 보이지 않는 하나님으로 우리의 마음을 가득 채워야 한다. 우리 마음속에 있는 모든 잡념을 제거하고 오직 하나님께만 집중하여 마음을 쏟아 기도해야 한다. 아더 핑크의 지적처럼 우리는 하나님하고만 지내기 위하여 그분의 거룩한 지성소에 들어가 지성소에서 하나님과 이야기하며 교제해야 한다. 그러므로 '골방'이란 우리가 하나님께 말씀드리고 하나님이 우리에게 말씀하시는 장소이다.

'골방 기도'를 하기 위해서는 무엇보다 사람들을 의식하거나 생각해서는 안 된다. 사람들을 다 잊어버려야 한다. 심지어 나 자신도 의식하거나 생각해서는 안 된다. 나 자신까지도 다 잊어버려야 한다. 오직 하나님만 의식하고 생각해야 한다. 내 마음이 전적으로 하나님을 향해서만 열려 있어야 한다. 그것은 우리 기도의 유일한 대상이 오직 하나님이시고 우리가 그 하나님께 아뢰기 때문이다.

기도는 하나님과의 인격적이고 생명적인 관계요 살아 있는 교제며 사랑의 대화이다. 거룩한 '골방 기도'를 통하여 하나님과 만나 교제할 때 누리는 놀라운 은혜와 축복이 있다. 지식에 넘치는 하나님의 놀라운 사랑을 경험하게 된다.

우리의 영혼을 새롭게 해주시고 배부르게 하시며 갈증을 풀어주시는 참된 만족을 얻게 된다. 하나님이 주시는 확신과 담대함과 힘을 얻게 된다. 참된 소망을 갖게 되고 놀라운 위로와 마음의 평안을 얻게 된다. 그래서 비록 무거운 십자가를 지고 가기에 힘들고 고달파도 우리 마음에는 기쁨이 있고, 우리 입술에는 감사와 찬송이 있다.

우리가 즐겨 부르는 찬송가 364장 '내 기도하는 그 시간'을 작시한 월포드(W. W. Walford)는 골방 기도의 놀라운 축복을 누렸다. 그는 시각장애인이었지만 거룩한 골방 기도를 통하여 하나님을 만나는 축복을 누렸기에 이렇게 고백할 수 있다.

> 내 기도하는 그 시간 그때가 가장 즐겁다.
> 이 세상 근심 걱정에 얽매인 나를 부르사,
> 내 진정 소원 주 앞에 낱낱이 바로 아뢰어,
> 큰 불행 당해 슬플 때 나 위로받게 하시네.

2. 우리 기도를 들으시는 하나님이 어떤 분인가를 분명히 인식해야 한다

기도할 때 하나님이 누구시며 그분이 어떤 분이신가를 인식하는 것은 참으로 중요하다. 하나님만이 우리 기도를 들으시는 분이시고 우리 기도를 갚아주시는 분이시기 때문이다.

우리가 기도하는 대상인 하나님은 창조주시고 주권자시며 심판 주시다.

거룩하시고 공의로우시고 전지하시고 전능하시고 영원하신 분이시다.

선하시고 변함이 없으신 신실하시고 진실하신 분이시다.

높고 크시며 소멸하는 불이신 두렵고 엄위하신 분이시다.

어둠이 전혀 없으신 참된 빛이신 분이시다.

우리가 기도의 골방에 들어가서 하나님을 뵐 때 이 사실을 분명히 인식해야 한다. 그때 하나님을 뵙는 우리 마음과 태도와 자세는 더욱 겸손하고 진실하고 순결하고 진지한 모습으로 변화될 것이다.

무엇보다 우리는 기도할 때 하나님께서 나의 아버지이심을 깊이 인식해야 한다.

> [마 6:6] 너는 기도할 때에 네 골방에 들어가 문을 닫고 은밀한 중에 계신 네 **아버지께 기도하라** 은밀한 중에 보시는 네 아버지께서 (네게) 갚으시리라

우리의 기도를 들으시고 갚아주시는 하나님은 우리 아버지이시다. 하나님과 우리와의 관계는 아버지와 아들과의 관계이다.

우리가 기도할 때마다 전지하시고 전능하신 하나님이 그리스도를 통하여 우리의 아버지라는 사실을 인식한다면 우리의 기도가 얼마나 달라지겠는가?

기도할 때마다 우리는 자녀로서 아버지에게 나아가는 것이다. 하나님 아버지께서는 우리가 하나님께 나아가기 전에 우리의 필요를 다 아시고, 우리가 구하기 전에 우리에게 있어야 할 모든 것을 다 아신다.

[마 6:8] 그러므로 그들을 본받지 말라 구하기 전에 너희에게 있어야 할 것을 하나님 너희 아버지께서 아시느니라

육신의 아버지가 어린 자식에게 지대한 관심을 가지고 세밀하게 돌보고 세심하게 보살피는 것처럼, 그리고 필요한 모든 것을 미리 걱정하여 공급해 주는 것처럼, 하나님께서는 예수 그리스도를 통해서 당신의 자녀가 된 모든 사람에게 그렇게 하신다. 하나님께서는 우리가 축복받기를 원하는 것보다 훨씬 더 우리를 축복하고 싶어 하신다.

하나님께서는 우리를 주목하여 보시고 우리에 대한 놀라운 계획을 세우고 계시며 우리를 향해 큰 뜻을 품고 계신다. 우리를 향한 하나님의 생각과 기대는 우리의 최상의 생각과 최고의 기대를 훨씬 능가한다. 기도할 때마다 우리는 지극히 크시고 거룩하시고 전능하신 하나님이 바로 우리 아버지심을 기억해야 한다. 우리가 구하는 모든 것은 물론이고 심지어 우리가 생각조차 하지 않는 것까지도 더 넘치도록 주시는 분이 바로 우리 아버지 하나님이시다.

[엡 3:20] 우리 가운데서 역사하시는 능력대로 우리가 구하거나 생각하는 모든 것에 더 넘치도록 능히 하실 이에게

그렇다면 우리가 하나님께 기도할 필요가 어디에 있는가?

우리가 하나님께 기도하는 것은 하나님께서 모르시는 것을 알려드리기 위해서가 결코 아니다. 하나님 아버지께서는 우리가 구하기 전에 우리에게 필요한 것을 이미 다 아신다.

[마 6:8] 그러므로 그들을 본받지 말라 구하기 전에 너희에게 있어야 할 것을 하나님 너희 아버지께서 아시느니라

기도는 하나님께 필요한 것이 아니라 우리에게 필요한 것이다. 하나님께서는 모든 것을 다 아심에도 불구하고 우리가 기도하기를 간절히 원하신다. 하나님께서는 모든 것을 주장하시고 모든 것을 당신의 뜻대로 이루시지만,

그와 동시에 우리 기도에 응답하시고 기도하라고 우리에게 명령하신다.

하늘 아버지께서는 당신의 자녀들이 구하기 전에 그들의 필요를 먼저 다 아시면서도, 동시에 우리가 어린아이와 같은 단순한 믿음으로 확신을 두고 아버지를 신뢰하면서 구하라고 용기를 북돋아 주신다. 하나님께서는 기도를 통해 우리와 대화하기를 원하시고 교제하기를 원하시기 때문이다.

우리가 하나님을 의지하고 우리의 필요를 구할 때 하나님은 우리의 기도에 응답하심으로 당신의 선하심과 신실하심과 은혜로우심과 능력을 나타내셔서 영광을 받으시기 때문이다.

> [요 14:13] 너희가 내 **이름으로 무엇을 구하든지 내가 행하리니** 이는 아버지로 하여금 아들로 말미암아 영광을 받으시게 하려 함이라

또 하나님께서는 기도를 통하여 믿음의 훈련을 쌓게 하심으로 우리 믿음을 강화시키신다. 그래서 하나님이 우리를 위해 예비해 놓으신 온갖 좋은 것들을 받을 준비를 하게 하시고, 그리고 받은 것들을 은혜롭게 사용하도록 하신다.

칼빈은 구하기 전에 우리의 모든 필요를 다 아시는 하나님께서 기도하시기를 원하시는 이유를 이렇게 설명한다.

> 그것은 우리가 항상 깨어 있는 가운데 하나님을 찾아 그분의 약속을 생각하면서 우리의 염려를 그분의 품으로 올려드림으로 믿음의 훈련을 쌓는 것이다.
> 그리고 우리가 바라고 구해야 할 모든 좋은 것은 하나님으로부터만 온다는 점을 증거하는 것이다. 하나님께서는 당신의 주권적인 뜻에 따라 미리 주시기로 작정하신 바로 그것을 우리의 기도에 대한 응답으로 주시겠다고 약속하셨다.
> 그러므로 우리는 우리가 구하는 바를 기도로써만 얻는다.

이 사실을 복음 전도자였던 D. L. 무디는 잘 알았기에 "하나님의 모든 위대한 일은 하나님 앞에 무릎 꿇은 사람을 통해 이루어진다"고 했다. 그는

늘 하나님 앞에 무릎 꿇는 삶을 살았다. 그러자 하나님께서 얼마나 놀라운 축복을 주셨던지 그의 육체가 너무 압도당하여 감당할 수 없었다. 그는 하나님께 부르짖었다.

  하나님, 인제 그만!
  인제 그만, 제발 멈추소서!

기도는 우리의 마음을 아시고 우리의 필요를 다 아시면서 크신 자비를 베풀어 주시는 하늘 아버지께 영광을 돌리는 놀라운 은혜의 방편이다. 아버지이신 하나님과 인격적인 사랑의 관계를 형성하고 그 관계를 더 깊고 친밀하게 만드는 영적인 대화와 교제의 필수적인 수단이다. 우리가 하늘의 놀라운 선물을 올바르게 받고, 또 더 받는 중요한 통로이다. 그리고 우리의 참된 행복을 위하여 필요한 모든 것을 다 주신다는 것을 확신하게 해주는 간청이다.

그러기에 기도는 우리의 영혼에 없어서는 안 되는 필수요소이다. 그러므로 우리는 어린아이의 단순함과 믿음과 신뢰로 날마다, 시간마다 하나님 아버지께 나아가야 한다. 하나님께서는 참으로 나의 좋으신 아버지시기에 내게 가장 좋은 것을 주시기를 기뻐하시고 간절히 원하신다는 사실을 확신하고 기도해야 한다.

  [마 7:11] 너희가 악한 자라도 좋은 것으로 자식에게 줄 줄 알거든 **하물며 하늘에 계신 너희 아버지께서 구하는 자에게 좋은 것으로 주시지 않겠느냐**

우리가 이런 어린아이와 같은 믿음으로 기도할 때 은밀한 중에 보시는 하나님 아버지께서는 다 갚아주실 것이다.

  [마 6:6] 너는 기도할 때에 네 골방에 들어가 문을 닫고 은밀한 중에 계신 네 아버지께 기도하라 **은밀한 중에 보시는 네 아버지께서 (네게) 갚으시리라**

여기서 '갚으시리라'는 단어 '아포도세이'는 시제가 미래형이다. 우리의 은밀한 기도에 대한 보상은 이 세상에서 완전하게 이루어지는 것이 아님을 알 수 있다. 우리가 어린아이와 같은 믿음으로 하나님 아버지를 전적으로 의지하면서 은밀하게 기도하면 하나님께서는 현세에서도 갚아주시지만, 장차 내세에서 완전하게 다 갚아주신다.

그러므로 우리는 할 수 있는 대로, 하늘의 보물 창고에 기도의 보물을 많이 쌓도록 해야 한다. 그때 우리는 영원한 내세에서 하나님께서 갚아주시는 놀라운 기도의 보상과 상급을 완전하게 받게 될 것이다.

사랑하는 성도 여러분!

우리는 너무나 바쁜 세상에 살고 있다. 우리가 사는 이 시대의 풍조는 우리를 너무나 바쁘게 하고 분주하게 만든다. 그래서 기도할 시간이 없고 더욱 안타까운 것은 기도에 집중할 생각과 마음조차 갖지 못하게 만든다. 그런 우리를 바라보시면서 하나님께서는 참으로 안타까워하신다.

하나님께서는 골방에서 늘 우리를 기다리고 계신다. 우리의 모든 사정과 모든 필요를 다 아시면서 우리에게 가장 귀한 것들을 주시려고 하늘의 보물을 예비해 놓으시고 골방에서 우리를 간절히 기다리고 계신다.

하나님의 이 심정과 소원을 알고 시간마다 골방에 들어가 문을 닫고 마음을 쏟아 하나님과 친밀히 교제하라. 참 좋으신 하나님 아버지를 온전히 의뢰하면서 은밀한 중에 기도하라. 그때 하나님께서는 반드시 우리를 만나주실 것이다. 그리고 우리를 위해 예비해 놓으신 모든 좋은 것을 아낌없이 갚아주실 것이다.

그리하여 우리의 영혼은 소생함을 얻게 될 것이다. 삶 속에서 홍해 바다가 갈라지고 요단강이 갈라지며 여리고 성이 무너지는 기적을 체험하게 될 것이다. 하나님의 은혜와 능력으로 충만하여 사탄의 어떠한 공격도 능히 물리치고 승리하게 될 것이다. 어렵고 힘든 상황과 문제도 넉넉하게 극복하게 될 것이다. 슬픔이 변하여 기쁨이 되고 재가 변하여 화관(花冠)이 되는 축복을 경험하게 될 것이다. 근심이 변하여 감사가 되고 한숨이 변하여 찬송이 되는 은혜를 깊이 체험하게 될 것이다.

제26장

주님이 가르쳐주신 기도

[마 6:9-13] 그러므로 너희는 이렇게 기도하라 하늘에 계신 우리 아버지여 이름이 거룩히 여김을 받으시오며 나라가 임하시오며 뜻이 하늘에서 이루어진 것 같이 땅에서도 이루어지이다 오늘 우리에게 일용할 양식을 주시옵고 우리가 우리에게 죄 지은 자를 사하여 준 것 같이 우리 죄를 사하여 주시옵고 우리를 시험에 들게 하지 마시옵고 다만 악에서 구하시옵소서 나라와 권세와 영광이 아버지께 영원히 있사옵나이다 아멘

[눅 11:1-4] 예수께서 한 곳에서 기도하시고 마치시매 제자 중 하나가 여짜오되 주여 요한이 자기 제자들에게 기도를 가르친 것과 같이 우리에게도 가르쳐 주옵소서 예수께서 이르시되 너희는 기도할 때에 이렇게 하라 아버지여 이름이 거룩히 여김을 받으시오며 나라가 임하시오며 우리에게 날마다 일용할 양식을 주시옵고 우리가 우리에게 죄 지은 모든 사람을 용서하오니 우리 죄도 사하여 주시옵고 우리를 시험에 들게 하지 마시옵소서 하라

우리가 가장 애송하는 찬송 가운데 하나인 <나 같은 죄인 살리신>(Amazing Grace)을 작사한 존 뉴턴은 자신이 천국에 가면 세 가지 사실 때문에 깜짝 놀랄 것이라고 했다.

> **첫째**, 자신이 천국에 꼭 올 것으로 생각했던 사람들이 천국에 없는 것을 보고 깜짝 놀랄 것이다.
> **둘째**, 자신이 천국에 오지 못할 것으로 생각했던 사람들이 천국에 있는 것을 보게 되어 깜짝 놀랄 것이다.

셋째, 자기와 같은 엄청난 죄인이 천국에 있다는 사실에 깜짝 놀랄 것이다.

이런 뉴턴의 고백은 우리의 믿음과 구원에 대한 성경의 경고를 생각나게 한다.

[고후 13:5] 너희가 믿음에 있는가 너희 자신을 시험하고 너희 자신을 확증하라 예수 그리스도께서 너희 안에 계신 줄을 너희가 스스로 알지 못하느냐 그렇지 않으면 너희가 버리운 자니라

그러므로 우리는 산상수훈의 말씀 앞에서 지금 내 신앙은 어떤 상태에 있는가를 면밀히 살펴보아야 한다. 그래서 잘못된 부분이 있다면 철저히 회개하고 돌이켜야 한다. 그때 우리는 소망이 있다.

주님께서는 우리와 하나님과의 관계를 가장 잘 보여주는 참된 신앙생활의 구체적인 예로서 기도를 말씀하신다. 그것은 기도만큼 우리와 하나님과의 관계를 잘 보여주는 대표적인 경건 행위도 없기 때문이다. 기독교는 단순히 하나님의 명령과 약속을 믿고 순종하는 것이 아니라 그 이상이다. 기독교 신앙은 하나의 종교에 불과한 것이 아니라 바로 관계이다.

우리의 관계에 있어서 우선적으로 중요한 것은 하나님과의 관계이다. 관계에는 반드시 대화와 교제가 필요하기에 우리 신앙에 있어서 가장 기본적이고 중요한 요소는 기도이다. 우리가 기도를 통해서 하늘에 계신 하나님 아버지와 대화하며 교제할 수 있기 때문이다. 기도를 한마디로 이렇게 정의할 수 있다.

기도는 하나님 아버지와의 인격적인 교제이다.

그러므로 우리 신앙의 핵심에 기도가 있다. 우리 삶의 중심에 기도가 놓여 있다. 기도의 사람 E. M. 바운즈는 말한다.

신앙생활에 있어서 기도를 대신할 만한 것도 없고, 기도에 버금갈 만한 것도 없다.

로이드 존스 목사님도 같은 고백을 한다.

> 기도는 인간 영혼의 가장 숭고한 활동입니다. 인간은 무릎을 꿇고 하나님과 대면할 때 가장 위대하며 가장 높은 봉우리에 있습니다. 그리스도인으로서의 참된 모습을 기도 생활처럼 분명히 보여주는 것은 없습니다. 하나님과 홀로 대화를 나눌 때 우리의 참된 영적 상태가 드러납니다.
>
> 기도는 영혼의 가장 숭고한 활동일 뿐 아니라 우리의 영적 상태를 시험하는 궁극적인 시금석(試金石)입니다. 우리가 하나님과 오랜 시간 은밀하게 즐거움으로 대화할수록 우리는 그만큼 성스러워지고 거룩해집니다.
>
> 이렇게 기도는 우리 신앙에 있어서 사활적으로 중요하고 가장 중요한 문제가 됩니다.

주님께서는 기도가 우리 신앙생활에 있어서 가장 중요한 경건 행위인 것을 분명히 말씀하신다. 주님께서는 참된 신앙생활의 대표적인 세 가지 경건 행위인 구제, 기도, 금식 중에서 기도를 그 중심 위치에 두셨다.

또 기도를 우리와 하나님과의 관계를 가장 잘 보여주는 경건 행위로 드셨다. 나아가 주님께서는 구제와 금식과는 달리 기도에 대해서는 참된 기도의 모델로 주기도문을 구체적으로 가르쳐주셨다. 이런 사실들은 우리 신앙생활과 삶에 있어서 기도가 얼마나 중요한 경건 행위인가를 분명히 확인할 수 있다.

우리가 예수 믿게 되면 제일 먼저 암송하는 것이 바로 주기도문이다. 주기도문을 가리켜서 주기도문, 주의 기도, 주기도라고 부른다. 그러나 정확한 명칭은 '주께서 가르쳐 주신 기도'이다. 흔히 교회에서 어떤 모임을 마칠 때나 기도회 끝마무리로 주기도문을 암송하는 경우가 많다. 그때 우리는 주기도의 의미를 이해하고 그 뜻을 되새기며 우리 마음을 실어서 기도하기보다 그냥 의미 없이 외우는 경우가 많이 있다.

그러나 주기도는 결코 그렇게 사용되어서는 안 된다. 주님께서는 참된 기도의 모델로서 주기도를 가르쳐주셨다.

그러므로 우리가 주기도의 바른 의미를 알고, 그것을 우리의 기도 생활에 구체적으로 적용해 나간다면 우리 신앙생활과 삶에 엄청난 유익을 얻을 수 있다. 주님께서는 우리 신앙에 있어서 참으로 중요한 기도를 말씀하시면서 그 중앙 핵심부에 주기도문이 자리 잡도록 하신 것이다. 이 사실을 김세윤 교수는 『주기도문 강해』에서 이렇게 설명한다.

> 주기도는 하나님 백성의 공동체의 정체성을 가장 집약적으로 잘 나타내 주는 성격의 기도문입니다.
>
> 예수 그리스도의 하나님 나라 운동에 동참하는 모든 제자가 함께, 항상, 가장 기본적으로 드려야 하는 기도가 주기도문이며, 또한 기독교 신앙의 중심적인 자리를 차지하는 것임을 알 수 있습니다. 주기도문은 주님의 가르침과 사역 전체의 요약이라 할 수 있습니다 …
>
> 하나님의 백성 됨의 가장 핵심에 기도가 있습니다. 그런데 그 기도는 '주께서 가르쳐 주신 기도'입니다. 하나님 백성 됨의 가장 근본과 중심에 주께서 가르쳐 주신 기도가 있습니다.
>
> 그리스도를 따르는 제자로서 우리는 이렇게 기도해야 하며, 이 기도를 하면서 하나님의 백성으로 살아야 합니다. 그것이 바로 주님께서 선포하시는 하나님 나라의 제자들로 살아가는 방식입니다.

이렇게 중요한 주기도의 내용을 구체적으로 살펴보기 전에 먼저 전체적으로 주기도문을 통해서 배울 수 있는 기도의 중요한 원리를 살펴보겠다.

1. 우리의 기도가 형식적인 기도가 아니라 살아 있는 기도가 되어야 한다

주님께서 제자들에게 주기도를 가르쳐주신 배경을 누가복음 11장에서는 이렇게 말하고 있다.

> [눅 11:1-2] 예수께서 한 곳에서 기도하시고 마치시매 제자 중 하나가 여짜오되 주여 요한이 자기 제자들에게 기도를 가르친 것과 같이 우리에게도 가르쳐 주옵소서 예수께서 이르시되 너희는 기도할 때에 이렇게 하라 아버지여 이름이 거룩히 여김을

어느 날 주님께서 한 곳에서 기도하시고 마치셨을 때 지켜보던 한 제자가 주님께 부탁을 드렸다. "세례 요한이 자기 제자들에게 기도를 가르쳐준 것 같이 우리에게도 기도를 가르쳐주십시오."

주님께서는 그 요청에 응하셔서 제자들에게 주기도를 가르쳐주셨다. 제자들이 주님께 기도를 가르쳐 달라고 요청한 것은 매우 놀라운 일이다. 그것은 제자들이 기도할 줄 몰라서 기도를 가르쳐달라고 요청한 것이 아니기 때문이다. 유대인이라면 누구나 기도를 잘 알고 있었다. 또 기도하는 습관을 따라 매일 열심히 기도하고 있었다.

당시 유대에는 유대인이라면 누구나 잘 알고 있었던 유명한 기도문들이 있었다. 그 가운데 하나는 '카디쉬'(Kaddish)라는 기도로 회당에서 설교 끝에 함께 낭송하는 짧은 형태의 기도문이다. 또 다른 하나는 '18번 축복 기도'(Shemone Esre)라는 긴 형태의 기도문이다. 이 기도는 유대인들이 하루에 세 번, 즉 아침과 오후가 시작되는 시간, 그리고 저녁이 시작되는 시간에 반드시 각각 드려야 하는 기도였다.

이 '18번 축복 기도'는 모든 유대인에게 가장 기본적인 기도였다. 유대인들은 이런 기도문들을 매일 낭송하면서 기도해야 했다. 제자들을 포함한 당시 유대인들은 기도를 많이 알고 있었고 많이 하고 있었다. 그들은 시편 기도문이나 그 당시 유행하던 기도문을 따라 열심히 기도하고 있었다. 그런데도 제자들은 주님께 기도를 가르쳐 달라고 요청했다.

제자들이 기도를 가르쳐 달라고 주님께 요청한 이유가 있다. 주님께서 기도하시는 모습이 자신들을 포함한 당시 사람들의 모습과는 너무나 달랐기 때문이다. 주님께서 기도하시는 모습은 당시 유대인들이 기도하는 모습과는 딴판이었다. 심지어 당시 최고로 존경받았던 종교 지도자인 서기관들과도 달랐다. 주님의 기도 속에는 무언가 사람들을 압도하는 권위가 있었고 능력이 있었다(참조. 7: 28-29).

제자들은 주님께서 기도하는 모습을 보면서 자신들도 그렇게 기도했으면 좋겠다는 갈급함과 열망과 소원이 마음속에서 솟아나기 시작했다. 그래서 주님께 기도를 가르쳐달라고 부탁을 드렸고, 그때 가르쳐주신 기도가 주기도다. 주님의 기도는 당시 사람들이 하는 기도처럼 형식적인 기도가 아니었다. 하늘 보좌에 상달되는 살아 있고 권세 있는 기도였고, 하늘 문을 여는 능력 있는 기도였다.

주님의 기도가 이렇게 살아 있는 기도, 권세와 능력 있는 기도가 될 수 있었던 이유가 있다. 주님께서 오랜 시간 동안 기도로써 하나님과 친밀히 교제하셨기 때문이다.

주님의 일생을 한마디로 표현하면 '기도의 일생'이라고 할 수 있다. 주님께서는 기도로써 공생애를 시작하셨고 기도로써 공생애를 마치셨다. 주님께서는 40일 동안 금식 기도하시면서 공생애를 철저히 준비하셨다. 공생애를 마칠 때도 십자가에서 "아버지여, 내 영혼을 아버지 손에 부탁하나이다"(눅 23:46)라고 기도하신 후 돌아가셨다. 이렇게 3년 반 동안의 공생애에 있어서 주님의 가장 우선적이고 중요한 일은 기도였다.

> [눅 5:15-16] 예수의 소문이 더욱 퍼지매 **수많은 무리가 말씀도 듣고 자기 병도 고침을 받고자 하여 모여 오되 예수는 물러가사 한적한 곳에서 기도하시니라**

주님께서는 일평생 동안 기도의 줄을 단 한 번도 놓친 적이 없으셨다. 아무리 바쁘고 피곤해도 결코 기도의 줄을 놓치지 않으셨다. 주님께서는 새벽 해뜨기 전에 일어나 기도하셨고, 새벽 3시부터 6시 사이인 밤 4경까지 기도하셨다(마 14:25; 막 6:48). 때로는 밤이 맞도록 밤을 꼬박 지새우면서 기도하셨다(눅 6:12).

특별히 주님께서는 열두 제자를 택하거나 오병이어 같은 기적을 나타내실 때, 그리고 십자가를 지는 일과 같은 중요한 일이나 결정을 앞두고는 언제나 산에 올라가서서 간절히 하나님께 기도하셨다(눅 6:12-13; 마 26:36-44).

살아 있는 기도, 권세와 능력이 있는 기도는 하루아침에 이루어지지 않는다. 오랜 시간 동안 기도로써 하나님과 친밀히 교제할 때에만 가능하다. 기도의 사람 E. M. 바운즈(E. M. Bounds, 1835-1913)는 말한다.

> 하나님과 개인적으로 이야기하는 데 있어서 시간은 결코 빼놓을 수 없는 중요한 요소이다. 역사(役事)하는 힘이 많은 모든 기도의 비결은 하나님과

많은 시간을 보내는 것이다. 기도에 강한 힘이 들어 있다고 느낀다면 그것은 하나님과 오랜 시간을 보낸 직접적인 결과이다. 기도가 짧을지라도 … 응답을 잘 받는다면 그 이전에 오랜 시간 기도드린 기도 덕분이다. 오랜 시간 지속적으로 힘겹게 몸부림치면서 하나님께 간구하지 못한 사람은 역사(役事)하는 힘이 많은 기도를 드릴 수 없다.

제자들은 주님께서 기도하시는 모습을 자주 지켜보면서 마음에 궁금점이 생겨났다.

주님께서 무엇을 기도하시기에 저렇게 권위가 있고 능력 있는가?
무슨 기도를 하시기에 저렇게 간절히 기도하시는가?

제자들은 하나님께 마음을 쏟아 간절히 기도하는 주님의 모습을 보면서 큰 감동과 도전을 받았다. 그들은 기도를 마치신 후에 풀밭에서 일어나시는 주님의 얼굴에 가득한 은혜의 빛과 거룩한 능력으로 충만한 모습을 보았다.

그러자 자신도 그런 기도를 하고 싶은 갈급함과 불타는 열정과 간절한 소원이 마음속에서 불타오르기 시작했다. 그래서 주님께 기도를 가르쳐달라고 간청한다. 이것이 주님께서 제자들에게 주기도를 가르쳐주신 배경이었다.

주님께서는 세상에 계실 때 그 무엇보다도 기도에 힘쓰셨고, 살아 있는 기도, 권세와 능력 있는 기도를 하셨다. 주님께서는 이 세상에 살았던 그 어떤 사람보다 열심히 기도하셨고 간절히 기도하셨다.

주님께서는 기도하기 전에는 하루를 시작하지 않으셨다. 기도하지 않으면 아무것도 하지 않으셨다. 그것은 이 땅에 사셨지만, 주님께서는 기도를 통하여 하늘에 계신 하나님과 깊은 관계를 맺을 수 있었고 친밀한 교제를 나눌 수 있었기 때문이다.

기도를 통해서 하나님의 뜻을 분명히 분별할 수 있었기 때문이다. 그리고 기도를 통해서 하나님의 뜻을 성취할 수 있는 놀라운 능력을 하늘로부터 공급받았기 때문이다.

인간의 본성을 가지셨지만, 죄가 전혀 없으신 주님께서도 하나님과 친밀히 교제하며 하나님의 뜻을 분별하고 그 뜻을 이루기 위한 능력을 공급받기 위해 그처럼 간절히 기도하셨다면 죄가 많고 무력한 우리가 기도하지 않고 신앙생활 한다는 것은 얼마나 어리석고 교만하고 악한 모습인가?

우리는 주기도를 가르쳐주시는 주님의 모습을 통해서 우리 기도가 살아 있는 기도가 되어야 하고, 우리 기도 생활이 살아 있는 기도 생활이 되어야 함을 뼈저리게 느끼게 된다.

2. 기도의 우선순위를 바로 알고 기도해야 한다

주기도는 크게 두 부분으로 나눌 수 있다. 하나님과 관련된 부분과 우리와 관련된 부분이다.

> [마 6:9-13] … 하늘에 계신 우리 아버지여 **이름이 거룩히 여김을 받으시오며 나라이 임하옵시며 뜻이 하늘에서 이룬 것같이 땅에서도 이루어지이다** 오늘날 우리에게 **일용할 양식을 주옵시고** 우리가 우리에게 죄 지은 자를 사하여 준 것같이 **우리 죄를 사하여 주옵시고 우리를 시험에 들게 하지 마옵시고 다만 악에서 구하옵소서** (나라와 권세와 영광이 아버지께 영원히 있사옵나이다 아멘)

하나님과 관련된 부분은 하나님의 이름과 그분의 나라와 그분의 뜻에 관한 것이다. 우리와 관련된 부분은 일용할 양식과 죄와 시험에 관한 것이다. 주님께서는 우리 필요를 구하기 전에 먼저 하나님의 영광과 그분의 나라와 그분의 뜻을 구하라고 하셨다. 이것이 기도의 우선순위이다.

우리는 우리의 필요를 구하기 전에 먼저 하나님의 이름이 거룩히 여김을 받도록 기도해야 한다. 우리의 문제가 해결되기를 구하기 전에 먼저 하나님 나라가 임하도록 기도해야 한다. 우리의 소원이 이루어지기를 구하기 전에 먼저 하나님의 뜻이 이루어지도록 기도해야 한다. 우리의 기도 생활에도 우리 신앙생활의 중요한 원리인 마 6:33의 말씀이 반드시 적용되어야 한다.

[마 6:33] 너희는 먼저 그의 나라와 그의 의를 구하라 그리하면 이 모든 것을 너희에게 더하시리라

우리가 기도의 우선순위를 따라 먼저 하나님의 나라와 의를 구하면서 기도할 때 하나님께서는 우리의 모든 필요를 공급해 주시고 채워주실 것이다. 우리로 하여금 복되고 가치 있는 인생을 살게 하실 것이다.

유명한 찬송가 작시자 패니 크로스비(Fanny Jane Crosby, 1820-1915)가 맹인이 된 이유가 있다. 그는 생후 한 달이 되었을 때 감기에 걸려 열이 오르면서 눈병이 생기게 되었다. 그런데 가정부가 잘 모르고 눈에 약을 잘못 발라 준 것이 화근이 되어서 그만 맹인이 되고 말았다. 엎친 데 덮친 격으로 1년도 채 못 되어서 크로스비의 아버지가 세상을 떠나게 되었다.

그러나 크로스비는 굴하지 않고 명랑하게 자랐다. 그녀는 9살 때 이런 기도를 드렸다.

> 하나님, 저는 맹인이지만, 하나님을 위해서 제 머리와 제 손을 꼭 사용해 주세요!

하나님의 영광을 위해서 간절히 기도하는 어린 크로스비의 기도를 하나님께서는 들어주셨다. 크로스비는 15살 때 맹인학교에 들어가서 공부를 할 수 있게 되었다. 그 학교에서 공부하면서 그녀의 문학적인 재능이 드러나기 시작했다. 그때부터 크로스비는 찬송 시를 쓰기 시작하여 일평생 무려 8,000편의 찬송 시를 작시했다.

크로스비가 하나님의 영광과 하나님의 나라를 위해서 기도할 때 하나님께서는 그 소원을 들어주셨고 모든 필요를 채워주셨다.

크로스비는 은혜로운 찬송을 많이 작시하여 지금도 깊은 영적 감화를 끼치면서 우리 신앙에 큰 도움을 주고 있다. 그녀는 일평생 동안 맹인으로 살았지만, 자신의 처지를 결코 불행하다고 생각하지 않았다. 그 누구보다 행복하고 가치 있는 인생을 살았다.

크로스비는 맹인인 자기를 동정하는 어느 목사님에게 오히려 이런 말을 남겼다.

만약 내가 태어날 때 하나님께 한 가지를 요청할 수 있었다면 그것은 지금처럼 맹인으로 태어나게 해달라는 부탁이었을 것입니다.
그 이유는 내가 천국에서 뵙게 될 주님의 얼굴이 내가 보는 첫 얼굴이 되기 위해서입니다.

크로스비는 우선순위를 바로 확립하고 살았고 우선순위를 바로 확립하고 기도했다. 그 결과 모든 불행을 극복하고 진정으로 복되고 가치 있는 인생을 살 수 있었다.

3. 하나님께서 원하시는 바른 기도를 드려야 한다

주님께서는 주기도를 가르쳐 주시기 전에 먼저 잘못된 두 종류의 기도를 말씀하셨다. 서기관과 바리새인들의 위선적인 기도와 이방인의 중언부언(重言復言)하는 기도다. 주님께서는 서기관과 바리새인들을 향해 외식하는 자들이라고 책망하셨다. 그리고 제자들에게 그들처럼 기도하지 말고 은밀하게 기도하라고 하셨다.

기도는 하나님과 나 사이의 은밀한 만남과 대화와 교제이기에 할 수 있는 대로 사람을 의식하지 않고 은밀한 중에 기도해야 한다. 그때 우리는 하나님께 마음을 집중하면서 자신을 온전히 하나님께 드릴 수 있다.

또 주님께서는 이방인들과 같이 중언부언하면서 기도하지 말라고 하셨다. 중언부언하는 기도는 기도에 우리 마음이 실려 있지 않고 의미 없이 반복하는 기도를 말한다.

우리의 기도가 비록 내용이 간결하고 단순해도 그 기도에 우리 마음을 실어서 간절히 기도할 때 하나님께서는 우리 기도를 들으시고 놀랍도록 축복해주신다.

주기도가 얼마나 간결하고 단순한가?
헬라어 원문 성경을 보면 5개 절, 72개 단어로 된 짧은 기도이다.
그러나 이렇게 간결하고 단순한 주기도 속에 우리가 기도해야 할 모든 원칙과 내용이 다 들어있다. 기도의 완벽한 모델, 기도의 정형(定型, pattern)

이다. 비록 우리의 기도가 능숙하고 잘하는 기도가 아니고 단순하고 간결한 기도라 할지라도 은밀한 가운데 우리의 마음을 다 쏟아서 간절히 기도할 때 하나님께서는 우리의 기도를 반드시 들으시고 응답하신다.

사랑하는 성도 여러분!

하나님께서는 우리가 당신의 백성답게 참된 신앙생활을 하면서 이 세상에서 소금과 빛의 사명을 감당하며 살 수 있도록 기도라는 놀라운 은혜의 방편을 선물로 주셨다. 우리는 이 은혜의 방편을 소홀히 여기거나 등한히 여겨서는 안 된다. 소홀히 여기게 되면 우리는 무기력하고 가치 없는 헛된 인생을 살다가 불행한 종말을 맞이할 수밖에 없다.

이제는 더 이상 형식적인 기도 생활을 하지 말자. 주님 앞에 더 열심히, 더 오래, 더 간절히 무릎을 꿇자. 나의 필요와 소원보다 먼저 하나님의 영광을 위해서 기도하자. 그리고 마음을 집중하여 은밀하게 즐거움으로 하나님께 기도하자. 그때 우리는 하나님이 주시는 은혜와 능력으로 충만하여 승리하는 신앙생활을 하게 될 것이다.

그리고 우리의 은밀한 기도를 은밀한 중에 보시면서 다 갚아주시는 하나님으로 인해 현세에서는 물론이고 내세에서도 영원토록 복되게 살게 될 것이다.

제27장

하늘에 계신 우리 아버지여

> [마 6:9-13] 그러므로 너희는 이렇게 기도하라 하늘에 계신 우리 아버지여 이름이 거룩히 여김을 받으시오며 나라가 임하시오며 뜻이 하늘에서 이루어진 것 같이 땅에서도 이루어지이다 오늘 우리에게 일용할 양식을 주시옵고 우리가 우리에게 죄 지은 자를 사하여 준 것 같이 우리 죄를 사하여 주시옵고 우리를 시험에 들게 하지 마시옵고 다만 악에서 구하시옵소서 나라와 권세와 영광이 아버지께 영원히 있사옵나이다 아멘

기도는 우리 신앙생활에 있어서 가장 중요한 신앙의 행위이다. 우리 자신과 하나님과의 관계, 그리고 우리의 영적 상태를 가장 분명히 보여주는 시금석이 바로 기도이다. 우리가 가장 힘써야 할 신앙 훈련은 바로 기도의 훈련이다. 종교개혁자 칼빈은 "기도는 우리 신앙에서 제일가는 훈련이다"라고 했다.

주님께서 주기도를 가르쳐주신 목적도 우리 신앙에 있어서 가장 중요한 훈련인 기도의 훈련을 통하여 하나님이 주시는 놀라운 축복을 경험하도록 하기 위해서였다. 주기도를 통해 우리가 하나님이 원하시는 참된 기도가 무엇인가를 알고 실천해 나간다면 반드시 놀라운 축복을 누리게 된다.

주기도문의 전체 구조를 살펴보면, 서문(序文)인 우리의 기도의 대상인 '하나님의 이름을 부름'이 제일 먼저 나온다.

이어서 여섯 개의 '청원'(請願)이 나온 후 송영(頌榮, doxology)으로 끝이 난다. 여섯 개의 청원은 세 개의 '당신' 청원과 또 세 개의 '우리' 청원으로 구성되어 있다. 주님께서는 주기도를 가르쳐주시면서 서문에서 우리의 기도의 대상인 하나님이 어떤 분인가를 가장 먼저 말씀하셨다.

> [마 6:9] 그러므로 너희는 이렇게 기도하라 **하늘에 계신 우리 아버지여** …

1. 우리 기도의 대상이신 하나님은 '아버지'이시다

주님께서는 주기도를 가르쳐주시면서 우리 기도의 대상이신 하나님을 제일 먼저 '아버지'라고 부르라고 하셨다. 한글 성경에는 우리 기도의 대상이신 하나님을 가장 먼저 부르는 호칭이 '하늘에 계신'이지만, 헬라어 원문성경에는 '아버지여'라는 단어가 제일 먼저 나온다.

> [마 6:9 (한글 성경)] 그러므로 너희는 이렇게 기도하라 **하늘에 계신 우리 아버지여** …

> [마 6:9 (헬라어 원문성경)] 그러므로 너희는 이렇게 기도하라 **아버지여**('파테르') 우리('헤몬') 하늘에 계신('호 엔 토이스 우라노이스') …

기도를 시작할 때 무엇을 가장 먼저 고백해야 하는가?
우리의 기도의 대상이신 하나님이 '아버지'이심을 고백해야 한다. 하나님은 자녀인 우리와 인격적인 대화와 교제를 나누기 원하시는 아버지시기 때문이다. 기도는 우리의 필요를 하나님께 아뢰는 단순한 간구가 아니라 아버지이신 하나님과의 생명적인 관계요 사랑의 대화며 살아 있는 교제이다.

복음 전도자 D. L. 무디는 "기도는 아버지와 더불어 함께 있는 것이다"라고 했다. 우리가 기도를 시작하면서 '아버지여!'라고 부르는 것은 하나님만이 참된 아버지로서 우리를 깊이 사랑하시고 매 순간 보살피시며 항상 함께하신다는 '전적인 신뢰'와 '관계의 친밀함'이 그 단어에 듬뿍 깃들어 있다.

우리가 하나님을 '아버지'로 부를 수 있는 것은 내가 진정으로 하나님의 자녀라는 분명한 확신이 있을 때만 가능하다. 그리고 내가 하나님의 자녀임을 분명히 확신할 수 있는 것은 바로 주기도를 가르쳐주신 주님을 통해서이다. 주님께서는 사복음서에서 무려 170여 회나 하나님을 '아버지'라고 부르셨다.

또 요한복음 1:12에서는 우리가 예수 그리스도를 믿을 때 그리스도 안에서 하나님의 자녀가 되는 권세를 갖게 된다고 분명히 말씀하셨다.

주님께서는 당신을 믿고 구원받은 자들은 기도를 시작할 때 우리 기도의 대상인 하나님을 '아버지'로 부르라고 가르쳐주셨다. 여기서 사용된 '아버지'('파테르')라는 단어는 그 당시 어린아이들이 가정에서 아버지를 친근하게 부를 때 사용되던 호칭이었다. 오늘날 어린아이들이 아빠 품에 안기면서 '아빠'라고 부르는 것과 같은 호칭이다.

주님 당시 팔레스타인에 살고 있던 대부분의 일반 사람들은 자신들의 일상 언어로 아람어를 사용했다. 그런데 '아빠'라는 뜻의 단어가 아람어로 '아바'(Abba)라는 단어이다.

주님께서는 제자들에게 주기도를 가르쳐주시면서 하나님을 '아버지', '아바', '아빠'라고 부르라고 하셨다. 로마서나 갈라디아서에서도 우리가 예수 믿고 구원을 얻을 때 성령을 통해 하나님을 '아빠'라고 부른다고 말씀하셨다.

[롬 8:14-15] 무릇 하나님의 영으로 인도함을 받는 사람은 곧 **하나님의 아들이라** 너희는 다시 무서워하는 종의 영을 받지 아니하고 양자의 영을 받았으므로 **우리가 아빠 아버지라고 부르짖느니라**

[갈 4:6] 너희가 아들이므로 하나님이 그 아들의 영을 우리 마음 가운데 보내사 **아빠 아버지라 부르게 하셨느니라**

주님 역시 기도하실 때마다 한 가지 예외적인 경우인 십자가에서 우리를 대신한 죄인으로서 하나님의 혹독한 심판을 받으실 때(막 15:34)를 제외하고는 언제나 하나님을 '아바(Abba) 아버지', '아빠 아버지'라고 부르셨다. 언제나 하나님을 '아바 아버지', '아빠'라고 다정하게 부르시면서 기도하시는 주님의 모습을 보고 제자들은 큰 충격을 받았다.

더군다나 기도를 가르쳐주시면서 기도의 대상이신 하나님을 향하여 '아바', '아빠'라고 부르면서 기도하라고 하시는 주님의 말씀은 제자들에게 엄청난 충격이었다. 왜냐하면, 유대인들은 하나님에 대해서 큰 두려움과 경외심이 있었기 때문이다. 하나님은 거룩하신 하나님이시고 무한하시고 광대하신 하나님이며 죄인들을 향하여 진노하시고 무섭게 심판하시는 하나님이시기 때문이다. 그러기에 그들이 하나님을 '아바', '아빠'라고 부르는 것은 하나님을 모독하는 상상할 수조차 없는 불경(不敬)스러운 일이었다.

독일의 신약 신학자 요아킴 예레미아스(J. Jeremias, 1900-)는 "예수 그리스도를 전후한 유대 문서 어느 곳에서도 유대인들이 하나님을 아빠라고 부른 예가 없다"고 말하면서 주님께서 하나님을 '아빠'라고 부르시고, 제자들에게 하나님을 '아빠'라고 부르면서 기도하라고 하신 것의 의미의 중요성을 굉장히 강조했다.

하나님께서는 우리 인간을 비롯한 천지 만물을 창조하신 창조주 하나님이시다. 크고 광활하고 엄청난 우주보다 더 크시고 광대하시고 무한하신 초월 주 하나님이시다. 하나님과 비교해보면 우리는 버러지와 같고 벌레만도 못한 존재이다(사 41:14). 그런데 주님께서는 그런 우리를 향하여 하나님께 기도할 때 '아빠'라고 부르라고 말씀하신다.

우리가 하나님을 감히 '아빠'라고 부를 수 있는 이유가 무엇인가?

우리가 예수 그리스도를 통해서 하나님의 존귀한 아들이 되었기 때문이다. 우리가 예수 믿고 구원받아 하나님의 보배로운 자녀가 되었기 때문이다. 하나님의 자녀 됨의 가장 기본적인 의미는 '하나님의 상속자'가 된 것이다. 그러므로 우리가 하나님을 '아빠'라고 부르는 것은 천지 만물을 지으신 창조주 하나님이 우리의 아빠라는 뜻이다.

또 우리가 하나님의 상속자이기에 그 아빠의 모든 부요함을 내가 상속받을 수 있다는 것을 의미한다. 상속받는다는 것은 결코 모자람이 없고 부족함이 없는 그 하나님의 부요하심을 내가 받아 누릴 수 있다는 뜻이다.

피조물인 우리가 창조주이신 하나님의 넘치는 부요함을 받아 누릴 수 있는 방편(方便)이 바로 기도다. 기도를 통해서 우리는 하나님의 부요함을 받아 누릴 수 있다.

또 우리는 무엇을 근거로 하여 그 하나님의 부요함을 기도로써 받아 누릴 수 있는가?

우리가 하나님을 '아빠'라고 부를 수 있는 자가 되었고 상속자가 되었기 때문이다.

누가 우리가 창조주 하나님을 '아빠'라고 부르도록 했는가?

하나님을 '아빠'라고 부를 수 있는 이 놀라운 자격과 엄청난 특권을 주신 분이 누구신가?

바로 우리 죄를 위해 십자가에서 대신 심판을 받으시고 우리를 구원해 주신 주님이시다. 그 주님께서 하나님을 "아바 아버지여!"라고 부르면서 기도하라고 가르쳐주셨다.

어린 아들과 딸이 '아빠'라고 부르면서 아버지 품에 안길 수 있는 것은 아빠의 사랑을 확신하고 그 사랑에 자신을 전적으로 의존하기 때문이다. 어린아이는 의심하지 않는다. 가식이 없고 단순하고 순수한 마음으로 아빠를 전적으로 신뢰한다.

마찬가지로 우리가 하나님을 '아빠'라고 부르면서 기도하는 것은 아버지 하나님의 사랑을 확신하고 그 사랑에 전적으로 의존하는 마음을 표현하는 것이다. 우리가 그렇게 기도할 때 아빠이신 하나님은 자녀인 우리의 모든 필요를 아시고 좋은 것으로 채워주신다.

[마 7:11] 너희가 악한 자라도 좋은 것으로 자식에게 줄 줄 알거든 하물며 하늘에 계신 너희 아버지께서 구하는 자(자녀)에게 좋은 것으로 주시지 않겠느냐

우리가 회개하고 하나님의 품으로 돌아갈 때 아빠이신 하나님은 우리의 모든 죄와 허물을 용서해 주시고 우리를 있는 모습 그대로 받아주신다. 그리고 우리를 하나님이 기뻐하시는 모습으로 변화시켜주신다.

누가복음 15장에 기록된 '탕자의 비유'에 나오는 탕자 아버지의 모습이 바로 우리를 대하시는 하나님 아버지의 모습이다.

탕자는 아버지가 돌아가시기도 전에 떼를 써서 아버지의 재산을 상속받은 후 아버지의 집을 멀리 떠나 허랑방탕한 삶을 살면서 아버지의 재산을 다 탕진해 버렸다. 그는 돼지가 먹는 쥐엄 열매를 먹으면서 깊은 절망 속에 빠져 있었다.

그러나 그 속에서 마지막 희망을 발견했다. 아버지의 집으로 돌아가면 아버지께서 자기를 받아주실 것이라는 사실이었다. 그래서 아버지의 집으로 돌아간다. 아버지는 돌아온 탕자를 품에 안아주시고 모든 죄를 다 용서

해주신 후 있는 모습 그대로 그를 받아주셨다.

이런 탕자 아버지의 모습이 바로 우리 하나님 아버지의 모습이다. 우리의 '아빠'이신 하나님은 우리의 모습이 어떠하든지 여전히 우리를 사랑하시고 애정을 쏟아주신다.

그 아버지께 돌아가기만 하면 만나주시고 용서해 주시고, 있는 모습 그대로 받아주신다. 그리고 따스한 사랑과 풍성한 은혜로 보살펴주신다. 우리가 기도할 때 바로 이렇게 좋으신 '아빠'이신 하나님께 기도하는 것이다.

"너희는 이렇게 기도하라, 아버지여!"

2. 하나님은 '우리' 아버지이시다

[마 6:9] 그러므로 너희는 이렇게 기도하라 하늘에 계신 **우리** 아버지여 …

주님께서는 주기도를 가르쳐주시면서 "하늘에 계신 내 아버지여!"라고 하지 않고 "하늘에 계신 우리 아버지여!"라고 부르면서 기도하라고 하셨다. 하나님 아버지는 나의 아버지이실 뿐 아니라 다른 사람들의 아버지도 되신다.

하나님은 내가 좋아하지 않고 심지어 미워하는 그 사람의 아버지도 되신다. 주님께서는 나를 위해 십자가에서 당신의 귀한 생명을 내어주셨을 뿐만 아니라 내가 싫어하고 미워하는 그 사람을 위해서도 그렇게 하셨다. 그러므로 우리는 내 마음에 들지 않는 사람도, 내가 싫어하고 미워하는 그 사람도 주님의 사랑으로 용서하고 용납하면서 받아주어야 한다.

우리가 기도하면서 "우리 아버지여!"라고 부를 때 우리는 다른 성도들과 형제 관계에 들어간다. 구원받은 모든 그리스도인은 그리스도의 같은 피를 받아 하나님을 같은 아버지로 모시고 사는 한 형제들이다. 한 피 받아 한 몸 이룬 형제들이다.

그러기에 우리는 교회 공동체 안에서 서로 사랑하면서 함께 더불어 하나님을 섬겨야 한다. 우리는 함께 부름 받은 하나님의 가족들이며 하나님의 자녀들이다.

또 우리가 기도하면서 "우리 아버지여!"라고 부를 때 우리는 선교적 소명을 받는다.

오늘날 이 땅에 참된 아버지이신 하나님을 떠난 영적 탕자들이 얼마나 많이 있는가?

그들 역시 하나님이 그들의 참된 아버지가 되어야 한다. 우리가 하나님을 향해 "우리 아버지여!"라고 기도할 때마다 우리는 참된 아버지를 잃어버린 사람들에게 반드시 복음을 전해야겠다는 선교적 소명을 확인하고 그 일에 우리 자신을 드려야 한다.

이렇게 우리가 하나님이 우리 하나님이라는 사실을 분명히 기억하고 기도할 때 하나님 아버지께서는 우리 기도를 기쁘게 응답해주실 것이다.

3. 하나님은 '하늘에 계신' 분이시다

[마 6:9] 그러므로 너희는 이렇게 기도하라 **하늘에 계신** 우리 아버지여 …

하나님을 '아버지, 아빠'라고 하는 것이 '친근감'을 강조한다면, '하늘에 계시는' 하나님은 모든 피조물과 구별되는 '초월성'을 강조한다. 여기서 '하늘'이라는 단어는 원래 복수로 되어 있다. 하늘이 아니고 '하늘들'('우라노이스')이다. 하나님께서는 만물 위에 계신 창조주와 통치자와 주권자로서 '하늘들'에 계셔서 원하시는 모든 것을 다 행하신다(시 115:3).

그렇다면 원하시는 모든 것을 다 행하시는 하나님께서 '하늘들'에 계신다는 말은 구체적으로 무슨 뜻인가?

1) 하나님은 어디에나 존재하는 분이시다

하나님은 언제 어디나 계시기에 원하시는 모든 것을 다 행하실 수 있다. 하나님께서는 시공간의 제한을 전혀 받지 않으시고 초월하신다. 신학적인 용어로 하나님의 '편재성'(偏在性)이라고 한다. 하나님은 똑같은 시간에 어느 곳에나 다 계신 무소부재(無所不在)하신 하나님이시다. 온 세상 어디에도 하나님이 계시지 않은 곳은 없다. 땅과 온 하늘에 충만하신 분이 바로 하나님이시다.

하나님께서는 우리가 땅끝에 가도 거기 계시고, 바다 끝에 가도 거기 계시며, 하늘 끝에 가도 거기 계신다. 우리 마음에도 계시고 우리 무의식의 가장 깊은 곳에도 하나님은 계신다(시 139:7-10). 하나님께서는 하늘에 계신 하나님이시기에 우리는 기도하기 위하여 특별히 꼭 어떤 장소를 정해야 하고 시간을 꼭 약속해야 할 필요는 없다.

하나님께서는 우리가 어디서 기도하든지 그곳에서 우리 기도를 들으시기에 우리는 언제 어디서나 하나님만 바라보면서 그분께 기도할 수 있다.

내 모든 상황과 형편과 처지를 다 보시고 아시는 하나님!

그 아버지께 언제 어느 때든지 내 모든 고통과 슬픔과 아픔을 다 토할 수 있다. 내 모든 문제와 소원을 다 아뢸 수 있다. 그때 하나님께서는 부드러운 손으로 나의 상처를 어루만져주시고 싸매주실 것이다. 하나님의 때와 방법으로 내 모든 문제를 해결해 주시고 내 모든 소원을 이루어 주실 것이다. 그리고 새로운 마음과 힘과 통찰력을 주셔서 나의 행할 길을 알게 하시고 그 길로 흔들림 없이 올곧게 걷게 하실 것이다.

2) 하나님은 무한하신 분이시다

하나님은 무한하신 분이시기에 원하시는 모든 것을 다 행하실 수 있다. 하나님이 '하늘들'에 계신다는 말은 하나님은 무한하셔서 모든 것을 다 하실 수 있다는 뜻이다. 신학적인 용어로는 하나님의 '초월성'(超越性)이라고 한다. 하나님께서는 천지 만물을 다 만드셨기에 불가능한 것이 없다. 하나님은 전능하시기에 원하시면 무엇이든지 다 하실 수 있다. 하나님은 그 능력과 지혜가 다함이 없는 광대하신 분이시다.

그러므로 하나님은 죄로 말미암아 파괴된 천지 만물을 고칠 수 있고 구속(救贖)하실 수 있다. 인간을 구원하실 수 있다. 하나님은 천지 만물보다 더 크시고 더 막강하시기 때문이다. 하나님께서는 무한하시고 광대하시기에 우리가 구하는 것을 응답하실 수 있다. 문제는 우리가 인내하면서 하나님께 지속해서 간구하지 않는다는 것이다.

그리고 우리가 기도하여도 받지 못하는 것은 기도하는 우리의 동기와 목적이 잘못되었기 때문이다. 우리가 올바른 동기와 목적을 가지고 인내하면서 간절히 기도하면 하나님께서는 반드시 우리 기도를 응답해주신다.

> [약 4:2-3] … 너희가 얻지 못함은 **구하지 아니하기 때문이요** 구하여도 받지 못함은 **정욕으로 쓰려고 잘못 구하기 때문이라**

'기도의 성자'라고 불리는 조지 뮬러(George Muller, 1805-1898)는 기도 응답을 많이 받은 사람으로 유명하다. 그가 평생을 통하여 구체적으로 기도 응답을 받았다고 생생하게 기억할 수 있는 사건만 해도 무려 5만 가지나 된다고 한다.

뮬러가 가장 시간을 많이 들여서 기도한 제목이 있었다. 자기가 어렸을 때부터 같이 삶을 나누었던 다섯 친구의 구원 문제였다. 뮬러는 다섯 명의 친구들을 위해 오랜 시간 계속해서 기도했다.

한두 사람이 믿기 시작해서 3명은 구원받았지만, 끝까지 믿지 않는 친구 두 사람이 있었다. 뮬러는 이 두 친구의 구원을 위해서 무려 52년간 기도했지만 헛수고였다. 노년이 되어 병석에 누운 뮬러는 자기 인생의 마지막 날이 다가오는 것을 느끼게 되었다. 그는 자기 인생의 마지막 남은 힘을 다 쏟아 사랑하는 교회에서 마지막으로 설교하기를 간청했다.

마지막 설교를 하던 그날, 안 믿는 친구가 우연히 그곳에 참석했다가 뮬러 목사님의 설교를 듣고 회개하고 예수를 믿게 되었다. 그러나 뮬러는 나머지 한 친구의 구원을 보지 못하고 세상을 떠났다. 그 후 그때까지 안 믿고 있었던 친구가 뮬러의 죽음에 대한 소식을 듣게 되었고, 뮬러가 자기를 위해 무려 52년간이나 기도했다는 이야기를 듣게 되었다.

뮬러가 죽은 바로 그해, 그 소식을 들은 이 친구는 결국 예수를 믿게 되었다. 믿은 후 그 친구가 전 영국을 순회하면서 이런 간증을 했다.

뮬러 목사님의 기도는 모두 응답 되었습니다.
그리고 저는 그 최후의 응답입니다.

그런데 우리는 어떤가?

우리는 조지 뮬러와는 달리, 기도하다가 응답이 없으면 중간에 포기하거나 힘을 잃고 기도 생활을 등한히 하는 경우가 많이 있다. 그러나 비록 상황이 불가능하게 보여도 결코 기도를 포기하거나 등한히 하지 않고 인내하면서 지속해서 간절히 기도한다면 결국 하늘에 계신 우리 아버지, 우리 주 예수 그리스도의 아버지 하나님께서는 반드시 응답해주신다.

사랑하는 성도 여러분!

언제 어디서나 항상 나와 함께 하시는 하나님, 무한하시고 전능하신 창조주 하나님, 한없는 사랑의 하나님이 바로 참 좋으신 우리 아버지이시다. 아버지이신 하나님은 우리의 모든 고통과 상황과 형편을 보시고 다 아신다. 자녀인 우리의 기도를 참으로 기뻐하시면서 응답하시기를 우리보다 더 간절히 원하시고 더 기뻐하신다.

그러므로 날마다 그 아버지께 나아가 여러분의 마음을 쏟아 지속해서 간절히 기도하라. 한 피 받아 한 몸 이룬 믿음의 형제들을 위해서도 열심히 간구하라. 그리고 참된 아버지를 잃어버린 영혼의 탕자들에게 나아가 복음을 전해야겠다는 선교적 소명을 확인하고 그 일에 여러분 자신을 드리라.

그때 '하늘에 계신 우리 아버지'께서는 은밀한 중에 보시면서 반드시 우리 기도를 갚아주실 것이다.

제28장

이름이 거룩히 여김을 받으시오며

> [마 6:9-10] 너희는 이렇게 기도하라 하늘에 계신 우리 아버지여 이름이 거룩히 여김을 받으시오며 나라가 임하시오며 뜻이 하늘에서 이루어진 것 같이 땅에서도 이루어지이다

우리가 신앙생활 하면서 가장 많이 행하는 신앙 행위, 경건 행위는 바로 기도이다. 기도할 때 우리는 대부분 우리 자신이나 우리 필요에 우선순위를 두고 거기에 초점을 맞추어 기도한다. 내 필요, 내 소원, 내 문제, 내 요구, 내 형편이 우선이다. 그러나 주님께서 가르쳐주신 기도의 우선순위는 우리가 아니다. 주기도의 최우선 순위는 하나님이시다.

그러므로 우리는 기도할 때마다 우리의 필요나 문제에 우선순위를 두지 말고 하나님께 두면서 기도해야 한다. 우리 자신을 위해서 기도하기 전에 먼저 하나님을 위해 기도해야 한다. 즉, 하나님께서 영광을 받으시고, 하나님의 나라가 임하며, 하나님의 뜻이 이루어지기를 기도해야 한다.

그때 하나님께서는 기뻐하시면서 우리의 소원을 이루어 주실 것이다. 우리의 필요를 채워주실 것이다. 우리의 문제도 해결해 주실 것이다. 이것이 기도의 법칙이며 하늘나라의 법칙이다.

> [마 6:33] 너희는 **먼저 그의 나라와 그의 의를 구하라 그리하면** 이 모든 것을 너희에게 더하시리라

주님께서는 주기도를 가르쳐주시면서 주기도의 본문인 6개의 청원 중에서 '우리 청원'에 대해 말씀하시기 전에 먼저 '당신 청원'에 대해 말씀하셨

다. 청원의 비율도 절반은 하나님과 그분의 영광을 다루고 있고, 나머지 절반은 우리 필요와 문제들을 다루고 있다.

> [마 6:9-13] … **당신의 이름이** 거룩히 여김을 받으시오며 **당신의 나라가** 임하시오며 **당신의 뜻이** 하늘에서 이루어진 것 같이 땅에서도 이루어지이다 오늘 우리에게 **우리의 일용할 양식을** 주시옵고 우리가 우리에게 죄 지은 자를 사하여 준 것 같이 **우리 죄를** 사하여 주시옵고 **우리를 시험에** 들게 하지 마시옵고 다만 우리를 악에서 구하시옵소서

그런데 안타까운 사실은 우리는 그렇게 하지 않다는 것이다. 우리는 하나님보다 우리 자신에게 더 관심이 많다. 그래서 하나님의 영광과 기쁨보다 우리 자신의 영광과 기쁨에 더 초점을 맞춘다. 하나님의 나라가 임하는 것보다 우리 필요가 채워지는 것을 더 중요하게 생각한다. 하나님의 뜻이 이루어지는 것보다 우리 뜻과 소원이 이루어지는 것에 더 관심이 많다.

예수 믿는 것도 자기 유익을 위해서 믿고 교회 나오는 것도 자기를 위해서 나온다. 기도하는 것도 자기 필요를 위해서 기도한다. 이렇게 자기중심적인 신앙생활을 하고 자기중심적인 기도를 하는 것이다. 그러나 우리는 하나님께서 우리를 위해서 존재하시는 것이 아니라 우리가 하나님을 위해서 존재한다는 사실을 분명히 기억해야 한다. 그때 우리는 하나님 중심적인 삶을 살게 되고 하나님 중심적인 기도를 하게 될 것이다.

우리는 하나님의 자녀이기 이전에 그분께 영광을 돌려야 할 피조물이다. 그분의 다스림을 받아야 할 백성이다. 그분께 우리 자신을 번제로 드려야 할 어린양이다. 우리가 이렇게 우선순위를 바로 확립할 때만 진정으로 하나님 안에서 행복하고 복된 삶을 살 수 있다.

물고기가 행복한 삶을 살기 위해서는 결코 물을 떠나서는 안 된다. 물 안에 있어야 한다. 기차가 안전하고 평안하기 위해서는 궤도 위에 있어야 한다. 마찬가지로 피조물인 우리가 진정으로 행복한 삶을 살기 위해서는 하나님 안에서 살아야 한다. 우리를 창조하신 하나님의 영광과 그분의 나라와 그분의 뜻을 위해서 살아야 한다.

이렇게 할 때 결국은 우리 자신에게도 유익이 되고 축복이 된다. 솔로몬의 '일천번제 사건'이 바로 이 사실을 분명히 보여준다(왕상 3:10-13).

주기도문의 본문은 하나님의 이름이 높아지는 것으로부터 시작한다. 주님께서는 하나님을 위한 기도 가운데 가장 우선적이고 중요한 기도는 "하나님의 이름이 거룩히 여김을 받으시기를 구하는 것"이라고 가르쳐주셨다.

그렇다면 "하나님의 이름이 거룩히 여김을 받는다는 것"은 무슨 뜻인가?

원래 '이름'은 그 사람의 인격 전체를 의미한다. 하나님의 이름은 하나님의 인격 전체이고 그분의 존재와 본질 전체를 의미하기에 하나님 자신을 가리킨다. 또 하나님의 이름은 하나님께서 받으시는 존귀와 영광, 명성(名聲)을 의미한다. 우리가 흔히 '이름을 날리다'라는 말을 쓰는데, 그것은 명성을 의미한다.

그러므로 하나님의 이름이 거룩히 여김을 받으시기를 기도하는 것은 하나님 자신이 거룩히 여김을 받으시기를 기도하는 것이며, 하나님께서 존귀와 영광을 받으시기를 기도하는 것이다. 종교개혁자 칼빈은 "하나님의 이름이 거룩히 여김을 받는다"는 것은 "하나님께서 당신이 받아 마땅한 그 자신의 영광을 받으셔야만 한다"는 뜻이라고 했다.

이 기도는 우리를 통해서 하나님의 영광이 우리 가정, 직장, 우리 교회, 우리나라, 나아가 세계만방에 드높여지고, 또 우리의 삶과 헌신을 통해서 하나님께 영광 돌리기를 간구하는 거룩한 소원의 기도이다. 시편 96:7-8에 나오는 시편 기자의 고백이 바로 하나님의 이름이 거룩히 여김을 받으시기를 구하는 고백이다.

> [시 96:7-8] 만국의 족속들아 영광과 권능을 여호와께 돌릴지어다 여호와께 돌릴지어다 여호와의 이름에 합당한 영광을 그에게 돌릴지어다 …

그러므로 우리는 기도할 때 무엇보다 먼저 하나님의 이름이 거룩히 여김을 받으시도록 기도해야 한다. 그리고 우리 삶을 통해서도 하나님의 이름이 거룩히 여김을 받으시도록 해야 한다.

왜냐하면, 우리의 기도와 삶은 결코 분리될 수 없고, 또 분리되어서도 안 되기 때문이다. 우리가 하나님의 이름이 거룩히 여김을 받으시도록 기도하면서 자기 삶은 하나님의 이름을 거룩히 여기는 삶이 아니라면 그 기도는 거짓되고 가증한 기도가 되고 만다.

우리가 하나님의 이름이 거룩히 여김을 받으시도록 기도한다는 것은 결국 우리 삶이 하나님의 이름이 거룩히 여김을 받으시도록 결단하는 것이고, 그렇게 실제로 실천하는 것이다.

그렇다면 우리가 기도뿐만 아니라 우리 삶이 하나님의 이름을 거룩히 여기면서 그 이름에 합당한 영광을 돌리는 삶이 되기 위해서는 구체적으로 어떻게 해야 하는가?

1. 어떤 형편 속에서도 하나님을 온전히 의지해야 한다

성경은 아브라함이 바랄 수 없는 불가능한 상황 속에서도 하나님을 온전히 의지하는 삶을 살았기에 하나님께 영광 돌릴 수 있었다고 말씀한다(롬 4:18-21). 아브라함은 백 살이나 되었기에 인간적으로는 도저히 자식을 기대할 수 없었다.

그러나 하나님께서 나타나셔서 "네 자손이 하늘의 별과 같고 바닷가의 모래 같이 되리라"고 약속하셨을 때 의심과 회의에 빠졌기도 했지만, 결국 하나님과 그분의 약속을 온전히 의지하게 되었다. 그리고 그런 믿음의 모습을 통해서 하나님께 영광을 돌리게 되었다.

우리가 불가능한 상황 속에서도 온전히 하나님을 의지하는 것은 하나님의 하나님 되심을 인정하는 것이다. 하나님을 하나님으로서 대접하는 것이다. 왜냐하면, 불가능한 상황 속에서도 우리가 하나님을 온전히 의지하는 것은 하나님은 모든 것을 친히 주관하시는 주권자이시고, 또 모든 불가능한 것을 가능하게 하시는 전능하신 하나님이심을 믿기 때문이다.

하나님은 언제 영광을 받으시는가?

우리가 하나님을 인정하고, 그분을 하나님으로 대접하면서 온전히 의뢰할 때이다. 프랑스의 철학자 파스칼은 이렇게 말한다.

하나님의 이름을 거룩하게 한다는 것은 하나님을 하나님으로서 대접하는 것을 의미한다.

우리가 어렵고 힘든 가운데서도 범사에 감사할 수 있는 것은 주권자이신 하나님을 온전히 의지하기 때문이다. 우리에게 힘을 주시고 소망을 주시고 용기를 주시는 전능하신 하나님이 나와 함께 하시는 것을 믿기 때문이다.

이런 믿음과 확신과 소망을 가지고 이 땅을 살아가는 자들을 통해서 하나님의 이름은 거룩히 여김을 받으신다. 이런 사람들만이 이 세상을 살아가면서 하나님의 이름에 합당한 영광을 돌리며 살 수 있다.

2. 하나님을 늘 가까이해야 한다

> [레 10:3(개역성경)] … 이는 여호와의 말씀이라 이르시기를 나는 나를 가까이 하는 자 중에 내가 거룩하다 함을 얻겠고 온 백성 앞에 내가 영광을 얻으리라 하셨느니라 …

하나님은 당신을 가까이하는 사람 중에서 거룩하다 하심을 얻으신다. 그들을 통하여 영광을 받으신다. 그러므로 하나님을 가까이하지 않는 사람은 하나님의 이름을 거룩히 여길 수 없고 그 이름에 합당한 영광을 돌릴 수 없다. 우리가 하나님을 자랑하고 그분의 이름을 높이기 위해서는 반드시 하나님을 가까이해야 한다.

그 하나님과 친밀히 교제하며 동행해야 한다. 그때 우리는 하나님을 더 깊이 알게 되기에 더 뜨겁게 하나님을 사랑하게 되고 더 신실하게 하나님을 경외하게 된다. 그리고 하나님이 주시는 힘과 능력으로 하나님의 뜻을 준행하게 된다. 그리하여 우리는 하나님의 이름을 거룩히 여기게 되고, 하나님의 이름에 합당한 영광을 돌리게 된다.

3. 하나님께 우리 몸과 마음을 드려야 한다

거룩하게 산다는 것은 창조주 하나님께 바쳐진 존재로 산다는 뜻이다. 왜냐하면, 거룩한 것은 오로지 하나님께 속한 것이기 때문이다.

왜 성전이 거룩한가?

성전이 하나님께 바쳐진 것이고 하나님께 속한 것이기 때문이다. 우리가 하나님께 바쳐진 존재로 살 때 하나님의 이름은 우리를 통해서 거룩히 여김을 받게 될 것이다. 예수 믿고 구원받은 모든 그리스도인은 하나님께 바쳐진 존재들이다. 그것은 주님께서 당신의 피 값으로 죄악과 마귀의 종 노릇하던 우리를 사셨기 때문이다.

> [고전 6:19-20] … 너희는 너희 자신의 것이 아니라 값으로 산 것이 되었으니 그런즉, 너희 몸으로 하나님께 영광을 돌리라

우리는 주님께서 피 값으로 사신 주님의 것이기에 하나님께 바쳐진 존재로서 살아야 한다. 우리가 하나님께 바쳐진 존재로서 산다는 것은 인생의 참된 목적과 의미가 오직 하나님 안에 있음을 알고 하나님만을 추구하며 사는 것이다. 주인이신 하나님께서 청지기인 내게 맡겨주신 모든 것을 잘 관리하여 아낌없이 하나님 나라를 위해 사용하는 것이다.

주님께서는 우리를 위해 하늘의 모든 영광을 버리시고 기꺼이 십자가에 달려 가장 귀한 생명을 주셨다. 우리는 이제 더 이상 내 것이 아니라 주님께서 피로 값 주고 사신 주님의 것이다. 우리는 하나님께 바쳐진 자임을 기억하고 하나님을 경외하며 살아야 한다. 하나님 앞에 나의 몸과 영혼을 온전히 드려야 한다.

나의 시간, 물질, 재능과 은사, 내 인생 전부를 주님께 바쳐야 한다. 신실한 믿음의 사람 오스왈드 챔버스(Oswald Chambers, 1874-1917)는 『주님은 나의 최고봉』(*My Utmost for His Highest*)에서 이렇게 권면한다.

> 다른 모든 고려할 사항을 내려놓고 하나님 앞에서 오직 한 가지만 생각하십시오.

'최상의 주님께 나의 최선을 드리라'
단호하게 결심하십시오. 온전히 그분을 위해, 오직 그분을 위해 살기로.

우리는 최상의 주님께 나의 최선을 드리면서 온전히 헌신해야 한다. '헌신'은 하나님의 소명(召命)에 응하여 우리 몸과 마음을 온전히 주님께 바치는 것이다. 주님께서는 참된 헌신의 모범을 우리에게 보여주셨다. 주님께서는 하나님의 부르심에 순종하여 온전히 자신을 하나님께 바치셨다. 그리스도인은 그리스도를 따르는 사람들이다.

주님의 제자는 스승이신 주님의 부르심에 응하여 몸과 마음을 온전히 바치는 사람이다. 주님처럼 우리도 헌신의 삶을 살고 있다면 지금 하나님의 이름은 우리를 통하여 거룩히 여김을 받으신다. 하나님께서는 우리를 통하여 합당한 영광을 받으신다.

무엇보다 우리는 하나님 나라를 확장하는 일에 우리 자신을 드리면서 헌신해야 한다.

[잠 14:28] 백성이 많은 것은 왕의 영광이요 백성이 적은 것은 주권자의 패망이니라

백성의 수효가 적은 나라의 왕보다 백성의 수효가 많은 나라의 왕이 그 영광이 더 크다. 우리가 믿고 섬기는 하나님은 천지 만물을 창조하신 온 우주의 왕이시다. 모든 인류를 창조하신 전 인류의 하나님이시다. 따라서 하나님은 이 지구상에 거하는 모든 인류를 통하여 영광을 받으셔야 한다.

그분은 온 땅에서 높임을 받으셔야 하고 세계만방에 그 이름이 높아지셔야 한다. 그러므로 우리는 기도와 전도와 선교와 구제와 봉사와 성경적 내적치유 사역을 통해서 하나님 나라를 이 땅에 확장해 나가야 한다. 그래서 할 수 있는 대로 더 많은 사람이 구원을 얻어 하나님을 영화롭게 하도록 해야 한다. 주님께서는 우리가 온 천하에 다니며 만민에게 복음을 전파할 때 이런 놀라운 역사가 나타날 것이라고 분명히 약속하셨다.

[막 16:15-18] … 너희는 온 천하에 다니며 만민에게 복음을 전파하라 … 믿는 자들에게는 이런 표적이 따르리니 곧 그들이 내 이름으로 귀신을 쫓아내며 새 방언을 말

하며 뱀을 집어올리며 무슨 독을 마실지라도 해를 받지 아니하며 병든 사람에게 손을 얹은즉, 나으리라 …

우리가 복음을 전하면서 주님의 이름을 능력 있게 선포하면 그 이름 앞에 귀신들이 떨면서 쫓겨나가게 될 것이다. 죄인들이 회개하고 주님 앞으로 돌아오게 될 것이다.

영적으로, 정신적으로, 육체적으로 병든 자들이 고침을 받게 될 것이다. 그리하여 하나님의 이름이 거룩히 여김을 받으실 것이다. 하나님께서 당신의 이름에 합당한 영광을 받으실 것이다.

4. 삶의 현장에서 하나님의 말씀을 따라 살아야 한다

하나님의 선택된 백성이라는 강한 자부심을 품고 살았던 유대인들의 비극이 무엇인가?

그들의 일상적인 삶의 모습이 전혀 하나님의 백성답지 않았다는 것이다. 이런 그들을 향해 바울은 이렇게 책망하며 탄식한다.

[롬 2:24] … 하나님의 이름이 너희 때문에 이방인 중에서 모독을 받는도다

오늘날 교회와 그리스도인들 가운데 이런 안타까운 모습이 얼마나 많이 있는가?

요즘 전 세계적으로 최고의 인기를 자랑하는 드라마는 넷플릭스의 《오징어 게임》이다. 이 드라마는 456억 원의 상금이 걸린 게임의 최후의 승자가 되기 위해 목숨을 걸고 도전하는 이야기이다. '오징어 게임'에는 기독교인이 3명 등장하는데, 그들 모두가 부정적으로 묘사되어 있다고 한다.

특히, 게임 끝에 등장하는 거리 전도자의 모습은 세상이 바라보는 기독교인의 이미지가 그대로 드러나 있다. 오징어 게임의 최후 승자가 된 주인공은 눈이 가려지고 양손이 뒤로 묶인 채 비 오는 거리에 버려진다. 다른 행인들이 주인공을 무시하고 지나갈 때 '예수 천국, 불신 지옥'을 외치던

한 전도자가 그에게 다가가 안대를 벗겨준다.

이때 그 전도자가 하는 말은 '괜찮아요?'

그렇게 말하는 것이 아니라 '예수, 믿으세요'이다. 극 중 등장하는 다른 두 명의 기독교인 역시 부정적인 모습이다. 한 사람은 징검다리 건너기 게임에서 다른 사람을 밀어 떨어뜨린 뒤에 자신이 살았다고 감사기도를 드린다. 또 한 사람은 게임의 참가자인 지영이를 통해 고발당하는 그의 아버지에 관한 이야기이다.

지영이의 아버지는 목사지만 엄마를 때리고, 딸한테 못된 짓을 하고 난 후에 항상 우리 죄를 사해 달라고 하나님께 기도했다고 한다. 이런 기독교인들의 모습은 참된 기독교인의 모습이 전혀 아니다.

참된 기독교인들은 '의의 태양'이신 주님으로부터 생명의 빛을 받은 '세상의 빛'이기에 날마다 삶의 현장에서 자기 삶을 통해서 빛을 비추는 삶을 산다.

[마 5:14-16] 너희는 세상의 빛이라 … 이같이 너희 빛이 사람 앞에 비치게 하여 그들로 너희 착한 행실을 보고 하늘에 계신 너희 아버지께 영광을 돌리게 하라

우리가 삶 속에서 하나님의 말씀을 따라 거룩한 삶을 살면서 빛을 비추면 우리의 착하고 선한 행실을 보고 불신자들이 하나님의 이름을 높이며 그분께 영광을 돌리게 된다.

우리가 '세상의 빛'이기에 성경은 우리를 향해 무슨 일을 하든지 주를 두려워하여 성실한 마음으로 마음을 다하여 주께 하듯이 하라고 명령하신다.

[골 3:22-23] … 사람을 기쁘게 하는 자와 같이 눈가림만 하지 말고 **오직 주를 두려워하여 성실한 마음으로 하라 무슨 일을 하든지 마음을 다하여 주께 하듯 하고 사람에게 하듯 하지 말라**

설렁탕집을 운영하는 어느 집사님의 이야기이다. 출석 교회 담임목사님이 그 설렁탕집에 가서 식사했다. 그런데 부인되시는 집사님이 이런 얘기를 했다.

목사님, 제가 비록 설렁탕 한 그릇을 끓여 파는 사람이지만 설렁탕 한 그릇을 끓여도 예수님을 대접하는 마음으로 끓입니다.

그 집사님 부부는 예수님이 드셔도 부끄러움이 없는 설렁탕을 끓이려고 최선을 다한다. 재료도 최고의 재료만 쓴다. 뼈와 고기도 제일 비싸고 좋은 것으로 산다. 김치를 담가도 무, 배추, 고춧가루, 마늘, 생강, 양념까지 모두 제일 좋은 것만 산다. 그런데 어느 날인가 뼈를 끓이는데 거래처에서 뼈를 잘못 보냈는지 뽀얀 국물이 우러나는 게 아니라 누런 국물이 나왔다. 24시간 동안 끓여야 하는데 야단났다 싶어 거래처에 급히 전화했다.

그러자 뼈 장수가 뼈가 바뀐 것 같다고 죄송하다고 대답하면서 이런 제안을 했다.

"사장님, 오늘만 커피 프림을 타시죠?"

그렇지만 그 집사님 내외분은 단호하게 거절했다. 끓이던 설렁탕 국물을 죄다 내다 버린 후 그날 장사를 하지 않고 문을 닫았다. 그리고 가게 문에 이런 글을 써 붙였다.

"오늘은 설렁탕 재료가 좋지 않아서 장사를 못 합니다."

그날 이후 그 설렁탕집은 소문을 들은 사람들로 문전성시를 이루었다. 장사가 너무 잘되어 분점까지 내었다. 그 집사님 내외분은 장사가 잘되라고 그렇게 한 것이 아니다. 설렁탕 한 그릇을 팔아도 주님을 경외하면서 주님께 하듯이, 주님을 대접하는 마음으로 했다.

사랑하는 성도 여러분!

우리가 구원받은 하나님의 자녀라면 아버지이신 하나님의 이름이 거룩히 여김을 받으시도록 간절히 기도할 것이다. 그리고 우리의 삶이 거룩한 삶이 되도록 간절히 기도하고, 또 그렇게 힘쓰며 살 것이다.

그것은 우리가 거룩한 삶을 살 때만이 아버지 하나님의 이름은 우리를 통하여 거룩히 여김을 받으시기 때문이다.

그런데 그런 거룩한 삶은 우리 힘과 결심과 노력만으로 불가능하다. 오직 나는 죽고 예수로 살 때 가능하다. 오직 내 안에 계신 주님께서 나를 온전히 다스리실 때만 가능하다.

[갈 2:20] 내가 그리스도와 함께 십자가에 못 박혔나니 그런즉, 이제는 내가 사는 것이 아니요 오직 내 안에 그리스도께서 사시는 것이라 …

그러므로 주님께서 내 안에 거하셔서 온전히 나를 다스려주시도록, 나는 죽고 오직 주님께서 내 안에 사셔서 당신의 거룩하심을 나타내 주시도록 날마다 사모하며 간절히 기도하자. 그리고 삶 속에서 성령을 따라 행하면서 실천하며 살자. 바울 사도의 자랑이 우리의 자랑이 되도록 하자.

[고전 15:31] 형제들아 내가 그리스도 예수 우리 주 안에서 가진 바 너희에 대한 나의 자랑을 두고 단언하노니 **나는 날마다 죽노라**

제29장

나라가 임하시오며(I)

> [마 6:9-10] 그러므로 너희는 이렇게 기도하라 하늘에 계신 우리 아버지여 이름이 거룩히 여김을 받으시오며 나라가 임하시오며 뜻이 하늘에서 이루어진 것 같이 땅에서도 이루어지이다

구원받은 우리가 하나님을 생각할 때마다 언제나 기억해야 할 사실이 있다. 가장 귀한 독생자까지 주신 하나님은 언제나 우리에게 가장 좋은 것을 주시는 참 좋으신 우리 아버지라는 사실이다(롬 8:32). 주님께서도 이 사실을 강조하셨다.

> [마 6:31-32] 그러므로 염려하여 이르기를 무엇을 먹을까 무엇을 마실까 무엇을 입을까 하지 말라 이는 다 이방인들이 구하는 것이라 너희 하늘 아버지께서 이 모든 것이 너희에게 있어야 할 줄을 아시느니라

주님께서 주기도를 가르쳐주시면서 기도할 때 우리의 필요를 구하는 '우리 청원'보다 하나님을 위하여 구하는 '당신 청원'을 먼저 말씀하신 것 역시 하나님의 영광을 위해서 뿐만 아니라 우리의 진정한 유익을 위해서이다.

우리가 하나님의 이름과 하나님의 나라와 하나님의 뜻을 우선순위에 두고 기도하고, 또 기도한 대로 이루어지도록 최선을 다한다.

그때 우리의 일용할 양식과 죄 용서와 사탄의 시험으로부터의 보호도 실제로 응답할 것이다.

[마 6:31-33] 그러므로 염려하여 이르기를 무엇을 먹을까 무엇을 마실까 무엇을 입을까 하지 말라 이는 다 이방인들이 구하는 것이라 너희 하늘 아버지께서 이 모든 것이 너희에게 있어야 할 줄을 아시느니라 그런즉, 너희는 먼저 그의 나라와 그의 의를 구하라 그리하면 이 모든 것을 너희에게 더하시리라

그러므로 우리는 하나님을 위해서는 물론이고 우리 자신을 위해서도 하나님 나라가 임하기를 위해서 기도해야 한다. 어느 나라든지 국가가 성립되기 위해서는 반드시 3가지 요소가 필요한데, 그것은 영토, 국민, 주권이다. 영토도 있고 국민도 있지만, 주권이 없다면 국가로 성립될 수 없고 다른 나라의 식민지나 속령(屬領)에 불과하다.

주권은 국가의 구성 요소 중에서 핵심적인 요소라고 할 수 있다. 천국(하나님 나라, 하늘나라)의 경우에도 동일하다. 우리는 일반적으로 천국을 생각할 때 공간적인 개념으로 생각하여 예수 믿다가 죽어서 가는 곳으로 생각한다. 그러나 천국의 가장 중요한 개념은 영토, 영역과 같은 공간적인 개념이 아니라 통치, 지배, 왕권(王權) 등의 추상적인 개념이다. 따라서 천국은 '하나님의 통치'라는 왕권(王權)의 개념으로 이해해야 한다.

오늘날 성도들 가운데는 천국에 대한 성경적인 개념을 잘못 이해하고 있는 사람들이 많이 있다. 그들은 천국을 단순히 죽어서 가는 내세(來世)의 의미로 알고 '하나님의 다스림'이라는 왕권의 개념으로 이해하지 못한 상태에서 신앙 생활한다. 그 결과 '지금 여기에서'(now and here) 왕이신 하나님의 다스림을 받고 살아가는 삶을 무시한다. 죽어서 가는 내세적인 면에만 초점을 맞추고 신앙 생활한다.

그러나 성경이 말씀하시는 천국은 내세뿐만 아니라 왕이신 하나님께서 지금 이곳에서 다스리시는 현실의 삶에도 초점이 맞춰져 있다. 이런 신앙이 하나님께서 의도하시고 기뻐하시는 참된 신앙이다. 참된 신앙은 지금 내 삶의 모든 현장에서 왕이신 하나님의 다스림에 온전히 순종하고, 하나님의 다스림과 왕 되심을 나의 현실의 삶에서 드러내는 신앙이다.

그리고 나아가 내세의 삶에 대해서도 참된 소망을 가지고 철저히 준비하는 신앙이다. 이렇게 참된 신앙은 내세의 삶을 강조할 뿐만 아니라 현세의 삶도 동일하게 강조한다.

왕이신 하나님께서는 당신이 창조하신 우주 만물을 다스리신다.

특별히 하나님께서는 삶의 모든 현장에서 자신의 마음과 삶을 지금 하나님께 바치는 사람들에게 당신의 다스림과 왕권과 영광을 나타내신다. 이렇게 하나님의 다스림이 거침없이 나타나는 모든 영역이 바로 하나님 나라이다.

찬송가 438장 <내 영혼이 은총 입어> 제 3장은 이 사상을 분명히 보여주고 있다.

> 높은 산이 거친 들이 초막이나 궁궐이나
> 내 주 예수 모신 곳이 그 어디나 하늘나라.
> 할렐루야 찬양하세.
> 모든 죄 사함 받고 주 예수와 동행하니 그 어디나 하늘나라.

한국교회의 유명한 부흥사였던 이성봉 목사님이 6·25전쟁 때 전남 목포에서 부흥회를 인도하다가 공산당에 붙잡혔다. 이성봉 목사님은 공산당원들에게 계속해서 심한 고문과 조롱을 당했다. 어느 날 한 공산당원이 이성봉 목사님을 끌어내어, 고문을 하다가 조롱하면서 이렇게 소리쳤다.

"어이, 영감, 나한테 천당 좀 보여줄 수 있어?"

그러면서 발길로 목사님을 걷어찼다.

"예, 보여드릴 수 있습니다."

"야, 죽어서 가는 천당 말고 지금 당장 보여 달란 말이야."

그러고는 또 발길로 목사님을 걷어찼다.

> 예, 지금 보여드릴 수 있습니다.
> 천국 본점이야 제 소관이 아니니까 보여드릴 수 없지만, 천국 지점이야 제가 보여 드릴 수 있습니다.
> 지금 제 마음 안에 천국이 있습니다.
> 제 마음이 천국입니다.

우리도 이성봉 목사님처럼 혹독한 핍박 속에서도 내 안에 천국이 임한 삶을 살 수 있다. 그때 동일한 고백을 하게 될 것이다.

지금 제 마음 안에 천국이 있습니다. 제 마음이 천국입니다.

[눅 17:20-21] 바리새인들이 하나님의 나라가 어느 때에 임하나이까 묻거늘 예수께서 대답하여 이르시되 하나님의 나라는 볼 수 있게 임하는 것이 아니요 또 여기 있다 저기 있다고도 못하리니 **하나님의 나라는 너희 안에 있느니라**

주님께서는 하나님께서 왕이 되셔서 다스리시는 하나님 나라가 임하기를 기도하라고 하셨다.

[마 6:9, 10] 그러므로 너희는 이렇게 기도하라 … (당신의) 나라가 임하시오며 …

"하나님의 나라가 임하기를" 기도하는 것은 주기도의 가장 중요한 내용이며 핵심이다. 하나님 나라가 임하지 않으면 하나님의 이름이 거룩히 여김을 받을 수 없고 하나님의 뜻이 이루어질 수 없기 때문이다.

하나님의 다스림이 없는 곳에 어떻게 하나님의 이름이 거룩히 여김을 받을 수 있겠는가?

하나님의 다스림 앞에 순종하지 않는 개인과 가정과 교회와 사회를 통해서 어떻게 하나님께서 영광을 받으실 수 있겠는가?

그러므로 하나님의 이름이 거룩히 여김을 받기 위해서는 반드시 하나님의 나라가 임해야 한다. 또 하나님의 뜻이 하늘에서 이루어진 것 같이 땅에서도 이루어지기 위해서도 반드시 하나님 나라가 임해야 한다.

왕이신 하나님의 다스림과 통치가 없는데 어떻게 하나님의 뜻이 이루어질 수 있겠는가?

주님께서는 우리에게 주기도를 가르쳐주시면서 "하나님의 이름이 거룩히 여김을 받으시기를" 기도하라고 하신 후, 즉시 "하나님의 나라가 임하기를" 기도하라고 하신 것이다.

하나님의 뜻이 하늘에서 이루어진 것같이 땅에서도 이루어지기를 위해 기도하기 전에 먼저 "하나님의 나라가 임하기를" 기도하라고 하신 것이다.

구약 성경에는 일관되게 하나님 나라의 임하심에 대한 약속과 예언들이 있다. 주님께서는 구약에 약속된 하나님 나라를 이 땅에 건설하기 위하여 오셨다.

하나님께서 왕으로 다스리시는 '하나님 나라'는 주님께서 이 땅에 오심으로 이미(already) 시작되었다. 주님께서는 공생애 사역을 시작하시면서 제일 먼저 "하나님 나라가 이 땅에 도래(到來)했다"고 선포하셨다.

> [마 4:17] 이때부터 예수께서 비로소 전파하여 이르시되 **회개하라 천국이 가까이 왔느니라** 하시더라

또 주님께서는 십자가와 부활을 통하여 구속 사역을 완수하신 후 승천하실 때까지 40일 동안 세상에 계시면서 제자들에게 하나님 나라를 가르치셨다.

> [행 1:3] 그가 고난 받으신 후에 또한 그들에게 확실한 많은 증거로 친히 살아 계심을 나타내사 **사십 일 동안 그들에게 보이시며 하나님 나라의 일을 말씀하시니라**

주님께서는 하나님 나라를 위하여 이 땅에 오셨고, 하나님 나라를 위하여 공생애 사역을 감당하셨다. 하나님 나라를 위하여 제자들을 선택하시고 훈련하시고 그들에게 사역을 위임하신 후 승천하셨다. 따라서 "하나님 나라가 임하기를" 기도하는 것이야말로 주기도에 있어서 핵심이며 가장 중요한 내용이다.

"하나님 나라가 임하기를" 기도하는 것은 단순히 기도하는 것으로만 그치지 않고, 기도 이상의 의미가 있다. 하나님 나라가 이 땅에 임하는 데 있어서 하나님 나라의 백성이 반드시 감당해야 할 책임도 말해준다.

그렇다면 하나님 나라가 이 땅에 임하기 위해서 우리는 어떻게 해야 하는가?

왕이신 하나님의 다스림이 우리 자신과 가정과 직장과 교회와 사회와 이 세상에 충만하게 나타나기 위해서 우리가 해야 할 책임은 무엇인가?

두 번에 걸쳐서 살펴보겠다.

1. 먼저 우리가 하나님 나라의 참된 백성이 되어야 한다

"하나님 나라가 임하기를" 위해서 기도하기 위해서는 먼저 우리 자신이 하나님 나라의 참된 백성이 되어야 한다.

우리가 왕이신 하나님의 통치를 받는 하나님 나라의 참된 백성이 아니라면 어떻게 하나님 나라가 임하도록 진정으로 기도할 수 있겠는가?

그러므로 우리는 하나님 나라가 임하도록 기도하기 전에 먼저 나 자신이 하나님 나라의 참된 백성인가를 분명히 확인해야 한다. 주님께서는 우리가 하나님 나라의 참된 백성인가를 확인할 수 있도록 이렇게 말씀하신다.

> [막 1:15] 이르시되 때가 찼고 하나님의 나라가 가까이 왔으니 회개하고 복음을 믿으라 하시더라

우리가 구원을 얻어 하나님 나라에 들어가기 위해서는 반드시 회개하고 복음을 믿어야 한다. 주님께서는 참된 회개와 믿음을 하나님 나라와 관련하여 말씀하신다. 주님께서 말씀하시는 회개와 믿음을 올바로 이해하기 위해서는 반드시 하나님 나라와 관련하여 그 의미를 이해해야 한다.

1) 참된 회개는 인생의 방향을 하나님을 향하여 완전히 돌이키는 것이다

> [막 1:15] 이르시되 때가 찼고 하나님의 나라가 가까이 왔으니 회개하고 복음을 믿으라 하시더라

참된 회개 없이는 구원도 없고 하나님 나라도 없다. 우리가 구원을 얻어 하나님 나라에 들어가기 위해서 제일 먼저 해야 할 일은 회개하는 것이다.

회개는 하나님 나라에 들어가는 '출입구'요, '출입문'이다. 하나님 나라는 왕이신 하나님께서 통치하시는 나라이다.

주님께서 말씀하시는 참된 회개는 왕이신 하나님께서 통치하시는 상태로 인생의 방향을 완전히 돌이키는 것이다. 히브리어로 '회개'('테슈바')는 '방향을 바꾸다'(turn, return), '완전히 뒤로 돌아서다'(turn back)는 뜻이다.

회개는 우리 삶의 주인과 목적과 사고방식과 생활방식을 근본적으로 바꾸는 것이다(단회적 회개, '칭의 과정'에서의 회개).

내 삶의 주인을 나로부터 하나님으로 바꾸고, 삶의 목적을 나 자신과 가족의 행복을 위한 삶으로부터 하나님의 영광을 위한 삶으로 바꾸며, 내 생각과 뜻과 소원을 따라 살던 삶으로부터 하나님의 뜻과 소원과 인도하심을 따라 사는 삶으로 바꾸는 것이다. 또한, 내 자원을 의지하며 살던 삶으로부터 하나님을 의지하며 사는 삶으로 바꾸는 것이다.

회개는 우리가 왕이신 하나님의 다스림을 받는 하나님 나라 백성답게 우리의 인격과 존재의 모든 측면에서 철저히 변화되는 것이고 총체적으로 변화되는 것이다. 회개하면 우리 삶의 목적, 세계관, 인생관, 가치관, 사고방식, 삶의 태도, 삶의 방식 등 모든 면에서 이전의 예수 믿기 전과는 근본적으로 다른 변화가 일어나야 하고, 또 실제로 일어난다.

회개는 한순간에 다 되는 것이 아니다. 일평생 계속해서 끊임없이 변화되어 가야 한다(반복적 회개, '성화 과정'에서의 회개).

그렇지만 우리가 하나님 나라에 들어가려면 먼저 하나님을 향하여 근본적이고 급진적으로 돌이키는 결정적인 단호한 '결단'이 반드시 있어야 한다. 회개는 급진적(radical)이고 혁명적(revolutionary)인 삶으로의 방향 전향(轉向)이다. 회개야말로 우리 인생의 '터닝 포인트'('turning point')를 이루는 '결정적인 전환점'이어야 한다.

이제까지 우리가 사랑하던 것을 미워해야 하고, 이제까지 미워하던 것을 사랑해야 한다. 이제까지 옳다고 생각하던 것을 그르다고 해야 하고, 이제까지 그르다고 생각하던 것을 옳다고 해야 한다. 이제까지 가던 인생길을 돌이켜서 정반대의 길로 가는 것이다. 이것은 한마디로 말해서 '새로운 피조물', 즉 딴사람이 되는 것이다.

[고후 5:17] 그런즉, 누구든지 그리스도 안에 있으면 새로운 피조물이라 이전 것은 지나갔으니 보라 새 것이 되었도다

[요일 2:15-17] 이 세상이나 세상에 있는 것들을 사랑하지 말라 누구든지 세상을 사랑하면 아버지의 사랑이 그 안에 있지 아니하니 이는 세상에 있는 모든 것이 육신의 정욕과 안목의 정욕과 이생의 자랑이니 다 아버지께로부터 온 것이 아니요 세상으로부터 온 것이라 이 세상도, 그 정욕도 지나가되 오직 하나님의 뜻을 행하는 자는 영원히 거하느니라

그러므로 더 이상 세상이나 세상에 있는 것들을 사랑하지 않고 오직 하나님의 뜻을 행하는 딴사람이 되지 않고는 회개한 사람이 아니요, 하나님 나라 백성이 아니다. 그것이 미래에 있는 것이 아니라 바로 '지금 여기'(now and here), 내가 사는 삶의 현장에서 일어나야 한다. 지금 여기에 하나님 나라가 가까이 왔고, 지금 여기에 하나님 나라가 도래했다.

그러므로 우리가 하나님 나라에 들어가려면 지금 여기에서 회개해야 하고, 지금 여기에서 순종해야 한다. 참된 회개는 단순히 교회 다니고, 예배 드리고, 봉사하며, 직분을 맡아서 감당하고, 종교의식을 행하는 것으로 되는 것이 결코 아니다. 전인적이고 근본적이고 총체적이고 자발적인 변화가 반드시 있어야 한다.

세례 요한은 자기에게 세례를 받으러 오는 자들에게 물세례만 받으려고 하지 말고 회개에 합당한 열매를 맺으라고 책망하면서 참된 회개가 무엇인지를 이렇게 설명한다.

[눅 3:8-14] 그러므로 회개에 합당한 열매를 맺고 속으로 아브라함이 우리 조상이라 말하지 말라 내가 너희에게 이르노니 하나님이 능히 이 돌들로도 아브라함의 자손이 되게 하시리라 … 무리가 물어 이르되 그러면 우리가 무엇을 하리이까 대답하여 이르되 옷 두 벌 있는 자는 옷 없는 자에게 나눠 줄 것이요 먹을 것이 있는 자도 그렇게 할 것이니라 하고 세리들도 세례를 받고자 하여 와서 이르되 선생이여 우리는 무엇을 하리이까 하매 이르되 부과된 것 외에는 거두지 말라 하고 군인들도 물어 이르되 우리는 무엇을 하리이까 하매 이르되 사람에게서 강탈하지 말며 거짓으로 고발하지

말고 받는 급료를 족한 줄로 알라 하니라

주님께서도 진정으로 회개하고 돌이키는 삭개오를 바라보시면서 "오늘 구원이 이 집에 이르렀고, 이 사람도 참된 하나님의 백성이다"라고 말씀하셨다.

> [눅 19:8-9] 삭개오가 서서 주께 여짜오되 주여 보시옵소서 내 소유의 절반을 가난한 자들에게 주겠사오며 만일 누구의 것을 속여 빼앗은 일이 있으면 네 갑절이나 갚겠나이다 예수께서 이르시되 오늘 구원이 이 집에 이르렀으니 이 사람도 아브라함의 자손임이로다

삭개오가 회개했을 때 한 번의 결정적인 단호한 결단이 있었고, 그리고 그 결단은 즉시 결정적인 삶의 변화라는 결과로 그에게 나타났다. 즉, 소유의 절반을 가난한 자들에게 주고 속여 빼앗은 것이 있다면 4배로 갚는 변화로 나타난 것이다. 그러자 주님께서는 그의 회개가 참된 회개임을 인정하시면서 구원의 축복을 선언하셨다.

> 오늘 구원이 이 집에 이르렀다. 이 사람도 아브라함의 자손, 하나님의 참된 백성이다.

반면에 영생을 간절히 소원했던 부자 청년은 진정으로 회개하지 못했다. 그의 인생에 있어서 주인이었던 돈을 포기하고 하나님을 주인으로 모시지 못했다. 돈을 사랑하는 마음을 버리고 하나님만을 사랑하는 방향으로 돌이키지 못했다.

그 결과 그는 영생을 얻지 못하고 심히 근심하면서 주님의 곁을 떠나고 말았다.

오늘날 회개하여 구원을 얻었고 천국을 소유했다는 우리의 모습은 진정으로 회개한 삭개오의 모습인가, 아니면 거짓되게 회개한 부자 청년의 모습인가?

자끄 엘룰(Jacques Ellul, 1912-1994)은 오늘날의 교회와 성도들의 모습을 바라보면서 『뒤틀려진 기독교』(La Subversion du Christianisme)에서 이렇게 탄식한다.

> 기독교가 성경대로 바르게 선포된다면 기독교는 많은 숫자를 얻지 못하고, 이 땅에 누릴 수 있는 대가와 이익을 얻지 못할 것이다.
> 그런데도 사람들의 동의를 얻으려고 그들의 기호에 맞추고 그들을 매료시켜야 한다니!

2) 참된 믿음은 하나님을 왕으로 모시고 그분의 다스림에 온전히 순종하는 것이다

[막 1:15] 이르시되 때가 찼고 **하나님의 나라가 가까이** 왔으니 회개하고 **복음을 믿으라** 하시더라

참된 믿음이 없이는 구원도 없고 하나님 나라도 없다. 우리가 구원을 얻어 하나님 나라에 들어가기 위해서는 반드시 복음을 믿어야 한다. 믿음은 하나님 나라에 들어가는 '입장권'이다. 하나님 나라는 왕이신 하나님께서 통치하시는 나라이기에 복음을 믿는다는 것은 하나님을 나의 왕으로 인정하여 내 마음과 삶에 모셔 드리고 그분 앞에 무릎을 꿇고 완전히 굴복하는 것이다. 그때 하나님을 왕으로 모시고 그분의 다스림에 온전히 순종하며 살게 된다. 이것이 주님께서 말씀하신 복음을 믿는다는 것이다.

그러므로 왕이신 하나님의 다스림에 철저히 순종하지 않는 믿음은 단연코 참된 믿음이 아니다.

회개처럼 우리의 믿음 역시 일생 끊임없이 계속 변화되어가고 성숙해가야 한다. 하나님 나라에 들어가려면 먼저 예수 그리스도를 내 마음과 삶에 나의 왕으로 모셔 드리고 그 앞에 무릎을 꿇고 완전히 굴복하여 그분의 다스림에 철저히 순종코자 하는 결정적인 단호한 '결단'이 반드시 있어야 한다(마 6:24; 눅 9:59-62). 그리고 계속 그런 믿음의 삶으로 변화되어 가야 한다.

[마 6:24] 한 사람이 두 주인을 섬기지 못할 것이니 혹 이를 미워하고 저를 사랑하거나 혹 이를 중히 여기고 저를 경히 여김이라 너희가 하나님과 재물을 겸하여 섬기지 못하느니라

오늘날 예수를 믿음으로 구원을 얻었고 천국을 소유했다는 우리의 모습은 어떠한가?
참된 믿음의 의미를 알고 진정으로 그 참된 믿음을 소유하고 있는가?
그리고 그 참된 믿음을 따라 살아가고 있는가?
우리는 반드시 우리의 믿음의 진정한 모습을 깊이 성찰하면서 신앙 생활 해야 한다.

사랑하는 성도 여러분!
"하나님 나라가 임하기를" 기도하기 위해서는 무엇보다 먼저 우리 자신이 주님께서 말씀하시는 참된 회개와 믿음을 반드시 소유해야 한다. 그때 우리는 하나님을 왕으로 모시고 사는 하나님 나라의 참된 백성으로서 하나님의 나라가 임하기를 위하여 기도할 수 있다.

여러분은 이제까지 신앙생활 하면서 하나님을 향하여 근본적이고 급진적으로 돌이키는 결정적인 단호한 '결단'이 있었는가?
여러분의 인생의 '터닝 포인트'를 이루는 '결정적인 전환점'이 있었는가?
그 결정적인 전환점 이후에 하나님을 향하여 계속 돌이키면서 변화되는 삶을 지속적으로 살아왔는가?
그리하여 지금은 이전보다 더욱 하나님을 향하여 나아가고 있는가?
또한, 하나님을 여러분의 마음에 왕으로 모셔 드리고 그분의 다스림에 철저히 순종코자 하는 결정적인 단호한 '결단'이 있었는가?
그 결정적인 결단 이후에 여러분의 믿음은 계속 변화되어왔는가?
그리하여 지금은 이전보다 왕이신 주님의 다스림에 더욱 순종하며 살고 있는가?

참된 회개와 믿음으로 하나님 나라의 참된 백성이 된 사람만이 "하나님 나라가 임하기를" 진정으로 기도할 수 있다.

하나님께서는 그 사람의 기도를 반드시 들어주실 것이다. 하나님께서는 그 사람의 왕이 되셔서 그의 마음과 삶을 온전히 다스려주실 뿐만 아니라 그를 통해 그가 속한 가정과 직장과 교회와 사회와 심지어 열방까지 하나님 나라가 충만하게 임하도록 역사하실 것이다.

제30장

나라가 임하시오며(II)

[마 6:9-10] 그러므로 너희는 이렇게 기도하라 하늘에 계신 우리 아버지여 이름이 거룩히 여김을 받으시오며 나라가 임하시오며 뜻이 하늘에서 이루어진 것 같이 땅에서도 이루어지이다

우리 인생의 목적인 하나님의 영광을 위해서 살면서 동시에 우리 자신에게도 진정한 축복을 누리며 살기 위해서는 반드시 삶의 우선순위를 바로 확립하고 살아야 한다. 하나님의 영광과 우리의 진정한 행복이 직결되어 있기 때문이다. 하나님께서는 인간을 창조하실 때 그렇게 창조하셨다.

삶의 우선순위 문제는 우리 기도에도 그대로 해당이 되기에 주님께서는 주기도를 가르쳐주시면서 우리의 필요를 구하기 전에 먼저 하나님의 영광을 위해서 기도하라고 하셨다. 하나님의 영광을 위한 기도에 있어서 가장 중요한 내용과 핵심은 "하나님 나라가 임하기를 위해서" 기도하는 것이다. 그것은 하나님 나라가 임해서 하나님이 왕으로 다스리실 때 하나님의 이름이 거룩히 여김을 받을 수 있고 하나님의 뜻이 하늘에서 이루어진 것 같이 땅에서도 이루어질 수 있기 때문이다.

그런데 "하나님 나라가 임하기를" 기도하는 것은 단순히 기도하는 것으로 그치지 않는다. 우리가 감당해야 할 책임도 반드시 감당하는 것을 의미한다.

그렇다면 하나님 나라가 이 땅에 임하기 위해서 우리가 감당해야 할 책임은 무엇인가?

1. 먼저 우리가 하나님 나라의 참된 백성이 되어야 한다

"하나님 나라가 이 땅에 임하기를" 진정으로 기도할 수 있는 사람은 오직 참된 회개와 믿음으로 하나님 나라의 백성이 된 사람들뿐이다.

참된 회개는 인생의 방향을 하나님을 향하여 완전히 돌이키는 것이다. 그리고 참된 믿음은 하나님을 자기 왕으로 모시고 그 다스림에 온전히 순종하는 것이다.

이 점에 관해서 지난주에 자세히 살펴보았다.

2. 하나님 나라가 임하기를 간절히 기도해야 한다

하나님 나라가 임하여 왕이신 하나님의 다스림이 충만히 나타나기 위해서는 간절히 기도해야 한다. 하나님 나라는 오직 하나님의 은혜로 이 땅에 임하기 때문이다. 하나님의 다스림이 우리에게 임하기 위해서는 우리가 책임질 부분과 반드시 감당해야 할 부분이 있다.

그러나 가장 중요한 것은 하나님의 은혜이다. 아무리 우리가 애쓰고 노력해도 하나님 나라는 이 땅에 임할 수 없고, 이 세상에 힘 있게 전파되며 확장될 수 없다. 하나님의 은혜 없이 인간이 애써서 이루는 나라, 인간이 노력해서 전파되고 확장되는 나라, 그 나라는 인간의 나라이지 결코 하나님 나라가 아니다. 하나님 나라는 위로부터 임하는 나라이며 하나님이 은혜로 주시는 나라이다.

그러므로 우리는 하나님 나라를 간절히 사모하며 열렬히 기도해야 한다. 기도는 하나님께서 주시는 은혜를 받는 가장 놀라운 방편이기 때문이다. 우리는 하나님 나라가 임하기를 그 무엇보다 간절히 기도해야 한다. 하나님께서 은혜를 베푸셔서 나를 다스려주시고, 우리 가정을 다스려주시고, 우리 직장을 다스려주시고, 우리 교회를 다스려주시고, 우리 사회와 이 땅을 다스려주시도록 간절히 기도해야 한다.

'현대 선교의 아버지'로 불리는 영국의 윌리엄 케리(William Carrey, 1761-1834)는 인도에 40년 동안 머물면서 놀라운 하나님의 도구로 쓰임을 받았다. 하나님께서는 케리에게 크신 은혜를 베푸셔서 그를 통하여 인도 땅에 하나님 나라를 확장해 가셨다. 케리는 인도에서 놀라운 역사를 이루어냈다. 그 많은 인도의 방언 중 몇 가지 중요한 방언을 추려내어 각 방언으로 성경을 번역했다. 그로 말미암아 동양 선교의 문이 활짝 열리게 되었고 교회마다 선교의 불이 일어나기 시작했다. 그리고 힌두교 우상으로 가득한 인도 땅에 하나님 나라가 확장되게 되었다.

그런데 케리가 이렇게 위대한 선교사로 쓰임 받게 된 배후에는 비밀이 있었다. 케리에게는 전신 마비로 자리에 누워 지내는 누님 한 분이 있었다. 케리가 인도 선교를 위해 고국을 떠날 때 그 누나가 동생에게 이렇게 말했다.

> 사랑하는 윌리엄, 나의 동생아!
> 나는 너를 위해 아무것도 해줄 수가 없구나. 그러나 한 가지를 약속하마.
> 나는 내 온몸이 부자유하기에 다른 것으로 너를 도와줄 순 없지만, 하루도 빼놓지 않고 너를 위해서 기도하마. 너의 선교 사역을 위해서 기도하마.

선교 현장에 숱한 어려움과 역경이 있을 때마다, 그래서 좌절하고 낙심이 될 때마다 케리는 자신을 위해서 간절히 기도하는 누님의 기도를 기억했다. 그리고 누님에게 기도 제목을 적어서 편지를 썼다.

기도 제목을 적어 영국으로 편지를 띄우면 "내가 너를 위해서 기도하고 있다"는 누나의 답장이 미처 당도하기도 전에 이미 문제들은 해결되어 있었다. 하나님께서는 케리와 그 누님의 기도를 받으셔서 하나님 나라를 위하여 아름답게 사용하셨다.

하나님 나라가 임하여 하나님의 다스림이 우리 자신과 가정과 직장과 교회와 사회와 이 땅 가운데 충만하게 나타나기 위해서는 케리와 그 누나처럼 우리도 간절히 기도해야 한다. 그때 하나님께서는 우리 기도를 받으셔서 하나님 나라를 위하여 아름답게 사용하실 것이다.

3. 하나님 나라의 복음을 부지런히 전해야 한다

하나님 나라가 임하기 위해서는 복음을 부지런히 전해야 한다. 하나님 나라는 오직 은혜로 임하는 나라이지만, 하나님께서는 당신의 나라가 이 땅에 임하여 놀랍게 확장되도록 전도의 미련한 방법을 사용하기로 정하셨다.

> [고전 1:21] 하나님의 지혜에 있어서는 이 세상이 자기 지혜로 하나님을 알지 못하므로 하나님께서 전도의 미련한 것으로 믿는 자들을 구원하시기를 기뻐하셨도다

하나님 나라가 이 땅에 임하기를 간절히 소원하면서 기도하는 사람들은 반드시 복음 전파에도 지대한 관심을 가지고 때를 얻든지 못 얻든지 부지런히 복음을 전한다. 하나님 나라는 복음 전파와 더불어 확장되는 나라이기 때문이다. 예수님을 모르던 사람들이 예수님을 알게 되고 믿게 되면 그들은 이제 예수님을 왕으로 모시고 왕이신 주님의 다스림에 순종하게 된다. 그때 하나님 나라는 그들에게 임하게 된다.

그리고 그들을 통하여 그들의 삶의 영역인 가정과 직장과 교회와 사회에도 하나님 나라가 임하게 된다. 우리가 때를 얻든지 못 얻든지 부지런히 복음을 전할 때 하나님 나라는 더 충만하게 이 땅에 임하게 되며 더 힘있게 확장되게 된다. 그래서 성경은 말씀한다.

> [딤후 4:2] 너는 말씀을 전파하라 때를 얻든지 못 얻든지 항상 힘쓰라 …

그러므로 우리는 전도와 선교와 성경적 내적치유 사역에 지대한 관심을 가지고 함께 협력하면서 하나님 나라를 확장해 나가야 한다.

우리가 주님 닮기를 열망하면서 하나님 나라를 위해 힘쓰며 살 때 우리가 내세에 누릴 영광은 비할 데 없이 크고 영원할 것이다. 우리가 받을 상급은 엄청날 것이다.

[고후 4:17-18] 우리가 잠시 받는 환난의 경한 것이 지극히 크고 영원한 영광의 중한 것을 우리에게 이루게 함이니 우리가 주목하는 것은 보이는 것이 아니요 보이지 않는 것이니 보이는 것은 잠깐이요 보이지 않는 것은 영원함이라

[딤후 4:7-8] 나는 선한 싸움을 싸우고 나의 달려갈 길을 마치고 믿음을 지켰으니 이제 후로는 나를 위하여 의의 면류관이 예비되었으므로 주 곧 의로우신 재판장이 그 날에 내게 주실 것이며 내게만 아니라 주의 나타나심을 사모하는 모든 자에게도니라

존 비비어 목사님은 『관계』라는 책에서 같은 말을 한다.

> 우리는 (마지막 날) 주님께서 영광중에 재림하실 때 주님과 함께 영화롭게 될 것이다. 이 영광은 우리가 주님의 성품을 얼마나 완성했는지, 자신을 버리고 얼마나 주님의 뜻을 이루었는지에 따라 달라질 것이다. … 눈을 들어 다가올 영광을 바라보라. 그때가 되면 … 우리가 애썼던 노력들과 사랑하고 용서하며 살기 위해 발버둥 쳤던 수고들에 대해 하나님께서 큰 상급으로 보답해주실 것이다.

4. 주님의 재림을 간절히 사모하면서 거룩하고 순결한 삶을 살아야 한다

2천 년 전 주님께서 오심으로 이 땅에는 하나님 나라가 임하게 되었다. 그리고 앞으로 주님께서 재림하심으로 하나님 나라는 완성될 것이다.

그때까지 하나님 나라의 백성 된 우리의 최고의 열망은 하나님께서 하나님 나라의 왕으로서 온전히 다스리는 것이다.

[계 11:15] … 세상 나라가 우리 주와 그의 그리스도의 나라가 되어 그가 세세토록 왕 노릇 하시리로다

우리는 왕이신 하나님께서 하나님 나라를 세세토록 온전히 다스리시도록 주님의 재림을 열망해야 한다. 그리고 하나님 나라의 백성답게 거룩하고 순결한 삶을 살아야 한다.

그때 왕이신 하나님께서 우리를 온전히 다스리게 되기에 세상의 빛인 우리는 우리 주위에 주님의 밝은 빛을 환히 비추게 될 것이다. 그때 하나님 나라 밖에 있는 사람들은 우리의 거룩하고 순결한 모습을 보고 도전받아 주님 앞으로 돌아와서 하나님 나라의 백성이 될 것이다.

> [마 5:16] 이같이 너희 빛이 사람 앞에 비치게 하여 그들로 너희 착한 행실을 보고 하늘에 계신 너희 아버지께 영광을 돌리게 하라

우리는 하나님 나라의 모습을 세상 사람들에게 실제로 보여주는 사람들이다. 우리의 삶으로 왕이신 하나님의 다스림을 받는 하나님 나라 백성의 삶이 얼마나 복되고 행복한 삶인가를 삶으로 증거하는 사람들이다. 우리가 왕이신 하나님의 다스림을 받고 살 때 우리 삶 속에는 의와 평강과 희락이 넘치게 된다.

> [롬 14:17] 하나님의 나라는 먹는 것과 마시는 것이 아니요 **오직 성령 안에 있는 의와 평강과 희락이라**

우리가 삶의 전 영역에서 의로움과 평안과 기쁨의 빛 된 삶을 살 때 하나님 나라가 얼마나 아름다우며, 왕이신 하나님의 다스림을 받는 삶이 얼마나 복되고 행복한 삶인가를 주위 사람들에게 보여주며 그 나라를 힘있게 증거하게 된다. 이런 삶을 살기 위해 주님의 재림을 간절히 사모하면서 날마다 자신을 죽이는 삶을 살자.

그때 왕이신 하나님의 다스림을 온전히 받게 되기에 우리의 마음은 결단코 지나가는 이 세상이나 세상에 있는 것들에 빼앗기지 않는다. 하나님 나라 백성답게 오롯이 하나님의 말씀을 따라 거룩하고 순결한 삶을 살게 된다.

초대교회 성도들은 로마 제국과 유대인들로부터 극심한 환난과 박해를 당했기에 주님의 재림을 간절히 사모하며 살았다. 베드로는 그들에게 권면한다.

> [벧후 3:10-12] 그러나 **주의 날이 도둑 같이 오리니** … 너희가 어떠한 사람이 되어야 마땅하냐 **거룩한 행실과 경건함으로 하나님의 날이 임하기를 바라보고 간절히 사모하라**

이렇게 초대교회 성도들이 극심한 환난과 핍박 속에서도 끝까지 믿음을 굳게 지키면서 거룩하고 순결한 삶을 살 수 있었던 비결은 "하나님의 날이 임하기를 바라보고 간절히 사모하는" '마라나타'의 신앙 때문이었다. 예수님 당시 팔레스타인의 일반 민중들이 주로 사용했던 일상 언어가 아람어인데, '마라나타'는 아람어로 "아멘, 주 예수여 오시옵소서!"라는 뜻이다.

주님께서는 계시록을 마감하시면서 "내가 진실로 속히 오리라"라고 말씀하셨다. 그러자 사도 요한은 초대교회 성도들과 모든 시대의 성도들을 대표하며 이렇게 주님께 화답한다.

> [계 22:20] 마라나타! 아멘 주 예수여 오시옵소서!

'마라나타' 신앙은 기독교 2천 년 역사 동안 극심한 환난과 핍박과 박해 속에서도 끝까지 승리했던 성도들이 가졌던 공통된 신앙이었다. 일제 강점기에 신사참배의 혹독한 핍박 속에서도 승리한 주기철 목사님과 손양원 전도사님을 비롯한 옥중 성도들의 공통된 신앙도 바로 '마라나타' 신앙이었다.

손양원 목사님이 주님의 재림을 간절히 사모하면서 작시한 '주님 고대가 (苦待歌)'라는 찬양이 있다. 1절과 6절의 가사를 보면 혹독한 핍박과 박해 속에서 손양원 목사님이 얼마나 주님의 재림을 절절히 사모하면서 '마라나타'의 신앙으로 사셨는가를 분명히 볼 수 있다.

낮에나 밤에나 눈물 머금고,
내 주님 오시기만 고대합니다.
가실 때 다시 오마하신 예수님,
오 주여! 언제나 오시렵니까.
천년을 하루 같이 기다린 주님,
내 영혼 당하는 것 볼 수 없어서,
이 시간도 기다리고 계신 내 주님,
오! 주여 이 시간에 오시옵소서!

아멘 주 예수여 오시옵소서!

이 '마라나타' 신앙은 주님의 재림이 임박한 마지막 종말의 때를 살아가는 오늘 우리도 반드시 가져야 할 신앙이다. 그리고 날마다 간절히 고백하며 간구해야 기도 제목이다. 우리가 이렇게 '마라나타'의 신앙을 가지고 살아갈 때 하나님 나라 백성답게 하루하루 거룩하고 순결한 삶을 살면서 하나님 나라를 위해 아름답게 쓰임 받게 된다.

어느 분으로부터 자기가 어떻게 예수를 믿게 되었는지를 듣게 되었다. 그가 대학 시절에 마음 깊이 존경하는 교수님이 계셨다. 그 교수님은 실력도 뛰어났고 성실했으며 인품도 훌륭하신 분이었다. 어느 날 우연히 그 교수님이 학교 식당에서 식사하시는 모습을 보게 되었다.

그 교수님은 식사를 시작하시기 전에 경건하게 기도하시는데 그 모습이 얼마나 아름다운지 그 모습을 보고 예수를 믿게 되었다는 것이다. 이처럼 하나님 나라가 이 땅에 능력 있게 임하기 위해서는 그 나라의 백성인 우리가 주님의 재림을 간절히 사모하면서 거룩하고 순결한 삶을 살아야 한다.

사랑하는 성도 여러분!

여러분은 참된 회개와 믿음으로 하나님 나라에 들어갔는가?
여러분의 지금 가장 간절한 소원은 무엇인가?

하나님 나라가 임하여 하나님께서 영광을 받으시고 그분의 뜻이 이루어지는 것인가?

구원받은 하나님 나라의 백성이라고 말하면서도 여전히 여러분의 관심은 이 세상에 있지 않은가?

하나님이 여러분의 관심 대상이 아니라 자신이나 가족이 지대한 관심의 대상이 아닌가?

여전히 여러분은 자신과 가족만을 위하여 살아가고 있고 자신과 가족의 행복과 유익만을 추구하며 살지는 않는가?

그렇다면 그것은 참으로 모순된 모습이고 너무나 잘못된 삶이다. 우리가 만약 그런 모순되고 잘못된 모습으로 살아간다면 그 이유는 두 가지 중의 하나일 것이다. 우리가 하나님 나라의 참된 백성이 아니거나, 하나님 나라의 백성임에도 불구하고 그 나라의 백성 된 삶과 전혀 상관없이 살아가는 그 나라의 심히 부끄러운 백성일 것이다.

이제부터는 절대로 그렇게 살지 말자. 우리가 하나님 나라의 참된 백성이 아니라면 진정으로 회개하여 이제부터 인생의 방향을 하나님을 향하여 완전히 돌이키자. 하나님을 진정으로 나의 왕으로 모시고 그분의 다스림에 온전히 순종하자. 하나님 나라가 우리 삶의 전 영역에서 시작되어 이 땅에 능력 있게 임하도록 간절히 기도하자. 때를 얻든지 못 얻든지 하나님 나라의 복음을 부지런히 전하며 살자.

무엇보다 주님의 재림을 간절히 사모하면서 거룩하고 순결한 삶을 살자. 이것은 초림하심으로 이 땅에 하나님 나라가 임하도록 하시고, 또 앞으로 재림하심으로 하나님 나라를 완성하실 주님께서 가장 원하시는 일이다. "하나님 나라가 임하기를" 기도하라고 명령하신 주님께서 가장 기뻐하시는 일이다.

우리가 날마다 왕이신 하나님의 다스리심에 온전히 순종하고, 그래서 우리 안에 하나님 나라가 임하면 그 나라는 우리를 통하여 능력 있게 확장될 것이다. 왕이신 하나님께서 다스리시기에 우리 안에 이루어진 천국이 우리를 통해 가정과 일터와 교회와 사회와 더 나아가 온 세계로 널리 널리 확장되어 가는 복된 역사가 나타나게 될 것이다.

제31장

뜻이 이루어지이다

> [마 6:9-10] 그러므로 너희는 이렇게 기도하라 하늘에 계신 우리 아버지여 이름이 거룩히 여김을 받으시오며 나라가 임하시오며 뜻이 하늘에서 이루어진 것 같이 땅에서도 이루어지이다

조지 트루엣(George Washington Truett, 1867-1944)이라는 설교가는 "인간이 가질 수 있는 가장 위대한 지식은 하나님의 뜻을 아는 것이며, 인간이 행할 수 있는 가장 위대한 업적은 하나님의 뜻을 행하는 것이다"라고 했다.

성경은 우리에게 하나님의 뜻을 분별하고, 그 뜻을 따라 살라고 말씀하신다(엡 5:17; 롬 12:2; 약 4:15). 이렇게 하나님의 뜻이 중요하기에 주님께서도 주기도를 가르쳐주시면서 '하나님의 뜻이 이루어지도록' 기도하라고 말씀하신다.

> [마 6:9-10] 그러므로 너희는 이렇게 기도하라 … (당신의) 뜻이 하늘에서 이루어진 것 같이 땅에서도 이루어지이다

여기서 '하나님의 뜻'이란 하나님께서 마음에 가지고 계시는 목적과 의중과 계획과 소원을 의미한다. 주님께서는 하나님께서 마음에 가지고 계신 '하나님의 뜻'이 하늘나라에서 완전히 실현되는 것처럼 땅에서도 그렇게 실현될 수 있도록 기도하라고 말씀하신다. '하나님의 뜻'은 하늘에서는 항상 완벽하게 실현되고 있지만, 땅에서는 그렇지 못하다.

천사들은 밤낮 쉬지 않고 하나님의 명령을 수행하고, 하나님의 계획을 실행하며, 하나님의 뜻을 성취한다. 이렇게 천사들이 하나님의 뜻에 전적

으로 헌신하며 온전히 순종하기에 하나님의 뜻은 하늘에서 완벽하게 이루어지고 있다.

반면에 땅에서는 그렇지 않기에 주님께서는 '하나님의 뜻'이 하늘에서 이루어진 것 같이 땅에서도 이루어지도록 기도하라고 하시는 것이다. 여기서 '땅'은 하나님의 뜻을 거스르고 있는 죄로 물든 개인과 가정과 교회와 사회와 타락한 이 세상 전체를 가리킨다. 우리 개인과 가정과 교회와 사회와 이 세상 속에 혼란과 갈등과 다툼과 죄악이 끊이지 않는 중요한 원인은 사람들이 하나님의 뜻을 발견하지 못하고, 받아들이지 못하고, 순종하지 못하기 때문이다.

우리가 하나님의 뜻을 발견하고, 그것을 믿음으로 받아들이고 순종하면 하나님의 뜻이 이루어지게 된다. 그때 우리는 하나님께 영광을 돌리게 되고, 우리 자신에게 축복이 되며, 또 많은 사람을 복되게 만든다. 하나님의 뜻을 발견하고 순종하는 과정에는 힘든 과정도 있고 고통스러운 과정도 있다.

그때 우리 상식과 주관적인 뜻을 버리고 포기하는 것은 결코 쉬운 일이 아니다. 그러나 그때에도 우리는 우리의 상식과 주관적인 뜻은 오히려 우리의 참된 유익에 방해가 된다는 사실을 믿음으로 받아들여야 한다. 그리고 나를 부인하면서 하나님 아버지를 전적으로 신뢰하고 그 뜻에 온전히 순종해야 한다. 그때 놀라운 하나님의 역사(役事)를 깊이 체험할 수 있다.

우리가 "하나님의 뜻이 하늘에서 이루어진 것 같이 땅에서도 이루어지기를" 기도하는 것은 단순히 기도하는 것으로 그치지 않고, 그 이상의 의미가 있다. 하나님의 뜻이 이 땅에 이루어지는 데 있어서 감당해야 할 우리의 책임도 말해준다.

그렇다면 하나님의 뜻이 하늘에서 이루어진 것 같이 이 땅에서도 이루어지기 위해서는 어떻게 해야 하는가?

하나님의 뜻이 우리 자신과 가정과 직장과 교회와 이 세상에 충만히 이루어지기 위해서 우리가 감당해야 할 책임은 무엇인가?

1. 하나님의 뜻을 분별해야 한다

하나님의 뜻은 먼저 우리 삶에서부터 이루어져야 하기에 우리는 반드시 하나님의 뜻을 분별해야 한다. 성령이 내주하시는 하나님의 자녀들은 성령의 도우심이 있기에 하나님의 뜻을 분별할 수 있다. 성경은 하나님의 뜻이 무엇인지 분별하라고 명령하신다.

[롬 12:2] 너희는 이 세대를 본받지 말고 오직 마음을 새롭게 함으로 변화를 받아 **하나님의 선하시고 기뻐하시고 온전하신 뜻이 무엇인지 분별하도록 하라**

[엡 5:17] 그러므로 어리석은 자가 되지 말고 **오직 주의 뜻이 무엇인가 이해하라**

하나님께서 우리에게 당신의 뜻을 알려주시는 몇 가지 방법이 있다. 하나님의 말씀인 성경, 기도, 신실한 믿음의 사람들, 그리고 환경 등이다. 그 중에서 가장 중요한 방법은 하나님의 말씀이다.

[롬 2:18] **율법의 교훈을 받아 하나님의 뜻을 알고** 지극히 선한 것을 분간하며

성경을 통해서 하나님의 뜻을 알 수 있기에 우리는 성령의 조명하심을 사모하면서 겸손한 마음으로 성경을 지속해서 공부해야 한다. 그렇게 할 때 우리는 더욱 분명하게 하나님의 뜻을 알게 되고 분별하게 될 것이다.

우리가 하나님의 뜻을 분별하는 일에 있어서 반드시 기억해야 할 5가지 중요한 성경 구절이 있다. 미국 캘리포니아의 그레이스 커뮤니티 교회의 담임 목사이며 마스터스신학교 총장인 존 맥아더(John F. MacArthur Jr., 1939-) 목사님은 하나님의 뜻을 분별하는 것과 관련된 5가지 성경 구절에 대해 말한다.

이 5가지 성경 구절을 알고 곧 그 뜻대로 당신이 복종하고 있는가를 살핀 뒤에, (그 뜻대로 당신이 복종하고 있다면) 그다음에는 당신 마음대로 해도 좋다.

이 5가지 성경 구절은 우리가 하나님의 뜻을 분별하는 일에 있어서 참으로 중요한 말씀이다.

1) 요한복음 6장 40절 말씀이다

> [요 6:40] 내 아버지의 뜻은 아들을 보고 믿는 자마다 영생을 얻는 이것이니 마지막 날에 내가 이를 다시 살리리라

주님께서는 하나님의 아들이신 당신을 믿고 영생을 얻는 것이 바로 하나님의 뜻이라고 하신다. 하나님께서는 이 뜻을 이루기 위해서 예수님을 이 세상에 보내셨고, 예수님은 이 뜻을 이루기 위해서 십자가에 못 박혀 죽으셨다. 하나님의 가장 중요한 뜻은 사람들이 예수 믿고 구원을 얻는 것이다.

우리는 이 뜻이 이루어지도록 영혼들의 구원을 위해서 간절히 기도해야 하고 부지런히 복음을 전해야 한다. 주님께서는 우리에게 전도와 선교를 지상명령으로 주셨다. 우리가 이 땅에서 공부하고 일하고 결혼하고 가정을 돌보고 자녀를 키우고 교회를 섬기는 등의 이 모든 것의 궁극적인 목적은 죄인의 구원을 위한 하나님의 뜻을 이루기 위해서이다.

2) 데살로니가전서 4장 3절 말씀이다

> [살전 4:3] 하나님의 뜻은 이것이니 너희의 거룩함이라 …

하나님의 뜻은 자녀인 우리가 거룩하신 아버지를 닮아 거룩함을 이루는 것이다. 우리를 참으로 사랑하시는 아버지 하나님의 진정한 관심은 자녀인 우리가 이 땅에서 잠시의 성공과 행복을 누리는 것이 아니다.

물론 우리가 이 땅에서 사는 동안 하나님께서는 우리의 참 좋으신 아버지시기에 우리의 쓸 것을 공급하시고 필요를 채우시며 우리를 돌보신다. 그러나 아버지 하나님의 더 깊은 관심은 우리 속에 아버지의 거룩한 형상이 회복되는 일이다. 자녀인 우리가 당신의 독생자 예수 그리스도의 거룩한 성품을 닮아가는 것이다.

그래서 하나님께서는 거룩한 열정을 가지시고 초지일관 우리를 거룩함 가운데로 인도하신다. 하나님은 때때로 우리를 어둠의 깊은 계곡을 따라 걷게 하신다. 고난의 광야와 시련의 가시밭길도 통과하게 하신다. 우리에게 보이지 않는 하늘의 지극히 크고 영원한 영광의 중한 것을 이루기 위해서 보이는 이 땅에서의 잠시 잠깐의 환난의 경한 것을 받게 하신다(고후 4:17-18).

그리고 우리가 환난을 받으면서 고통당하고 괴로워할 때 아버지께서는 마음 아파하시면서 함께 고통을 당하시고 괴로워하신다. 우리 삶에 고난과 시련이 닥칠 때 우리는 이런 하나님의 깊은 심정과 뜻을 깨닫고 그 고난과 시련을 주님을 닮아가는 복된 기회로 삼아야 한다. 우리는 어떤 문제를 선택하거나 결정할 때도 먼저 이것이 나의 경건 생활에 어떤 영향을 미치게 될 것인가를 깊이 생각해야 한다.

직장을 선택하고 사업을 결정할 때, 결혼 배우자를 선택할 때 내가 믿음 생활을 잘 할 수 있고 경건한 생활을 하는 데 있어서 도움이 될 것인가 아니면 해가 될 것인가를 먼저 깊이 생각해야 한다. 아무리 돈을 많이 벌 수 있고 근무 조건이 좋고 또 결혼하고자 하는 그 사람이 좋고 행복한 삶을 살 수 있다고 해도 나의 신앙에 도움이 되지 않고 경건 생활에 해가 된다면, 또 다른 사람들의 신앙에 유익이 되지 않는다면 우리는 기꺼이 포기할 수 있어야 한다. 그렇게 하는 것이 명백한 하나님의 뜻이기 때문이다.

3) 에베소서 5장 17-18절 말씀이다

> [엡 5:17-18] 그러므로 어리석은 자가 되지 말고 오직 주의 뜻이 무엇인가 이해하라 술 취하지 말라 이는 방탕한 것이니 오직 성령의 충만을 받으라

술 취하는 것은 하나님의 뜻이 아니다. 여기서 술은 물론 1차로는 마시는 그 술을 말하지만, 넓은 의미로는 이 세상 것을 대표한다. 세상 것에 취하지 않고 성령의 충만함을 받는 것이 하나님의 뜻이다. 우리는 늘 성령 충만함을 사모하면서 기도해야 한다. 성령 충만한 삶을 살기 위해서 하나님의 은혜를 구하면서 힘써야 한다.

어떤 문제를 결정할 때도 이것이 내가 성령 충만한 생활을 하는 데 있어서 도움이 되는가 아니면 해가 되는가를 먼저 생각해야 한다. 그리고 해가 되는 것은 과감히 포기해야 하고 도움이 되는 것은 기꺼이 선택해야 한다.

4) 데살로니가전서 5장 16-18절 말씀이다

[살전 5:16-18] 항상 기뻐하라 쉬지 말고 기도하라 범사에 감사하라 이것이 그리스도 예수 안에서 **너희를 향하신 하나님의 뜻이니라**

항상 기뻐하고 쉬지 말고 기도하며 범사에 감사하는 생활은 하나님의 분명한 뜻이다. 처한 상황이 어떠하든지 상관없이 우리는 의지적으로라도 항상 기뻐하고 쉬지 말고 기도하며 범사에 감사하며 살아야 한다.

그러기 위해서는 무엇보다 먼저 입술로 고백하는 것이 중요하다.

하나님!
감사합니다.

또 어떤 문제를 결정할 때도 이것이 내가 기뻐하고 기도하며 감사하는 삶에 긍정적인 영향을 미칠 것인가, 부정적인 영향을 미칠 것인가를 먼저 생각해야 한다. 그리고 부정적인 영향을 미치는 것은 과감하게 버리고 긍정적인 영향을 미치는 것은 기꺼이 선택해야 한다.

5) 베드로전서 3장 17절 말씀이다

[벧전 3:17] 선을 **행함으로 고난 받는 것이 하나님의 뜻일진대** 악을 행함으로 고난 받는 것보다 나으니라

선을 행함으로 고난받는 것이 하나님의 뜻이기에 우리는 선을 행하기 위하여 고난받는 것을 두려워하지 말고 기꺼이 고난받을 각오를 해야 한다. 어떤 일을 결정할 때도 고난을 피하고 쉬운 길을 가기 위해서 옳지 않은 길

을 선택해서는 안 된다. 그것이 선하고 옳은 일이라면 비록 십자가를 지는 일이라 할지라도 기꺼이 십자가를 지고 고난받는 것이 하나님의 뜻이다.

하나님의 뜻이 이 땅에 이루어지기 위해서 늘 이 5가지 중요한 성경의 원리를 기억하고 힘써 노력하자.

2. 간절히 기도해야 한다

주님께서 가르쳐주신 것처럼 하나님의 뜻이 이 땅에 이루어지기 위해서는 반드시 기도해야 한다. 기도 없이는 하나님의 뜻을 분별할 수 없고, 기도 없이는 하나님의 뜻이 이루어지지 않기 때문이다. 하나님께서는 오직 기도를 통해서만 하나님의 뜻을 이 땅에 실현하시기로 작정하셨다. 그러므로 우리가 기도하지 않으면 하나님은 역사(役事)하지 않으시지만, 우리가 기도하면 하나님은 역사하기 시작하신다. 그리하여 당신의 뜻을 이루시고 위대한 역사를 성취하시는 것이다.

하나님께서는 아합왕 때 북이스라엘이 극심한 우상숭배에 빠지자 무서운 심판을 내리셔서 3년 6개월 동안 북이스라엘에 비 한 방울, 이슬 한 방울 내리지 않도록 하늘 문을 굳게 닫으셨다. 그리고 3년 6개월이 지난 후 하나님께서는 다시 비를 내려주시는 당신의 뜻과 계획을 이루실 때 엘리야 선지자의 간절한 기도를 사용하셨다.

> [약 5:17-18] 엘리야는 우리와 성정(性情)이 같은 사람이로되 **그가 비가 오지 않기를 간절히 기도한즉, 삼 년 육 개월 동안 땅에 비가 아니 오고 다시 기도하니 하늘이 비를 주고 땅이 열매를 맺었느니라**

이렇게 하나님께서는 뜻을 작정하시고 분명한 계획을 세우시고 때까지 정하셨다 할지라도 하나님의 백성들이 기도하지 않으면 그것을 이루지 않으신다. 하나님께서는 예레미야 선지자를 통해 남 유다가 바벨론에 망한 후 70년이 지나면 다시 고국으로 돌아오게 될 것이라고 약속하셨다. 그 약속은 시간만 지나면 자연히 이루어지는 것이 아니다.

하나님께서 그 약속을 주시면서 이스라엘 백성들에게 요구하신 것이 있었다. 그들이 이 하나님의 약속을 굳게 붙잡고 간절히 부르짖어 기도하는 것이었다.

[렘 29:10-13] 나 여호와가 이같이 말하노라 **바벨론에서 칠십 년이 차면 내가 너희를 돌보고 나의 선한 말을 너희에게 성취하여 너희를 이곳으로 돌아오게 하리라** … 너희가 내게 부르짖으며 내게 와서 기도하면 내가 너희들의 기도를 들을 것이요 너희가 온 마음으로 나를 구하면 나를 찾을 것이요 나를 만나리라

[겔 36:36-37] 너희 사방에 남은 이방 사람이 나 여호와가 무너진 곳을 건축하며 황폐한 자리에 심은 줄을 알리라 **나 여호와가 말하였으니 이루리라** 주 여호와께서 이같이 말씀하셨느니라 **그래도 이스라엘 족속이 이같이 자기들에게 이루어 주기를 내게 구하여야 할지라** …

다니엘은 예레미야서를 읽다가 이 사실을 알게 되자 금식하며 하나님께 간절히 기도한다.

[단 9:2-4] … 나 다니엘이 책을 통해 여호와께서 말씀으로 선지자 예레미야에게 알려 주신 그 연수를 깨달았나니 곧 예루살렘의 황폐함이 칠십 년 만에 그치리라 하신 것이니라 **내가 금식하며 베옷을 입고 재를 덮어쓰고 주 하나님께 기도하며 간구하기를 결심하고** 내 하나님 여호와께 기도하며 자복하여 이르기를 …

이렇게 하나님의 약속을 굳게 붙잡고 간절히 기도할 때만이 하나님의 약속은 이루어지고 하나님의 뜻은 성취된다. 우리는 하나님의 뜻이 이 땅에서 이루어지기 위해서 무엇보다 열심히 하나님께 기도해야 한다.

우리가 간절히 기도할 때 우리는 하나님의 뜻을 이 땅에 이루는 하나님의 동역자가 되며, 하나님의 놀라운 도구로 쓰임 받게 된다.

3. 내 뜻을 포기하고 하나님의 뜻에 순종해야 한다

하나님의 뜻은 주님을 통해 이 땅에 온전히 이루어졌다. 주님께서 자기 뜻을 기꺼이 포기하시고 하나님의 뜻에 늘 순종하셨기 때문이다. 주님께서는 죄인들을 구원하고자 하시는 하나님의 뜻을 이루기 위해 이 땅에 오셨고, 그 뜻을 이루기 위해 사셨으며, 그 뜻을 이루기 위해 죽으셨다.

> [요 6:38-39] 내가 하늘에서 내려온 것은 **내 뜻을 행하려** 함이 아니요 **나를 보내신 이의 뜻을 행하려** 함이니라

주님께서는 하나님의 뜻을 행하고 그 뜻을 이루는 것을 먹는 양식보다 더 소중하게 생각하셨다.

> [요 4:34] 예수께서 이르시되 나의 양식은 **나를 보내신 이의 뜻을 행하며** 그의 일을 **온전히 이루는 이것이니라**

주님께서는 십자가를 지시기 전날 밤, 겟세마네 동산에서 기도하시면서 할 수만 있으면 십자가의 쓴잔을 피하고 싶으셨다. 인성을 가지신 주님의 간절한 소원은 하나님께 버림당하여 십자가의 처참한 고난을 당하지 않는 것이었다. 주님께서는 밤을 지새우며 깊은 고뇌와 고통 속에서 땀방울이 핏방울이 될 정도로 간절히 기도하신 것이다.

그러나 결국 주님께서는 인간적인 뜻을 자원해서 포기하신다. 그리고 당신의 능동적인 선택으로 하나님의 뜻에 기꺼이 자원해서 순종하셨다.

> [마 26:39] … 내 아버지여 만일 할 만하시거든 이 잔을 내게서 지나가게 하옵소서 그러나 나의 원대로 마시옵고 아버지의 원대로 하옵소서 …

이런 기도가 참된 기도이다. 그래서 어느 분은 기도를 이렇게 설명한다.

> 기도란 사람의 뜻을 하늘에서 이루는 것이 아니라 하나님의 뜻을 땅에서 이루는 것이다.

　미국 남북전쟁이 시작되어 전세가 북군에 매우 불리할 때 북군의 교회 지도자들이 모여서 링컨 대통령을 위로했다.
　"각하, 우리는 하나님이 우리 북군 편이 되어서 북군이 승리하게 해달라고 온 교회가 날마다 눈물로 간절히 하나님께 기도하고 있습니다."
　그때 링컨 대통령이 이렇게 대답했다.
　"그렇게 기도하지 마십시오."
　그 말을 듣는 순간 모든 사람이 깜짝 놀랐다.
　그때 링컨은 이런 유명한 말을 했다.

> 하나님께서 우리 편이 되어 달라고 기도하지 마시고 우리가 항상 하나님 편에 있게 해달라고 기도합시다.

　링컨의 고백처럼 우리가 내 뜻을 버리고 하나님의 뜻을 구하며 그 뜻에 순종한다. 그때 하나님께서 내 편이 되어주신다. 그래서 내 삶을 전적으로 책임져주시고 도와주시고 보호해 주신다. 나를 선하게 인도해 주신다. 그때 우리는 어떤 상황과 형편 속에서도 절대로 흔들리지 않는 반석과 같은 견고한 삶을 살 수 있다(시 16:8).
　'나 같은 죄인 살리신'을 작시한 존 뉴턴은 이런 질문을 던진다.
　"하나님께서 여러분에게 단 하나만 선택할 수 있는 권한을 주신다면 여러분은 단 하나의 기회로 무엇을 선택하시겠습니까?"
　그리고 이 질문에 대해 스스로 이렇게 대답한다.

> 만약 하나님께서 나에게 단 하나의 선택할 권한을 주신다면, 나는 하나님께서 나를 위해 선택해 주실 것을 요구할 것입니다.
> 왜냐하면, 참으로 내가 무엇이 필요한가를 가장 잘 아시는 분은 하나님이시기 때문입니다. 내가 나를 아는 것보다 훨씬 더 내 미래를 아시고, 내가 내 미래를 완벽하게 계획하는 것보다 훨씬 더 내 미래를 완벽하게 계획하시며

섭리하시는 분이 하나님 한 분뿐이심을 알기 때문입니다.

그래서 나는 그 단 하나의 선택을 하나님께 맡기어 하나님의 뜻이 내 생을 통하여 이루어지기를 기도하겠습니다.

사랑하는 성도 여러분!

성경은 "그를 향하여 우리가 가진 바 담대한 것이 이것이니 그의 뜻대로 무엇을 구하면 들으심이라(요일 5:14)라고 말씀한다.

그러므로 우리가 인생의 방향과 목표를 하나님의 뜻에 맞추고, 그것을 위해 기도하며, 그것을 위해 우리 자신을 드릴 때 우리의 기도는 하나님의 보좌를 움직이게 될 것이다.

우리의 삶은 하나님의 뜻을 이루는 능력의 도구가 될 것이다. 그래서 우리의 기도와 삶을 통하여 하나님의 뜻이 하늘에서 이루어진 것 같이 땅에서도 이루어지는 놀라운 축복을 체험하게 될 것이다.

제32장

일용할 양식을 주시옵고

[마 6:11] 오늘 우리에게 일용할 양식을 주시옵고

우리 삶의 우선순위 문제는 기도에도 그대로 적용되기에 우리는 기도할 때 하나님의 영광을 최우선에 두어야 한다. 주님께서도 기도를 가르쳐 주실 때 하나님의 이름과 나라와 뜻을 위하여 먼저 기도하라고 말씀하신 후에 우리 자신을 위하여 기도하라고 하신 것이다. 우리 자신을 위한 기도 가운데 제일 먼저 주님께서 말씀하신 것은 '일용할 양식'에 관한 기도이다.

[마 6:11] 오늘 우리에게 일용할 양식을 주시옵고

여기서 '일용할'('에피우시온')이라는 단어는 '삶에 필요한' 또는 '오는 날'의 의미이다. 최근에는 '오는 날'로 많이 해석한다. 그러므로 "일용할 양식을 주시옵고"는 "다가오는 하루를 위한 양식을 주시옵고"라는 의미로 이해할 수 있다.

그래서 이 기도를 아침에 한다면 이제 막 시작하는 하루를 위한 양식을 구하면서 기도하는 것이고, 저녁에 한다면 다가오는 내일 하루를 위한 양식을 구하면서 기도하는 것이다.

'일용할 양식'을 구하는 기도는 출 16장에 나오는 만나 이야기를 배경으로 하고 있다.

[출 16:4] 그 때에 여호와께서 모세에게 이르시되 보라 **내가 너희를 위하여 하늘에서 양식을 비같이 내리리니 백성이 나가서 일용할 것**(양식)**을 날마다 거둘 것이라** …

하나님께서는 이스라엘 백성들에게 만나를 주실 것을 약속하시면서 "일용할 것을 날마다 주시겠다"고 말씀하셨다.

하나님께서는 하루가 시작되는 아침에 만나를 주셨다. 만나를 그날 하루를 위한, 그날의 양식으로 주신 것이다.

> [출 16:13-15] … **아침에는** 이슬이 진 주위에 있더니 그 이슬이 마른 후에 광야 지면에 **작고 둥글며 서리 같이 가는 것이 있는지라** 이스라엘 자손이 보고 그것이 무엇인지 알지 못하여 서로 이르되 이것이 무엇이냐 하니 모세가 그들에게 이르되 **이는 여호와께서 너희에게 주어 먹게 하신 양식이라**

만나 이야기에 나오는 일용할 양식에 관한 표현이 주기도문의 일용할 양식에 관한 표현에도 그대로 사용되고 있다. 주님께서 말씀하신 '일용할 양식'은 단순히 먹는 양식만을 가리키지 않는다. "다가오는 하루를 살기 위해서 우리에게 꼭 필요한 모든 생활필수품"을 의미한다.

종교개혁자 루터는 '일용할 양식'에 대해서 "음식뿐만 아니라 건강한 몸, 좋은 날씨, 집과 가정, 아내와 자녀들, 좋은 정부와 평화 등 우리가 이 세상을 살아가는 데 있어서 필요한 모든 것을 의미한다"라고 했다. 빌 4:19에서도 같은 말씀을 하신다.

> [빌 4:19] 나의 하나님이 그리스도 예수 안에서 영광 가운데 그 풍성한 대로 **너희 모든 쓸 것을 채우시리라**

또 주님께서 말씀하시는 '일용할 양식'에는 '영적인 양식'도 포함된다. 인간은 단순히 '육의 양식'으로만 살 수 있는 존재가 아니다. 주님께서도 사람이 떡으로만 살 것이 아니요, 하나님의 입에서 나오는 모든 말씀으로 살 것이라고 말씀하셨다.

이처럼 인간은 '육의 양식'뿐만 아니라 '영의 양식'도 필요한 영적 존재이고 전인적 존재이며 영원한 존재이다. 따라서 주님께서 말씀하시는 '일용할 양식'은 '육의 양식'의 의미가 강하지만, 궁극적으로는 '영의 양식'까지 포함한 우리 삶 전체에 필요한 모든 것을 가리킨다.

주님께서는 "오늘날 우리에게 일용할 양식을 주시옵소서"라고 기도하라고 하셨다.

그렇다면 그냥 양식이 아니라 특별히 "우리의 일용할 양식"을 위해서 기도하라고 하신 이유가 무엇인가?

1. 날마다 아버지 하나님만을 의지하면서 살도록 하기 위해서이다

예수님 당시에는 하루 벌어서 하루 먹고 사는 사람들이 대부분이었다. 일반적으로 당시 노동자들은 그날 한 일의 품삯을 그날 받았다. 품삯은 대부분 끔찍할 정도로 낮았기 때문에 저축하는 것은 거의 불가능했고 그날 양식만을 살 수 있었다.

그 시대는 농경 사회였기에 밀이나 보리 등의 작물 하나만 흉작이 되어도 큰 재난을 가져왔다. 이런 상황에서 "오늘날 우리에게 일용할 양식을 주옵시고"라고 기도하는 것은 참으로 절박한 기도였다. 만약 이 기도가 이루어지지 않는다면 온 가족이 굶주릴 수밖에 없었다.

그 당시 예수님을 따르는 사람들 대부분은 사회의 하층민이었고 가난한 자들이었기에 늘 생계가 불안한 상태에서 생활할 수밖에 없었다. 그러므로 그들에게는 자신들의 생계 문제를 책임져주시는 후견인인 아버지가 반드시 계셔야만 했다. 그 아버지는 바로 그들을 너무나 사랑하시는 하늘에 계신 아버지였다. 그 아버지께 그들은 일용할 양식을 철저히 의지할 수밖에 없었다. 그래서 주님께서는 이렇게 기도하라고 말씀하신다.

[마 6:9, 11] 그러므로 너희는 이렇게 기도하라 … 오늘 우리에게 일용할 양식을 주시옵고

하나님 자녀들의 삶은 자기가 자기 삶을 책임지는 삶이 아니다. 아버지이신 하나님께서 책임져주심을 믿고 날마다 그 아버지를 온전히 의지하는 삶이다. 주님께서는 주기도문을 가르쳐주시면서 "우리에게 일주일 치의 양식을, 한 달 치의 양식을, 일 년 치의 양식을, 평생 먹을 양식을 주시옵소

서"라고 기도하라고 말씀하지 않으셨다.

"오늘 하루 먹을 양식을 주옵소서"라고 기도하라고 하셨다. 본문과 병행구절인 눅 11:3에서는 이렇게 기록되어 있다.

> [눅 11:2-3] 예수께서 이르시되 **너희는 기도할 때에 이렇게 하라** … 우리에게 **날마다 일용할 양식을 주시옵고**

주님께서 "우리에게 날마다 일용할 양식을 주시옵고"라고 기도하라고 하신 이유가 있다. 우리가 그날그날 하나님을 의지하며 살도록 하기 위해서이다. 우리가 가지고 있는 양식이 오늘 하루치의 양식밖에 없다면 우리는 날마다 하나님을 의뢰하지 않을 수 없다. 하나님을 의뢰하지 않으면 굶을 수밖에 없기에 굶지 않기 위해서는 반드시 하나님을 의뢰해야 한다.

하나님께서 광야 40년 동안 이스라엘 백성들에게 만나를 공급해 주시면서 매일 아침, 하루치만을 주신 이유도 바로 여기에 있다. 이스라엘 백성들이 하루하루 하나님만을 의지하면서 살도록 하기 위해서이다. 그런데 이스라엘 백성들 가운데는 하나님의 뜻을 깨닫지 못하고 한꺼번에 며칠 치를 거두어드린 사람들이 있었다. 그러자 그 만나는 다음날 벌레가 생기고 썩어 냄새가 나 도저히 먹을 수가 없었다.

하나님께서 이스라엘 백성들에게 하루치의 만나만을 주신 것은 하루하루, 그날그날 하나님께 의지해서 사는 삶의 자세를 가지고 살도록 하신 것인데 바보 같은 이스라엘 백성들은 만나를 쌓아 두고 있었다. 그 결과 그들은 쓸모없는 쓰레기를 치우는 헛수고만 더 했다.

오늘날에도 이스라엘 백성들처럼 바보와 같은 삶을 사는 사람들이 부지기수다. 예수 믿는 사람들 가운데도 그런 사람이 한두 사람이 아니다. 대표적인 사람이 바로 누가복음 12장에 나오는 '어리석은 부자'와 같은 사람이다. 바보 부자는 이 땅에서 많이 벌고, 많이 쌓아 두려고 했지만, 그 모든 것이 다 헛수고였다. 그는 헛되고 헛된 일만 추구하다가 밤에 갑자기 심장마비가 와서 죽고 말았다.

[눅 12:19-21] 또 내가 내 영혼에게 이르되 영혼아 여러 해 쓸 물건을 많이 쌓아 두었으니 평안히 쉬고 먹고 마시고 즐거워하자 하리라 하되 하나님은 이르시되 어리석은 자여 오늘 밤에 네 영혼을 도로 찾으리니 그러면 네 준비한 것이 누구의 것이 되겠느냐 하셨으니 자기를 위하여 재물을 쌓아 두고 하나님께 대하여 부요하지 못한 자가 이와 같으니라

우리는 정신 바짝 차리고 어리석은 바보가 아니라 하나님의 지혜로운 자녀로 살아야 한다. 하나님께서 자녀인 우리에게 정말 원하시는 것이 매 순간 하나님 아버지를 의지하면서 사는 것임을 분명히 기억하고 살아야 한다. 그때만이 우리는 하나님이 예비하신 풍성한 생명을 얻고 참된 만족을 누리면서 복되게 살 수 있다.

[시 37:3-4] 여호와를 의뢰하고 선을 행하라 … 또 여호와를 기뻐하라 그가 네 마음의 소원을 네게 이루어 주시리로다

하나님께서는 우리 인간을 창조하실 때 철저하게 의존적인 존재로 창조하셨다. 그래서 인간은 자신을 만드신 창조주 하나님을 철저하게 의존하며 살 때만이 생명과 만족과 행복을 누릴 수 있다. 그런데 불행하게도 인간은 하나님을 떠나 자기 자신의 힘으로 생명을 얻고 만족과 행복을 누리려고 했고, 결과는 너무나 비참하고 비극적이다. 인간에게 생명과 만족과 행복이 찾아오기는커녕 오히려 죽음과 저주와 결핍과 소외와 공허함이 찾아왔다.

[렘 2:13] 내 백성이 두 가지 악을 행하였나니 곧 그들이 생수의 근원되는 나를 버린 것과 스스로 웅덩이를 판 것인데 그것은 그 물을 가두지 못할 터진 웅덩이들이니라

프랑스의 유명한 철학자 블레즈 파스칼은 이런 고백을 했다.

사람의 마음속에는 누구나 공허의 텅 빈, 공간이 있다. 주님께서 내 마음에 오셔서 나를 채울 때까지 나는 참된 만족을 모르던 인생이었다.

하나님께서 먹여주지 않으시면 아무리 많은 돈이 있어도 소용이 없다. 이스라엘 백성들처럼 곡식과 포도주와 그밖에 모든 것이 철철 넘쳐도 거기에 하나님의 보이지 않는 '축복의 이슬'이 내리지 않는다면 그 모든 것은 당장에 사라지거나 쌓아 두어도 누릴 수 없게 된다. 무엇보다 그렇게 살 때 하나님을 주인으로 모시고 그분의 참된 백성으로 결코 살 수 없게 된다는 것이다.

20세기 세계 최고의 부자라고 불렸던 미국의 록펠러는 한때 '알로피셔'(Alopecia)라는 병에 걸려 제대로 음식을 먹지 못했다. 우유 한잔과 크래커 몇 조각으로 하루하루를 살아갔다.

돈을 산더미처럼 쌓아 두고 사업은 너무 잘돼서 하루에 그 당시 돈으로 100만 불을 벌고 있었지만 제대로 먹지를 못하니 그 많은 돈이 무슨 소용이 있겠는가?

그때 록펠러는 이런 이야기를 했다.

> 나로 하여금 음식을 제대로 먹을 수 있게만 해준다면 그 사람에게 내 재산의 절반을 주겠다.

하나님께서 우리에게 주실 때만이 우리는 먹을 수 있다. 우리에게 필요한 모든 것은 다 하나님으로부터 온다. 우리는 하나님 없이는 단 한 하루도 살 수 없다. 우리는 날마다 "우리에게 일용할 양식을 주시옵소서"라고 기도해야 하고 하나님이 주시면 감사함으로 양식을 먹고 주위에 나누어야 한다.

왜 우리는 구하기 전에 있어야 할 것을 아시는 하나님께 기도해야 하는가?

칼빈은 대답한다.

> 우리가 필요로 하는 모든 것을 아시는 하나님께서 우리가 기도하게 하시는 이유는 바로 이것이다.

첫째, 모든 좋은 것이 오직 그분께로부터 온다는 것을 알게 하기 위하여.

둘째, 우리가 하나님만을 의뢰하며 살도록 하기 위하여.

[약 1:17] 온갖 좋은 은사와 온전한 선물이 다 위로부터 빛들의 아버지께로부터 내려오나니

2. 하나님께 영광 돌리는 삶을 살도록 하기 위해서이다

주님께서는 주기도를 가르쳐주시면서 '양식'을 구하라고 하셨지 '사치품'이나 지나치게 많은 것을 구하라고 하지 않으셨다. '양식'은 우리에게 꼭 필요한 생활필수품을 가리킨다. 하나님께서는 자녀인 우리가 가난하여 늘 생활의 염려와 탐욕과 비굴함 가운데서 살기를 원치 않으신다.

그렇다고 우리가 어리석은 부자처럼 가진 것이 너무 많아서 불안과 탐욕과 교만함 가운데서 살기도 원치 않으신다. 타락한 인간은 너무 가난해도 범죄하기 쉽고 너무 부유해도 범죄하기 쉽다. 이 사실을 잘 알았던 아굴이었기에 이렇게 하나님께 간절히 기도했다.

[잠 30:7-9] 내가 두 가지 일을 주께 구하였사오니 내가 죽기 전에 내게 거절하지 마시옵소서 곧 헛된 것과 거짓말을 내게서 멀리 하옵시며 **나를 가난하게도 마옵시고 부하게도 마옵시고 오직 필요한 양식으로 나를 먹이시옵소서** 혹 내가 배불러서 하나님을 모른다 여호와가 누구냐 할까 하오며 혹 내가 가난하여 도둑질하고 내 하나님의 이름을 욕되게 할까 두려워함이니이다

아굴은 '오직 필요한 양식', 즉 꼭 필요한 재물만을 달라고 하나님께 기도했다. 아굴이 기도한 '필요한 양식'은 사치와 허영과 축재에 빠지지 않을 정도로 입을 것과 먹을 것이 있고, 돈이 주는 힘과 속박과 쾌락 때문에 하나님을 망각하지 않을 정도를 가리킨다. 주님께서 우리에게 일용할 양식을 구하라고 하신 이유가 바로 여기에 있다.

하나님께 영광 돌리는 삶을 위해 그렇게 기도하라고 하신 것이다. 일용할 양식이 없을 정도로 너무 가난하면 하나님의 이름을 욕되게 하기 쉽다.

일용할 양식보다 훨씬 많아서 배가 부르면 교만해져서 자신의 지혜와 노력과 수고를 의지하고 자랑하면서 "하나님을 모른다. 하나님이 누구냐?"라고 하기 쉽다. 바울 사도도 같은 권면을 한다.

> [딤전 6:8-9] 우리가 먹을 것과 입을 것이 있은즉, 족한 줄로 알 것이니라 부하려 하는 자들은 시험과 올무와 여러 가지 어리석고 해로운 욕심에 떨어지나니 곧 사람으로 파멸과 멸망에 빠지게 하는 것이라

스위스의 지폐에는 교훈을 담은 그림들이 그려져 있다. 우리 돈으로 65,000원 정도 되는 50프랑의 지폐에는 온 가족이 과수원에서 수확하는 그림이 그려져 있다. 근로정신을 보여주는 그림이다. 100프랑의 지폐에는 예수 믿는 군인이 말에서 내려 가난한 사람에게 외투를 벗어주는 그림이 그려져 있다. 물질은 가지는 데 목적이 있는 것이 아니라 사랑과 봉사를 위해서 쓰일 때 가치가 있다는 교훈이다.

500프랑의 지폐에는 청년을 상징하는 샘이 그려져 있다. 물질보다 귀한 것은 하나님이 주신 참된 생명 그 자체라는 교훈이다. 그런데 거금인 1천 프랑짜리 지폐에는 죽음의 춤을 추는 모습이 그려져 있다. 참된 생명을 하찮은 돈이 죽일 수도 있다는 경고의 교훈이다.

우리는 이 땅에서 나그네로 살아간다.

그러기에 우리는 날마다 이런 기도를 해야 한다.

> 하나님!
> 저는 이 세상에서 잠깐 살다가 가는 나그네입니다. 이 세상에서 나그네로 살면서 하나님께 영광 돌리는 삶을 살 수 있도록 필요한 쓸 것들을 주시옵소서.
> 저의 마음이 하나님에게서 멀어지지 않도록 일용할 양식을 주시옵소서.

이렇게 기도하는 자는 하나님 나라가 완성될 그날을 바라보면서 참된 소망 가운데 기도하게 되고 날마다 그렇게 살아간다. 우리는 주님께서 재림하심으로 이루어질 '어린양 혼인 잔치'에서 우리의 모든 부족함과 결핍을

근본적으로 충족시켜 줄 참되고 영원한 양식을 마음껏 맛보게 될 것이다.

3. 서로 나누는 삶을 살도록 하기 위해서이다

[마 6:9, 11] 그러므로 너희는 이렇게 기도하라 … 오늘 우리에게 일용할 ('헤몬': 우리들의) 양식을 주시옵고

주님께서는 주기도문을 가르쳐주시면서 "오늘날 나에게 일용할 양식을 주시옵소서"라고 기도하라고 하지 않으셨다.

"오늘날 우리에게 일용할 우리들의 양식을 주시옵소서"라고 하시면서 '우리들의 양식'을 강조하셨다. 하나님께서 우리에게 양식을 주신 것은 나만을 위해서 주신 것이 아니다. 우리를 위해서 주신 것이다.

우리 가운데 대다수는 하나님께서 일용할 양식을 주셨을 뿐만 아니라 그것을 먹을 수 있는 능력까지 더해 주셨다. 우리는 먼저 그런 은혜를 주신 하나님께 감사드려야 한다.

신실한 신앙인이었던 로버트 번스(Robert Burns, 1759-1796)라는 시인은 이런 기도를 하나님께 드렸다.

> 하나님, 어떤 사람은 먹을 것이 있는데 먹을 수 있는 능력이 없습니다.
> 또 어떤 사람은 먹을 수 있는 능력은 있는데 먹을 것이 없습니다.
> 하나님, 저에게 먹을 것도 주시고 먹을 수도 있게 해 주셔서 감사합니다.

우리와 달리 이 세상에는 일용할 양식이 없어서 고통당하는 많은 이웃이 있다. 우리는 하나님께서 그들에게 일용할 양식을 주시도록 간절히 기도해야 하고, 하나님이 우리에게 주신 일용할 양식들을 그들과 함께 나누어야 한다. 이런 재미있는 영국 속담이 있다.

> 하루 동안 행복하기를 원하면 이발하라.
> 일주일 동안 행복하기를 원하면 여행을 떠나라.

한 달 동안 행복하기를 원하면 새집을 사라.
일 년 동안 행복하기를 원하면 결혼하라.

이 속담은 마지막 절정에서 이렇게 되어 있다.

평생 행복하기를 원하면 이웃을 섬기는 자가 되라.

우리가 무엇인가를 소유할 때가 아니라 이웃에게 나누어주고 이웃을 섬길 때 거기에 참된 행복과 기쁨이 있다. 우리는 나 자신의 일용할 양식을 위해서 기도해야 할 뿐만 아니라 이웃의 일용할 양식을 위해서도 기도해야 한다.

어느 날 영국의 한 시골에 런던의 부유한 집안 소년 하나가 놀러 왔다. 그런데 그 소년은 수영하다가 쥐가 나서 물에 빠져 죽게 되었다. 그때 수영을 잘하는 그 마을의 가난한 집 소년이 그를 구해 주었다. 둘은 곧 친구가 되었다. 몇 년이 지나 런던의 소년이 다시 그 마을로 와서 자기를 구해 준 소년을 찾아가 겸손하게 부탁한다.

"플레밍! 소원을 하나만 말해줄래?
너의 소원을 꼭 듣고 싶어!"
그러자 가난한 집 소년이 아무 생각 없이 자기의 소원을 말했다.
"내 꿈? 내 꿈은 런던에 가서 의학 공부를 하는 것이야!"
그 꿈을 듣고 부잣집 소년이 가난한 집 소년에게 말한다.
"플레밍! 나에게 네가 들어줄 수 있는 소원이 하나 있는데 들어줄 수 있어?"
"그럼! 뭔지 말해 봐!
내가 들어줄 수 있는 일이라면 무엇이든지 하겠어."
"아빠에게 말해서 네가 의학 공부를 할 수 있도록 돕고 싶어!
내 호의를 받아줘!"
결국, 가난한 집안 소년이 런던 소년의 그 소원을 들어줘서 런던에서 의학 공부를 하고 의사가 되었다. 그가 바로 페니실린을 발견한 플레밍(Sir Alexander Fleming, 1881-1955)이다. 런던의 소년도 커서 훌륭한 사람이 되었다.

그는 2차대전 때 미국의 루스벨트 대통령과 함께 소련의 스탈린과 회담을 하러 갔다가 폐렴으로 죽게 되었다.

하지만 친구가 만들어낸 페니실린 덕분에 그는 생명을 건질 수 있었다. 그 사람이 바로 그 유명한 2차대전의 영웅이었던 영국의 윈스턴 처칠 수상(Winston L. S. Churchill, 1874-1965)이었다. 한 사람의 생명을 구해 준 덕분에 영국과 세계를 구한 처칠이 나왔다. 한 사람의 뒤를 돌보아 준 덕분에 자기 생명을 죽을 자리에서 구하게 된 페니실린이 발견케 되었다. 더 나아가 온 인류를 구하는 엄청난 큰일이 되었다.

그러므로 우리는 나 자신의 일용할 양식을 위해서뿐만 아니라 다른 사람들의 일용할 양식을 위해서도 기도하며 도와야 한다. 그들의 육의 양식뿐만 아니라 영의 양식을 위해서도 기도하며 도와야 한다. 그래서 전도와 선교, 그리고 구제와 봉사는 언제나 함께 가야 한다. 그런데 우리가 이런 삶을 사는 것은 결국은, 나와 내 자녀들을 위한 하나님의 풍성한 은혜와 축복을 경험할 수 있는 길이기도 하다(시 37:25-26).

사랑하는 성도 여러분!
우리가 이 세상을 살아가려면 필요한 것들이 참 많이 있다.

먹을 양식, 입을 옷, 거할 집, 건강한 몸, 평화로운 가정, 일할 일터 등 많은 것이 필요하다. 주님께서는 그것들을 단순히 우리 힘과 노력으로 얻으려고 하지 말고 날마다 하나님을 의지하면서 구하라고 하셨다. 단순한 충동과 인간적인 욕망 속에서 구할 것이 아니라 하나님의 영광을 위해서 구하라고 하셨다.

그리고 자기만을 생각하는 이기적인 마음과 탐욕과 욕심을 따라서 구하지 말고 이웃을 생각하면서 구하라고 하셨다. 우리가 주님의 말씀을 믿고 주님의 뜻을 따라 기도하며 순종할 때 하나님께서는 우리의 모든 쓸 것을 풍성하게 채워주실 것이다(빌 4:19).

그 받은 은혜를 나 자신과 내 가족만이 아니라 하나님의 영광을 위해서 이웃들과 불쌍한 영혼들과 하나님 나라를 위해 복되게 사용하자.

제33장

우리 죄를 사하여 주시옵고

> [마 6:12, 14-15] 우리가 우리에게 죄 지은 자를 사하여 준 것 같이 우리 죄를 사하여 주시옵고 … 너희가 사람의 잘못을 용서하면 너희 하늘 아버지께서도 너희 잘못을 용서하시려니와 너희가 사람의 잘못을 용서하지 아니하면 너희 아버지께서도 너희 잘못을 용서하지 아니하시리라

    주님께서 가르쳐주신 기도 가운데 우리 자신과 관련된 내용은 일용할 양식과 죄사함과 시험이다. 우리의 삶에 있어서 일용할 양식이 참 중요하지만, 우리가 죄사함을 받아 용서의 축복을 경험하는 것은 더욱 중요하다. 인간은 일용할 양식으로만 살 수 없고 오직 용서가 있어야만 살 수 있기 때문이다.

    인간은 영적 존재이기에 일용할 양식보다 용서가 훨씬 더 중요할 수 있다. 용서는 영혼의 생명과 건강을 위해 없어서는 안 되는 너무나 중요한 요소이기 때문이다. 아무리 일용할 양식이 많아도 우리에게 용서하고 용서받는 삶이 없다면 참된 기쁨과 평안과 자유를 누리면서 살 수 없다. 그러기에 주님께서는 일용할 양식을 위해 기도하라고 하신 후 곧이어서 용서를 위해 기도하라고 하셨다. 그리고 주기도문이 끝난 후에도 다시 반복하여 용서를 강조하셨다.

> [마 6:12] 우리가 우리에게 죄지은 자를 사하여 준 것같이 **우리 죄를 사하여 주시옵고**

[마 6:14-15] 너희가 사람의 잘못을 용서하면 **너희 하늘 아버지께서도 너희 잘못을 용서하시려니와** 너희가 사람의 잘못을 용서하지 아니하면 **너희 아버지께서도 너희 잘못을 용서하지 아니하시리라**

주님께서 가르쳐주신 용서에 대한 기도는 마치 우리가 다른 사람의 죄를 용서해 주었기에 그것을 근거로 하여 하나님께서도 우리의 죄를 용서해 달라고 하는 조건부의 기도처럼 들린다. 그러나 이 기도는 결코 그런 의미가 아니다.

유대교적 배경을 금세기에 가장 많이 연구해서 히브리어, 아람어 등과 같은 셈족 언어를 가장 잘 아는 요하킴 예레미야스라는 유명한 신약 신학자가 있다. 그는 주기도문의 이 구절을 그 당시 예수님을 비롯한 일반 유대인들이 사용하던 언어인 아람어로 이렇게 번역했다.

> 하나님! 우리의 죄를 용서해 주시옵소서. 그와 동시에 우리도 우리에게 빚진 자들을(우리에게 죄를 범한 자들을) 용서하겠나이다.

따라서 이 기도는 우리가 하나님께 죄 용서를 구하는 청원을 하면서 동시에 우리가 다른 사람들을 용서하기로 하나님께 굳게 서약하는 것이다.

이것은 주기도문의 모든 청원에 다 그대로 해당이 된다. 주기도문의 모든 청원은 하나님께 대한 우리의 청원일 뿐만 아니라 동시에 하나님께 대한 우리의 서약이기도 하다. "하나님 나라가 임하시옵소서"라는 청원은 동시에 "우리가 하나님의 통치를 받겠습니다"라는 서약을 포함하고 있다.

"우리에게 일용할 양식을 주시옵소서"라는 청원도 하나님께 대한 우리의 청원만이 아니라 동시에 "우리가 하나님께 의지하고 하나님이 주시는 양식에 의해서 살겠습니다"라고 서약하는 것이다. 우리 죄에 대한 용서의 청원 역시 그러하다. 하나님께 용서해 주실 것을 청원할 뿐만 아니라 동시에 우리가 항상 이웃의 죄에 대하여 용서할 것을 서약하는 것이다.

하나님은 그 본성과 성품 자체가 용서하는 분이시다. 용서는 하나님께서 시작하신 일로 모든 용서의 참된 원천과 직접적인 원인은 하나님이시다. 하나님은 어떤 흉악한 죄인이라 할지라도 진실한 마음으로 회개하면 반드시 용서해 주신다. 우리가 용서하는 이유는 하나님이 용서하시기 때문이다.
　하나님이 용서하시기에 우리도 용서하는 것이고, 우리가 하나님 앞에 용서받았기 때문에 우리도 다른 사람들을 용서하는 것이다. 우리가 하는 용서는 하나님이 하시는 용서의 '메아리'며, 하나님으로부터 용서받은 것의 '그림자'이다.
　영국의 유명한 평신도 신학자였던 C. S. 루이스(C.S. Lewis, 1898-1963)는 말한다.

> 그리스도인이라는 것은 용서할 수 없는 것을 용서한다는 뜻이다. 왜냐하면, 하나님이 당신에게서 용서할 수 없는 것을 용서하셨기 때문이다.

요한 크리스토프 아놀드(Johann Cristoph Arnold, 1940-2017) 역시 같은 고백을 한다.

> 용서는 아무런 대가 없이 하나님께 용서받은 사람이 마음으로부터 하는 자연스러운 응답이다. 자비는 자비를 낳고 은혜는 은혜를 낳는다. 용서는 용서받음으로써 다시 그 용서가 흘러넘치게 되는, 바로 그러한 것이다.

　용서는 기독교의 핵심이다. 하나님은 자비와 무궁한 사랑으로 그리스도의 십자가 죽음을 통해 우리를 용서하신다. 우리가 믿음으로 예수 그리스도를 구주와 주님으로 영접하고 하나님의 용서를 받아들일 때 우리는 용서함을 받고 구원을 얻게 된다. 그리고 하나님께 용서받은 사람은 감사하면서 올바른 반응으로 자기를 해치는 사람들을 용서하기로 결단하고, 이후 지속해서 용서하게 된다.
　우리는 다른 사람들을 용서함으로써 우리가 하나님께 용서받았음을 표현하고 확증한다. 우리를 용서하신 하나님의 용서는 우리가 다른 사람들을 용서하는 '용서의 모델'일 뿐만 아니라 우리의 '용서의 근원'이다. 하나님께 아무 조건 없이 용서받은 사람은 아무 조건 없이 다른 사람들을 용서할 수 있다.

그러기에 우리가 이웃의 죄를 용서하는 것은 하나님의 용서가 헛것이 되지 않고 나에게 구체적으로 효력을 발휘한 것을 분명히 나타내게 된다. 이웃의 죄를 용서하지 않으면서 하나님께 죄 용서를 구하는 것은 내 죄를 용서하시는 하나님께 "나는 죄 용서함을 받지 않겠습니다"라고 하나님의 용서를 거부하는 것과 같다.

그것은 '용서하라'는 하나님의 명령에 불순종하여 용서하지 않는 것 그 자체가 죄를 범하는 것인데, 내가 용서하지 않음으로 지금 그 사람에게 범하는 그 죄에 대해 하나님의 용서조차 받지 않겠다는 심히 교만하고 악한 태도이다.

하나님께 죄 용서받는 것과 우리 이웃에 대하여 죄 용서하는 것은 구조적으로 밀접하게 연결되어 있다. 하나님의 용서를 받은 사람은 반드시 이웃을 용서하는 삶을 살게 된다. 그러므로 이웃을 용서하지 못하는 사람은 하나님의 용서를 받지 못한 사람이다. 이웃에 대한 용서 없이 하나님께 용서받는 것은 불가능하다.

이 사실이 얼마나 중요한지 주님께서는 이 간구를 반복해서 강조하셨다. 주님께서는 주기도문을 가르쳐주신 후 이어서 다시 한 번 반복하여 말씀하신다.

> [마 6:14-15] 너희가 사람의 잘못을 용서하면 너희 하늘 아버지께서도 너희 잘못을 용서하시려니와 **너희가 사람의 잘못을 용서하지 아니하면 너희 아버지께서도 너희 잘못을 용서하지 아니하시리라**

용서는 우리 신앙과 인생에 있어서 너무나 중요하기에 우리는 반드시 용서하고 용서받는 삶을 살아야 한다.

그렇다면 우리가 하나님의 용서를 경험하면서 이웃을 용서하는 삶을 살기 위해서는 구체적으로 어떻게 해야 하는가?

1. 나를 향하신 하나님의 용서를 늘 기억하고 살아야 한다

내게 잘못을 저지르고 죄를 범한 사람들을 용서하기 어려울 때마다 하나님께서 나를 어떻게 용서하셨는가를 깊이 생각해 보아야 한다. 하나님께서는 우리의 죄를 용서해 주시기 위하여 너무나 값비싼 희생을 치르셨다. 하나님께서는 원수 된 나를 용서해 주시기 위해서 당신의 아들 예수 그리스도를 십자가에 못 박아 죽이셨다.

우리는 주님의 고귀한 피 값으로 죄 용서함을 받았다.

그런 놀라운 용서를 체험하고 살면서도 왜 우리는 우리에게 잘못을 범한 사람들을 용서하지 못하는가?

하나님께서 값비싼 희생을 치르시면서 나를 무조건적으로 용서해 주셨고, 지금도 끊임없이 용서해 주시고 계신다는 사실을 깊이 생각하지 않기 때문이다.

이런 우리를 향해 주님께서는 마태복음 18장에서 '만 달란트 빚진 종'의 이야기를 해주셨다. 어떤 임금에게 만 달란트 빚을 진 종이 있었다. 만 달란트의 빚이란 상상할 수 없을 정도의 엄청난 빚을 가리킨다. 예수님 당시 갈릴리 지방과 베뢰아 지방을 다스리던 헤롯왕, 즉 헤롯 안디바가 1년 동안 거두어들이는 총 세금이 약 200달란트였다. 이것과 비교해보면 만 달란트는 엄청난 액수임을 알 수 있다.

그 종은 자기의 모든 재산을 다 정리해도 빚을 도저히 갚을 수 없었기에 처자식들까지 다 노예로 팔아서 빚을 갚아야만 했다. 그러나 그를 불쌍히 여긴 주인의 은혜로 인해 그의 모든 빚을 다 탕감받게 되었다. 만 달란트라는 엄청난 빚을 탕감받은 이 종이 잠시 후에 자기에게 100데나리온 빚진 사람을 만났다.

그 당시 한 데나리온은 노동자 하루치의 품삯에 해당하는 액수였다. 따라서 100데나리온의 빚은 그 종이 주인에게 탕감받은 빚에 비하면 아무것도 아닌 액수였다. 그런데도 그는 자기의 빚을 당장 갚지 않는다고 그 친구를 옥에 가두어 버렸다.

왜 우리는 우리에게 잘못을 범한 사람들을 끝없이 용서해야 하는가?

그것은 나 자신이 먼저 하나님으로부터 만 달란트나 되는 엄청난 빚을 탕감받았기 때문이다. 우리는 허물과 죄로 인하여 하나님께 엄청난 빚을 지고 있던 자들이었다. 본문에서 주님께서 말씀하신 '죄'라는 단어('오페일레마')의 문자적 의미는 '부채, 빚'(debt)이란 뜻이다.

우리가 지은 죄의 빚은 우리를 지옥에 던져서 영원토록 저주와 형벌을 받게 할 만큼 어마어마한 금액의 빚이었다. 내 죄는 거룩하신 하나님의 아들을 십자가에 못 박아 죽이고 심판할 정도로 크고 무섭고 끔찍한 죄였다. 그런데 이 죄의 빚을 주님께서 십자가에서 다 갚아주셨다.

하나님의 크신 자비와 긍휼로 말미암아 우리의 빚은 다 탕감받았다. 주님께서는 과거에도 나의 죄를 용서해 주셨고, 지금도 계속해서 내 죄를 용서해 주신다. 그리고 앞으로도 주님께서는 내가 범하게 될 모든 죄를 다 용서해 주실 것이다.

이렇게 하나님으로부터 엄청난 죄의 빚을 탕감받은 우리는 이제 어떻게 해야 하는가?

내 힘과 능력으로는 평생 갚아도 도저히 갚을 수 없는 막대한 죄의 빚을 탕감받았다면 우리에게 백 데나리온의 작은 빚을 지고 있는 형제의 잘못을 용서해야 하지 않겠는가?

우리가 하나님으로부터 받은 용서가 얼마나 크고 놀라운 것인가를 늘 기억하고 산다면 다른 사람들을 기꺼이 용서하면서 살 수 있다. 성경은 에베소서 4:32에서 이렇게 명령하신다.

> [엡 4:32] 서로 친절하게 하며 불쌍히 여기며 서로 용서하기를 하나님이 그리스도 안에서 너희를 용서하심과 같이 하라

2. 인간이 얼마나 연약한 존재인가를 진정으로 이해해야 한다

이 세상에 사는 사람 가운데 용서가 필요 없는 사람은 단 한 사람도 없다. 타락한 인간은 모두가 다 죄를 범하고 잘못을 저지르고 실수하기에 우

리는 반드시 용서해야 하는 사람들이다. 우리가 이 사실을 기억한다면 다른 사람들이 내게 입힌 상처가 아무리 크다고 할지라도 그들의 연약함을 이해하면서 용서하는 마음으로 대할 수 있을 것이다. 이렇게 연약한 인간이기에 인간은 종종 잘못인 것을 알고도 죄를 범한다.

또 뻔히 잘못임에도 불구하고 그 사실을 알지 못하여 죄를 범하는 경우들이 있다. 주님께서는 이런 인간의 연약함을 잘 아셨다. 그래서 자신을 십자가에 못 받는 원수들을 위해 이렇게 하나님께 기도하셨다.

> [눅 23:34] 아버지, 저들을 사하여 주옵소서. 자기들이 하는 것을 알지 못함이니이다

사람들이 주님을 십자가에 못 박은 이유는 예수님이 참으로 누구신지를 알지 못했고, 자신들이 행하고 있는 일이 얼마나 엄청난 죄악인 것을 몰랐기 때문이다.

다른 사람이 나에게 잘못을 범할 때 그 사람의 행위 자체는 잘못된 것이다. 그러나 그가 잘못을 범하는 것은 자신이 행하는 일이 잘못인 것을 알지 못하기 때문인 것을 우리가 알 때 "저 사람이 저렇게 하는 것은 몰라서 그렇지"라고 이해하면서 용서할 수 있다. 인간에게는 누구나 스스로 보지 못하는 눈먼 부분들이 있다. 자기가 잘못을 저지르면서도 스스로는 그 잘못을 모르는 부분들이 있다.

맹인처럼 스스로를 보지 못하는 어떤 부분을 인간은 누구나 예외 없이 가지고 있다. 다른 사람들의 눈에 있는 티는 잘 보지만 우리 눈에 있는 들보는 보지 못하는 것이다(마 7:3). 그런 인간의 연약함과 무지함과 어리석음을 우리는 진정으로 이해할 수 있어야 한다. 용서는 바로 여기서부터 시작된다.

자기의 하는 것을 알지 못하는 인간의 무지함과 어리석음을 알 때, 알면서도 잘못을 범하는 인간의 연약함을 알 때, 그런 모습이 다른 사람의 모습만이 아니라 바로 나 자신의 모습인 것을 알 때, 우리는 다른 사람들의 잘못을 기꺼이 용서해 줄 수 있다.

3. 내게 잘못을 범한 사람을 위하여 기도하면서 축복해야 한다

우리가 용서하는 삶을 살기 위해서는 반드시 기도해야 한다. 기도 없이 용서의 삶을 사는 것은 불가능하다. 지구촌교회 원로 목사인 이동원 목사님은 '용서의 시작은 기도'라고 말하면서 '용서에 성공한 모든 사람은 용서의 기도에 먼저 성공한 사람들'이라고 지적한다. 우리가 용서하는 삶을 살기 위해서는 먼저 나에게 죄를 범한 사람들을 위해서 기도해야 한다.

주님께서 십자가에서 자기를 못 박는 원수들을 용서하시면서 제일 먼저 하신 일은 자기를 못박는 원수들을 위해 하나님께 기도하신 것이다.

혹시 도저히 용서할 수 없고, 또 용서하고 싶지도 않은 사람이 있는가?

그때 어떻게 용서를 실천하면서 살 수 있는가?

그것은 바로 그 사람을 위해서 기도하는 것이다.

주님께서는 마태복음 5:44에서 이렇게 말씀하셨다.

> [마 5:44] 나는 너희에게 이르노니 너희 원수를 사랑하며 너희를 박해하는 자를 위하여 기도하라

> [롬 12:14] 너희를 박해하는 자를 축복하라 축복하고 저주하지 말라

용서할 수 없는 사람을 위해 축복하며 기도하면 그 사람을 용서할 수 있다. 따라서 우리가 용서하면서 살기를 원한다면 먼저 그 사람을 위해서 기도해야 한다. 축복하면서 기도해야 한다.

또, 우리가 용서하는 삶을 살기 위해서는 우리 자신을 위해서도 기도해야 한다. 내 힘으로는 용서할 수 없기에 주님의 도우심을 구하면서 기도해야 한다.

> 주님, 나는 그 사람을 용서할 수도 없고, 용서하고 싶지도 않습니다.
> 그를 용서하고 사랑할 수 있도록 도와주옵소서. 그를 불쌍히 여기면서 이해하고 좋은 관계로 회복할 수 있도록 도와주옵소서.

기도의 성자로 불렸던 조지 뮬러는 이런 말을 했다.

사람이 정말 기도하면 변한다. 반드시 변한다. 기도는 상황을 변화시키기도 하지만 기도하는 사람 자신을 변화시킨다.

스펄전 목사님은 이런 이야기를 했다.

기도는 자비의 선발대이다.

기도하기 시작하면 자비의 마음이 생긴다. 이처럼 기도는 변화시키는 힘이 있다. 기도하면 상황이 변한다. 환경이 변한다. 내가 기도하는 그 사람이 변한다. 그러나 이보다 더 놀라운 사실이 있다. 기도하는 사람 나 자신이 변한다는 것이다. 우리가 기도하기 시작하면 자비를 베풀게 된다. 그래서 불쌍히 여기면서 용서하게 되고, 사랑하게 된다.

용서하지 못할 때 우리의 마음과 심령 속에 독버섯과 같은 쓴 뿌리를 남긴다. 그래서 우리의 정신과 육체를 파괴하며, 심지어 우리의 영혼도 파괴한다. 그리고 상대방을 원한과 고통과 불행의 사슬인 마귀의 흉악한 사슬로 묶어 놓는다. 그러나 용서하는 삶을 살면 우리의 정신과 육체와 영혼까지 강건해진다. 그리고 상대방을 원한과 고통과 불행의 흉악한 사슬인 마귀의 사슬에서 풀어주며 자신도 마귀의 사슬로부터 자유롭게 되어 참된 기쁨과 자유함과 행복을 누리게 된다.

2006년 독일 함부르크에서 처음으로 '성경적 내적치유세미나'를 할 때였다. 독일에 간호사로 파송되어 그곳에 정착하여 살게 된 어느 집사님이 계셨다. 그 집사님은 한국에 계신 어머니에게 깊은 상처를 받은 후 십수 년 동안 어머니와 불편한 관계 속에서 전혀 왕래가 없었고 연락도 하지 않았다.

그런데 용서에 대한 강의를 들은 후 어머니를 용서하고 관계를 회복하기로 결단하고 일부러 시간을 내어 한국에 왔다. 그리고 어머니를 만난 후 용서하면서 화해했다. 그런데 어머니와 화해한 후 2주가 지난 후에 어머니가 돌아가신 것이다.

그러니 그 집사님이 얼마나 감사했겠는가?

사랑하는 성도 여러분!

용서야말로 하나님의 놀라운 용서를 입은 그리스도인의 마땅한 행위이다. 용서야말로 진정한 사랑의 실천이다. 용서야말로 그리스도의 사랑의 법을 성취하는 길이다. 용서야말로 내가 진정으로 평안하고 자유하고 행복해지는 길이다.

용서하면 하나님과 막힌 부분이 뚫려서 기도에 응답이 있다. 용서하면 마음에 참된 기쁨이 넘치게 된다. 용서하면 어둠이 물러가고 생명의 빛이 환히 비치게 된다.

우리 모두 함께 손잡고 이 용서의 길로 걸어가자. 무엇보다 먼저 가정에서부터 용서를 실천하자. 그리고 직장과 교회와 사회에서 용서를 실천하자. 그때 하나님께서는 참으로 기뻐하실 것이다. 주위의 많은 사람이 행복을 누리게 될 것이다. 나아가 우리가 속한 가정과 교회와 사회 공동체를 사랑과 용서의 복된 공동체로 만들게 될 것이다.

제34장

시험에 들게 하지 마시옵고

> [마 6:13] 우리를 시험에 들게 하지 마시옵고 다만 악에서 구하시옵소서 …

우리는 인생을 살면서 수많은 문제에 부딪힌다. 문제없이 인생을 살 수 없다. 신앙생활 하는데도 역시 그러하다. 우리는 시험 없이 신앙생활을 할 수 없다. 신앙생활을 하다 보면 너무나 자주 시험이 찾아온다. 고 옥한흠 목사님의 설교집 가운데 『시험이 없는 신앙생활은 없다』라는 책이 있을 정도로 신앙생활은 온통 시험투성이이다. 종교개혁자 루터는 매일 밤 잠자리에 들기 전에 주님의 가르침을 따라 "우리 죄를 사하여 주시옵고"라고 기도했다. 그리고 매일 아침 일어날 때마다 주님의 가르침을 따라 "우리를 시험에 들게 하지 마시옵고"라고 기도했다.

우리가 시험이 없이는 신앙생활을 할 수 없기에 주님께서는 주기도를 가르쳐 주시면서 "우리를 시험에 들게 하지 마시옵고 다만 악에서 구하시옵소서"라고 기도하라고 말씀하셨다.

> [마 6:13] 우리를 시험에 들게 하지 마시옵고 다만 악에서 구하시옵소서 …

여기서 '시험'('페이라스몬')이라는 헬라어 단어는 히브리어 '마사'에서 번역된 단어이다. 히브리어 '마사'나 헬라어 '페이라스몬'은 둘 다 이중적인 의미로 쓰이는 단어이다.

하나는 '유혹'(temptation)이라는 부정적인 의미로 쓰이고, 다른 하나는 '시험'(test, trial)이라는 긍정적인 의미로 쓰인다. 어떤 때는 유혹과 시험이 섞여서 사용되기도 한다.

1. '시험'을 두 가지 의미로 나누어서 설명할 수 있다

1) 하나님께서 그의 자녀들에게 하시는 건설적인 시험이다

하나님께서는 우리를 시험하시지만, 우리를 파괴하기 위해서 유혹하지는 않는다. 하나님의 시험은 우리의 믿음을 확인하고 우리의 믿음을 단련하며 훈련하기 위한 건설적인 것이다. 하나님께서는 독자 이삭을 번제로 바치라고 아브라함을 시험하셨다(창 22:1). 또 하나님은 욥에게 시험을 허락하셨고(욥 1:12, 2:6), 애굽에서 나온 이스라엘 백성들을 광야 생활을 통해 시험하셨다(신 8:2). 주님께서도 오병이어의 기적을 행하시기 전에 빌립을 시험하셨다(요 6:6).

하나님께서 하시는 시험은 우리의 유익을 위해서이다. 우리의 믿음이 시련 속에서 단련을 받아 강해지고 성숙해지도록 시험하시는 것이다. 우리가 이 시험을 믿음으로 극복해나가면 큰 유익과 축복을 얻을 수 있다.

> [약 1:2-4] 내 형제들아 **너희가 여러 가지 시험을 당하거든 온전히 기쁘게 여기라** 이는 너희 믿음의 시련이 인내를 만들어 내는 줄 너희가 앎이라 **인내를 온전히 이루라** 이는 너희로 온전하고(성숙하고) 구비하여 조금도 부족함이 없게 하려 함이라

2) 마귀가 우리를 유혹하는 파괴적인 시험이다

마귀는 우리를 넘어뜨리고 파멸시키기 위해 수단과 방법을 가리지 않고 우리를 시험한다. 마귀는 자주 우리 마음속에 있는 부패하고 타락한 본성을 자극하여 죄에 빠지게 만든다. 마귀는 돈, 권력, 명예, 행복, 성공, 쾌락 등과 같은 세상의 것을 가지고 우리를 유혹하여 부지불식(不知不識)간에 우리 마음이 하나님으로부터 멀어지게 만든다.

> [약 1:13-15] 사람이 시험을 받을 때에 내가 하나님께 시험을 받는다 하지 말지니 하나님은 악에게 시험을 받지도 아니하시고 친히 아무도 시험하지 아니하시느니라 **오직 각 사람이 시험을 받는 것은 자기 욕심에 끌려 미혹됨이니** 욕심이 잉태한즉, 죄

를 낳고 죄가 장성한즉, 사망을 낳느니라

또 마귀는 여러 가지 환난과 핍박을 통해서 신앙을 버리게 하거나 세상과 타협하게 만든다. 마귀는 어떤 때는 우는 사자처럼 두려움과 공포를 주면서 우리를 시험한다(벧전 5:8). 또 어떤 때는 광명한 천사처럼 교묘하게 우리를 유혹한다(고후 11:14).

마이어(F. B. Meyer, 1847-1929)라는 설교가는 이렇게 말한다.

> 하나님께서는 우리를 하늘로 오르게 하려고 시험하시지만, 사탄은 우리를 아래로 끌어내리기 위해서 시험한다.

주님께서 주기도를 가르쳐주시면서 "우리를 시험에 들게 하지 마시옵고"라고 기도하라고 하신 그 시험은 바로 마귀의 파괴적인 시험을 가리켜서 하신 말씀이다. "우리가 사탄의 유혹으로 빠져들어 가는 것을 하나님께서 막아 주시옵소서"라고 간구하라는 것이다.

주님께서는 유혹이 사탄한테서 온다는 것을 분명히 하기 위해서 "시험에 빠지지 않기를 기도하라"고 하신 후 즉시 "다만 악에서 우리를 구하시옵소서"라고 기도하라고 하셨다.

> [마 6:13] 우리를 **시험에 들게 하지 마시옵고 다만** ('알라': 도리어, 더 나아가) ('헤마스': 우리를) **악에서 구하시옵소서** …

"시험에 들게 하지 말라"는 기도가 소극적인 기도라고 한다면 "악에서 구해 달라"는 기도는 적극적인 기도이다.

여기서 '악'은 두 가지 의미로 볼 수 있다. 헬라어 원문을 보면 '악'('포네루', evil)이라는 단어 앞에 정관사('투', the)가 붙어 있다.

> [마 6:13] 우리를 시험에 들게 하지 마시옵고 다만 (우리를) **악**('**투 포네루**', the evil)에서 구하시옵소서 …

헬라어 원문에는 '악'이 특정한 어떤 악, '그 악'(the evil)으로 되어 있다. 그런데 여기에 붙은 '그'('투')라는 정관사는 남성명사에도 사용할 수 있고 중성명사에도 사용할 수 있는 정관사이다. '그 악'을 남성으로 보면 '악한 자'인 사탄을 가리킨다. 그래서 "악에서 구하시옵소서"라는 말은 "악한 자 사탄에게서 구하시옵소서"라는 뜻이다.

반면에 중성으로 보면 악한 행위를 가리킨다. 그래서 "그 악한 행위에서 구원해 주시옵소서"라는 뜻이다. 그런데 "악에서 구하시옵소서"라는 말을 "악한 자 사탄에게서 구하시옵소서"라는 뜻으로 보는 학자들이 많다. 복음서를 보면 주님께서는 사탄을 가리켜서 '악한 자'라고 말씀하셨다.

> [마 13:19] 아무나 천국 말씀을 듣고 깨닫지 못할 때는 **악한 자**가 와서 그 마음에 뿌려진 것을 빼앗나니 이는 곧 길 가에 뿌려진 자요

> [마 13:38-39] 밭은 세상이요 좋은 씨는 천국의 아들들이요 **가라지는 악한 자의 아들들이요 가라지를 뿌린 원수는 마귀요** 추수 때는 세상 끝이요 추수꾼은 천사들이니

2. 우리가 악한 자, 마귀의 유혹에 빠지지 않고 승리하기 위해서는 어떻게 해야 하는가?

1) 자신의 연약함을 깊이 자각하고 살아야 한다

인간은 너무나 연약한 존재이기에 사탄이 강하게 시험하거나 교묘하게 유혹하면 쉽게 넘어가 범죄하게 된다. 하나님의 마음에 맞는 자였던 다윗도 한순간 마귀의 유혹에 넘어가서 밧세바를 범했고 그 남편 우리아를 죽이는 악한 범죄를 저질렀다.

힘으로는 누구도 당할 수 없었던 삼손이었지만 나긋나긋한 여인을 통해서 유혹하는 마귀의 시험을 이길 수 없었다. 결국, 원수들에게 눈이 뽑히는 비극을 당했다.

하나님의 축복으로 오고 오는 시대 가운데서 가장 지혜로운 자였던 솔로몬도 마귀의 유혹으로 아내와 후궁으로 삼았던 이방 여인들로 인하여 우상숭배에 빠져 사후에 나라가 두 동강이 나는 비극의 주인공이 되고 말았다.

갈멜산에서 수많은 우상 숭배자를 물리치고 위대한 승리를 맛보았던 엘리야였지만 마귀가 이세벨을 통하여 위협하자 극한 두려움에 사로잡혀서 광야로 도망을 쳤고 로뎀나무 아래에서 하나님께 죽기를 간구했다.

이렇게 인간은 너무나 연약한 존재들이다. 특별히 연약한 인간은 시험을 받을 때 그것이 시험인지조차 모르고 시험에 빠지는 경우들이 종종 있다.

주님께서는 십자가를 지시기 전날 밤 베드로에게 "시몬아, 시몬아, 보라, 사탄이 밀 까부르듯 하려고 너희를 청구하였다"고 하시면서 "오늘 닭 울기 전에 네가 세 번 나를 부인하리라"고 거듭 경고하셨다.

그러나 베드로는 주님의 경고 그대로 시험을 받았지만, 그것이 시험인 것조차 모르고 있다가 그냥 마귀의 시험에 넘어갔다. 결국 그는 주님을 모른다고 세 번이나 부인했고, 심지어 저주까지 했다. 이렇게 인간은 연약하여 시험을 당할 때 그것이 시험인지 아닌지조차 모르는 경우들이 종종 있다.

그뿐만 아니라 어떤 경우에는 시험인 줄 뻔히 알면서도 돌아서지 못하고 그냥 끌려가는 경우들도 있다.

[약 1:14-15] 오직 각 사람이 시험을 받는 것은 자기 욕심에 끌려 미혹됨이니 욕심이 잉태한즉, 죄를 낳고 죄가 장성한즉, 사망을 낳느니라

마귀가 태초 이래 지금까지 우리 인간을 유혹하여 죄에 빠지게 만들기 위해 변함없이 사용하는 세 가지 강력한 유혹의 도구가 있다. 그것은 바로 '육신의 정욕', '안목(眼目)의 정욕', '이생의 자랑'이다.

[요일 2:16] 이는 세상에 있는 모든 것이 육신의 정욕과 안목의 정욕과 이생의 자랑이니 다 아버지께로부터 온 것이 아니요 세상으로부터 온 것이라

마귀가 처음 하와를 유혹할 때 '육신의 정욕', '안목(眼目)의 정욕', '이생의 자랑'으로 유혹했다.

> [창 3:6] 여자가 그 나무를 본즉, **먹음직도 하고**(육신의 정욕) **보암직도 하고**(안목의 정욕) **지혜롭게 할 만큼**(이생의 자랑) **탐스럽기도 한 나무인지라** 여자가 그 열매를 따 먹고 자기와 함께 있는 남편에게도 주매 그도 먹은지라

심지어 마귀는 예수님을 시험할 때도 '육신의 정욕', '안목(眼目)의 정욕', '이생의 자랑'으로 유혹했다.

> 이 돌들로 떡 덩이가 되게 하라(육신의 정욕).
> 네가 만일 하나님의 아들이어든 뛰어내리라(이생의 자랑).
> 만일 내게 엎드려 경배하면 이 모든 것을 네게 주리라(안목의 정욕).

마귀는 태초부터 지금까지 계속해서 이 세 가지 유혹의 도구를 사용하여 인간을 타락시키고 죄에 빠지게 만든다. 우리는 사탄이 사용하는 이 세 가지 강력한 유혹의 도구에 대해 경각심을 갖고 정말 조심해야 한다.

무엇보다 우리는 '육신의 정욕'을 조심하면서 잘 다스려야 한다. 식욕, 성욕, 물욕 등은 인간의 기본적인 욕망이지만 이런 욕망을 잘 절제하지 않으면 우리는 육신의 정욕으로 인하여 죄에 빠지게 된다.

또 우리는 '안목의 정욕'도 정말 조심하면서 잘 다스려야 한다. 우리는 보는 것을 정말 조심하고 절제해야 한다. 왜냐하면, 보는 것이 우리의 사고(思考) 생활을 좌우하여 우리를 타락시키기 때문이다.

모든 죄는 우리의 마음의 생각, 사고 생활에서 시작된다. 우리의 사고 생활이 순결한 만큼 우리도 순결하다. 우리의 사고 생활이 깨끗한 만큼 우리는 깨끗하고 능력 있는 삶을 살 수 있고 능력 있게 사명을 감당할 수 있다.

그러므로 우리는 TV, 인터넷, 유튜브, 게임, 만화, 드라마, 영화 등과 같은 눈으로 보는 매체를 정말 조심해야 한다. 왜냐하면, 그런 매체들 가운데 선정적이고 음란하고 추악하고 폭력적이고 파괴적이고 마귀적인 것이 너무나 많기 때문이다.

또 우리는 '이생의 자랑'도 조심하면서 잘 다스려야 한다. 인기, 자랑, 인정과 칭찬, 명예욕, 권력욕 등도 쉽게 우리를 죄악에 빠지게 만드는 강력한 유혹의 도구이다.

인간은 다 연약한 존재들이지만 특별히 더 연약한 부분이 각 사람에게 있다. 사탄은 특별히 이런 우리의 약점을 너무나 잘 알고 이 약점을 너무나 잘 이용하여 우리를 유혹하여 시험에 빠지게 만들고 죄를 범하게 만든다. 설교의 왕자로 불렸던 스펄전 목사님은 이렇게 경고한다.

> 심지어 가장 가까운 친구에게도 당신은 약점을 숨길 수 있다. 하지만 지독한 원수에게는 도무지 감출 길이 없다.

마귀는 가룟 유다의 돈을 사랑하는 약점, 삼손의 여자를 사랑하는 정욕, 베드로의 자신감과 급한 성격, 롯의 아내의 물질을 사랑하는 약점을 이용하여 그들을 유혹했고, 결국 그들은 처참하게 넘어지고 말았다.

우리 가운데 약점이 없는 사람은 아무도 없다. 누구에게나 약점이 있다. 어떤 사람들은 특별히 정(情)에 약하다. 무드에 약한 사람도 있다. 돈에 약한 사람이 있고, 명예에 약한 사람이 있다. 신변잡기에 잘 빠지는 것이 약점인 사람이 있다. 말에 조심하지 않고 함부로 말하는 것이 약점인 사람이 있다. 화를 잘 내거나 급한 성격이 약점인 사람이 있다.

너무 감정적이어서 감정의 변동이 심한 것이 약점인 사람도 있다. 어떤 사람은 절제하지 못하는 것이 약점이다. 그래서 먹는 것을 잘 절제하지 못한다. 또 어떤 사람은 게으름이 약점이어서 시간을 낭비할 때가 많다. 의지력이 약한 것이 약점인 사람도 있어서 결심하지만, 작심삼일(作心三日)인 경우가 많다. 마귀는 이런 우리의 연약한 부분들을 틈을 보고 노리면서 유혹한다.

그러므로 우리는 마귀의 유혹에 미혹되지 않기 위해서는 특별히 자신의 약점이 무엇인지를 알고 늘 조심해야 한다. 우리의 약점을 통해서 마귀가 찾아온다는 사실을 절대로 잊지 말아야 한다.

2) 영적으로 깨어서 기도해야 한다

우리 인간은 너무나 연약한 존재이기에 하나님의 도우심이 없이는 결코 마귀의 유혹으로부터 승리할 수 없다. 하나님께서 은혜를 베푸셔야 우리는 마귀의 시험을 당할 때 하나님이 주시는 지혜로 시험인 것을 분별하고 조심할 수 있다. 또 마귀의 시험을 받았을 때 하나님이 주시는 능력으로 그 시험에 끌려가지 않고 능히 물리칠 수 있다.

이 사실을 너무나 잘 아시는 주님께서는 주기도를 가르쳐주시면서 우리가 마귀의 유혹에서부터 구출함을 받기 위해서는 반드시 기도해야 한다고 말씀하셨다.

[마 6:13] 우리를 시험에 들게 하지 마시옵고 다만 (우리를) 악에서 구하시옵소서 …

주님께서는 우리가 마귀의 시험에 빠지지 않기 위해서 기도하라고 말씀하시기 전에 자신이 먼저 실천하셨다. 주님께서 광야에서 40일 동안 금식하시면서 기도하셨기에 집요하게 유혹하는 마귀의 거듭되는 시험을 능히 물리치고 승리할 수 있었다.

그러나 베드로를 비롯한 제자들은 깨어서 기도하지 않았기에 마귀의 시험에 여지없이 넘어졌다. 주님께서는 겟세마네 동산에서 깨어 기도하지 않고 잠에 빠져 있었기에 시험에 들 수밖에 없는 제자들을 향해서 안타깝게 권면하셨다.

[마 26:41] 시험에 들지 않게 깨어 있어 기도하라

또 주님께서는 귀신을 쫓아내지 못한 제자들에게 귀신을 쫓아낼 수 있는 능력은 오직 기도밖에 없다고 말씀하셨다.

[막 9:29] 기도 외에 다른 것으로는 이런 종류가 나갈 수 없느니라

우리가 시험에 들지 않기 위하여 하나님께 간절히 기도하면 하나님께서는 반드시 도와주신다. 그래서 시험을 분별할 수 있고 피할 수 있고 극복할 수 있는 지혜를 주신다(약 1:5). 또 하나님께서는 기도하는 우리에게 시험을 이길 수 있는 힘과 능력도 주신다(고전 10:13).

그러므로 우리는 시간마다 이렇게 하나님께 기도해야 한다.

"하나님, 우리를 시험에 들게 하지 마시옵고 다만 악에서 구하시옵소서"

루터처럼 매일 아침 일어날 때마다 "우리를 시험에 들게 하지 마시옵고 다만 우리를 악에서 구하시옵소서" 기도해야 한다.

일하면서도, 차를 타고 가면서도 그렇게 기도해야 한다. 한가롭고 여유가 있을 때도, 바쁘고 분주할 때도 그렇게 기도해야 한다. 하나님께서는 시험에 들지 않기를 간절히 기도하는 자를 도우신다. 그래서 시험을 능히 이기게 하시고, 또 피할 길을 주신다.

사탄은 우리가 기도하는 것을 정말 싫어하기에 할 수만 있으면 기도하지 못하도록 방해하는 것이다. '샘물과 같은 보혈은 주님의 피로다'를 작시한 윌리엄 카우퍼(William Cowper, 1731-1800)는 말한다.

> 사탄은 연약하기 짝이 없는 성도라도 그가 기도하는 것을 보면 공포에 떤다.

왜냐하면, 참된 기도는 전능하신 하나님과 우리를 연결해주는 놀라운 은혜의 수단이기 때문이다. 우리가 마귀의 시험에 빠지지 않고 승리할 수 있는 비결은 시험에 들지 않기 위하여 간절히 기도하는 데 있다.

3) 하나님의 말씀을 굳게 붙잡고 살아야 한다

주님께서는 광야에서 마귀에게 시험을 받으실 때, '기록되었으되'라고 말씀하시면서 기록된 구약 성경 말씀으로 마귀의 유혹을 이기셨다. 성경은 하나님의 말씀을 가리켜서 마귀의 시험을 물리치는 '성령의 검'이라고 하신다(엡 6:17). 시편 기자는 "내가 주께 범죄하지 아니하려 하여 주의 말씀을 내 마음에 두었다"고 고백한다(시 119:11).

우리가 성령 충만한 삶을 살 때만 마귀의 악한 시험과 교묘한 유혹을 물리치며 살 수 있다. 그런데 성령 충만한 삶의 비결은 다른 데 있지 않다. 우리가 하나님의 말씀을 가까이하고 그 말씀을 붙잡고 하나님께 기도하는 데 있다. 신실한 믿음의 사람이었고 기도의 사람이었던 E. M. 바운즈는 말한다.

> 하나님의 사람이 성령 충만한 삶을 유지하며 하나님의 뜻 가운데 살기 위해서는 하나님의 말씀을 날마다 듣는 것과 그 말씀을 들은 것에 대하여 날마다 하나님 앞에 기도로 반응하는 것 외에 더 중요한 것이 없다.

우리가 성령 충만하여 마귀의 시험을 능히 물리치고 살기 위해서는 시험에 들지 않기 위하여 늘 기도해야 할 뿐만 아니라 하나님의 말씀을 늘 가까이해야 한다. 설교를 통하여 말씀을 열심히 듣고, 또 열심히 말씀을 읽고, 공부하고, 암송하고, 깊이 묵상하며 살아야 한다. 그때 우리는 하나님의 말씀에 붙잡혀 살 수 있다.

그래서 말씀이 나를 주장하시고 지배하시고 다스리시는 살아있는 능력의 역사를 체험할 수 있다. 하나님의 말씀이 나를 주장하지 않을 때 내 육신의 소욕이 나를 지배하게 된다. 나의 인간적인 생각과 감정이 나를 지배하고 주장하게 된다. 그때 우리는 마귀의 시험에 여지없이 넘어질 수밖에 없다.

그러나 하나님의 말씀이 나를 주장하시고 다스리실 때 내 육신의 소욕을 주께서 다스리신다. 나의 인간적인 생각과 감정도 주님께서 바꾸어주신다. 그래서 아무리 마귀가 나를 시험해도 넘어지지 않고 마귀의 유혹을 넉넉히 이기는 것이다. 이처럼 원수 마귀의 시험을 이기는 비결은 하나님의 말씀에 붙잡혀 사는 것이다.

사랑하는 성도 여러분!
하루를 살 때마다 시험에 빠지지 않도록 늘 기도하라. 하나님께서 악한 자에게서 우리를 구해 주시도록 늘 기도하라. 하나님의 말씀을 언제나 가까이하여 그 말씀이 나를 견고하게 지킬 수 있게 하라. 자신이 얼마나 연약한 자인가를 자각하고 늘 기도로써 하나님의 도우심과 능력을 구하라.

우리는 마귀와 세상과 죄악과 더불어 싸워 이기며 천성을 향해 힘 있게 나아가는 십자가의 군병들이다.

주님께서 우리의 대장이 되셔서 앞서가시며 내 삶을 승리로 이끄시도록 언제나 그분을 내 앞에 모시고 살라.

그때 우리는 시험을 이기고, 악한 자 마귀에게서 구원함을 입으며, 승리의 개선가를 힘차게 부르면서 믿음으로 천국 문에 입성하게 될 것이다.

제35장

나라와 권세와 영광이 아버지께 있사옵나이다

[마 6:13] 나라와 권세와 영광이 아버지께 영원히 있사옵나이다 아멘

기도는 우리 신앙생활에 있어서 가장 중요한 신앙의 행위이다. 지금 나와 하나님과의 관계는 어떤가, 지금 나의 영적 상태는 어떠한가를 가장 분명히 알 수 있는 것은 바로 나의 기도의 모습이다.

기도가 우리 신앙생활에 있어서 너무나 중요하기에 우리가 가장 힘써야 할 경건의 훈련 역시 기도의 훈련이다. 주님께서 주기도를 가르쳐주신 목적도 우리가 기도의 훈련을 통해서 하나님의 놀라운 축복을 경험하도록 하기 위해서였다.

주기도문의 마지막 부분은 '송영'(頌榮, doxology)으로, 주기도를 마무리 지으면서 하나님께 감사와 찬송을 올려드리며 최종적으로 신앙고백 하는 것이다. 마태복음에 나오는 이 '송영'은 병행 구절인 누가복음에는 빠져 있다.

[눅 11:2-4] 예수께서 이르시되 너희는 기도할 때에 이렇게 하라 아버지여 이름이 거룩히 여김을 받으시오며 나라가 임하시오며 우리에게 날마다 일용할 양식을 주시옵고 우리가 우리에게 죄지은 모든 사람을 용서하오니 우리 죄도 사하여 주시옵고 **우리를 시험에 들게 하지 마시옵소서 하라**

또 마태복음도 오래되고 권위 있는 신약 사본(시내 사본, 바티칸 사본, 베자 사본 등)에는 '송영'이 빠져 있고, 후기 사본에만 '송영'이 있다.

그래서 우리 한글 개역 성경이나 개역 개정판 성경은 송영 부분을 '( )' 안에 넣어 표시했다.

[마 6:13] 우리를 시험에 들게 하지 마시옵고 다만 악에서 구하시옵소서 (나라와 권세와 영광이 아버지께 영원히 있사옵나이다 아멘)

그리고 영어 성경 역시 많은 성경(NIV, RSV, LB)이 송영을 본문에는 수록하지 않고 난외 주에 함께 기록하는 형식을 취하고 있다.

이런 사실들을 고려할 때 '송영'은 원래 마태복음의 원본에는 수록되어 있지 않았고 나중에 첨가된 것임을 알 수 있다. 그렇다면 이런 질문이 생길 수밖에 없다. 주님께서 가르쳐 주신 주기도문에는 원래 송영은 없었는가 하는 점이다. 여기에 대해서는 의견이 나뉜다.

많은 성경 번역자와 주석학자들은 '송영'은 주님께서 주기도문에서 직접 가르쳐주신 기도가 아니라, 기도나 찬미가 끝난 후에 송영을 부르는 유대인의 관습에 따라 후대에 추가된 것으로 본다. 그러나 송영을 원본 일부로 보는 견해도 있고, 또 송영이 있어야 기도의 완결미가 갖추어진다고 보고 송영을 아주 중요하게 여기는 견해도 있다.

저 개인적으로는 주님께서 가르쳐 주신 기도에는 원래 송영이 있었을 것이라고 본다. 그것은 원래 유대교의 기도 관행에 따르면 하나님을 축복하는 송영이 없이 끝나는 기도는 없기 때문이다.

주님 당시 유대에는 누구나 잘 알고 있었던 유명한 공적 기도문들이 있었다. 그 가운데 하나가 '카디쉬'(Kaddish)라는 기도문이다. 카디쉬는 회당에서 설교 끝에 함께 낭송하는 짧은 형태의 기도문이다. 그런데 카디쉬 기도문 끝에 송영이 있음을 알 수 있다.

> 그분의 이름이 높여지고 거룩히 여겨지이다
> 그분이 그분의 뜻에 따라 지으신 세상 안에서.
> 그분이 자신의 나라 / 다스리심이 다스리게 하시길
> 너희들의 생애에 그리고 너희들의 날들에 그리고
> 이스라엘 집안 전체의 생애에. 신속히 그리고 조만간.
> 그분의 위대한 이름이 영원에서 영원까지 찬양되소서.
> 이에 대하여 말하라. 아멘.

주님 당시 또 하나의 유명한 공적 기도문은 '18번 축복 기도'(Tepillah, Shemone Esre)라는 긴 형태의 기도문이다.

이 기도는 유대인들이 하루에 세 번, 즉 아침(오전 9시)과 오후가 시작되는 시간(정오 12시), 그리고 저녁이 시작되는 시간(오후 3시)에 반드시 각각 드려야 하는 기도였다.

이 '18번 축복 기도'는 모든 유대인에게 가장 기본적인 기도였다. 이 '18번 축복 기도'에는 18가지 기도 제목이 있는데, 매기도 제목마다 그 끝에는 언제나 하나님을 축복하는 송영이 있다. '18번 축복 기도'에서 몇 군데를 살펴보겠다.

> **1번**. 주님, 우리 조상들의 하나님, 아브라함의 하나님, 이삭의 하나님, 야곱의 하나님, 전능하시고 무서우신 하나님, 하늘과 땅을 지으신 지고(至高)하신 하나님, 우리의 방패 그리고 우리 조상들의 방패이신 하나님, 세대마다 우리의 의지할 분이신 당신을 축복합니다.
> **아브라함의 방패이신 주님, 당신을 축복합니다.**
>
> **3번**. 당신은 거룩하시고 당신의 이름은 경외로우시며, 당신 외에는 다른 신이 없습니다.
> **거룩하신 하나님이신 주님, 당신을 축복합니다.**
>
> **6번**. 우리 아버지, 우리가 당신께 죄를 지었사오니 우리를 용서하소서. 우리의 악행들을 지워 버리시고 당신의 시야에서 제거하소서. 당신의 자비가 풍성하시니까요.
> **용서를 풍성히 베푸시는 주님, 당신을 축복합니다.**
>
> **마지막 18번**. 당신의 백성, 이스라엘, 당신의 도성(都城), 당신의 기업에 당신의 평화를 가져오소서. 그리고 우리 모두를 함께 축복하소서.
> **평화를 이루시는 주님, 당신을 축복합니다.**

이렇게 유대의 모든 기도에는 마지막 부분에 반드시 송영이 있었다. 그래서 송영을 '기도의 마지막 도장'이라고 불렀다. 유대의 모든 기도가 항상 송영으로 끝나기에 주님께서도 주기도를 가르쳐주실 때 송영을 포함하셨을 것이다. 또 주님으로부터 주기도를 배운 원래 제자들도 주기도를 할 때마다 항상 송영을 덧붙여서 했을 것이다.

송영은 기도를 참으로 복되게 만든다. 우리 기도가 "하나님, 이렇게 해주십시오. 저렇게 해주십시오"라는 간구로만 끝난다면 뭔가 부족한 느낌이 든다. 주기도 역시 그럴 것이다. "우리를 시험에 들게 하지 마시옵고 다만 악에서 구하시옵소서"라는 간구로 끝났다면 역시 그럴 것이다.

주기도는 그렇게 끝나지 않는다. 하나님을 찬송하는 송영으로 끝난다. "나라와 권세와 영광이 아버지께 영원히 있사옵나이다. 아멘."

주기도는 처음부터 끝까지 철저하게 하나님을 향하고 있다.

주기도가 어떻게 시작하는가?

하나님으로부터 시작한다. "하늘에 계신 우리 아버지여."

주기도가 어떻게 끝나는가?

하나님으로 끝난다. "나라와 권세와 영광이 아버지께 영원히 있사옵나이다, 아멘."

이렇게 주기도를 포함한 모든 기도는 하나님으로부터 시작하여 하나님으로 끝나는 하나님 중심적인 기도가 되어야 한다.

그런데 실제 우리 기도는 어떤가?

우리 기도의 대부분은 우리로부터 시작하여 우리로 끝나는 철저히 자기중심적인 기도이다. 그러나 참된 기도, 참된 신앙은 언제나 하나님 중심적이다. 주님께서는 그 사실을 주기도를 통해서 분명히 보여주신다.

주기도문의 마지막에 나오는 '송영'은 신학적으로 아주 중요한 의미가 있다. 송영은 주기도를 마치면서 하나님께 감사와 찬양을 올려드리는 의미가 있을 뿐 아니라, 주기도를 들어주실 하나님께 대한 우리의 신앙고백이 포함되어 있다.

송영은 그 앞에 나오는 주기도문의 6가지 청원 내용을 확인해 주는 '보증'이라고 할 수 있다.

[마 6:13하] … ('호티': 왜냐하면, 대개(大蓋) ('헤': 그) 나라와 ('헤': 그) 권세와 ('헤': 그) 영광이 아버지께 영원히 있사옵나이다. 아멘)

여기서 접속사 '호티'는 '왜냐하면'(because)으로 번역된다.

[마 6:13(원문 직역)] 우리를 시험에 들게 하지 마시옵고 다만 악에서 구하시옵소서 (왜냐하면 그 나라와 그 권세와 그 영광이 영원히 당신께 있기 때문입니다 아멘)

그런데 이 송영은 단순히 그 앞에 나오는 내용의 이유만을 말하지 않는다. 표면적으로는 이유를 밝히는 문장이지만, 내면적으로는 앞에 나오는 모든 간구를 마감하면서 우리의 모든 것이 그 나라와 그 권세와 그 영광을 영원토록 지니신 하나님 아버지로부터 비롯되었다고 확실하게 보증하고, 또 최종적으로 신앙고백 하는 더 깊은 의미까지 지니고 있다.

우리는 기도하면서 우리의 기도 내용이나 기도 응답에 대한 확신과 보증을 어디에 많이 두는가?

기도하려고 애쓰는 우리의 노력이나 우리의 경건함이나 체험이나 느낌이나 확신에 둘 때가 많다. 그래서 우리가 기도할 때 애쓰면서 간절히 기도하지 않거나 마음이 뜨거워지는 등의 체험이 없거나 마음에 확신이 생기지 않으면 기도 응답에 대한 확신을 갖지 못하는 것은 물론, 기도 내용에 대한 확신까지 갖지 못하고 의심하게 된다.

이렇게 한다면 우리의 기도 내용이나 기도 응답을 우리 기도의 객관적인 보증인 하나님의 약속에 두지 않고 자기중심적인 주관적인 체험에 두는 것이다. 이것은 분명히 잘못된 것이다. 주기도의 마지막 부분인 '송영'은 주기도의 내용은 물론이고, 우리가 주기도를 드릴 때 하나님께서 그 기도를 반드시 들으시고 응답하신다는 객관적인 보증이 된다. 그래서 송영은 주기도에 있어서 매우 중요하다. 송영은 우리가 주기도를 드리면서 의심하지 않도록 우리 믿음을 굳게 세워준다.

주기도를 확실하게 보증하는 마지막 송영에는 세 가지 주제가 나온다. 나라와 권세와 영광이다. 이 세 가지 주제는 하나님께서 예수 그리스도를 통해서 우리에게 주신 약속이며 소망이다. 동시에 그 약속과 소망에 대한 우리의 최종적인 신앙고백이다.

그래서 스위스 바젤대학교 신학부 교수였던 얀 밀 리치 로흐만(J. M. Lochman, 1922-2004) 박사는 이 세 가지 주제에 대해 이렇게 설명한다.

> 이 세 가지 주제는 주기도의 내용 전체에 대한 의심이나 동요로부터 우리를 구원해 주는 약속이요, 확고한 토대요, 파괴할 수 없는 목표이다.

[마 6:13(원문 직역)] 우리를 시험에 들게 하지 마시옵고 다만 악에서 구하시옵소서
(왜냐하면 그 나라와 그 권세와 그 영광이 영원히 당신께 있기 때문입니다 아멘)

주기도문의 송영은 앞에 나오는 모든 간구를 마감하면서 우리의 모든 것이 그 나라와 그 권세와 그 영광을 지니신 하나님 아버지로부터 비롯되었다고 최종적으로 신앙고백 하는 깊은 의미를 지니고 있다.

그리고 이것은 주기도문의 첫 문장이 "하늘에 계신 우리 아버지여"라는 신앙 고백적 호칭으로 시작하고 있는 것과도 절묘하게 조화를 이루는 신앙고백이다.

주기도를 포함한 우리의 모든 기도는 그 나라와 그 권세와 그 영광을 가지신 전능하시고 신실하신 하나님, 지금도 살아 계셔서 역사하시고 섭리하시는 주권자 하나님으로 인하여 가능하게 된다. 전능하시고 신실하신 주권자 하나님은 지금도 살아 계셔서 우리 기도를 기쁘게 들으시고 우리 기도에 응답하셔서 우리 삶을 친히 주관하시고 역사하신다.

그 하나님이 바로 우리 아버지이시다. 만약 그 하나님이 우리 아버지가 아니라면 주기도를 비롯한 우리의 모든 기도는 이방인들이 그들의 죽은 신(神)인 우상에게 기도하는 것과 전혀 다를 바가 없다. 아무런 의미도, 아무런 효력도 없다.

주기도의 확실한 보증인 송영의 세 가지 주제를 구체적으로 살펴보겠다.

1. 그 나라이다

[마 6:13하(원문 직역)] … (호티: 왜냐하면) 그 나라('헤 바실레이아': the kingdom)가 … 영원히 당신께 있기 때문입니다 아멘

하나님 나라는 주기도의 가장 중요한 내용이며 핵심이다. 그것은 하나님 나라가 임하여 하나님께서 왕으로 다스리지 않는다면 주기도의 다른 모든 청원이 이루어질 수 없기 때문이다. 하나님의 이름이 거룩히 여김을 받는 것도, 하나님의 뜻이 이루어지는 것도 불가능하다. 우리의 일용할 양식이 채워지고, 우리의 죄가 용서받으며, 우리가 시험에 들지 않고 악한 자 사탄에게서 건짐을 받는 것도 불가능하다. 하나님 나라는 주기도의 가장 중요한 내용이며 핵심이다.

하나님 나라의 가장 중요한 개념은 통치, 지배, 왕권(王權)의 개념이다. 즉, 하나님 나라는 왕이신 하나님께서 인간 세상을 포함하여 천하 만물을 다스리시는 왕권(王權, Kingship), 주권(Lordship), 통치권(Sovereign Power)이다. 이것이 하나님 나라의 가장 첫째 되고 으뜸 되는 뜻이다.

[시 103:19] 여호와께서 그의 보좌를 하늘에 세우시고 **그의 왕권(王權)으로 만유(萬有)를 다스리시도다**

하나님께서 만물의 왕으로서 다스리는 하나님 나라는 이 세상과 이 세상 역사, 그리고 이 세상 모든 나라와 권력을 초월한다. 시간과 공간도 초월한다. 그 나라는 영원하다. 왜냐하면, 하나님 나라는 천하 만물의 왕이신 하나님께 영원히 속해 있기 때문이다.

우리가 구원받아 하나님 나라의 백성이 되었다면 예수 그리스도를 나의 구주와 왕으로 모시고 그분의 다스림과 말씀에 복종하며 살게 될 것이다. 그때 왕이신 하나님께서 나를 다스리시기에 내 마음에 하나님 나라가 임하고 내 삶에 하나님 나라가 이루어진다. 또 우리 가정에서도 모든 가족이 예수 그리스도를 구주와 왕으로 모시고 그분의 다스림과 말씀에 복종하며 살 때 우리 가정과 가족들 속에 하나님 나라가 이루어진다.

이런 모습은 직장과 사회와 교회에도 그대로 적용이 된다. 우리 길벗교회의 모든 성도가 예수 그리스도를 구주와 왕으로 모시고 그분의 다스림과 말씀에 복종하며 신앙 생활하면 우리 교회에 하나님 나라가 이루어진다.

하나님 나라가 임하여 왕이신 하나님의 다스림이 우리 자신과 가정과 직장과 교회와 사회와 이 땅 가운데 충만하게 나타나기 위해서는 무엇보다 먼저 우리가 하나님을 왕으로 모시고 그분의 다스림과 말씀에 순종하여 세상의 빛과 소금의 역할을 신실하게 감당해야 한다. 또 우리 삶의 전 영역에 하나님 나라가 임하기를 간절히 기도해야 한다.

그리고 무엇보다 주님의 재림으로 완성될 하나님 나라를 사모하면서 그때까지 그 나라가 땅끝까지 더욱 확장되도록 부지런히 복음을 전해야 한다. 그것은 하나님 나라의 백성인 우리의 최고 열망은 하나님께서 왕으로서 온 세상을 온전히 다스리는 것이기 때문이다.

[계 11:15] ··· 세상 나라가 **우리 주와 그의 그리스도의 나라가 되어 그가 세세토록 왕 노릇 하시리로다**

2. 그 권세이다

[마 6:13하(원문 직역)] ··· (왜냐하면 ··· 그 권세('헤 두나미스': the power)가 ··· 영원히 당신께 있기 때문입니다 아멘)

여기서 '권세'('두나미스')라는 단어는 '권능, 능력'(power)이란 뜻이다. 이 권세는 하나님 나라를 하나님 나라가 되게 하는 권능이며, 또 하나님께서 당신의 나라를 다스리는 통치의 권능이다. 그 권능은 전능한 능력이지만, 자신과 자신의 유익만을 추구하는 독재자의 권능이 결코 아니다. 우리를 참으로 사랑하시고 은혜로 대하시는 권세, 은혜와 사랑을 목적으로 하는 참된 권능이다.

그 권능은 예수 그리스도를 죽은 자 가운데서 부활시키신 부활의 능력이며 마지막 날 우리를 부활시킬 부활의 능력이다. 또 우리를 거듭나게 하시고 성화시키시며 우리의 강력한 대적인 세상과 죄악과 마귀와의 영적 전쟁에서 승리케 하시는 성령의 능력이다. 우리에게 찾아오는 모든 시험과 시련과 고난과 환난과 핍박을 능히 이기도록 하시는 부활의 능력, 성령의 능력이다.

성령 안에서 기도할 때 우리의 기도를 인도하시고 도우셔서 놀랍게 응답받도록 역사하시는 성령의 능력이다. 또 우리가 주님의 증인으로 땅끝까지 복음을 힘 있게 증거하도록 역사하시는 성령의 능력이다.

[엡 1:19-20] 그의(하나님의) 힘의 위력으로 역사(役事)하심을 따라 믿는 우리에게 베푸신('아우투': 그의) 능력('두나미스', power)의 지극히 크심이 어떠한 것을 너희로 알게 하시기를 구하노라 그의 능력이 그리스도 안에서 역사하사 죽은 자들 가운데서 다시 살리시고 …

[행 1:8] 오직 성령이 너희에게 임하시면 너희가 권능('두나미스', power)을 받고 예루살렘과 온 유대와 사마리아와 땅 끝까지 이르러 내 증인이 되리라

3. 그 영광이다

[마 6:13하(원문 직역)] … (왜냐하면) … 그 영광('헤 독사': the glory)이 영원히 당신께 있기 때문입니다. 아멘

하나님 나라가 이루어짐으로 인하여 드러나게 될 '그 영광', 하나님의 영광은 영원히 하나님께 있을 것이다. 그것은 왕이신 하나님께서 당신의 권세와 권능으로 통치하시는 하나님 나라에 반드시 나타나는 결과가 바로 하나님의 영광이기 때문이다. 그리고 이 찬란한 영광은 오직 하나님께만 속한 것이기에 그 누구도 취할 수 없고, 또 결코 취해서도 안 된다.

만약 취하면 어떻게 되는가?

벌레가 먹어 죽은 헤롯 아그립바 1세처럼 하나님의 준엄한 심판을 받게 된다.

[행 12:23] 헤롯이 영광을 하나님께로 돌리지 아니하므로 주의 사자(使者)가 곧 치니 벌레에게 먹혀 죽으니라

하나님의 사랑과 은혜로 구원받아 하나님 나라 백성이 된 참된 신앙인들은 오직 하나님께만 영광을 돌려야 하고, 또 그렇게 영광 돌리며 산다.

[시 115:1] 여호와여 영광을 우리에게 돌리지 마옵소서 우리에게 돌리지 마옵소서 오직 주는 인자하시고 진실하시므로 주의 이름에만 영광을 돌리소서

주기도의 궁극적인 목표는 그 나라와 그 권세와 그 영광이다. 우리의 모든 기도와 모든 삶도 온통 거기에 초점을 맞춰야 한다. 그때 우리의 기도는 하나님께서 기뻐하시는 참된 기도가 되어 반드시 응답받게 될 것이다. 그리고 우리의 모든 삶도 하나님이 기뻐 받으시는 거룩한 산 제물이 될 것이다.

주기도문의 제일 끝에는 '아멘'이 나온다.

[마 6:13하(원문 직역)] … (왜냐하면) 그 나라와 그 권세와 그 영광이 영원히 당신께 있기 때문입니다. 아멘)

'아멘'은 히브리어 '아멘'의 음역(音譯)으로 '진실하다, 충실하다'는 뜻이다. 주기도문을 '아멘'으로 마감함으로써 앞에 나온 신앙고백이 진실함을 최종적으로 확정하고 있다. 즉, 하나님의 통치가 이루어지는 '그 나라'와 그 나라를 하나님 나라가 되게 하는 '그 권세'와 하나님 나라가 이루어짐으로 인하여 드러나게 될 '그 영광'이 단 한 순간도 중단됨이 없이 영원히 하나님께 있을 것이라는 신앙고백을 '아멘'으로 최종적으로 확정하는 것이다.

'아멘'하면서 "진실로 그러합니다" 확인하고, "꼭 그렇게 되기를 간절히 기원합니다" 기원하고, "그렇게 되도록 저의 충성을 바칩니다" 충성을 바치고, "그 일을 위해 저의 생애 전체를 드립니다"라고 헌신하는 것이다. '아멘'에는 확인과 기원과 충성과 헌신을 포함하는 포괄적인 의미가 있다.

사랑하는 성도 여러분!

주님께서 가르쳐주신 기도는 우리가 이 땅에서 무엇을 구하며, 무엇을 추구하며 살아야 할지를 분명히 가르쳐주신다. 그것은 하나님의 나라와 권세와 영광이다.

또 우리 신앙과 기도의 근거와 확신의 토대가 무엇인지도 분명히 알려주신다. 그것은 바로 하나님의 약속 말씀이다.

우리가 약속의 말씀을 우리 신앙과 기도의 근거로 삼고 확신의 토대로 삼을 때 흔들리지 않는 신앙생활과 기도 생활 가운데서 성숙한 신앙으로 나아가고, 또 기도의 응답의 놀라운 축복도 경험할 수 있다.

우리가 주 기도를 모델로 삼고 신앙생활을 하고, 기도 생활을 함으로써 인하여 이런 놀라운 은혜와 축복을 꼭 경험할 수 있기를 주님의 이름으로 간절히 축원한다.

제36장

참된 금식

> [마 6:16-18] 금식할 때에 너희는 외식하는 자들과 같이 슬픈 기색을 보이지 말라 그들은 금식하는 것을 사람에게 보이려고 얼굴을 흉하게 하느니라 내가 진실로 너희에게 이르노니 그들은 자기 상을 이미 받았느니라 너는 금식할 때에 머리에 기름을 바르고 얼굴을 씻으라 이는 금식하는 자로 사람에게 보이지 않고 오직 은밀한 중에 계신 네 아버지께 보이게 하려 함이라 은밀한 중에 보시는 네 아버지께서 갚으시리라

주님께서는 유대인들의 경건 생활의 3대 덕목(德目)이었던 구제, 기도, 금식을 통해 참된 신앙적 의(義), 참된 신앙생활이 무엇인가를 설명하신다.

구제는 '나와 이웃'과의 관계를, 기도는 '나와 하나님'과의 관계를, 금식은 '나와 나 자신'과의 관계를 가장 잘 보여주는 경건의 행위이기 때문이다. 지난 주일까지 구제와 기도에 대해 살펴보았다. 오늘은 금식에 대해 살펴보려고 한다.

제가 청년 시절에는 우리 한국교회에 금식기도가 대대적으로 유행했었다. 파주 오산리에 있는 여의도 순복음교회 기도원의 공식 명칭이 '최자실 금식 기도원'이다. 저도 병을 심하게 앓을 때 그곳에서 3일 동안 금식한 적이 있었는데, 그때 그 기도원에는 금식하는 사람들로 가득했다. 학자들은 한국교회 성장의 주요 요인 가운데 하나로 금식기도를 든다.

한국대학생선교회(C.C.C)의 설립자인 김준곤 목사님은 40여 년 동안 불타는 심정으로 젊은이들을 위해서, 그리고 이 땅에 푸르고 푸른 그리스도의 계절이 오게 하려고 모든 힘을 다 쏟은 분이다. 김준곤 목사님은 40년 동안 매일 아침을 금식했다고 한다. 그리고 크고 작은 사건이 있을 때마다

3일, 7일, 10일, 20일씩 금식했다고 한다. 그분은 금식기도를 통해 새 힘을 얻고 기도 응답의 놀라운 축복도 경험했다고 고백했다.

그런데 지금 우리 한국교회는 어떤가?

금식기도가 많이 약화 되었다. 이것이 우리 한국교회가 계속 성장하지 못하고 침체한 주요한 요인 가운데 하나임을 부인할 수 없다.

성경은 금식에 대해 많은 언급을 하고 있다. 성경의 유명한 인물들 대부분은 금식을 많이 한 사람들이다. 모세, 여호수아, 사무엘, 다윗, 엘리야, 다니엘, 에스더, 에스라, 느헤미야, 여 선지자 안나, 바울과 바나바가 그러했다. 또한, 교회 역사를 통해 위대한 신앙인들 역시 금식을 많이 했다. 루터, 칼빈, 존 낙스, 요한 웨슬리, 조지 횟필드, 조나단 에드워즈, 데이비드 브레이너드 등이 그러했다.

주님께서도 공생애를 시작하시기 전, 광야에서 40일 동안 금식하셨다. 그리고 산상수훈에서 우리의 신앙생활과 경건 생활에 있어서 금식기도가 참으로 중요함을 말씀하신다.

주님께서는 금식이 하나님이 인정하시는 '의로운 행위' 가운데 하나며, 우리가 올바르게 금식하면 하나님으로부터 반드시 상을 받는다고 말씀하신다.

[마 6:1] 사람에게 보이려고 그들 앞에서 **너희 의**(義, your righteous)를 행하지 않도록 주의하라 그리하지 아니하면 **하늘에 계신 너희 아버지께 상**(賞, reward)을 받지 못하느니라

여기 '너희 의'는 다음에 나오는 구절들을 보면 구제와 기도와 금식인 것을 알 수 있다.

[마 6:16] **금식할 때에** 너희는 외식하는 자들과 같이 슬픈 기색을 보이지 말라 … 그들은 자기 상(賞)을 이미 받았느니라

[마 6:18하] 이는 **금식하는 자로** 사람에게 보이지 않고 오직 은밀한 중에 계신 네 아버지께 보이게 하려 함이라 **은밀한 중에 보시는 네 아버지께서 갚으시리라**

이렇게 금식은 우리의 신앙생활에 있어서 참으로 중요한 경건의 행위이다. 예수님 당시 유대인들이 행했던 금식은 대부분 타락한 금식이었다. 그래서 주님께서는 먼저 서기관과 바리새인들의 금식으로 대표되는 거짓된 금식에 대해 책망하시고, 이어서 하나님께서 기뻐 받으시는 참된 금식에 대해 말씀하신다.

구약 율법에 따라 이스라엘 백성들은 유대 종교력으로 7월 10일 대속죄일('욤 키푸르')에 전민족적으로 일 년에 하루를 정기 금식일로 지켜야만 했다(레 16:29; 23:27; 민 29:7).

그런데 예수님 당시 서기관과 바리새인들은 금식을 자신들의 신앙과 경건의 중요한 척도로 삼았기에 대속죄일은 물론이고 일주일에 이틀씩, 월요일과 목요일에 금식했다(눅 18:12). 그들이 월요일과 목요일에 금식한 이유가 있다.

모세가 율법 돌판을 받기 위해 시내 산에 올라가서 40 주야를 금식한 것을 염두에 두고(출 24:15-18), 모세가 시내 산에 올라간 날로 여겨지던 목요일과 내려온 날로 여겨지던 월요일에 정기적으로 금식을 했다.

서기관과 바리새인들이 월요일과 목요일에 금식했던 더 큰 이유가 있다. 그날이 유대 사회에서 시장이 서는 장날이었기 때문이다. 장날이니까 주변의 여러 마을로부터 많은 사람이 몰려와 북적거리면서 구경을 하게 되기에 금식하는 것을 많은 사람 앞에서 과시하게 되면 사람들로부터 의롭고 경건한 신앙인으로 인정과 칭찬을 받을 수 있다.

그래서 서기관과 바리새인들은 시장이 서는 월요일과 목요일에 금식했다. 또 그들은 금식하면서 자신들이 금식하고 있다는 사실을 사람들에게 보여주기를 원했기에 슬픈 기색을 하고 얼굴을 흉하게 했다.

[마 6:16] 금식할 때에 너희는 외식하는 자들과 같이 **슬픈 기색을 보이지 말라 그들은 금식하는 것을 사람에게 보이려고 얼굴을 흉하게 하느니라**

서기관과 바리새인들은 금식하는 것을 사람들에게 보이려고 슬픈 기색을 하고 세수나 빗질을 하지 않았다. 얼굴을 흉하게 하는 것은 물론이고 심지어 거친 베옷을 입고 머리를 베옷으로 가리고 얼굴에 재를 뿌려서 창백

하고 우울하게 보이려고 했다.

서기관과 바리새인들이 일주일에 이틀씩 금식을 한 것은 귀한 일이다. 하지만 금식을 자신들의 신앙을 드러내고 경건을 드러내기 위한 수단으로 삼았다는 점이 치명적인 문제였다. 주님께서는 외식하는 자들이라고 엄히 책망하셨다.

> [마 6:16] 금식할 때에 너희는 외식하는 자들과 같이 슬픈 기색을 보이지 말라 그들은 금식하는 것을 사람에게 보이려고 얼굴을 흉하게 하느니라 **내가 진실로 너희에게 이르노니 그들은 자기 상을 이미 받았느니라**

여기서 '외식하는 자'('휘포크리테스')라고 번역된 단어는 '꾸미다, 가장(假裝)하다'('휘포크리노마이')에서 유래된 단어이다. 원래는 '공연을 하는 극장 안에서 가면을 쓰고 연기하는 배우'를 의미했다. 성경에서는 겉과 속이 다른 위선자를 의미한다. 서기관과 바리새인들이 열심히 금식한 것은 가면을 쓰고 연기하는 연극이었고 그들은 금식 연기자였다.

그들의 모든 금식은 자신들의 의와 경건을 사람들에게 과시하여 칭찬을 얻고 하나님 앞에서는 공로를 쌓기 위한 위선적인 사악한 행위에 불과했다. 주님께서는 이런 거짓된 금식을 엄히 경계하셨다. 그리고 거짓된 금식을 하는 자들은 이미 사람들로부터 상을 받았기에 하나님이 주시는 상은 받을 수 없다고 경고하셨다.

> [마 6:16하] … 내가 진실로 너희에게 이르노니 **그들은 자기 상을 이미 받았느니라**

그렇다면 하나님께서 기뻐 받으시면서 놀라운 상과 보상으로 갚아주시는 참된 금식은 어떤 것인가?

우리가 이 질문에 대해 올바른 대답을 하기 위해서는 금식의 본질, 금식의 목적과 동기와 이유, 그리고 금식의 태도와 방법 등에 대해서 바르게 알아야 한다. 성경 전체를 통하여 금식은 '영적 목적을 위하여' 음식을 금하는 것이다.

성경의 금식은 언제나 영적 목적을 중심으로 이루어진다. 우리는 일체의 방해 없이 진지하고 간절하게 하나님께 집중하고 그 하나님을 바라고 기다리기 위해서 금식한다. 주님께서 금식에 대해 말씀하시면서 집중적으로 지적한 문제가 바로 금식의 목적과 동기 문제였다.

> [마 6:16] 금식할 때에 **너희는 외식하는 자들과 같이** 슬픈 기색을 보이지 말라 그들은 **금식하는 것을 사람에게 보이려고** 얼굴을 흉하게 하느니라

우리 신앙의 거룩한 표지(標識)며 경건한 행위로 예배, 기도, 금식, 구제, 봉사, 헌금, 헌신, 전도, 선교 등이 있다. 이런 경건한 행위를 우리 자신의 목적을 위한 동기로 사용할 때 그것보다 더 심각하고 죄악 된 타락 행위는 없다. 그렇게 하는 것은 언제나 거짓 신앙을 가진 분명한 증표가 된다.

금식 역시 그러하다. 금식에는 놀라운 유익과 축복이 약속되어 있기에 그것을 잘못 사용할 위험성이 농후하고 그 결과는 대단히 심각하다. 우리가 금식을 통하여 하나님을 조종하여 우리가 원하는 것을 이루려고 하기가 매우 쉽기 때문이다. 금식할 때마다 매번 그 점을 지극히 조심해야 한다.

우리 신앙의 모든 것이 그러한 것처럼 금식 역시 항상 하나님을 중심으로 이루어져야 한다. 금식의 목적은 오직 하나님을 위한 것이어야 하고 오직 그분의 영광을 위한 것이어야 한다. 예를들면 우리가 치유를 위해서 금식하며 기도할 때 치유되는 데 초점을 맞추면 안 된다.

> 하나님, 제가 이제까지 나를 위해서 살았습니다. 내 영광과 내 유익을 위해서 살았습니다.
> 이제부터는 그렇게 살지 않을 것입니다. 병을 고쳐주시면 하나님을 위해서, 하나님의 영광과 유익을 위해서 살겠습니다.

이렇게 금식하는 것이 "먹든지 마시든지 무엇을 하든지 오직 하나님의 영광을 위하여 하라"는 의미이다.

하나님께서는 애통하며 금식하는 스가랴 시대의 백성들에게 이렇게 반문하셨다.

> [슥 7:4-5] 만군의 여호와의 말씀이 내게 임하여 이르시되 온 땅의 백성과 제사장들에게 이르라 너희가 칠십 년 동안 다섯째 달과 일곱째 달에 금식하고 애통하였거니와 그 금식이 나를 위하여, 나를 위하여 한 것이냐

이스라엘 모든 백성과 제사장들이 70년 동안 오랜 기간 금식했지만, 그 모든 금식은 하나님이 전혀 받지 않으시는 거짓된 금식이었다. 그것은 그들의 금식이 하나님을 위한 금식이 아니라 자기들을 위한 타락한 금식이었기 때문이다. 금식의 중심과 근본적인 목적은 반드시 하나님이어야 하고 다른 어떤 것도 그 자리를 대신 차지해서는 안 된다.

이런 금식의 근본적인 목적을 분명히 한 후에야 비로소 금식의 다른 목적들을 추구할 수 있다. 금식의 다른 모든 목적은 이 근본적인 목적이 반드시 충족된 후에 이루어져야 하는 이차적인 목적이기 때문이다. 이 사실을 요한 웨슬리는 이렇게 설명한다.

> 첫째로 우리는 우리의 눈을 오직 하나님께만 고정한 가운데 하나님을 위하여 금식하도록 하자.
> 그래서 우리의 의도가 하늘에 계시는 아버지께 영광을 돌리는 데에만 있도록 하자 ….

이런 금식의 근본적인 목적 외에 금식의 이차적인 목적들이 있다.

1. 죄를 깊이 회개하기 위해서이다

성경을 보면 사람들이 죄를 깊이 뉘우치고 회개할 때 슬피 울며 금식한 것을 알 수 있다. 참된 회개의 외적 증거는 슬피 울면서 금식하는 것이었다. '금식한다'('촘')라는 단어는 하나님 앞에서 우리 영혼이 회개하는 마음과 태도로 겸손히 무릎 꿇는다는 의미이다.

하나님께서는 당신을 떠난 이스라엘 백성들을 향하여 요엘 선지자를 통해 회개를 촉구하신다.

[욜 2:12-13] 여호와의 말씀에 **너희는 이제라도 금식하고** 울며 애통하고 마음을 다하여 내게로 돌아오라 하셨나니 너희는 옷을 찢지 말고 **마음을 찢고 너희 하나님 여호와께로 돌아올지어다** …

사무엘 선지자 당시 이스라엘 백성들은 미스바에 모여 금식하며 회개했다.

[삼상 7:6] 그들이 미스바에 모여 물을 길어 여호와 앞에 붓고 **그 날 종일 금식하고** 거기에서 이르되 우리가 여호와께 범죄하였나이다

니느웨의 왕을 비롯한 백성들은 요나의 전도를 듣고 금식을 선포하고 베옷을 입고 회개했다(욘 3:5). 다니엘도 베옷을 입고 재를 덮어쓰고 금식하면서 자신을 포함한 이스라엘 백성들과 조상들의 죄를 회개했다(단 9:2 이하). 느헤미야 당시 이스라엘 백성들은 베옷을 입고 금식하면서 죄를 회개했다(느 9:1-2). 바울도 다메섹 도상에서 주님을 만난 후 주님과 교회를 핍박한 악한 죄를 회개하면서 3일 동안 먹지도 않고 마시지도 않으면서 금식했다(행 9:9).

금식하면서 죄를 깊이 뉘우치고 회개할 때 하나님께서는 우리의 금식기도를 들으시고 우리의 죄를 다 용서해 주신다.

2. 위기에 직면했을 때 하나님의 긍휼과 자비를 구하기 위해서이다

금식하는 우리의 주된 목적과 이유는 대부분 이것이다. 여호사밧 왕은 모압과 암몬 군대가 침공하여 국가적으로 큰 위기에 직면했을 때 백성들과 함께 금식하며 기도했다(대하 20:1 이하). 왕후 에스더는 자기 민족이 모두 학살당할 심각한 위기에 직면했을 때 모르드개와 백성들과 함께 3일 동안 물과 음식을 금하면서 "죽으면 죽으리라"는 각오로 금식했다(에 4:16).

학사 에스라도 바벨론에서 포로 생활하던 백성들과 함께 본국으로 귀환하기 전에 하나님의 보호하심을 얻기 위해 함께 금식했다(스 8:21 이하). 하

나님의 백성들은 심각한 위기와 극심한 어려움에 직면했을 때 금식하면서 하나님의 긍휼과 자비와 은총을 간구했다.

그때 하나님께서는 그들의 금식기도를 들으시고 위기에서 건져주시고 어려운 문제를 해결해 주셨다. 심각한 어려움에 부딪히거나 위기에 직면했을 때, 진실한 마음으로 금식하며 하나님의 긍휼과 자비와 은총을 간구하면 하나님께서는 우리의 금식기도를 들으시고 위기에서 건져주신다.

3. 하나님의 뜻을 분별하고 인도하심을 받기 위해서이다

우리가 하나님의 뜻을 분별하고 구체적인 인도하심을 받으려고 할 때는 하나님께 집중하면서 금식하며 기도하는 것이 필요하다. 그때 하나님께서는 당신의 뜻을 알려주신다.

안디옥교회가 세계선교를 위해 바나바와 바울을 선교사로 파송하려고 할 때 먼저 금식하면서 하나님의 뜻을 구했고, 또 금식하고 기도하면서 성령의 인도하심을 구했다. 그때 성령께서는 하나님의 뜻을 알려주시고 구체적으로 인도해 주셨다.

> [행 13:2-3] 주를 섬겨 **금식할 때에** 성령이 이르시되 내가 불러 시키는 일을 위하여 **바나바와 사울을 따로 세우라** 하시니 이에 **금식하며 기도하고** 두 사람에게 안수하여 **보내니라**

바울과 바나바는 제1차 선교여행 중에 각 교회에서 장로들을 세울 때마다 금식기도 하면서 하나님의 뜻을 분별했고 인도하심을 받았다.

> [행 14:23] 각 교회에서 장로들을 택하여 **금식 기도하며** (금식기도와 함께 각 교회에서 장로들을 택했다) 그들이 믿는 주께 그들을 위탁하고

우리도 하나님의 뜻을 분별하고 구체적인 인도하심을 구할 때 특별히 하나님께 집중하면서 금식하고 기도하는 것이 필요하다.

4. 자신을 철저히 부인하기 위해서이다

금식의 이차적인 여러 목적 가운데서 가장 중요한 목적이 바로 이것이다. 자신을 철저히 부인하기 위해서 하는 경건의 훈련을 위한 목적이다.

참된 금식은 우리의 육체와 영혼에 유익을 준다. 금식하는 것과 하나님 앞에서 철저히 자신을 낮추고 겸비하는 것은 같은 말이다. 다윗은 시 35:13에서 이렇게 고백한다.

> [시 35:13] 나는 … 굵은 베 옷을 입으며 **금식하여 내 영혼을 괴롭게 하였더니** …

금식은 우리 영혼을 괴롭게 하는, 즉 철저히 자신을 죽이고 부인하는 놀라운 영적 훈련이며 경건의 훈련이다.

인간에게 있어서 가장 참기 어려운 고통이 굶주림의 고통이다. 강렬한 식욕을 억제하고 절제하는 것은 우리 자신을 철저히 부인하고 죽일 때 가능하다. 참된 금식은 철저히 우리 자신을 부인하도록 만드는 효과적인 영적 훈련이다.

리처드 포스터(Richard J. Foster, 1942-)는 『영적 훈련과 성장』(Celebration of Discipline)에서 말한다.

> 금식은 영적 세계에서 다른 그 어떤 방법으로도 얻을 수 없는 획기적 발전을 가져올 수 있다. 금식은 더 이상 등한시되어서는 안 되는 하나님의 은혜와 축복의 통로이다.

스펄전 목사님은 자신의 교회가 어려운 일을 당하고 문제에 봉착할 때마다 온 성도와 함께 금식하며 기도했다. 그때 하나님께서 주신 은혜와 축복은 참으로 놀라웠다. 그분은 고백한다.

> 우리가 성전에서 금식하며 기도하던 그 시기는 정말로 고귀한 날들이었다. 하늘의 문이 그토록 넓게 열린 적이 없었고, 우리의 마음이 하나님의 영광에 그토록 가까이 이른 적이 없었다.

금식할 때마다 금식의 본질이 무엇인지, 금식의 목적과 동기와 이유가 무엇인지를 제대로 알고 금식해야 한다. 또 금식하는 우리의 태도와 방법도 성경적이어야 한다. 그때 우리의 금식이 하나님이 기뻐하시는 참된 금식이 될 수 있다.

그렇다면 우리는 어떻게 금식해야 하는가?

[마 6:17] 너는('쉬') 금식할 때에 ('수': 너의) 머리에 기름을 바르고 ('수': 너의) 얼굴을 씻으라

주님께서는 '너'를 세 번씩이나 말씀하시면서 강조하신다. 서두에 나오는 '너는'('쉬')라는 단어는 원래는 없어도 되는 단어이다. 왜냐하면, 그 뒤에 나오는 '금식할 때'('네스튜온'), '기름을 바르고'('알레입사이'), '씻으라'('닙사이')에 모두 남성 2인칭 단수 어미가 붙어 있기에 굳이 '너는'('쉬')라는 인칭 대명사를 독립적으로 쓸 필요가 없기 때문이다.

주님께서는 굳이 그 단어를 사용하셨다. 그것은 주위 여건이 어떻든지 전혀 상관하지 말고 너는 반드시 바로 이처럼 행해야 한다는 점을 더욱 강조하시기 위해서이다.

주님께서는 위선적인 종교 생활의 한 방법이 될 위험성이 있는 금식과 관련하여 평소와 마찬가지로 평범한 몸단장을 하라고 강조하신다. 유대인들은 평소에 머리에 기름을 바르고 얼굴을 씻는 것이 일상적인 모습이었다. 우리는 금식하는 동안에도 지극히 자연스럽게 평소의 모습 그대로 일상의 생활을 계속 살아야 한다.

그것은 우리가 사람 앞에서 금식하는 것이 아니라 은밀한 중에 계신 하나님 앞에서 금식하는 것이기 때문이다. 우리가 사람들을 의식하지 않고 오직 하나님과 바른 관계 속에서 금식할 때 주님께서는 놀라운 상급과 보상과 축복을 약속하신다.

[마 6:18] 이는 금식하는 자로 사람에게 보이지 않고 **오직 은밀한 중에 계신 네 아버지께 보이게 하려 함이라 은밀한 중에 보시는 네 아버지께서** ('소이': 너에게) 갚으시리라

사람들 앞에서가 아니라 하나님 앞에서, 하나님과 바른 관계 속에서 금식할 때, 하나님께서는 금식하며 기도하는 바로 '너'에게('소이') 갚아주실 것이라고 분명히 약속하신다. 우리가 하나님 앞에서 은밀하게 금식한다.

또 금식한 후에 합당한 삶이 뒤따른다. 하나님이 기뻐하시는 제사인 부지런히 선을 행하고 서로 나누는 삶을 산다(히 13:16). 그때 우리의 금식은 하나님이 기뻐하시는 참된 금식이 되어 하나님이 갚아주시는 놀라운 보상과 축복을 경험하게 된다(사 58:6-12).

사랑하는 성도 여러분!
금식은 하나님의 놀라운 은혜와 축복의 통로이다.
하나님이 기뻐하시는 은밀한 금식을 부지런히 행하라. 단순히 금식하는 것이 아니라 합당한 삶이 동반되는 참된 금식을 하라.
그때 하나님께서는 이 땅과 영원한 내세에서 놀라운 상급과 축복으로 갚아주실 것이다.

제37장

보물을 하늘에 쌓아두라

[마 6:19-24] 너희를 위하여 보물을 땅에 쌓아 두지 말라 거기는 좀과 동록이 해하며 도둑이 구멍을 뚫고 도둑질하느니라 오직 너희를 위하여 보물을 하늘에 쌓아 두라 거기는 좀이나 동록이 해하지 못하며 도둑이 구멍을 뚫지도 못하고 도둑질도 못하느니라 네 보물 있는 그 곳에는 네 마음도 있느니라

여론조사 기관에서 한국인의 가장 큰 소원이 무엇인가를 조사할 때마다 대부분 첫 번째 순위로 꼽히는 항목이 있다. 우리 생각으로는 건강이나 행복한 가정일 것 같은데 결과는 그렇지 않다. 한국인의 가장 큰 소원은 돈을 많이 버는 것이다. 물론 우리는 성실히 일해서 열심히 돈을 벌어야 하지만 훨씬 더 중요한 것이 있다. 무엇을 위해서 돈을 벌고, 어떻게 돈을 벌며, 어떻게 돈을 사용하느냐 하는 것이다.

그것은 돈을 버는 것은 수단이지 결코 목적이 아니기 때문이다.

그런데도 오늘날 돈을 열심히 벌고 열심히 모으는 것이 삶의 목적인 사람들이 얼마나 많이 있는가?

그리스도인들도 예외가 아니다. 그들은 열심히 돈을 벌고 모으는 목적을 "나와 우리 가족이 고생하지 않고 편안하게 인생을 살기 위해서"라고 한다.

우리가 돈을 벌고 모으는 데는 이런 목적도 포함된다. 그러나 우리가 돈을 버는 가장 중요한 목적은 하나님의 영광과 이웃의 유익을 위한 것이어야 한다. 또 돈을 버는 방법도 성경이 인정하시는 정당한 방법이어야 한다. 탈세, 뇌물, 경마, 슬롯머신, 인터넷 도박, 복권, 부동산 투기 등과 같은 방법으로 돈을 벌어서는 안 된다.

감리교의 창시자인 요한 웨슬리는 종종 이런 이야기를 했다.

물질에 관해서 그리스도인들이 가져야 할 중요한 철학이 있다.

첫째, 열심히 일하여 돈을 벌어라.
둘째, 열심히 저축하라.
셋째, 하나님과 그분의 의(義)를 위해 열심히 사용하라.

미국 무디신학교의 학장이었던 조지 스위팅(George Sweeting) 박사는 말한다.

내 인생의 마지막 날, 내 생(生)이 끝나는 최후 순간에 가장 중요한 질문은 '내가 얼마나 벌었는가' 하는 것이 아니다.
이것은 하나도 중요한 질문이 될 수 없다.
그때 참으로 중요한 질문이 있다면 '나는 얼마나 주었는가?
나는 얼마나 드렸는가?'
즉, 가치 있는 일과 놀라운 목적이 있는 그것들을 위해서 나는 얼마나 드렸는가 하는 것이다.

주님께서는 산상수훈에서 동일한 말씀을 하신다. 주님께서는 산상수훈을 통하여 왕이신 하나님의 통치를 받는 하나님 나라의 백성들은 이 땅에서 세상의 소금과 빛의 삶을 살아야 한다고 말씀하신다. 그러기 위해서는 반드시 서기관과 바리새인들의 의를 능가하는 '참된 의의 삶'을 살아야 한다.

'참된 의의 삶'은 '도덕적 의'와 '신앙적 의'를 포함한다. 주님께서 '도덕적 의'를 설명하기 위해 실례로 드신 것이 살인, 간음, 이혼, 맹세, 복수, 원수 사랑 등이다. 그리고 '신앙적 의'를 위하여 실례로 드신 것이 구제, 기도, 금식이다.

'도덕적 의'와 '신앙적 의'를 포함하는 '참된 의의 삶'의 핵심은 '하나님 앞에서', '하나님의 존전(尊前)'(코람데오, Coram Deo)에서 행하는 삶이다.

우리는 '신앙적 의'를 두 가지 면에서 살펴볼 수 있다. 하나는 우리가 은밀한 곳에서 행하는 그리스도인의 '사적(私的) 생활'(private life)에서의 '신앙적 의'다. 그것은 구제, 기도, 금식 등이다.

또 하나는 우리가 세상에서 행하는 그리스도인의 '공적(公的) 생활'(public life)에서의 '신앙적 의'다. 그것은 돈과 재산, 물질 문제, 생계 문제 등의 세속화의 문제, 재물의 위험성 등이다. 주님께서는 사적 생활에서의 '신앙적 의'를 말씀하신 후, 공적 생활에서의 '신앙적 의'를 말씀하신다.

> [마 6:19-20] 너희를 위하여 보물을 땅에 쌓아 두지 말라 거기는 좀과 동록(銅綠)이 해(害)하며 도둑이 구멍을 뚫고 도둑질하느니라 **오직 너희를 위하여 보물을 하늘에 쌓아 두라** 거기는 좀이나 동록이 해하지 못하며 도둑이 구멍을 뚫지도 못하고 도둑질도 못하느니라

여기서 '보물'은 '돈, 재산 등의 경제적인 가치가 있는 모든 것'을 가리킨다. 포괄적인 의미로 볼 때는 돈을 포함하여 가족, 집, 은사, 명예, 지위, 신분, 취미 등 더 광범위한 의미를 가진다고 할 수 있다.

그러나 주님께서 이어지는 24절에서 '보물'이 '재물'을 가리키는 것임을 분명히 하셨기에 재물로 보는 것이 타당하다.

> [마 6:24] 한 사람이 두 주인을 섬기지 못할 것이니 혹 이를 미워하고 저를 사랑하거나 혹 이를 중(重)히 여기고 저를 경(輕)히 여김이라 너희가 하나님과 **재물을** 겸하여 섬기지 못하느니라

주님께서는 우리를 위하여 보물, 즉 재물을 땅에 쌓아두지 말고 하늘에 쌓아두라고 말씀하시면서 그 이유를 세 가지로 설명하신다.

1. 재물의 허무함 때문이다

> [마 6:19] 너희를 위하여 **보물을 땅에 쌓아 두지 말라 거기는 좀과 동록**(銅綠)**이 해**(害)**하며** …

여기서 '쌓아 두지 말라'['메(not) 데사우리제테(lay up)']는 단어는 '쌓기를 그만두라'는 뜻이다. 이 단어는 시제가 현재형이기에 "더 이상 지체하지 말고 지금 바로 보물을 땅에 쌓는 그릇된 행동을 단호하게 끊어버리라"는 강한 의미이다.

주님께서 우리의 재물을 땅에 쌓는 그릇된 행동을 단호하게 끊어버리라고 명령하시는 이유가 있다.

> [마 6:19] 너희를 위하여 **보물을 땅에 쌓아 두지 말라 거기는 좀과 동록**(銅綠)**이 해**(害)**하며** …

여기서 '해(害)하다'('아파니조')라는 단어는 '망쳐놓는다'(spoil)는 뜻이다. '좀'('세스')은 옷에 기생하여 옷감을 상하게 하고 의복을 갉아 먹는 벌레이다. '동록'(銅綠, '브로시스')은 '먹어 없애버리는 모든 것'을 의미한다. 이 단어는 금속이 녹 슬어서 부식된 것, 쥐가 창고에 저장된 곡식을 먹어치우는 것, 벌레가 땅 밑에 묻어둔 것을 먹어버리는 것 등을 가리킨다.

아무리 좋은 고급 옷이라도 좀이 슬면 아무런 쓸모가 없다. 아무리 귀한 금속도 녹 슬어서 부식되면 아무런 쓸모가 없기에 내어 버릴 수밖에 없다. 마찬가지로 이 땅에 쌓아 둔 재물은 영원히 보존되지 못하고 소멸되어 없어지고 만다.

주님께서는 이 사실을 비유로 말씀하시면서 '재물의 허무함'을 지적하신다. 우리가 보물을 땅에 쌓아두면 바로 이런 허무한 결과가 생긴다는 것이다. 우리가 소유한 모든 재물은 다 일시적이며 오래 가지 못한다. 우리가 열심히 벌어서 모은 돈은 마치 마당에 있는 참새와 같아서 언제 다른 곳으로 날아갈지 모른다.

[잠 23:5] 네가 어찌 허무한 것(재물)에 주목하겠느냐 **정녕히 재물은 스스로 날개를 내어 하늘을 나는 독수리처럼 날아가리라**

건국대학교 석좌교수인 조용헌 교수는 우리 조상들의 가문에 대해 자신이 연구한 내용을 종종 칼럼에 싣는다. 그는 이렇게 말한다.

우리 속담에 '부자는 3대 가기가 어렵다'고 하는데 사실이다.
거기에 예외적인 경우가 있다. 3대 이상 가는 부자가 있다.
그런데 3대 이상 가는 부자에게 있어서 반드시 나타나는 모습이 있다.
그것은 주변 사람들에게 덕을 많이 베풀고 좋은 일을 많이 한다는 것이다.

그래서 조용헌 교수가 강력하게 주장하는 내용이 있다. 부자가 3대 이상 가기 위해서는 3대까지 내려오는 과정에서 반드시 지켜야 할 필요충분조건이 있는데 그것은 덕을 쌓아 두는 일이라는 한다. 그런 가문은 돌발 상황이 찾아와도 선대(先代)에 덕을 쌓아 놓았거나 또 자기가 평소에 덕을 쌓아 두었다면 위기를 넘기게 도와준다는 것이다.

그런 대표적인 가문으로 경주 최부잣집을 든다. 조선 시대 최고의 부자로 불렸던 경주 최부잣집은 300년간 만석꾼을 지내면서 어려운 이웃을 돕고 독립운동을 후원하여 큰 존경을 받았다.

재물은 허무하기에 이 땅에다 쌓아두면 일시적으로는 소유할 수 있을지 모르지만 3대를 가지 못한다. 그러나 경주 최부잣집처럼 비록 하나님을 믿지 않는 불신자라 할지라도 하나님의 진리의 말씀에 합치된 삶을 살면, 즉 재물을 땅에다 쌓아 두지 않고 다른 사람들에게 선을 베풀면 그 재물이 3대 이상 갈 뿐만 아니라 300년까지도 간다는 것이다.

그런데 사람들은 그 사실을 모른다. 재물의 허무함을 알지 못하고 이 땅에 쌓아두려고 한다. 이런 모습은 불신자들만의 모습이 아니다. 심지어 하나님을 믿는다고 하는 하나님의 백성들도 그렇게 한다.

결국, 땅에 쌓아 둔 재물은 오래 가지 못한다. 돈도 썩고 재물도 썩고 금과 은도 썩는다. 재물도 소멸하고 재산도 소멸한다. 3대를 가지 못한다. 땅에 쌓아 두는 재물은 다 허무한 것이며 일시적이다. 재물이 허무하기에 우리는 우리의 보물을 땅에 쌓아 두어서는 안 된다.

2. 재물의 불안전성 때문이다

> [마 6:19] 너희를 위하여 보물을 땅에 쌓아 두지 말라 거기는('호푸') 좀과 동록이 해하며 ('호푸': 거기는) 도둑이('클렙타이': 도둑들, thieves) 구멍을 뚫고 도둑질하느니라

여기서 '구멍을 뚫다'('디오륏소')라는 단어는 '땅을 파서 뚫는다'는 의미를 가지고 있다. 예수님 당시 팔레스타인의 가옥들은 진흙을 바르거나 흙으로 만든 벽돌을 쌓아서 지었다. 도둑들이 마음만 먹으면 벽에 구멍을 뚫거나 벽을 쉽게 허물고 들어가서 도둑질하기가 쉬웠다. 주님은 그 사실을 비유로 말씀하시면서 재물의 '불안전함'을 지적하셨다. 재물이 많을수록 그 재물을 노리는 도둑들이 많다.

우리는 그 재물을 지키기 위해서 늘 불안해하면서 애를 쓴다. 그래서 돈이 많으면 행복할 것 같지만, 실제로는 그렇지 못하다. 학자들은 부자들의 삶은 절대 행복하지 않다고 지적한다. 그들은 무력감, 과도한 스트레스, 채워지지 않는 욕구, 쇼핑중독, 우울증, 불면증, 혈류장애에 의해서 정맥 내에 혈액이 뭉치는 만성 울혈 등으로 고통을 당한다고 한다.

늘 불안해하며 온갖 노력을 다 기울여서 우리의 재물을 지켰다고 할지라도 그 재물을 땅에 쌓아두면 결코 우리의 것이 될 수 없다. 우리가 이 세상을 떠날 때 그 모든 재물을 다 놓고 가야 할 뿐만 아니라 3대를 가지 못하기 때문이다. 심지어 땅에 쌓아 둔 그 재산 때문에 자녀들을 망치는 경우가 참 많이 있다.

부모가 죽은 후 유산 때문에 완전히 원수가 된 자녀들의 이야기를 종종 듣게 된다. 일산에 있는 어느 대형병원의 중환자실에서 일하는 간호사가 경험했던 이야기이다. 어느 부자 환자가 중환자실에 입원했는데, 입원한 순간부터 자녀들이 아버지의 재산 문제로 매일 싸운다는 것이다. 부모가 재산이 많은 경우에는 그런 일이 다반사라고 한다.

이렇게 부모가 남긴 많은 유산이 결국 자식들에게 저주와 독과 악으로 전락하고 만다.

유대인의 지혜서인 『탈무드』는 이렇게 말한다.

> 어리석은 사람은 자녀들에게 재산을 남기고, 양식(良識) 있는 부모는 자녀들에게 지식을 남기며, 지혜로운 부모는 자녀들에게 신앙을 남긴다.

재물은 불안전하기에 우리의 보물을 땅에 쌓아 두어서는 안 된다.

3. 재물이 있는 곳에 우리 마음도 있기 때문이다

> [마 6:19-21] 너희를 위하여 보물을 땅에 쌓아 두지 말라 거기는 좀과 동록이 해하며 도둑이 구멍을 뚫고 도둑질하느니라 오직 너희를 위하여 보물을 하늘에 쌓아 두라 거기는 좀이나 동록이 해하지 못하며 도둑이 구멍을 뚫지도 못하고 도둑질도 못하느니라 네 보물 있는 그 곳에는 네 마음도 있느니라

이 땅에 보물을 쌓는 일을 그만두고 하늘에 보물을 쌓아야 하는 분명한 이유가 있다. 땅에 보물을 쌓는 사람은 마음이 이 세상에 있게 되고, 하늘에 보물을 쌓는 사람은 그 마음이 하늘에 있게 되기 때문이다.

주석가 매튜 헨리는 "바늘이 자석을 따르듯이 마음은 보물을 따른다"라고 했다. 우리의 보물이 땅에 있으면 우리는 세상만 생각하며 살게 될 것이고, 우리의 보물이 하늘에 있으면 우리는 하늘을 생각하며 살게 될 것이다.

우리가 하늘의 삶을 사느냐 아니면 땅의 삶을 사느냐 하는 것은 바로 어디에 우리의 보물이 있느냐에 달려 있다.

'마음'은 우리의 전 인격, 즉 지성(mind)과 감정(emotion)과 의지(will)가 자리 잡은 좌소(座所)다. 주님께서는 "네 보물이 있는 그곳에는 네 마음도 있느니라"라고 하시면서 재물의 세력이 얼마나 강력한지 우리 마음, 즉 우리의 전 인격을 지배한다고 말씀한다. 우리의 마음은 우리가 사랑하는 대상으로 향하게 되기에 우리의 관심이 어디에 있는가를 보면 우리의 사랑하는

보물이 무엇인가를 분명히 알 수 있다.

우리가 사랑하는 보물이 무엇인지를 알기 위해서는 우리가 주로 말하는 내용이 무엇인지, 우리의 시간과 돈과 노력을 집중하여 애쓰고 있는 것이 무엇인지를 보아야 한다. 그래서 주식 투자가 위험한 것이다. 주식 투자를 하게 되면 주식에 깊은 관심을 가지고 우리의 마음과 생각과 시간을 거기에 많이 빼앗긴다. 시간만 나면 주식 시세를 본다. 내가 산 주식 시세가 오르면 기분이 좋고 내려가면 기분이 나쁘다.

결국, 주식 때문에 영적으로, 신앙적으로 손해를 많이 보게 된다. 그것은 우리 보물이 주식이기에 우리 마음도 주식에 있게 되고 하나님과 하늘나라에 있을 수 없기 때문이다. 우리의 재물이 있는 곳에 우리 마음도 있기에 우리의 보물을 땅에 쌓아 두어서는 안 된다.

이렇게 재물의 허무함과 불안전성, 그리고 우리의 재물이 있는 곳에 우리 마음도 있기에 주님께서는 "너희를 위하여 보물을 땅에 쌓아 두지 말고 하늘에 쌓아 두라"고 명령하시는 것이다.

> [마 6:20] 오직('데': 도리어) 너희를 위하여 보물을 하늘에 쌓아 두라 거기는 좀이나 동록이 해하지 못하며 (거기는) 도둑이 구멍을 뚫지도 못하고 도둑질도 못하느니라

여기서 '쌓아 두라'('데사우리제테')는 단어는 시제가 현재형이기에 "지체하지 말고 지금 당장 보물을 하늘에 쌓기를 시작하라"는 의미이다. 주님께서는 '도리어 너희를 위하여' 재물을 하늘에 쌓아두라고 명령하신다.

"다른 이유에서가 아니다. 도리어 너희를 위해서이다. 너희 자신의 유익을 위해서 지금 당장 재물을 하늘에 쌓기 시작하라."

땅에 재물을 쌓아 두는 것은 전혀 우리에게 유익 되지 못하기 때문이다. 오직 하늘에 재물을 쌓아두는 것만이 우리에게 진정으로 유익 되기 때문이다. 칼빈은 말한다.

> 말세에 재물을 쌓는 것은 자신에게 임할 형벌을 쌓는 것과 같다.

우리의 보물을 이 땅이 아니라 하늘에 쌓아 두기 위해서는 일시적인 것이 아니라 영원한 것을 위해서 우리의 재물을 사용해야 한다. 천지는 없어져도 영원히 없어지지 않는 것이 있다. 하나님과 하나님의 말씀과 인간의 영혼이다. 우리의 재물을 영원한 것인 하나님과 그분의 말씀과 영혼들을 위해서 사용할 때 우리의 보물을 하늘에 쌓아 둘 수 있다. 무엇보다 우리의 보물은 하나님을 위해서 사용해야 한다.

하나님을 위해서 사용한다는 것은 하나님이 기뻐하시는 일을 위해서 사용하는 것이다. 하나님이 가장 기뻐하시는 일은 영혼들을 구원하고 그들의 믿음을 아름답게 세우는 일과 연약한 사람들을 돌보고 치유하는 일이다. 무엇보다 우리가 가진 물질을 전도와 선교와 양육, 그리고 치유와 구제와 봉사를 위해서 사용해야 한다.

우리는 이 일들을 사명감을 가지고 감당해야 한다. 영원한 저주 아래 있는 영혼들을 구원하여 주님께로 인도하는 일보다 이 세상에서 더 중요한 일은 없다. 조지 W. 트루엣은 "예수께 한 영혼을 인도하는 것이 이 세상을 살아가면서 얻을 수 있는 가장 귀한 것이다"라고 했다.

주님께서는 영혼들을 구원하는 복음 사역을 우리가 이 땅에서 실천해야 할 가장 중요한 지상명령으로 주셨다. 우리는 그 무엇보다도 우리의 보물을 예수 그리스도를 모른 채 죽어가는 불쌍한 영혼들을 하나님 앞으로 인도하는 일을 위해서 마음껏 사용해야 한다. 그것이 우리의 보물을 하늘에 쌓아 두는 가장 확실한 방법이다.

오스왈드 스미스(Oswald J. Smith, 1889-1986) 목사님은 『선교사가 되려면』(*The Challenge of Missions*)에서 말한다.

> 나는 천국에서 흑인이나 황인종의 무리가 가끔씩 나를 세워 놓고 이렇게 내게 말하는 사람을 만나게 되는 것보다 내 마음을 더 기쁘게 하는 일은 없을 것으로 생각한다.
> '당신이 젊은이들에게 선교지로 나가도록 도전했기 때문에 우리가 이렇게 천국에 오게 되었답니다. 또 당신은 선교헌금을 더 많이 거두어서 후원해 주셨지요.

또 당신은 복음을 들고 우리나라에 오셨지요. 이제 우리는 우리가 구원 얻을 수 있도록 당신이 희생한 것에 대해 감사드리고 싶습니다.'라고 …
나의 친구여,
그것은 내가 천국에서 누릴 최대의 기쁨이 될 것이다.

또 우리의 보물을 일꾼들을 세우는 양육 사역이나 장학사업을 위해 사용해야 한다. 한국교회의 지도자로 귀하게 쓰임 받았거나 쓰임 받는 분들 가운데 많은 분이 외국의 신실한 그리스도인들로부터 도움을 받아 외국에서 공부할 수 있었다.

우리도 이런 귀한 일을 위해 희생과 헌신으로써 우리의 보물을 하늘에 쌓아 둔다면 수많은 신실한 하나님의 일꾼들이 세워져서 하나님 나라를 위해서 아름답게 사역을 감당하게 될 것이다.

또한, 우리는 우리의 보물을 연약하고 소외된 이웃들을 위해서도 사용해야 한다. 본절과 병행 구절인 누가복음 12:33에서 주님은 이렇게 말씀하신다.

> [눅 12:33] 너희 소유를 팔아 구제하여 낡아지지 아니하는 배낭을 만들라 곧 하늘에 둔 바 다함이 없는 보물이니 거기는 도둑도 가까이하는 일이 없고 좀도 먹는 일이 없느니라

주님께서는 가난한 이웃들을 구제하는 일이 바로 보물을 하늘에 쌓아 두는 것이라고 분명히 말씀하고 있다. 그러므로 우리는 연약하고 소외된 이웃들, 가난하고 불쌍한 사람들을 열심히 돕고 섬기고 구제하는 삶을 살아야 한다.

사랑하는 성도 여러분!
여러분은 지금 여러분의 보물을 하늘에 쌓고 있는가?
아니면 언제 이 땅을 떠날지도 모르면서 열심히 땅에 보물을 쌓고 있는가?

우리가 죽어서도 하늘나라에 재물을 가지고 갈 수 있는 단 하나의 유일한 길이 있다. 그것은 이 땅에 살면서 부지런히 우리의 보물과 재물을 하늘나라에 쌓는 일이다. 살아있을 때 열심히 천국에 투자하며 저축하는 일이다.

우리는 절대로 누가복음 12장에 나오는 '어리석은 부자'와 같이 살아서는 안 된다. 바보 부자는 예년보다 풍성한 소출을 거둔 후 창고를 넓히고 창고마다 곡식을 가득가득 쌓아두었다. 그리고는 너무 기분이 좋아 그날 밤 이렇게 흥얼거린다.

> 내 영혼아 여러 해 쓸 물건을 많이 쌓아 두었으니 평안히 쉬고 먹고 마시고 즐거워하자

바로 그 순간 하나님께서 말씀하신다.

> 어리석은 자여 오늘 밤에 네 영혼을 도로 찾으리니 그러면 네 준비한 것이 누구의 것이 되겠느냐

바보 부자는 자신의 보물을 하늘나라에는 하나도 쌓지 못하고 모두 땅에다 쌓아 두었다. 결국, 그는 자신이 피땀 흘려 모은 재산을 하나도 가지고 가지 못하고 다 놓아두고 비참하게 이 세상을 떠날 수밖에 없었다.

사랑하는 성도 여러분!

하나님께서는 우리를 너무나 사랑하시기에 당신의 가장 귀한 것들을 아낌없이 우리에게 다 주셨다. 우리를 구원하셔서 당신의 자녀로 삼아주시기 위해 가장 귀한 외아들 예수 그리스도를 우리에게 아낌없이 주셨다. 그리고 그 아들과 함께 모든 좋은 것들을 우리에게 은혜의 선물로 주셨다(롬 8:32).

예수 그리스도께서는 우리 대신 십자가에 달려 저주와 심판을 받으시고 가장 귀한 생명을 아낌없이 우리에게 내어주셨다.

그렇다면 우리도 하나님께서 맡겨주신 보물들을 하나님과 그분이 기뻐하시는 일을 위해서 풍성히 드려야 하지 않겠는가?

그런데도 아까워하면서 인색하게 드리며 살지는 않는가?

이제부터는 하나님과 예수 그리스도께서 우리에게 베풀어 주셨고, 지금도 끊임없이 베풀어 주시는 은혜를 늘 기억하면서 아무것도 아까워하지 않고 하나님과 그분이 기뻐하시는 일에 아낌없이 드리자. 바보 부자와 같은 불행한 자로 살지 않고, 우리의 보물을 하늘에 쌓아 두는 지혜로운 청지기로 남은 인생을 살자.

그때 우리는 이 땅에서는 물론이고 천국에서 상급과 보상과 축복을 마음껏 누리면서 영원토록 복되게 살게 될 것이다.

제38장

하나님과 재물

[마 6:22-24] 눈은 몸의 등불이니 그러므로 네 눈이 성하면 온 몸이 밝을 것이요 눈이 나쁘면 온 몸이 어두울 것이니 그러므로 네게 있는 빛이 어두우면 그 어둠이 얼마나 더하겠느냐 한 사람이 두 주인을 섬기지 못할 것이니 혹 이를 미워하고 저를 사랑하거나 혹 이를 중히 여기고 저를 경히 여김이라 너희가 하나님과 재물을 겸하여 섬기지 못하느니라

인간은 이 땅에 태어나서부터 죽는 순간까지 물질 없이는 결코 살 수 없다. 물질 문제는 우리의 생존과 인간다운 삶을 사는 것과 직결되는 중요한 문제다. 오늘날 이 땅에서 일어나는 수많은 문제와 범죄의 주요한 원인은 물질 문제로 인하여 발생한다. 성경도 재물을 인간의 아주 중요한 문제로 다루고 있다.

성경에서 믿음은 215번, 구원은 218번 기록되어 있지만, 돈, 물질, 재물은 2,084번이나 언급되어 있다. 우리가 물질에 대한 올바른 관점과 태도와 자세를 갖는 것은 중차대한 문제이다.

돈은 단순히 물질적인 문제가 아니며, 경제적인 문제도 아니며, 윤리적인 문제도 아니다. 영적인 문제며, 우리 신앙생활에 있어서 정말 중요한 문제 가운데 하나다. 물질에 대해서 어떤 관점과 태도를 보이는가에 따라 우리의 삶이 결정되며 우리 신앙의 진실성이 판단된다.

주님께서 말씀하신 내용 중에서 2분의 3는 재물과 관련된 것이었다. 주님께서는 재물에 대한 문제에 대해 깊은 관심을 가지셨다. 그리고 재물에 대한 사람들의 태도와 모습을 보시면서 그 사람의 영적 상태까지 판단하셨다. 주님께서는 산상수훈을 통해서도 재물에 대해 중요한 가르침을 주신다.

[마 6:19-21] 너희를 위하여 보물을 땅에 쌓아 두지 말라 거기는 좀과 동록(銅綠)이 해하며 도둑이 구멍을 뚫고 도둑질하느니라 오직 너희를 위하여 보물을 하늘에 쌓아 두라 거기는 좀이나 동록이 해하지 못하며 도둑이 구멍을 뚫지도 못하고 도둑질도 못하느니라 네 보물 있는 그곳에는 네 마음도 있느니라

이 말씀을 하신 후 즉시 주님께서는 갑자기 '성한 눈'과 '나쁜 눈'에 대한 비유를 드셨다.

[마 6:22-23] 눈은 몸의 등불이니 그러므로 네 눈이 성하면 온 몸이 밝을 것이요 눈이 나쁘면 온 몸이 어두울 것이니 그러므로 네게 있는 빛이 어두우면 그 어둠이 얼마나 더하겠느냐

주님께서는 눈은 '몸의 등불'이라고 말씀하신다. 우리 몸에는 사물을 지각하는 많은 감각 기관이 있지만, 빛을 받아들이는 기관은 오직 눈뿐이다. 눈은 빛으로 물체나 상황을 지각하여 온몸에 그것을 알리는 역할을 한다. 차를 운전하여 가는데 갑자기 반대편에서 오는 차가 중앙선을 넘어 내 차 앞으로 돌진해 온다면 눈은 가장 먼저 그것을 보고 온몸에 알려주게 된다. 그러면 내 손은 핸들을 옆으로 꺾을 것이고 내 발은 브레이크를 밟게 될 것이다. 그래서 주님께서는 '눈은 몸의 등불'이라고 말씀하시는 것이다.

'몸의 등불'인 눈이 제 기능을 발휘하기 위해서는 반드시 눈이 성해야 한다. 그래야 온몸도 밝을 수 있기에 손과 발을 비롯한 다른 기관들이 각각 자신의 기능을 하게 된다. 반면에 '몸의 등불'인 눈이 나쁘면 눈이 제 기능을 발휘하지 못하기에 온몸이 어둡게 된다. 그래서 손과 발을 비롯한 다른 기관들 역시 자신의 기능을 발휘하지 못하게 된다.

여기서 '성하다'('하플루스')라는 단어는 '건강하다'는 의미이고, '나쁘다'('포네로스')라는 단어는 '허약하다'는 의미이다. 눈이 건강한 사람들은 맨눈으로도 원근(遠近)에 있는 물체들을 정확하게 보고 잘 파악한다.

그러나 눈이 나쁘거나 눈에 병이 있는 사람들은 원근에 있는 물체들을 제대로 보지 못한다. 눈은 '몸의 등불'이기에 눈이 건강한가 아니면 허약한가에 따라서 온몸의 밝음과 어두움이 결정된다.

왜 주님께서는 재물에 대해 말씀하시다가 갑자기 눈에 대해 말씀하시는가?

재물과 눈의 유사한 역할 때문이다. 재물은 영적으로 우리 눈과 같은 역할을 한다. 물질에 대한 올바른 관점을 가지면 영적인 건강한 눈을 소유하게 되고 우리 온몸, 즉 우리의 전인격이 영적으로 밝다.

우리는 참된 신앙을 소유하게 되고 하나님이 기뻐하시는 인생을 살게 된다. 주님께서는 올바른 '물질관'을 갖고 사는 것이 너무나 중요하다는 사실을 보여주시기 위하여 재물에 대해 말씀하신 후, 즉시 눈에 대해 말씀을 하시는 것이다. 눈이 성하면 내가 지금 무엇을 하고 있고 어디로 가고 있는지를 분명히 볼 수 있다.

그러나 눈이 나쁘면 내가 지금 무엇을 하고 있고 어디로 가고 있는지를 밝히 볼 수 없다. 재물에 대한 올바른 관점을 가진 사람은 영적인 눈이 밝기에 참된 신앙생활을 할 수 있고 하나님이 기뻐하시는 인생을 살 수 있다. 그렇지 못한 사람들은 영적인 눈이 어둡기에 거짓된 신앙생활을 할 수밖에 없고 불행한 인생을 살 수밖에 없다.

> [마 6:22-23] 눈은 몸의 등불이니 그러므로 네 눈이 성하면 온 몸이 밝을 것이요 눈이 나쁘면 온 몸이 어두울 것이니 그러므로 네게 있는 빛이 어두우면 그 어둠이 얼마나 더하겠느냐

"그 어둠이 얼마나 더하겠느냐"는 "그 어둠이 얼마나 크고 많겠느냐?"라는 뜻이다. 어둠이 대단히 크고 많음을 강조하는 표현이다. 잘못된 물질관을 갖고 있으면 영적 맹인이 되어 영적으로 대단히 크고 많은 어둠 속에 깊이 빠져서 거짓된 신앙생활을 하게 되고 불행한 인생을 살게 된다.

우리가 물질에 대한 올바른 관점을 갖지 못하는 중요한 이유는 잘못된 물질관 때문이다.

> 물질은 선한 것도 아니고 악한 것도 아니다. 가치 중립적이다. 물질은 인격이 없는 비인격적이다. 우리는 청지기로서 열심히 노력해서 돈을 벌고, 또 물질을 잘 관리하고 잘 사용하면 된다.

이런 생각은 참 순진한(naive) 생각이다. 돈이 단순히 중립적인 지급의 수단이 아니라 그 자체가 생명을 가지고 있는 강력한 힘이라는 사실을 무시하고 있다. 돈의 배후에는 영적인 강력한 세력들이 역사(役事)하고 있다. 그 세력들은 너무나 자주 악마적인 사탄의 세력들이다.

[마 6:24] 너희가 **하나님과 재물(맘몬)을 겸하여 섬기지 못하느니라**

여기서 주님께서는 '재물'을 가리켜서 그 당시 일상적으로 사용하던 아람어인 '맘몬'(mammon)이라는 단어를 사용하신다. '맘몬'의 원형 '맘모나스'는 문자적으로 '신뢰하는 자'라는 의미가 있다. 왜 '재물'을 가리킬 때 '맘모나스'라는 단어를 사용하는가?

고대로부터 재물은 인간이 가장 신뢰하고 의지하며 집요하게 추구해 왔던 것이기에 '맘모나스'는 '재물'과 동의어로 사용된 것이다. 주님께서는 '재물'('맘모나스')을 의인화(擬人化)시키고 일종의 신(神)으로 취급하신다.

특히, '섬기다'('둘류오', serve)라는 단어가 이것을 잘 보여준다. '둘류오'는 '노예'라는 뜻을 가지고 있는 '둘로스'와 동일한 어근에서 비롯된 단어로 '노예로 예속되다. 노예처럼 섬기다'라는 뜻을 가지고 있다. 주님의 말씀은 노예는 자기 목숨이 주인에게 예속되어 있고, 주인의 명령에 대해 절대복종해야 하기에 노예가 목숨 바쳐 섬길 대상은 절대로 하나 이상 될 수 없다는 의미이다.

주님께서는 '재물'이 하나님과 동등한 섬김의 대상이 되는 존재로 하나님과 겨룰 수 있고 경쟁할 수 있는 하나의 인격적인 '신'이며, 영적인 '신'으로 말씀하신다. 그리고 인간은 독립적인 존재가 아니라 누군가를 신뢰하고 섬겨야 하는 존재로서 인간에게 두 주인이 있음을 분명히 말씀하신다.

[마 6:24] 한 사람이 두 주인을 섬기지 못할 것이니 혹 이를 미워하고 저를 사랑하거나 혹 이를 중(重)히 여기고 저를 경(輕)히 여김이라 **너희가 하나님과 재물을 겸하여 섬기지 못하느니라**

주님께서는 재물을 하나님과 정반대되는 강력한 신으로 보았고, 결코 양립할 수 없는 두 주인으로 보셨다. 인격으로서의 하나님과 인격으로서의 재물은 서로 상반된다. 하나님이 인간의 주인이신 것처럼 재물도 인간의 주인이다. 재물은 하나님과 경쟁하여 '참된 주인'이신 하나님의 자리를 찬탈하려고 하는 인격을 가진 하나님의 강력한 '경쟁 신'(a rival god)이다.

돈은 하나님의 자리를 찬탈하려는 신으로서 우리의 마음을 빼앗고 사로잡는 강력한 힘이 있다.

그래서 주님께서는 "네 보물이 있는 곳에 네 마음도 있다"고 경고하신 것이다. 돈의 배후에는 하나님으로부터 우리의 마음을 빼앗아 자기를 섬기고 헌신토록 만드는 강력한 영적 세력인 사탄의 세력들이 역사하고 있다. 그러기에 주님께서는 유일하신 참 하나님을 섬기기 위해서는 반드시 '재물의 신'인 '맘몬, 맘모나스'로부터 돌아서야 한다고 우리의 결단을 촉구하시는 것이다.

젊은 부자 청년이 예수님께 나아와 "내가 어떻게 하면 영생을 얻으리이까?"라고 물었다. 이 때 주님께서는 "가서 네 소유를 팔아 가난한 자들에게 주라 그리하면 하늘에서 보화가 네게 있으리라 그리고 와서 나를 따르라"(마 19:21)고 하셨다. 이 말씀은 "돈을 사랑하기보다 나를 더 사랑하라. 돈을 너의 주인으로 삼지 말고 나를 너의 주인으로 삼으라"는 의미이다.

그러자 부자 청년은 슬픈 표정을 짓고 주님의 곁을 떠나갔다. 영생 얻기를 참으로 소원했지만, 돈 때문에 포기한 부자 청년의 모습을 볼 때 재물이 바로 하나님의 자리를 찬탈한 그의 신이라는 사실을 잘 알 수 있다. 돈이란 우리가 주님께로 향하기 위해서 반드시 돌아서야만 하는 신이며 우상이며 우상숭배이다.

골로새서 3:5에서 성경은 "재물을 사랑하는 탐심(貪心)이 우상숭배"라고 말씀하셨다. '재물의 신'을 거부하는 일이야말로 우리가 주님의 제자가 되기 위해서 반드시 필요한 전제 조건이다.

> [눅 14:33] 이와 같이 너희 중에 누구든지 자기의 모든 소유를 버리지 아니하면 능히 나의 제자가 되지 못하리라

돈은 모조(模造) 하나님이 되어 오직 하나님만이 받으실 경배를 요구한다. 사람들의 사랑과 신뢰의 대상이 된다. 재물은 하나님을 향한 우리의 절대적인 사랑을 쉽게 빼앗아 갈 뿐만 아니라 하나님을 향한 우리의 절대적인 신뢰도 쉽게 빼앗아 가는 정말 두려운 존재이다.

사람들이 집요하게 돈을 벌고 모으고 늘리려고 애를 쓰는 것은 돈이 자신과 가족의 삶을 보장해주며, 자신과 가족의 미래의 안전과 행복과 안락함을 보장해준다고 믿기 때문이다.

예수 믿는 우리 역시 별로 다를 바가 없다. 우리는 눈에 보이지 않는 하나님과 또 확실하게 보장되지 않는 그분의 도우심과 보호하심보다 눈에 분명히 보이고, 또 확실하게 보장이 되는 것처럼 보이는 돈을 더 신뢰하고 더 의지하는 경향이 강하다. 이런 모습은 분명히 하나님을 믿지 않는 불신앙적인 악한 태도다.

돈은 인간의 사랑과 신뢰의 대상이 될 뿐만 아니라 인간에게 무한한 가능성과 기쁨을 약속하는 소망의 대상이 된다. 그래서 돈은 인간에게 끝없는 추구의 대상이 된다. 돈이야말로 인간에게 최고선이며 최고의 숭배 대상이다. 모조 하나님으로서 돈의 가장 사악한 점은 돈이 하나님처럼 전능성을 가지려고 한다는 것이다. 돈은 마치 전능하신 하나님처럼 사람들을 다스리고 통치하려고 한다.

오늘날 돈이 할 수 없는 것은 거의 없다. 돈의 위력 앞에서 굴복하지 않는 사람을 쉽게 찾아볼 수 없다. 오늘날 돈을 벌고 모으기 위해서 광분하는 수많은 사람의 모습을 보라. 그들은 돈을 위해서라면 배우자도, 자식도, 부모도, 형제도 희생시킨다. 부모의 유산을 가지고 이전투구(泥田鬪狗) 하는 수많은 사람을 보라. 돈 때문에 지조도, 정조도, 의리도, 우애도, 윤리도, 도덕도, 애정도, 양심도, 심지어 신앙까지 버리고 포기한 수많은 사람을 보라.

오늘날 우리 사회에서는 어떤 사람의 가치를 그 사람의 수입과 재산을 가지고 평가한다. 그 사람이 얼마나 돈을 가지고 있는가에 따라서 그 사람의 지위와 명예와 힘이 결정된다. 돈이 힘과 영향력과 지위와 신분과 권세의 상징이기 때문이다. 타락한 이 세상은 돈의 법칙이 지배한다. 모든 것이 돈에 의해 측정되고 돈에 의해 사고 팔린다.

돈이면 모든 것이 가능하다. 돈은 거의 전능한 힘을 가지고 인간과 사회와 세계 속에서 활동한다. 돈은 온갖 수단을 다 동원해서 하나님의 은혜의 세계를 방해하고 공격하고 파괴한다. 돈은 하나님과 인간, 인간과 인간, 그리고 인간과 사회 사이를 오가면서 그들 사이를 이간시키고 분리하고 단절시킨다.

돈의 배후에는 우리를 자기의 종으로 사로잡으려고 집요하게 역사하는 눈에 보이지 않는 강력하고 사악한 마귀의 세력들이 자리 잡고 있음을 보게 된다. 성경이 "돈을 사랑함이 일만 악의 뿌리가 된다"(딤전 6:10)라고 말했을 때 보았던 것이 바로 이것이었다. 사람들은 말한다.

> 돈이 일만 악의 뿌리가 아니다.
> 돈을 사랑하는 것이 일만 악의 뿌리다!

그러나 그들은 돈이 얼마나 강력하고 음흉하고 교활하고 사악한 악마의 세력인지를 제대로 파악하지 못하고 있다. 타락한 인간이 돈을 사랑하는 것은 에덴동산에서 인간이 타락한 후부터 지금까지 동서고금을 막론하고 계속되어 오는 전 세계적인 보편적 현상이다. 타락한 인간은 누구도 예외 없이 돈을 사랑하는 마음과 경향이 대단히 강력하다. 이것을 볼 때 돈의 배후에는 모든 악의 뿌리가 되는 영적인 악한 마귀의 세력들이 있음을 똑똑히 보게 된다.

돈을 사랑하는 사람은 돈을 위해서는 모든 것을 다 할 수 있다. 재물은 사람들에게 모든 충성과 헌신을 요구하는 신이 된다. 돈의 사탄적 성격은 타락한 세상과 부패한 인간 안에 있는 탐욕과 맞물려서 온갖 돈의 왜곡 현상과 타락 현상을 쏟아내고 있다.

사탄이 우리를 다스리기 위해서 돈을 자기의 강력한 세력과 도구로 사용하지만, 그 방법은 아주 교활하다. 돈은 교활하고 비밀스럽게 우리를 찾아와서 우리의 영혼을 도둑질하고 하나님의 자리 위에 슬그머니 자기가 대신 앉는다. 사탄이 돈을 교묘하게 자기의 수단으로 사용하기에 우리는 우리의 영혼을 도둑질당하고도 그 사실을 알지 못하고, 돈에게 하나님의 자리를 내어주고도 그 사실을 깨닫지도 못한다.

이렇게 생각하는 사람들이 있다.

> 나는 하나님의 방식과 법대로 정당하게 돈을 벌고 있어!
> 나는 돈을 쓸 때도 하나님의 뜻대로 바로 쓰고 있어!
> 나는 재물을 가지고 공격하는 마귀의 계략에 넘어가지 않아!

그러나 이것은 재물이 얼마나 우리의 마음과 관심을 강력하게 빼앗아 가는 끔찍한 마귀의 도구인지를 모르기 때문에 하는 순진한 말이다. 돈에 대한 욕심이 없고 다른 사람들에게 잘 나누면서 베푸는 삶을 사는 사람들에게도 돈은 강력한 세력과 영향력을 발휘할 수 있고 실제로 그런 경우도 많이 있다.

돈을 버는 목적이 선교 사역이나 하나님의 일을 위한 선한 의도로 벌고, 또 번 돈을 그렇게 사용하는 사람들에게도 여전히 돈은 강력한 마귀의 세력으로서 영향력과 세력을 발휘할 수 있고, 실제로 그런 경우가 많이 있다. 재물에 대한 문제의 본질은 '사랑의 문제'이고, 그리고 사랑은 무엇보다 '마음의 문제'이기 때문이다.

> [마 6:24] 한 사람이 두 주인을 섬기지 못할 것이니 혹 **이를 미워하며 저를 사랑하거나** 혹 이를 중(重)히 여기며 저를 경(輕)히 여김이라 너희가 하나님과 재물을 겸하여 섬기지 못하느니라 네 보물 있는 그곳에는 **네 마음도 있느니라**

재물은 하나님으로부터 우리의 절대적인 사랑과 신뢰를 쉽게 빼앗아 가기에 우리가 정말 조심하지 않으면 재물의 우상을 섬기는 우상 숭배자로 전락하고 만다. 이런 재물의 악마적인 힘은 우리가 돈을 정당하게 벌었는가, 부정하게 벌었는가와는 상관이 없다. 젊은 부자 청년이 가지고 있었던 많은 재물은 정직하게 번 것임을 알 수 있다(눅 18:18-30).

'부자와 거지 나사로의 비유'에서도 부자가 정죄를 받은 것은 부정하게 돈을 벌었기 때문이 아니다(눅 16:19-31). '어리석은 부자의 비유'에서도 부자가 자기의 곳간을 부수고 더 크게 지었지만, 그 부자의 모습 속에서 그가 정직했고 성실했고 근면했던 모습을 살펴볼 수 있다(눅 12:16-21).

그런데도 그들 모두는 주님으로부터 강한 비판을 받았다. 이런 모습들을 볼 때 나름대로 돈을 정직하게 벌고 현명하게 사용한다고 생각하는 사람들 역시 주님의 비판에서 완전히 자유로울 수 없음을 분명히 알아야 한다. 그것은 돈의 배후에서 강력하게 역사하는 악마적인 성격과 경향성 때문이다.

우리 인간은 사탄의 강력한 세력과 도구인 돈의 공격 앞에서 무력하여 무릎을 꿇을 수밖에 없다. 우리는 강력한 악마의 힘인 돈 앞에서 너무나 연약하고 심지어 순진하기조차 하다. 이것이 돈을 자기의 가장 강력한 세력과 도구로 사용하는 마귀와의 싸움에서 우리가 여지없이 패배하고 마는 주된 이유이다.

우리가 돈과의 싸움에서 이기고, 돈을 자기의 강력한 힘과 세력으로 사용하는 사탄과의 싸움에서 승리하기 위해서는, 먼저 돈이 얼마나 두려운 존재인가를 분명히 인식해야 한다. 우리를 자기의 종으로 지배하기 위해 교활하게 역사하는 사탄과의 싸움에서 승리하기 위해서는 오직 하나님의 지혜와 능력을 의지하는 길밖에 다른 방법이 없다. 돈의 권세가 교묘하고 강력한 것이 사실이지만, 하나님의 지혜와 능력은 그 돈의 교묘한 권세를 능히 분별하고 다스리고 통치하고 지배할 수 있다.

우리는 먼저 돈이 사탄이 가장 강력하게 사용하는 교묘한 도구이며 그의 강력한 세력인 것을 깨닫고 돈에 대한 경각심을 가져야 한다. 그래서 하나님이 주시는 힘과 능력과 지혜로 철저히 무장해야 한다. 그때 우리는 우리를 자기의 종으로 다스리기 위해서 돈을 가지고 교묘하고 강력하게 역사하는 사탄의 세력들을 능히 물리칠 수 있다. 물질을 하나님의 은혜의 도구로서, 우리의 종으로서 올바르게 사용하며 살 수 있다.

재물은 하나님의 나라와 그분의 영광을 위해서 사용되기 전에 먼저 십자가와 부활의 능력으로, 성령의 능력으로 정복되어야 하고 구속(救贖)되어야 할 영적인 어두움의 세력들 가운데 하나다. 이 사실을 오스트리아의 칼빈주의 경제학자인 앙드레 비엘레는 『칼빈의 사회적 휴머니즘: 칼빈의 경제 신학』(*The Social Humanism of Calvin*)에서 이렇게 설명한다.

> 하나님 앞에서 하나님의 청지기인 우리의 책임은 돈과 재물을 선하게 사용하는 것이었지만, 죄와 사탄의 강력한 역사(役事)로 말미암아 이러한 인

간의 책임은 파괴되고 말았다. 이제 타락한 사회 구조 안에 있어서 돈은 죄인인 인간의 마음속에서 하나님을 대신하게 되었다. 돈은 죄악의 도구가 되었고 사탄은 돈과의 협력을 통해서 하나님이 창조하신 이 세계를 지배하고 있다.

우리는 십자가와 부활과 성령의 능력으로 돈을 지배한 후에야 비로소 그 돈을 하나님의 뜻을 이 땅에 이루는 은혜의 도구로 사용할 수 있다. 돈을 벌고, 소유하고, 사용하기 이전에 돈에 대한 우리의 가치관이 성경과 일치되도록 근본적인 변화가 꼭 필요하다. 우리의 소유권 전체를 주님께 양도해 드리고 그분의 다스림 앞에 전적으로 복종시키는 것이 필수적이다.

루터는 이것을 가리켜서 '소유권에 대한 회심'(回心, conversion)이라고 불렀다. 루터는 말한다.

> (구원받기 위해서는) 우리에게 세 가지 회심이 필요하다. 마음(heart)의 회심, 생각(mind)의 회심, 그리고 돈지갑의 회심이다.

요한 웨슬리(John Wesley, 1703-1791) 역시 같은 고백 한다.

> 나는 돈지갑이 회개하지 않은 사람의 회개는 절대로 믿지 않는다.

그러기에 우리 신앙에 있어서 올바른 물질관을 갖고 사는 것은 우리 신앙의 생사와 직결되는 너무나 중요한 문제이다. 물질에 대해서 자유롭지 못한 사람, 물질의 지배를 받는 사람은 하나님을 올바르게 섬길 수 없다.
우리가 올바른 물질관을 가지고 돈에 대해서 자유롭지 않으면 아무리 하나님의 은혜를 사모하고 추구하며 산다고 할지라도 하나님의 은혜로 깊이 들어갈 수 없고 하나님의 은혜를 깊이 경험할 수 없다.
하나님과 재물을 겸하여 섬길 수 없고, 하나님과 맘몬을 결단코 같은 신으로 섬길 수 없기 때문이다. 재물에 대한 올바른 선택과 결단이 우리에게 꼭 필요하다. 그때에만 비로소 우리는 주님의 뒤를 따라가는 진실한 그리스도인의 삶을 시작할 수 있다.

주님께서는 우리에게 두 주인 중에서 하나를 선택할 것을 강력하게 촉구하신다. 두 주인, 즉 하나님과 돈 중에서 하나를 미워하거나 사랑하라고, 그 둘 중에서 하나를 중하게 여기거나 경하게 여기라고 매우 강력한 어조로 선택을 촉구하신다.

> [마 6:24] 한 사람이 두 주인을 섬기지 못할 것이니 혹 이를 미워하고 저를 사랑하거나 혹 이를 중히 여기고 저를 경히 여김이라 너희가 하나님과 재물을 겸하여 섬기지 못하느니라

여기서 '한 사람이 두 주인을 섬기지 못한다'는 말씀은 '아무도 두 주인을 절대로 섬길 수 없다'라는 매우 강력한 부정의 의미가 있다. 우리는 결코 두 주인을 섬길 수 없다. 결단코 하나님도 섬기고 재물도 섬길 수는 없다. 하나님도 사랑하고 재물도 사랑할 수는 결코 없는 것이다. 오직 둘 중의 하나만을 선택하는 '양자택일의 길'밖에는 다른 길은 전혀 없다.

하나님을 사랑하는 사람은 반드시 재물을 미워하게 된다. 반드시 재물을 경히 여기게 된다. 여기서 '미워한다'('미세오')라는 단어는 '극도로 싫어한다, 증오한다'(hate)라는 의미이고, '중히 여긴다'('안텍소')라는 단어는 '꼭 붙잡는다'(hold fast to)라는 의미이고, '경히 여긴다'('카타프로네오')라는 단어는 '경멸한다'라는 의미이다.

우리가 하나님을 주인으로 모시고 섬긴다. 그러면 우리는 재물을 극도로 싫어하고(증오하고) 하나님을 사랑한다. 하나님을 꼭 붙잡게 되고 재물을 경멸한다.

반면에 재물을 우리 주인으로 모시고 섬기면 하나님을 극도로 싫어하고(증오하고) 재물을 사랑한다. 재물을 꼭 붙잡고 하나님을 경멸한다.

주님께서는 이 둘 중의 하나지, 결단코 예외가 있을 수 없다고 확언하신다. "너희는 절대로 재물과 함께 하나님을 주인으로 섬길 수 없다. 절대로 하나님과 재물을 동시에 사랑할 수 없다. 절대로 하나님과 재물을 동시에 붙잡을 수 없다. 절대로 하나님과 재물을 겸하여 섬길 수 없다."

그런데도 우리는 종종 두 주인을 섬기려고 하고, 하나님과 재물을 겸하여 사랑하려고 한다. 우리는 이제 엄숙한 선택과 결단 앞에 서야 한다. 이

문제야말로 신앙의 핵심적인 문제이고, 우리의 영원한 운명을 결정하는 인생의 가장 중요한 문제이기 때문이다. 하나님께 대한 우리의 진정한 사랑과 믿음은 우리의 삶 속에서 분명한 증거로 나타나야 한다.

하나님을 섬기고 재물을 섬기지 않는다면, 정말 돈을 사랑하지 않고 하나님을 사랑한다면 우리의 분명한 행동으로 드러나야 한다. 그렇지 않다면 우리가 하나님을 사랑하고 섬긴다는 고백은 거짓된 입술의 고백에 불과하다. 행함이 없는 믿음은 그 자체가 죽은 것이며, 헛것이기 때문이다(약 2:14-22). 앙드레 비엘레는 말한다.

> 하나님은 우리가 돈을 어떻게 사용하고 있는가에 따라서 하나님께 대한 우리의 사랑이 진실된 사랑인가를 판단하신다.
> 우리는 우리 자신이 돈을 어떻게 사용하고 있는가를 통해서 우리의 신앙의 모습을 하나님 앞에서 정확하게, 그리고 있는 그대로 보여드리며, 또한 이것은 그럴듯한 입술의 말과 경건한 감정보다 더 구체적으로 우리의 신앙을 나타내 보여준다.

사랑하는 성도 여러분!

재물에 대한 여러분의 모습은 어떠한가?
혹시 두 주인을 섬기는 사람이 아닌가?
주님께서는 단호하게 하나님과 재물을 겸하여 섬기지 못한다고 경고하지 않은가?
여러분은 자신도 모르게 물질을 하나님의 자리에 놓고 있지는 않은가?
물질이 강력한 힘을 가지고 여러분을 다스리고 지배하고 있지는 않은가?

주님이 원하시고 기뻐하시는 참된 신앙을 갖기 위해서 돈이 얼마나 강력한 힘과 세력으로 우리를 굴복시키는가를 분명히 깨닫자. 우리를 자기의 종으로 다스리려고 집요하게 역사하는 맘몬의 신, 재물의 신에 대한 경각심을 갖자.

그리고 악한 원수 마귀의 세력을 주님의 보혈의 권세와 부활의 능력과 성령의 능력으로 다스리고 정복하고 통치하자. 오직 하나님만을 주인으로 모시고 재물을 우리의 종으로 다스리면서 살자.

하나님의 선한 청지기로서 우리의 재물을 지혜롭게 관리하여 하나님의 나라와 그분의 영광과 이웃의 유익을 위해 복되게 사용하자. 그리하여 우리의 보물을 이 땅이 아니라 영원한 하늘에 풍성하게 쌓으며 살자.

제39장

염려하지 말라

> [마 6:25-30] 그러므로 내가 너희에게 이르노니 목숨을 위하여 무엇을 먹을까 무엇을 마실까 몸을 위하여 무엇을 입을까 염려하지 말라 목숨이 음식보다 중하지 아니하며 몸이 의복보다 중하지 아니하냐 공중의 새를 보라 심지도 않고 거두지도 않고 창고에 모아들이지도 아니하되 너희 하늘 아버지께서 기르시나니 너희는 이것들보다 귀하지 아니하냐 너희 중에 누가 염려함으로 그 키를 한 자라도 더할 수 있겠느냐 또 너희가 어찌 의복을 위하여 염려하느냐 들의 백합화가 어떻게 자라는가 생각하여 보라 수고도 아니하고 길쌈도 아니하느니라 그러나 내가 너희에게 말하노니 솔로몬의 모든 영광으로도 입은 것이 이 꽃 하나만 같지 못하였느니라 오늘 있다가 내일 아궁이에 던져지는 들풀도 하나님이 이렇게 입히시거든 하물며 너희일까보냐 믿음이 작은 자들아

오늘날 병들 가운데는 스트레스와 신경성으로 인해서 오는 병들이 참 많이 있다. 염려와 근심이 만병의 원인이다. 우리가 가장 많이 신경을 쓰고 스트레스를 많이 받는 것 중의 하나가 생계 문제, 물질적인 영역이다.

우리는 돈과 관련된 문제로 가장 많이 신경쓰고 있고 제일 많이 염려하고 있다.

우리가 염려하고 근심하는 문제의 근본적인 원인은 단순히 돈이나 경제적인 문제 때문이 아니다.

    우리의 참된 주인이 누군가?
    우리가 누구를 사랑하고 섬기는가?
    우리의 마음이 어디에 있는가?

이것이 문제의 근본 원인이다. 우리가 올바른 물질관을 가지고 하나님을 주인으로 모시고 그 하나님을 사랑하고 살면, 그 하나님을 의뢰하면서 하늘에 보물을 쌓게 되고, 재물에 대한 모든 염려와 근심을 떨쳐버리며 살게 된다.

반면에 우리가 잘못된 물질관을 가지고 돈을 주인으로 삼고 사랑하면, 하나님을 의뢰하지 못하기에 이 땅에 보물을 쌓게 되고, 재물에 대한 문제로 인해 염려와 근심에 사로잡힐 수밖에 없다.

염려는 치명적인 '재물 바이러스'가 감염시키는 영적, 정신적 질병이다. 돈을 사랑하고 의뢰하는 자는 반드시 염려라는 영적, 정신적 질병에 걸리게 된다. 디트리히 본회퍼는 말한다.

> 이 땅의 재물은 우리의 눈을 현란하게 하고 우리를 속여서 염려로부터의 안전과 자유를 제공하는 것처럼 착각하게 한다.
> 그러나 항상 물질은 모든 염려의 원천이다.
> 우리가 거기에 마음을 두면, 우리는 참을 수 없는 무거운 염려를 보상으로 받는다.

주님께서는 우리가 생계 문제나 장래의 문제로 인해 결코 염려해서는 안 된다고 말씀하신다.

> [마 6:25] **그러므로 내가 너희에게 이르노니** ('휘몬': 너희의, your) 목숨을 위하여 무엇을 먹을까 무엇을 마실까 ('휘몬': 너희의, your) 몸을 위하여 무엇을 입을까 **염려하지 말라** …

여기서 '그러므로'('디아 투토')라는 단어는 이 구절과 앞의 내용 사이에 밀접한 관계가 있음을 보여준다. 이 단어는 앞에서 말한 문제들에 대해 주의를 환기하고 대답을 줄 때 사용되는 관용적인 표현이다.

주님께서는 앞 구절에서 재물의 허무함과 불안전성, 잘못된 물질관으로 인한 영적인 눈이 어둡게 되는 것, 하나님과 돈 사이에 반드시 선택해야 하는 것에 대해 설명하셨다.

이어서 주님께서는 "그러므로 너희는 염려하지 말라. 특히 물질에 대해서 염려하지 말라"고 하신다.

'염려하지 말라'는 것은 부정형('메')에 명령형 현재형('메림나테')이 합쳐진 것이므로 "지금 당장 염려하는 것을 중단하라"는 매우 시급하고 단호한 명령이다. '염려하다'('메림나오')라는 단어는 원래 '나누어지다. 분열하다'는 의미다.

우리 마음이 하나로 모이지 못하고 분열되는 것이 바로 '염려'다. 우리가 올바른 재물관을 갖지 못할 때 하나님을 향한 우리의 마음이 나누어지고 분열되며, 바로 그런 마음 상태가 염려로 이어지는 것이다.

특히, 예수님 당시 유대인들은 로마의 압제하에서 정치, 경제, 사회, 종교적으로 극히 불안한 상황에 처해 있었다. 부당한 세금 포탈과 극심한 빈부 격차, 자주 발생하는 흉작과 기근 등은 생존 문제까지 위협했다. 그래서 한시도 근심과 염려가 그들을 떠날 날이 없었다. 이런 상황에서 "무엇을 먹을까, 무엇을 마실까, 무엇을 입을까 염려하지 말라"는 주님의 말씀은 그들 마음에 큰 충격을 주었을 것이다.

왜 우리는 염려하지 말아야 하는가?
염려하지 않는 자들의 분명한 특징은 무엇인가?
그리고 염려를 극복하며 살기 위해서는 구체적으로 어떻게 해야 하는가?

1. 주님께서는 우리가 염려하지 말아야 할 이유를 두 가지로 설명하신다

1) 염려는 우리에게 도움을 주기는커녕 오히려 해를 끼치기 때문이다

[마 6:27] 너희 중에 누가 염려함으로 그 키를 한 자나 더할 수 있느냐

'키'('헬리키아')로 번역된 단어는 신체의 '키'로도 번역할 수 있지만, 일차적으로는 '목숨, 수명, 삶의 기간(time of life)'을 의미한다.

그래서 개역 개정판 성경도 난외 주에 '목숨'으로도 번역할 수 있다고 표기했다. 본문의 문맥상으로 볼 때도 '키'로 번역하기보다는 '목숨, 수명'으로 번역하는 것이 더 자연스럽다.

주님께서 25절에서 "목숨을 위하여 염려하지 말라"고 하셨기에 27절에 나오는 '키'도 '목숨, 수명'으로 번역하는 것이 더 자연스럽기 때문이다. 영어 성경도 '키'를 '목숨'(his life)으로 번역했다. 주님이 말씀하시는 '한 자'는 구약에서 길이를 측량하는 단위인 '한 규빗'을 가리킨다. '한 규빗'은 보통 사람의 손가락 끝에서 팔꿈치까지의 길이인 45.6센치미터이다.

"그 키를 한 자나 더할 수 있느냐"라는 말씀은 그토록 짧은 거리인 한 규빗을 걸을 수 있을 정도의 지극히 짧은 시간의 수명도 우리는 더 연장하지 못한다는 의미이다. 주님께서는 "너희 중에 누가 염려함으로 너희 목숨(수명)을, 한순간이라도 더 연장할 수 있겠느냐"라고 말씀하시는 것이다.

염려는 우리에게 아무런 도움을 주지 못하고 오히려 우리를 해롭게 만드는 백해무익한 것이다. 염려는 우리 마음을 상하게 하고 육체를 망가뜨리며 영적인 침체를 가져온다. 염려와 걱정에 사로잡히게 되면 식욕을 잃게 되고 마음이 불안하여 갈피를 잡지 못하게 된다. 불면증으로 인해 밤에 잠도 자지 못하고 늘 피곤하고 몽롱한 상태 속에 살게 된다.

영적으로도 깊은 침체 속에 빠져서 헤어 나오기가 쉽지 않다. 또 염려는 전염성이 너무 빠르고 강해서 주변을 쉽게 오염시키기에 가족이나 주위 사람들에게 부정적인 영향을 끼침으로 그 폐해가 심각하다.

2) 염려는 우리 신앙을 갉아먹는 영적 생쥐이기 때문이다

[마 6:31-32] 그러므로 **염려하여 이르기를 무엇을 먹을까 무엇을 마실까 무엇을 입을까 하지 말라 이는 다 이방인들이 구하는**('에피제테오': 간절히 구하는) **것이라 너희 하늘 아버지께서 이 모든 것이 너희에게 있어야 할 줄을 아시느니라**

주님께서는 염려는 이방인들의 삶의 방식이지 하나님의 자녀들의 삶의 방식은 결코 아니라고 경고하신다. 염려는 하나님 없이 사는 사람들, 영생을 소유하지 못한 사람들, 천국과 내일에 대한 소망 없이 오늘의 현실에 온통 빠져 사는 불신자들의 삶의 전형적인 모습이다.

하나님을 아버지로 모시고 사는 하나님의 자녀들이 염려하며 사는 것은 얼마나 모순된 모습인가?

하나님 아버지께서는 우리 사정을 다 아시고 우리에게 필요한 모든 것을 다 아신다.

그렇다면 왜 하나님을 아버지로 모시고 사는 우리가 염려하며 사는가?

염려하는 우리 마음 안에 깊이 자리 잡은 것은 무엇인가?

그것은 바로 불신앙이다. 주님께서 "너희는 염려하지 말라"고 여섯 번씩이나 반복해서 말씀하신 이유가 있다. 염려하지 않는 삶은 우리의 믿음과 직결되어 있기 때문이다.

또 우리의 마음을 하나님으로부터 빼앗아 재물을 사랑하며 섬기도록 미혹하는 사탄의 교활하고 집요한 공격을 무너뜨리는 강력한 무기가 되기 때문이다. 염려는 하나님을 의뢰하는 우리의 믿음을 빼앗아 가기 위해서 사탄이 사용하는 막강한 세력이며 강력한 힘이다. 우리가 이 사실을 깨닫지 못하면 사탄의 간교한 계략에 여지없이 패배당하게 된다.

염려와 근심에 사로잡힌 사람은 이미 사탄이 쏘아대는 불화살에 그의 믿음이 치명적인 상처를 입었기에 신앙생활을 제대로 할 수 없다. 주님께서는 이 사실을 '씨 뿌리는 비유'에서 분명히 말씀하셨다.

[마 13:22] 가시떨기에 뿌려졌다는 것은 **말씀**을 들으나 세상의 염려와 재물의 유혹에 **말씀**이 막혀 결실하지 못하는 자요

하나님의 말씀을 들어도 '세상의 염려'에 빠져 있다면 하나님이 기뻐하시는 열매를 결코 거둘 수 없다. 오히려 영적 사망에 빠질 수 있다.

[고후 7:10] 세상 근심은 사망을 이루는 것이니라

우리가 염려하고 근심하는 근본적인 이유는 믿음이 작은 자들이기 때문이다. 하나님이 나의 참된 주인이시고 신실하시고 선하신 나의 아버지이신 것을 온전히 신뢰하지 못하기 때문이다.

[마 6:30] 오늘 있다가 내일 아궁이에 던져지는 들풀도 **하나님이 이렇게 입히시거든** 하물며 너희일까 보냐 믿음이 작은 자들아

염려는 우리도 모르는 사이에 몰래 들어와 생쥐처럼 우리 신앙을 야금야금 갉아먹는다. 염려는 그 배후에서 사탄이 강력하게 역사하는 '영적 생쥐'이다. 염려하면 할수록 불신앙의 수렁에 점점 더 깊이 빠져가게 된다. 서양 격언은 말한다.

만일 당신이 염려하고 있다면 믿지 않고 있다. 만일 당신이 믿음이 있다면 염려하지 않을 것이다.

염려하는 가장 주요한 원인은 우리에게 찾아온 문제가 너무 힘들고 어려운 문제이기 때문이 아니라, 우리의 믿음이 너무나 작기 때문이다. 영원히 신실하시고 선하신 '야웨' 하나님, 천지 만물을 말씀으로 창조하신 '엘로힘' 하나님, 그리고 홍해 바다를 가르신 전능하신 '엘 샤다이' 하나님을 믿지 못하고 신뢰하지 못하기 때문이다.

염려하는 우리를 주님께서 꾸짖으시는 것은 우리 믿음이 작기 때문이다. 믿음이 작은 사람들은 하나님이 신실하시고 선하신 아버지라는 사실을 제자들처럼 확신하지 못한다. 그래서 자신의 믿음을 실제로 삶 속에 적용하며 살지 않기에 염려하며 사는 것이다.

주님께서 제자들과 함께 배를 타고 갈릴리 바다를 건너가고 있을 때 갑자기 큰 풍랑이 일어나서 배에 물이 가득 차 배가 가라앉기 시작했다. 그 순간 제자들은 염려와 두려움에 사로잡혀서 주무시는 주님을 흔들어 깨우며 소리를 질렀다.

주여, 주여 우리가 죽겠나이다

주님께서는 바다를 잔잔하게 하신 후 "너희 믿음이 어디 있느냐"라고 제자들을 꾸짖으셨다(눅 8:22-25). 야웨 하나님, 엘로힘 하나님, 엘 샤다이 하나님은 나를 창조하시고 구원하신 참 좋으신 나의 아버지이시다. 나의 아

버지이신 하나님은 내 삶에 대한 분명한 목적과 계획을 가지고 계시고, 그 목적과 계획에 따라 나를 다스리시고 인도하시고 돌보신다. 내 삶을 친히 주관하시고 섭리하셔서 내게 일어나는 모든 일을 합력하여 선을 이루신다.

그리하여 하나님의 아들이신 예수 그리스도의 거룩하신 형상을 본받도록 하신다(롬 8:28-29). 믿음이 큰 사람은 이 사실을 확신하고, 더 이상 염려하며 살지 않는다.

일평생 하나님을 신뢰하는 믿음으로 살았고, 그 믿음으로 인해 수많은 하나님의 기적과 은혜를 체험했으며, 지금도 우리에게 믿음의 삶을 강력하게 도전하는 조지 뮬러(George Müller, 1805-1898)는 말한다.

> 염려의 시작은 믿음의 끝이다.
> 그러나 믿음의 시작은 염려의 끝이다.
> 그러므로 염려하느냐?
> 믿음이 죽는다.
> 믿음을 가지느냐?
> 염려가 죽는다.

그러므로 우리 신앙의 진정한 모습을 알기 위해서는 염려할 수밖에 없는 문제가 찾아올 때 내가 어떻게 반응하는가를 살펴보아야 한다. 만약 우리가 불신자들처럼 그 문제로 인해 염려하고 근심한다면 작은 믿음을 가지고 불행한 신앙생활을 하는 것이다.

우리는 하나님을 나의 아버지로 모시고, 작은 믿음이 아니라 그 아버지를 전적으로 의뢰하는 큰 믿음을 가져야 한다.

2. 큰 믿음을 가질 때 우리 삶 속에 나타나는 분명한 특징이 있다

1) 환경의 지배를 받기보다 환경을 지배하고 산다

믿음이 작은 사람들은 자기의 믿음으로 환경을 지배하지 못하고 오히려 환경의 지배를 받고 산다. 그들은 먹을 것과 마실 것과 의복 등의 먹고 사는 문제와 여러 가지 생활의 문제로 인하여 염려하고 근심하며 산다. 그러나 주님께서는 하나님을 아버지로 모시고 사는 성도들은 결단코 그런 삶을 살아서는 안 된다고 말씀하신다.

> [마 6:25] 그러므로 내가 너희에게 이르노니 목숨을 위하여 무엇을 먹을까 무엇을 마실까 몸을 위하여 무엇을 입을까 염려하지 말라 …

> [마 6:31] 그러므로 염려하여 이르기를 무엇을 먹을까 무엇을 마실까 무엇을 입을까 하지 말라

> [마 6:34] 그러므로 내일 일을 위하여 염려하지 말라 …

주님께서 원하시는 큰 믿음에는 세 가지 모습이 있다.

(1) 염려와 걱정과 근심이 찾아올 때마다 믿음으로 단호하게 거부한다.
(2) 하나님은 나의 삶을 전적으로 책임져주시는 나의 아버지이심을 끊임없이 자신에게 상기시키면서 그 사실을 굳게 신뢰하고 확신한다.
(3) 나의 믿음을 내가 처한 환경에 구체적으로 적용하여 흔들리지 않고 환경을 극복해나간다.

이런 큰 믿음을 가진 사람은 심지어 '환란 중에서도 기뻐할' 수 있다. 그는 낙심해서 풀이 죽거나 슬퍼하지 않는다. 억지로 웃으면서 참는 것도 아니다. 그는 환란 중에서도 기뻐한다(롬 5:3-4).

성경 강해가이며 설교자인 워렌 위어스비(Warren Wiersbe, 1929-2019)는 이 세상에 두 종류의 사람이 있다고 했다.

'온도계'와 같은 사람과 '온도 조절기'와 같은 사람이다. 주로 실외에 설치하는 온도계는 바깥 공기가 더우면 따라서 올라가고 추우면 내려간다. 온도계는 날씨와 바깥 상황을 정확하게 반영한다. 그러나 주로 실내에 설치하는 온도 조절기는 전혀 다르다. 바깥 공기가 더우면 반대로 내려야 하고 추우면 올려야 한다.

그래서 적정한 실내 온도를 유지하여 주위 환경과 상관없이 덥든지 춥든지 그 영향을 받지 않고 일정한 삶의 일관성을 유지하며 살아가도록 한다. 살아 계신 하나님을 믿는 그리스도인들은 자신이 처해 있는 상황과 환경의 지배를 받아 그 믿음이 요동치는 온도계와 같은 '작은 믿음'을 가진 자로 살아서는 안 된다. 자신이 처해 있는 상황과 형편과 상관없이 믿음의 일관성을 가지고 온도 조절기와 같은 '큰 믿음'을 가진 자로 살아야 한다.

2) 말씀의 중요한 원리들을 분명히 기억하고 산다

주님께서는 먹을 것과 마실 것과 입을 것을 염려하지 말라고 하신 후, 그 이유를 설명하신다.

[마 6:25하] … 목숨이 음식보다 중(重)하지 아니하며 몸이 의복보다 중(重)하지 아니하냐

너희가 근심하고 염려하는 너희의 삶을 한 번 생각해 보자.
너희 목숨을 어떻게 받았느냐?
그것은 어디서 왔으며, 어떻게 유지되느냐?
너희 목숨은 하나님께서 너희에게 은혜의 선물로 주신 것이고, 하나님께서 지금도 너희 목숨을 유지하고 계신 것이 아니냐?

인간은 목숨을 창조하지 못한다. 사람은 자기 몸을 스스로 낳을 수 없다. 우리가 이 땅에 태어난 것은 내가 태어나기로 의도하고 결정했기 때문이

아니다. 우리가 살아 있는 것은 전적으로 하나님께서 의도하시고 결정하셨기 때문이다.

우리의 목숨은 바로 하나님께로부터 온 은혜의 선물이다. 하나님께서는 우리 목숨을 취하지 않으시고 여전히 유지하고 계신다. 우리는 우리 수명을 한순간도 연장할 수 없다(6:27). 하나님께서는 우리가 한순간도 연장할 수 없는 놀라운 선물인 목숨을 우리에게 주셨다.

이 귀한 목숨을 선물로 주신 하나님은 우리의 귀한 목숨을 유지할 것들을 선물로 주시지 않겠는가?

우리의 귀한 목숨을 선물로 주신 하나님은 이 목숨의 유지와 지탱을 위해서 덜 귀한 음식을 공급하신다. 그러므로 염려할 필요가 없다.

[롬 8:32] 자기 아들을 아끼지 아니하시고 우리 모든 사람을 위하여 내주신 이가 어찌 그 아들과 함께 모든 것을 우리에게 (선물로) 주시지 아니하겠느냐

이것은 우리 몸에도 그대로 적용이 된다. 우리의 몸도 하나님으로부터 온 귀한 선물이다. 우리에게 몸을 주신 하나님은 그 몸을 덮고 입을 덜 귀한 옷까지 공급해 주실 것이다. 주님께서는 여기서 아주 중요한 말씀의 원리를 가르치신다. 우리가 이 땅에서 누리는 모든 것이 바로 하나님 은혜의 선물이라는 것이다.

그런데 믿음이 작은 우리의 심각한 문제는 우리가 마땅히 알아야 할, 사활적으로 중요한 이 말씀의 원리를 망각하며 산다는 것이다. 그래서 쓸데없는 것들을 생각하며 염려하며 근심한다. 그러나 큰 믿음을 가진 사람들은 이런 말씀의 원리를 분명히 기억하며 산다.

우리에게 천하보다 귀한 목숨과 귀한 몸을 주신 하나님은 우리의 삶을 위한 분명한 목적과 계획을 가지고 계신다. 그리고 그 목적과 계획을 이루시기 위해서 우리 각자에게 지대한 관심을 가지고 계신다.

그러므로 우리는 목숨과 그 목숨을 유지하는 것에 관해서 결단코 염려해서는 안 된다. 히브리서 11장에 나오는 믿음의 선조들이 그러했다. 그들은 하나님이 하시는 일들을 이해하지 못할 때가 허다했지만 자신들을 이 땅에 보내시고 자신들을 향한 놀라운 목적과 계획을 가지고 계신 하나님이 자신

들을 결코 떠나거나 버리지 아니하실 것이라는 분명한 확신이 있었다.

> [히 13:5-6] … 그가 친히 말씀하시기를 내가 결코 너희를 버리지 아니하고 너희를 떠나지 아니하리라 하셨느니라 그러므로 우리가 담대히 말하되 주는 나를 돕는 이시니 내가 무서워하지 아니하겠노라 사람이 내게 어찌하리요

우리도 이런 큰 믿음을 소유해야 한다. 이 세상에서 우리를 향한 하나님의 목적과 계획이 완성될 때까지 하나님은 결코 우리를 떠나지 않으시고 우리의 인생길을 인도하시고 보호하실 것이다.

그리고 죽는 순간 우리를 영원한 하늘의 처소로 영접하실 것이다. 이런 큰 믿음을 갖는 순간, 근심과 염려와 걱정은 다 사라지고, 영원한 처소를 향해 평안함을 누리면서 힘있게 나아갈 것이다.

3) 자신의 진정한 신분을 철저히 깨닫고 산다

염려하며 근심하는 것은 우리 신분이 하늘 아버지의 자녀라는 사실을 깨닫지 못하기 때문이다.

> [마 6:26(헬라어 원문)] 보라('엠블레포': 자세히 주목하고 관찰하라. 그래서 교훈을 얻으라) 공중의 새를. 심지도 않고 거두지도 않고 창고에 모아들이지도 아니하되 너희 하늘 아버지께서 기르시나니 너희는 이것들보다 ('말론': 훨씬 더, much than) 귀하지 ('디아페로': 다른 것과 완전히 분리된 확실히 다른 것) 아니하냐

> [마 6:28-30] 또 너희가 어찌 의복을 위하여 염려하느냐 들의 백합화가 어떻게 자라는가 생각하여 보라 ('카타만다노': 자세히 주목하여 배우라) 수고도 아니하고 길쌈도 아니하느니라 그러나 내가 너희에게 말하노니 솔로몬의 모든 영광으로도 입은 것이 이 꽃 하나만 같지 못하였느니라 오늘 있다가 내일 아궁이에 던져지는 들풀도 하나님이 이렇게 입히시거든 하물며 너희일까 보냐 믿음이 작은 자들아

참새 한 마리라도 하나님의 허락이 없이는 결코 땅에 떨어지지 않는다(마 10:29). 하나님은 만물의 창조자와 보존자로서 공중의 새를 돌보신다.

하나님께서 그들의 아버지가 아님에도 불구하고 하찮은 공중의 새들을 이렇게까지 섭리하시고 보호하시고 돌보신다면, 독생자 예수 그리스도의 피로 값 주고 사신 보배롭고 존귀한 하나님의 자녀인 우리를 향한 하나님 아버지의 섭리하심과 돌보심과 보호하심은 얼마나 더 크겠는가!

하나님은 나에게 창조주이실 뿐만 아니라, 주 예수 그리스도를 통해서 나의 하나님이시오, 나의 아버지시다. 우리의 신분이 하나님의 자녀인 것을 분명히 깨닫고 살 때 우리 마음속에서는 즉시 두려움과 염려와 걱정이 사라지게 될 것이다.

주님께서는 공중의 새와 들의 풀을 말씀하시면서 우리의 신분이 어떤 신분인지 깊이 생각해 보라고 하신다.

> 들의 백합화는 수고도 아니하고 길쌈도 아니한다.
>
> 그러나 이 풀들을 보라. 그 꽃의 경이로움과 아름다움과 완전함은 세상의 부귀와 영화를 상징하는 솔로몬의 모든 영광으로도 입은 옷이 결코 따라올 수가 없을 정도다. 오늘 있다가 내일 아궁이에 던져지는 들풀도 하나님이 이렇게 입히시거든 하물며 너희일까 보냐.
>
> 하나님이 하찮은 들의 꽃에도 이렇게 하신다면 보배롭고 존귀한 하나님의 자녀인 너희에게는 얼마나 더 하시겠느냐?

이 말씀은 얼마나 강력한 말씀인가?

들의 꽃은 잠깐 있다가 사라진다. 옛날에는 사람들이 풀이나 꽃을 베어서 연료로 사용했다. 풀을 벤 다음 말려서 아궁이에 넣고 불을 지펴서 밥을 짓거나 빵을 만들었다. 주님 당시에도 그러했다. 백합화와 풀은 덧없는 것으로 잠깐 있다가 없어진다. 베는 순간 즉시 죽기 시작한다. 하나님은 그런 보잘것없는 꽃들도 온갖 아름다움과 섬세함과 완전함을 지닌 것으로 돌보신다.

우리는 얼마나 더 귀하고 소중하게 돌보시겠는가?

우리는 영원히 하나님과 함께 살아갈 영광스럽고 존귀한 하나님의 자녀들이다. 우리의 신분이 이런 영광스럽고 존귀한 신분인 것을 깨닫고 산다면 우리는 이 땅에서 살 때 하나님 아버지를 온전히 의지하면서 결코 염려하거나 근심하지 않을 것이다.

사랑하는 성도 여러분!

왜 그렇게 염려하는가?
왜 그렇게 근심하는가?
무엇이 그렇게 걱정인가?
우리에게 하나님이 계시지 않는가?
우리를 돌보시는 하늘 아버지가 계시지 않는가?
우리의 하늘 아버지가 새들을 돌보시고 기르신다면, 풀들을 옷 입히신다면, 우리는 그것들보다 훨씬 더 귀중하며 소중한 존재가 아닌가?
이 모든 것이 우리에게 있어야 할 줄을 하늘 아버지가 다 아시지 않느냐?

우리가 하나님의 자녀인 것을 분명히 확신하고 살 때 염려와 근심을 능히 물리칠 수 있다. 염려는 하나님의 자녀인 우리의 신분과 절대로 맞지 않는다. 이 땅에서 우리를 염려와 근심으로 인도하는 수많은 환경이나 처지에도 불구하고 그리스도인은 염려해서는 안 된다.

우리가 만약 염려한다면 작은 믿음을 가진 사람이 되어 자신을 정죄할 뿐만 아니라, 하나님 아버지를 욕되게 하고, 복되신 주님께 불충성 하게 된다. 그러므로 절대로 염려하지 말라. 작은 믿음을 버리고 큰 믿음을 소유하라. 날마다 삶 속에서, 특히 염려할 수밖에 없는 상황에 부닥쳤을 때 더욱 강하고 담대한 믿음을 발휘하라.

주님께서 주시는 진리의 말씀을 깨닫고 하나님이 여러분의 아버지이심을 확신하면서 이 진리를 날마다 삶 속에서 구체적으로 철저히 적용하며 살라. 그때 여러분에게 끊임없이 찾아오는 염려는 올 때마다 한 길로 왔다가 일곱 길로 온데간데없이 사라지게 될 것이다.

제40장

삶의 우선순위

[마 6:31-34] 그러므로 염려하여 이르기를 무엇을 먹을까 무엇을 마실까 무엇을 입을까 하지 말라 이는 다 이방인들이 구하는 것이라 너희 하늘 아버지께서 이 모든 것이 너희에게 있어야 할 줄을 아시느니라 그런즉, 너희는 먼저 그의 나라와 그의 의를 구하라 그리하면 이 모든 것을 너희에게 더하시리라 그러므로 내일 일을 위하여 염려하지 말라 내일 일은 내일이 염려할 것이요 한 날의 괴로움은 그 날로 족하니라

이전에 W. H. 오든(W. H. Auden, 1907-1973)이라는 시인은 자신이 살고 있는 시대를 가리켜서 '불안의 시대, 염려의 시대'라고 했다. 그의 지적은 오늘 우리의 현실에서는 더욱 실감 나게 다가온다. 그러나 주님께서는 염려하지 말라고 반복해서 말씀하신다(마 6:25, 27, 31, 34). 우리가 불안해하고 염려하며 사는 근본적인 원인은 우리가 처한 상황이나 문제 때문이 아니라 우리의 작은 믿음 때문이다(6:30).

우리가 염려를 극복하며 살기 위해서는 구체적으로 어떻게 해야 하는가?

1. 하나님께서 우리의 선하신 아버지임을 전적으로 신뢰해야 한다

[마 6:31-32] 그러므로 염려하여 이르기를 무엇을 먹을까 무엇을 마실까 무엇을 입을까 하지 말라 이는 다 이방인들이 구하는 것이라 **너희 하늘 아버지께서 이 모든 것이 너희에게 있어야 할 줄을 아시느니라**

일반적으로 한 가정의 생계를 책임지는 사람은 가장인 아버지이다. 그런데 가장인 아버지가 가족들을 진정으로 사랑한다. 가족들의 모든 필요에 대해 깊은 관심을 가지고 그 필요를 잘 알고 있다.

그리고 가족들의 모든 필요를 능히 채울 수 있는 능력도 갖추고 있다. 그렇다면 다른 모든 가족은 전혀 생계에 대해서 염려할 필요가 없다. 주님께서는 바로 그런 하늘 아버지가 우리에게 계시기에 전혀 염려할 필요가 없다고 말씀하신다.

하나님 아버지는 우리의 생계와 생활을 전적으로 책임져주시는 완벽한 아버지이시다. 하나님은 독생자 예수 그리스도를 주시기까지 우리를 너무나 사랑하시는 아버지시다. 하나님은 예수 그리스도를 통하여 우리의 영적인 하늘 아버지가 되셨다. 아버지이신 하나님은 자녀인 우리의 모든 형편을 살피시면서 세밀하게 돌보시고 세심하게 보살펴주신다. 우리에게 가장 좋은 것을 아낌없이 주신다. 주님께서는 말씀하신다.

> [마 7:9-11] 너희 중에 누가 아들이 떡을 달라고 하는데 돌을 주며 생선을 달라고 하는데 뱀을 줄 사람이 있겠느냐 너희가 악한 자라도 좋은 것으로 자식에게 줄 줄 알거든 하물며 하늘에 계신 너희 아버지께서 구하는 자에게 좋은 것으로 주시지 않겠느냐

가장 좋은 것을 주시는 하나님 아버지께서는 우리의 모든 것을 다 아신다. 우리의 모든 형편과 모든 필요도 다 아신다.

> [마 6:32] … 너희 하늘 아버지께서 **이 모든 것이 너희에게 있어야 할 줄을 아시느니라**

우리의 모든 필요를 다 아시는 하나님 아버지는 '엘 샤다이', 전능하신 하나님이시다(렘 32:27; 마 19:26). 우리를 너무나 사랑하시고 우리의 형편을 다 아시는 전능하신 하나님 아버지께서는 우리의 머리털 하나하나까지 다 세시면서 세밀하게 돌보신다.

하나님의 관심과 돌보심과 보살피심을 벗어나 있는 것은 우리에게 아무 것도 없다(마 10:29-31).

그러므로 어떤 문제가 찾아오든지, 어떤 상황에 부딪히든지 언제나 이 말씀을 기억하고 선하시고 신실하신 하나님을 전적으로 신뢰하며 살라. 그 때 불안과 염려를 다 떨쳐버리고 담대함과 안정됨과 평안함 가운데 살게 될 것이다.

우리 가운데는 이런 의심이 드는 분들이 계실 것이다.

> 아니 하나님이 이렇게 나를 사랑하시고 나의 사정을 다 아시면서 세밀하게 돌보시는 전능하신 아버지이시라면, 왜 내게 이런 어려운 문제가 생기고 힘든 일이 생기는가?
>
> 그렇게 간절히 기도함에도 왜 하나님께서는 내 기도를 들어주시지 않는가?

이런 질문에 대해 성경은 하나님께서 당신의 사랑하는 자녀들에게 문제와 어려움을 허락해 주시는 가장 중요한 이유는 우리가 이 세상에 대한 사랑과 집착을 버리고 하나님과 바른 관계를 맺어 영원한 본향인 천국을 잘 준비하도록 하기 위해서라고 설명한다.

이 사실을 칼빈은 『기독교 강요』에서 잘 지적하고 있다.

> 우리는 본능적으로 현세의 삶을 사랑한다. 우리는 하늘의 영원한 복락(福樂)을 사모하고 그것을 얻기 위해서 애쓰지만 실상 우리의 계획이나 바라는 소원이나 행동을 살펴보면 온통 이 세상밖에는 아무것도 보이지 않는다. 인간은 그토록 우둔할 수밖에 없다.
>
> 우리의 영혼 전체가 육체의 온갖 유혹 거리에 걸려서 마치 짐승처럼 이 땅에서의 행복만을 추구하며 현실이란 늪에 빠져서 내일을 모르고 살아가고 있다. 이것이 타락한 인간의 본래 모습이다.
>
> 그러나 하나님께서는 당신의 사랑하는 자녀들이 현세에 푹 빠져 지내는 것을 내버려 두지 않으신다. 하나님은 여러 가지 불행을 끊임없이 허락하셔서 그의 백성들이 이 세상의 삶이 헛되다는 것을 분명히 깨닫도록 만드신다.

그래서 그들로 하여금 이 세상에 마음의 닻을 내리지 못하게 하시고, 현세로부터 참된 안식을 바라지 못하게 하신다. 만일 우리에게 재난이나 좌절이나 아픔이 없다면 우리는 금세 이 세상에 대한 집요한 사랑에 빠져들고 만다.

우리가 이 땅에서 아무 탈 없이 부귀영화와 행복을 누린다면 어떻게 그 많은 시험과 유혹을 이길 수 있겠는가?

그러기에 하나님께서는 우리가 세상 것들로 인하여 안일과 허영과 교만에 빠지지 않도록 우리에게 질병과 위기와 재난을 주셔서 이 세상의 모든 좋은 것들이 얼마나 불안정하며 덧없고 허무한 것인가를 두 눈으로 확실히 보게 하신다.

그때 우리는 이 세상에서 복이라고 여겨지는 모든 것이 정말 복된 것이 아니며, 너무나 불확실하고 덧없고 허망한 것임을 깊이 깨닫게 된다. 그때에야 비로소 우리는 십자가의 연단을 통해서 하나님과 바른 관계를 맺고 저 천성을 향하여 올바로 전진해 나가게 된다.

원수 마귀는 우는 사자처럼 두루 다니며 집요하게 삼킬 자를 찾고 있기에 우리가 경각심을 갖고 정신을 차리지 않으면 이 세상을 사랑하게 되어 영적인 잠에 깊이 잠들게 되고, 마귀의 밥이 되어 지옥의 수렁으로 빠져들게 된다.

이 사실을 잘 아시는 하나님께서는 우리가 세상과 죄악의 잠에 깊이 빠지지 않고 하나님과 바른 관계를 맺고 천국을 잘 준비하며 살도록 때때로 사랑하는 자녀들에게 변장 된 축복인 어려움과 고통을 허락해 주시는 것이다.

C. S. 루이스(C.S. Lewis, 1898-1963)는 『고통의 문제』(*The Problem of Pain*)에서 말한다.

> 사람에 따라서는 무서운 일이 일어나기 전에는 하나님께 귀를 기울이지 않는 습성들이 남아 있다.
> 그러므로 '고통'이란 (영적) 귀머거리에게 알아듣도록 하는 하나님의 확성기이다.

타락하여 무지하고 어리석은 인간은 하나님께서 조용하고 부드러운 음성으로 말하면 도무지 듣지를 못하고 깨닫지를 못한다. 매우 힘들고 어려운 문제의 확성기를 통해 큰 소리로 외칠 때만 정신을 차리고 영적 잠에서 깨어난다.

그리고 세상에 대한 사랑과 집착을 버리고, 돌이켜서 하나님과 바른 관계를 맺게 되고, 천국의 삶을 철저히 준비하게 된다.

2. 삶의 우선순위를 바로 확립하고 살아야 한다

[마 6:33] 그런즉, 너희는 먼저 그의 나라와 그의 의를 구하라 그리하면 이 모든 것을 너희에게 더하시리라

이 말씀은 구원받은 하나님의 자녀들이 이 땅에서 어떻게 살아야 하는가, 우리를 향하신 하나님 아버지의 간절한 기대와 소원은 무엇인가를 분명히 보여준다. 우리 삶에는 먼저 구할 것과 나중 구할 것, 즉 하나님이 정하신 우선순위가 있기에 우리는 우선순위를 바로 확립하고 살아야 한다.

그때 하나님 아버지께서는 이 모든 것을 더해 주셔서 우리의 생활을 책임져주시고 모든 필요를 채워주신다. 인생에 있어서 가장 중요한 우선순위는 먹고 마시고 입고 사는, 육신적인 것이 아니다.

공부도, 결혼도, 직장 생활이나 사업도, 가사를 돌보고 남편을 내조하고 자녀를 키우는 것도, 이 모든 목적이 하나님의 나라와 그분의 의를 이루기 위해서이다. 여기서 '먼저'('프로톤')라는 단어는 상대적인 의미로 '먼저'라는 말이 아니라, 절대적인 의미로 '무엇보다 먼저, 첫 번째로'라는 의미이다. 그리스도인들은 하나님의 나라와 그의 의를 추구하는 것을 절대적으로 최우선에 두고, 인생의 목표로 삼고 살아야 한다.

그리고 '구하다'('제테오')라는 단어는 '간절히 구하다. 전력을 다해 구하다'라는 뜻으로 매우 강조적인 표현이다. 이 단어의 시제가 현재형이기에 '계속해서 전력을 다해 구하다'는 뜻이다.

우리가 하나님의 나라와 그의 의를 우리 인생의 목표로 삼고 날마다 전력을 다해 구하며 살 때 하나님께 영광을 돌리면서 진정으로 행복한 삶을 살 수 있다.

또, 그것은 염려를 극복하고 선하신 아버지 하나님의 은혜로우신 돌보심과 보호하심을 받을 수 있는 비결이기도 하다. 그러므로 우리는 무엇보다 먼저 하나님의 나라를 구하며 살아야 한다.

그렇다면 하나님의 나라를 구하면서 산다는 것은 무슨 뜻인가?

하나님의 나라는 하나님이 왕이 되셔서 다스리는 나라이다. '하나님의 나라'라고 말할 때 가장 중요한 의미는 하나님이 왕이 되셔서 다스리시는 '하나님의 통치', '하나님의 다스림'을 가리킨다. 하나님의 다스림과 통치가 임하여 하나님의 뜻이 이루어지고, 그분의 이름이 높임을 받으시며, 하나님이 영광을 받으시는 곳이 바로 하나님의 나라이다.

하나님께서는 하나님의 나라를 이 땅에서 세우기 위한 전위대로 그 나라의 백성인 우리를 불러 주시고 교회를 세워주셨다. 그 나라의 백성인 우리는 이 땅에 하나님의 나라가 이루어지도록 삶의 전 영역에서 하나님을 왕으로 모시고 그 나라의 백성답게 살아야 한다. 그리고 우리가 있는 곳에서 말과 선한 행실로 복음을 증거해야 한다.

복음 전파 없이는 결단코 이 땅에 하나님의 나라가 이루어질 수 없고 확장될 수 없기에 복음 증거는 너무나 중요한 일이며 그리스도인의 최대 사명이다. 우리는 때를 얻든지 못 얻든지 부지런히 복음을 전해야 한다. 우리의 모든 삶의 초점을 거기에 맞추고 살아야 한다. 그 일을 위해 열심히 기도하고 헌금하고 선교사를 파송하고 직접 나아가 복음을 전하면서 불신자들을 하나님의 나라로 초청하는 것, 이것이 바로 하나님의 나라를 구하며 사는 삶이다.

'하나님의 의'를 구한다는 것은 하나님과 바른 관계를 맺고 하나님의 거룩과 성결과 공의가 이 땅에 이루어지기를 간절히 사모하고 열렬히 추구하며 사는 것이다. 이런 삶이 바로 '의에 주리고 목마른 삶'이다(5:6).

'하나님의 의'를 구하며 사람은 세상과 적당히 타협하며 살지 않는다. 그의 간절한 소원은 하나님의 의로우신 뜻이 이 땅에 이루어지는 것이기에 이 세상 사람들의 모습과는 다를 수밖에 없다. 그는 주일에만 예수 믿는 사람처럼 보이고 평일에는 그렇지 않은 '선데이 크리스천'이 결코 될 수 없다.

[롬 12:2] 이 세대를 본받지 않고 오직 마음을 새롭게 함으로 변화를 받아 하나님의 선하시고 기뻐하시고 온전하신 뜻이 무엇인지를 분별하면서

우리가 하나님의 나라와 그의 의를 먼저 구하며 산다면 아무것도 염려할 필요가 없다. 하늘 아버지께서 우리의 모든 삶을 책임져 주시고 필요한 모든 것을 공급해 주시기 때문이다.

[마 6:33] 너희는 먼저 그의 나라와 그의 의를 구하라 **그리하면 이 모든 것을 너희에게 더하시리라**

여기서 '이 모든 것'의 '모든'('하파스')은 '예외 없는 전체'를 의미한다. 먼저 하나님의 나라와 그의 의를 구하고 살면 하나님께서는 모든 필요를 예외 없이 다 충족시켜 주신다. 이것이 바로 하늘나라의 원리이며 법칙이다. 이에 대한 분명한 본보기가 바로 솔로몬이다. 솔로몬이 왕이 되어 일천 번제를 드렸을 때 하나님께서 꿈에 솔로몬에게 나타나셔서 말씀하셨다.

내가 네게 무엇을 줄꼬 너는 구하라.

그때 솔로몬은 부귀나 장수나 원수를 멸하는 것을 구하지 않고 오직 하나님께서 자기에게 맡겨주신 백성들을 잘 다스릴 수 있는 지혜를 구했다. 그러자 하나님께서는 기뻐하시면서 그가 구하지 아니한 부귀와 영광과 장수의 복까지 덤으로 주셨다(왕상 3:4-15). 그런데 안타깝게도 우리 가운데 많은 사람이 이 하늘나라의 원리를 따라서 하나님이 정하신 우선순위를 확립하고 살지 않는다.

먼저 구할 것을 먼저 구하지 않는다. 진정으로 염려해야 할 것은 염려하지 않고, 오히려 염려하지 않아야 할 것을 염려한다. 하나님의 나라와 그의 의를 구하는 데는 관심이 없고 땅에 속한 것을 먼저 구한다.

이것이 우리의 진짜 문제이다. 하나님의 뜻대로 근심하는 것이 아니라 세상 근심에 사로잡혀 있는 것이 우리의 근본적인 문제이다(고후 7:10).

우리가 삶 속에서 우선순위를 바로 확립하지 않고 살면 가장 소중한 하나님과의 친밀한 관계를 잃게 된다. 또, 우리에게 필요한 다른 것들까지 잃게 되고, 결국 우리는 육신을 위해 염려하는 삶을 살 수밖에 없다. 염려와 불안을 극복하기 위해서는 반드시 먼저 하나님의 나라와 그의 의를 구해야 한다.

우리 삶 속에 우선순위를 바로 확립하고 하나님이 원하시는 것들을 최우선적으로 추구하며 살아야 한다. 그때 하나님께서는 우리의 삶을 책임져주시고, 필요한 모든 것을 공급해 주실 것이다. 그리하여 우리는 염려와 불안을 극복하고 평안과 감사의 삶을 살게 될 것이다.

3. 우리에게 허락된 오늘 하루를 하나님만 의지하며 살아야 한다

[마 6:34] 그러므로 내일 일을 위하여 염려하지 말라 ('가르': 왜냐하면) 내일 일은 내일이 염려할 것이요 한 날의 괴로움은 그 날에 족하니라

"내일 일은 내일이 염려할 것이요"를 원문 성경에서는 "내일은 그 스스로 염려할 것이요"라고 표현되어 있다. 즉, 내일은 내일 스스로가 염려할 것이므로 우리가 미리 앞당겨서 염려할 필요가 없다는 뜻이다.

심리학자들의 연구 조사 결과에 따르면 우리가 오늘 염려해야 할 가치가 있는 것들을 가지고 염려하는 경우는 불과 10퍼센트도 안 된다고 한다. 우리가 염려를 극복하며 살기 위해서는 어쩔 수 없는 과거에 사로잡혀 있지 말아야 한다. 그리고 미래를 염려하지도 말아야 한다.

오늘 하루하루를 살아야 한다. 이 땅에서 우리의 삶은 죄의 결과와 마귀의 역사로 인해 항상 문제가 있게 마련이다. 인간은 타락한 이후부터 '이마에 땀을 흘려야' 살 수 있기 때문이다. 죄의 결과로 이 세상에서 우리의 삶은 고된 노역이 되었다. 우리는 죽을 때까지 이마에 땀을 흘리면서 수고해야 하고 죽는 순간까지 시련과 괴로움과 슬픔을 당해야만 한다.

그러므로 우리가 염려를 떨쳐버리기 위해서는 아직 다가오지 않은 미래의 일을 미리 앞당겨서 염려하며 불안해해서는 결코 안 된다. 내일은 우리의 소관이 아니다. 우리는 일분일초 이후에 일어날 일도 알 수 없기에 미래를 제대로 대처하며 살 수 없다. 우리는 어떻게 할 수 없는 내일에 대해서 염려하고 불안해하는 무익한 삶을 버려야 한다. 우리가 이런 분명한 삶의 태도를 보일 때 우리는 염려하지 않는 삶을 살 수 있다.

또 우리가 염려를 극복하며 살기 위해서는 과거에 집착해서도 안 된다. 과거에 사로잡혀서 비참하게 살아가는 사람들이 있다. 그들은 과거의 실패와 상처와 아픔을 잊어버리지 못하고, 계속 생각하면서 괴로움과 고통과 신음 속에 산다. 뜬눈으로 밤을 새우면서 "어째서 내가 바보처럼 그 일을 그렇게 했을까"라고 한탄하며 후회하며 산다.

이런 모습도 참으로 무익한 모습이며 아무런 소용없는 어리석은 모습이다. 우리는 과거의 실패를 과감히 떨쳐버리고 잊어버려야 한다. 어찌할 수 없는 과거의 일에 사로잡혀 있지 말고 바울처럼 앞을 향해서 힘차게 달려가야 한다(빌 3:13).

우리는 하루하루를 하나님을 의지하는 법을 배워야 한다. 오늘 우리를 도우시는 하나님은 내일도 우리를 도우시는 하나님이신 것을 배워야 한다.

[히 13:8] 예수 그리스도는 어제나 오늘이나 영원토록 동일하시니라

참으로 나를 사랑하시는 주님은 어제도 나와 함께 하셨다. 오늘도 나와 함께 하신다. 그리고 내일도 나와 함께 하실 것이다. 오늘 나를 붙드시는 주님은 내일도 동일하게 나를 붙드실 주님이시다.

우리는 내일에 대해서 미리 염려해서는 안 된다. 우리가 할 일은 언제나 나와 함께 하시는 그 주님과 날마다 동행하고, 날마다 그 주님을 의지하며, 그날그날 필요한 것들을 주님께 아뢰는 것이다.

그리고 나의 내일과 미래를 나를 사랑하시기에 앞서가시면서 항상 나를 인도하시는 선한 목자이신 그 주님께 온전히 맡기는 것이다. 사도 베드로는 이렇게 우리에게 권면한다.

[벧전 5:7] 너희 염려를 다 주께 맡겨버리라 이는 그가 너희를 돌보심이라

이렇게 우리가 하루하루를 하나님께 맡기면서 믿음으로 기도하며 살 때 우리 삶 속에서는 모든 염려와 걱정이 사라지게 된다.

[빌 4:6-7] 아무 것도 염려하지 말고 다만 모든 일에 기도와 간구로 너희 구할 것을 감사함으로 하나님께 아뢰라 그리하면 모든 지각(知覺)에 뛰어난 하나님의 평강이 그리스도 예수 안에서 너희 마음과 생각을 지키시리라

사랑하는 성도 여러분!
어떤 형편 속에서도 염려하지 않는 삶을 살 수 있는 비결이 있다. 그것은 하나님은 나를 진정으로 사랑하시는 나의 선한 아버지시며 그 아버지는 내 모든 형편과 사정을 다 아시고 전능하신 능력으로 나를 돌보신다는 진리를 전적으로 신뢰하는 것이다. 내 삶의 우선순위를 바로 확립하고 하나님의 나라와 그의 의를 먼저 구하며 사는 것이다.

과거의 삶에 묶여 있지 않고 내일을 걱정하지 않고 오늘 내게 허락된 하루의 삶 속에서 만족하며 사는 것이다. 그때 우리는 아무리 어려운 문제가 찾아와도 염려하지 않을 것이다. 오히려 항상 기뻐하고, 쉬지 말고 기도하며, 범사에 감사하는 복된 삶을 살게 될 것이다.

이런 삶이 바로 선하신 하나님을 아버지로 모시고 그분의 자녀로서 이 땅에서 살아야 할 우리의 본래의 모습이다. 그리고 사랑하는 당신의 자녀인 우리를 향하신 아버지 하나님의 거룩하신 뜻이다(살전 5:16-18).

제41장

비판하지 말라(I)

[마 7:1-6] 비판을 받지 아니하려거든 비판하지 말라 너희가 비판하는 그 비판으로 너희가 비판을 받을 것이요 너희가 헤아리는 그 헤아림으로 너희가 헤아림을 받을 것이니라 어찌하여 형제의 눈 속에 있는 티는 보고 네 눈 속에 있는 들보는 깨닫지 못하느냐 보라 네 눈 속에 들보가 있는데 어찌하여 형제에게 말하기를 나로 네 눈 속에 있는 티를 빼게 하라 하겠느냐 외식하는 자여 먼저 네 눈 속에서 들보를 빼어라 그 후에야 밝히 보고 형제의 눈 속에서 티를 빼리라 거룩한 것을 개에게 주지 말며 너희 진주를 돼지 앞에 던지지 말라 그들이 그것을 발로 밟고 돌이켜 너희를 찢어 상하게 할까 염려하라

    마태복음 7장은 산상수훈의 마지막 부분으로 산상수훈 전체의 결론이라고 말할 수 있다.

    주님께서 마태복음 7장에서 다루시는 주제는 주로 우리와 다른 사람들과의 관계와 관련되어 있다. 우리와 다른 사람들과의 관계는 우리와 하나님과의 관계가 기본 전제가 된다.

    이 땅에서의 우리의 삶은 잠깐 있다가 지나가는 나그네와 순례자의 삶이고, 그 삶은 최후 심판으로 우리를 계속 인도해 간다. 하나님 나라의 백성들이 근본적으로 세상 사람들과 구별되는 모습은 항상 최종 심판과 영원한 운명을 의식하며 산다는 것이다.

    우리는 매 순간 하나님 존전에서 행하며 반드시 하나님께 최후 결산보고를 해야 한다. 이 사실을 우리가 늘 기억하고 최종 심판을 항상 준비하며 살기에 마태복음 5장과 6장에 나오는 도덕적인 면과 신앙적인 면에서 날마다 '참된 의의 삶'을 추구하며 사는 것이다. 우리가 '참된 의의 삶'을 추구

할 때 하나님의 최종 심판을 잘 준비하며 살 수 있다.

그래서 주님께서는 산상수훈의 결론 부분인 마태복음 7장에서 거듭 심판에 대해서 말씀하시는 것이다.

주님께서는 7장 앞부분에서 먼저 심판을 받지 않도록 '비판하지 말라'고 말씀하신다(7:1-5).

또 생명으로 인도하는 '좁은 문'과 멸망으로 인도하는 '넓은 문'을 비교하신다(7:13-14). 그리고 '거짓 선지자'와 '참 선지자'를 말씀하시고 그것을 '나쁜 나무'와 '좋은 나무'로 구별하신다(7:15-23).

마태복음 7장의 마지막 부분에서는 집을 짓는 두 개의 기초인 '반석'과 '모래'를 말씀하신다(7:24-27).

이렇게 주님께서는 산상수훈의 결론인 마태복음 7장에서 대조되는 여러 비유를 통하여 하나님 나라의 백성들은 하나님의 최종 심판을 늘 의식하고 철저히 준비하며 살아야 할 것을 강조하신다.

마태복음 7장에서 주님께서는 먼저 '비판하지 말라'고 말씀하신다.

[마 7:1] 비판을 받지 아니하려거든 **비판하지 말라**

비판은 예수님 당시 유대 사회를 강하게 지배하던 악한 풍조였다. 당시 유대 사회에서는 걸핏하면 율법과 조상들의 전통인 종교 계율을 가지고 이웃을 비판하고 정죄하는 풍조가 만연해 있었다. 서기관과 바리새인들이 그 대표적인 사람들이었다. 그들은 가장 중요한 하나님의 계명인 이웃 사랑을 버리고, 율법과 조상들의 유전과 전통으로 사람들을 비판하고 정죄하기를 일삼았다.

그들은 하나님의 아들 그리스도까지 비판하고 정죄하여 십자가에 못 박아 죽였다. 이런 모습은 어느 시대나 예외가 없다. 우리 시대 역시 비판과 정죄와 심판이 난무하고 있다. 세상은 물론이고 교회 안에서도 예외가 아니다. 그래서 주님께서는 말씀하신다.

비판을 받지 아니하려거든 비판하지 말라!

그렇다면 주님께서는 어떤 의미로 '비판하지 말라'고 말씀하시는가?

우리가 그 의미를 정확히 아는 것은 너무나 중요하다. 많은 사람이 이 말씀을 오해하고 곡해하고 있기 때문이다. 주님께서 말씀하시는 '비판하지 말라'는 말씀은 '분별하지 말라, 구별하지 말라, 판단하지 말라, 건전한 목적을 위한 비판도 하지 말라'라는 의미가 아니다.

우리는 무엇이 옳고 무엇이 틀린지, 팩트와 거짓이 무엇인지를 반드시 분별하고 판단해야 한다. 특별히 오늘날처럼 가짜 뉴스가 범람하는 '거짓의 시대'에서는 더욱 그러하다.

하나님께서는 인간에게 인격의 중요한 요소인 지성을 주셨고 분별력과 판단력을 주셨다. 우리는 하나님이 주시고, 또 성령으로 말미암아 새로워진 우리의 지성과 분별력을 가지고 선악을 분별하고, 진리와 거짓을 분별하며, 하나님의 뜻을 올바르게 분별하게 된다.

옳은 것을 받아들이고 그릇된 것을 피하기 위해서는 먼저 옳고 그른 것에 대해 반드시 판단해야 한다. 이것은 주님께서 "비판하지 말라"고 하신 후에 하신 말씀에서도 분명히 확인할 수 있다.

> [마 7:6] **거룩한 것을 개에게 주지 말며 너희 진주를 돼지 앞에 던지지 말라** 그들이 그것을 발로 밟고 돌이켜 너희를 찢어 상하게 할까 염려하라

주님께서는 '비판'에 관해 말씀하신 후 즉시 개와 돼지를 판단하고 분별하라고 하신다. 어떤 사람이 '개'인지 '돼지'인지를 알려면 판단과 분별을 통해서만 가능하다. 거짓 선지자들과 그 열매에 관한 말씀도 그러하다.

> [마 7:15, 20] **거짓 선지자들을 삼가라** 양의 옷을 입고 너희에게 나아오나 속에는 노략질하는 이리라 … 이러므로 **그들의 열매로 그들을 알리라**

판단과 분별이 없이는 결코 거짓 선지자들을 삼갈 수 없다. 우리가 판단력과 분별력을 가질 때만 그들의 열매를 시험하여 참과 거짓을 분별할 수 있기 때문이다.

그렇다면 '비판하지 말라'는 주님의 말씀의 진정한 의미가 무엇인가?

[마 7:1] 비판을 받지 아니하려거든 **비판하지 말라**

여기서 '비판하다'('크리노')라는 단어는 사사로이 정죄하거나 헐뜯는 것을 가리키지만, 재판관이 판결하고 선고하는 사법적 의미로도 사용되는 단어이다. 주님께서는 "다른 사람들의 허물을 보고 마치 자신이 재판관인 것처럼 함부로 정죄하고 심판하지 말라"고 말씀하신다.

그것은 모든 것을 다 아시고 완전히 거룩하시고 공의로우신 하나님만이 오직 공의로 판단하시면서 죄를 정죄하고 죄인을 심판하실 자격을 갖추신 심판 주이시기 때문이다.

자신도 하나님 앞에서 똑같은 죄인임에도 불구하고 다른 사람들을 함부로 정죄하고 심판하면서 스스로 의인인 것처럼 행동한다면 심판 주이신 하나님의 자리를 넘보는 엄청난 월권행위이며 교만의 끔찍한 죄악을 범하게 된다.

성경은 여러 곳에서 이 사실을 경고한다(롬 14:4; 고전 4:4-5; 약 4:11-12). 주님께서 '비판하지 말라'고 명령하셨을 때 제일 먼저 염두에 두고 계셨던 사람들은 서기관과 바리새인들이었다.

누가복음 18장에 나오는 기도하러 성전에 올라갔던 바리새인과 세리의 이야기를 우리는 기억한다.

[눅 18:11] 바리새인은 서서 따로 기도하여 이르되 **하나님이여 나는 다른 사람들 곧 토색, 불의, 간음을 하는 자들과 같지 아니하고 이 세리와도 같지 아니함을 감사하나이다**

바리새인들의 큰 잘못과 죄악은 다른 사람들을 판단하고 정죄하고 심판하는 그들의 태도였다. 이렇게 교만하고 악한 태도는 바리새인들에게만 국한되지 않는다. 그때부터 지금까지 기독교 2천 년 역사 동안 변함없이 주님의 교회를 괴롭히고 막심한 폐해를 끼치고 있는 끔찍한 죄악이다.

이것은 단순히 죄악 된 태도에 불과한 것이 아니다. 로이드 존스 목사님이 지적한 것처럼 '바리새 영(靈)', 즉 비판과 정죄(定罪)의 악한 영이다. '바리새 영'은 스스로 의롭다고 하는 영으로 그 배후에는 항상 타락한 자아가 도사리고 있다. '바리새 영'은 자기 의를 나타내고 우월감을 나타내며 다른 사람들은 틀렸고 자기는 옳다고 생각한다. 이것은 비난으로 나타나고 다른 사람들의 인격을 손상시키는 태도를 항상 나타낼 준비가 되어 있다.

그리고 다른 사람들을 멸시하고 경멸하고 악평하는 성향도 가지고 있다. 바리새 영은 사건의 전말을 알아보려는 수고를 하지 않는다. 긍휼을 베풀 준비도 되어 있지 않다. 이 영의 가장 가공스럽고 끔찍한 점은 그가 비난하는 사람 자체에 대하여 최종적인 심판을 선언하는 성향이다. '바리새 영'을 가진 사람들은 다른 사람들을 판단할 때 그들의 말이나 행동에 대하여 판단하지 않고 그 사람 자체를 판단한다.

"저 사람은 원래 그런 사람이야! 저렇게 하는 것이 저 사람의 원래 모습이야!"

이렇게 판단하는 것은 어떤 개인에 대한 최종적 심판이 되기에 이런 판단은 너무나 두렵고 끔찍한 죄악이다. 왜냐하면, 그렇게 하실 수 있는 유일한 분은 오직 심판 주이신 하나님 한 분밖에 없기 때문이다.

바리새인 영을 가진 사람들은 하나님께만 속하고 그 누구에게도 속하지 않는 그 권세를 자기가 강탈하고 찬탈하는 끔찍한 죄를 범하게 된다. 그래서 주님께서는 '비판하지 말라'고 명령하실 때 짧고 강력한 부정 명령을 앞세우시면서 매우 강렬한 어조로 명령하시는 것이다.

[마 7:1 (헬라어 원문 성경)] **비판하지 말라** ('메 크리네테') 비판을 받지 아니하려거든 ('히나 메 크리데테')

여기서 '비판하다'('크리네테')라는 단어는 2인칭 복수 현재 명령형이다. 헬라어에서 현재 명령형은 생활 습관이나 기준을 새롭게 제시할 때 사용되고 계속적인 의미가 있다. '비판하지 말라'는 말씀은 "지금까지 습관적으로 계속해 왔던 비판하는 일을 당장 그만두고 비판을 금하는 새로운 생활 기준을 가지라. 그리고 그 기준에 따라 계속 행하라"라고 촉구하시는 것이다.

그렇다면 주님께서 우리에게 '비판하지 말라'고 하신 이유가 무엇인가?

1. 우리 자신이 비판받지 않기 위해서이다

[마 7:1] 비판을 받지 아니하려거든 비판하지 말라

이 말씀을 두 가지 의미로 생각할 수 있다.

1) 다른 사람들에게 부당하고 불공정하게 비판받지 않도록 조심하라는 경고이다

"가는 말이 고와야 오는 말도 곱다"라는 속담이 있다. 다른 사람들을 비판하면 우리 역시 다른 사람들로부터 똑같이 비판받는다.

"다른 사람들이 너희를 비판하는 것을 싫어한다면 너희도 다른 사람들을 비판하지 말라."

이것은 완전히 옳은 사실이며 진리이다. 다른 사람들을 많이 비판하고 혹평하는 사람일수록 다른 사람들로부터 더 많이 비판받고 혹평당한다. 반면에 덜 비판적인 사람일수록 비판을 덜 받고 사람들로부터 인정과 칭찬을 받는다.

특별히 자기 안에 상처와 허점과 부족함과 열등감과 죄와 죄책감이 많은 사람일수록 다른 사람들을 더 많이 비난하고 공격하고 정죄한다. 이런 모습을 가리켜서 심리학적인 용어로 '투사'(投射, projection)라고 한다. '투사'는 인정하고 싶지 않은 자신의 부정적인 감정(열등감, 죄책감, 자책감, 절망감 등)이나 욕망이나 죄악 등을 다른 사람들에게 돌려 버림으로써 자신을 정당화시키는 무의식적인 마음의 작용을 가리킨다.

나단 선지자가 다윗의 죄악을 책망하기 위하여 악한 부자의 비유를 말할 때 다윗이 보인 무의식적인 반응이다. 그 순간 나단 선지자는 다윗을 책망한다.

[삼하 12:5, 7] 다윗이 그 사람으로 말미암아 노하여 나단에게 이르되 **여호와의 살아 계심을 두고 맹세하노니 이 일을 행한 그 사람은 마땅히 죽을 자라** … 나단이 다윗에게 이르되 당신이 그 사람이라 …

2) 하나님의 판단과 심판을 받지 않도록 조심하라는 경고이다

주님께서 여기서 지적하시는 비판은 사람들의 비판과 판단이 아니라 하나님의 판단이고, 이 세상에서의 일시적인 판단이 아니라 영원한 판단이다. 다른 사람들을 비판한다면 우리는 이 세상과 오는 세상에서 공의로우신 하나님의 판단과 정죄와 심판을 받게 될 것이다. 그러기에 주님께서는 우리에게 다른 사람들을 비판하지 말라고 명령하시는 것이다.

성경에는 세 가지 종류의 심판이 나오는데, 로이드 존스 목사님은 다음과 같이 설명한다.

(1) 최종적이며 영원한 심판이다

하나님 앞에서 우리의 영원한 신분과 위치를 결정해주는 심판이다. 거듭난 신자와 거듭나지 못한 사람, 양과 염소, 영광으로 가게 되어 있는 사람과 멸망으로 가게 되어 있는 사람들 사이에 일대 구분을 결정 짓는 최후 심판이다. 이것은 영원히 천국에 있거나 영원히 지옥에 있거나를 결정짓는 최종 운명과 영원한 상태를 확정 짓는 준엄한 심판이다.

(2) 하나님의 자녀들이 이 땅에서 받아야 할 심판이다

하나님의 자녀들이 이 땅에서 죄를 범하거나 잘못된 삶을 살게 될 때 매를 맞고 하나님께 벌을 받는 심판이다. 그것은 아픔이나 고통, 병고(病苦)나 질고(疾苦)의 형태로 나타날 수 있다. 대표적인 사례가 고린도 교회 성도들이다.

[고전 11:30] 그러므로 너희 중에 약한 자와 병든 자가 많고 잠자는 자(죽는 자) 적지 아니하니 우리가 우리를 살폈으면 판단(하나님의 심판)을 받지 아니하려니와 우리가 판단(하나님의 심판)을 받는 것은 주께 징계를 받는 것이니 이는 우리로 세상과

함께 정죄함을(영원한 심판) 받지 않게 하려 하심이라

[고전 5:5] 이런 자를 (계모를 취하여 음행한 자) 사탄에게 내주었으니 이는 육신은 멸하고(육신은 죽임을 당하고) 영은 주 예수의 날(최후 심판의 날)에 구원을 받게 하려 함이라

욥기 1장을 보면 마귀는 하나님의 허락을 받아 욥이 하나님을 욕하고 부인하도록 고통과 병고로 그를 시험했다. 유사하게 하나님께서는 고린도 교회 성도들 가운데 범죄한 자들에 대한 보호를 철회하시고 마귀가 질병과 죽음으로 그들을 공격하도록 허락하셨다는 것이다.

(3) 보상과 상급의 심판이다

구원받은 성도들이 받는 최후 심판이다.

[롬 14:10] 네가 어찌하여 네 형제를 비판하느냐 어찌하여 네 형제를 업신여기느냐 우리가 다 하나님의 심판대 앞에 서리라

[고후 5:10] 이는 우리가 다 반드시 그리스도의 심판대 앞에 나타나게 되어 각각 선악 간에 그 몸으로 행한 것을 따라 받으려 함이라

이것은 불신자들에게 하시는 말씀이 아니라 우리, 즉 구원받은 성도들에게 하시는 말씀이다. 우리가 기독교인이 된 이후 행한 것에 대한 심판을 가리킨다. 우리는 죽은 후 그리스도의 심판대 앞에 서게 되어있다. 그리고 선악 간에 우리가 몸으로 행한 것에 따라 심판을 받게 될 것이다. 이것은 우리의 영원한 운명이 천국에 가는가 지옥에 가는가를 결정하는 최종 심판은 아니다.

우리는 예수 그리스도를 믿고 구원받았기에 영원한 운명을 결정하는 최종 심판을 이미 통과했다. 그렇지만 우리의 영원한 운명에 강하게 영향을 미치는 영원한 천국에서의 우리의 영광과 상급을 결정하는 심판이 남아 있다.

우리 각자는 이 땅에서의 하루하루의 삶에 대하여, 말과 행동과 행위에 대하여 반드시 책임을 진다(참조. 마 12:36). 우리가 기독교인이 된 후에 우리의 모든 삶에 대한 보상과 상급의 심판이 반드시 내세에서 있기 때문이다.

우리가 다른 사람들을 비판하지 말아야 할 주된 이유는 우리가 다른 사람들이나 주님께 비판받지 않기 위한 것이 아니다. 우리가 반드시 심판 주이신 주님을 만나게 될 것이고 주님의 심판대 앞에 서서 반드시 심판을 받기 때문이다. 우리가 부끄럽지 않고 최후 심판 날에 담대함을 얻기를 원한다면 지금 내가 여기서 어떻게 살고 있는가를 늘 조심하고 또 조심하며 살아야 한다.

> [요일 2:28] 자녀들아 이제 그의 안에 거하라 이는 주께서 나타내신 바 되면 **그가 강림하실 때에 우리로 담대함을 얻어 그 앞에서 부끄럽지 않게 하려 함이라**

다른 사람들을 비판하는 것을 지극히 조심하라. 우리가 비판할 때 이 땅에서 벌을 받고 징계를 당하는 심판을 받기 때문이다. 나아가 최후 심판 날 주님의 심판대 앞에서 보상과 상급을 받지 못하고 부끄러움을 당하기 때문이다. 주님께서는 매우 강하게 명령하신다.

> 이 세상과 내세에서 하나님의 비판과 심판을 받지 아니하려거든 다른 사람들을 비판하지 말라

2. 비판할 때 우리 자신에 대한 비판의 기준을 스스로 설정하기 때문이다

> [마 7:2] 너희가 비판하는 그 비판으로 너희가 비판을 받을 것이요 너희가 헤아리는 그 헤아림으로 너희가 헤아림을 받을 것이니라

여기서 '헤아림'('메트론')이라는 단어는 양이나 길이를 재는 것으로, 물건 거래와 관련하여 널리 사용된 용어이다. '잣대, 기준'을 의미한다.

다른 사람들을 비판하지 말아야 할 이유는 우리가 비판(심판)을 당할 뿐 아니라 스스로 자신에 대한 비판의 잣대와 기준을 설정하기 때문이다. 다른 사람들을 비판하고 판단하면 우리 자신의 그 잣대로 우리도 다른 사람들로부터 비판을 받게 되고, 우리 자신의 기준대로 판단을 받게 된다. 훨씬 더 중요한 것은 우리 자신의 잣대와 기준에 따라 하나님께서도 우리를 판단하시고 심판하신다는 것이다.

[롬 2:1] 그러므로 남을 판단하는 사람아, 누구를 막론하고 네가 핑계하지 못할 것은 **남을 판단하는 것으로 (그 기준으로) 네가 너를 정죄함이니** 판단하는 네가 같은 일을 행함이니라

[약 2:13] 긍휼을 행하지 아니하는 자에게는 (그 기준으로) 긍휼 없는 심판이 있으리라 긍휼은 (그 기준으로) 심판을 이기고 자랑하느니라

[마 5:7] 긍휼히 여기는 자는 복이 있나니 그들이 (그 기준으로) 긍휼히 여김을 받을 것임이요

우리는 다른 사람들을 비판하고 판단하는 일에 정말 조심해야 한다. 우리가 다른 사람들을 비판하고 판단할 때 우리는 기준을 잘 알고 있고 그 기준에 따라 그들을 비판하고 판단하기 때문이다. 우리가 비판과 판단의 기준을 잘 알고 있는 선생이며 권위자라면 우리 역시 하나님에게 그 기준에 따라 판단과 심판을 받아도 전혀 불평하거나 이의를 제기할 수 없다.

그렇게 하는 것이 매우 공평하고 정당한 것이 된다. 만약 그때 우리가 하나님께 불평하면서 이의를 제기한다면 하나님께서는 이렇게 대답하실 것이다.

너는 그것을 잘 알고 있었다. 너는 네가 알고 있는 그 기준과 잣대에 따라서 다른 사람들에게 적용하며 실행했다.

그렇다면 너 자신에게도 그 기준과 잣대를 그대로 적용하며 실행해야 하지 않겠느냐?
그것이 정당하고 공평하지 않겠느냐?

[약 3:1] 내 형제들아 너희는 선생 된 우리가 더 큰 심판 받을 줄을 알고 많이 선생이 되지 말라

사랑하는 성도 여러분!

우리에게는 하나님이 주신 이성과 지성과 분별력이 있기에 반드시 선과 악을, 진리와 거짓을, 사실과 허구를, 팩트와 가짜를 분별할 수 있어야 한다. 그리고 때로는 개인이나 공동체를 세우기 위한 건전한 목적을 위하여, 건전한 태도와 방법으로, 건전한 비판도 할 수 있어야 한다.

그러나 다른 사람들의 허물을 볼 때, 마치 우리 자신이 재판관인 것처럼 함부로 비판하고 정죄하고 심판해서는 결코 안 된다. 그것은 우리가 다른 사람들의 비판을 받게 되고, 하나님의 판단과 심판을 받게 되기 때문이다. 이 땅에서 하나님의 벌과 징계를 받게 되고, 나아가 내세에서 하나님의 심판을 받을 때 부끄러움을 당하게 된다.

또한, 비판할 때 우리 자신에 대한 비판의 기준을 스스로 설정하기에 하나님에게 긍휼 없는 심판, 더 큰 심판을 받게 된다. 이 진리를 늘 기억하며 살자. 그래서 다른 사람들을 비판하고자 하는 마음이 찾아올 때마다 결단코 비판하지 말자. 오히려 그 사람을 불쌍히 여기면서 용서하고, 위해서 기도하며, 그리고 축복하자.

제42장

비판하지 말라(II)

> [마 7:1-5] 비판을 받지 아니하려거든 비판하지 말라 너희가 비판하는 그 비판으로 너희가 비판을 받을 것이요 너희가 헤아리는 그 헤아림으로 너희가 헤아림을 받을 것이니라 어찌하여 형제의 눈 속에 있는 티는 보고 네 눈 속에 있는 들보는 깨닫지 못하느냐 보라 네 눈 속에 들보가 있는데 어찌하여 형제에게 말하기를 나로 네 눈 속에 있는 티를 빼게 하라 하겠느냐 외식하는 자여 먼저 네 눈 속에서 들보를 빼어라 그 후에야 밝히 보고 형제의 눈 속에서 티를 빼리라

주님께서는 산상수훈의 결론 부분인 마태복음 7장에서 심판에 대해 거듭 말씀하시면서 제일 먼저 '비판하지 말라'고 명령하신다. '비판하지 말라'는 말씀은 '분별하지 말라, 일체의 비판을 하지 말라'는 의미가 아니라, "다른 사람들의 허물을 보고 마치 자신이 재판관인 것처럼 함부로 정죄하고 심판하지 말라"는 말씀이다.

주님께서는 '비판하지 말라'고 하시면서 그 이유를 네 가지로 설명하신다.

1. 우리 자신이 비판받지 않기 위해서이다

우리가 다른 사람들을 비판하면 우리도 다른 사람들로부터 비판받게 된다. 그리고 하나님으로부터도 심판을 받게 된다.

우리는 이 땅에서 하나님의 벌을 받는 심판을 받게 되고, 또 내세에 주님의 심판대 앞에서 아무런 보상과 상급을 받지 못하고 부끄러움을 당하게 된다.

이 점에 대해서는 지난주에 자세히 살펴보았다.

2. 비판할 때 우리 자신에 대한 비판의 기준을 스스로 설정하기 때문이다

다른 사람들을 비판하고 판단하면 다른 사람들도 우리를 그 기준대로 비판하고 판단한다. 또 하나님께서 그 기준에 따라 우리를 판단하시고 심판하시기에 긍휼 없는 더 큰 심판을 받게 된다.

이 점에 대해서도 지난주에 자세히 살펴보았다.

3. 타락한 인간은 무지하여 다른 사람들을 공정하게 비판할 수 있는 능력이 없기 때문이다

> [마 7:3-5] 어찌하여 형제의 눈 속에 있는 티는 보고 네 눈 속에 있는 들보는 깨닫지 못하느냐 보라 네 눈 속에 들보가 있는데 어찌하여 형제에게 말하기를 나로 네 눈 속에 있는 티를 빼게 하라 하겠느냐 외식하는 자여 먼저 네 눈 속에서 들보를 빼어라 그 후에야 밝히 보고 형제의 눈 속에서 티를 빼리라

주님께서는 인간은 타락하여 무지해졌기에 다른 사람들을 비판할 수 없게 되었음을 강조하신다. 타락한 인간은 다른 사람들을 공정하게 비판할 수 있는 능력이 없기 때문이다. 우리가 의와 진리의 판단에 진정으로 관심을 두고 있다면 다른 사람들을 향해 비판과 판단의 잣대를 들이대기 전에 먼저 우리 자신을 향하여 비판과 판단의 잣대를 들이댈 것이다.

그리하여 다른 사람들을 향해 비판적이기보다는 우리 자신에 대해 더 비판적으로 될 것이다. 우리가 참된 신앙인이라면 반드시 객관적인 성경적 기준과 잣대를 가지고 있기에 항상 명확한 성경적 기준과 잣대를 가지고 먼저 자신을 엄격하게 비판하고 판단하기 때문이다. 주님께서는 다른 사람들을 비판하고 판단하는 자들을 향하여 책망하시는 것이다.

> 너희는 의와 진리의 판단에는 관심이 없다. 너희는 신앙생활의 객관적 기준인 성경적 잣대를 갖고 있지 않다.

> 만약 너희가 의와 진리의 잣대를 가지고 있다면 너희 자신을 비판하고 판단하는 일은 무시하면서 그 잣대로 다른 사람들을 먼저 비판하고 판단하는 일은 없을 것이다.

얼마 전에 강남제일교회 문성모 목사님이 국민일보에 《개혁자의 두 얼굴》이라는 칼럼을 실었는데, 결론을 이렇게 마무리 짓는다.

> 한국에는 마틴 루터와 존 칼빈의 후예로 자처하며 교회를 개혁하겠노라고 나선 사람이 너무도 많다. 그러나 우리가 알아야 할 것이 있다. 교회는 개혁하겠다고 나선 사람들에 의해 개혁되지 않는다는 사실이다.
> '나'를 개혁 대상에 포함하여 높아진 목소리를 조금 낮추고, 붉어진 얼굴에 사랑의 표정을 되찾고, 부르심의 은총에 주체할 수 없이 감격하는 한 개혁자의 목소리를 통해 굳어진 한국교회가 녹게 되고 개혁의 실마리가 풀리는 날을 기대해 본다.
> 비판에 사랑의 옷을 입히고, 은총에 감격하여 '주여, 나 같은 인간을 택하셨습니까'라고 울먹이는 자기로부터의 개혁이 교회를 변화시킬 수 있다.

주님께서는 이 사실을 너무나 잘 아셨기에 '비판하지 말라'고 명령하시는 것이다. 비판하는 사람들이 실제로 바라는 것은 그들이 비판하는 그 사람 속에 있는 악을 제거하기보다 그 사람 자체를 정죄하는 데 있다.

비판하는 사람들에게는 편견과 개인적인 감정과 의견이 뒤섞여 있을 수 있다. 그래서 다른 사람들을 공정하게 판단하고 올바르게 비판할 수 없는 것이다. 우리의 판단과 비판의 이면에는 우리도 잘 알지 못하는 잘못된 동기가 허다하다. 그러므로 우리가 올바르게 판단하기 위해서는 반드시 편견과 개인적인 감정과 의견이 완전히 배제된 100퍼센트 공정하고 객관적인 판단 능력이 우리에게 있어야 한다.

타락하여 무지해진 인간은 그런 공정하고 완전한 판단 능력을 그 누구도 갖지 못했고, 또 가질 수도 없다. 오직 참되고 유일한 심판 주이신 하나님과 예수 그리스도만 가지고 계신다. 이것이 우리가 다른 사람들을 비판하지 말아야 하는 중요한 이유이다.

타락하여 무지해진 인간은 공정하고 객관적인 판단 능력이 없기에 다른 사람들을 비판하면서 그들을 도울 수는 없다.

> [마 7:4-5] 어찌하여 형제의 눈 속에 있는 **티**는 보고 네 눈 속에 있는 **들보**는 깨닫지 **못하느냐** 보라 네 눈 속에 들보가 있는데 어찌하여 형제에게 말하기를 나로 네 눈 속에 있는 티를 빼게 하라 하겠느냐

여기서 '형제의 눈 속'과 '네 눈 속', '티'와 '들보', 그리고 '보고'와 '깨닫지 못하느냐'가 서로 뚜렷하게 대구(對句)를 이루고 있다. '티'('카르포스')는 '지푸라기나 톱밥, 왕겨' 등을 의미하고, '들보'('도코스')는 '거대한 서까래, 통나무'를 의미한다. 주님께서 '티'와 '들보'를 대조하시면서 언급하신 이유가 있다. 거대한 서까래가 지푸라기보다 엄청나게 큰 것처럼 비판하는 사람의 죄가 비판 당하는 사람의 죄보다 엄청나게 크다는 것이다.

비판하는 사람의 죄가 들보와 같이 엄청나게 큰 죄악인 것은 비판하는 죄는 바리새인들처럼 자신과 자신의 죄는 보지 못하고, '자기 의'(義)에 사로잡혀서 자기를 정당화하고 다른 사람들을 정죄하는 악한 죄이기 때문이다.

비판의 죄에는 여러 가지 심각한 죄가 다 포함되어 있기에 '들보'와 같이 엄청나게 큰 죄악이다. 그것은 자신과 자신의 죄를 보지 못하는 '영적 무지의 죄'이다. 마음 중심과 겉모습이 서로 다른 '위선의 죄'이다. 자기를 정당화하고 다른 사람들을 정죄하는 '교만의 죄'이다. 하나님과 그분의 은혜를 의지하지 않고 자신과 자기 행위를 의지하는 '불신앙의 죄'이다.

그리고 가장 큰 계명인 형제를 사랑하고 긍휼히 여기지 않는 '완악하고 가혹한 죄'이다. 반면에 '티'는 아주 작기에 면밀하게 관찰하는 자에 의해서만 발견될 수 있기에 들보와 같이 엄청나게 큰 죄를 범하면서도 '티'와 같은 형제의 지극히 작은 잘못을 보고 비판한다면 심히 악한 모습이다.

> [마 7:4] 어찌하여 형제의 눈 속에 있는 **티**는 보고 네 눈 속에 있는 **들보**는 깨닫지 **못하느냐**

'보다'('블레포')라는 단어는 눈으로 직접 보는 것을 의미하는데, 단지 눈으로 사람의 겉모양을 보는 것을 가리킨다. 이렇게 겉모양만을 보기에 그 사람의 속마음이나 은밀한 사정 등은 알 수 없다.

그리고 '깨닫다'('카타노에오')는 단어는 '카타'(~아래에)와 '노에오'(마음으로 인식하다. 마음으로 생각하고 깨닫다)의 합성어이다. '깨닫다'('카타노에오')는 '아주 깊은 곳까지 세세하게 생각하고 깨닫다. 깊이 숙고(熟考)하다. 자기 마음속을 살피다'라는 아주 강한 의미를 가지고 있다.

"어찌하여 형제의 눈 속에 있는 티는 보고 네 눈 속에 있는 들보는 깨닫지 못하느냐"라는 주님의 말씀은 이런 뜻이다.

> 겉으로 쉽게 드러나는 다른 사람의 조그만 잘못을 보기보다 네 마음속 깊은 곳을 살펴서 네 마음이 얼마나 부패하였는가를 깨달아라.

이런 악을 행한 대표적인 사람들이 바로 서기관과 바리새인들이었다. 그들은 "하루살이는 걸러내고 낙타는 삼켰다"(마 23:24). '씻지 않은 손'으로 먹는다고 예수님의 제자들을 비난했지만, 그들은 더욱 크고 악한 죄를 범하고 있었다. 그들은 영적 맹인으로 '고르반'이라는 악한 제도로 부모공경의 엄중한 계명을 스스로 범하고 있었다.

더군다나 일반 백성들까지 그렇게 가르치면서 영적 맹인으로 만들었기에 자신들은 물론이고 백성들까지 함께 캄캄한 지옥 구덩이로 깊이 빠지고 있었다(마 15:1-20).

우리 눈에 티나 이물질이 들어가면 많이 불편하고 고통스럽다. 심하면 안과에 가서 의사의 도움을 받는다.

그런데 우리 눈에서 티나 이물질을 빼주려고 하는 안과 의사가 맹인이라면, 어떻게 우리에게 도움을 줄 수 있겠는가?

자기 눈에 큰 들보가 있어서 보지 못하는 사람이 어떻게 다른 사람들의 티와 같은 결점을 고쳐줄 수 있겠는가?

우리가 다른 사람들의 민감한 눈에 있는 미세한 티를 빼주기 위해서는 먼저 우리 자신의 눈이 아주 밝아야 한다. 영적 분별력과 깊은 통찰력을 가지고 있어야 한다.

우리가 먼저 자신을 밝히 보면서 올바르게 분별하고 판단하여 겸손해져야 한다. 그때 우리는 다른 사람들의 결점을 보면서 비판하거나 판단하지 않고 오히려 그들을 불쌍히 여기면서 인내하며 온유 겸손한 태도로 그들의 결점을 고쳐줄 수 있다.

성경은 이런 태도를 가리켜서 '사랑 안에서 참된 것을 말하는 것'이라고 말씀하신다.

> [엡 4:15] 오직 사랑 안에서 **참된 것을 하여** …

여기서 '참된 것을 하여'('알레듀온테스')라는 단어는 '진리를 말하다'('알레듀오')의 현재 분사이다. 그래서 대부분의 영어 성경은 "오히려 사랑 안에서 참된 것을 말하며"라고 번역했다(NIV: "Instead, speaking the truth in love,").

갈라디아서 6장 1-2절에서도 같은 말씀을 하신다.

> [갈 6:1-2] 형제들아 **사람이 만일 무슨 범죄한 일이 드러나거든 신령한 너희는 온유한 심령으로 그러한 자를 바로잡고**('카타르티조': 부러진 뼈를 접합시키고) 너 자신을 살펴보아 너도 시험을 받을까 두려워하라 너희가 짐(짐들)을 서로 지라 그리하여 그리스도의 법을 성취하라

우리는 형제의 눈 속에 있는 '티'를 볼 때 온유 겸손한 심령으로 사랑 안에서 진리를 말해야 한다. 그리고 자신을 살펴보아 우리도 그와 유사한 허물과 시험에 빠지지 않도록 두려워해야 한다. 그렇게 짐들을 서로 지면서 그리스도의 사랑의 법을 성취해야 한다. 우리는 서로 이렇게 해야지 다른 사람들, 특히 믿음의 형제들을 비판해서는 안 된다.

4. 다른 사람들을 비판할 때 외식하는 위선자가 되기 때문이다

> [마 7:5] 외식하는 자여 먼저 네 눈 속에서 들보를 빼어라 그 후에야 밝히 보고 **형제의 눈 속에서 티를 빼리라**

여기서 '외식하는 자'('휘포크리테스')라는 단어는 원래 '공연을 하는 극장 안에서 가면을 쓰고 연기하는 배우'를 의미했다. 다른 사람들을 비판하는 사람들은 자신은 의와 진리의 판단에 관심을 두고 있기에 형제의 눈 속에 있는 '티'를 뽑아 줌으로써 그를 유익되게 하기 위해 비판하고 판단한다고 한다.

그러나 실제로 그들의 마음 중심은 그렇지 않다. 그들의 겉모습과 다르게 속으로는 의와 진리의 판단에 관심을 두고 있지 않고 오히려 비판하는 그 형제 자체에 관심이 있다. 그들이 실제로 바라는 것은 그들이 비판하는 그 형제를 돕고 그 속에 있는 악을 제거하기 위한 것이 아니라 오히려 그 형제 자체를 정죄하는 데 있다.

이것이 얼마나 무서운 위선이며 외식인가?

배우처럼 연기하는 위선이야말로 하나님과 그리스도께서 가장 싫어하시고 미워하시는 일이다(참조. 마 23:13-33).

주님께서는 그들을 향해 '외식하는 자, 위선자'라고 정죄하신 후 이렇게 경고하신다.

> [마 7:5] 외식하는 자여 먼저 네 눈 속에서 들보를 빼어라 그 후에야 밝히 보고 형제의 눈 속에서 티를 빼리라

우리가 다른 사람들을 돕기를 원한다면 어떻게 해야 하는가?

그들이 허물과 죄악과 결점과 단점을 제거할 수 있도록 우리가 도움을 주기 위해서는 어떻게 해야 하는가?

먼저 우리 눈 속에서 들보를 빼어야 한다.

즉, 우리 안에 자리 잡고 있는 '바리새 영(靈)'이 엄청나게 큰 죄악인 것을 명백히 인식해야 한다. 그리고 우리에게 있는 비판하고 판단하는 태도는 다른 사람들의 눈 속에 있는 미세한 티와 비교해보면 엄청나게 큰 '들보'와 같은 것임을 인정해야 한다.

그래서 주님께서는 우리에게 경고하시는 것이다.

너희가 가지고 있는 판단의 영과 비판의 정신, 정죄의 태도보다 더 무섭고 큰 죄는 없다. 마치 들보와 같다. 그것은 다른 사람들이 육신의 어떤 죄에 빠지거나 여러 가지 과오나 잘못을 범하는 것과 비교할 수 없다. 그들의 모든 죄와 과오와 잘못은 너희 속에 있는 비판의 영과 정신과 태도와 비교할 때 눈 속에 있는 작은 티에 지나지 않는다(참조. 눅 18:9-14).

그러므로 너희 속에 있는 이 비판의 영과 정신과 태도를 정면으로 정직하게 직면하도록 하라.

들보와 같은 너희의 무섭고 큰 죄를 인정하고 회개하라. 그리하여 너희 눈 속에 있는 들보를 먼저 빼내어라.

우리가 주님의 말씀에 순종하기 위해서는 날마다 빛 되신 주님을 가까이하며 그분과 동행하는 삶을 살아야 한다. 하나님의 은혜를 구하면서 부지런히 우리의 마음을 살피고, 우리의 태도를 세밀하게 점검해야 한다. 그리고 우리의 있는 모습 그대로 정면으로 정직하게 대면해야 한다.

우리가 하는 말들이 어떤 말들인지 세밀하게 숙고해야 한다. 그렇게 말하는 우리 마음의 동기를 살피고, 그 말하는 의미가 무엇인지 우리 자신에게 스스로 질문해 보아야 한다. 우리가 날마다 우리 자신과 우리의 말과 태도를 정직하고 진실하게 점검한다면 우리 눈 속에 깊이 박혀 있는 들보를 반드시 발견하게 될 것이다.

그리고 우리 눈 속에서 들보를 빼내는 일에 성공하게 될 것이다. 이것이 우리 눈 속에서 들보를 빼낼 수 있는 가장 확실하고 좋은 방법이다. 그때 우리 안에 깊이 뿌리박혀 있는 비판의 영과 정신과 태도에서 해방되어 우리 자신의 참모습을 보게 될 것이다.

우리 눈 속에 있는 들보를 빼내고 먼저 우리 자신을 비판한 후에야만 비로소 다른 사람들의 눈 속에서 작은 티를 빼낼 수 있다. 그리고 그들을 진정으로 도울 수 있다.

[마 7:5] 외식하는 자여 먼저 네 눈 속에서 들보를 빼어라 그 후에야 밝히 보고 형제의 눈 속에서 티를 빼리라

여기서 '밝히 보고'('디아블레포')는 '꿰뚫어 보다. 시력을 회복하다(막 8:25)' 라는 의미가 있다. 주님의 말씀은 이런 뜻이다.

> 외식하는 자야,
> 너는 사랑 없이 다른 사람들의 결점을 찾아내어 비난하는 태도를 버리고 먼저 너 자신의 허물과 죄악된 모습을 깨달아 회개해야 한다.
> 그럴 때만 너는 다른 사람들의 잘못을 교정하여 올바른 길로 인도할 수 있다.

주님께서 '비판하지 말라'고 말씀하신 것은 우리의 잘못된 비판과 판단을 금지하신 것이지, 올바른 비판을 금지하신 것은 결코 아니다. 주님께서는 오히려 올바른 목적과 동기를 가지고, 올바른 태도와 방법으로 비판하는 것을 장려하신다.

> [마 7:5] 외식하는 자여 먼저 네 눈 속에서 들보를 빼어라 그 후에야 밝히 보고 형제의 눈 속에서 티를 빼리라

> [레 19:17] 너는 네 형제를 마음으로 미워하지 말며 네 이웃을 반드시 견책하라 그러면 네가 그에 대하여 죄를 담당하지 아니하리라

참된 사랑은 다른 사람들의 유익을 위해 자신의 욕구와 감정을 억제하고 하나님의 말씀을 따라 성실하게 행하는 것이다.
그래서 믿음의 형제가 허물과 잘못을 범할 때 묵과하지 않고 사랑으로 견책하여 바로 잡는다. 아더 핑크 목사님은 이렇게 설명한다.

> 우리가 하나님의 계명에 순종하고자 한다면 반드시 사랑으로 견책해야만 한다. 형제의 잘못을 무시하고 그의 길을 교정하기를 구하는 그 유쾌하지 않은 의무를 이행하지 않는 것은 사랑이 아니라 일종의 미움이다.
> 만일 내가 마음속 깊이 내 형제의 진정한 행복을 참으로 생각하고 있다면, 사랑은 그의 죄를 눈감아 주지 아니하고 오히려 그 죄로부터 그를 구하여 주고자 하는 마음을 요구할 것이다.

눈에서 티를 빼내는 일은 매우 어려운 작업이다. 우리 신체에서 눈은 가장 예민한 기관이고 가장 해를 쉽게 받는 기관이기 때문이다. 눈에서 이물질을 빼내려면 침착하고 부드러운 손과 기구가 필요하고 공감과 안정됨과 섬세함과 인내가 필요하다. 형제의 영혼 속에서 티를 제거해주려고 할 때도 역시 그러하다.

그 영혼은 너무나 예민하고 섬세하기에 거기에서 티를 빼내려고 하는 일은 심히 어렵고 힘든 작업이다. 혹시 잘못 다루게 되면 오히려 그 영혼에 더 큰 해를 끼치게 되고 큰 상처를 주게 된다. 우리가 예민하고 섬세한 영혼에서 티를 빼내기 위해서는 반드시 가져야 할 태도가 있다. 겸손과 온유, 공감과 이해심, 그리고 연민의 마음과 관대함이다.

우리가 그런 태도를 소유할 때만 형제에게 사랑 안에서 참된 것을 말할 수 있다. 온유한 심령으로 형제의 짐들을 져주면서 그리스도의 사랑의 법을 성취할 수 있다. 그리하여 형제에게 진정한 도움을 줄 수 있다.

사랑하는 성도 여러분!

주님께서는 '비판하지 말라'고 엄히 명령하신다. 그리고 그 이유를 네 가지로 설명하신다. 우리가 비판할 때 다른 사람들의 비판을 받게 되고, 이 땅에서 하나님의 징계와 내세에 그리스도의 심판대 앞에서 부끄러움을 당하게 되기 때문이다.

또 우리가 비판할 때 우리 자신에 대한 비판의 기준을 스스로 설정하기에 하나님의 긍휼 없는 심판과 더 큰 심판을 받게 되기 때문이다. 우리는 타락하여 무지해졌기에 다른 사람들을 공정하게 비판할 수 있는 능력이 없기 때문이다. 우리가 다른 사람들을 비판할 때 외식하는 위선자가 되기 때문이다.

우리가 주님의 말씀을 늘 기억하고 살 때 비판과 판단의 사악한 영에 미혹 당하여 들보와 같은 큰 죄를 범하지 않을 것이다. 오히려 다른 사람들에게 유익을 주고 공동체를 세우는 축복의 삶을 살게 될 것이다.

그리하여 사람들로부터 인정받고, 이 땅에서 하나님의 놀라운 축복을 경험하며, 내세에서 영원한 영광과 상급을 받아 누리게 될 것이다.

제43장

비판하지 말라(III)

> [마 7:6] 거룩한 것을 개에게 주지 말며 너희 진주를 돼지 앞에 던지지 말라 그들이 그것을 발로 밟고 돌이켜 너희를 찢어 상하게 할까 염려하라

우리가 복된 인생을 살기 위해서는 반드시 균형 잡힌 삶을 살아야 한다. 가정, 직장, 교회, 사회 등 삶의 전 영역에서 균형 잡힌 삶을 사는 사람들을 찾아보기가 쉽지 않다. 하나님이 기뻐하시는 신앙생활을 하기 위해서는 반드시 균형 잡힌 신앙생활이 되어야 한다.

성경은 좌로나 우로나 치우치지 않는 균형 잡힌 신앙생활을 할 때 진정으로 복이 있다고 말씀하신다.

> [신 5:32-33] 그런즉, 너희 하나님 여호와께서 너희에게 명령하신 대로 **너희는 삼가 행하여 좌로나 우로나 치우치지 말고** 너희 하나님 여호와께서 너희에게 명령하신 모든 도(道)를 행하라 **그리하면 너희가 살 것이요 복이 너희에게 있을 것이며** 너희가 차지한 땅에서 **너희의 날이 길리라**

좌로나 우로나 치우치지 않는 균형 잡힌 신앙생활은 '비판'과 관련해서도 그대로 적용된다.

주님께서는 산상수훈의 결론 부분인 마태복음 7장에서 심판에 대해 말씀하시면서 제일 먼저 '비판하지 말라'고 명령하신다. 이어서 갑자기 '개와 돼지'에 대한 말씀을 하신다.

[마 7:6] 거룩한 것을 개에게 주지 말며 너희 진주를 돼지 앞에 던지지 말라 그들이 그것을 발로 밟고 돌이켜 너희를 찢어 상하게 할까 염려하라

이 구절은 앞에 나오는 '비판하지 말라'는 구절과 관련이 없는 독립된 교훈처럼 보인다. 그러나 6절은 앞 절과 관계가 없는 별개의 교훈이 아니라, 앞 절에 나오는 '비판'에 관한 문제와 관련된 연속적인 교훈이며 그 말씀의 결론이다. 주님께서는 앞 절에서 다른 사람들의 허물을 보고 정죄하는 비판을 금지하셨다.

그러나 주님께서는 거기서 끝나지 않으셨다. 비판과 관련된 문제에 있어서 올바른 균형과 완전한 교훈을 얻도록 결론으로서 6절의 말씀을 하시는 것이다.

'비판하지 말라'는 주님의 말씀은 우리가 잘못 이해하여 오해하고 곡해할 소지가 많다. 비판하지 않기 위해 형제의 허물과 잘못을 보면서도 묵인하여 넘어갈 때가 많이 있다. 형제의 허물과 죄악을 볼 때 반드시 사랑으로 견책하여 바로 잡아주어야 하는데도 그냥 묵과하는 것이다.

그래서 주님께서는 '비판하지 말라'고 하신 후, 이어서 즉시 영적 분별력을 가지고 죄악과 구별된 삶을 살라고 촉구하시는 것이다.

[마 7:6] 거룩한 것을 개에게 주지 말며 너희 진주를 돼지 앞에 던지지 말라 그들이 그것을 발로 밟고 돌이켜 너희를 찢어 상하게 할까 염려하라

여기서 "거룩한 것을 개에게 주지 말라"는 말씀과 "너희 진주를 돼지 앞에 던지지 말라"는 말씀은 같은 의미이다. 주님께서 동일한 의미의 말씀을 반복하신 것은 그 의미를 매우 강조하기 위해서였다. 여기서 '거룩한 것'은 '너희 진주'와 동일한 의미이고, '개'는 '돼지'와 동일한 의미이다.

그렇다면 '거룩한 것'과 '진주'는 무엇을 가리키고 '개'와 '돼지'는 무엇을 가리키는가?

'거룩한 것'과 '진주'는 거룩한 하나님의 진리, 진주와 같이 고귀한 천국 복음을 가리킨다. 주님께서는 마 13:46에서 '천국'과 '천국 복음'을 가리켜서 '값진 진주'로 비유하셨다.

[마 13:45-46] 또 **천국**은 마치 좋은 진주를 구하는 장사와 같으니 극히 **값진** 진주 하나를 발견하매 가서 자기의 소유를 다 팔아 그 진주를 사느니라

또 여기 나오는 '개'('퀴온')는 팔레스타인에서 야생 상태로 생활하는 사납고 위험한 더러운 들개를 가리킨다. 야생 상태의 들개는 아주 사납기에 종종 사람들을 물고, 닭이나 양과 염소 같은 짐승들을 습격하여 물어뜯어서 죽인다. TV에 자주 보도되는 것처럼 제주도에서는 방치된 들개들이 떼를 지어 돌아다니면서 염소나 닭과 같은 짐승을 물어 죽여서 피해가 심각하다. 주님께서는 그런 사나운 들개를 말씀하신다.

그리고 '돼지'('코이로스')는 유대인들에게 있어서 불결하고 혐오스러운 동물로 취급되어 식용이나 사육이 금지되었다. 여기 나오는 돼지는 야생 상태의 돼지로 볼 수 있다. 이런 야생 돼지들도 매우 사나워서 사람들을 머리로 받고 발로 짓밟아 해치는 일들이 종종 있었다. 개와 돼지는 야만적이고 악하고 사나워서 사람들의 혐오 대상인 '불의한 자'에 대한 표본으로 사용되었다.

베드로후서 2:22에서 성경은 '불의한 자'를 '개'와 '돼지'로 묘사하고 있다.

[벧후 2:22] 참된 속담에 이르기를 개가 그 **토하였던 것에 돌아가고** 돼지가 씻었다가 더러운 구덩이에 **도로 누웠다** 하는 말이 그들에게 응하였도다

주님께서 말씀하신 '개'와 '돼지'는 거룩한 하나님의 진리와 고귀한 천국 복음의 가치를 모르는 영적으로 무지하고 사나운 적대적인 자들을 가리킨다. 그들은 타락하여 복음을 훼방하며 진리는 안중에도 없는 자들이다. 그들에게 하나님의 진리와 천국 복음을 전하면 그 가치를 모르기에 진리를 받아들이지 않는다.

오히려 복음을 훼방하고 하나님의 진리를 대적하기에 이것을 전하는 자들까지 해칠 위험성이 있다. 그래서 주님께서는 하나님의 진리와 복음의 가치를 모르는 타락하고 적대적인 악한 자들에게는 진리와 복음을 전하지 말라고 반복해서 말씀하시는 것이다.

[마 7:6] 거룩한 것을 개에게 주지 말며 너희 진주를 돼지 앞에 던지지 말라 그들이 그것을 발로 밟고 돌이켜 너희를 찢어 상하게 할까 염려하라

그들이 개나 돼지인 이유는 영원한 생명과 행복을 가져다주는 가장 귀한 진주인 복음의 가치를 알아보지 못하고 고집스럽게 자기 생각을 고수하면서 추하고 거짓되고 악한 것으로 만족하려고 하기 때문이다.

그렇다면 여기서 주님께서 거룩한 하나님의 진리와 고귀한 천국 복음을 전하지 못하도록 경고하신 '개'와 '돼지'는 구체적으로 어떤 사람들을 가리키는가?

우리는 주님께서 손수 모범으로 보여주신 실천 사례와 또 주님의 모범을 모델로 삼은 사도들의 실천 사례를 보면서 '개'와 '돼지'가 어떤 자들인지를 능히 짐작할 수 있다.

1. 주님께서 실천하신 사례이다

본문에 나오는 '개'와 '돼지'에 대한 말씀을 올바르게 이해하기 위해서는 주님께서 실제로 보여주신 모범을 살펴보는 것이 중요하다. 주님께서는 당신이 가르쳐주신 그대로 실행하셨기 때문이다. 성경은 "무릇 예수께서 행하시며 가르치셨다"(행 1:1)고 말씀하신다. 주님의 가르침과 행하심은 절대로 분리할 수 없고, 완전히 일치되어 있었다.

이 진리를 올바로 이해하기 위해서도 주님께서 어떻게 행하셨는가를 살펴보는 것은 아주 중요하다. 사복음서를 보면 주님께서는 '자기 의(義)'에 사로잡혀 주님을 대적하는 교만하고 독선적인 서기관과 바리새인들에게 복음을 설교한 적이 단 한 번도 없으셨다. 주님께서는 당신을 죽이려고 계속 음모를 꾸미고 함정에 빠뜨리기 위해 애쓰는 율법 학자들이나 사두개인, 제사장들에게는 복음에 대해 침묵하셨고, 그들에게는 마음을 열지 않으셨다.

주님께서는 거룩한 것을 개에게 주지 않으셨고, 진주를 돼지 앞에 던지지 않으셨다. 오히려 그들을 향해 '너희는 너희 아비 마귀에게서 났기에 너

희 아비가 행한 일을 한다'(요 8:44, 41)고 단호하게 책망하셨다. 너희는 '독사의 자식들'(마 12:34)이며, '회칠한 무덤'(마 23:27)이기에 '화가 있다'고 거듭 반복해서 저주를 선포하셨다.

주님께서는 마태복음 23장에서 서기관과 바리새인들을 향해 무려 7번이나 '화 있을진저'라고 하시면서 저주를 선포하셨다(마 23:13, 15, 16, 23, 25, 27, 29). '7'은 히브리 숫자에서 완전수이기에 주님께서는 그들에게 완전한 저주를 선포하신 것이다. 또 주님께서는 외식하는 서기관과 바리새인들에 대해 제자들에게 이렇게 말씀하셨다.

> [마 15:14] 그냥 두라 그들은 맹인이 되어 맹인을 인도하는 자로다 만일 맹인이 맹인을 인도하면 둘이 다 구덩이에 빠지리라

주님께서 '개'와 '돼지'라고 지적하신 일차적인 대상은 서기관과 바리새인들이었다. 그들은 완악하고 강퍅한 위선자들로 주님을 적대시하며 의도적으로 복음을 훼방하고 대적했던 '개'와 '돼지' 같은 자들이었다. 실제로 그들은 주님의 경고처럼 끝까지 복음을 거절했고 주님과 제자들을 잡아 죽이기까지 핍박했다.

또 주님께서는 친히 '여우'라고 불렀던(눅 13:12) 헤롯 안디바 앞에서 심문을 받으실 때도 아무 대답도 하지 않으셨고, 아예 말도 하지 않으려고 하셨다(비교. 눅 23:3, 9). 헤롯이 거룩한 하나님의 진리와 고귀한 천국 복음에 대해서는 전혀 관심이 없었고, 단지 주님에 대해 병적이며 불건전한 호기심으로 표적과 이적을 찾고 있었기 때문이다.

> [눅 23:8-9] 헤롯이 예수를 보고 매우 기뻐하니 이는 그의 소문을 들었으므로 보고자 한 지 오래였고 또한 무엇이나 이적 행하심을 볼까 바랐던 연고러라 여러 말로 물으나 아무 말도 대답하지 아니하시니

이렇게 주님께서는 거룩한 것을 개에게 주지 않으셨고, 진주를 돼지 앞에 던지지 않으셨다. 이와 정반대로 주님께서는 세리와 창녀와 간음하다 현장에서 붙잡힌 여인에게는 그렇게 하지 않으셨다. 그들에 대한 주님의

태도는 완전히 달랐다. 주님께서는 그들에게 거룩한 것을 주셨고, 진주를 그들 앞에 던지셨다.

사복음서를 보면 이렇게 대조적인 주님의 모습을 계속 발견할 수 있다. 주님께서는 천국 복음을 전하도록 열두 제자나 칠십 인의 제자들을 파송하실 때도 동일한 말씀을 하셨다.

> [마 10:14-15 (열두 제자)] 누구든지 너희를 영접하지도 아니하고 너희 말을 듣지도 아니하거든 **그 집이나 성에서 나가 너희 발의 먼지를 떨어 버리라** 내가 진실로 너희에게 이르노니 심판 날에 소돔과 고모라 땅이 그 성보다 견디기 쉬우리라

> [눅 10:10-12 (칠십 인의 제자들)] 어느 동네에 들어가든지 너희를 영접하지 아니하거든 그 거리로 나와서 말하되 **너희 동네에서 우리 발에 묻은 먼지도 너희에게 떨어 버리노라** 그러나 하나님의 나라가 가까이 온 줄을 알라 하라 내가 너희에게 말하노니 그 날에 소돔이 그 동네보다 견디기 쉬우리라

여기서 '떨어 버리다'('에크티낙사테')라는 단어는 부정 과거 명령형이다. 부정 과거 명령형은 단 한 번의 행동으로 끝내는 경우에 사용된다. 따라서 주님의 말씀은 '미련을 두지 말고 단호하게 먼지를 떨어 버리라'는 의미이다. 당시 경건한 유대인들은 외국 여행에서 본국으로 돌아올 때 이교도 지역의 흙을 묻혀 들어오는 것을 부정하게 여겨 신발을 터는 관습이 있었다.

주님의 말씀은 제자들을 영접하지 않는 사람들을 이교도 취급을 하라는 의미이다. 그들이 복음을 받아들이기를 거절한 어리석고 완악한 불신 행위는 소돔과 고모라의 범죄보다 더 악한 행위로 결국은 끔찍한 하나님의 심판을 당하게 된다.

2. 사도들이 실천한 사례이다

사도 바울과 바나바도 선교할 때 주님과 열두 제자와 칠십 인의 제자들과 똑같이 이 원리를 따라 실천했다.

바울과 바나바는 제1차 선교여행 때 비시디아 안디옥으로 가서 복음을 전했는데, 유대인들의 강력한 시기와 질시와 반대를 받게 되었다. 그때 바울과 바나바는 담대하게 행동한다.

> [행 13:45-46, 52-53] 유대인들이 그 무리를 보고 시기가 가득하여 바울이 말한 것을 반박하고 비방하거늘 바울과 바나바가 담대히 말하여 이르되 **하나님의 말씀을 마땅히 먼저 너희에게 전할 것이로되** 너희가 그것을 버리고 영생을 얻기에 합당하지 않은 자로 자처하기로 **우리가 이방인에게로 향하노라** … 이에 유대인들이 경건한 귀부인들과 그 시내 유력자들을 선동하여 **바울과 바나바를 박해하게 하여 그 지역에서 쫓아내니 두 사람이 그들을 향하여 발의 티끌을 떨어 버리고** 이고니온으로 가거늘

바울과 바나바는 대적하는 유대인들에게 더 이상 복음을 전하려고 하지 않았다. 유대인들이 거룩한 복음의 진주를 발로 짓밟고 돌이켜 그들을 찢어 상하게 했기 때문이다.

거의 똑같은 일이 바울의 제2차 선교여행 시에 고린도에서 일어났고, 바울은 동일하게 행동한다.

> [행 18:6] 그들이(유대인들이) 대적하여 비방하거늘 **바울이 옷을 털면서 이르되 너희 피가 너희 머리로 돌아갈 것이요 나는 깨끗하니라 이후에는 이방인에게로 가리라**

바울은 로마에서 유대 지도자들이 자신이 전하는 복음을 거부했을 때도 똑같이 행동한다.

> [행 28:28] 그런즉, **하나님의 이 구원이 이방인에게로 보내어진 줄 알라 그들은 그것을 들으리라** 하더라

유대인들은 개와 돼지들처럼 거듭해서 등을 돌리고 반대하고 대적하면서 복음의 진주를 발로 짓밟아 버렸다. 그러자 바울은 그들로부터 돌아서서 다시는 그들에게 복음을 전하지 않았다.

그는 자신을 반대하면서 진리를 대적하는 유대인들에게 등을 돌리고 이방인들에게로 나아가 복음을 전하는 이방인의 대(大) 사도가 되었다. 바울은 복음 진리를 대적하는 유대인 율법주의자들을 가리켜서 행악하는 '개들'이라고 말하면서 성도들에게 '그들을 삼가라'고 경고했다.

[빌 3:2] **개들을 삼가고 행악하는 자들을 삼가고 몸을 상해하는 일을 삼가라**

복음 진리와 그 진리를 믿는 믿음은 모든 사람의 것이 아니다. 오직 자기 생각과 경험과 고집을 과감히 버리고 하나님의 말씀 앞에 겸손히 무릎 꿇고 그 말씀으로 자신을 변화시키려고 성령을 철저히 의지하며 애쓰는 사람에게만 자기의 것이 된다.

그리하여 그 사람은 깊은 진리와 깊은 은혜의 자리로 들어가는 큰 믿음을 소유하게 된다.

[살후 3:2] 또한 우리를 **부당하고 악한 사람들**에게서 건지시옵소서 하라 **믿음은 모든 사람의 것이 아니니라**

우리가 복음의 진주를 전해주지 말아야 할 개와 돼지는 구체적으로 어떤 사람들인가?

존 스토트 목사님은 그들에 대해 이렇게 설명한다.

> 우리가 복음의 진주를 함께 나누도록 허락이 되지 않은 개와 돼지는 그저 예사롭게 믿지 않는 자들이 아니다.
> 그들은 좋은 것을 단호하게 거절했던 자임이 틀림없다.

이어서 그는 종교개혁자 칼빈의 말을 인용한다.

> 개와 돼지는 모든 종류의 타락한 사람들, 즉 하나님에 대한 두려움과 참된 경건함이 없는 사람들에게 주어진 이름이 아니다.
> 하나님에 대한 강한 멸시를 명백한 증거로써 나타냄으로 그들의 질병이 치료될 수 없는 듯이 보이는 사람들에게 주어진 이름이라는 것은 말할 나위도 없다.

그리고 이렇게 결론을 맺는다.

> 그러므로 우리 그리스도인의 증거와 복음 전파가 완전히 무분별해서는 안 된다.
> 만약 사람들이 진리를 들을 수 있는 충분한 시간이 있었는데도 응하지 않는다면, 만약 그들이 완강하게 그리스도를 저버린다면, 만약 그들이 개와 돼지처럼 행동한다면 우리는 계속해서 그들과 함께해서는 안 된다.
> 왜냐하면, 그렇게 할 때 우리는 그들로 하여금 하나님의 복음을 짓밟게 함으로 말미암아 그 복음을 값싸게 하기 때문이다.
> 하나님의 값진 진주를 무가치한 것으로 잘못 알아 사실상 그것을 짓밟아 진흙 속에 쳐 넣는 것보다 더 타락할 수 있을까?

그러나 존 스토트 목사님은 이 주님의 가르침이 예외적인 상황을 위한 것임을 지적한다.

> (개와 돼지에게 복음의 진주를 주어서는 안 되지만) 동시에 우리가 사람들을 포기한다는 것은 쉽사리 취할 수 없는 중대한 조처다. 나의 경험으로는 내가 그것이 적절하다고 느꼈던 경우는 불과 한두 번이었다고 생각한다.
> 주님의 이러한 가르침은 다만 예외적인 상황을 위한 것이다.
> 우리 그리스도인의 일반적인 의무는 하나님께서 우리를 인내하시며 참으시는 것처럼 다른 사람들에 대해 인내하며 참는 것이다.

복음주의 신약 신학자 카슨 교수(D.A. Carson, 1946-) 역시 같은 지적을 한다.

> 주님께서 요구하시는 것은 신중함이다. 신중함의 본질은 단순히 원칙만 가지고는 틀림없는 해답을 찾을 생각을 하지 말아야 한다는 것이다.
> 또 우리는 주님의 본을 따르려고 노력하면 좋을 것이다. 그분은 각 사람에 따라, 각 그룹에 따라 다른 접근법을 사용하셨는데, 이것을 연구하면 정말 유익할 것이다.
> 그리스도인들은 주님의 반응 가운데 양쪽 다 따라야 한다. 어느 한쪽을 희생하고 다른 한쪽을 따르면 따를수록 불균형의 위험은 그만큼 더 커지고 더 신중하고 그리스도를 닮아야 하는 필요가 더 커진다고 여겨진다.

카슨 교수는 이렇게 결론을 짓는다.

> 우리는 성경적인 계시의 진리를 다룰 때 조심해야 한다. (주님의) 이 진리들은 거룩한 것이며 무비판적으로 아무 데나 뿌려져서는 안 된다.
> 그리스도인들은 분별력과 영적인 신중함을 배워, 자신들의 진주를 무모하게 버리듯이 뿌리지 않도록 조심해야 한다. 생각이 깊고, 조심스럽게, 그리고 책임성 있게 전략을 잘 세워 (복음을) 전해야 한다.

카슨 교수는 자신의 개인적인 경험을 소개한다. 카슨 교수에게 모욕을 주고 논쟁하고 비웃으려고만 하는 사람이 있었다. 그런데도 카슨 교수는 수년에 걸쳐 그 사람에게 기독교 신앙을 설명하고 그리스도를 소개했다.

그런데 그런 생각이 시간이 지남에 따라 점점 사라져 가고 결국은 하나도 없어지는 경험을 했다. 카슨 교수가 수년에 걸쳐 힘썼던 모든 노력은 아무것도 이루어 놓은 것이 없었다. 오히려 그 시간과 에너지를 다른 곳에 사용했더라면 훨씬 좋은 결과를 가져왔을 뻔한 기회가 여러 번 있었다.

사랑하는 성도 여러분!
우리는 비판에 있어서 반드시 균형 잡힌 시각과 태도를 가져야 한다.

다른 사람들의 잘못을 바라볼 때 정죄하거나 비판하지 말라. 그와 동시에 마음을 다하여 진리와 의를 사랑하라. 죄악에 대해 모른척하거나 거짓을 용납하거나 불의와 적당히 타협하지 말라.

먼저 여러분의 눈에 있는 들보를 뽑은 후 형제의 눈에 있는 티를 겸손과 온유, 공감과 이해심, 연민의 마음과 관대함으로 조심스럽게 뽑아 주라.

사랑 안에서 참된 것을 말하라. 온유한 심령으로 형제의 짐들을 져주면서 그리스도의 사랑의 법을 성취하라. 그리고 영적 분별력을 가지고 고귀한 복음을 값싸게 취급하거나 복음이 경멸당하거나 농락되지 않도록 특별히 조심해서 다루라. 거룩한 것을 개에게 주지 말라. 자신의 고귀한 진주를 돼지 앞에 던지지 말라.

우리가 비판에 있어서 균형 잡힌 성경적 시각과 태도로 올바르게 행동할 때 현세에서뿐만 아니라 내세에서도 영원토록 복되고 영광스러운 삶을 살게 될 것이다.

제44장

구하라, 찾으라, 두드리라

[마 7:7-11] 구하라 그리하면 너희에게 주실 것이요 찾으라 그리하면 찾아낼 것이요 문을 두드리라 그리하면 너희에게 열릴 것이니 구하는 이마다 받을 것이요 찾는 이는 찾아낼 것이요 두드리는 이에게는 열릴 것이니라 너희 중에 누가 아들이 떡을 달라 하는데 돌을 주며 생선을 달라 하는데 뱀을 줄 사람이 있겠느냐 너희가 악한 자라도 좋은 것으로 자식에게 줄 줄 알거든 하물며 하늘에 계신 너희 아버지께서 구하는 자에게 좋은 것으로 주시지 않겠느냐

짧고 유한한 인생을 사는 우리는 늘 하나님의 최종 심판을 의식하고 철저히 대비하며 살아야 한다. 주님께서는 산상수훈 결론 부분인 마태복음 7장에서 하나님의 심판에 대해 거듭 말씀하신다.

이 세상에서 하나님의 최종 심판을 철저히 대비하며 살기 위한 필수적인 요소는 바로 기도이다.

주님께서는 이 사실을 산상수훈의 결론 부분인 마태복음 7장에서 분명히 말씀하신다. 주님께서는 7장 앞부분에서 하나님의 심판을 받지 않도록 '비판하지 말라'고 말씀하신다(7:1-5).

이어서 기도 응답에 대한 약속들을 통해서 기도하도록 촉구하신다(7:7-11). 그리고 다시 '좁은 문'과 '넓은 문', '거짓 선지자'와 '참 선지자', '나쁜 나무'와 '좋은 나무', '반석 위에 지은 집'과 '모래 위에 지은 집'의 비유들을 통해 하나님의 심판에 대해 계속 말씀하신다.

이런 마태복음 7장의 구조를 볼 때 기도는 우리가 하나님의 최종 심판을 준비하는 데 있어서 필수 요소인 것을 분명히 알 수 있다.

마태복음 7:7-11에 나오는 기도 응답에 대한 주님의 약속은 문맥에 따라 해석해야 한다. 주님께서는 7장 앞부분에서 하나님의 심판을 받지 않으려면 '비판하지 말라'고 하신다. 이어서 "거룩한 것을 개에게 주지 말며, 너희 진주를 돼지 앞에 던지지 말라"고 하신다.

우리가 어떻게 형제에게 파괴적인 비판을 하지 않을 수 있는가?
누가 형제고, 누가 개돼지인지를 우리가 어떻게 분별할 수 있는가?
오직 기도를 통해서 하나님의 지혜와 도우심을 받을 때만 가능하다.

> [마 7:7] **구하라** 그리하면 너희에게 주실 것이요 **찾으라** 그리하면 **찾아낼** 것이요 **문을 두드리라** 그리하면 너희에게 열릴 것이니

> [약 1:5] 너희 중에 **누구든지 지혜가** 부족하거든 모든 사람에게 후히 주시고 꾸짖지 아니하시는 **하나님께 구하라** 그리하면 **주시리라**

『천로역정』의 저자, 청교도 존 번연(John Bunyan, 1628-1688)은 고백한다.

> 기도는 죄를 끊게 하고, 죄는 기도를 끊게 한다.

주님께서도 우리가 하나님의 최종 심판을 받지 않도록 비판하지 말라고 하신 후 즉시 기도 응답에 대한 약속들을 말씀하신다. 그리고는 7장의 나머지 부분에서 계속 하나님의 최종 심판의 비유들을 말씀하신다.

그렇게 하시는 이유는 우리가 하나님의 최종 심판을 승리자로 통과하기 위해서는 오직 기도를 통하여 하나님의 지혜와 도우심과 능력을 받을 때만 가능하기 때문이다.

마태복음 7장의 문맥은 하나님의 심판 → 기도 → 하나님의 심판으로 되어 있다. 주님께서는 이미 마태복음 6장에서 기도에 관한 교훈을 하셨다 (6:5-15). 외식하는 기도와 중언부언하는 기도를 금지하셨고, 또 기도의 모델로서 주기도를 가르쳐주셨다.

그리고 본문에서 기도 응답의 놀라운 축복을 거듭 강조하시면서 기도할 것을 강력하게 촉구하신다. 우리의 기도가 응답 된다는 확신보다 더 기도

하도록 우리를 독려하고 우리를 기도의 자리로 강하게 끌어당기는 것은 없기 때문이다.

주님께서는 하나님의 응답을 받을 수 있는 기도를 세 가지로 표현하신다.

> [마 7:7] **구하라** 그리하면 너희에게 주실 것이요 **찾으라** 그리하면 찾아낼 것이요 문을 **두드리라** 그리하면 너희에게 열릴 것이니

'구하라, 찾으라, 두드리라'라는 것은 구별된 세 가지 종류의 기도를 가리키는 것이 아니라, 기도를 더욱 강조하시고 더 적극적으로 기도하도록 삼중으로 강조하시는 것이다. 뒤로 갈수록 간절함과 끈질김과 집념이 상승하면서 기도의 강도가 높아지고 있다. '구하라', '찾으라' '두드리라'라고 반복하시는 것은 기도할 때 간절하고 끈질기게 기도할 것을 강조하시기 위해서이다.

'구한다'('아이테이테')라는 단어는 자신의 결핍을 인식하고 꼭 가져야겠다는 마음의 소원을 가지고 결핍을 채워주시도록 하나님께 간곡하게 호소하는 것을 의미한다. '구한다'라는 말에는 하나님 앞에서의 겸손과 하나님께 대한 믿음을 전제로 한다. 우리에게 자기 결핍을 인식하는 겸손과 우리의 결핍을 채워주시리라는 하나님께 대한 믿음이 없이는 결코 구할 수 없기 때문이다.

'찾는다'('제테이테')라는 단어는 구하는데 그치지 않고 구하는 것을 얻기 위해 구체적으로 행동에 옮기는 것이다. 진정한 기도는 하나님께 호소하는 것으로 그치지 않고 자기의 필요를 충족시키기 위해 힘써 노력하는 것이다.

예를 들면 하나님을 인격적으로 만나기를 구하는 사람은 힘써 하나님을 간절히 찾아야 한다. 직장에 취직하기를 구하는 사람은 하나님을 의지하면서 힘써 노력하면서 여러 직장을 알아봐야 한다.

그리고 '두드린다'('크루에테')라는 단어는 구하는 것을 얻기까지 믿음으로 바라고 인내하며 기다리는 것, 즉 믿음의 싸움을 하면서 기도하고 끝까지 견디며 낙심하지 않는 것이다.

'구하라, 찾으라, 두드리라'라는 단어의 시제는 현재 능동 명령형이다. 헬라어에서 현재 시제는 반복을 나타내고, 능동형은 적극적인 행동을 나타낸

다. 주님께서는 반복하여 적극적으로 구하고, 거듭하여 적극적으로 찾으며, 계속해서 적극적으로 문을 두드리라고 명령하신다.

이렇게 현재 시제로서 계속 행위를 묘사한다는 것 자체가 기도의 열정과 끈기와 집념을 강조하고 있다. 받을 때까지 구하고, 찾을 때까지 찾고, 문이 열릴 때까지 두드리는 것을 의미한다. 우리가 구하고, 찾고, 두드리면 반드시 얻고, 찾고, 문이 열리는 것을 체험하게 된다. 간절히 끈질기게 기도하면 하나님은 반드시 응답하신다.

"구하라, 찾으라, 두드리라"는 말씀은 응답하실 때까지 어떤 인간적인 반대와 장애물과 마귀의 시험 가운데서도 결코 좌절하거나 의심하지 말고 응답을 사모하면서 더 간절히 더 끈질기게 기도하라는 말씀이다. 에스더처럼 "죽으면 죽으리라"라는 굳센 각오로 끈질기게 기도하는 것이다.

얍복 강가에서 천사와 씨름했던 야곱처럼 "당신이 내게 축복하지 아니하시면 결코 가게 하지 아니하겠나이다"라는 굳센 결심으로 하나님이 응답하실 때까지 포기하지 않고 계속해서 집요하게 기도하는 것이다. 이렇게 하나님이 응답하시는 기도의 핵심은 계속해서 구하고 찾고 두드리는 간절함과 끈기와 집념에 있다.

주님께서는 본문을 잘 이해할 수 있도록 병행 구절인 누가복음 11장에서 '밤중에 떡을 빌리러 온 친구의 비유'를 그 배경으로 드신다. 어떤 사람에게 한밤중에 친구가 찾아왔지만, 대접할 빵이 하나도 남아 있지 않았다. 그는 근처에 있는 다른 친구 집을 찾아가서 빵 세 덩이를 빌려달라고 요청한다.

친구의 요청에 잠을 깬 동네 친구는 너무 귀찮고 언짢았기에 단호하게 거절한다. 그러나 빵을 빌리러 온 사람은 빈손으로는 돌아갈 수가 없기에 굶주린 친구를 위해 끈질기게 문을 두드리며 간청했고, 결국 이웃 친구는 문을 열고 빵을 빌려주었다. 주님께서는 그 이유를 설명하신다.

[눅 11:8] 내가 너희에게 말하노니 **비록 벗됨으로 인하여서는 일어나서 주지 아니할지라도 그 간청함을 인하여 일어나 그 요구대로 주리라**

여기서 '간청함'('아나이데이아')이라는 단어는 "끈질기게 조른다. 부끄러움도 모르고 뻔뻔스럽게 요청한다"는 뜻이다.

예수님 당시 근동의 거지들은 이렇게 간청하며 요청했다. 그들은 처음에 여지없이 거절당하는 수모를 맛보지만, 뒤로 물러서지 않았다. 매정하게 거절당해도 꼼짝하지 않고 계속 구걸했다. 그러면 아무리 매정한 사람도 결국 귀찮아서 거지에게 지고 만다. 친구가 빵을 빌릴 수 있었던 것은 염치불구하고 간곡히 구했기 때문이다. 빵을 빌려줄 때까지 끝까지 끈질기게 간청했기 때문이다.

신약 신학자 요아킴 예레미야스는 『비유』(PARABLES)에서 "예수님은 거지의 지혜를 제자들에게 적용하신 것이다"라고 했다.

주님께서 이 비유를 말씀하신 이유가 있다. 응답받는 기도는 간절함과 열정과 끈기와 집념을 가지고 기도하는 것임을 가르쳐 주시기 위해서였다. '밤중에 떡을 빌리러 온 친구의 비유'를 말씀하신 후 주님께서는 즉시 이렇게 덧붙이셨다.

> [눅 11:9-10] 내가 또 너희에게 이르노니 **구하라** 그러면 너희에게 주실 것이요 **찾으라** 그러면 찾을 것이요 **문을 두드리라** 그러면 너희에게 열릴 것이니 구하는 이마다 받을 것이요 찾는 이가 찾을 것이요 두드리는 이에게 열릴 것이니라

이 세상의 친구도 끈질기게 요청할 때 심히 귀찮고 언짢았지만, 한밤중에 깨어 일어나 빵을 빌려주었다.

하물며 하나님 아버지께서 사랑하는 자녀들의 간절한 간청의 기도를 왜 기쁘게 응답해주시지 않겠는가?

하나님은 반드시 응답해주신다. 응답받는 기도의 본질은 '끈질긴 간청'에 있다. 응답받기를 진정으로 원한다면 하나님은 반드시 응답하신다는 하나님의 약속을 믿고 간절히 사모하며 끝까지 간구해야 한다. 응답의 확신을 가지고 열심히 끈질기게 기도해야 한다. 응답받는 기도는 어떤 역경과 장애물과 난관에도 불구하고 포기하지 않고 하나님께 매달리며 끈질기게 기도하는 것이다.

일평생 5만 번의 기도 응답을 받았다는 조지 뮬러는 고백한다.

> 하나님의 자녀들의 큰 과오는 그들이 기도를 계속하지 않는다는 것이다. 그들은 꾸준히 기도하지 않고, 끈기 있게 기도하지 않는다. 하나님의 영광을 위하여 무엇이든 갈망한다면 그것을 얻을 때까지 기도해야 한다.
> 아! 우리가 상대하는 분은 얼마나 선하시며, 친절하시며, 은혜로우시며, 자신을 낮추시는가?
> 그분은 나처럼 무가치한 사람에게도 구하거나 생각한 것보다 측량할 수 없이 더 많이 주셨다.

그러면서 조지 뮬러는 자기 기도에 대해서 이렇게 말한다.

> 저는 하루에 몇 시간 기도합니다. 그리고 기도하는 마음으로 삽니다. 걸으면서도 기도하고 누워서도 기도하고 일어날 때도 기도합니다. 그리고 항상 응답받고 삽니다.

조지 뮬러는 하나님의 응답이 더디게 나타날 때 우리가 해야 할 중요한 것은 그 기도를 쉬지 아니하고 계속하는 것이라고 강조했다.
주님께서는 본문에서 기도 응답받기 위해 우리가 명심해야 할 중요한 원칙을 말씀하신다.

1. 기도 응답에는 반드시 하나님의 때가 있다

> [마 7:7] **구하라** 그리하면 너희에게 주실 것이요 **찾으라** 그리하면 찾아낼 것이요 문을 **두드리라** 그리하면 너희에게 열릴 것이니

왜 우리가 받을 때까지 반복해서 구하고, 찾을 때까지 거듭해서 찾고, 문이 열릴 때까지 계속해서 두드려야 하는가?
왜 간절함과 끈기와 집념을 가지고 인내하며 기도해야 하는가?

기도를 응답하시는 하나님의 때가 있기 때문이다. 하나님의 응답의 때는 좋은 것을 주시기 위해서 우리를 준비시키는 기간이다. 그래서 우리는 기도 응답이 자주 지체되는 것처럼 느껴진다.

자녀를 사랑하는 부모는 철없는 자녀들이 요구하는 것을 다 들어주지 않고, 또 요구하자마자 금방 들어주지 않는다. 마음으로는 다 해주고 싶고 빨리해주고 싶어도 자녀의 유익을 위해서 필요한 것을 선별하여 해주고, 가장 적절한 때에 해준다.

우리를 사랑하시는 하나님께서도 우리의 진정한 유익을 위해서 그렇게 하신다. 믿음의 그릇을 준비시키기 위해서 가장 적절한 응답의 때를 인내하며 기다리시는 것이다. 이런 하나님의 마음을 잘 보여주는 성경 구절이 있다.

> [사 30:18] 그러나 여호와께서 기다리시나니('하카': 인내심을 가지고 기다리는 것) 이는 너희에게 은혜를 베풀려 하심이요 일어나시리니 이는 너희를 긍휼히 여기려 하심이라 대저 여호와는 정의의 하나님이심이라 그를 기다리는('하카') 자마다 복이 있도다

아무리 기도해도 응답이 없는 것처럼 느껴질 때 하나님께서 역사하지 않으시는 것이 아니다. 하나님께서 기도 응답의 놀라운 축복을 주시기 위해 우리 믿음의 뿌리를 깊이 내리고 단단하게 내리며 넓게 뻗어가도록 연단하시는 훈련의 기간이다. 아무리 기도해도 응답이 없어서 낙심되고 지쳐갈 때 반드시 기억해야 할 사실이 있다.

기도할 때 가장 좋은 것을 주시기 원하시는 하나님의 사랑과 무엇이 가장 좋은지 아시는 하나님의 지혜와 그것을 이루실 수 있는 하나님의 능력이다. 그때 우리는 하나님의 때를 인내하고 기다리면서 믿음의 큰 그릇을 준비하게 될 것이다. 그 결과 우리의 신앙의 깊이는 더 깊어가고 우리의 인격은 더욱더 주님을 닮아가게 될 것이다.

2. 우리의 기도의 대상인 하나님을 아버지로 인식해야 한다

[마 7:9-11] 너희 중에 누가 **아들이 떡을 달라 하는데** 돌을 주며 생선을 달라 하는데 뱀을 줄 사람이 있겠느냐 너희가 악한 자라도 좋은 것으로 **자식에게 줄 줄 알거든** 하물며 **하늘에 계신 너희 아버지께서** 구하는 자에게 좋은 것으로 주시지 않겠느냐

기도할 때 하나님을 나의 아버지로 인식하는 것은 중요한 기도의 원칙이다. 주님께서는 땅의 아버지와 하늘의 아버지를 대조하여 말씀하시는 것이다. 기도는 나의 아버지이신 하나님께 구하고, 찾고, 두드리는 것이다. 우리는 머리로는 이 사실을 잘 알지만, 실제로는 알지 못하기에 삶에서 문제가 생기면 하나님의 사랑을 의심하고, 또 기도 응답이 없으면 염려와 실망과 절망에 빠진다.

우리가 예수 그리스도를 구주와 주님으로 믿고 영접할 때 얻는 축복 가운데 가장 놀라운 축복이 있다. 하나님을 '아버지'로 담대하게 부를 수 있는 권세를 얻게 되는 것이다. 하나님께서 우리에게 '양자의 영'이신 성령을 주셔서 '아빠 아버지'라 부르게 하신다.

[요 1:12] 영접하는 자 곧 그 이름을 믿는 자들에게는 하나님의 자녀가 되는 권세를 주셨으니

[롬 8:15] 너희는 다시 무서워하는 종의 영을 받지 아니하고 양자(養子)의 영을 받았으므로 우리가 아빠 아버지라고 부르짖느니라

그러기에 우리는 나의 아버지이신 하나님께서 자녀인 나와 특별한 관계에 있으며, 자녀인 나를 특별히 대우하신다는 확신을 가져야 한다. 이 확신은 아버지 하나님은 내게 지대한 관심을 가지시며, 나를 염려하시고 돌보시며, 나에 대해 특별한 계획과 목적을 갖고 계시며, 항상 내가 잘되기를 원하시고 나를 축복하시고 도우시기를 바라고 계신다는 확신이다. 우리는 자녀로서 담대함과 확신을 가지고 하나님 아버지께 나아가 구하고, 찾고, 두드리는 것이다(엡 3:12).

하나님의 자녀인 우리가 아버지이신 하나님께 담대함과 확신을 가지고 나아가 구하고, 찾고, 두드리면서 요청할 때 아버지께서는 반드시 우리 요청에 응답하신다.

그래서 때로는 하나님 아버지께서 자녀인 우리의 간구를 들으시고 당신의 뜻을 바꾸기도 하신다. 육신의 아버지도 자녀가 간절히 구하면 때로는 자기 뜻을 바꾸고 자녀의 소원과 요청을 들어주는 것처럼 하나님 아버지께서도 때로는 그렇게 하신다.

히스기야 왕이 30대 후반의 나이에 죽을병에 걸렸을 때, 그는 심히 통곡하며 기도했다. 그때 하나님께서는 깨끗이 치료해 주시고 생명을 15년 더 연장해주셨다(왕하 20:5-6). 이렇게 선하시고 너그러우신 아버지 하나님께서는 때로는 우리의 간절한 기도를 들으시고 당신의 뜻을 바꾸기도 하신다. 하나님은 참 좋으신 우리 아버지시다.

3. 하나님께서는 결코 과오를 범하지 않으시고 반드시 좋은 것을 주신다

하나님께서는 모든 것을 아시는 전지하신 하나님이시기에 결코 과오를 범하지 않으신다. 하나님 아버지는 우리의 완전하고 완벽한 아버지시다. 죄악 되고 연약한 우리 육신의 아버지와 같은 분이 결코 아니다. 하나님께서는 잠시 좋아 보이고, 겉으로는 좋아 보여도 우리에게 해가 될 만한 것은 결단코 주시지 않는다.

하나님께서는 독생자 예수 그리스도를 주시기까지 우리를 극진히 사랑하시고, 세밀하게 보살피시며, 주목하시는 참 좋으신 우리 아버지이시다. 그래서 우리에게 악한 것은 무엇이든지 주지 않으시고, 오직 선하고 좋은 것만 주신다.

> [마 7:9-11] 너희 중에 누가 아들이 떡을 달라 하는데 돌을 주며 생선을 달라 하는데 뱀을 줄 사람이 있겠느냐 **너희가 악한 자라도 좋은 것으로 자식에게 줄 줄 알거든 하물며 하늘에 계신 너희 아버지께서 구하는 자에게 좋은 것으로 주시지 않겠느냐**

인류의 조상 아담의 타락으로 인해 인간은 누구나 본성적으로 악해졌다. 그런 죄악 된 성향에도 불구하고 자기 자식에는 무조건적인 사랑을 베푸는 것이 부모의 보편적인 본성이다.

정상적인 아버지 가운데 아들이 떡을 달라고 하는데 돌을 주며, 생선을 달라고 하는데 뱀을 주는 아버지가 세상에 어디에 있는가?

심지어 악독한 육신의 아버지라 할지라도 자기 자녀들에게는 나쁜 것을 주지 않고 좋은 것을 준다.

어느 목사님이 박정희 정권의 유신독재 시대 때 반정부 운동을 하다가 중앙정보부에 끌려가서 고문을 당했다. 고문하는 사람들이 얼마나 냉혈한이고 잔인한지 그 목사님은 고문당하면서 '저 사람들은 인간이 아니구나! 짐승이구나!' 그런 생각을 했다고 한다. 그런데 고문을 하다가 잠시 쉬는 시간에 한 사람이 자기 동료에게 걱정하는 이야기를 듣게 되었다.

"오늘 우리 딸이 예비고사를(수능시험을) 보는데 시험을 잘 보는지 모르겠어. 실수하지 않고 잘 보아야 할 텐데."

그 이야기를 듣는 순간 그 목사님은 '저 사람, 짐승이라고 생각했는데 저 사람도 인간이구나!' 이렇게 악독한 육신의 아버지라 할지라도 자기 자녀가 잘되기를 원하고 자기 자녀에게 좋은 것을 준다.

하물며 완전히 선하고 자비로우신 하나님 아버지께서 자녀 된 우리가 간절히 기도할 때 어떻게 좋은 것으로 응답하지 않겠는가?

> [마 7:11] 너희가 악한 자라도 좋은 것('도마타 아가다')으로 자식에게 줄 줄 알거든 하물며 하늘에 계신 너희 아버지께서 구하는 자에게 좋은 것('아가다')으로 주시지 않겠느냐

여기서 인간 부모가 자식에게 주는 '좋은 것'('도마타 아가다')은 '좋은 선물들(good gifts)'로서 부모가 자식에게 줄 수 있는 떡과 생선과 같은 상대적으로 유익한 것을 가리킨다.

그러나 하나님 아버지께서 당신의 자녀에게 주는 '좋은 것'('아가다')은 그 내용이 제한받지 않는 '좋은 것 그 자체(good things)'를 가리킨다. 이것은 하나님께서 우리의 기도의 응답으로 주시는 것이 매우 광범위함을 보여준다.

본절과 병행 구절인 누가복음 11:13에서는 좋은 것을 '성령'으로 말씀하신다. 하나님께서 자녀인 우리에게 주시는 좋은 것은 매우 다양하지만, 그 가운데서도 가장 유익하고 가장 좋은 것은 성령임을 알 수 있다.

왜냐하면 우리의 구원, 성화, 하나님과 그분의 뜻을 아는 것, 회개, 믿음, 순종, 예배, 기도, 말씀 깨달음, 사역, 영적 전쟁의 승리 등, 이 모든 것이 성령 없이는 불가능하기 때문이다.

사랑하는 성도 여러분!

하나님의 지혜와 도우심을 받으면서 하나님의 최종 심판을 잘 준비하기를 원하는가?

여러분의 어려운 문제가 해결되고, 애타는 소원이 이루어지기를 간절히 원하는가?

그렇다면 다른 길이 전혀 없다. 오직 한 길밖에 없다.

열심히 구하라. 간절히 찾으라. 집요하게 두드리라. 기도와 간구와 인내의 땀과 눈물을 많이 흘리라. 하나님께서 응답하실 때까지 간절히, 끈질기게 기도하라. 무엇보다 기도를 통해 하나님과 깊은 사랑의 관계로 들어가라.

하나님과 친밀한 관계를 유지하면서 그분과 깊이 교제하는 삶을 살라. 그래서 하나님과 그분의 성품을 깊이 알아가라.

그때 여러분은 믿음의 큰 그릇을 준비하게 될 것이다. 여러분의 인격은 주님을 닮은 거룩하고 성결한 모습으로 변화되게 될 것이다.

그리고 하나님께서 기도 응답으로 베푸시는 놀라운 은혜와 축복을 체험하면서 기쁨과 감사가 넘치는 능력의 삶을 살게 될 것이다.

제45장

황금률

> [마 7:12] 그러므로 무엇이든지 남에게 대접을 받고자 하는 대로 너희도 남을 대접하라 이것이 율법이요 선지자니라

만사가 그렇지만, 원리와 원칙은 우리 신앙생활에서도 예외가 아니다. 우리 신앙생활에 있어서 정말 중요한 것은 성경의 원리원칙이다.

왜 우리 삶에 문제가 생기는가?

왜 우리가 문제를 해결하기 위해 애를 쓰지만 해결되지 않는가?

우리가 성경의 원리원칙대로 하지 않기 때문이다. 산상수훈에는 우리 신앙생활에 있어서 정말 중요한 두 가지 원칙이 나온다. 그것은 마 6:33과 7:12이다.

> [마 6:33] 그런즉, 너희는 먼저 그의 나라와 그의 의를 구하라 그리하면 이 모든 것을 너희에게 더하시리라

> [마 7:12] 그러므로 무엇이든지 남에게 대접을 받고자 하는 대로 너희도 남을 대접하라 이것이 율법이요 선지자니라

마태복음 7:12은 '황금률'(The Golden Rule)이라고 불리는 산상수훈의 가장 핵심적인 교훈이다.

'황금률'은 황금과 같이 값지고 귀한 규칙이라는 뜻이다. 제임스 보이스 목사님은 황금률을 가리켜서 "황금률은 사회 윤리의 최고 정상이요 … 모든 윤리적 가르침의 에베레스트이다"라고 했다. 황금률은 왕이신 하나님의

통치를 받는 하나님 나라 백성들이 이 땅에서 그 나라의 백성으로 살기 위한 삶의 원리며 규범이며 지침이다.

그렇다면 우리가 삶 속에서 황금률을 구체적으로 실천하며 살기 위해서는 어떻게 해야 하는가?

1. 황금률이 우리의 모든 인간관계의 핵심이 되어야 한다

『나와 너』(Ich und Du)라는 유명한 책을 쓴 종교철학자 마틴 부버(Martin Buber, 1878-1965)는 인간이 직면한 최대의 위기는 '관계의 위기'라고 했다.

> 현대인에게 찾아온 최대의 위기는 바로 인간관계에서부터 일어나고 있는 갈등에서 오는 관계의 위기이다.

로이드 존스 목사님 역시 같은 이야기를 한다.

> 현대의 모든 문제는 근원적으로 다른 사람들과의 관계의 문제이다.

환경의 어려움도 견디기 힘들지만, 훨씬 더 견디기 힘든 것은 인간관계의 어려움이다.

> [잠 17:1] 마른 떡 한 조각만 있고도 화목하는 것이 제육이 집에 가득하고도 다투는 것보다 나으니라

인간관계 속에서 일어나는 갈등과 어려움은 그 어떤 문제보다도 참고 견디기가 어렵다. 더구나 산업화와 정보화, 그리고 도시화로 인하여 사람들의 마음은 이전보다 훨씬 더 각박해졌고 황폐해졌기에 삶 속에서 더 많은 문제와 갈등이 생긴다.

이렇게 빈번하게 일어나는 인간관계의 갈등과 문제를 해결하고 아름다운 관계를 이루며 살기 위해서는 반드시 황금률이 우리의 모든 인간관계의

핵심이 되어야 한다.

주님께서는 마태복음 5:17부터 7:12까지에서 당신이 완전하게 하신 구약의 여러 교훈을 구체적으로 설명하셨다.

마태복음 5:17이 어떻게 시작되고, 마태복음 7:12은 어떻게 끝나는가?

> [마 5:17] 내가 율법이나 선지자를 폐하러 온 줄로 생각하지 말라 폐하러 온 것이 아니요 **완전하게 하려 함이라**

> [마 7:12] 그러므로 무엇이든지 남에게 대접을 받고자 하는 대로 너희도 남을 대접하라 **이것이 율법이요 선지자니라**

주님께서는 구약을 완성하신 분으로서 황금률을 천국 윤리의 핵심과 천국 백성의 삶의 원리로 제시하셨다.

황금률은 '그러므로'로 시작된다. 황금률은 마태복음 5:17-7:11에서 주님이 말씀하신 구약의 여러 교훈의 총요약으로 주신 것이다. 주님께서는 황금률을 '율법이요 선지자'라고 말씀하신다. '율법과 선지자'는 구약성경 전체를 가리키는 관용적인 표현이기에 황금률은 구약의 가장 중요하고 핵심이 되는 교훈이다.

> [마 7:12] 그러므로 무엇이든지 남에게 대접을 받고자 하는 대로 너희도 남을 대접하라 ('가르': 왜냐하면) **이것이 율법이요 선지자니라**

주님께서는 마태복음 22장에서 우리가 지켜야 할 '가장 큰 계명'(The Great Commandment)으로 하나님 사랑과 이웃 사랑의 계명을 말씀하셨다. 이웃 사랑의 계명은 황금률과 같은 의미의 계명이다.

> [마 22:37-40] 예수께서 이르시되 네 마음을 다하고 목숨을 다하고 뜻을 다하여 주 너의 하나님을 사랑하라 하셨으니 이것이 크고 첫째 되는 계명이요 **둘째도 그와 같으니 네 이웃을 네 자신 같이 사랑하라** 하셨으니 이 두 계명이 온 율법과 선지자의 강령(綱領)이니라

이렇게 '황금률'은 모든 인간관계에 관한 구약성경 전체의 핵심이다. 구약에 나오는 인간관계에 관한 모든 말씀은 황금률을 알아야만 그 의미를 올바르게 이해할 수 있다.

황금률을 모르게 되면 서기관과 바리새인들처럼 율법을 문자적으로는 지키지만, 실제로는 율법을 폐하게 되는 치명적인 오류를 범하게 된다. 서기관과 바리새인들이 주님의 저주를 받았던 이유가 바로 거기에 있었다.

> [마 23:23-24] 화 있을진저 외식하는 서기관들과 바리새인들이여 너희가 박하와 회향과 근채의 십일조는 드리되 율법의 더 중한 바 정의와 긍휼과 믿음은 버렸도다 … 맹인 된 인도자여 하루살이는 걸러 내고 낙타는 삼키는도다

서기관과 바리새인들의 근본적인 문제가 무엇인가?

하나님께서 율법을 주신 목적과 의도와 정신을 무시하고 단순히 율법의 조문과 규칙을 지키는 그 자체에 초점을 두었다는 점이다. 율법은 '하라'와 '하지 말라'라는 항목을 모은 법전이나 규정집이 아니다.

우리가 진정으로 해야 할 것은 단순히 율법이 '하라'고 하는 것은 다 하고, '하지 말라'고 하는 것은 다 하지 않으면 되는 것이 아니다.

우리가 율법의 조문과 규칙을 세세히 지키는 것을 목적으로 삼고 율법을 기계적으로 다 지키면 율법에 순종한 것이 아니라는 것이다. 참으로 중요한 것은 하나님께서 율법을 주신 목적과 의도와 정신을 알고 거기에 일치하는 삶을 사는 것이다.

십계명의 제5계명에서부터 제10계명까지는 이웃과 관련된 율법의 핵심적인 부분이 기록되어 있다.

"부모를 공경하라, 살인하지 말라, 간음하지 말라, 도둑질하지 말라, 거짓말하지 말라, 탐내지 말라."

이 율법을 주신 하나님의 목적과 의도와 정신은 단순히 그 계명을 세세히 지키는 것이 결코 아니다. 이 모든 율법의 목적과 의도와 정신은 '네 이웃을 네 자신 같이 사랑하는 것'이다(마 22:39-40). 성경은 로마서 13:8-10에서 말씀하신다.

[롬 13:9-10] **간음하지 말라, 살인하지 말라, 도둑질하지 말라, 탐내지 말라** 한 것과 그 외에 다른 계명이 있을지라도 네 **이웃을 네 자신과 같이 사랑하라** 하신 그 말씀 가운데 다 들었느니라 사랑은 이웃에게 악을 행하지 아니하나니 그러므로 **사랑은 율법의 완성이니라**

그러므로 구약성경에서 율법으로 주신 모든 조항은 그것이 무엇을 하라고 명령하든 "네 이웃을 네 자신과 같이 사랑하라"라는 이 율법의 정신에 근거해서 지켜야 한다. 예를 들면 출애굽기 23:4에 보면 율법의 이런 조항이 나온다.

[출 23:4] 네가 만일 네 원수의 길 잃은 소나 나귀를 보거든 **반드시 그 사람에게로 돌릴지며**

이 율법 조항을 어떻게 지켜야 하는가?
우리가 원수의 길 잃은 소나 나귀를 보았을 때 단순히 그에게 돌려보내면 이 율법을 지킨 것인가?
아니다. 우리는 다음과 같이 생각하면서 지켜야 한다.

그 사람이 소나 나귀를 잃었기에 많이 속상해하고 큰 손실이 될 것이다. 만약 내가 그 사람 입장이 되면 나 역시 많이 속상해하고 큰 손실을 보게 될 것이다.
그때 잃어버린 내 소나 나귀를 다른 사람이 찾아서 내게 돌려주면 나는 얼마나 고마워할까?
그러니 그 사람이 비록 원수지만 나도 그 사람을 위해서 그렇게 해야지.

이렇게 율법의 정신에 근거해서 즉, 황금률의 정신으로 율법을 지키는 것이다.

2. 우리 자신을 하나님의 관점(觀點)으로 보아야 한다

우리가 하나님의 관점으로 자신을 보게 되면 얼마나 죄악 되고 허물 되고 부정한 자인가를 깊이 자각하게 된다. 이사야 선지자가 성전에서 하나님을 뵙게 되었을 때 그는 자신의 죄악 됨과 부정(不淨)함과 악함을 깊이 자각하게 되었다.

> [사 6:5] 그 때에 내가 말하되 화로다 나여 망하게 되었도다 나는 입술이 부정(不淨)한 사람이요 나는 입술이 부정한 백성 중에 거주하면서 만군의 여호와이신 왕을 뵈었음이로다 하였더라

하나님의 관점으로 자신을 볼 때 우리는 주님의 십자가 앞으로 나아가 모든 죄와 허물을 철저히 회개하게 된다. 그때 주님께서는 우리의 모든 죄를 용서해 주시고 사죄의 은총을 베푸신다.

우리는 주님 안에서 참된 자유 함을 누리게 되고, 자신을 소중히 여기게 되며, 있는 모습 그대로 자신을 용납하며 사랑할 수 있다.

이렇게 주님의 용서와 사죄의 은총을 체험한 사람만이 허물과 연약함이 많은 다른 사람들도 소중히 여기면서 그들의 있는 모습 그대로 용납하며 사랑할 수 있다.

주님께서는 황금률과 동일한 의미를 가진 이웃 사랑의 가장 큰 계명을 말씀하시면서 "네 이웃을 네 자신 같이 사랑하라"(마 22:39)고 하셨다. 인간은 누구나 자기 자신을 사랑한다.

그런데 타락한 인간의 자기 사랑은 대부분 잘못된 이기적인 사랑이다. 우리가 이웃을 참으로 사랑하기 위해서는 잘못된 이기적인 '자기 사랑'이 아니라 참된 하나님의 사랑으로 자신을 사랑할 수 있어야 한다.

이런 참된 사랑은 성령을 통해 하나님의 사랑을 실제로 경험한 사람만이 할 수 있다.

> [롬 5:5] 소망이 우리를 부끄럽게 하지 아니함은 **우리에게 주신 성령으로 말미암아 하나님의 사랑이 우리 마음에 부은 바 됨이니**

우리가 예수 믿고 구원받을 때 성령으로 말미암아 하나님의 사랑이 우리 마음에 부어진다. 그래서 우리는 참된 사랑으로 자기를 사랑하게 되고, 자기를 용납하며 자기를 인정하는 건강한 자존감을 느끼게 된다.

이 사실을 아신대 김준수 교수님은 이렇게 설명한다.

> 자기 용납과 자기 인정이 건강한 자존감을 형성하는 성경적 근거다. 자신을 용납한다는 의미는 하나님이 주신 자신의 외모, I.Q, 기질, 은사들을 감사하며 다른 사람들과 비교하지 않는 것이다.
> 하나님은 우리 모두를 독특한 존재로 지으셨기에 더 이상 자신을 비교하고 판단하지 않으며 자신의 부족하고 마음에 들지 않는 부분도 인정하고 수용하는 자세다.

이렇게 참된 사랑인 자기 용납과 자기 인정이 우리에게 가능할 때 우리도 이웃을 하나님께서 우리를 사랑하시는 것처럼 사랑할 수 있다.

반면에 자기 자신을 참된 사랑인 하나님의 사랑으로 사랑하지 못하는 사람은 이웃을 사랑할 수 없다. 다른 사람들과의 사이에서 갈등을 일으키고 문제를 일으키는 사람일수록 자신을 진정으로 사랑하지 못하고, 소중히 여기지 못하며, 있는 모습 그대로 자신을 용납하지 못한다.

어릴 때나 또 지금까지 살아오면서 사람들로부터 사랑받지 못했고 인정받지 못했던 사람들과 자신이 처한 환경이 매우 어렵고 각박했던 사람들은 참된 사랑으로 자신을 사랑하지 못하는 경우가 많이 있다. 그래서 다른 사람들도 사랑하지 못하고, 인간관계 속에서 여러 가지 갈등과 문제를 일으킨다.

우리는 하나님께서 나를 보시는 관점으로 나 자신을 보아야 한다. 범죄하여 타락한 우리는 하나님 앞에서 '티끌이나 재와 같은' 비천한 존재들이다(창 18:27). 죄인인 우리는 성경이 말씀하시는 것처럼 버러지 같고, 벌레 같고, 구더기같이 천하디천한 존재이다(사 41:14; 욥 25:6).

이렇게 우리는 하나님 앞에서 천한 존재이지만 하나님의 형상으로 창조되었다. 그리고 비록 타락으로 인하여 하나님의 형상이 많이 망가졌지만, 우리에게는 여전히 존귀한 하나님의 형상이 남아있다. 하나님께서는 당신의 형상으로 창조하신 인간을 참으로 사랑하신다.

그래서 당신의 가장 귀한 독생자 예수 그리스도를 이 땅에 보내셔서 우리 대신 십자가에 못 박아 죽이셨다.

그리고 우리가 회개하고 예수 그리스도를 구주와 주님으로 영접했을 때 우리의 모든 죄를 용서해 주시고 보배롭고 존귀한 당신의 자녀로 삼아주셨다. 우리는 십자가를 통해서 하나님이 얼마나 나를 사랑하시고 소중하고 존귀하게 여기시는지를 분명히 알 수 있다.

성 어거스틴은 이런 고백을 했다.

> 내가 도무지 이해할 수 없는 한 가지가 있다. 내가 하나님이라면 이 지구상에 살고 있는 모든 사람을 다 죽여 버렸을 것이다.
> 그런데 하나님은 나를 사랑하시되 마치 지구상에 나 혼자 밖에 없는 것처럼 사랑하신다. 주님은 내가 지구상에 살고 있는 유일한 사람이라 할지라도 나를 위해 기꺼이 그 생명을 버리셨을 것이다.

우리는 하나님께서 당신의 형상으로 창조하셨고, 또 그리스도 예수의 피로 구속하신 참으로 소중하고 존귀한 존재이다. 우리가 이런 하나님의 관점으로 자신을 볼 때 이기적인 사랑이 아니라 하나님의 사랑으로 자신을 사랑하게 된다. 그래서 나를 소중히 여기며, 나의 있는 모습 그대로 용납하면서 하나님이 원하시는 모습으로 변화시켜나가기 위해 은혜를 구하면서 노력하게 된다.

미국의 대표적인 기독교 작가인 맥스 루케이도는 말한다.

> 하나님은 당신을 있는 그대로 사랑하신다.
> 그러나 그대로 두시지는 않는다.
> 당신이 변화되기 원하신다. 하나님은 당신이 예수님처럼 되기 원하신다.

이렇게 하나님의 사랑으로 자신을 사랑하는 사람은 다른 사람들도 하나님의 사랑으로 사랑하게 된다. 그는 다른 사람들도 소중히 여기면서 있는 모습 그대로 그들을 용납하며 그들도 하나님이 원하시는 모습으로 변화될 수 있도록 기도하며 돕는다. 독일의 문호 괴테는 말한다.

> 상대방을 있는 그대로 대한다면, 그는 그 모습 그대로 남을 것이다.
> 그러나 자신이 기대하는, 더 바람직한 모습을 가진 것처럼 대한다면 그는 더욱 크고 나은 사람이 될 것이다.

3. 우리가 다른 사람들에게 원하는 바를 우리도 그들에게 해주어야 한다

역사적인 문헌을 보면 황금률과 유사한 교훈이 많이 있다. 주전 3세기경에 편집된 외경 토비트 4:15은 "네가 남에게 당하고 싶지 않은 일은 너도 남에게 행하지 말라"고 했다.

예수님 당시의 유명한 랍비 힐렐은 이교도가 자신이 한 발로 서 있는 동안에 율법 전체를 가르쳐 달라는 요청을 받았을 때 이렇게 대답했다.

> 네 자신에게 해가 되는 일은 결코 다른 사람에게도 행하지 말라. 그것이 율법 전체이다. 나머지는 그것에 대한 주석이다.

철학자 필로 역시 "네가 싫어하는 것을 남에게 행하지 말라"고 했다. 공자도 같은 교훈을 한다. "자기가 싫어하는 것을 남에게 베풀지 말라." 이 모든 교훈의 특징은 한결같이 부정적이고 소극적인 교훈이라는 것이다.

그러나 주님께서 말씀하신 황금률은 부정적이고 소극적인 의미가 아니라 긍정적이고 적극적인 의미를 담고 있다. 그 둘 사이에는 엄청난 차이가 있다. 주님의 황금률은 다른 어느 곳에서도 찾아볼 수 없는 독특하고 장엄한 교훈이다. 성경 주석가 윌리엄 바클레이는 말한다.

> 이전에는 이와 같은 언급이 한 번도 없었다. 이것은 새로운 가르침이요, 새로운 인생관이요, 새로운 의무규정이다.

주님께서 말씀하신 황금률은 "남들이 너희에게 하지 말았으면 하는 것들을 너희도 남에게 하지 말라"는 교훈보다 훨씬 차원이 높은 긍정적이고 적극적인 교훈이다.

내가 듣기 싫고, 하기 싫은 것은 다른 사람들도 똑같이 듣기 싫고, 하기 싫다. 반면에 내가 듣고 싶고, 하고 싶은 것은 다른 사람들도 똑같이 듣고 싶고, 하고 싶다. 그러므로 다른 사람이 나에 관한 좋지 않은 이야기를 하는 것이 싫다면, 나도 다른 사람에 대해 흉을 보거나 좋지 않은 이야기를 하는 것을 중단해야 한다.

다른 사람들이 나를 무시하거나 소홀히 대하는 것이 싫다면 나도 다른 사람들을 무시하거나 소홀히 대하지 말아야 한다. 내가 다른 사람들에게 존경받기를 원한다면 나도 다른 사람들을 존경해야 한다. 이것은 마치 메아리와 같다.

건너편 산을 향하여 "야호!" 소리치면 메아리가 되어서 "야호!"하고 우리에게 되돌아온다.

"나는 네가 싫다!"

소리치면 산도 역시 "나는 네가 싫다!"고 소리친다.

"나는 너를 사랑한다!"고 소리치면 산도 역시 "나는 너를 사랑한다!"고 소리친다.

"나는 너를 좋아한다!"고 소리치면 산도 "나는 너를 좋아한다!"고 메아리친다.

왜 우리가 하나님을 사랑하는가?

하나님이 먼저 우리를 사랑하셨기 때문이다.

왜 우리가 모든 것을 바쳐서 주님을 사랑하기 원하는가?

주님께서 먼저 당신의 모든 것을 다 바쳐서 우리를 사랑하셨기 때문이다. 이것은 다른 사람들과의 관계에도 그대로 적용이 된다. 내가 먼저 그 사람을 사랑하면 그 사람도 나를 사랑한다. 내가 먼저 그 사람을 이해하면 그 사람도 나를 이해한다. 내가 먼저 그 사람을 용납하고 용서하면 그 사람도 나를 용납하고 용서한다.

내가 먼저 그 사람을 위로하고 격려하면 그 사람도 나를 위로하고 격려한다. 내가 먼저 그 사람에게 친절을 베풀면서 인정하고 칭찬하면 그 사람도 나에게 친절을 베풀면서 나를 인정하고 칭찬한다. 이것이 바로 주님께서 주신 '황금률'의 원리며 법칙이다. 황금률을 실천하고 살 때 우리는 이웃 사랑에 관한 율법과 선지자, 즉 구약성경 전체를 다 이루게 된다.

> [마 7:12] 그러므로 무엇이든지 남에게 대접을 받고자 하는 대로 너희도 남을 대접하라 이것이 율법이요 선지자니라

우리는 다른 사람들의 허물과 잘못을 볼 때도 비판하지 말고 분별하면서 주님의 마음으로 불쌍히 여기고 그들을 위해 간절히 기도해야 한다.

만약 우리 자신이 그럴 때 다른 사람들이 우리도 그렇게 대해 주기를 원하지 않겠는가?

이용규 선교사님은 『더 내려놓음』에서 이런 이야기를 했다.

우리는 비판이나 질책 때문에 변화되는 것이 아니라 '격려와 사랑의 표현과 눈물의 중보기도'로써 변화되기에 우리는 판단을 버리고 분별할 줄 알아야 한다는 것이다. 그리고 지금 우리가 판단과 분별의 모호한 경계에 있다고 생각된다면 우리가 판단하는 그 사람에 대하여 긍휼의 마음을 가지고 안타까운 심정으로 주님 앞에 나아가 그를 위해 중보하며 기도하기를 원하는지 돌아봐야 한다고 했다.

사랑하는 성도 여러분!

주님께서 말씀하신 '황금률'을 늘 기억하고 삶 속에서 황금률을 구체적으로 실천하며 살 수 있도록 순간순간 성령의 도우심을 구하며 살자.

그때 우리는 인색하지 않고 항상 관대할 것이다. 무정하지 않고 항상 이해심이 있을 것이다. 무자비하지 않고 항상 자비로울 것이다. 그리하여 우리가 속한 가정과 교회와 직장과 사회에서 인간관계로 인하여 일어나는 여러 가지 갈등과 문제를 지혜롭게 극복하게 될 것이다.

그리고 사람들에게 힘과 용기와 기쁨과 축복을 가져다주는 하나님 나라의 거룩한 백성으로 살게 될 것이다. 그때 사람들은 빛으로, 소금으로 사는 우리의 모습을 보고 하나님께 영광을 돌리게 될 것이다.

제46장

좁은 문, 좁은 길(I)

[마 7:13-14] 좁은 문으로 들어가라 멸망으로 인도하는 문은 크고 그 길이 넓어 그리로 들어가는 자가 많고 생명으로 인도하는 문은 좁고 길이 협착하여 찾는 자가 적음이라

한국교회가 존경하는 고 옥한흠 목사님이 살아 계실 때 이런 설교를 하셨다.

> 아무리 질적으로 뛰어난 교회라 할지라도 그 교회 출석하는 교인들 가운데 구원받은 사람은 50퍼센트를 넘지 못한다.

그렇다면 오늘날 이 땅에 있는 대부분 교회의 상황은 어떠하겠는가?

오늘날 교회와 교인들의 심각한 문제는 교회가 너무 쉽게 교인들에게 구원의 확신을 심어주고, 또 교인들은 너무 쉽게 구원의 확신을 가진다는 점이다. 우리가 구원의 확신을 가지는 것은 참 중요하지만, 반드시 정당한 의심과 깊은 고민의 과정을 거친 후에 가져야 한다.

이 사실을 21세기 최고의 복음주의 신학자로 불리는 영국의 알리스터 맥그래스(Alister E. McGrath)는 이렇게 지적한다.

> (신앙생활에 있어서) 정당한 의심은 우리를 정신 잃게 하거나 당황하게 하는 것이 아니라 오히려 우리의 믿음과 지식을 자라게 하는 도구이다.

이 사실을 『천로역정(天路歷程)』(The Pilgrim's Progress)의 저자 존 번연(John Bunyan)을 통해서도 분명히 확인할 수 있다. 존 번연은 구원을 확신할 때까지 얼마나 오랜 시간 동안 의심과 회의에 빠져 끊임없이 고통을 당했는지 모른다. 그런 정당한 의심과 회의와 고통의 과정을 겪으면서 그는 마침내 구원을 확신하게 된다.

이렇게 끝없이 의심하면서 자신의 신앙을 시험하고 확인해온 존 번연의 고백을 담고 있는 책이 바로 『죄인 괴수에게 넘치는 은혜』(Grace Abounding to the Chief of Sinner)이다.

주님께서는 산상수훈의 전체 결론에서 우리가 정당한 의심과 깊은 고민의 과정 없이 구원의 확신을 가지는 것을 경계하신다. 주님께서는 마태복음 5장부터 시작된 산상수훈을 7장 12절인 황금률로 교훈의 결론을 맺으신다. 이어서 7장 13절부터는 산상수훈을 마무리하시면서 적용하신다. 주님께서는 산상수훈을 마무리하시면서 우리가 산상수훈을 일상생활에서 실천하고 적용하는 것이 얼마나 중요한지를 강조하신다.

이제까지 주님께서는 산상수훈 전체를 통해서 하나님 나라 백성의 인격과 성품은 어떠한지, 세상의 빛과 소금인 그들의 삶은 어떠해야 하는지를 자세히 설명하셨다. 그리고 이제 산상수훈 전체의 결론 부분에서 마지막 선택의 결단을 강력하게 촉구하신다. 주님께서는 선택의 결단으로 산상수훈 전체의 결론 부분을 마무리 짓기를 원하신다.

주님께서는 산상수훈의 결론 부분에서 4가지 비유를 통해 지혜로운 선택의 결단을 촉구하신다. 그 비유는 두 종류의 문과 길, 두 종류의 선지자, 두 종류의 나무, 그리고 두 종류의 기초이다.

이 4가지 비유는 겉으로 볼 때는 다 다른 비유 같지만, 내용은 동일하다. 그것은 어리석은 선택을 하지 말고 지혜로운 선택을 하라는 것이다. 주님께서는 먼저 두 종류의 문과 길의 비유를 통해서 선택의 결단을 촉구하신다.

> [마 7:13-14] **좁은 문으로 들어가라** 멸망으로 인도하는 문은 크고 그 길이 넓어 그리로 들어가는 자가 많고 **생명으로 인도하는** 문은 좁고 길이 협착(狹窄)하여 찾는 자가 적음이라

주님께서는 우리가 선택할 수 있는 것은 두 가지밖에 없다고 말씀하신다. 그리고 그 두 가지 중에서도 단 하나만 선택하는 절대적인 선택을 촉구하신다. 좁은 문이냐, 넓은 문이냐?

좁은 길이냐, 넓은 길이냐?

우리는 두 가지 모두를 선택할 수 없고, 반드시 둘 중 하나를 선택해야 한다.

그런데 현실은 영생을 얻기 위하여 주님 앞에 나왔던 부자 청년처럼 수많은 사람이 둘 다 선택하려고 한다. 그러나 주님께서는 우리가 반드시 양자택일해야 할 것을 분명히 말씀하신다.

> [마 19:21] 예수께서 이르시되 네가 온전하고자 할진대 가서 네 소유를 팔아 가난한 자들에게 주라 그리하면 하늘에서 보화(영생의 보화)가 네게 있으리라 그리고 와서 나를 따르라

> [마 6:24] 한 사람이 두 주인을 섬기지 못할 것이니 혹 이를 미워하고 저를 사랑하거나 혹 이를 중히 여기고 저를 경히 여김이라 너희가 하나님과 재물을 겸하여 섬기지 못하느니라

주님께서 두 종류의 문과 길의 비유를 통해서 우리에게 말씀하시는 중요한 진리가 있다.

1. 하나님 나라의 백성이 되는 것은 좁은 문으로 들어감으로 시작된다

예수 믿기는 쉬운데 믿고 난 후에는 참 어렵다고 생각하는 사람들이 많이 있다. 그러나 주님께서는 그리스도인의 삶은 시작부터 좁고 협착한 삶이라고 말씀하신다. 길이 갑자기 좁아지는 것이 아니다. 처음에는 넓지만 계속 걸어감에 따라 점점 좁아지는 삶이 아니다.

입구인 문 자체가 좁기에 협착하고 좁은 문을 통과해야만 비로소 하나님 나라의 백성으로 시작할 수 있고 출발할 수 있다.

처음부터 좁은 문이기에 그 문을 발견하기도 어렵고 놓치기도 쉽다. 이 문은 좁기에 한 번에 한 사람씩만 들어갈 수 있다. 또 너무 좁기에 짐을 가지고 들어갈 수 없다.

그래서 뒤에 남겨두고 가야 할 짐들이 많이 있다. 그 짐들은 죄, 이기적인 야망, 탐욕, 자기 사랑, 돈 사랑, 세상 사랑, 때로는 가족과 친구들까지.

주님께서는 부자가 천국에 들어가기가 얼마나 어려운지 낙타가 바늘귀로 들어가는 것이 부자가 천국에 들어가는 것보다 더 쉽다고 하셨다(마 19:23-24). 이 문으로 들어가기 위해서는 반드시 자신을 부인해야 한다. 주님께서는 당신을 따라오는 수많은 무리를 향하여 자기 부인의 단호한 선택의 결단을 촉구하신다.

> [눅 9:23] 또 무리에게 이르시되 **아무든지 나를 따라오려거든 자기를 부인하고 날마다 제 십자가를 지고 나를 따를 것이니라**

자기를 부인하고, 타락한 자아를 밖에 남겨두고 구원의 문을 통과해 들어온 사람만이 이런 고백을 할 수 있다.

> [갈 2:20] 내가 **그리스도와 함께 십자가에 못 박혔나니** 그런즉, 이제는 내가 사는 것이 아니요 오직 내 안에 **그리스도께서 사시는 것이라** …

넓은 문은 매우 넓기에 많은 사람이 한꺼번에 들어갈 수 있다. 그리고 어떤 짐이라도 가지고 들어갈 수 있다. 죄와 교만과 탐욕과 이기적인 야망과 자기 사랑과 돈 사랑과 세상 사랑, 가족과 친구들을 다 가지고 들어가도 아무런 문제가 없다. 자기를 부인할 필요도 전혀 없다.

그러니 들어가기가 얼마나 쉬운 문인가?

반면에 우리를 생명으로 인도하는 문은 왜 그렇게 좁디좁은 문인가?

1) 생명의 문은 오직 하나밖에 없기 때문이다

생명의 문은 예수 그리스도이시다. 그분 외에 다른 어떤 구원의 문도, 어떤 생명의 문도 없다.

> [요 10:9] 내가 문이니 누구든지 나로 말미암아 들어가면 구원을 받고 또는 들어가며 나오며 꼴을 얻으리라

> [행 4:12] 다른 이로서는 구원을 얻을 수 없나니 천하 인간에 구원을 얻을만한 다른 이름을 우리에게 주신 일이 없음이니라 …

> [딤전 2:5] 하나님은 한 분이시요 또 하나님과 사람 사이에 중보(仲保)도 한 분이시니 곧 사람이신 그리스도 예수라

생명으로 인도하는 구원의 문은 오직 예수 그리스도밖에 없기에 구원의 문은 좁디좁은 문이다.

2) 구원의 문으로 들어갈 수 있는 방편(方便)도 단 하나밖에 없기 때문이다

우리를 구원의 문으로 들어갈 수 있도록 하는 단 하나의 방편이 무엇인가?
구원자 예수 그리스를 믿는 것인가?
우리가 예수를 믿으면 구원받는다고 말하지만 엄밀하게 말해서 그것은 올바른 답이 아니다
성경은 구원을 말할 때마다 언제나 두 가지를 강조한다. 바로 '회개'와 '믿음'이다. 성경이 구원을 말할 때 믿음만을 말할 때도 있지만, 그 경우에도 그 믿음은 회개를 전제로 하는 믿음이다.
주의 길을 예비하기 위해 이 땅에 온 세례 요한이 전한 메시지의 핵심이 무엇인가?

[마 3:1-2] 그 때에 세례 요한이 이르러 유대 광야에서 전파하여 말하되 **회개하라 천국이 가까이 왔느니라**

왜 세례 요한의 메시지의 핵심이 '회개'였는가?

그것은 우리가 회개해야 메시아이신 예수 그리스도를 믿을 수 있고 천국을 소유할 수 있기 때문이다.

주님께서도 공생애 사역을 시작하시자마자 제일 먼저 외치신 메시지, 복음의 핵심적인 메시지가 바로 '회개'와 '믿음'이었다.

[막 1:14-15] (세례) 요한이 잡힌 후 **예수께서 갈릴리에 오셔서 하나님의 복음을 전파하여 이르시되** 때가 찼고 하나님의 나라가 가까이 왔으니 **회개하고 복음을 믿으라** 하시더라

주님께서는 전도하시면서 "회개하고 복음을 믿으라"고 하셨다. 주님께서는 '복음을 믿으라'고 먼저 말씀하지 않으시고, 먼저 '회개하라'고 말씀하셨다. '복음을 믿는 것'보다 먼저 '회개하는 것'이 더 급선무였기 때문이다. 같은 사건을 기록한 마태복음은 이 사실을 더 명확하게 보여준다.

[마 4:17] 이 때부터 예수께서 비로소 전파하여 이르시되 **회개하라 천국이 가까이 왔느니라** 하시더라

주님에게 있어서 '회개'가 전제되지 않는 '믿음'은 전혀 참된 믿음이 아니었다.

주님의 사역을 그대로 계승했던 사도들도 역시 그러했다. 오순절에 성령이 오심으로 성도들이 각 지역의 언어로 방언을 말하자 조롱하는 자들이 있었다.

베드로는 그들을 향해 말씀을 전했고, 그 말씀을 들은 많은 사람의 마음이 찔려서 "형제들아, 우리가 어찌할꼬?"라고 탄식하며 물었다.

그때 베드로는 어떻게 대답하는가?

[행 2:38] 베드로가 이르되 너희가 회개하여 각각 예수 그리스도의 이름으로 세례를 받고 죄 사함을 받으라 …

베드로는 우리가 어떻게 죄사함을 받는다고 말하는가?

회개하여 예수 그리스도의 이름으로 세례를 받을 때이다. 그런데 세례는 예수 믿는 자에게 베풀기에 예수 그리스도의 이름으로 세례를 받는 자는 예수 그리스도를 믿는 자임을 알 수 있다.

우리는 회개와 믿음으로 죄 사함을 받고 구원을 얻는다. 베드로와 요한이 성전 미문에 앉아 구걸하던 앉은뱅이를 고치자 사람들이 몰려들었고, 베드로는 그들에게 복음을 전하면서 이렇게 결론을 짓는다.

[행 3:19] 그러므로 너희가 회개하고 돌이켜 너희 죄 없이 함을 받으라 이같이 하면 새롭게 되는 날(구원의 날)이 주 앞으로부터 이를 것이요

베드로 역시 주님처럼 회개를 강조했고, 또 믿음보다 회개를 먼저 강조했다.

특히, '회개'는 바울 사도의 복음 전도 설교의 중심에 있었고 핵심이었다. 바울은 아덴에서 복음을 전하면서 헬라 철학자들에게 이렇게 선포했다.

[행 17:30] 알지 못하던 시대에는 하나님이 간과하셨거니와 이제는 어디든지 사람에게 다 명하사 회개하라 하셨으니

또 바울은 제3차 선교여행을 마치면서 에베소교회 장로들을 밀레도로 부른 후에 자신의 3년 동안의 에베소 사역을 이렇게 정리한다.

[행 20:20-21] 유익한 것은 무엇이든지 공중 앞에서나 각 집에서나 거리낌이 없이 여러분에게 전하여 가르치고 유대인과 헬라인들에게 하나님께 대한 회개와 우리 주 예수 그리스도께 대한 믿음을 증언한 것이라

바울은 나중에 아그립바 왕 앞에서 심문당할 때도 이제까지 자신이 전한 복음 전도 설교의 핵심이 '회개'라고 말한다.

> [행 26:19-20] 아그립바 왕이여 그러므로 하늘에서 보이신 것을 내가 거스르지 아니하고 먼저 다메섹과 예루살렘에 있는 사람과 유대 온 땅과 이방인에게까지 회개하고 하나님께로 돌아와서 회개에 합당한 일을 하라 전하므로

이렇게 주님과 사도들의 메시지 중심은 '회개'와 '믿음'이었다. 특히, '회개'는 우선순위에 있어서 믿음보다 먼저 강조되었고, 더욱더 강조되었던 복음의 핵심적인 메시지였다. 그런데 오늘 우리 시대의 모습은 회개 없는 믿음, 회개를 소홀히 하는 값싼 은혜가 난무하고 있다.

본회퍼는 이런 모습을 『나를 따르라』(Nachfolge, The Cost of Discipleship)에서 통렬하게 지적한다.

> 값싼 은혜는 싸구려 물건을 파는 상점 같은 곳에서 살 수 있는 은혜를 뜻한다 … 값싼 은혜는 회개를 요구하지도 않고 죄사함을 전하는 설교이고, 교회의 훈련이 없는 세례이며, 믿음의 고백이 없는 성찬식이고 개인적인 죄의 고백이 없는 사면(赦免)이다. 값싼 은혜는 제자훈련이 없는 은혜이다. 십자가 없는 은혜이며 살아 계시고 성육신하신 예수 그리스도가 없는 은혜이다.

회개 없는 믿음을 가지고는 결코 생명으로 인도하는 구원의 문으로 들어갈 수 없다. 구원의 문은 회개가 없는 자도 들어갈 수 있는 넓은 문이 아니라 오직 회개하는 자만이 들어갈 수 있는 좁디좁은 문이기 때문이다. 주님께서는 누가복음 13장에서도 동일하게 말씀하셨다.

> [눅 13:23-24] 어떤 사람이 여짜오되 주여 구원을 받는 자가 적으니이까 그들에게 이르시되 좁은 문으로 들어가기를 힘쓰라 내가 너희에게 이르노니 들어가기를 구하여도 못하는 자가 많으리라

여기서 '힘쓰라'('아고니조마이')라는 단어는 현재 명령법으로 '전력을 기울이라'는 뜻이다. 원래 이 단어는 상을 얻기 위하여 피나는 극기의 훈련을 기꺼이 참아내고 전력투구하여 마라톤 경기에 참가하는 육상선수에 해당되는 말이다.

주님께서는 이 말씀을 하신 후에 닫힌 문 이야기를 하시면서 한 번 문이 닫히면 아무리 문을 두드리면서 문을 열어달라고 간청해도 집주인은 그들을 모르기에 절대로 문을 열어주지 않는다고 경고하신다.

> [눅 13:25] 집 주인이 일어나 문을 한 번 닫은 후에 너희가 밖에 서서 문을 두드리며 주여 열어 주소서 하면 그가 대답하여 이르되 나는 너희가 어디에서 온 자인지 알지 못하노라 하리니"

결국, "좁은 문으로 들어가기를 힘쓰라"라는 주님의 말씀은 "구원의 문이 열려 있을 때 절대로 주어진 기회를 놓치지 말고 어떻게든 그 문에 들어가도록 계속해서 전력을 기울이라"라는 뜻이다.

왜 회개가 구원의 문으로 들어가는 데 있어서 필수적인 요소이고, 또 결단코 쉽지 않는가?

회개의 본질 때문이다. 회개의 본질은 '인생의 완전한 방향 전환'이다. 회개는 이제까지 세상을 향하여 걷던 사람이 하나님께로 인생의 방향을 완전히 전환하는 것이다. 이제까지 자기 사랑과 돈 사랑과 세상 사랑을 추구하며 살던 사람이 마음을 다하고 뜻을 다하여 하나님을 사랑하는 삶으로 완전히 방향을 돌이키는 것이다.

이제까지 육신의 정욕과 안목의 정욕과 이생의 자랑을 추구하던 사람이 방향을 완전히 전환하여 하나님을 경외함으로 나아가는 것이다. 이제까지 죄의 길로 걷던 사람이 완전히 방향을 전환하여 하나님의 말씀에 순종하는 거룩한 삶으로 돌이키는 것이다.

에베소서 2장에서 성경은 죄인인 인간이 구원받기 전의 본질적인 상태와 모습을 이렇게 설명한다.

[엡 2:1-3] 그는 **허물과 죄로 죽었던 너희를** 살리셨도다 그 때에 너희는 그 가운데서 행하여 **이 세상 풍조를 따르고 공중의 권세 잡은 자를 따랐으니** 곧 지금 **불순종의 아들들** 가운데서 역사하는 영이라 전에는 우리도 다 그 가운데서 **우리 육체의 욕심**을 따라 지내며 육체와 마음의 원하는 것을 하여 다른 이들과 같이 **본질상 진노의 자녀이었더니**

이것이 구원받기 전에 우리가 계속 걸어가고 있었던 삶의 방향이었고 모습이었다. 그런데 긍휼이 풍성하신 하나님께서는 우리를 큰 사랑으로 사랑하셨다. 그래서 하나님을 전혀 쳐다보지 않고 완전히 등지고 멸망을 향해 걸어가고 있던 우리 등 뒤에서 "죄의 무거운 짐과 율법의 저주와 정죄의 무거운 짐을 진 자들아 다 내게로 오라!"(마 11:28)고 불러 주셨다.

그리고 우리를 그 좁디좁은 구원의 문으로 들어갈 수 있는 엄청난 은혜를 베풀어 주셨다. 우리는 그 엄청난 하나님의 은혜로 인하여 회개가 전제된 참된 믿음을 소유하게 되었고 결국 구원을 받게 되었다.

[엡 2:4-5, 8] 긍휼이 풍성하신 하나님이 우리를 사랑하신 그 큰 사랑을 인하여 허물로 죽은 우리를 그리스도와 함께 살리셨고 (너희는 은혜로 구원을 받은 것이라) … 너희는 그 은혜에 의하여 믿음으로 말미암아 구원을 받았으니 이것은 너희에게서 난 것이 아니요 **하나님의 선물이라**

우리를 사랑하신 하나님의 그 큰 사랑과 엄청난 은혜로 부르심을 받아 구원받은 사람이 '인생의 완전한 방향 전환'을 하지 않고 여전히 하나님을 등진 채로 구원받기 전의 옛 모습 그대로, 옛 생활 방식과 삶의 모습 그대로 계속 걸어가고 있다면, 그가 참된 회개로 하나님께로 방향을 완전히 돌이킨 사람인가?

생명으로 인도하는 구원의 문으로 들어간 사람인가?

주님께서는 믿음으로 구원받았다고 말하지만 회개하지 않는 죄인들, 즉 자신이 걸어가던 인생의 방향을 완전히 전환하지 않고 여전히 그대로 걸어가는 자들에게는 그 어떠한 구원의 은혜도 베풀어 주지 않으신다.

[눅 5:32] 내가 의인을 부르러 온 것이 아니요 **죄인을 불러 회개시키러 왔노라**

주님께서 이 땅에 오신 목적은 죄인을 불러 회개시키기 위한 것이다. 즉, 죄인을 불러 그의 인생의 방향을 완전히 전환하기 위해서 오셨다. 이것이 주님의 주된 사역이었다.

그러므로 회개 없는 믿음은 생명으로 인도하는 참된 믿음이 결코 아니다.

하나님의 원수이며, 하나님의 진노의 자식들이 회개 없이, 자신이 걸어가던 인생의 근본적인 방향 전환이 없이 어떻게 하나님의 독생자를 진심으로 믿을 수 있는가?

믿음의 전체 의미는 우리를 죄의 형벌과 권세와 능력에서 구원해 주시고 자유케 하신 그리스도를 온전히 신뢰하는 것이다. 죄인들은 마음의 근본적인 변화와 인생의 근본적인 방향의 전환이 없이는 그리스도를 온전히 신뢰하는 진정한 믿음을 가질 수 없다. 즉, 회개 없이는 진정한 믿음이 불가능하다.

우리는 구원을 경험할 때 '회심'(回心, conversion)했다고 말한다. 회심은 죄인이 회개하는 믿음 속에서 인생의 방향을 근본적으로 하나님께 돌이킬 때 일어난다. 회개와 믿음은 하나의 동전의 양면이다.

그리고 하나의 동전은 우리가 구원을 경험하는 '회심'이다. 믿음과 회개는 구별된 개념이지만 절대로 독립적으로 일어날 수 없다. 참된 회개는 언제나 참된 믿음을 동반하고, 또 참된 믿음은 언제나 참된 회개를 동반한다.

이렇게 회개는 구원의 좁은 문으로 들어가게 하는 데 있어서 핵심적인 요소이다. 그리고 회개의 본질은 우리 마음의 근본적인 변화와 인생의 완전한 방향 전환이다. 회개가 전제된 참된 믿음으로 구원받은 사람에게는 반드시 근본적이고 핵심적인 변화가 일어난다. 그 변화는 인생의 주재권(Lordship) 변화이다. 예수 그리스도께서 우리 삶 전체를 주관하시는 우리 인생의 주인(Lord)이신 권위를 우리가 인정하고 그 권위에 복종하는 것이다.

하나님의 큰 사랑과 엄청난 은혜를 입고 구원받은 자가 예수 그리스도의 주재권을 인정하고 그 권위에 복종하는 것은 예수님이 단순히 주재권을 가지신 우리의 주인이시기 때문만이 아니다. 인생의 주인이신 예수 그리스도가 가장 귀한 보화이시고 더할 수 없는 기쁨이시기 때문이다.

또 우리가 하나님의 큰 사랑과 엄청난 은혜를 경험했기에 그 하나님을 너무나 사랑하기 때문이다. 우리는 말할 수 없는 즐거움으로 주님을 사랑하면서 기꺼이 주님의 주재권과 권위를 인정하고 순전한 기쁨으로 그분께 복종하게 된다.

> [벧전 1:8] **예수를** 너희가 보지 못하였으나 **사랑하는도다** 이제도 보지 못하나 믿고 말할 수 없는 영광스러운 즐거움으로 기뻐하니

회개하여 생명으로 인도하는 구원의 좁은 문으로 들어간 사람은 근본적인 주재권의 변화가 나타난다. 더 이상 그는 자기가 자기 인생의 주인이 아니다. 오직 주님만이 그의 인생의 주인이시다. 그는 자원해서 주님의 주재권을 인정하고 그 권위에 기쁨으로 복종한다. 그렇지만 이 말이 주님이 실제로 자신의 모든 삶의 영역에서 주인이 되셔서 모든 것을 실제로 다스리고 있다는 의미는 아니다.

이것은 인생의 방향의 근본적인 전환을 말하는 것이지 완벽함을 말하는 것이 아니기 때문이다. 회개가 전제된 참된 믿음을 가지고 구원의 좁은 문에 들어간 사람들도 실패할 수 있고 죄를 범할 수 있다. 어떤 사람들은 자주 죄를 범하기도 하고 빈번히 실패하기도 한다. 참된 믿음으로 구원받은 사람 안에도 여전히 죄악 된 옛 본성의 잔재와 옛사람의 성향이 남아 있어서 그 악한 영향을 받기 때문이다.

그러나 참된 믿음을 가진 사람이라면 죄를 범했을 때 반드시 죄를 고백하고, 진정으로 뉘우치며, 용서받기 위해 하나님께 나아가 애통하며 회개한다. 그때 하나님께서는 우리 죄를 사해주시고 모든 불의에서 우리를 깨끗하게 하신다(요일 1:9). 이것이 하나님의 큰 사랑과 엄청난 은혜로 인해 구원의 좁은 문으로 들어간 사람이 성령을 의지하면서 날마다 힘써야 할 '성화(聖化)의 삶'이다.

이렇게 우리는 죄를 범하고 실패할 때마다 회개하여 계속 방향을 돌이키고, 주님을 닮아가는 성화의 삶으로 지속적으로 나아간다. 주님께서는 이렇게 주님을 닮아가는 '성화의 삶'을 가리켜서 좁은 길로 걸어가는 삶이라고 말씀하신다.

사랑하는 성도 여러분!

> 여러분은 하나님 앞에 나올 때마다 죄로 물든 자신을 직면하는가?
> 여러분이 찾고 구하고 좋아하고 사모하는 복음은 여러분의 영적 상태와 삶의 모습과는 상관없이 여러분의 마음을 달래주고 편하게 해주고 위로해 주고 만족시켜주는 값싼 복음이 아닌가?
> 하나님께 예배를 드리는 중에도 여러분이 진정으로 추구하는 것은 이 세상의 즐거움과 편안함과 안정됨의 값싼 은혜가 아닌가?

이것은 결코 하나님의 방식이 아니다. 하나님께서 우리에게 주시는 값진 은혜가 결코 아니다. 이것은 우리를 생명으로 인도하는 구원의 좁은 문이 결코 아니고, 구원의 좁은 길도 결코 아니다.

수많은 사람이 들어가는 멸망으로 인도하는 큰 문이고, 수많은 사람이 걷고 있는 멸망으로 인도하는 넓은 길이다.

그 큰 문으로 들어가서 그 넓은 길로 걸어가는 자들은 비록 평생 교회 생활을 할지라도 하나님이 보실 때 결코 회개해 본 적이 없는 사람들이고, 결코 죄에서 돌이켜 본 적이 없는 사람들이다. 그들은 그리스도를 진정으로 자신의 구주와 주님으로 받아들인 적이 없는 헛된 신앙 고백자들이고, 거짓된 신앙인들에 불과하다.

그리고 그들의 종말은 멸망, 영원한 지옥의 저주와 형벌이다. 그러므로 오늘 우리 시대의 교회와 그리스도인들은 주님께서 선포하시고 사도들이 선포한 참된 복음으로 돌아가야 한다. 우리의 죄를 직면하고 회개하여 주님께로 돌이켜야 한다. 마음의 근본적인 변화와 인생의 완전한 방향 전환이 이루어져야 한다.

그리스도의 주재권을 인정하고 그 권위에 기쁨으로 복종해야 한다. 죄를 사랑하는 마음을 철저히 끊고 하나님의 긍휼을 애타게 간구해야 한다. 그리스도를 우리의 구주와 주님으로, 죄의 형벌과 권세와 능력에서 우리를 구원하시고 자유케 하시는 분으로 굳게 신뢰해야 한다. 이것이 주님께서 선포하신 우리를 영원한 생명으로 인도하는 참된 복음이다.

이 참된 복음을 믿음으로 말미암아 비록 좁은 구원의 문이고, 좁은 구원의 길이지만 그 문으로 들어가 그 길을 걸어감으로 인해 영원한 하늘나라를 소유하고, 이 땅에서부터 그 나라를 누리는 복된 자들이 되기를 바란다.

제47장

좁은 문, 좁은 길(II)

[마 7:13-14] 좁은 문으로 들어가라 멸망으로 인도하는 문은 크고 그 길이 넓어 그리로 들어가는 자가 많고 생명으로 인도하는 문은 좁고 길이 협착하여 찾는 자가 적음이라

우리가 일생을 살면서 하는 수많은 선택 가운데 가장 중요한 선택이 있다. 주님께서는 두 종류의 문과 길의 비유를 통해서 그 선택이 무엇인지를 말씀하시면서 올바른 선택을 촉구하신다.

[마 7:13-14] 좁은 문으로 들어가라 멸망으로 인도하는 문은 크고 그 길이 넓어 그리로 들어가는 자가 많고 생명으로 인도하는 문은 좁고 길이 협착(狹窄)하여 찾는 자가 적음이라

주님께서 두 종류의 문과 길의 비유를 통해서 우리에게 말씀하시는 중요한 진리가 있다. 지난 주에 이어서 계속 살펴보자.

1. 하나님 나라의 백성이 되는 것은 좁은 문으로 들어감으로 시작된다

이 점에 대해서는 지난 주에 자세히 설명했기에 간단히 살펴보겠다.

[마 7:13-14] **좁은 문으로 들어가라** 멸망으로 인도하는 문은 크고 그 길이 넓어 그리로 들어가는 자가 많고 **생명으로 인도하는 문은 좁고** 길이 협착(狹窄)하여 **찾는 자가 적음이라**

여기서 "좁은 문으로 들어가라"에서 '들어가라'('에이셀다테')는 단어의 시제는 '부정 과거형'이다. 이것은 오직 한 번밖에 없는 '단회성'(單回性)을 나타낸다. 우리가 회개와 믿음, 즉 회심을 통하여 구원의 좁은 문으로 들어가는 것은 결코 반복될 수 없는 한 번의 결단의 선택으로 이루어진다.

생명으로 인도하는 문이 좁디좁은 문인 이유가 있다.

1) 생명의 문은 오직 하나밖에 없기 때문이다

생명으로 인도하는 문은 예수 그리스도 외에는 없기에 구원의 문은 좁디좁은 문이다.

2) 구원의 문으로 들어갈 수 있는 방편(方便)도 단 하나밖에 없기 때문이다

생명으로 인도하는 구원의 문으로 들어갈 수 있는 유일한 방편은 회개를 전제(前提)로 하는 참된 믿음이다. 회개의 본질은 '인생의 완전한 방향 전환'이다.

회개는 이제까지 세상을 향하여 걷던 사람이 하나님께로 인생의 방향을 완전히 결정적으로 전환하는 것이다.

2. 우리가 들어가는 '문'과 걸어가는 '길'은 결코 분리되지 않는다

'좁은 문'은 '좁은 길'로만 인도되고 '넓은 길'로는 인도되지 않는다. 반면에 '넓은 문'은 '넓은 길'로만 인도되고 '좁은 길'로 인도되지 않는다.

[마 7:13-14] 좁은 문으로 들어가라 **멸망으로 인도하는 문은 크고 그 길이 넓어 그리로 들어가는 자가 많고 생명으로 인도하는 문은 좁고 길이 협착**(狹窄)**하여 찾는 자가 적음이라**

멸망으로 인도하는 '큰 문'으로 들어간 사람은 반드시 넓은 길로 가게 된다. 반면에 생명으로 인도하는 '좁은 문'으로 들어간 사람은 당연히 '협착한 좁은 길'로 걸어가게 된다. 자신이 예수 믿고 구원받았다고 말하지만 실제로는 '좁은 길'로 걸어가지 않는다면 구원의 '좁은 문'으로 들어간 사람이 아니다.

그는 멸망으로 인도하는 '넓은 문'으로 들어간 사람이다. 이 세상에는 사람들이 보기에는 바른길 같고 생명의 길 같지만 결국은 멸망으로 인도하는 사망의 길이 도처에 널려 있다.

[잠 14:12; 16:25] 어떤 길은 **사람이 보기에 바르나** 필경(畢竟)(마지막은. 결국은) **사망의 길이니라**

[렘 21:8] 여호와께서 말씀하시기를 **보라 내가 너희 앞에 생명의 길과 사망의 길을 두었노라** 너는 이 백성에게 전하라 하셨느니라

우리를 생명으로 인도하는 길은 오직 '한 길'밖에 없다.

[요 14:6] 예수께서 이르시되 **내가**('에고 에이미') **곧 길이요**('헤 호도스', I am the way) 진리요('헤 알레데이아') 생명이니('헤 조에') **나로 말미암지 않고는 아버지께로 올 자가 없느니라**

여기서 '길', '진리', '생명', 이 세 단어 앞에 모두 정관사 '헤'(the)가 붙어 있다. 이것은 예수님 자신이야말로 이 세상에 있는 여러 길, 여러 진리, 여러 생명 가운데 하나가 아니라 유일무이한 길이요 진리요 생명이심을 보여준다.

그리고 '에고 에이미'는 '나는~이다'라는 뜻인데, '에이미'(~이다)의 시제가 현재형이다.

헬라어에서 현재형은 불변하는 진리를 나타낼 때 사용되기도 한다. 이것은 예수 그리스도께서 과거, 현재, 미래에 걸쳐 항상 길과 진리와 생명임을 나타낸다. 예수 그리스도만이 우리를 생명으로 인도하는 유일한 문이실 뿐만 아니라 우리를 참된 진리로 인도하고, 생명으로 인도하며, 필경 하나님께로 인도하는 유일한 길이시다.

회개와 믿음을 통해 그리스도를 영접하여 구원의 문으로 들어가지 않은 사람은 구원의 좁은 길인 그리스도를 통해서 하나님께로 나아갈 수 없다. 우리가 들어가는 '문'과 걸어가는 '길'은 결코 분리되지 않는다.

3. '문'으로 들어서는 순간 우리는 즉시 '길'로 들어서게 된다

> [마 7:13-14] 좁은 문으로 들어가라 **멸망으로 인도하는 문은 크고 그 길이 넓어** 그리로 들어가는 자가 많고 **생명으로 인도하는 문은 좁고 길이 협착**(狹窄)하여 찾는 자가 적음이라

멸망으로 인도하는 '넓은 문'으로 들어간 사람은 즉시 멸망의 '넓은 길'로 들어서게 된다. 반면에 생명으로 인도하는 '좁은 문'으로 들어간 사람은 즉시 구원의 '좁은 길'로 들어서게 된다. 우리는 문을 통과하는 순간 즉시 구원의 좁은 길이든 멸망의 넓은 길이든 들어서게 된다. 우리가 회개와 믿음, 즉 회심을 통해서 구원의 좁은 문으로 들어가는 것은 너무너무 중요하다.

그래야 구원의 좁은 길로 들어서서 그 길을 따라 걸을 수 있기 때문이다. 구원의 좁은 문으로 들어가는 것을 가리켜서 신학적 용어로 '칭의'(稱義, Justification)라고 부른다. 그리고 구원의 좁은 길로 들어서서 계속 그 길을 따라 걷는 것을 '성화'(聖化, Sanctification)라고 부른다.

'칭의'와 '성화'의 관계를 도널드 그레이 반하우스(Donald G. Barnhouse, 1895-1960)는 『로마서 주석』에서 이렇게 설명한다.

칭의(稱義)가 성화(聖化)는 아니지만, 칭의는 성화를 낳도록 되어 있다. 거룩함은 그리스도인의 삶의 시금석이 되어야 한다 … 칭의와 성화는 몸과 머리처럼 불가분의 관계다. 어느 한쪽이 없는 다른 쪽을 가질 수 없다. 하나님은 삶의 새로움과 분리된 '불필요한 의(義)'를 주지 않으신다.

칭의는 성화와 무관하게 일어나지만, 칭의가 일어난 후에는 반드시 성화가 시작된다. 거룩함은 칭의가 끝나는 곳에서 시작한다.

그리고 거룩함이 시작하지 않는다면 우리에게는 칭의가 결코 시작되었다고 여길 권리가 없다.

좁은 문으로 들어가는 '칭의'와 좁은 길로 걸어가는 '성화'는 반드시 함께 간다. 칭의 없는 성화는 있을 수 없고, 또 성화 없는 칭의도 결코 있을 수 없다. 넓은 의미의 구원에는 '칭의'(稱義, Justification)와 '성화'(聖化, Sanctification), 그리고 영화(榮化, Glorification)가 포함된다.

4. 구원의 좁은 문과 길, 그리고 멸망의 넓은 문과 길은 완전히 대조된다

> [마 7:13-14] 좁은 문으로 들어가라 **멸망으로 인도하는 문은 크고 그 길이 넓어 그리로 들어가는 자가 많고 생명으로 인도하는 문은 좁고 길이 협착**(狹窄)**하여 찾는 자가 적음이라**

구원의 좁은 문과 길, 그리고 멸망의 넓은 문과 길은 시작도 다르고, 과정도 다르고, 결국도 완전히 다르다. 인기 유무도 완전히 다르고, 찾는 사람의 숫자도 완전히 다르다. 멸망으로 인도하는 문은 크고 길이 넓기에 애쓰거나 노력할 필요가 전혀 없다. 아무것도 안 하고 그냥 가만있어도 너무나 자연스럽게 들어가서 걸어가게 된다.

C. S. 루이스는 말한다.

> 지옥으로 가는 길은 평평하고 밋밋하면서 전혀 장애물이 없다.

아더 핑크 역시 같은 이야기를 한다.

> 지옥으로 내려가는 길은 아래로 내려가는 내리막길이기 때문에 걸어가기가 평탄하고 수월하다.

또 멸망으로 인도하는 문과 길은 크고 넓기에 사람들은 그 문과 길을 좋아하고 동경한다. '그 길이 넓어'에서 '넓은'('유뤼코로스')이라는 단어는 '광활한 땅'을 가리킨다. 멸망으로 인도하는 넓은 길은 자기 뜻을 펼치기에 좋고 앞에 가로막는 것이 없는 광활한 땅이다. 그래서 걷기가 아주 편하고 자유롭다. 자기 생각과 감정을 따라서 하고 싶은 대로, 자기 소견에 옳은 대로 살아도 그만이다.

그래서 그 길은 '고집'과 '자기만족'의 길이다. 또 그 길은 생각이나 행동을 억제하거나 제한하지 않기에 '묵인'과 '허용'의 길이다. 얼마든지 자기 욕망을 채울 수 있고 자기 뜻을 마음껏 펼칠 수 있는 길이기에 인기 만점의 길이다. 수많은 사람이 멸망으로 인도하는 넓은 문과 넓은 길을 선택하기에 그곳은 온갖 종류의 사람들로 붐비는 분주하고 시끌벅적한 곳이다.

반면에 생명으로 인도하는 문과 길은 그와 정반대다. 멸망으로 인도하는 문은 '크지만,' 생명으로 인도하는 문은 '좁다'. 멸망으로 인도하는 길은 '넓지만,' 생명으로 인도하는 길은 '협착(狹窄)하다'. 좁은 문으로 들어가서 좁은 길을 걸으려면 힘들고 심히 고통스럽다. 자기를 철저히 부인해야 하고 자기 욕망을 철저히 절제해야 한다.

사람들은 좁은 문과 길을 좋아하지 않기에 인적이 끊어진 것 같이 느껴진다. 타락한 인간의 본성과는 근본적으로 완전히 반대된다. 죄인인 인간은 철저히 그 문과 길을 싫어하고 기피한다. 그 문으로 들어가 그 길로 걸어가는 것은 애초부터 참 외롭다. 사람들로부터 소외되기 쉽고, 때로는 심한 따돌림과 왕따를 당하기도 한다. 그래서 선택하는 사람들이 아주 적다.

> [마 7:14] 생명으로 인도하는 문은 좁고 길이 협착(狹窄)하여 **찾는 자가 적음이라**

"찾는 자가 적음이라"에서 '적음'('올리고스')이라는 단어는 '양적으로 아주 적은, 소수의'라는 뜻을 지니고 있다. 그래서 대부분의 영어 성경은 '거의 없다'(few)는 뜻으로 번역했다.

주님께서는 구원의 좁은 문과 좁은 길을 찾는 자는 소수라고 경고하신다. 아더 핑크는 교회를 다니면서 신앙을 고백하는 그리스도인 가운데 대다수가 천국에 이를 수 없다고 말하면서 그 이유를 설명한다.

> 그들은 성경에 따라 살기보다는 육욕(肉慾)을 만족시키기를, 거룩함보다는 죄악을, 그리스도보다는 자아를, 하나님보다는 세상을, 협착한 길보다는 넓은 길을 더 좋아하기 때문이다.
> 그들은 자신들의 죄를 모두 버리고, 자신들의 우상을 파괴하고, 세상에서 등을 돌려, 주(主)되신 그리스도께 복종하기를 싫어한다.

구원의 문과 길을 찾는 사람이 소수인 이유는 문과 길이 너무 좁고 협착하기에 사람들이 애초부터 관심이 없기 때문이다. 그 문과 길이 어떤 것인지 알려고도 하지 않는다. 찾으려는 열의는 더더욱 없다.

구원의 문과 길을 발견하기 위해서는 자기 삶과 인생을 반성해야 하고, 또 그 문과 길이 어떤 문과 길인지 관찰하고 조사해야 하는데, 대부분의 사람은 시도조차 하지 않고, 생각조차 하지 않는다.

> [마 7:14] 생명으로 인도하는 문은 좁고 길이 협착(狹窄)하여 찾는 자가 적음이라

여기서 '찾다'('휴리스코')라는 단어는 '발견하다, 반성하다, 관찰하다, 조사하다' 등의 뜻을 가지며, 그 결과로 '알아내다'(롬 7:21)라는 의미로도 사용된다. 또 '길이 협착하여'에서 '협착(狹窄)하다'('들리보')는 단어는 '괴롭히다, 깨뜨리다, 좌절시키다'라는 뜻이다. 이 단어는 '우겨싸다'(고후 4:8), '환난을 당하다'(고후 1:6)로도 번역되는 단어로 '고통당하는 삶'을 의미한다.

우리가 좁은 문으로 들어가서 좁은 길을 끝까지 믿음으로 걸어가면 우리에게는 천국의 엄청난 축복과 영광이 보장되어 있다. 그렇지만 그 길을 걷는 동안에는 끊임없이 우리 자신을 부인해야 하고, 지속적으로 우리의 타

락한 자아를 깨뜨려야 한다. 그리고 사람들과 환경으로부터 오는 여러 가지 고난과 핍박과 시련을 당할 수밖에 없다. 성경은 이 사실을 강조한다.

[행 14:22하] 우리가 하나님의 나라에 들어가려면 많은 환난을 겪어야 할 것이라

[딤후 3:12] 무릇 그리스도 예수 안에서 경건하게 살고자 하는 자는 박해를 받으리라

[롬 8:18] 생각하건대 현재의 고난은 장차 우리에게 나타날 영광과 비교할 수 없도다

우리가 좁은 문으로 들어가서 좁은 길을 끝까지 믿음으로 걸어가는 것은 결코 쉬운 일이 아니다. 아니 인간적으로는 불가능한 일이다. 그 길에는 무수한 장애물이 기다리고 있고 도처에 강력한 대적들이 버티고 서 있다.
히브리서 12장에서는 구원의 좁은 길을 걸어가는 것을 '믿음의 경주'로 비유하고 있다(히 12:1-2). 구원의 좁은 길을 끝까지 믿음으로 걷기 위해서는 먼저 모든 무거운 것을 벗어버려야 한다.

[히 12:1중] … 모든 무거운 것과 얽매이기 쉬운 죄를 벗어버리고 인내로써 우리 앞에 당한 경주를 하며

여기서 '모든 무거운 것'('옹코스')이라는 단어는 '짐이나 방해물'을 가리킨다. 그리고 '벗어버린다'('아포데메노이')라는 단어는 '(옷을) 벗어버린다, (자신을) 던져버린다'는 뜻이다. 그 시제가 현재형이기에 '계속 벗어버린다, 지속해서 던져 버린다'는 의미이다.
좁은 길은 폭이 좁을 뿐만 아니라 경사가 심하고 길이 험하기에 그 길을 걷는 것 자체만 해도 매우 힘들다.
그런데 무거운 짐을 지고 있고, 입고 있는 옷도 무겁다면 어떻게 그 험하고 좁은 길을 제대로 걷게 걸어갈 수 있겠는가?

그 길을 제대로 걸어가기 위해서는 '모든 무거운 것'을 계속해서 벗어버려야 하고 지속해서 던져버려야 한다. 여기서 '모든 무거운 것'은 그것 자체로는 죄가 아니지만, 좁은 길을 걸어가는 데 있어서 방해되고 걸림돌이 되는 모든 장애물을 가리킨다. '씨 뿌리는 비유'에 나오는 '가시 떨기나무에 뿌려진 씨'와 같은 것들이다.

[눅 8:14] 가시떨기에 떨어졌다는 것은 말씀을 들은 자이나 지내는 중 **이생의 염려와 재물**(마: 재물의 유혹)**과 향락**(享樂)**에 기운이 막혀 온전히 결실하지 못하는 자요**

여기 나오는 '이생의 염려', '재물의 유혹'과 '향락'과 같은 것들이 바로 좁은 길을 걷는 것을 방해하는 '무거운 것'에 해당한다. 주님께서는 먹고사는 문제에 대해 결코 염려하지 말라고 하셨다. 우리가 생계 문제로 염려하는 것은 믿음이 작기 때문이고, 염려는 우리를 불신앙으로 이끈다(마 6:30-31).

그런데도 우리는 너무나 자주 세상의 염려와 근심에 사로잡혀 산다. 건강, 자녀, 부모나 가족, 경제, 직장, 사업, 관계, 노후 등, 온갖 문제가 무거운 짐이 되어 좁은 길을 걸어가는 것을 방해한다. 그 모든 무거운 것을 벗어버리지 않으면 구원의 좁은 길을 제대로 걸어갈 수 없다. 멸망으로 인도하는 곁길로 들어서게 되고, 그 길에서 돌이키지 않으면 결국에는 멸망하고 만다.

[고후 7:10하] … **세상 근심은 사망을 이루는 것이니라**

재물에 대한 유혹에 빠진 사람도 구원의 좁은 길을 제대로 걷는 것이 불가능하다. 아간과 아나니아, 삽비라 부부는 재물의 유혹에 빠졌기에 결국 멸망 당하고 말았다. 오늘날에도 돈 때문에 구원의 좁은 길을 벗어나 시험에 빠져 멸망의 곁길로 들어선 사람들이 교회 안에 너무나 많이 있다.

[딤전 6:9-10] **부하려 하는 자들은 시험과 올무와 여러 가지 어리석고 해로운 욕심에 떨어지나니 곧 사람으로 파멸과 멸망에 빠지게 하는 것이라 돈을 사랑함이 일만**

악의 뿌리가 되나니 이것을 탐내는 자들은 미혹을 받아 믿음에서 떠나 많은 근심으로써 자기를 찔렀도다

또 세상 향락, 즉 세상 즐거움과 안락함을 추구하는 사람 역시 구원의 좁은 길을 제대로 걷는 것이 불가능하다. 데마는 한때 바울의 동역자로 주님을 신실히 섬겼던 사람이었다. 그러나 그는 주님보다 세상 즐거움과 안락함을 더 사랑했기에 결국 주님을 버리고 세상으로 가고 말았다(딤후 4:10).

오늘날 데마와 같은 사람들, 세상을 사랑하여 주님을 버리고 세상으로 간 사람이 부지기수이다. 비록 교회를 떠나지 않고 신앙생활을 하고는 있지만, 세상 즐거움과 안락함을 추구하며 그 마음이 주님을 떠난 사람들도 많이 있다. 이런 사람들은 오랫동안 교회 생활을 해도 구원의 좁은 길로 걷는 사람이 아니라 멸망의 넓은 길로 걷고 있는 사람이기에 최종 종착지가 지옥이다.

우리가 '좁은 길'을 걸어갈 때 '모든 무거운 것'보다 훨씬 더 무섭고 끔찍한 장애물과 강력한 세력들이 있다. 바로 죄의 세력들과 사탄의 세력들이다.

[히 12:1중] … 모든 무거운 것과 얽매이기 쉬운 죄를 벗어버리고 인내로써 우리 앞에 당한 경주를 하며

여기서 '얽매이기 쉬운'('유페리스타톤')이란 단어는 '쉽사리 함정에 빠뜨리는, 신속하게 우리의 발을 얽어매는'이란 뜻이다. '얽매이기 쉬운 죄'는 우리가 너무나 쉽게 빠지는 무서운 죄를 가리킨다. 그리고 '벗어버린다'('아포데메노이')는 단어는 그 시제가 '현재형'이기에 '계속 벗어버린다. 지속해서 던져버린다'라는 뜻이다.

우리를 얽어매는 모든 무서운 죄를 계속 벗어버리지 않으면 우리는 구원의 좁은 길을 끝까지 믿음으로 걸어갈 수 없다. 구원의 좁은 문으로 들어간 사람은 천국에 들어갈 때까지 성령의 도우심을 힘입고 죄와 더불어 피 흘리기까지 싸우는 거룩한 '성화(聖化)의 삶'이 필수적이다(히 12:4).

이 사실을 J. I. 패커(J. I. Packer, 1926-2020) 박사는 이렇게 설명한다.

> 성화(聖化)가 취하는 형태는 우리 속에서 끊임없이 공격하는 죄와의 싸움이다. 그 싸움은 평생 동안 계속되는 것으로 죄의 공격에 … 대해 저항하는 것이다. 우리는 그런 저항을 통해 끊임없이 문제를 일으키는 이 힘든 적의 생명이 없어지기를 구한다.

구원의 좁은 길을 걸어갈 때 죄의 세력뿐만 아니라 사탄의 세력들이 강력하게 우리를 방해한다. 사탄은 수단과 방법을 총동원하여 우리가 좁은 길을 끝까지 믿음으로 걷지 못하도록 강력하게 대적한다.

때로는 '우는 사자'처럼(벧전 5:7), 때로는 '간사한 뱀'처럼(고후 11:3), '광명한 천사'처럼(고후 11:15), 양의 옷을 입은 '간교한 이리'처럼(마 7:15) 우리를 유혹하고 공격한다.

사랑하는 성도 여러분!

우리가 천국에 들어가기 위해 '좁은 문'으로 들어가서 좁은 길을 끝까지 믿음으로 걷는 것은 결코 쉬운 일이 아니다. 주님께서는 부자가 천국에 들어가는 것이 얼마나 어려운지 차라리 낙타가 바늘귀로 들어가는 것이 부자가 천국에 들어가는 것보다 더 쉽다고 경고하셨다(마 19:23-24).

제자들이 큰 충격을 받아 "그렇다면 누가 구원을 얻을 수 있습니까"(마 19:25)라고 질문했을 때 주님께서 대답하신다.

> [마 19:26] … 사람으로는 할 수 없으나 **하나님으로서는 다**('판타', all things) 하실 수 있느니라

여기서 '다'('판타', all things)에는 우리가 구원의 '좁은 문'으로 들어가는 것, 구원의 '좁은 길'을 끝까지 믿음으로 걷는 것, 그래서 천국에 들어가는 것까지 다 포함한다.

우리가 좁은 문과 길을 선택하기로 단호한 결단을 내리면 하나님께서는 풍성한 은혜를 베푸신다. 능력의 성령께서 우리를 도우신다. 그래서 다 할

수 있게 하신다.

그러므로 앞서가신 주님을 바라보면서 좁은 문과 좁은 길을 선택하기로 단호한 결단을 내리라. 하나님의 은혜를 간절히 사모하라. 성령을 철저히 의뢰하면서 포도나무이신 주님 안에 거하기를 힘쓰라. 하나님께서 은혜의 방편(方便)으로 주신 예배, 말씀, 기도 등의 은혜 생활에 힘쓰라.

그때 성령께서 역사(役事)하시기에 우리는 구원을 얻고 거룩한 성화의 삶을 살다가 천국의 영원한 축복과 영광에 들어가게 된다.

제48장

거짓 선지자들을 삼가라 (I)

[마 7:15-20] 거짓 선지자들을 삼가라 양의 옷을 입고 너희에게 나아오나 속에는 노략질하는 이리라 그들의 열매로 그들을 알지니 가시나무에서 포도를, 또는 엉겅퀴에서 무화과를 따겠느냐 이와 같이 좋은 나무마다 아름다운 열매를 맺고 못된 나무가 나쁜 열매를 맺나니 좋은 나무가 나쁜 열매를 맺을 수 없고 못된 나무가 아름다운 열매를 맺을 수 없느니라 아름다운 열매를 맺지 아니하는 나무마다 찍혀 불에 던져지느니라 이러므로 그들의 열매로 그들을 알리라

성경을 대할 때마다 '저 사람들은 참 불행하고 비극적인 사람이다'라고 생각되는 사람들이 있다. 주님께서 준엄하게 책망하셨던 서기관과 바리새인들이다. 왜냐하면, 그들은 영적 맹인들이었음에도 불구하고 이스라엘의 선생으로서(요 3:10) 하나님의 말씀을 맡아 백성들을 가르쳤기 때문이다.

그래서 자신들은 물론이고 수많은 백성을 영원한 멸망의 처소인 지옥 구덩이로 인도했다(마 15:14). 타락하여 무지해진 인간은 다 영적 맹인이다. 죄인인 인간은 좁은 문과 길이 영원한 구원으로 인도하는 문과 길임에도 그 사실을 알지 못한다.

그래서 좁은 문으로 들어가서 좁은 길로 걸어가는 것을 무시하고, 때로는 거부하기까지 한다. 무수한 영혼들이 함께 어깨동무하면서 영원한 멸망의 종착지인 지옥을 향해 편안하게 걸어가고 있다.

인간을 창조하신 하나님께서는 너무 안타까우셔서 죄인인 인간을 엄히 경고하시고 깨우치기 위해 파수꾼들을 보내셔서 엄청난 위험에 처해 있는 죄인들의 운명을 보여주시고, 회개하여 돌이키도록 강력하게 촉구하셨다. 그 파수꾼들이 바로 하나님께서 모든 세대에 보내신 당신의 종 선지자들이었다.

만일 파수꾼들이 서기관과 바리새인들처럼 영적 맹인이기에 수많은 사람에게 거짓을 예언하고 거짓 진리를 가르친다면 어떻게 되겠는가?

멸망으로 인도하는 넓은 문과 넓은 길을 오히려 구원의 문과 구원의 길이라고 가르친다면 그 결과가 어떻겠는가?

심히 끔찍하기에 주님께서는 이스라엘의 선생들이었던 서기관과 바리새인들을 준엄하게 책망하셨다.

> [마 23:13, 15] 화 있을진저 외식하는 서기관들과 바리새인들이여 너희는 **천국 문을 사람들 앞에서 닫고 너희도 들어가지 않고 들어가려 하는 자도 들어가지 못하게 하는도다** … 화 있을진저 외식하는 서기관들과 바리새인들이여 너희는 교인 한 사람을 얻기 위하여 바다와 육지를 두루 다니다가 생기면 너희보다 배나 더 지옥 자식이 되게 하는도다

이런 비극적인 일은 예수님 당시에만 있었던 일이 아니다. 신구약 시대, 기독교 2천 년 역사, 오늘 우리 시대에도 헤아릴 수 없을 만큼 많이 있다. 그래서 주님께서는 구원의 좁은 문과 길, 그리고 멸망의 넓은 문과 길을 말씀하신 후 즉시 거짓 선지자에 대해 경고하시는 것이다.

> [마 7:13-15] 좁은 문으로 들어가라 **멸망으로 인도하는 문은 크고 그 길이 넓어 그리로 들어가는 자가 많고 생명으로 인도하는 문은 좁고 길이 협착하여 찾는 자가 적음이라 거짓 선지자들을 삼가라** 양의 옷을 입고 너희에게 나아오나 속에는 노략질하는 이리라

여기서 주님께서 경고하시는 '거짓 선지자들'이 어떤 자들인가를 알기 위해서는 먼저 성경이 말씀하시는 선지자가 어떤 사람인가를 알아야 한다. 일반적으로 우리는 구약이나 신약에서의 선지자 혹은 예언자를 생각할 때 하나님으로부터 특별한 소명을 받아 미래의 일을 예언하는 사람이라고 생각한다. 물론 그것은 선지자의 중요한 역할과 기능 중의 하나였다.

그러나 그것이 선지자나 예언자가 하는 가장 중요한 역할과 기능은 아니었다. 선지자들은 그 시대의 하나님의 백성들에게 현재적인 하나님의 뜻을

알려주어서 그들이 하나님을 뜻을 알고, 하나님의 백성답게 살도록 하는 역할과 기능을 감당했다. 그것은 선지자들이 전하는 메시지를 보아도 분명히 확인할 수 있다.

선지자들이 전하는 메시지의 약 80퍼센트는 현실의 하나님 백성들의 신앙과 삶의 문제를 다루고 있고, 나머지 약 20퍼센트 정도만 미래의 사건들을 다루고 있다. 선지자들의 대부분의 메시지의 내용은 "현재 하나님의 백성들이 사는 삶의 현실 속에서 그들은 어떻게 살아야 하는가? 그들의 삶의 잘못된 부분은 무엇인가? 그리고 그들은 어떻게 하나님과 올바른 관계를 회복하고 하나님의 백성답게 살 수 있는가?" 하는 것이다.

이것이 선지자들이 전했던 대부분의 메시지의 내용이었고, 그들이 수행했던 주된 역할과 기능이었다.

따라서 성경이 말씀하시는 선지자는 이렇게 정의할 수 있다.

> 선지자는 하나님으로부터 특별한 소명을 받아 사람들에게, 특별히 하나님의 백성들에게 하나님을 대신하여 하나님의 말씀과 그분의 뜻을 전하는 하나님의 대변자이다.

선지자는 오늘날의 설교자와 유사한 역할과 기능을 가지고 있다. 오늘날은 신약교회가 세워졌고 또 성경 66권이 완성된 시대이기에 교회의 직분 중에서 교회의 기초가 되는 사도직과 선지자직은 더 이상 존재하지 않는다 (참조. 엡 2:20).

따라서 오늘날에도 사도직과 선지자직이 존재한다고 주장하는 '신사도 운동'은 잘못된 운동이기에 받아들일 수 없다. 그러나 선지자라는 직분이 존재하지 않지만, 선지자의 역할과 기능은 설교자를 통해서 여전히 존재한다.

오늘날 설교자의 역할과 기능은 이전의 선지자 역할과 기능과 아주 유사하다. 설교자를 이렇게 정의할 수 있다.

> 설교자는 하나님으로부터 특별한 소명을 받아 사람들에게, 특별히 하나님의 백성들에게 하나님을 대신하여 하나님의 말씀과 그분의 뜻을 전하는 하나님의 대변자이다.

거짓 선지자들은 하나님으로부터 소명을 받지 않았음에도 소명을 받은 것처럼 위장하고, 거짓된 진리를 하나님의 진리의 말씀과 그분의 뜻인 것처럼 전하는 자들이다.

> [렘 23:16, 32하] 만군의 여호와께서 이와 같이 말씀하시되 **너희에게 예언하는 선지자들의 말을 듣지 말라 그들은 너희에게 헛된 것을 가르치나니** 그들이 말한 묵시는 자기 마음으로 말미암은 것이요 여호와의 입에서 나온 것이 아니니라 … 내가 그들을 보내지 아니하였으며 명령하지 아니하였나니 그들은 이 백성에게 아무 유익이 없느니라 여호와의 말씀이니라

주님께서는 이런 거짓 선지자들을 삼가라고 엄히 경고하신다.

> [마 7:15] **거짓 선지자들을 삼가라** 양의 옷을 입고 너희에게 나아오나 속에는 노략질하는 이리라

여기서 '삼가라'('프로세코')라는 단어는 원래 '주의하다, 조심하다'라는 뜻을 가지고 있다. 본문에서와 같이 이 단어가 전치사 '아포'('~로부터')와 함께 쓰이면 '~로부터 마음을 돌리라, ~을 경계하라'라는 뜻을 지닌다. '거짓 선지자들을 삼가라'는 말씀은 '거짓 선지자들에게 마음을 두지 말고 그들을 경계하며 그들로부터 과감히 돌이키라'는 뜻이다.

왜 거짓 선지자들을 삼가야 하는가?

거짓 선지자들의 본질 때문이다. 거짓 선지자들은 노략질하는 이리이지만, 양의 옷을 입고 위장하고 나아오기에 그 정체를 알기가 심히 어렵다. 칼빈은 이 구절을 이렇게 주석했다.

> 주님께서는 이 말씀으로 교회가 앞으로 수많은 속임수와 사기를 당할 텐데 적극적으로 경계하지 않으면 믿음에서 탈락한 사람들이 많아질 위험이 따를 것이라는 점을 가르치고 있다

[마 7:15] 거짓 선지자들을 삼가라 양의 옷을 입고 너희에게 나아오나 속에는 노략질하는 이리라

여기서 '노략질하는'('하르팍스')이라는 단어는 '강도, 사기꾼, 탈취자'를 의미한다. 거짓 선지자는 다른 사람들을 해치고 자신의 이득을 얻기 위하여 참 선지자인 것처럼 위장하고 우리에게 다가와서 영적 강도처럼 우리 영혼을 도둑질하고 죽이고 멸망시킨다(요 10:10). 거짓 선지자의 본색은 '이리'('뤼코스')라는 표현에서도 잘 드러난다.

팔레스타인에서 이리, 늑대는 때때로 사람들까지 해치기도 하는, 특히 짐승들에게 많은 해를 끼치는 매우 사나운 동물이었다. 이리는 방목하는 양들을 자주 습격하였기에 양의 불구대천의 원수였고, 양은 이리의 밥이었다. 목자들의 주요한 임무는 이리들로부터 양들을 보호하는 것이었다.

구약 시대부터 지금까지 모든 시대의 교회에는 언제나 양의 옷을 입고 나아와서 영혼들에게 치명적인 피해를 주는 영적 이리인 거짓 선지자들의 노략질이 끊임없이 계속되어 왔다. 바울은 제3차 선교여행을 마치고 예루살렘으로 올라가면서 에베소교회 장로들을 밀레도로 불러 거짓 선지자들을 엄히 경계한다.

[행 20:29-30] 내가 떠난 후에 사나운 이리가 여러분에게 들어와서 그 양 떼를 아끼지 아니하며 또한 여러분 중에서도 제자들을 끌어 자기를 따르게 하려고 어그러진 말을 하는 사람들이 일어날 줄을 내가 아노라

거짓 선지자들은 양의 옷을 입고 오기에 우리가 쉽게 미혹 당하지만, 그들의 정체를 분별할 수 있도록 주님께서 제시하신 기준과 방법이 있다. 바로 그들이 맺는 열매다.

[마 7:15-20] 거짓 선지자들을 삼가라 양의 옷을 입고 너희에게 나아오나 속에는 노략질하는 이리라 그들의 열매로 그들을 알지니 가시나무에서 포도를, 또는 엉겅퀴에서 무화과를 따겠느냐 이와 같이 좋은 나무마다 아름다운 열매를 맺고 **못된** 나무가 **나쁜 열매를** 맺나니 좋은 나무가 나쁜 열매를 맺을 수 없고 **못된 나무가** 아름다운 열

매를 맺을 수 없느니라 아름다운 열매를 맺지 아니하는 나무마다 찍혀 불에 던져지느니라. 이러므로 **그들의 열매로 그들을 알리라**

주님께서 말씀하시는 열매는 거짓 선지자들의 가르침과 삶, 그리고 가르침의 영향력이다. 라일(J. C. Ryle, 1816-1900) 감독은 이렇게 요약했다.

건전한 교리와 거룩한 삶은 참된 선지자들의 표지(標識)이다.

거짓 선지자들은 나무 자체가 못된 나무이기에 그들의 가르침과 생활과 가르침의 영향력에서 나쁜 열매를 맺는다.

우리가 선지자들의 가르침의 열매와 삶의 열매와 가르침의 영향력의 열매를 보면 그가 좋은 나무인 참 선지자인지, 못된 나무인 거짓 선지자인지를 분명히 분별할 수 있다.

1. 선지자들의 가르침의 열매이다

거짓 선지자는 가르침에서 근본적으로 잘못된 점이 있다. 그들의 가르침에는 '좁은 문'과 '좁은 길'이 없다는 것이다.

주님께서는 생명으로 인도하는 좁은 문과 좁은 길, 그리고 멸망으로 인도하는 넓은 문과 넓은 길을 말씀하신 후 즉시 '거짓 선지자'를 삼갈 것을 경고하셨다.

이것은 거짓 선지자들이 생명으로 인도하는 좁은 문과 좁은 길을 가르치지 않고 멸망으로 인도하는 넓은 문과 넓은 길을 마치 생명으로 인도하는 문과 길인 것처럼 가르친다는 것을 분명히 보여준다.

우리가 거짓 선지자들의 가르침을 베뢰아 교인들처럼 성경을 전체적으로 보면서 그들의 가르침이 그러한가를 깊이 상고하지(참조. 행 17:11) 않고, 피상적으로 받아들인다면 어떻게 되겠는가?

미혹되어 그들의 가르침을 하나님의 말씀처럼 받아들이기가 너무나 쉽다. 그들의 가르침이 성경에 없는 가르침이 아니라 성경에 근거한 가르침이기 때문이다. 그래서 거짓 선지자들은 양의 옷을 입고 나아오는 노략질하는 이리이다.

그들의 근본적인 문제는 그들이 말하는 것에 있지 않고, 말하지 않는 것에 있다.

왜 그들이 양의 옷을 입고 다가와서 우리를 미혹하는 가장 위험한 사람들인가?

진리를 전하기는 하는데, 올바르고 사활적으로 중요한 진리들을 강조하지 않고 무시하기 때문이다. 그들이 전하는 하나님의 말씀에는 좁은 문과 좁은 길이 없다는 것이다. 바울이 갈라디아 교인들을 책망한 것처럼 그들의 가르침에는 십자가의 걸림돌이 없다(갈 5:11).

그들은 양의 옷을 입고 온다. 보기에도 매력적이고 듣기에도 기분 좋은 설교를 하면서 사람들을 기쁘게 한다. 그들의 설교는 청중들에게 부담을 주지 않고 죄책감에 사로잡히게 만들지도 않는다. 청중들이 설교를 들으면서 자신이 책망당하고 비난당하는 것같이 느껴지지 않는다. 마음이 편하고 거짓된 위로와 힘과 평안을 얻는다.

그래서 청중들은 그 설교자를 좋아한다. 그들은 자신들의 설교 때문에 결코 바울과 같은 박해를 당하지 않고 청중들의 비난과 비판을 당하지도 않는다. 그들의 설교에는 사람들이 부담스러워하는 좁은 문과 좁은 길이 없기 때문이다. 십자가의 걸림돌이 없기 때문이다. 넓은 문과 넓은 길, 십자가의 걸림돌이 제거된 편안한 길만이 있기 때문이다.

이 말이 무슨 뜻인가?

1) 거짓 선지자들은 하나님의 백성들의 영적 상태와 상관없이 듣기 좋아하는 설교를 한다

이것이 참 선지자와 거짓 선지자를 구분 짓는 사활적으로 중요한 기준이다.

왜 구약의 참 선지자들이 백성들에게 말할 수 없는 핍박을 당했지만, 반면에 거짓 선지자들은 백성들에게 인기가 대단했는가?

바로 이 점 때문이었다.

왜 이사야 선지자가 므낫세 왕의 명령에 따라 톱으로 켜서 죽임을 당하는 극형을 당했는가?

왜 예레미야 선지자가 '눈물의 선지자'로 불릴 정도로 혹독한 핍박을 당했는가?

그 당시 이스라엘 백성들의 영적 상태가 하나님이 보실 때 너무나 심각한 타락의 상태에 있었기에 이사야나 예레미야는 그들의 죄를 통렬하게 지적하며 회개를 강력하게 촉구할 수밖에 없었고, 결국 멸망을 선포할 수밖에 없었기 때문이다. 그 결과 왕으로부터 고관들과 일반 백성들까지 그들을 향해 이를 갈 수밖에 없었다.

그러나 동시대의 거짓 선지자들은 어떠했는가?

백성들의 영적 상태와 전혀 상관없이 그들이 듣기 좋아하는 평강과 축복의 메시지만을 선포했다. 거짓 선지자들은 백성들의 죄를 통렬하게 지적하지 않았고, 회개를 단호하게 촉구하지도 않았다. 백성들에게 조만간 닥칠 끔찍한 심판과 멸망은 입에도 올리지 않았다. 그렇게 전혀 백성들에게 부담이 없는 설교, 그들이 원하는 위로와 힘과 평안을 주는 설교를 하기에 핍박받을 이유가 전혀 없었다.

오히려 박수갈채와 칭찬과 인기가 더 높아졌고 그와 비례해서 물질적인 보상과 세상적인 보상이 뒤따라오니 누이 좋고 매부 좋은 결과를 가져온 것이다. 하나님께서는 그런 거짓 선지자들을 향하여 준엄하게 책망하신다.

[렘 8:10하-11] … 선지자로부터 제사장까지 다 거짓을 행함이라 그들이 딸 내 백성의 상처를 가볍게 여기면서 말하기를 평강하다, 평강하다 하나 평강이 없도다

[렘 5:31] 선지자들은 거짓을 예언하며 제사장들은 자기 권력으로 다스리며 내 백성은 그것을 좋게 여기니 마지막에는 너희가 어찌하려느냐

[사 56:10-11] 이스라엘의 파수꾼들은 맹인이요 다 무지하며 벙어리 개들이라 짖지 못하며 다 꿈꾸는 자들이요 누워 있는 자들이요 잠자기를 좋아하는 자들이니 이 개들은 탐욕이 심하여 족한 줄을 알지 못하는 자들이요 그들은 몰지각한 목자들이라 다 제 길로 돌아가며 사람마다 자기 이익만 추구하며

거짓 선지자들은 이스라엘의 배교와 타락과 멸망을 가져온 주요한 요인이었다. 아더 핑크는 거짓 선지자들을 알아보게 하는 주요한 표지(標識)를 이렇게 강조한다.

> 그들은 죄인들의 상처를 가볍게 여기며(렘 8:11), '회칠'로 꾸민다(겔 13:14; 22:28).
> 그들은 천국으로 가는 쉬운 길을 고안해 내고, 인간의 타락한 본성에 영합하여 '부드러운 말'을 예언한다(사 30:10). 그들의 설교 중에는 양심을 질책하고, 형식적인 신앙인들을 불편하게 하며, 청중들을 겸손하게 하나님 앞에 애통하게 만드는 것은 하나도 없다.
> 그들의 설교는 청중들을 들뜨게 하고 스스로 만족하게 하며 거짓된 확신 안에 안주하게 만든다.

솜사탕처럼 귀에 달콤한 말씀을 하나님의 말씀이라고 전하는 자들은 영혼을 노략질하는 이리인 거짓 선지자들이다.

그들의 말에 귀를 기울이지 말라. 참 선지자의 말에 귀를 기울이면서 자신의 영적 상태를 자세히 상고하라. 그것이 양의 옷을 입고 다가오는 노략질하는 이리를 분별하여 단호하게 물리치고 자기 영혼을 살리는 유일한 길이다.

2) 하나님의 진리를 온전히 전하지 않고 반쪽짜리 진리만을 전한다

거짓 선지자들의 가르침이 양의 옷을 입고 다가와서 아주 교묘하게 우리를 미혹하는 것은 그들의 가르침이 하나님의 진리지만, 한쪽만을 강조하기에 전체적으로 볼 때는 하나님의 진리가 아니라는 것이다. 거짓 선지자들은 하나님의 사랑과 긍휼과 자비와 인자와 오래 참음과 은혜는 특히 강조하지만, 하나님의 거룩과 성결과 의와 공의와 진노는 강조하지 않는다.

그들이 전하는 진리는 반쪽짜리 진리이기에 실제로는 진리가 아니다. 반쪽짜리 진리는 진리가 아니기 때문이다.

왜 그들이 반쪽짜리 진리만 전하는가?

타락하고 부패한 본성을 가진 청중들이 그 반쪽짜리 진리만 좋아하기 때문이다.

하나님의 사랑, 긍휼, 자비하심과 인자하심, 무한히 용서하시는 풍성한 은혜, 오래 참으심, 이 진리는 얼마나 우리를 감격케 하며, 우리 마음에 기쁨과 만족을 주는가?

그런데 하나님의 거룩, 성결, 의, 공의, 진노는 얼마나 우리를 두렵게 만들면서 부담을 주는가?

타락하고 부패한 죄인들은 그런 진리를 좋아하지 않고, 듣고 싶어 하지도 않기에 거짓 선지자들은 하나님의 성품 가운데 사람들이 듣기 좋아하는 성품은 특히 강조하고, 부담스러워하는 성품은 강조하지 않는다. 거짓 선지자들은 참된 진리를 균형 있게 온전히 전하지 않고 반쪽짜리 진리만을 전한다.

하나님의 거룩, 성결, 의, 공의, 진노를 경시하고 전해지는 하나님의 사랑, 긍휼, 자비, 인자, 오래 참으심, 은혜는 진짜일 수 없다. 하나님의 거룩, 성결, 의, 공의, 진노를 알 때만이 하나님의 사랑, 긍휼, 자비, 인자, 오래 참으심, 은혜도 알 수 있다.

완전히 거룩하시고 성결하시고 의로우시고 공의로우시고 죄와 죄인들을 진노하시고 혹독하게 심판하시는 하나님께서 독생자 예수 그리스도의 십자가를 통해서 값없이 우리의 모든 죄를 용서해 주시고, 의롭다 칭해주시고, 하나님의 존귀한 자녀로 삼아주셨다는 그 진리를 진정으로 알게 될 때 하나님의 사랑과 긍휼과 자비와 인자와 오래 참으심과 은혜가 얼마나 엄청난 것인가를 진정으로 알게 될 것이다.

따라서 하나님의 사랑과 긍휼과 자비와 인자와 오래 참으심과 은혜를 강조하는 만큼 하나님의 거룩과 성결과 의와 공의와 진노도 강조해야 한다. 그러므로 하나님의 진리를 전체적으로 온전히 전하지 않고 반쪽짜리 진리만을 전하는 자들은 참 선지자일 수가 없다. 그들은 볼 것 없이 다 거짓 선지자들이다.

거짓 선지자들은 사람들이 좋아하지 않고, 부담스러워하며, 싫어하는 교리인 죄, 회개, 심판, 재림, 최후 심판, 지옥, 멸망 당한 자들의 영원한 운명에 대해서는 거의 설교하지 않는다. 그러나 성경은 그런 중요한 진리들을 강조하고, 또 강조한다. 이사야서, 예레미야서, 베드로후서, 유다서를 보라. 사도 요한이 기록한 요한일서와 요한계시록을 보라.

주님께서도 얼마나 그런 진리들을 강조하셨는가?

바울 역시 가이사랴 감옥에 갇혔을 때 총독 벨릭스에게 복음을 전하면서 '의와 절제와 장차 오는 심판'에 대한 진리를 전했다(행 24:25). 교회사를 보아도 청교도들이나 요한 웨슬리, 죠지 휫필드, 조나단 에드워즈 등은 설교할 때 자주 하나님의 무서운 심판을 전하면서 회개를 강력하게 촉구했다.

그들의 설교를 듣는 사람들은 하나님의 심판을 심히 두려워하면서 때때로 며칠, 몇 주, 몇 개월 동안 괴로워하고 고뇌하고 번민하면서 영혼의 큰 고통을 당했다.

그 과정에서 그들은 철저히 회개했고 구원의 큰 은혜를 경험할 수 있었다. 그러나 거짓 선지자들은 죄, 회개, 심판, 지옥, 멸망에 대해서는 거의 설교하지 않거나, 그런 교리를 설교할 때도 사람들의 부담을 덜어주기 위해서 물을 타 희석해서 부드럽게 전한다. 그 결과 영혼이 죽어가는 사람들에게 부드러운 설교를 통해 잠시 영혼의 통증을 덜어준 후에 영원한 지옥으로 떨어지게 만든다.

3) 십자가 없는 면류관, 고난 없는 영광을 전한다

성경은 우리가 천국의 영광을 누리려면 반드시 먼저 고난을 겪어야 한다고 말씀한다(롬 8:17-18; 행 14:22하).

이렇게 성경은 "No Cross, No Crown!"이라고 분명히 말씀한다. 구원의 좁은 길을 끝까지 올곧게 걷는 자들은 반드시 앞서가신 주님처럼 자기를 부인해야 하고 날마다 자기 십자가를 지고 주님을 따라가야 한다.

또 그렇게 하기 위해서는 주님을 위해 목숨까지 바칠 각오를 해야 한다.

> [눅 9:23-24] … 아무든지 나를 따라오려거든 자기를 부인하고 날마다 제 십자가를 지고 나를 따를 것이니라 누구든지 제 목숨을 구원하고자 하면 잃을 것이요 **누구든지 나를 위하여 제 목숨을 잃으면 구원하리라**

구원의 좁은 문으로 들어가서 구원의 좁은 길을 끝까지 올곧게 걷기 위해서는 반드시 자기를 부인해야 하고 날마다 자기 십자가를 져야 한다. 이 세상이나 세상에 있는 것들을 사랑하지 말아야 한다. 날마다 육신의 정욕과 안목과 이생의 자랑을 반드시 떨쳐버려야 한다(요일 2:15-16).

그리고 인내로써 구원을 얻기에 우리는 끝까지 인내해야 한다(눅 21:19). 거짓 선지자들은 이 사실을 강조하지 않는다.

그들은 달콤한 솜사탕처럼 십자가 없는 면류관을 강조한다. 고난 없는 영광을 강조한다. 그들은 하나님 나라 백성의 성품과 삶의 원리인 산상수훈이 우리가 반드시 실천해야 할 주님의 말씀이기에 반드시 순종해야 한다고 강조하지 않는다.

사랑하는 성도 여러분!

오늘날 우리 시대의 교회와 그리스도인들이 이렇게 허약하고 무능하고 무력해진 근본 원인이 무엇인가?
왜 세상의 빛이요 소금인 우리가 꺼져가는 등불이 되었고 짠맛을 잃은 소금이 되어서 세상 사람들에게 비참하게 짓밟히고 있는가?
왜 교회는 점점 더 왜소해져 가고 있고 그리스도인들의 삶은 세상 사람들의 수준으로 낮아졌는가?

하나님의 말씀이 타락했고, 그 말씀을 선포하는 강단이 타락했기 때문이다. 우리가 참 선지자의 말에 귀를 기울이기보다 거짓 선지자들을 좋아하고 그들의 말에 솔깃하기 때문이다.

그렇다면 이제 우리는 어떻게 해야 하는가?
어떻게 우리가 살 수 있는가?

다른 길이 없다.
주님의 경고의 음성에 귀를 기울이면서 산상수훈의 말씀을 온 마음으로 듣고 온 삶으로 순종하자. 그 길 외에는 우리에게 어떠한 소망도 없다.

그 길 외에 우리의 영원한 운명을 보장해주는 것은 아무것도 없다. 그 길만이 우리가 살 수 있는 유일한 길이며, 우리 한국교회가 살 수 있는 유일한 길이다.

제49장

거짓 선지자들을 삼가라(II)

[마 7:15-20] 거짓 선지자들을 삼가라 양의 옷을 입고 너희에게 나아오나 속에는 노략질하는 이리라 그들의 열매로 그들을 알지니 가시나무에서 포도를, 또는 엉겅퀴에서 무화과를 따겠느냐 이와 같이 좋은 나무마다 아름다운 열매를 맺고 못된 나무가 나쁜 열매를 맺나니 좋은 나무가 나쁜 열매를 맺을 수 없고 못된 나무가 아름다운 열매를 맺을 수 없느니라 아름다운 열매를 맺지 아니하는 나무마다 찍혀 불에 던져지느니라 이러므로 그들의 열매로 그들을 알리라

우리의 구원은 예수 믿고 구원받은 것으로 끝나는 것이 아니라, 죽을 때까지 계속되는 과정이다. 우리가 구원받는 것은 시작에 불과하다.

우리는 계속 구원을 이루어가야 하며, 주님께서 재림하실 때 우리의 구원은 완성될 것이다.

구원은 반드시 전체적인 관점에서 생각해야 한다. 성경은 우리의 구원을 세 가지 의미로 설명하고 있다.

1. 과거적 의미의 구원이다

과거적 의미의 구원은 우리가 회개하고 예수 그리스도를 구주와 주님으로 영접할 때 얻는 구원이다(엡 2:8; 요 5:24). 과거적 의미의 구원은 '신분적 구원'이라고 할 수 있다.

과거에 우리는 마귀의 자녀였지만 하나님 자녀가 되어 신분이 완전히 바뀌었다. 신학적 용어로 '양자'(養子, Adoption), 또는 '칭의'(稱義, Justification)라고 한다.

2. 현재적 의미의 구원이다

> [빌 2:12] 그러므로 나의 사랑하는 자들아 너희가 나 있을 때뿐 아니라 더욱 지금 나 없을 때에도 항상 복종하여 두렵고 떨림으로 너희 구원을 이루라

여기서 '구원을 이루라'는 말씀은 현재형이기에 계속해서 구원을 이루어 가라는 의미이다. 우리는 성령을 철저히 의뢰하면서 항상 복종하여 두렵고 떨림으로 구원에서 떨어지지 않도록 노력해야 한다.

현재적 의미의 구원은 예수 믿고 구원 얻은 사람이 일평생 동안 이루어 가야 하기에 '과정적 구원'이라고 할 수 있다. 신학적인 용어로 '성화'(聖化, Sanctification)라고 한다.

3. 미래적 의미의 구원이다

미래적 의미의 구원은 예수 그리스도께서 재림하심으로 완성되는 구원이다.

> [마 10:22, 24:13; 막 13:13] 끝까지 견디는 자는 구원을 얻으리라

여기서 '구원을 얻으리라'라는 말씀은 최종적 구원, 궁극적 구원을 의미한다. 우리가 수많은 고난과 시험과 환난과 핍박 가운데서도 끝까지 믿음을 지키면 최종적 구원을 얻게 된다. 신학적인 용어로 '영화'(榮化, Glorification)라고 한다. 우리가 주님과 같이 영화롭게 되기 때문이다(요일 3:2).

미래적 구원, 궁극적 구원은 주님께서 재림하실 때 이루어질 사건이지만, 개인적으로 볼 때는 우리 육신이 죽을 때 이루어진다고 할 수 있다.

구원을 생각할 때 특별히 조심해야 할 점이 있다. 그것은 과거적 의미의 구원인 '칭의'와 현재적 의미의 구원인 '성화'는 결코 분리될 수 없는 밀접한 관계에 있다는 것이다. '칭의' 없는 '성화'는 결코 생각할 수 없고, '성화' 없는 '칭의'도 결코 생각할 수 없다.

내가 과거에 회개하고 예수 그리스도를 구주와 주님으로 영접하여 구원받았다고 말하면서 항상 복종하여 두렵고 떨림으로 현재 내 구원을 이루어가지 않는다면 나는 구원받은 사람이 아니다.

성경은 이미 구원받았다고 말하는 사람들에게 현재적 의미의 구원을 얼마나 강조하는지 모른다(히 3:12-14; 벧후 3:17; 딤전 6:9-10; 고전 9:27). 성경은 과거에 구원을 얻은 사람이 항상 복종하면서 두렵고 떨림으로 현재 구원을 이루어가지 않으면 파멸과 멸망에 떨어진다고 경고하신다.

그렇다면 생명으로 인도하는 구원의 좁은 문으로 들어간 사람이 도중에 멸망으로 인도하는 넓은 길로 빠질 위험성이 있는가?

성경은 위험성이 있다고 분명히 말씀하신다. 성경은 구원받은 우리를 향하여 '삼가라', '조심하라', '두려워하라'라고 거듭해서 경고하시는 것이다. 우리가 삼가고, 조심하고, 두려워할 때만이 멸망의 넓은 길로 빠지지 않기 때문이다. 혹시 빠졌을지라도 즉시 돌이켜서 구원의 좁은 길로 되돌아올 수 있기 때문이다.

범죄한 후 회개치 않거나 세상 사랑에 푹 빠져 있거나 안일과 나태함 가운데서 계속 신앙생활 할 때 하나님께서 우리를 혹독하게 징벌하시는 이유도 여기에 있다. 우리가 그런 신앙 상태에 있다는 것은 이미 구원의 좁은 길을 떠나서 멸망의 넓은 곁길로 들어가 그 길을 따라 걷고 있는 것이기에 그냥 놔두면 우리는 멸망 당하고 만다.

우리를 사랑하시는 하나님께서는 그런 우리를 그냥 내 버려두실 수가 없으셔서 혹독한 징계의 채찍으로 우리를 치시는 것이다. 그래서 우리가 회개하고 다시 좁은 길로 돌이키도록 하시는 것이다. 그런 징계의 채찍은 중병을 비롯한 인생의 큰 위기로 나타난다.

왜냐하면, 교만하고 완고하고 무지한 인간은 인생의 큰 위기가 없이는 회개하고 돌이켜서 좁은 길로 돌아오지 않기 때문이다. 이렇게 구원받은 우리가 항상 두렵고 떨림으로 현재 구원을 이루어가는 것은 너무나 중요하다.

아더 핑크는 이렇게 설명한다.

> 우리가 사악한 길을 버릴 때에야 비로소 용서가 있으며(사 55:7), 또 우리가 회개하고 하나님께로 돌아설 때 비로소 우리의 죄가 씻어지듯이(행 3:19), 생명으로 인도하는 유일한 길 곧 순종의 길을 밟지 않고서는 생명에 들어갈 수가 없다.
> 그리스도인이 이 세상에 사는 한, 그는 위험한 곳에 있는 것이다. 지옥으로부터 구원을 받는 것은 구원의 시작일 뿐이며 천국에 이르기 전까지 그 구원은 완성되지 않는다. 칭의와 영화 사이에는 끊임없는 투쟁과 정복해야 할 원수들과 쟁취해야 할 승리가 있으며, 상은 오직 승자에게만 돌아간다. 그리스도는 죄에 대한 나의 슬픔과 증오를 쓸모 없게 하기 위하여 죽으신 것이 아니다. 그리스도는 하나님에 대한 나의 책임을 완전히 면제하기 위하여 죽으신 것이 아니다. 그리스도는 나로 하여금 계속해서 세상과 친교를 나누게 하려고 죽으신 것이 아니다.
> 만일 나의 죄성(罪性)을 슬퍼하는 양심이 내 마음을 찢어놓지 않는다면 그리스도께서 '다 이루신 일'(요 19:30)은 내게 아무 소용이 없다. 내가 여전히 세상을 사랑하고 있고(요일 2:15), 그리스도 안에 있는 새로운 피조물이 아니라면(고후 5:17) 그것은 내게 아무 소용이 없다.

찰스 스펄전(Charles Haddon Spurgeon, 1834-1892) 목사님 역시 같은 말을 한다.

> 회심은 올바른 길로 돌아서는 것이다.
> 그다음의 일은 그 길을 걷는 것이다.
> 매일 그 길을 걷는 것은 바라던 목적지까지 도착하기 위해서 그 출발만큼이나 중요한 일이다.
> 한 번 먼저 쳤다고 해서 싸움이 끝난 것은 아니다.
> 면류관은 이기는 자에게만 약속되어 있다.
> 경주를 시작하는 것은 아무 일도 아니다.
> 많은 사람이 그렇게 시작하였으나 실패하고 말았다.

승리의 지점에 도착할 때까지 계속하는 것이 중요하다.
끝까지 인내하는 것이야말로 인간의 구원에 있어서 회심만큼이나 필요한 것이다.

그러므로 다음과 같이 가르치는 자들은 거짓 선지자들임이 분명하다.

한 번 구원받았으면 영원히 구원받았기에 구원받은 이후에 어떤 삶을 살아도 구원은 상실되지 않는다.
한 번 받은 구원은 결코 잃을 수가 없기에 어떤 죄를 범했을지라도 회개하기만 하면 된다.

이런 가르침은 명백히 성경의 가르침을 대적하는 거짓된 가르침이다. 반면에 참 선지자일수록 성도들로 하여금 삼가게 하고, 조심하게 하고, 경성하게 함으로써 죄와 더불어 피 흘리기까지 싸우도록 독려한다(히 12:4).
그리고 악은 어떤 모양이라도 내어버리도록 강력하게 촉구한다(살전 5:22). 이렇게 참 선지자들은 온전히 거룩한 삶을 살도록 성도들을 돕는다. 주님께서 재림하실 때 성도들의 온 영과 혼과 몸이 흠 없게 보전되도록 바른길로 인도한다(살전 5:23).

이렇게 참선지자인지 거짓 선지자인지 분별할 수 있는 열매는 그들의 가르침의 열매이다.
또, 참 선지자인지 거짓 선지자인지 분별할 수 있는 열매가 있다.

1. 선지자들의 가르침의 열매이다

이 점에 대해서는 지난 주에 자세히 살펴보았다.

2. 선지자들의 성품과 삶의 열매이다

> [마 7:16-20] 그들의 열매로 그들을 알지니 가시나무에서 포도를, 또는 엉겅퀴에서 무화과를 따겠느냐 이와 같이 **좋은 나무마다 아름다운 열매를 맺고 못된 나무가 나쁜 열매를 맺나니** 좋은 나무가 나쁜 열매를 맺을 수 없고 못된 나무가 아름다운 열매를 맺을 수 없느니라 아름다운 열매를 맺지 아니하는 나무마다 찍혀 불에 던져지느니라 이러므로 그들의 열매로 그들을 알리라

여기서 주님께서는 두 종류의 나무를 말씀하신다. 좋은 나무인 포도나무와 무화과나무, 그리고 못된 나무인 가시나무와 엉겅퀴이다. 예수님 당시 팔레스타인에 살고 있던 사람들은 누구나 가시나무가 포도로 착각하기 쉬운 조그맣고 까만 열매를 맺는다는 사실을 잘 알고 있었다. 또 엉겅퀴는 멀리서 보면 그 꽃 때문에 무화과로 착각할 수도 있었다.

그러나 가까이 다가가서 자세히 살펴보면 가시나무와 포도를 혼동하거나 무화과를 엉겅퀴 꽃으로 혼동할 사람은 아무도 없었다. 마찬가지로 거짓 선지자도 가까이 다가가서 그가 맺는 성품과 삶의 열매를 자세히 살펴보면 거짓 선지자인 것을 분명히 분별할 수 있다.

어떻게 그것이 가능한가?

1) 나무와 열매는 반드시 일치하기 때문이다

좋은 나무와 못된 나무는 나무의 본질과 성격에 따라 분류한 것이다. 좋은 나무는 본질이 좋은 나무이기에 아름다운 열매를 맺는다. 못된 나무는 본질이 못된 나무이기에 나쁜 열매를 맺는다.

열매보다 훨씬 더 중요한 것은 나무 그 자체이다. 참 선지자는 본질이 좋은 나무이기에 그의 가르침과 성품과 실생활에서 좋은 열매를 맺는다. 거짓 선지자는 본질이 못된 나무이기에 그의 가르침과 성품과 실생활에서 나쁜 열매를 맺는다.

주님께서는 '나무와 열매의 비유'를 통해서 중요한 원칙을 제시하신다. 그것은 참 그리스도인이나 참 선지자가 되는 것은 인격의 중심에 관계되는

것이고, 사람 자체에 관계되는 것이라는 것이다.

이것이 아주 중대하고 근본적인 문제라고 주님께서는 지적하신다. 우리의 가르침이나 생활이나 사역을 불문하고 그 모든 것은 단순히 겉으로 드러나는 표면적인 문제만이 아니다. 열매의 근본이 되는 나무의 본질과 성격이 중요하다.

주님께서 정말 관심을 가지시면서 주목하시는 것은 바로 우리 마음이다. 마음이 우리 인격의 중심이고, 우리 됨됨이의 근원이기 때문이다.

> [마 12:33-35] 나무도 좋고 열매도 좋다 하든지 나무도 좋지 않고 열매도 좋지 않다 하든지 하라 그 열매로 나무를 아느니라 독사의 자식들아 너희는 악하니 어떻게 선한 말을 할 수 있느냐 이는 마음에 가득한 것을 입으로 말함이라 선한 사람은 그 쌓은 선에서 선한 것을 내고 악한 사람은 그 쌓은 악에서 악한 것을 내느니라

> [막 7:20, 23] 사람에게서 나오는 그것이 사람을 더럽게 하느니라 … 이 모든 악한 것이 다 속에서 나와서 사람을 더럽게 하느니라

근본적으로 중요한 것은 바로 우리 자신이며 우리 마음이다. 우리 마음에 있는 것은 반드시 열매로서 밖으로 드러난다. 그 열매가 가르침이든, 성품이든, 생활이든, 사역이든 마음에 있는 것은 반드시 겉으로 드러나게 된다.

참 그리스도인이나 참 선지자는 인간 본성과 마음이 근본적으로 변화된 사람, 속사람이 근본적으로 변화된 거듭난 사람, 새로운 피조물이다. 그는 거듭난 사람이기에 그 안에 주님의 생명이 있고, 또 생명은 자라고 성장하기에 반드시 아름다운 열매를 맺게 된다.

반면에 거짓 그리스도인이나 거짓 선지자는 인간 본성과 마음에 근본적인 변화가 없고, 속사람의 근본적인 변화가 없는 옛사람 그대로이다. 그러기에 그 안에 주님의 생명이 있을 수가 없고, 그 결과 그의 가르침과 성품과 생활과 사역에서 생명 없는 나쁜 열매를 맺을 수밖에 없다.

2) 신앙과 생활은 결코 분리할 수 없기 때문이다

하나님을 믿고 섬기는 생활을 가리켜서 '신앙생활'이라고 부른다. 신앙생활이란 신앙과 생활이 일치해야 한다는 뜻이고, 우리의 신앙이 반드시 생활로 나타나야 한다는 의미이기 때문이다. 신앙과 생활은 결코 분리할 수 없고, 또 분리되어서도 안 된다. 나무의 본질과 성격은 반드시 열매로 나타난다. 좋은 나무는 아름다운 열매로, 못된 나무는 나쁜 열매로 나타난다.

인간의 본성과 마음은 반드시 외부로 나타나게 된다. 우리의 내적인 본성과 마음에 깊이 자리 잡은 우리의 신앙은 반드시 우리의 삶을 통해 나타나게 된다. 믿음은 영적이고 내면적인 것이기에 우리 자신이나 다른 사람들의 믿음이 참믿음인지 거짓 믿음인지를 분별하기가 전혀 쉽지 않다. 우리는 외적으로 드러나는 열매인 순종과 행함, 선행의 열매를 통해서 분별할 수 있다.

우리 자신이나 다른 사람들이 어떤 사람이며, 무엇을 믿고 있는지는 반드시 외부의 열매로 나타나게 된다. '가시나무에서 포도를' 맺을 수 없고, '엉겅퀴에서 무화과를' 딸 수 없기 때문이다. '좋은 나무마다 나쁜 열매를 맺을 수 없고, 못된 나무가 아름다운 열매를 맺을 수 없기' 때문이다.

얼마 동안은 사람들을 속일 수 있지만, 결국은 그 정체가 드러난다. 청교도들은 이들을 가리켜서 '일시적인 신자들'(temporary believers)이라고 불렀다. 그들은 복음의 영향을 받아 진정으로 회심하고 중생한 것처럼 보인다. 성경적인 말을 하고 행동의 변화도 있는 것 같다. 그런데 나중에 보면 그리스도인이 되지 않았다는 명백하고 확실한 증거를 보여준다.

예를 들면 부흥회나 수련회 때 그들은 큰 은혜를 체험한 것처럼 보이지만, 나중에 보면 참된 그리스도인이 아닌 것이 분명히 드러난다. 사도 베드로는 그런 자들을 가리켜서 이렇게 묘사한다.

[벧후 2:20-22] 만일 그들이 우리 주 되신 구주 예수 그리스도를 앎으로 세상의 더러움을 피한 후에 다시 그 중에 얽매이고 지면 그 나중 형편이 처음보다 더 심하리니 의의 도(道)를 안 후에 받은 거룩한 명령을 저버리는 것보다 알지 못하는 것이 도리

어 그들에게 나으니라 참된 속담에 이르기를 개가 그 토하였던 것에 돌아가고 돼지가 씻었다가 더러운 구덩이에 도로 누웠다 하는 말이 그들에게 응하였도다

선한 행실은 우리 믿음의 진실성에 대한 증거로서 반드시 필요하다. 우리는 열매로서 나무를 증명해 주어야 한다.

참 신자와 참 선지자는 자신의 선한 행실의 열매를 통하여 자신이 좋은 믿음의 나무이고, 자신이 참 선지자임을 분명히 증명한다.

구원의 좁은 문으로 들어간 사람은 끝까지 순종의 협착한 길을 걸어가야 한다. 아더 핑크는 말한다.

> 천국에 들어가려면 순종의 길을 걸어야 한다. 선한 행실은 완전하고 궁극적인 구원을 확실하게 하기 위하여 절대로 필요하며, 천국에 실제로 들어가기 위해서도 그러하다.
> 그것은 성경이 그리스도는 '자기에게 순종하는 모든 자에게 영원한 구원의 근원이 되신다'(히 5:9)고 분명히 말씀하고 있기 때문이다.
> 따라서 선행이 없이도 천국에 들어갈 수 있다고 기대하는 것은 마치 그리스도가 없이도 천국에 갈 수 있다고 생각하는 것과 마찬가지이다.

청교도들은 "참된 믿음에는 반드시 선행이 동반된다"는 진리를 아주 강조했다. 버제스(A. Burgess, ?-1664)는 말한다.

> 선행이 그들을 의롭게 하는 것이 아니라, 의로워진 사람들은 선행을 하지 않을 수가 없다.
> 선행은 우리가 영생에 이르기 위하여 사용하도록 정하여진 수단들이다. 그리스도의 의(義)를 받아들이는 것은 오직 믿음뿐이다.
> 그러나 이 믿음은 거룩한 생활과 분리될 수 없다.

존 오웬(John Owen, 1616-1683)도 같은 지적을 한다.

> 모든 택한 자들에게는 정죄함이 없다고 하나님께서 친히 명백하게 확언해 주셨다고 해서(롬 8:32, 33) 순종이 필요치 않다거나 불법이나 불순종에 대한 죄책(罪責)이 가벼워진다는 뜻은 전혀 아니다.

성경은 믿음과 순종, 행함, 선행의 관계가 절대적인 관계에 있음을 강조한다. 최후 심판의 비유인 '양과 염소의 비유'에서도 그 사실을 말씀하신다(마 25:40, 45-46. 참조. 요 5:29; 마 16:27; 롬 16:25-26; 약 2:14, 17, 20, 22, 26).

성경이 말씀하시는 참된 믿음, 생명으로 인도하는 믿음은 반드시 순종과 행함과 선행이 동반되는 믿음이다. 이것을 본회퍼(Dietrich Bonhoeffer)는 한 마디로 요약한다.

> 믿는 자는 순종하며 순종하는 자만이 믿는다.

그런데 거짓 선지자들은 구원에 있어서 선한 행실은 어떤 자리도 있다는 것을 단호하게 부인하며, 복음을 믿는 것만이 죄인에게 천국을 보장해주는 데 필요한 전부라고 가르친다. 그러나 하나님의 말씀을 순종하지 않는 믿음은 참된 믿음이 아니다.

구원에 이르는 참된 믿음은 하나님이 나를 사랑하시고, 그리스도가 십자가에서 나를 위해 죽으셨다는 것을 믿으면서 단순히 마음으로 동의하는 것과는 근본적으로 다르다.

귀신들도 그런 믿음을 가지고 마음으로 동의한다(약 2:19). 거짓 선지자들이 가르치는 믿음은 아무런 가치가 없고 전혀 효력도 없다. 구원에 이르는 참된 믿음은 '사람들의 마음을 깨끗이 하는 믿음'(행 15:9)이며, '사랑으로써 역사(役事)하는 믿음'(갈 5:6)이며, '세상을 이기는 믿음'(요일 5:4)이다. 이런 참된 믿음을 가르치지 않는 자는 거짓 선지자임이 틀림없다.

3. 선지자들의 가르침의 영향력의 열매이다

선지자들의 가르침과 성품과 생활이 참 선지자와 거짓 선지자를 분별할 수 있는 열매일 뿐만 아니라 가르침의 영향력도 그들을 분별할 수 있는 열매가 된다.

즉, 그들의 가르침을 받는 사람들의 반응과 그 사람들에게 어떤 열매가 나타났는지를 보는 것이다. '유유상종'(類類相從)이라는 말이 있다. '제자는 스승을 닮는다'는 말도 있다. 거짓 신자들은 거짓 선지자들과 그들의 거짓된 가르침을 좋아한다. 반면에 참 선지자들과 그들의 참된 가르침은 싫어한다.

> [렘 5:31] 선지자들은 거짓을 예언하며 제사장들은 자기 권력으로 다스리며 내 백성은 그것을 좋게 여기니 마지막에는 너희가 어찌하려느냐

선지자들의 가르침을 받는 사람들의 반응이 참 선지자와 거짓 선지자를 분별할 수 있는 열매이다. 또 그들의 가르침을 받는 사람들에게 나타나는 열매가 참 선지자와 거짓 선지자를 분별할 수 있는 열매이기도 하다.

거짓 선지자들은 거짓된 가르침으로 악한 영향을 미쳐서 믿음을 무너뜨린다(딤후 2:17, 18). 사람들이 경건하지 아니함에 점점 나아가게 하고(딤후 2:16), 교만하게 하고 시기와 다툼과 불화를 일으키고 분쟁을 조장하게 한다(딤전 6:4-5; 딤후 2:23; 딛 3:9).

이런 나쁜 열매가 나타나는 것은 거짓 선지자들이 죄를 지적하고 책망하면서 회개로 이끌지 않기 때문이다. 하나님의 진리를 선포하며 거룩한 삶으로 인도하지 않기 때문이다. 반면에 참 신자들은 참 선지자들과 참된 가르침을 좋아하고, 거짓 선지자들과 거짓된 가르침은 싫어한다. 참 선지자들의 참된 가르침은 사람들에게 자신들의 죄를 깨닫게 하여 회개로 이끈다.

이 세상과 세상에 있는 것들을 사랑하던 마음을 버리고 주님을 사랑하게 만들고 경외하게 만든다. 육신의 정욕과 안목의 정욕과 이생의 자랑을 좇던 사람들을 하나님 나라와 그분의 영광을 위하여 살도록 이끈다. 사람들을 청결한 마음과 선한 양심과 거짓 없는 믿음과 사랑과 경건함으로 인도

한다(딤전 1:4-5, 4:7). 사람들의 신앙을 성숙시켜서 그들의 인격이 주님을 닮도록 만든다(딤후 3:16-17).

사랑하는 성도 여러분!

여러분은 참 선지자들과 그들의 참된 가르침을 좋아하면서 순종과 선행의 열매를 풍성히 맺는가?
지금 본성과 마음이 근본적으로 변화된 새로운 피조물로서 신앙생활하고 있는가?
여전히 변화되지 못한 옛사람으로서 신앙생활하고 있는가?

주님의 말씀 앞에서 여러분 자신과 여러분의 신앙을 면밀하게 살펴보라. 우리 본성과 마음이 근본적으로 변화된 새로운 피조물로서 이 세상뿐만 아니라 내세에서도 영원토록 복된 자로 살 수 있기를 바란다.

제50장

거짓된 신앙고백

> [마 7:21-23] 나더러 주여 주여 하는 자마다 다 천국에 들어갈 것이 아니요 다만 하늘에 계신 내 아버지의 뜻대로 행하는 자라야 들어가리라 그 날에 많은 사람이 나더러 이르되 주여 주여 우리가 주의 이름으로 선지자 노릇 하며 주의 이름으로 귀신을 쫓아 내며 주의 이름으로 많은 권능을 행하지 아니하였나이까 하리니 그 때에 내가 그들에게 밝히 말하되 내가 너희를 도무지 알지 못하니 불법을 행하는 자들아 내게서 떠나가라 하리라

아더 핑크가 사역했던 20세기 전반기는 교회와 그리스도인들의 영적 상태가 오늘 우리 시대보다 훨씬 더 좋았던 시대였다.

그런데도 아더 핑크(1886-1952)는 그 시대의 교회와 그리스도인들의 영적 상태를 다음과 같이 통렬히 지적한다.

> 오늘날처럼 명목상의 신자들이 많았던 적은 일찍이 없었다. 오늘날처럼 참된 신자들의 숫자가 적었던 적도 일찍이 없었다.
> 기독교 역사상 오늘날처럼 속임 당한 영혼들이 교회 안에 많았던 때가 일찍이 있었는가?
> 하나님의 진노가 그들 위에 머물러 있는데도 자신은 괜찮다고 믿고 있는 신자들이 오늘날처럼 많았던 때가 일찍이 있었는가?

신약 신학자 D. A. 카슨(Carson) 교수 역시 1970년대의 교회와 그리스도인들의 영적 상태를 보면서 이렇게 탄식한다.

교회 역사 전체를 살펴볼 때 명목상의 신자가 이렇게 많고 참된 신자가 이렇게 희귀한 시대가 또 어디 있었는가?

그런데 오늘 우리 시대는 아더 핑크 시대나 1970년대보다 훨씬 더 영적으로 타락한 시대이다.

그러니 오늘 우리 시대의 교회와 그리스도인들의 영적 상태가 어떠하겠는가?

우리는 철학자 헤겔(G. W. F. Hegel, 1770-1831)의 말을 기억하고 늘 두렵고 떨리는 마음으로 신앙생활을 해야 한다. 그는 말한다.

우리는 역사로부터 아무것도 배우지 못함을 역사로부터 배운다.

산상수훈의 최종 결론 부분인 마태복음 7:21-23의 말씀은 산상수훈 중에서뿐만 아니라 주님의 모든 말씀 중에서도 가장 엄숙하고 중대한 말씀이다. 주님께서 산상수훈의 최종 결론에서 다루시는 아주 중요한 주제가 있다. 그것은 자신을 속이는 '자기기만(自己欺瞞)'과 '거짓된 자기 확신'의 문제이다.

우리 신앙에 있어서 이것만큼 무섭고 끔찍한 것은 없다. 우리가 '자기기만'과 '거짓된 자기 확신'에 빠지면 전혀 소망이 없기 때문이다. 회개하고 돌이킬 희망도, 참된 믿음을 가질 희망도, 주님을 제대로 섬길 희망도, 천국 갈 희망도 전혀 없다. 그것은 자신의 영적 상태가 엉망인데도 전혀 그 사실을 알지 못하고 자신을 속이면서 거짓된 자기 확신에 사로잡혀 있기 때문이다. '자기기만'과 '거짓된 자기 확신'은 전혀 소망이 없는 무섭고 끔찍한 죄악이다.

그래서 주님께서는 산상수훈의 최종 결론 부분에서 우리를 당신의 말씀 앞에 정면으로 직면하게 하셔서 우리 실상을 적나라하게 보게 하신다. 그리하여 우리에게 순종과 불순종 사이의 근본적인 선택을 강력하게 촉구하시고, 우리의 마음과 삶을 주님의 말씀에 온전히 맡기게 하신다.

우리가 자기기만과 거짓된 자기 확신의 끔찍한 죄악에 빠지지 않기 위해서 꼭 필요한 요소가 있다. 우리가 고백하는 신앙고백의 위험성을 알고 그

점을 자세히 살펴보는 것이다.

[마 7:21-23] 나더러 주여, 주여하는 자마다 다 천국에 들어갈 것이 아니요 다만 하늘에 계신 내 아버지의 뜻대로 행하는 자라야 들어가리라 그 날에 많은 사람이 나더러 이르되 주여 주여 우리가 주의 이름으로 선지자 노릇 하며 주의 이름으로 귀신을 쫓아 내며 주의 이름으로 많은 권능을 행하지 아니하였나이까 하리니 그 때에 내가 그들에게 밝히 말하되 내가 너희를 도무지 알지 못하니 불법을 행하는 자들아 내게서 떠나가라 하리라

주님께서는 '주여, 주여'라고 고백하지만, 천국에 들어가지 못할 자가 많다고 경고하신다. 그것은 '주여, 주여'라고 고백하는 그들의 신앙고백에 근본적인 문제가 있기 때문이다. 주님께서는 신앙고백의 중요성을 절대로 무시하지 않으신다. 왜냐하면, 바른 신앙고백은 우리의 구원에 있어서 출발점이기 때문이다.

진실한 마음으로 '주여, 주여'라고 부르지 않는 사람들은 결단코 천국에 들어갈 수 없다. 그것은 성령으로 말미암지 않고는 진실한 마음으로 예수 그리스도를 '주'라고 부를 수 없기 때문이다(고전 12:3하). 사도들은 참된 신앙고백이 구원을 얻기 위한 필수 요소라고 강조했다(행 2:21; 롬 10:9-10, 13).

'주여, 주여'라고 신앙고백 하지만 천국에 들어갈 수 없는 자들의 신앙고백의 근본적인 문제가 무엇인가?

그들의 신앙고백은 외적으로는 전혀 문제가 없고 모범적인 신앙고백처럼 들린다. 그들은 나사렛 예수를 '주'로 고백한다. 여기서 '주'라는 단어('퀴리오스')는 그 당시 로마 시민들이 로마 황제의 신성(神性)을 고백할 때 사용하던 호칭이었다. 신약성경에서는 하나님을 가리키는 호칭으로 자주 사용되었다(마 5:33; 막 5:19; 눅 1:6; 히 7:21).

예수 그리스도를 '주님'으로 부르는 것은 그분이 신성(神性)을 가지신 '창조주'이시고(요 1:13; 계 4:11), '만물의 주인'이시며(행 10:36), '구세주'(요 3:6, 18; 딤전 1:1)이심을 고백하는 신앙고백이다. 이런 신앙고백은 성경적 교리와 정통적 신앙을 고백하는 모범적인 신앙고백이다.

초대교회 성도들은 예수 그리스도의 죽음과 부활을 경험한 후에 그들의 신앙을 이렇게 고백했다.

> 십자가에서 죽으시고 부활하신 예수 그리스도가 하나님의 아들이시고 나의 구세주와 주님이시다.

예수 그리스도를 '주님'으로 고백할 때 그들은 헬라어 '퀴리오스'('주')가 구약 성경의 '야웨'('여호와')를 대신하여 사용되던 하나님의 칭호인 '아도나이'('주')라는 사실을 분명히 인식하고 있었다. 예수 그리스도에 대한 이런 바른 신앙고백은 너무나 중요하다. 그것은 우리의 구원을 결정하고 영원한 운명을 결정하는 너무나 중요한 신앙고백이기 때문이다.

또 그들의 신앙고백은 '주여, 주여'라고 부르는 열정적이고 열렬한 신앙고백이다. 그들은 주님을 부를 때 한 번만 부르지 않는다. '주여, 주여'라고 거듭하여 부른다.

> [마 7:21, 22] 나더러 **주여, 주여** 하는 자마다 … 그 날에 많은 사람이 나더러 이르되 **주여, 주여** …

여기서 '주여'라는 호칭이 두 번씩 거듭 사용된 것은 그들의 뜨거운 신앙적 열정과 열심을 표현한 것이다. 그뿐만이 아니다. 그들의 신앙고백은 공개적인 행위로 드러난 신앙고백이었고, 확실한 증거가 있는 좋은 결과로 나타났던 신앙고백이었다.

> [마 7:22] 그 날에 많은 사람이 나더러 이르되 **주여 주여** 우리가 주의 이름으로 선지자 노릇 하며 주의 이름으로 귀신을 쫓아 내며 주의 이름으로 많은 권능을 행하지 아니하였나이까 하리니 …

여기서 한 구절 안에 '주의 이름으로'라는 같은 표현이 세 번씩이나 반복되어 사용되고 있다. 이것은 그들이 행동하고 사역할 때 언제나 공개적으로 주의 이름으로 행동했고, 언제나 공개적으로 주의 이름으로 사역한 것을 보여준다. 그들은 주의 이름으로 선지자 노릇을 했다. 이것은 주님의 이름으로 예언하면서 영적 메시지를 전했다는 뜻이다.

그리고 결과도 좋았다. 오늘날로 말하면 하나님의 말씀과 성경의 진리를 가감 없이 전하여 많은 영혼이 구원받고 변화되는 놀라운 결과가 나타났다는 것이다. 그들이 마지막 날 심판 주이신 주님 앞에서 "주여, 주여! 우리가 주의 이름으로 선지자 노릇 했다"고 자랑스럽게 말하는 것을 보면 능히 그 사실을 짐작할 수 있다.

그들은 주님의 이름으로 하나님의 말씀과 성경의 진리를 바르게 설교했고 결과도 아주 좋았다. 설교를 들은 사람들이 구원을 얻고 삶이 변화되는 놀라운 역사가 나타났다. 그럴지라도 설교자 자신은 천국에 들어가지 못하는 비극적인 일이 일어날 수 있다고 주님께서는 엄히 경고하셨다.

바울은 이 사실을 잘 알았기에 빌 1장에서 이렇게 말한다.

> [빌 1:15-18] 어떤 이들은 투기와 분쟁으로 … **그리스도를 전파하나니** … 그들은 나의 매임에 괴로움을 더하게 할 줄로 생각하여 순수하지 못하게 다툼으로 그리스도를 전파하느니라 그러면 무엇이나 **겉치레로 하나** 참으로 하나 무슨 방도로 하든지 전파되는 것은 그리스도니 이로써 나는 기뻐하고 또한 기뻐하리라

바울이 로마 감옥에 갇혀 있는 동안 잘못된 동기와 악한 생각으로 복음을 전하는 자들이 있었다. 그들은 그리스도를 열심히 전파했지만, 그 마음이 순수하지 못했다. 그들은 시기와 질투로 로마 감옥에 갇혀 있는 바울을 괴롭히기 위해 분쟁과 다툼으로 그리스도를 전파했다. 그들이 비록 잘못된 동기와 악한 생각으로 그리스도를 전파하고 있었지만, 그들이 전파하는 복음 자체는 순전한 복음이었다.

그러나 순전한 복음을 전파함으로 인해 많은 사람이 구원받고 변화된다고 할지라도 그들은 천국에 들어갈 수 없다. 왜냐하면, 복음을 전하는 그들의 마음 중심과 동기가 잘못되었기 때문이다. 그들은 바울을 시기하고 질투했기에 악한 욕망과 악한 생각으로 복음을 전파했다.

바울은 이런 사실을 너무나 잘 알았기에 늘 경건한 두려움으로 날마다 자신을 죽이는 삶을 살았다. 자기 몸을 쳐서 주님과 그분의 말씀에 복종시

키는 삶을 살았다(고전 9:27; 15:31).

'주여, 주여'라고 신앙고백한 사람들은 주님의 이름으로 예언했을 뿐만 아니라 주님의 이름으로 귀신들도 내쫓았다.

> [마 7:22] … 주여 주여 우리가 … 주의 이름으로 귀신을('다이모니아': demons) 쫓아내며 …

그들은 성령의 권능을 힘입고 주님의 이름으로 귀신들을 많이 쫓아내었다. 귀신들의 억압으로 인해 고통당하던 많은 사람이 자유 함을 얻었다. 그리고 귀신이 나간 사람들은 물론이고 가족들과 주위 사람들까지 구원을 얻고 믿음이 강해지는 놀라운 결과가 나타났다.

그럴지라도 주님의 이름으로 귀신들을 쫓아낸 사람들 가운데도 천국에 들어가지 못하는 비극적인 일이 일어날 수 있다고 주님께서는 엄히 경고하신다. 그들은 사도로 부름을 받았던 가룟 유다와 같은 자들이다(마 10:1, 5, 8). 가룟 유다처럼 귀신들을 쫓아내는 권능을 가진 자들 가운데도 천국에 들어가지 못할 자들이 많이 있다.

그래서 주님께서는 복음 전파를 위해 파송 받았던 칠십 인의 제자들이 돌아와서 "주의 이름이면 귀신들도 항복하더이다"라고 기뻐하며 보고할 때 "귀신들이 너희에게 항복하는 것으로 기뻐하지 말고 너희 이름이 하늘에 기록된 것으로 기뻐하라"라고 말씀하셨던 것이다(눅 10:17, 20).

또 '주여, 주여'라고 신앙고백한 사람들은 주님의 이름으로 많은 권능도 행했다.

> [마 7:22] … 주여 주여 우리가 … 주의 이름으로 많은 권능을 행하지 아니하였나이까

여기서 '권능'('뒤나미스')이라는 단어는 행 1:8에 나오는 성령의 '권능'('뒤나미스')이라는 단어와 같은 단어이다. "오직 성령이 너희에게 임하시면 너희가 권능('뒤나미스')을 받고 …" 영어의 '다이너마이트'(dynamite)라는 단어가 이 '뒤나미스'라는 단어에서 나왔다.

'주여, 주여'라고 신앙 고백한 사람들은 주님의 이름으로 강력한 권능을 행사하면서 많은 기적과 기사를 행했다. 그 결과 그런 기적과 기사를 체험하고 목도한 많은 사람이 구원받았고, 믿음이 강해지는 놀라운 결과가 나타났다.

그럴지라도 주님의 이름으로 많은 권능을 행한 사람들 가운데도 천국에 들어가지 못하는 비극적인 일이 일어날 수 있다고 주님께서는 엄히 경고하신다. 그들은 사도로 부름을 받았던 가룟 유다와 같은 자들이다(마 10:1, 5, 8).

주의 이름으로 많은 권능을 행한 자들은 주님께서 마태복음 24장에서 종말의 징조로 경고하신 거짓 그리스도들과 거짓 선지자들과는 종류가 다른 자들이다. 마태복음 24:24에 나오는 거짓 그리스도들과 거짓 선지자들은 큰 표적과 기사를 행하더라도 정통 교회 안에서 사역하는 자들이 아니기에 양식 있는 그리스도인들은 미혹 당하지 않고 잘 분별할 수 있다(마 24:24).

그러나 본문에서 주님께서 말씀하시는 사람들은 그런 자들이 아니다. 그들은 큰 권능과 기적과 기사를 행할 때 자기 이름이 아니라 주님의 이름으로 행했다. 또 마지막 날 심판 주이신 주님 앞에서 자신들의 섬김과 봉사를 내세우는 것을 보면 평소의 가룟 유다처럼 겉으로 볼 때는 참된 설교자요, 참된 사역자요, 참된 신자처럼 보인다.

그러나 결국에는 가룟 유다처럼 정체가 드러나게 된다. 그들은 이 땅에서는 정체가 전혀 드러나지 않았지만, 마지막 날 주님의 심판대 앞에서 그들의 정체가 백일하에 드러났다. 그들은 이 땅에서 사역할 때 자기들도 자신들의 정체를 몰랐고, 그들의 섬김과 사역의 대상이었던 사람들도 전혀 그 정체를 알아채지 못했다.

이렇게 그들은 자기기만과 거짓된 자기 확신 가운데 일평생 신앙생활하고 사역을 감당했기에 전혀 소망이 없는 자들로서 이 세상에서 가장 불쌍한 사람들이었다.

이런 모습은 오늘 우리에게 얼마나 큰 두려움을 가져다주는가?

그들의 신앙고백보다 더 좋은 그리스도인의 신앙고백이 있을 수 있는가?

그들의 신앙고백은 성경적 교리와 정통적 신앙을 고백하는 모범적인 신앙고백이다. 또 열정적이고 열렬한 신앙고백이다. 무엇보다 공개적인 행위로 드러난 신앙고백이었고, 확실한 증거가 있는 좋은 결과로 나타났던 신앙고백이다.

그런데도 그들은 주님의 준엄한 책망을 들었고, 천국에 들어갈 수 없었다.

[마 7:23] 그 때에 내가 그들에게 밝히 말하되 **내가 너희를 도무지 알지 못하니 불법을 행하는 자들아 내게서 떠나가라**

여기서 '도무지 알지 못하니'라는 말씀은 '일찍이 한 번도 안 적이 없는'이란 뜻이다. 주님께서는 '주님의 이름'으로 큰 권능을 행하면서 놀라운 결과를 가져왔던 자들을 향하여 "내가 이전부터 지금까지 단 한 번도 너희를 안 적이 없었다"고 단호하게 말씀하신다. 그리고 "내게서 떠나가라"고 영원한 지옥의 심판을 선고하신다.

주님의 준엄한 책망과 심판의 선고를 보면서 어떤 생각이 드는가?
저들이 주님의 준엄한 책망을 듣고 천국에 들어가지 못한다면 나는 어떨까?
지금 이 신앙을 가지고 괜찮을까?
심히 두렵지 않은가?

주님께서는 그들의 신앙고백에 근본적인 문제가 있다고 지적하신다.

[마 7:21] 나더러 주여 주여 하는 자마다 다 천국에 들어갈 것이 아니요 **다만 하늘에 계신 내 아버지의 뜻대로 행하는 자라야 들어가리라**

[마 7:23] 그 때에 내가 그들에게 밝히 말하되 내가 너희를 도무지 알지 못하니 **불법을 행하는 자들아 내게서 떠나가라 하리라**

그들은 그럴듯한 신앙고백을 하고 주님을 섬겼지만, 하나님의 뜻을 행하지 않고 불법을 행했다. 하나님의 뜻을 행하지 않는 것과 불법을 행한 것은 같은 의미이다. '불법'('아노미아')이라는 단어는 부정어 '아'와 '노모스'(율법, 법)의 합성어로 '율법이 없는, 율법을 파괴하는'이란 뜻이다. '율법'은 하나님의 뜻이 무엇인지를 분명히 보여주기에 율법이 없으면 하나님의 뜻이 무엇인지를 알 수 없다. 율법이 없는 '불법을 행하는 것'과 '하나님의 뜻을 행하지 않는 것'은 같은 뜻이다.

그들이 하나님의 뜻을 행하지 않고 불법을 행했다는 말은 무슨 뜻인가?

주님의 모습을 보면 그 말이 무슨 뜻인지 잘 이해할 수 있다. 주님께서는 이 땅에 오신 목적을 이렇게 말씀하셨다.

> [요 6:38] 내가 하늘에서 내려온 것은 내 뜻을 행하려 함이 아니요 나를 보내신 이의 뜻을 행하려 함이니라

주님께서 이 땅에 오신 것은 당신의 뜻이 아니라 당신을 이 땅에 보내신 하나님의 뜻을 행하기 위해서였고, 또 일생을 그렇게 사셨다. 그 사실을 분명히 보여주는 것이 주님의 겟세마네 기도이다. 주님께서 세 번씩이나 "내 원대로(뜻대로) 마옵시고 하나님의 원대로(뜻대로) 이루어지기를 원하나이다"라고 간절히 기도하셨다.

주님께서는 이 땅에 오셔서 하나님의 뜻을 행하셨지만, 주님의 준엄한 책망을 들었던 사람들은 하나님의 뜻을 행하지 않았다. 우리는 그들의 잘못된 모습이 구체적으로 어떤 모습인지를 하나님의 뜻을 행하셨던 주님의 모습을 통해서 분명히 확인할 수 있다.

그들의 잘못된 모습은 구체적으로 어떤 모습인가?

1. 마음 중심과 동기가 잘못되었다

하나님의 뜻을 행하시는 주님의 마음 중심은 진실하셨다. 주님께서는 하나님을 사랑하고 경외하며 하나님을 의탁하셨다. 오직 하나님의 영광과 기쁨을 추구하셨다.

[요 7:18] 스스로 말하는 자는 자기 영광만 구하되 보내신 이의 영광을 구하는 자는 참되니 그 속에 불의가 없느니라

따라서 주님께서 사람들을 보시는 것도 외면과 겉모습이 아니라 마음 중심이다. 우리 내면과 중심과 속사람의 진실함이다(시 51:6; 요 1:47).

그런데 주님의 준엄한 책망을 들었던 자들은 외적인 신앙고백과 겉모습은 그럴듯했지만, 그 마음 중심에 진실함이 없었다. 거짓된 마음과 불의가 있었다. 자기를 사랑했고 사람들을 의탁했다. 자기 영광과 자기 기쁨과 자기만족을 추구했다.

그러니 어떻게 하나님의 뜻을 행할 수 있는가?

불법을 행할 수밖에 없는 것이다(요 2:23-25; 5:44).

2. 태도와 방법이 잘못되었다

하나님의 뜻을 행하시는 주님의 태도와 방법은 늘 하나님을 생각하면서 온유하고 겸손하셨다(마 11:29). 사람들의 섬김을 받으려 하지 않으시고 도리어 섬기셨다. 심지어 자기 목숨까지 대속물로 주시면서 온전히 희생하셨다(막 10:45).

그런데 주님의 준엄한 책망을 들었던 자들은 영혼들을 섬길 때 하나님을 생각하지 않았다. 불꽃 같은 눈으로 감찰하시면서 엄중하게 심판하시는 하나님의 눈을 의식하지 않고 사람들의 눈을 의식했다.

그 결과 그들의 섬기는 태도는 온유하지 않았고 교만했다. 섬기는 것보다 섬김받기를 더 원했다. 섬기는 것을 부담스러워했고 희생하기를 싫어했다. 섬길 때도 부담이 되는 책임은 맡기를 싫어했고, 부담 없이 쉽고 편하게 섬기기를 추구했다. 그들은 주님과 영혼들을 섬긴다고 했지만, 실상은 자기를 섬겼다.

그러니 어떻게 하나님의 뜻을 행할 수 있는가?

불법을 행할 수밖에 없는 것이다.

3. 결과에 대하여 하나님께만 영광을 돌리지 않았다

이 땅에 오셔서 온전히 하나님의 뜻을 행하셨던 주님께서는 당신의 영광을 구하지 않으셨다. 오직 하나님의 영광만을 구하셨고, 하나님께만 영광을 돌리셨다(요 8:50). 그래서 우리에게도 그렇게 하라고 명령하셨다(눅 17:10).

그러나 주님의 준엄한 책망을 들었던 자들은 그렇게 하지 않았다. 그들은 무익한 종임에도 불구하고 하나님의 영광을 구하지 않고 자기 영광을 구했다.

서로 영광을 취하면서 하나님께로부터 오는 영광은 구하지 않았다(요 5:44). 주 안에서 자랑하지 않고 자기를 자랑했다(고후 10:17). 자기의 약한 것을 자랑하지 않고 강한 것을 자랑했다(고후 11:30, 12:5, 9). 주님의 십자가를 자랑하지 않고 자기의 육체를 자랑했다(갈 6:13, 14). 그들은 하나님께 마땅히 돌아가야 할 영광을 자신들이 취했다. 그러니 불법을 행할 수밖에 없었다.

사랑하는 성도 여러분!
우리는 산상수훈 중에서 가장 엄숙하고 중요한 말씀을 들었다.

그렇다면 지금 여러분의 영적 상태는 말씀에 비춰 볼 때 어떤 상태에 있는가?
여러분이 고백하는 신앙고백은 주님께서 보실 때 참되고 진정한 신앙고백인가?
여러분은 주님처럼 하나님의 뜻을 행하고 있는가?
하나님의 뜻을 행한다고 하는 여러분의 마음 중심과 동기는 어떠한가?
태도와 방법은 어떠한가?
결과에 대하여 하나님께만 영광을 돌리고 있는가?
그리하여 불법을 행하지 않고 하나님의 법에 순종하고 있는가?

이 질문들 앞에 우리 모두 거리낌 없이 '아멘!' 하며 온전히 순종하자.

제51장

두 종류의 기초

[마 7:24-27] 그러므로 누구든지 나의 이 말을 듣고 행하는 자는 그 집을 반석 위에 지은 지혜로운 사람 같으리니 비가 내리고 창수가 나고 바람이 불어 그 집에 부딪치되 무너지지 아니하나니 이는 주추를 반석 위에 놓은 까닭이요 나의 이 말을 듣고 행하지 아니하는 자는 그 집을 모래 위에 지은 어리석은 사람 같으리니 비가 내리고 창수가 나고 바람이 불어 그 집에 부딪치매 무너져 그 무너짐이 심하니라

건물을 건축할 때 최우선적으로 고려해야 할 사항은 건축물의 구조 안전이다. 특히 기초가 중요하기에 지반이 단단한 반석이라면 그 위에 건물을 세우면 어느 곳보다 안전하다. 주님께서는 산상수훈을 마감하시면서 건물의 기초를 예로 들면서 참된 신자와 거짓 신자를 설명하신다.

주님께서는 산상수훈의 결론 부분에서 우리가 산상수훈을 일상생활에서 구체적으로 실천하고 적용하는 것이 얼마나 중요한지를 강조하신다.

그래서 주님께서는 산상수훈의 결론 부분에서 4가지 비유를 통하여 선택의 결단을 촉구하신다. 4가지 비유는 '두 종류의 문과 길', '두 종류의 선지자', '두 종류의 나무', 그리고 '두 종류의 기초'이다.

이 4가지 비유는 서로 다른 비유처럼 보이지만, 실제로는 같은 내용의 비유이다. 그것은 어리석은 선택이 아니라 지혜로운 선택을 촉구하는 것이다.

이 4가지 비유 중에서 제일 끝에 나오는 '두 종류의 기초'에 관한 비유는 성경 전체에서 가장 엄숙하고 두려운 구절이다.

[마 7:24, 26] **그러므로** 누구든지 나의 이 말을 듣고 행하는 자는 그 집을 반석 위에 지은 지혜로운 사람 같으리니 … 나의 이 말을 듣고 행하지 아니하는 자는 그 집을 모래 위에 지은 어리석은 사람 같으리니

여기서 '그러므로'('οὖν')라는 단어는 뒤에 나오는 구절이 앞에 나온 구절과 밀접한 관련이 있는 것을 보여준다. 주님께서는 21-23절에서 외적으로는 올바른 신앙고백을 하지만, 천국에 들어가지 못하는 거짓 신자들에 대해 경고하셨다.

[마 7:21-23] 나더러 주여 주여 하는 자마다 다 천국에 들어갈 것이 아니요 다만 하늘에 계신 내 아버지의 뜻대로 행하는 자라야 들어가리라 그 날에 많은 사람이 나더러 이르되 **주여 주여** 우리가 주의 이름으로 선지자 노릇 하며 주의 이름으로 귀신을 쫓아 내며 주의 이름으로 많은 권능을 행하지 아니하였나이까 하리니 그 때에 내가 그들에게 밝히 말하되 **내가 너희를 도무지 알지 못하니 불법을 행하는 자들아 내게서 떠나가라** 하리라

이 말씀을 하신 후 주님께서는 즉시 이렇게 말씀하신다.

[마 7:24] **그러므로** 누구든지 나의 이 말을 듣고 행하는 자는 그 집을 반석 위에 지은 지혜로운 사람 같으리니

이렇게 '그러므로'의 앞의 구절과 뒤의 구절은 밀접하게 관련되어 있다. 21-23절에서 주님께서는 최후 심판 날 누가 천국을 들어가는지, 누가 지옥으로 들어가는지를 분명히 알려주신다. 그날에는 이 땅에서 자신의 신앙을 고백하며 신앙생활 했던 모든 신자가 반드시 참된 신자와 거짓 신자로 구별될 것이라고 말씀하신다.

우리는 최후 심판의 날에 반드시 참 신자로 구별될 수 있어야 한다. 그렇게 되도록 주님께서는 24-27절에서 우리가 이 땅에서 어떻게 신앙생활 해야 하는지를 알려주신다. 즉, 21-23절의 말씀의 최종 결말로서 주님께서는 24-27절의 말씀을 하시는 것이다.

이 사실을 아더 핑크는 이렇게 설명한다.

> 마지막 심판 날에는 우리가 고백한 신앙고백이 아니라 하나님의 뜻에 순종하여 행한 것만이 증거로 받아들여질 것이다. 즉, 우리가 말한 신앙고백이 아니라 그리스도인다운 행동을 통하여 그 고백을 뒷받침해 준 증거, 또는 우리가 믿었던 교리가 아니라 매일의 생활에서 낳은 열매들만이 최후 심판에서의 증거로 받아들여질 것이다.
> 교회에서 지도자 역할을 했고, 주님의 이름으로 많은 일을 행했다고 호소할지라도, 우리가 그리스도의 멍에를 지고 우리에게 제시해준 모범을 따르지 않았다면 아무 소용도 없을 것이다. 실천이 따랐던 참된 경건만이 그날에 옳다고 함을 받을 유일한 것이다. 다가올 그날에 온 세상의 심판자가 '각 사람에게 그가 행한 대로 갚아 주리라'(계 22:12).
> 그러므로 (반석 위에 집을 짓는) 지혜로운 자란 그리스도의 명령을 양심에 새기고 그 명령에 따라 자기의 행동을 통제하는 사람이다.
> 그러나 반대로 하나님의 계시 된 뜻을 무시하고 자신을 즐겁게 하는 것만 따르는 자는 어떠한 종교적인 모양을 갖추고 있다고 해도 (모래 위에 집을 짓는) 어리석은 자의 역할을 하는 것이며, 마침내 영원한 파멸을 당하게 될 것이다.

본문의 말씀을 잘 이해하기 위해서는 세 가지 중요한 질문에 대해 깊이 생각해 보아야 한다.

첫째, 본문에 나오는 '지혜로운 사람'과 '어리석은 사람'은 누구를 가리키는가?
둘째, 집의 기초가 되는 '반석'과 '모래'는 무엇을 의미하는가?
셋째, 두 집의 견고성을 시험하는 비와 창수(漲水)와 바람은 무엇을 의미하는가?

이 세 가지 중요한 질문이 본문의 내용을 이해하는데 있어서 핵심적인 열쇠가 된다.

1. 지혜로운 사람과 어리석은 사람은 누구를 가리키는가?

> [마 7:24, 26] 그러므로 누구든지 나의 이 말을 듣고 행하는 자는 그 집을 반석 위에 지은 **지혜로운 사람** 같으리니 … 나의 이 말을 듣고 행하지 아니하는 자는 그 집을 모래 위에 지은 **어리석은 사람** 같으리니

여기서 '지혜로운 사람'은 '참된 신자'를 가리킨다. 즉, 주님께서 4가지 비유를 통해 말씀하신 좁은 문으로 들어가서 좁은 길을 걷는 사람이다. 겉도 양의 옷을 입고, 속도 양인 '참 선지자'이다. '좋은 열매'를 맺는 '좋은 나무'이다. 그리고 '반석 위에' 집을 짓는 사람이다.

반면에 '어리석은 사람'은 '거짓 신자'를 가리킨다.

즉, 넓은 문으로 들어가서 넓은 길을 걷는 사람이다. 겉은 양의 옷을 입고 있지만, 속은 이리인 '거짓 선지자'이다. '나쁜 열매'를 맺는 '못된 나무'이다. 그리고 '모래 위에' 집을 짓는 사람이다. 우리가 참된 신자와 거짓 신자를 구별하는 것은 전혀 쉽지 않다. 그래서 많은 사람이 서기관과 바리새인들이 그랬던 것처럼 자신도 속고 수많은 사람도 속는다.

그것은 둘 사이의 신앙의 모습과 특성에는 유사한 공통점이 대단히 많기 때문이다. 둘 다 하나님의 말씀을 계속 듣고 있는 사람들이다. 심지어 둘 다 하나님 말씀 듣기를 좋아하고 기뻐하는 사람들이다. 둘 다 구원을 사모하고 천국을 사모하며 신앙생활에서부터 오는 유익과 축복을 구하는 사람들이다. 겉으로 볼 때는 서로의 차이를 알아볼 수 없을 정도로 대단히 유사하다.

그래서 주님께서는 '두 종류의 기초'의 비유를 말씀하시는 것이다. 지혜로운 사람과 어리석은 사람이 지은 두 집은 겉으로 볼 때는 전혀 차이가 없기에 똑같아 보인다. 두 사람은 좋은 집을 짓고자 하는 똑같은 소원을 가지고 있었다. 그리고 그들이 지은 두 집은 바로 옆에 있었고, 또 같은 모양과 같은 구조로 된 건물이었다.

그 두 집은 단 하나의 차이점인 땅 밑에 있는 기초가 다르다는 것을 제외하고는 전혀 차이점이 없었다. 주님께서는 그 사실을 본문에서 분명히 밝히셨다. 그렇지만 두 집의 단 하나의 유일한 차이점이 그 두 집의 운명을

결정했던 근본적이고 사활적으로 중요한 요소였다. 우리는 바로 이 점에 집중하면서 늘 두렵고 떨리는 마음으로 신앙생활 해야 한다.

왜냐하면, 마귀가 간교한 계략으로 우리를 자주 미혹시켜서 함정에 빠뜨리는 것이 바로 이 점이기 때문이다. 이렇게 두 집의 차이점이 극히 미묘하고 구별하기가 심히 어렵기에 우리는 늘 경성하면서 우리 신앙의 모습을 끊임없이 살펴보고 깊이 성찰해야 한다.

우리가 이렇게 하는 것이 사활적으로 중요한 두 가지 이유가 있다.

1) 우리가 성찰할 시기를 놓치게 되면 회복하는 것이 불가능하기 때문이다

방주의 문이 열려 있을 때 방주로 들어가야지 방주 문이 닫히게 되면 방주로 들어가는 것이 불가능하다. 마찬가지이다. 집을 짓기 시작하여 건축 공사가 다 끝나게 되면 이미 때가 늦은 것이다. 지금이 중요하기에 성경은 바로 '지금'을 강조하신다(고후 6:2).

모래 위에 지은 집이나 반석 위에 지은 집이나 완공된 후에는 둘 다 튼튼한 집처럼 보인다. 때로는 모래 위에 지은 집이 반석 위에 지은 집보다 더 멋지고 아름답고 튼튼하게 보일 수도 있다. 그렇지만 기초의 차이는 두 집의 운명을 좌우할 만큼 가장 중요한 요소이다. 건물에 있어서 가장 중요한 것은 기초이기 때문이다.

그런데 대부분 사람은 그 사실을 염두에 두고 신앙생활 하지 않는다. 기초를 대수롭지 않게 여기고 하찮게 여긴다. 기초가 눈에 보이지 않기 때문이다. 그 결과 우리가 신중하게 살펴보고 면밀하게 검토하지 않으면 우리 신앙의 기초가 모래임에도 불구하고 우리는 발견할 수 없다.

만약 우리가 그렇게 신앙생활 한다면 마지막 심판 날 주님께서는 이렇게 준엄하게 책망하실 것이다.

> [참조. 성경 7:26, 23] 너는 일평생 신앙생활 하면서 네 집을 모래 위에 지은 어리석은 사람이다. 내가 너를 도무지 알지 못하니 불법을 행하는 자야 내게서 떠나가라

늘 경성하면서 우리의 신앙을 끊임없이 성찰해야 하는 것이 사활적으로 중요한 또 하나의 이유가 있다.

2) 조만간 비와 창수(漲水)와 바람과 같은 큰 시험이 찾아오면 반드시 드러나기 때문이다

이 시험은 머지않아 확실하게 우리에게 찾아오기에 그 누구도 피할 수 없고 반드시 직면해야 한다.

이 두 집 사이에는 수많은 유사점이 있기에 평소에는 분별하는 것이 거의 불가능하지만 한 가지 근본적인 차이가 있었는데, 그것은 비가 내리고 창수가 나고 바람이 불 때까지는 드러나지 않았다.

그런데 어느 날 비가 내리고, 창수가 나고, 바람이 불기 시작한다. 그렇게 큰 시험이 닥치게 되면 그때에야 비로소 근본적인 차이점이 드러난다. 그 두 집이 세워져 있는 기초의 차이다. 반석 위에 지은 집은 그대로 견고하게 서 있었지만, 모래 위에 지은 집은 쉽게 무너졌다.

그러기에 누가 지혜로운 사람이며, 참된 신자인가?

> [마 7:24-25] 그러므로 누구든지 나의 이 말을 듣고 행하는 자는 그 집을 반석 위에 지은 지혜로운 사람 같으리니 비가 내리고 창수(漲水)가 나고 바람이 불어 그 집에 부딪치되 무너지지 아니하나니 이는 주추를 반석 위에 놓은 까닭이요

여기서 '나의 이 말'('무 투스 로구스 투투스', these words of mine)은 복수형이기에 '나의 이 말들'이다. '나의 이 말들'은 일차적으로 산상수훈의 말씀을 가리키고 나아가서는 주님의 모든 말씀을 가리킨다.

또 여기서 주님께서는 참된 신자의 특징을 명확하게 말씀하신다. 그것은 참된 신자는 반드시 주님의 말씀을 듣고 행하며, 하늘에 계신 내 아버지의 뜻대로 행한다는 것이다.

[마 7:24] 그러므로 **누구든지 나의 이 말을 듣고 행하는 자**는 그 집을 반석 위에 지은 **지혜로운 사람** 같으리니

[마 7:21] 나더러 주여 주여 하는 자마다 다 천국에 들어갈 것이 아니요 **다만 하늘에 계신 내 아버지의 뜻대로 행하는 자라야 들어가리라**

참 신앙은 행함이 따르는 신앙이며, 믿음을 전제로 한 행함이다. 따라서 행함이 없는 믿음은 가짜 믿음이고 죽은 믿음이다. 우리가 '주여, 주여'라고 신앙고백 하면서 주님께 순종하지 않는다면 그런 신앙고백은 아무짝에도 쓸모가 없는 무익한 신앙고백이 되고 만다. 실제로는 '주여, 주여'라고 신앙고백 하지 않는 것이 된다.

참된 믿음은 언제나 우리의 말과 태도와 행동과 전 인격과 우리 전체에 나타난다. 이 사실을 아더 핑크는 이렇게 설명한다.

> 우리의 성품이 주님의 말씀에 의해 형성되어야 하고, 우리의 사랑은 그 말씀에 의해 통제되어야 하며, 우리의 의지는 그 말씀에 의해 지배되어야 하며, 생각하는 습관도 그 말씀에 따라 좌우되어야 한다. 그리스도의 말씀이 우리 안에 '풍성하게' 거하도록 해야 한다(골 3:16).

이것이 참된 믿음임을 주님께서는 말씀하셨고, 이것이 바로 신약 성경 전체의 메시지이다(요일 1:6-7; 2:3-4). 특별히 산상수훈에 대한 우리의 태도는 우리가 참된 신자인지, 거짓 신자인지를 구별해주는 중요한 시금석(試金石)이 된다.

로이드 존스 목사님은 지혜로운 사람과 어리석은 사람, 즉 참된 신자와 거짓 신자를 구별할 수 있는 최선의 시금석(試金石)을 이렇게 설명한다.

> 여러분은 산상수훈을 싫어합니까?
> 만일 그렇다면 여러분은 '어리석은 사람'입니다.

여러분은 산상수훈이 불가능한 것을 여러분에게 강요한다고 느끼십니까?
여러분은 절대로 불가능하다고 말씀하십니까?
이것이 산상수훈에 대한 여러분의 반응입니까?

이것은 항상 거짓 신자의 반응입니다. 참된 신자는 전혀 다릅니다. 참된 신자는 산상수훈을 싫어하지 않습니다. 산상수훈의 정죄에 대하여 반발을 느끼지 않습니다. 산상수훈을 반대하고 자기변호를 하지 않습니다.
만약 우리가 산상수훈이 가혹하고 까다로우며 실행 불가능하다고 느낀다면 우리는 참된 신자가 아닙니다.

이렇게 어리석은 사람, 즉 거짓 신자는 산상수훈을 비롯한 주님의 말씀을 계속 듣지만, 행하지 않는 사람이다.
반면에 지혜로운 사람, 즉 참된 신자는 산상수훈을 비롯한 주님의 말씀을 계속 듣고 행하는 사람이다. 다윗처럼 하나님의 뜻 행하기를 열망하며 주의 법을 자신의 심중에 두고 주의 뜻 행하기를 즐기는 사람이다(시 40:8).

2. 집의 기초가 되는 반석과 모래는 무엇을 의미하는가?

> [마 7:24, 26] 그러므로 누구든지 **나의 이 말(들)을 듣고 행하는 자는 그 집을 반석 위에 지은** 지혜로운 사람 같으리니 … **나의 이 말(들)을 듣고 행하지 아니하는 자는 그 집을 모래 위에 지은** 어리석은 사람 같으리니

두 집의 기초는 완전히 다르다. 한 집은 반석이 기초이고, 또 한 집은 모래가 기초이다. 한 집은 견고한 기초이고, 다른 집은 지극히 허술한 기초이다. 한 집은 주님의 말씀을 듣고 실천하는 사람이고, 다른 한 집은 주님의 말씀을 듣고 실천하지 않는 사람이다.
여기서 '반석'은 영원한 반석이신 주님의 말씀(사 40:8; 벧전 1:25; 마 24:35; 막 13:31; 눅 21:33)과 그 말씀을 따라 사는 삶이라고 볼 수 있다.

그렇다면 왜 똑같은 주님의 말씀을 계속 듣지만, 어떤 사람은 순종하면서 견고한 반석 위에 집을 짓고, 어떤 사람은 불순종하면서 지극히 허술한 모래 위에 집을 짓는가?

그 차이를 분명히 이해하기 위해서는 본문과 병행 구절인 누가복음 6:47 이하를 주의 깊게 살펴보아야 한다.

> [눅 6:47-49] 내게 나아와 내 말을 듣고 **행하는 자마다** 누구와 같은 것을 너희에게 보이리라 **집을 짓되 깊이 파고 주추**(柱礎)**를 반석 위에 놓은 사람과 같으니** 큰 물이 나서 탁류가 그 집에 부딪치되 잘 지었기 때문에 능히 요동하지 못하게 하였거니와 **듣고 행하지 아니하는 자는 주추 없이 흙 위에 집 지은 사람과 같으니** 탁류가 부딪치매 집이 곧 무너져 파괴됨이 심하니라 하시니라

반석 위에 집을 짓는 것과 모래 위에 집을 짓는 것의 근본적인 차이점이 무엇인가?

반석 위에 집을 짓기 위해서는 반드시 깊이 파야 하고, 모래 위에 집을 짓기 위해서는 깊이 파지 않아도 된다는 것이다. 그리고 깊이 파기 위해서는 반드시 힘들고 어려운 여러 과정을 겪으면서 힘써 수고하고 노력해야 한다. 비용도 더 많이 들고, 기간도 더 많이 걸린다.

반면에 모래 위에 집을 지은 사람은 반석 위에 집을 지은 사람보다 훨씬 쉽게 지었을 것이다. 비용도 적게 들었고, 훨씬 빨리 지었을 것이다.

여기서 모래는 모래사장을 가리키는 것이 아니다. 반석이 나올 때까지 깊이 파지 않고 얕게 파다 말았기에 그냥 흙으로 된 터를 가리킨다.

우리의 신앙이 반석 위에 지은 집과 같이 견고한 신앙이 되기 위해서는 반드시 깊이 파는 수고와 노력이 있어야 한다. 깊이 파는 수고와 노력은 주님의 말씀을 듣고 날마다 삶 속에서 실천하며 살기 위해서 자신을 부인하는 것이다.

날마다 우리가 죽는 것이다. 우리가 내 뜻을 철저히 포기하고 하나님의 뜻을 행하기 위해서는 반드시 날마다 자기를 부인해야 하기 때문이다. 날마다 내가 죽어야 하기 때문이다(눅 9:23; 고전 15:31). 지혜로운 사람, 참된 신자는 끊임없이 자기를 부인한다. 날마다 타락한 자아를 죽인다. 그렇게

하면서 기초를 깊이 파고 반석 위에 집을 짓는다.

반면에 자기를 부인하지 않고, 내가 살아 있으면 나의 타락한 자아는 절대로 하나님의 뜻을 행하려고 하지 않는다. 집요하고 고집스럽게 끝까지 내 뜻을 행하려고 한다. 이것이 바로 기초를 깊이 파지 않고 모래 위에 주추를 놓는 거짓 신자의 모습이다. 거짓 신자는 자기를 부인할 필요가 없다. 타락한 자아를 날마다 죽일 필요가 없다.

그래서 신앙생활 하면서 힘들고 어려운 여러 과정을 겪을 필요가 없고, 힘써 수고하고 노력할 필요도 없다. 그 결과 거짓 신자는 주님의 말씀을 계속 듣지만 자기 뜻을 버리고 하나님의 뜻을 행할 수 없다. 날마다 자기 삶 속에서 주님의 말씀을 결코 실천하며 살 수 없다.

3. 두 집의 견고성을 시험하는 비와 창수(漲水)와 바람은 무엇을 의미하는가?

> [마 7:25, 27] 비가 내리고 창수(漲水)가 나고 바람이 불어 그 집에 부딪치되 무너지지 아니하나니 이는 주추를 반석 위에 놓은 까닭이요 … 비가 내리고 창수가 나고 바람이 불어 그 집에 부딪치매 무너져 그 무너짐이 심하니라

여기서 주님께서는 우리 신앙이 반석 위에 세워져 있는가, 모래 위에 세워져 있는가를 판별하는 혹독한 시험을 삼중적 표현인 '비, 창수, 바람'으로 표현하신다. 여기서 '비'('브로케')는 '폭우'를 가리킨다. 그리고 '창수'('포타모스')는 '탁류'(濁流)(눅 6:48, 49)로 갑자기 급속도로 불어나서 넘쳐흐르는 강물을 가리킨다.

우기(雨期)에 집중적으로 비가 내리는 팔레스타인에서는 때때로 비가 억수 같이 쏟아지면서 그 기세가 조금도 줄지 않고 여러 날 동안 계속 내린다. 그 결과 평소에는 말라 있던 개울인 '와디'(wadi)에 갑자기 탁류가 흘러서 거센 강물로 변한다. 특히 본문에서는 '창수(漲水)'가 복수형('포타모이')으로 쓰였는데, 이것은 어마어마한 기세로 쏟아져 내려오는 거센 물살의 엄청난 힘을 보여준다.

또 '바람'('아네모스')은 '광풍'(狂風), '대풍'(大風)으로 팔레스타인의 뜨거운 햇볕에 의해 갑자기 달아오른 기류(氣流)로 인해 발생한 '돌풍'을 가리킨다. 특히, 본문에서는 복수형('아네모이')으로 쓰여서 강한 돌풍이 여러 번 집에 부딪히고 있음을 보여준다.

그렇다면 우리 신앙이 참된 신앙인지, 거짓 신앙인지를 시험하는 '폭우'와 '창수'와 '돌풍'은 구체적으로 무엇을 의미하는가?

두 가지 관점에서 생각할 수 있다.

1) 인생의 혹독한 시련과 고난과 환란의 시험이다

인생을 살다 보면 시련의 폭우가 쏟아지고, 고난의 물살이 덮치고, 환란과 핍박의 돌풍이 휘몰아쳐 올 때가 있다. 자녀들의 문제로 인해 심한 고통을 당한다. 자신이나 가족의 질병, 가족의 죽음, 실직과 사업의 실패를 경험한다. 때로는 주위 사람들의 비난과 모함과 조롱과 멸시와 배척을 당하기도 한다.

신앙 때문에 환란과 핍박을 당할 때도 있다. 어떤 때는 마귀의 강력한 시험과 맹렬한 공격을 당한다. 바로 그때 평소에 드러나지 않았던 우리 신앙의 기초가, 우리 신앙의 진면목이 적나라하게 드러난다. 평소에는 참된 신앙인 줄 알았는데, 거짓 신앙인 것이 분명히 드러난다.

물론 비가 내리고 창수가 나고 바람이 불 때 참된 신자도 연약한 인간의 본성을 가지고 있기에 믿음이 흔들리면서 염려하고 두려워하고 낙심한다. 그렇지만 반석 위에 집을 지은 참된 신자는 그 상태에 계속 머무르지 않는다. 마음을 추스르고 다시 주님을 바라본다. 그리고 버티고 서서 참고 인내하며 믿음으로 나아간다.

주님 앞에 겸손히 무릎을 꿇고 자신을 살피면서 간절히 기도하고 하나님의 뜻을 구하며 그분의 도우심을 애타게 간구한다. 반면에 모래 위에 집을 지은 거짓 신자는 바람 앞의 촛불처럼 그냥 요동친다. 쉽게 염려하고, 낙심하고, 불평하고, 원망하고, 두려워하고, 슬퍼한다. 그리고 거기서 벗어나지를 못한다.

2) 하나님의 최후 심판의 시험이다

최후 심판의 때에는 모래 위에 집을 지은 어리석은 자들, 즉 말씀을 듣고 실천하지 않은 거짓 신자들의 실상이 백일하(白日下)에 명명백백(明明白白)하게 다 드러나게 될 것이다. 그들이 일평생 지은 신앙의 집과 인생의 집이 송두리째 다 무너져서 가차 없이 멸망의 심판을 받게 될 것이다.

> [마 7:27] 비가 내리고 창수가 나고 바람이 불어 그 집에 부딪치매 무너져 그 무너짐이 심하니라

여기서 '무너짐'이라는 단어('프토시스')는 '넘어져서 망한 상태'를 의미한다. 실제로 팔레스타인 특유의 기후 현상인 집중 폭우로 인하여 갑자기 형성된 '개울'('와디')의 거센 물살이 모래 위에 지은 집에 덮치면 그 집은 산산이 부서져서 흔적도 없이 사라지게 된다.

마찬가지로 주님의 말씀을 듣기만 하고 순종하지 않는 거짓 신자들은 마지막 최후 심판 때 그들이 일평생 지은 신앙의 집과 인생의 집이 산산이 부서져서 영원히 멸망하게 될 것이다.

사랑하는 성도 여러분!

우리가 일평생 신앙생활 하면서 아무리 주님의 말씀을 많이 듣고 우리 신앙을 올바르게 고백한다고 할지라도 이 모든 것이 주님의 말씀을 실천하는 순종의 삶으로 이끌지 않는다면 죽음이 우리에게 닥쳐오고 심판의 날이 다가왔을 때 그 모든 것은 아무런 소용이 없다.

최후 심판의 날, 심판 주이신 주님께서는 거짓 신자들을 향하여 무섭고 준엄한 음성으로 이렇게 최종적으로 선고하신다.

> [참조. 마 7:24] 너희는 나의 말을 듣고 행하지 아니했기에 그 집을 모래 위에 지은 어리석은 사람이다!

반면에 주님께서 인정하시는 참된 신자들은 그렇지 않다. 그들의 순종은 비록 결점이 있지만, 실천적인 순종이다. 흠이 있지만, 참되고 진정한 순종이다. 순종하는 그들의 마음이 거룩하고 동기가 순결하기 때문이다.

왜 그들은 주님의 말씀을 듣고 순종하려고 하는가?

주님을 진정으로 사랑하기 때문이다. 범사에 주님을 기쁘시게 하려는 간절한 열망과 소원이 있기 때문이다. 그런 거룩한 마음과 순결한 동기로부터 그들의 순종이 나오기 때문이다.

그들은 하나님께 영광 돌리기 위하여 단호한 결단과 굳은 결심과 온전한 헌신으로 주님의 말씀에 순종하기를 힘쓴다.

하나님의 뜻을 행하기 위하여 성령을 철저히 의지하고 전력을 다하여 애쓰고 노력한다. 무엇보다 그들은 불순종했을 때는 심히 슬퍼하고 진정으로 뉘우치며 철저하게 돌이키는 통렬한 회개의 삶이 있다. 그들은 주님의 말씀을 듣고 행하였고 하나님의 뜻대로 행했다.

그러기에 최후 심판의 날, 심판 주이신 주님께서는 참된 신자들을 향하여 지극히 부드럽고 온유하고 사랑스러운 음성으로 이렇게 최종적으로 선고하신다.

[참조. 마 7:26] 너희는 나의 말을 듣고 행했기에 그 집을 반석 위에 지은 지혜로운 사람이다!

제52장

그의 가르치심에 놀라니

[마 7:28-29] 예수께서 이 말씀을 마치시매 무리들이 그의 가르치심에 놀라니 이는 그 가르치시는 것이 권위 있는 자와 같고 그들의 서기관들과 같지 아니함일러라

오늘로써 주일마다 설교해 왔던 산상수훈 강해를 다 마치게 된다.

마 5장부터 7장까지 기록된 산상수훈은 주님께서 '축복의 산'에서 친히 가르친 말씀으로 너무나 귀하고 소중한 말씀이다. '산상수훈'은 주님께서 가르치신 말씀 가운데서 가장 중요하고 핵심적인 말씀이기 때문이다.

주님께서는 하나님 나라의 관점에서 산상수훈을 설교하셨다.

산상수훈을 한마디로 요약하면 왕이신 하나님의 통치를 받는 하나님 나라의 백성들은 어떤 인격과 성품을 소유해야 하고, 또 어떤 삶을 살아야 하는가이다. 주님께서는 산상수훈을 시작하면서 먼저 팔복을 통하여 하나님 나라의 백성들은 어떤 인격과 성품을 소유해야 하는가를 말씀하신다.

이어서 하나님 나라의 백성들은 이 세상에서 소금과 빛의 역할을 감당해야 한다고 말씀하신다. 그것은 서기관과 바리새인들의 의를 능가하는 '참된 의(義)의 삶'을 살 때만 가능하다. 그 삶의 핵심은 '하나님의 존전(尊前)'에서 행하는 '코람데오'(Coram Deo)의 삶이다. '코람데오'의 삶은 우리가 항상 최종 심판과 영원한 운명을 의식하며 그날을 항상 준비하며 사는 삶이다.

산상수훈을 통해서 왕이신 하나님께서 그 나라의 백성인 우리에게 무엇을 바라시며 어떤 수준의 삶을 살기를 원하시는가를 분명히 볼 수 있다.

예배에 참석하여 하나님의 말씀을 듣는 사람들이 가져야 할 가장 중요한 모습은 설교를 들은 후의 반응과 결과이다. 반석 위에 집을 지은 지혜로운

사람과 모래 위에 집을 지은 어리석은 사람의 영원한 운명을 결정하게 만든 단 하나의 유일한 차이점이 바로 그것이다. 말씀을 듣고 행했는가, 듣고 행하지 아니했는가 하는 것이다.

오늘 우리가 다루는 주제도 바로 여기에 있다.

주님께서 처음 축복의 산에서 산상수훈을 설교하실 때 그곳에 있었던 청중들은 그 설교를 듣고 어떤 반응을 보였는가?
어떤 결과가 그들의 삶 속에 나타났는가?
이 질문은 우리에게도 너무나 중요한 질문이 아닌가?

이제까지 산상수훈 설교를 들은 우리의 반응은 어떤가?
산상수훈 설교를 들은 결과, 지금 우리 삶 속에 어떤 변화가 나타나고 있는가?

이 질문보다 더 긴급하고 중요한 질문은 없다.

왜냐하면, 이 질문은 마지막 심판 날, 주님께서 최후 심판대 앞에서 우리 각자에게 물으실 최종 질문이기도 하기 때문이다. 심판 날 주님께서는 이 질문을 근거로 하여 우리를 심판하실 것이다.

이천 년 전, 최초의 산상수훈 설교를 들은 청중들의 반응과 그 결과가 기록된 본문은 참으로 중요한 구절이다.

[마 7:28-29] 예수께서 이 말씀을 마치시매 무리들이 그의 가르치심에 놀라니 이는 그 가르치시는 것이 권위 있는 자와 같고 그들의 서기관들과 같지 아니함일러라

왜 이 두 구절이 그처럼 중요한가?

이 두 구절이 우리의 시선을 산상수훈 자체로부터 산상수훈을 설교하신 주님께로 돌려서 주님이 어떤 분인가를 분명히 보여주기 때문이다.

물론 우리가 산상수훈의 말씀을 올바로 이해하고 날마다 우리 삶 속에서 구체적으로 실천하며 사는 것은 참으로 중요한 문제이다.

그러나 훨씬 더 중요한 문제가 있다.

왜 우리는 날마다 산상수훈을 실천하고 순종해야 하는가?

왜 우리가 산상수훈을 삶 속에서 실천하지 않으면 마지막 심판 날 "내가 너희를 도무지 알지 못하니 불법을 행한 자들아 내게서 떠나가라"는 주님의 준엄한 책망을 듣고 지옥의 영원한 심판을 당하는가?

이 질문에 대한 올바른 대답을 이 마지막 두 구절에서 분명히 찾을 수 있기 때문이다. 이 질문에 대한 올바른 대답이 특별히 중요한 두 가지 이유가 있다.

1. 산상수훈의 권위는 궁극적으로 산상수훈을 말씀하신 주님에게서 오기 때문이다

주님의 교훈이 다른 어떤 교훈과도 비교할 수 없는 독특한 교훈인 이유가 무엇인가?

이 세상의 모든 가르침과 비교할 때 주님의 가르침이 유달리 특이한 점이 무엇인가?

세상의 모든 가르침에 있어서 중요한 것은 가르치는 사람들보다 그들이 가르치는 교훈이다. 그러나 주님에게 있어서는 가르치는 주님 자신이 그분이 가르치는 교훈보다 훨씬 더 중요하다.

그래서 산상수훈의 마지막 이 두 구절은 참으로 중요한 구절이다.

> 왜 우리가 산상수훈에 지대한 관심과 주의를 기울여야 하는가?
> 왜 우리는 산상수훈을 날마다 삶 속에서 구체적으로 실천하며 살아야 하는가?
> 왜 산상수훈은 일평생 신앙생활 하는 우리에게 있어서 가장 중요한가?

이 질문에 대한 정답은 산상수훈을 말씀하신 바로 그분 때문이다.

이것이 바로 산상수훈의 진정한 권위요, 확고부동한 보증이다.

산상수훈을 설교하신 분이 누구신가?

말씀이 육신이 되신 하나님이시다. 하나님의 독생자이시고 은혜와 진리가 충만하신 분이시다(요 1:14). 근본 하나님의 본체이시고, 성부 하나님과 동등하신 분이시다(빌 2:6).

산상수훈은 시초부터 경외(敬畏)와 존귀함과 권위를 가지고 있다. 산상수훈의 궁극적인 권위와 보증은 산상수훈을 말씀하신 주님 자신으로부터 온다. 우리는 산상수훈 전체의 말씀을 하나님 자신으로부터 온 말씀으로 알고 믿으며 경외함과 진실함으로 받아들이는 것이다.

왜 우리는 산상수훈을 날마다 실천하고 순종해야 하는가?

이 질문에 대한 올바른 대답이 중요한 두 번째 이유가 있다.

2. 주님께서는 산상수훈에서 주님 자신에게 주의를 집중하도록 하시기 때문이다

예수를 믿지 않는 사람들 가운데도 산상수훈을 사랑하고 그 교훈대로 살려고 애쓰는 사람들이 많이 있다.

힌두교의 한 지도자가 스탠리 존스(Stanley Jones, 1884-1973) 선교사에게 이런 말을 했다.

> (예수만이 우리 인간의 유일한 구원자라는) 독단적인 예수를 나는 이해하지 못합니다. 그러나 산상수훈과 십자가의 예수를 나는 사랑하며 나의 마음은 그에게 이끌립니다.

무슬림의 한 지도자 역시 비슷한 고백을 했다.

> 내가 산상수훈을 읽었을 때 나는 눈물을 흘리지 않을 수 없었습니다.

인도 독립의 아버지였던 마하트마 간디는 산상수훈을 접하고서 얼마나 감명을 받았는지, 산상수훈의 교훈을 따라 '비폭력 불복종운동'을 벌이면서 독립운동을 했다. 그리하여 간디의 '비폭력 불복종운동'은 결국 성공할 수 있었고, 인도는 영국으로부터 독립할 수 있었다.

그러나 이런 그들의 산상수훈 이해는 본질적으로 잘못된 것이다. 주님께서는 산상수훈에서 자신의 가르침보다 가르치는 주님 자신에게 주의를 집중시키고 계시기 때문이다. 산상수훈에서 주님께서 가르치신 모든 교훈은 주님께 초점을 맞추고 있다.

간디와 같은 사람들처럼 교리와 신학을 무시하고 산상수훈의 교훈을 강조하는 사람들은 궁극적으로는 산상수훈을 깨닫지 못한 것을 명확하게 보여준다. 만약 그들이 산상수훈을 바르게 깨달았다면 산상수훈이 끊임없이 주님 자신에게 집중되고 있음을 분명히 발견했을 것이다. 이 점이 기독교 신앙의 결정적인 교리를 구성하는 기초적이고 본질적이며 핵심적인 요소이다.

다른 모든 것은 바로 여기서부터 나온다. 산상수훈은 기독교 교리로 가득 차 있다. 산상수훈을 대할 때 도덕적이고 윤리적인 면에 초점을 맞추고 산상수훈을 말씀하신 주님에게 초점을 맞추지 않는다면 산상수훈의 가르침을 결코 올바르게 이해할 수 없다.

또한, 그런 가르침은 산상수훈의 원래 가르침과는 전혀 상관없는 완전히 왜곡된 거짓 가르침이다. 특히 산상수훈의 이 마지막 두 구절에서 강조된 진리와는 완전히 다른, 단지 인간적인 관념에 불과하다.

산상수훈의 마지막 두 구절은 산상수훈의 모든 교훈이 주님께 그 초점이 맞추어진 것을 분명히 보여준다. 주님께서 산상수훈을 말씀하셨을 때 처음에는 제자들만 그 말씀을 들었다.

> [마 5:1-2] 예수께서 무리를 보시고 산에 올라가 앉으시니 **제자들이 나아온지라 입을 열어 가르쳐 이르시되**

잠시 시간이 흐르자 무리들도 모여들면서 산상수훈을 듣게 되었다.

> [마 7:28] 예수께서 이 말씀을 마치시매 **무리들이 그의 가르치심에 놀라니**

산상수훈의 모든 교훈을 들은 청중들의 반응은 한마디로 경악 그 자체였다. 그들은 큰 충격으로 인하여 깜짝 놀랐다.

[마 7:28] 예수께서 이 말씀을 마치시매 무리들이 그의 가르치심에 놀라니

여기서 '놀라다'('엑세프렛손토')라는 단어는 마치 권투 선수가 상대에게 엄청난 강펀치를 맞고 그로기(groggy) 상태에 빠져 정신을 잃는 것과 같은 상태를 의미한다. 이 단어의 시제는 미완료 수동형이다. 이것은 무리가 산상수훈을 듣고 그 가르침에 압도되어 엄청난 충격을 받아 계속 놀라고 있는 상태에 있음을 보여준다.

무리가 이렇게 충격적인 반응을 보인 이유가 있다. 산상수훈의 놀라운 교훈을 주신 예수가 갈릴리 나사렛 작은 마을 출신의 보잘것없는 젊은 목수였기 때문이다. 그분은 학교 교육을 제대로 받지 못했고, 서기관들처럼 율법을 연구하고 해석하고 가르치는 율법학자도 아니었다.

그런데 그렇게 평범하고 보잘것없는 갈릴리 출신의 목수가 율법을 해석하고 설명하고 가르치면서 이전에 그 누구에게서도 들어보지 못한 설명을 하셨다. 그래서 청중들은 정신을 잃을 정도로 엄청난 충격을 받았다.

청중들이 엄청난 충격을 받고 깜짝 놀랐던 두 가지 주요한 원인이 있었다.

1. 산상수훈을 말씀하실 때의 주님의 권위 때문이다

[마 7:29] 이는 그 가르치시는 것이 권위 있는 자와 같고 그들의 서기관들과 같지 아니함일러라

여기서 '권위'('엑수시아')라는 단어는 '선택의 자유', '권리', '능력', '권위' 등의 다양한 의미를 지니고 있다. 주님께서는 산상수훈의 교훈을 가르치실 때 당시 율법학자인 서기관들과 다르게 권위 있게 말씀하셨다.

주님께서 가르치신 방법은 서기관들과 같지 않았다. 당시 서기관들은 율법을 해석하고 가르칠 때 조상들의 유전(遺傳)과 전통에 전적으로 의존하여 해석하고 가르쳤다.

그들은 자신의 권위를 가지고 자유롭고 능력 있게 율법을 가르칠 수 없었다. 그들의 율법 해석과 가르침은 조상들의 유전과 전통을 인용하는 것뿐이었고, 독자적인 해석과 가르침은 꿈에도 생각할 수 없었다. 그들은 율법 그 자체의 전문가가 아니라 율법이 최초로 모세에게 주어진 이래로 그때까지 해석되고 설명되어 온 여러 가지 율법 해석과 설명에 대한 전문가에 불과했다.

이렇게 서기관들은 조상들의 유전과 전통에 전적으로 의존하여 율법을 해석하고 가르쳤기에 낙타는 삼키고 하루살이는 걸러내면서 원래의 율법 정신을 파괴하고 있었다.

[마 23:23-24] 화 있을진저 외식하는 서기관들과 바리새인들이여 **너희가 박하와 회향과 근채의 십일조는 드리되 율법의 더 중한 바 정의와 긍휼과 믿음은 버렸도다** 그러나 이것도 행하고 저것도 버리지 말아야 할지니라 맹인 된 인도자여 **하루살이는 걸러 내고 낙타는 삼키는도다**

더욱 심각한 것은 서기관들이 이렇게 조상들의 유전과 전통에 전적으로 의존하여 율법을 해석하고 가르쳤기에 율법을 제정하시고 그들에게 수여하신 예수님과 그 제자들까지 자기들의 율법 해석에 따라 비난하고 정죄했다는 것이다.

[막 7:5-9, 13] 이에 바리새인들과 서기관들이 예수께 묻되 **어찌하여 당신의 제자들은 장로들의 전통을 준행하지 아니하고 부정한 손으로 떡을 먹나이까** 이르시되 … (너희가) **사람의 계명으로 교훈을 삼아 가르치니 나를 헛되이 경배하는도다** 하는도다 … **너희가 너희 전통을 지키려고 하나님의 계명을 잘 저버리는도다** … **너희가 전한 전통으로 하나님의 말씀을 폐하며 또 이같은 일을 많이 행하느니라** 하시고

그들의 율법 해석과 가르침에는 치명적인 잘못과 오류가 있음에도 불구하고 서기관들은 율법 해석에 관한 자기들의 학식이 대단한 줄로 알고 대단한 자부심이 있었다. 그들은 주님을 무시하면서 비웃고 조롱했다.

[요 7:14-15] … 예수께서 성전에 올라가사 가르치시니 유대인들이 놀랍게 여겨 이르되 이 사람은 배우지 아니하였거늘 어떻게 글을 아느냐 하니

그러나 주님의 가르침은 율법 학자들과는 판이했다. 주님께서는 자신이 직접 계시의 주체자가 되어 신적 권위를 가지고 자신의 권위로 자유롭게 능력 있는 말씀을 선포하셨다. 주님께서는 진리를 소개하며 사람들을 그 길로 인도하는 진리의 인도자가 아니었다. 자신이 곧 길이요 진리요 생명이신 하나님(요 14:6)으로 사람들에게 진리 자체를 제시하셨다.

주님께서 산상수훈에서 말씀하신 내용은 서기관들과는 달리 독창성이 있었고, 그 방법도 독창적이었다. 무엇보다 산상수훈에서 주목해야 할 가장 놀라운 사실은 주님께서 말씀하실 때 가지고 계셨던 확신과 확실함이다.

이런 놀라운 확신과 확실함은 산상수훈의 제일 처음에 나오는 팔복에서부터 분명히 나타나고 있다.

[마 5:3] 심령이 가난한 자는 복이 있나니 **천국이 그들의 것임이요**

[마 5:8-9] 마음이 청결한 자는 복이 있나니 **그들이 하나님을 볼 것임이요** 화평하게 하는 자는 복이 있나니 **그들이 하나님의 아들이라 일컬음을 받을 것임이요** 의를 위하여 박해를 받은 자는 복이 있나니 **천국이 그들의 것임이라**

주님의 말씀은 얼마나 분명하고 명확한 말씀인가?
어떤 의심과 의문도 전혀 찾아볼 수 없는 확실한 말씀이다.

또 주님께서는 율법 학자들은 생각조차 할 수 없는 자신의 전적인 권위로 위엄 있게 설교하셨다.

항상 "나는 너희에게 이르노니", "(내가) 진실로 너희에게 이르노니"라고 말씀하셨다. 산상수훈에는 이런 표현이 무려 12번이나 나온다(5:18, 22, 28, 32, 34, 39, 44; 6:2, 5, 16, 25, 29).

[마 5:44] **나는 너희에게 이르노니** 너희 원수를 사랑하며 너희를 박해하는 자를 위하여 기도하라

주님께서는 산상수훈을 가르치실 때 놀라운 확신과 전적인 자신의 권위로 말씀하셨기에 산상수훈을 들은 무리는 엄청난 충격을 받았다.

2. 주님께서 자신에 대해 말씀하신 내용 때문이다

주님께서는 산상수훈을 말씀하실 때 자신의 교훈과 그 교훈에 대한 자신의 태도에 대해 사람들의 주의를 집중시키셨다. 주님께서는 이런 표현을 자주 사용하셨다.

> 옛사람에게 말한바 … 나는 너희에게 이르노니

이런 표현이 5번이나 나온다(5:21-22, 27-28, 33-34, 38-39, 43-44).

> [마 5:21-22] 옛사람에게 말한 바 살인하지 말라 누구든지 살인하면 심판을 받게 되리라 하였다는 것을 너희가 들었으나 나는 너희에게 이르노니 형제에게 노하는 자마다 심판을 받게 되고 형제를 대하여 라가라 하는 자는 공회에 잡혀가게 되고 미련한 놈이라 하는 자는 지옥 불에 들어가게 되리라

주님께서는 당시 서기관들의 가르침과 그들이 권위를 두고 있었던 조상들의 유전과 전통을 제쳐놓고 정정하는 일을 전혀 거리낌 없이 서슴지 않고 행하셨다.

여기서 '옛사람'이란 그 당시 서기관들이 가르침의 근거로 삼고 있었던 모세 율법에 대한 권위 있는 해석인 조상들의 유전과 전통을 가리킨다.

그런데 학교 교육도 전혀 받지 않았고 율법에 관한 전문 교육의 문턱에도 가보지 못한 목수인 주님께서 "내가 너희에게 이르노니"라고 말씀하시면서 자신과 자신의 가르침에 대한 신적인 권위를 주장하셨다.

주님께서는 자신이 바로 모세를 통해 주신 그 율법을 만드신 참된 '입법자'이시고, 율법을 주신 참된 '수여자'이시며, 율법을 해석하시는 참된 '해석자'이시고, 율법을 판단하는 참된 '재판관'이심을 주저하지 않고 말씀하셨다.

[마 5:17] 내가 율법이나 선지자를 폐하러 온 줄로 생각하지 말라 **폐하러 온 것이 아니요 완전하게 하려 함이라**

주님만이 율법의 참된 입법자, 수여자, 해석자, 재판관이시기에 주님의 가르침을 듣고 행하는 자는 자신의 신앙과 인생의 집을 반석 위에 짓는 지혜로운 사람이다. 그래서 최후 심판의 때에 심판 주이신 주님으로부터 영원한 생명과 영광을 얻게 될 것이다.

반면에 주님의 가르침을 듣고 행하지 않는 자는 자신의 신앙과 인생의 집을 모래 위에 지은 어리석은 사람이다. 그래서 최후 심판의 때에 심판 주이신 주님으로부터 영원한 멸망의 심판을 받게 될 것이다. 주님께서는 산상수훈의 자기의 교훈에 관한 말씀에서 자신에 대해 놀랄만한 선언을 하시며 자신에 대한 특이하고 놀라운 권위를 강조하신다.

즉, 주님 자신이야말로 참되고 영원한 심판자라는 것이다. 주님께서는 산상수훈을 듣는 그들의 영원한 운명은 참되고 영원한 심판자인 '나의 이 말들'을 듣고 얼마나 순종하는가에 달려 있다고 최종 선언하심으로 산상수훈 설교를 다 마치셨다(7:24, 26, 27).

주님께서 산상수훈에서 자신에 대해 하신 말씀은 자신이 하나님이며, 유대인들이 오랫동안 기다려왔던 '메시아'임을 강력하게 주장하시는 놀라운 말씀이었다. 그래서 산상수훈을 들은 무리들은 엄청난 충격을 받았다. 그것이 무리의 반응이었다. 그런데 무리 대부분의 반응은 거기서 끝나고 말았다. 놀라움 이상의 더 깊은 감명으로 나아가지 않았다.

그들은 산상수훈을 말씀하신 예수 그리스도에 대해 깜짝 놀라기는 했지만, 그분을 하나님의 아들과 메시아로 믿으면서 하나님 나라의 왕으로, 그리고 자신의 구주와 주님으로는 받아들이지 않았다. 그들은 산상수훈의 말씀을 다 들었지만, 그 말씀에 순종하지 않았다. 결국, 그들은 '주여, 주여'라고 신앙고백은 했지만, 하나님의 뜻을 행하지 않았기에 천국에 들어갈 수 없었다.

이것은 얼마나 불행하고 안타까운 모습인가?

사랑하는 성도 여러분!
산상수훈을 들었던 이런 무리의 불행한 모습은 단순히 그들만의 모습이 아니다.

> 오늘 저와 여러분은 어떤가?
> 우리는 52주 동안 산상수훈의 말씀을 다 들었다.
> 그렇다면 우리의 반응은 어떠한가?
> 혹시 오늘 우리 가운데는 산상수훈의 말씀을 듣고 충격을 받아 깜짝 놀랐던 무리가 가졌던 그런 반응조차 없는 사람들은 없는가?

오늘날과 같이 극히 타락한 시대에는 산상수훈의 말씀을 듣고도 놀라지 않는 사람들이 너무나 많기 때문이다. 우리는 그런 사람들이 되어서는 결코 안 된다.

또한, 우리는 산상수훈의 말씀을 듣고 놀라는 것으로 끝나서는 안 된다. 강한 도전을 받고 반드시 변화된 모습으로 나아가야 한다.

산상수훈의 가르침에 따라 반드시 우리의 신앙과 행위와 삶이 인도되어야만 한다. 그 말씀에 의해 우리의 영혼이 살아있어야 한다.

왜냐하면, 그 말씀을 척도로 하여 우리는 최후 심판 날 심판 주이신 주님의 엄중한 심판을 받게 될 것이기 때문이다.

산상수훈의 말씀을 듣고 충격과 놀라운 반응을 보이는 것으로 끝나지 말자.

우리가 들은 산상수훈의 가르침을 우리의 지성과 감정과 의지, 전인격으로 온전히 받아들이자. 날마다 삶 속에서 구체적으로 실천해 나가자. 날마다 주님 안에 거함을 통하여 나는 죽고 예수로 사는 삶이 되게 하자. 시간마다 하나님의 은혜를 간절히 구하고 성령을 따라 행하면서 최선을 다하자.

그 때 우리는 우리의 최종 목표를 향해 지속적으로 전진해 나갈 것이다.

> 하늘에 계신 너희 아버지의 온전하심과 같이 너희도 온전하라 (마 5:48).